图案：吕尧

梁慧星学术文集

第六卷

译介、判解、回忆及其他

梁慧星 著

北京大学出版社
PEKING UNIVERSITY PRESS

梁慧星

1944年1月生，四川省青神县汉阳镇人。中国著名民法学家，中国社会科学院学部委员、教授、博士生导师。第四、五、六届国务院学位委员会委员，十届政协全国委员会委员，十一届全国人大代表（主席团成员）、十一届全国人大法律委员会委员。曾任山东大学法学院院长，最高人民法院、最高人民检察院专家咨询委员，公安部监督员，现任北京仲裁委员会主任，北京理工大学珠海学院特聘教授、民商法律学院名誉院长。1986年国家人事部批准为"有突出贡献中青年专家"。1992年享受国务院颁发的政府特殊津贴。

序

我于1978年考取中国社会科学院研究生院硕士研究生攻读民法，1981年毕业后留法学研究所从事民法研究，至2019年5月退休。四十余年间，我致力于民法理论和立法研究，曾参与国家立法，从事编辑、教学、培训等工作。经北京大学出版社蒋浩先生建议，收集所撰写的民法理论研究、立法建议、法典论争、问题解答、判解评论及翻译介绍等文字，汇编成集，名曰"学术文集"，再按主题分为六卷，第一卷"民法典编纂、民法原理与法学方法"、第二卷"民法总论"、第三卷"物权法"、第四卷"合同法与侵权责任法"、第五卷"民事解答录"、第六卷"译介、判解、回忆及其他"，每一卷开篇均有对该卷内容的说明。

本文集仅收录单篇文章，包括已在平面媒体和网络媒体发表的、曾编入文集（如《民法学说判例与立法研究》《为中国民法典而斗争》《为了中国民法》等）出版的，以及未曾发表过的文章。本文集未收录专题著作，如《民法总论》《民法解释学》《裁判的方法》《法学学位论文写作方法》《民法总则讲义》《合同通则讲义》等。

需说明一点，本文集虽以学术文集为名，但其中许多文章并非严格意义上的学术研究论文，如实务问题解答、民法基本知识讲解，以及立法建议和提案等。写于改革开放初期的一些学术研究论文，也未必符合今天的学术规范，且因时过境迁，今天看来未必有多大学术价值，请读者谅解。

希望本文集的出版可以为读者提供方便。

上海财经大学民法教授李宇，负责文章的收集及各卷的结构编排，为文集的顺利出版付出了辛苦,在此表示感谢。

北京大学出版社领导和编辑同志为本文集的编辑出版付出辛劳,谨致感谢!

梁慧星

于昆明岭东紫郡之退庐

2022 年 4 月 28 日

本 卷 说 明

本卷收录了本人的译介、判解研究、回忆及其他文章,分七个部分。

第一部分外国法译介,按照写作时间顺序选编了本人翻译的外国法学论文以及介绍外国法的文章。

第二部分判解研究,按照写作时间顺序选编了本人对司法案例的判解研究文章。

第三部分经济法研究,选编了本人有关经济法基本问题、反垄断法、消费者权益保护法以及税法相关问题研究的文章。

第四部分议案与建议,按照写作时间顺序选编了本人作为全国人大代表与全国政协委员,在代表与委员履职过程中提出的议案与建议。

第五部分实践问题,按照写作时间顺序选编了本人对实践问题的调查与研究文章。

第六部分回忆,按照写作时间顺序选编了本人对我国法治建设史、立法史、民法学术史及民法学者的回忆文章。

第七部分序文,按照写作时间顺序选编了本人的部分序跋文章。

本卷中部分文章由于写作年代久远,或根据现场录音整理,文献无法一一核实,恳请读者谅解。

目　录

第一部分　外国法译介

资产阶级国家民法中的死亡宣告制度 …………………………… 3
西方经济法与国家干预经济 ……………………………………… 8
比较法与法律制度 ………………………………………………… 22
法典法与普通法的比较 …………………………………………… 33
英国关于消费者安全的法律 ……………………………………… 42
法国1985年公路交通事故赔偿法 ………………………………… 50
《德国民法典》债务法的修改 …………………………………… 61
日本制造物责任法 ………………………………………………… 95
民法的解释与利益衡量 …………………………………………… 98
德国的专家责任 …………………………………………………… 119
论专家的民事责任
　　——其理论架构的建议 ……………………………………… 137
论专家的民事责任的法律构成与证明 …………………………… 149
日本现代担保法制及其对我国制定担保法的启示 ……………… 166
《国际商事合同通则》与《联合国国际货物销售合同公约》
　　——是二者择一还是相互补充 ……………………………… 190
民法上未有条文的概念和制度 …………………………………… 198

第二部分　判解研究

雇主承包厂房拆除工程违章施工致雇工受伤感染死亡案评释 ……… 219
道路管理瑕疵的赔偿责任
　　——大风吹断路旁护路树砸死行人案评释………………… 233
电视节目预告表的法律保护与利益衡量……………………… 245
医院的艾滋病病毒感染诊断是否侵害名誉权………………… 260
谁是"神奇长江源探险录像"的作者 ………………………… 269
合同的解释规则
　　——陕西省机械进出口公司与陕西省石油化工物资供销公司
　　　　经营部购销合同纠纷上诉案评释……………………… 280
一审判决并无不当，宁电公司不应免责
　　——也评海南公司诉宁电公司购销合同纠纷案两审判决 … 292
共有人处分共有财产案型的法律适用问题…………………… 298

第三部分　经济法研究

试论经济行政法………………………………………………… 303
论经济行政争议及其复议制度 ………………………………… 319
经济法律关系论………………………………………………… 331
中国反垄断立法的构想………………………………………… 348
消费者运动与消费者权利……………………………………… 356
要重视消费者权益保护法律体系的内部关系………………… 366
消费者法及其完善……………………………………………… 369
中国的消费者政策和消费者立法……………………………… 376
《消费者权益保护法》第49条的解释与适用………………… 391
开放纳税人诉讼　以私权制衡公权…………………………… 398

第四部分 议案与建议

关于法律统一解释问题及设立统一解释法律委员会的建议 ………… 407
叫停"错案追究",完善"法官弹劾" ………………………………… 410
靠什么制约公权力的滥用 …………………………………………… 413
关于开展仲裁法执法检查纠正商事仲裁行政化错误倾向的建议 …… 418
建议查禁疯狂套取医保金的违法行为 ……………………………… 421
关于开展《招标投标法》执法检查的建议 …………………………… 423
关于制定"中华人民共和国宪法解释程序法"的议案 ……………… 425
关于财政部应迅速纠正继续将仲裁收费作为"行政事业性收费"
 进行预算管理错误的建议 ………………………………………… 433
关于对仲裁机构实行税收优惠政策的建议 ………………………… 436
修改《中华人民共和国海商法》的诉求与时机 ……………………… 439
关于妥善解决蓬莱19-3油田溢油事故赔偿问题的建议 …………… 444

第五部分 实践问题

关于重庆市推行合同制的调查报告 ………………………………… 449
关于法律服务市场行为规则的完善 ………………………………… 456
火车站没收车票是违法的 …………………………………………… 459
关于医疗损害赔偿案件的法律适用 ………………………………… 462
构建和谐社会应当关注法律本身的公正
 ——以拖欠劳动者工资为例 ……………………………………… 466
"双方合同"或者"三方合同"
 ——代建制试点中的"代建合同"模式分析 …………………… 470
"有形建筑市场"严重干扰了招标投标事业的健康发展 …………… 476
正确规定医疗损害纠纷案件裁判基准,缓和医患关系 ……………… 480

第六部分 回　　忆

佟柔先生与民法经济法论争 ········· 485
我与改革开放 20 年 ············ 488
谢怀栻先生教我怎样做人 ········· 491
难忘的 1979—1986 年
　——为祝贺导师王家福先生八十大寿而作 ··· 495
走进沙滩北街十五号 ············ 549
关于"陶老的信"的通信 ·········· 560
新中国第三次民法起草亲历记 ······· 564
国家的事，我尽了我的职责 ········ 574

第七部分 序　　文

《中国民法经济法诸问题》序言 ······· 583
《民法学说判例与立法研究（二）》序言 ··· 584
《为中国民法典而斗争》序言 ········ 585
自选集序言 ················ 586
《民法学说判例与立法研究》再版序言 ··· 590
"中国民商法专题研究丛书"总序 ····· 593
为中国民法典而斗争！
　——《中国民法典草案建议稿附理由》序言 ··· 595
《生活在民法中》序言（二篇） ······· 605
《生活在民法中》（精装版）序言 ······ 607
《梁慧星谈民法典》序言 ·········· 609
"新时代法学学术文库"总序 ········ 610

索　引 ·················· 613

第一部分

外国法译介

资产阶级国家民法中的死亡宣告制度[*]

一个国家的个别公民因战争、船舶失事、地震或其他灾变而下落不明,我们称之为失踪。失踪人究竟尚生存,还是已经死亡,往往无法确定。因此,与失踪人有关的财产关系及身份关系等社会关系,需要借助于法律加以解决。民法上的死亡宣告,就是依照法定程序,推定失踪人"死亡",使之在法律上产生与自然死亡同样的效果。宣告死亡制度,是现代资产阶级国家民法中的一项重要法律制度。

古代法律中就已有关于处理失踪人财产及婚姻关系的法律规定。《汉谟拉比法典》规定,由于战争或其他原因失踪之人,家中如无足够供养妻子的食物,其妻可以进入他人家中,并与他人缔结婚姻;如因逃避义务而离开家庭生死不明,代替他履行义务之人可以取得他的全部财产。罗马法也有对失踪人的财产设置管理人的制度。这类古代立法,虽就失踪人的财产关系和婚姻关系如何处置有一些具体规定,但并没有直接解决失踪人之是否死亡问题。与此相反,古代日耳曼法律没有为失踪人财产设置管理人等制度,却直接依据失踪这一事实而推定失踪人为"死亡"。这种死亡推定,因失踪经过一定时间而当然发生,无须经过任何司法程序。

《法国民法典》有"不在"制度。依法宣告失踪人为"不在人",法律程序上须经过三个步骤。第一步为"推定不在"。某人离开向来之住所而行踪不明时,推定为"不在人",由一审法院为之指定财产管理

---

[*] 本文原载《西南政法学院学报》1980年第4期。

人。第二步为"宣告不在"。失踪人生死不明经过4年，即由利害关系人诉请一审法院宣告为"不在人"。宣告不在后，一切对"不在人"财产享有以"不在人"死亡为条件的权利人，如继承人、受遗赠人等得暂时行使其权利，占有其应得的财产。这种占有，法律上称为"暂时占有"或"假占有"。暂时占有须提供担保，因为它只是一种法律规定的"寄托"。第三步宣告暂时占有为确定占有。宣告不在之后再经过30年，或"不在人"已达100岁，暂时占有之财产得经法院宣告为确定的占有。由此可见，法国民法之"不在"制度，程序十分复杂，每一步骤均须法院之干预，并且始终以"不在人"之财产为中心。其对失踪人财产之保护可以说是极严密周到，但并没有对失踪人之是否死亡作出任何法律规定。因此，我们可以说，法国民法中的"不在"制度，实际上只是罗马法为失踪人设置财产管理人制度的发展，是一种特殊的财产管理制度，与现代民法之死亡宣告制度是大不相同的。

《德国民法典》既吸取了法国民法的优点，又继承了传统的日耳曼习惯法的精华。《德国民法典》首创了现代资产阶级民法之死亡宣告制度。它与法国民法的"不在"制度不同，完全撇开失踪人的财产问题不论，而直接就失踪人失踪之事实推定其为死亡人，规定失踪经过一个法定期间之后，法院因利害关系人之申请而宣告失踪人死亡。宣告死亡与自然死亡在法律上的效力相同，成为宣告死亡人财产关系及婚姻关系变化的法律根据。与法国民法的"不在"制度比较，死亡宣告制度突出的优越之处在于非常简便易行。因此，各资本主义国家立法都相继仿效而规定死亡宣告制度。不仅如此，其影响并及于公有制国家之立法。苏联、捷克斯洛伐克、保加利亚、蒙古等国立法中的死亡宣告制度，与《德国民法典》中的死亡宣告制度亦很近似。

毫无疑问，现代资产阶级民法中的死亡宣告制度乃是继承和发展了古代日耳曼法中的死亡推定制度。根据古代日耳曼法，失踪经一定期间当然被认为"死亡"，无须任何司法机关之干预，无须履行任何法律手续。现代死亡宣告制度与日耳曼习惯法之不同点在于，其不仅由法律规定了宣告死亡之必要条件、宣告死亡之法律程序以及宣告死之法律效力,并且宣告死亡只能由法院或其他有权之机关为之。这是一项严格的民事法律制度。

死亡宣告之必要条件有三:第一,须失踪人离开其向来之住所或居所而生死不明。既不能判定其尚生存,也无法证明其已死亡。第二,须失踪期间届满。失踪人生死不明的状态须持续存在,并经过一个法定期间。法定失踪期间又分为普通期间与特别期间。普通情形之失踪适用普通期间,凡遭遇特别之危险,如战争、地震、船舶失事或其他重大灾变而失踪者适用特别期间。失踪期间的长短各国规定不尽相同,一般普通期间为10年,特别期间为3年。第三,须经利害关系人之申请。所谓利害关系人,指失踪人之配偶、继承人、受遗赠人、债务人、法定代理人以及人寿保险合同之受益人。如无利害关系人之申请,亦不得为死亡宣告。以上三个要件均须齐备,缺一不可。

死亡宣告的法定程序:第一步,以上三个必要条件齐备之后,法院即为公示催告。目的在于促使尚生存之失踪人或知其下落之人向法院陈报,以期能够查明失踪人尚生存或已确定死亡之事实。催告期一般为6个月。第二步,如果催告期届满仍不能判明失踪人之生死,法院即以判决方式宣告失踪人死亡。

由于死亡的具体时间在民法上具有重要意义,如决定继承开始,因此,死亡之时由法院在判决中明确指定。多数国家民法,如联邦德国、日本均规定以失踪期间届满之时为死亡之时,遭遇特别灾难而失踪的人,则以灾难发生之时及战争结束(或签订和约)之时为失踪人死亡之时。

宣告死亡与自然死亡有同样的法律效力,以宣告死亡人原住所为中心的一切民事法律关系全部消灭。一切享有以失踪人死亡为条件的财产权利的人,即可取得权利,如继承人开始继承,受遗赠人取得遗赠。失踪人之婚姻关系因宣告死亡而终结,其生存配偶即可另行缔结婚姻关系。如果宣告死亡人实际上还生存于他方,其在当地之法律关系并不因其在原住地被宣告死亡而无效。尚生存的宣告死亡人以后复归原住地,法律上称为"再出现人"。再出现人本人或其利害关系人可向法院申请撤销宣告死亡的判决。撤销之效力溯及于宣告死亡之时,其结果与未宣告同。再出现人可以收回尚存在的财产或处分财产所得的价金。如其配偶已经再婚,新的婚姻关系不得因宣告死亡人之再出现而撤销。

死亡宣告制度是现代民法中不可缺少的基本法律制度之一。由于战争、自然灾变和从事本身就具有一定危险性的航海、航空、航天以及科学探险等活动,使人们遭遇各种危险而失踪是经常发生的事。因其他原因如某些居民盲目流动或外逃,也会造成一些人失踪。失踪人的财产关系及身份关系势必处于不确定状态,这种不确定状态长期持续,将不利于失踪人财产之管理和利用,不利于社会经济的发展和社会秩序的稳定,并且必然损害与失踪人有利害关系之第三人的利益。因此,从社会利益考虑,与失踪人有关的财产关系及身份关系宜尽快予以确定。如果不实行死亡宣告制度而只以失踪之事实作为民事法律关系变化之根据,又势必损害失踪人的财产权利及其他合法利益,并且更易造成社会关系之紊乱。因此,必须以法律规定失踪期间,由法院进行干预,依法定程序宣告失踪人死亡,然后对与其有关的民事法律关系以宣告死亡作为变更的法律根据。这样一来,既有利于社会秩序的稳定,又能保证失踪人及利害关系人之合法利益免受损害。

《德国民法典》将死亡宣告置于总则,而与失踪人有关之财产关系、继承关系及婚姻关系则分别规定于有关财产、继承和婚姻各编之中。中华民国民法仿照《德国民法典》置死亡宣告于总则,失踪人之财产管理另由非诉事件法(注:此法未制定)定之。日本旧民法兼采法国民法与联邦德国民法之制度,在总则中将"不在"制度与死亡宣告制度一并规定。其他资产阶级民法的死亡宣告制度与联邦德国民法大体相同,不同之处仅在失踪期间的长短及死亡之时的确定。公有制国家民法有的亦仿照联邦德国民法之死亡宣告制度,但不尽相同,如罗马尼亚家庭法规定,宣告死亡人再出现时,如果其配偶已经再婚,再婚之婚姻关系可以依法予以撤销而恢复原婚姻关系。

总体说来,资产阶级国家民法中的死亡宣告制度,其立法之依据和宗旨在于确定因公民失踪而造成的社会关系之不稳定状态。资产阶级民法中的某些制度可供社会主义国家民法借鉴,死亡宣告制度就是一个恰当的例子。

西方经济法与国家干预经济[*]

西方法学界关于经济法有所谓广义概念与狭义概念之别。广义经济法概念,指调整社会经济生活的一切法律和法规,既包括各种行政性经济法规,也包括调整社会经济生活的基本法——民法、商法。狭义经济法概念,单指国家运用行政权力干预社会经济生活的各种行政性经济法规。本文采取的是狭义经济法概念。在马克思主义的观点看来,经济法无论作为一个整体,或仅指某一具体经济法规而言,都是国家借以实现既定经济政策的法律手段,或者说是经济政策的法律化。某一历史时期国家所制定和执行的经济政策,又总是以某一种经济理论作为依据。因此,本文在分析西方经济法和国家干预经济的政策时,往往要涉及某种占支配地位的经济学说,当然只是涉及其中有限的方面而不是这一学说的全部内容。与资本主义发展的三个阶段相适应,并分别在一个历史时期支配西方经济政策的,恰好是三种最为著名的经济学说,即重商主义、亚当·斯密的古典政治经济学和凯恩斯经济学。

经济学上所称的重商主义,是指一些松散地结合起来的理论体系。这些理论体系从15世纪到19世纪初期流行于西欧各国,时间与西欧资本主义的原始积累阶段大体相符。英国的重商主义,通常是从1485年英王亨利七世即位之时起算,历经16、17、18三个世纪,讫于19世纪上半叶。西班牙在16、17世纪是重商主义表现最完整的时期。法国在17世纪后半叶,是重商主义的高峰。德国在18世纪兴起了包括大量

---

[*] 本文原载《法学研究》1984年第1期。

重商主义分子的运动,号称官房主义或官房学派。

重商主义的重要内容,是主张运用国家行政权力对社会经济生活实行管制。英国经济史研究的先驱威廉·肯宁汉(1849—1919)在《古代与中世纪英国工商业的增长》一书中写道:"人们在其处理买卖事务中被迫必须遵从国家权力,这是宗教改革时期和改革后一个时期重商主义的中心思想。"法国的安多尼·蒙克来田(1575—1621)早在1615年就出版了一本《政治经济学概论》,主张运用政权权力来发展工业,他认为贸易应由政府管制,对原料的输出应课税,并应禁止工业品输入。德国18世纪的官房学派竭力主张国家对经济实行管制,称为国家的伟大管理。重商主义的理论,恰好反映了原始积累阶段资本主义生产关系发展的根本要求,成为欧洲各国在一个相当长的时期内制定经济政策的理论依据。

西欧封建社会晚期,工业生产中已经出现自动纺纱车等机械装置,商品生产和商品交换有了很大发展。在14、15世纪,封建的行会手工业开始改变为资本主义的工场手工业,资本主义生产关系开始萌芽,并逐渐发展。马克思主义经济学告诉我们,从资本主义的萌芽发展成资本主义生产方式,其间经过了一个资本主义的原始积累阶段。原始积累的内容就是,"一方面使社会的生活资料和生产资料转化为资本,另一方面使直接生产者转化为雇佣工人"[1]。资本主义原始积累阶段,各国有先有后,基本上是在15世纪到18世纪进行的。马克思在分析原始积累的各种方法时指出:"所有这些方法都利用国家的权力,也就是利用集中的有组织的社会暴力,来大力促进从封建生产方式向资本主义生产方式的转变过程,缩短过渡时间。"[2]这是因为,在原始积累阶段,资本主义生产关系还比较脆弱,还不可能单纯依靠经济关系的力量,必须借助国家政权的帮助,才能够确保自己榨取足够的剩余劳动的权利。因此,西欧各国无例外地都以重商主义作为根据,制定了对社会

---

[1] 《资本论》(第1卷),人民出版社1975年版,第783页。
[2] 《资本论》(第1卷),人民出版社1975年版,第819页。

经济生活严格管制的政策,是毫不足怪的。

经济管制政策的实施,不能不依赖于行政性经济法规。下面以英国的立法为例。英国的圈地运动是资本原始积累的典型。马克思在《资本论》中写道:"为资本主义生产方式奠定基础的变革的序幕,是在十五世纪最后三十多年和十六世纪最初几十年演出的。"(第786页)圈地运动促使资本主义租地农场增多,并促使农村居民变成无产阶级,使他们投向工业。为此,亨利七世时期开始颁布各种惩治流浪者的法规。亨利八世时期颁布的法律(1530年)规定,对身强力壮的流浪者加以鞭打和监禁。爱德华六世即位的第一年(1547年)颁布的法律规定,拒绝劳动的人如被告发为流浪者,就要被判为告发者的奴隶。任何人都可以把流浪者的子女领去当学徒。贫民必须在愿意给他们饮食和劳动的人那里干活。伊丽莎白女王于1572年颁布的法律规定,行乞者应判处死刑。这些法规直至18世纪初期还有效。法国、荷兰等国均有类似的法律。整个西欧都颁布了惩治流浪者的血腥法律。"这样,被暴力剥夺了土地、被驱逐出来而变成了流浪者的农村居民,由于这些古怪的恐怖的法律,通过鞭打、烙印、酷刑,被迫习惯于雇佣劳动制度所必需的纪律。"③

圈地运动这一用暴力掠夺公有土地的现象,在初期是作为个人暴力行为进行的,立法曾同这种暴力行为斗争了一百多年,但毫无结果。到了18世纪,法律本身成了掠夺人民土地的工具。这就是英国议会颁布的圈地法。资产阶级通过法律,运用国家权力进一步扩大圈地运动。仅在1761—1801年,英国议会就通过了2000个关于圈地的法令。

英国在原始积累阶段的另一类经济法规,是关于管制工资的法规。"新兴的资产阶级为了'规定'工资,即把工资强制地限制在有利于赚钱的界限内,为了延长工作日并使工人本身处于正常程度的从属状态,就需要并运用国家权力。这是所谓原始积累的一个因素。"④属于这一

---

③ 《资本论》(第1卷),人民出版社1975年版,第805页。
④ 《资本论》(第1卷),人民出版社1975年版,第806页。

类的法规,可以追溯到1349年爱德华三世时期制定的第一个劳工法。伊丽莎白五年(1563年)颁布的劳工法授权治安法官规定工资标准,并按季节和物价加以调整。通常,这些治安法官选自雇用者阶级,依照法律,他们在每年的复活节碰头确定工资率。

法律规定了城市和农村、计件劳动和日劳动的工资率。支付高于法定工资的人要被监禁,但接受高工资的人要比支付高工资的人受到更严厉的处罚。例如,伊丽莎白时期的法律规定,支付高工资的人应监禁10天,而接受的人则应监禁21天。与英国劳工法相当的,是法国1350年的敕令。英、法两国的立法齐头并进,内容也相同。四百多年的时间里,国家都是制定法律来规定工资绝不能超过的最高限度,但从来没有规定过工资的最低限度。马克思在《资本论》中写道,"在真正的工场手工业时期,资本主义生产方式已经相当强大,因而用法律来规定工资已经行不通而且没有必要,但是人们为了防备万一,还不想抛弃旧武库中的这件武器"(第808页)。在英国,直到1813年,规定工资的法律才被废除。

在这一阶段,英国重要的经济法规还有禁止输出金银、禁止将技术传出国外、限制进口和鼓励出口的各种法规。例如著名的《谷物法》,其立法动机在于通过管制主要谷物的进出口来调节国内市场,保护本国生产者。当国内市场谷价低落时,鼓励出口并抑制进口,而谷价上涨时,则采取相反的措施。为此,英国采取了征课谷物进口税和给予出口补贴的制度。1534年、1555年、1563年和1571年颁布的《谷物法》就是如此。其中,1563年的法律还规定出口时必须用英国船只装运。17世纪,《谷物法》又有新的改变,每年输出、输入谷物的数量要依本国农作物收成多少而定。1815年的《谷物法》规定,国内市场谷物价格低于每夸脱80先令时,禁止输入谷物。1822年对这一法律作了某些形式上的修改。1828年的《谷物法》规定实行调节制。按照这一制度,国内市场谷物价格下跌时相应提高谷物进口税,国内市场谷物价格上涨时就降低谷物的进口税。

进入19世纪,世界史打开了新的一页。资本主义生产方式已经成长壮大,单靠经济关系无声的强制已足以保证资本家对工人的统治,一般情况下可以不再需要行政权力的帮助。同时,资本主义的进一步发展要求摆脱一切束缚和限制,实现充分的自由竞争。以工厂主科布顿和布莱特为首的一批大资产者于1838年创立了所谓反谷物法同盟,发动了废除谷物法的运动,向传统的经济管制政策发起挑战。这一运动的真正目的,在于通过废除进口限制进一步降低国内市场谷物的价格,并通过降低生活必需品的价格来降低雇佣工人的工资。上述运动的历史意义在于,它说明传统的重商主义经济学已经不再符合资本主义生产方式本身的要求。资本主义已进入了自由竞争的历史阶段,需要反映自由竞争资本主义的性质和要求的经济理论。这正是亚当·斯密的资产阶级古典经济学取代重商主义而成为官方经济学的历史背景。

以新技术发明为基础的资本主义生产方式的进一步发展,要求更广泛的自由和更灵活的社会经济结构,以便展开完全的自由竞争。生产力的发展,终将导致以重商主义为特征的经济理论、经济管制政策以及与之相适应的经济法律制度的崩溃。亚当·斯密于1776年发表了《国富论》,猛烈地抨击了重商主义经济理论和经济政策,提出了自由主义纲领和改革措施。他主张:(1)通过废除劳工法和居住法规,实行自由选择职业;(2)通过废除限嗣继承法、长子继承法以及其他限制自由转让土地的法规,实行土地自由买卖;(3)废除地方关卡税和其他一切税收,实行国内贸易自由;(4)废除进出口关税、出口补贴制度及各种限制性法规,实行对外贸易自由。亚当·斯密坚决反对国家干预经济,旗帜鲜明地赞成自由放任主义,主张政府应采取和奉行不干涉经济事务的政策。他写道:一切特惠的或限制的制度一经完全废除,最明白最单纯的天赋的自由权利制度,将自然而然地自己树立起来。每一个人,在他不违反正义的法律时,都应任其完全自由,在自己的方法下,追求他自己的利益,而以其勤劳及资本,加入对于任何其他人或其他阶级的竞争。监督私人产业,指导私人产业的义务,君主们应当完全解除。[5]

---

[5] 参见〔英〕亚当·斯密:《国富论》,第四篇第九章。

亚当·斯密比其他任何人都更为有效地抨击了重商主义,更为成功地鼓吹了自由放任主义。他有关自由市场、竞争以及不受阻碍的国际贸易的主张,以极快的速度赢得了人们的赞同,帮助当时正在拼命争取解放的、新兴的工业资产阶级在很大程度上从重商主义束缚下解放了出来。⑥英国经济学家埃德蒙·惠特克在《经济思想流派》一书中写道:"就实际意义来说,英国采用了斯密关于经济政策的建议。国会逐一清除了重商主义的主要立法。"(第159页)1813年废除了规定工资的法规,1846年废除了《谷物法》。在19世纪上半叶,主要的重商主义立法相继从英国法律中清除。马克思在研究这一段历史时指出:"1846—1847年在英国经济史上划了一个时代。谷物法废除了,棉花和其他原料的进口税取消了,自由贸易被宣布为立法的指路明灯!一句话,千年王国出现了。"⑦

在资本主义发展的自由竞争阶段,亚当·斯密的经济学说取代了重商主义的支配地位,成为各国经济政策的支柱。国家似乎凌驾于社会之上,自称对经济不起干预作用,只满足于担任仲裁人的角色。这一经济政策早已以自由放任主义的名称而被载入历史。必须指出的是,即便是在自由放任主义的全盛时期,国家干预社会经济的职能也并未完全解除。就是亚当·斯密本人也并不主张完全把政府排除在经济活动之外。他在《国富论》中指定政府应承担三种职能:(1)保护国家,使其不受外国的侵犯;(2)维持公正与秩序;(3)建设并维持一定的公共土木事业及一定的公共设施(第四篇第九章)。实际情况是,在资本主义生产方式的全部历史中,资本主义国家一直干预经济,区别仅在于干预的范围和程度。

一些经济学家把自由竞争时期国家仍然在一定范围内对经济实行干预斥责为"重商主义的复活"。惠特克在前面引用过的《经济思想流派》中写道:"当重商主义的政府控制还没有被埋葬时,复活已经开始

---

⑥ 参见〔英〕埃里克·罗尔:《纪念〈国富论〉出版二百周年(1776—1976)》,载外国经济学说研究会编:《现代国外经济学论文选》(第四辑),商务印书馆1982年版。

⑦ 《资本论》(第1卷),人民出版社1975年版,第314页。

了。第一个管制工厂劳工的英国法律的制定(1802年),是在1814年学徒法规废止以前。十九世纪后半期,保护关税多次增加……十九世纪末期,政府管理铁路和其他公用事业收费率的制度业已确立,对于垄断的控制也是如此。贯穿十九世纪,货币银行制度的管制在英国和其他国家发达起来。"(第460页)这一时期的经济法,主要有规定工作日和工作条件的工厂法、保护妇女和儿童的法规、管制进出口贸易的法规、金融管制法规、有关管理公共(国有)经济的法规等。下面着重谈谈英国的工厂法。

重商主义时期,资本借助国家政权的力量迫使工人接受尽量延长的工作日。到了19世纪下半叶,立法则表现了相反的倾向,国家通过颁布工厂法强制地缩短工作日。英国现代工业中的正常工作日,是从1833年颁布适用于棉毛麻丝等工厂的《工厂法》后才出现的。此后,1842年颁布了《矿业法》,1844年颁布了《补充工厂法》,1845年颁布了《印染工厂法》,1847年颁布了新的《工厂法》,1850年颁布了新的《补充工厂法》,1860年颁布了《矿山视察法》,1869年颁布了《工厂法扩充条例》和《工场管理条例》。欧洲各国受英国工厂法的影响,也相继颁布了类似的法规。

首先,《工厂法》的制定是资本主义生产方式本身的要求。这些按照军队方式一律用钟声来指挥劳动的时间、界限和休息的详尽规定,绝不是议会设想出来的,而是资本主义生产方式自然规律的外部表现。其次,《工厂法》的制定是工人阶级同资产阶级长期斗争的结果,而这种对工人劳动时间的限制,从保护劳动力资源、维持劳动力的再生产来说,也是符合资本主义的长远利益的。最后,《工厂法》的制定也是维持自由竞争条件的需要。平等地剥削劳动力是资本主义首要的人权。资本家自己叫喊着要求平等的竞争条件,即要求对劳动的剥削实行平等的限制。马克思在《资本论》中曾引用如下材料:1863年年初,英国斯泰福郡拥有大规模陶器厂的26家公司联名向政府提出呈文,请求国家进行强制干涉,文中写道,"我们确信,制定一种强制的法律是必要的"。[8]

---

[8] 《资本论》(第1卷),人民出版社1975年版,第300页,注114。

自由竞争阶段的经济法规，我们还可以举其他国家的立法为例。法国在1793年5月4日颁布了《粮食限价法》；同年9月29日颁布了《全面限价法》，它规定了主要食品、工业品和原料的固定价格。大西洋彼岸的美国，国内贸易同英国一样自由，但它一直没有放弃保护性的关税制度。美国1861年颁布了《莫里尔关税法》，1862年颁布了关于协助修建从密苏里河到太平洋的铁路和电报线的法令，同年还颁布了《宅地法》，1864年颁布了《国家银行法》和《契约劳工法》。

19世纪最后30年，由于自由竞争引起生产和资本的不断集中，因而导致垄断。1900年的世界经济危机加速了资本的集中和垄断的增长，垄断组织在国家经济生活中占据了统治地位，自由竞争的资本主义发展到了垄断的资本主义即帝国主义阶段。资本主义的一切矛盾都空前激化了，最终爆发了两次世界大战。在两次世界大战之间的，是席卷整个资本主义世界的1929—1933年大危机。20世纪上半叶，人类历史经历了上述三次大事变，对于资本主义的经济理论、经济政策和经济法律制度产生了重大的影响。

大战期间，各交战国均执行战时经济管制政策，例如，冻结工资和物价，由国家控制物资和分配资金，并为此颁布了许多行政性经济法规。以德国为例，1914年8月4日帝国议会通过了14项战时法规。其中最重要的是授权法，授权政府在战争期间"发布关于防止经济损害所必要的措施"，为国家对经济实行严格的管制提供了法律依据。因此，1914年授权法被一些学者称为现代经济法的开端。战时经济毕竟是资本主义的"变态"，并没有动摇人们对自由放任主义的信仰。真正导致资产阶级改变经济政策，从自由放任转到国家干预经济政策的，是1929—1933年资本主义世界的大危机。

这是资本主义世界有史以来最严重和最深刻的一次危机。它使资本主义世界生产大幅度下降，贸易空前萎缩，失业人数剧增。危机期间的工业生产，美国下降55.6%，英国下降32.2%，德国下降51.1%，法国下降36.2%。其中钢产量下降幅度，美国为84.7%，英国为59.9%，德国为73.1%，法国为47.9%。失业率，美国为35%，英国为23%，德国为47.4%,法国为29.5%。⑨资本主义国家总失业人口由1000万人增至3000万人,加上半失业人口共达4500万人。其中美国失业人口从150万人增至1300万人,加上半失业者共1700万人,达到民用劳动力的1/3。这次空前严重的危机具有极大的破坏力。第一次世界大战以前的各次危机通常使生产水平倒退1~2年,倒退4~5年的情况很少。而这次危机使资本主义世界工业生产倒退二三十年。其中美国倒退27年,英国倒退36年。⑩

1933年年初,在大危机萧瑟凄惨的气氛中,资本主义世界发生了两起引人注目的重大事件,即1月底希特勒在德国上台和3月初罗斯福接任美国总统。希特勒一上台就成立了德国最高经济委员会,宣布实行战争经济政策。罗斯福入主白宫立即成立了由大资本家和经济学家组成的决策机构,号称智囊团,并宣布施行"新政"。罗斯福要求国会授予总统"紧急时期大权",提出对付危机的70多个法案,并对经济生活实行全面管制:在工业方面强制规定各企业的生产和出口定额,规定价格及市场,规定最低工资和每周工时;在农业方面采取奖励及津贴办法,大幅度缩减耕地面积,强制规定农场生产定额,对于超过定额者课以重税;扩大政府开支,兴建巨大工程;实行金融管制等。"新政"同传统的自由放任主义是不相容的。但是,这些仓促采取的应急措施还没有来得及系统化、理论化,并提到政策的高度。形势迫使人们重新考虑传统的经济理论和经济政策,对"新政"所采取的一系列干预经济的措施作出解释,为之提供理论依据。这正是凯恩斯1936年在英国出版《就业、利息和货币通论》一书所要完成的任务。

凯恩斯承认传统的自由放任主义政策完全失灵,摒弃传统理论把资本主义制度歌颂成完美无缺的说教,承认资本主义制度存在失业、分配不均等缺陷,认为自由主义的经济理论和经济政策是危机产生的原因,主张扩大政府经济职能,加强对经济生活的干预,使资本主义免于

---

⑨ 以上资料来源于《世界经济》1983年第3期"统计资料"。
⑩ 参见刘涤源、傅殷才:《试论近半个世纪来政府干预论与自由经营论两种经济思潮的兴衰交替》,载《世界经济》1982年第1期。

全部毁灭。第二次世界大战后,凯恩斯经济学成为资本主义国家的官方经济学。各国政府均采纳凯恩斯的理论作为制定经济政策的依据,从自由放任主义转到国家干预经济的轨道上来。凯恩斯是根据1929—1933年大危机和罗斯福的"新政"提出自己的全部理论的。这就使他的理论以及依据这一理论所制定的经济政策具有突出的危机对策的性质。凯恩斯的得意弟子、英国新剑桥学派的著名经济学家琼·罗宾逊正确地指出了这一点。她说:"所谓凯恩斯主义的政策就是在经济衰退发生时对付它的一系列权宜手段。"⑪我认为,认识这一点对于我们正确研究和评价西方经济法具有重大意义。

各国推行凯恩斯主义经济政策的一个必然结果是战后经济法的大发展和经济法学的应运而生。顺便说明,经济法学产生于20世纪初期,第二次世界大战后一度出现经济法学的繁荣局面。从20世纪初期一直到70年代末期,经济法成为人类生活中十分重要的法律现象。我们可以将这一时期的法规区分为若干类别。第一类是战时经济法,其特征是由国家对经济实行直接控制,如直接掌握和分配物资及资金。属于这一类的主要是两次世界大战期间颁布的法规。例如,德国1915年的《关于限制契约最高价格的通知》、1916年的《确保战时国民粮食措施令》、1919年的《煤炭经济法和钾素经济法》、1923年的《防止滥用经济力法令》;日本在第一次世界大战期间颁布的战时船舶管理法、军需工业动员法、战时海上保险补偿法,第二次世界大战期间颁布的国家总动员法、价格统制法、米谷配给统制法、军公司法、战时紧急措施法等。

第二类是危机对策法,是专为对付1929—1933年经济危机而采取的应急手段。例如,美国在罗斯福实行"新政"期间所颁布的紧急银行法、黄金法、存款保险法、全面产业复兴法、农业调整法等;日本在危机期间颁布的米谷法、制铁事业法、关于实行输出检查制度和输出补偿制

---

⑪ 〔英〕琼·罗宾逊:《经济理论的第二次危机》,载商务印书馆编辑部编:《现代国外经济学论文选》(第一辑),商务印书馆1979年版,第9页。

度的法规;德国1932年联邦总统《关于保护经济的法令》。纳粹德国颁布的行政性经济法规,如1933年的《强制卡特尔法》、1934年的《全面管制法》、1936年的《冻结价格令》,既属于危机对策法,也属于战时经济法。这是因为纳粹以战争作为摆脱危机的手段。

上述两类经济法,无论是危机对策法还是战时经济法,均缺乏经济理论上的依据,法规的制定带有很大的被动性,谈不上统一的规划和相互之间的协调,被视为一种权宜之计。第二次世界大战以后,各资本主义国家采纳凯恩斯主义经济理论,自觉运用经济法作为国家干预经济的法律手段,注意发挥经济法的各种功能,并注意立法上的计划性、系统性和各法规相互之间的协调。因此,我们将战后经济法列为第三类。这一类又依立法目的和所发挥作用侧重点的不同,再分为若干小类:

(1)维持竞争秩序方面的法规,主要是反垄断法规。美国这方面的立法最早,始于19世纪末期,20世纪不断加以补充,至今仍然有效,包括1890年的《谢尔曼法》、1914年的《联邦贸易委员会法》《克莱顿法》、1936年的《罗宾逊—帕特曼法》、1938年的《惠勒—李法》、1950年的《奥马荷尼·克发佛·西勒法》;联邦德国1957年颁布的《防止限制竞争法》、1974年颁布的《反对限制竞争法》;日本1947年的《禁止私人垄断及确保公平交易法》。联邦德国学者把反垄断法称作"市场经济的大宪章"[12]。

(2)经济组织和管理方面的法规。如联邦德国于1972年颁布的《企业委员会法》、1976年颁布的《参与决定法》。日本针对国有经济颁布的许多法规也属于这一类,如1948年的《国有财产法》、1952年的《地方官营企业法》、1948年的《日本国营专卖公司法》、1949年的《香烟专卖法》《盐专卖法》等。

(3)促进经济发展方面的法规。如日本1952年的《企业合理化促进法》、1956年的《中小企业近代化的资金支助法》、1963年的《中小企

---

[12] 〔德〕H.哈麦尔、〔德〕R.克脑夫:《西德和东德的经济体制》,景林译,中国社会科学出版社1980年版,第14页。

业现代化促进法》、1970年的《中小承包商振兴法》、1973年的《中小商贩振兴法》等。

（4）指导和稳定经济方面的法规。比较典型的是联邦德国1967年颁布的《促进经济稳定和增长法》。日本在1973年为应付石油危机，稳定经济生活，颁布了《安定国民生活紧急措施法》《石油供应调整法》《关于对付生活物资的抢购和囤积的紧急措施法》。

（5）经济管制方面的法规。如日本1946年的《房租管制令》《物价管制令》、1949年的《外汇和对外贸易管理法》、1950年的《外汇管理法》等。

1929—1933年大危机之后，垄断资本主义进一步发展成为国家垄断资本主义。在国家垄断资本主义阶段，国家的作用大大扩大并且有新的性质。由于国家不得不逐渐进入生产过程，并且企图避免危机，把资本主义的巨大力量和国家的巨大力量紧密结合起来，国家干预无论从量上还是从质上都与以前的阶段不同，成为资本主义再生产中居支配地位的重要特征。这一时期的经济法则反映了国家垄断资本主义的本质和要求，成为资本主义国家对社会经济生活实行管理、监督、干预和调节的有力手段。究其立法思想，有一个突出的中心，即如何能够使资本主义避免危机。这与重商主义时期借助国家权力帮助资本主义生产关系加速成长，以及自由放任时期维护自由竞争的一般条件，是有区别的。这一时期的经济法，无论在法规数量、调整范围及所起作用上，都是以前各时期所不可比拟的。我们看到，经济法的发展在资本主义全部历史上表现为一个"马鞍形"。对此，如果不分析资本主义本身的历史发展，不联系在各个阶段占主导地位的经济学说和经济政策，单纯就经济法论经济法，是无法获得正确解释的。有的论著在论述经济法的发展时，单纯就法论法，并把经济法的发展描述为一个直线上升的趋势。我认为，这种论述不仅不符合西方经济法的历史，也未必符合其今后的发展情形。

战后各国推行凯恩斯主义经济政策的结果，在一定程度上使资本主义的固有矛盾得到调和或者说缓解，一度使资本主义各国经济出现罕见的繁荣。正如凯恩斯派经济学家琼·罗宾逊所说:"二十五年没有严重萧条的资本主义确实是历史上的新事情。"[13]但是,凯恩斯主义政策没有也根本不可能消除资本主义的固有矛盾,相反,长期实行这一政策的结果使这些矛盾更加尖锐化。自20世纪70年代以来,资本主义世界经济停滞和通货膨胀同时出现,陷入了重重危机。凯恩斯主义政策完全失灵了。随之而来的是资产阶级国家不断改变和调整政策,完全乱了步调,而经济理论上则是一片混乱。

恰如当年凯恩斯把危机归罪于自由放任主义一样,现在资产阶级的各种经济学派都一齐向凯恩斯主义开火。这种情形,琼·罗宾逊称为经济理论的第二次危机。另一凯恩斯主义者、1981年诺贝尔经济学奖获得者托宾则称之为"三次反革命"。他指出:"这三种不同的反革命的共同之处在于都带有当今政治气候中流行的保守主义色彩:政府干预都是有害的,它导致通货膨胀、不稳定、无效率和生产率下降。此外,它们都认为凯恩斯主义政策已经失败,其理论亦不足为借。"[14]以弗里德曼为首的货币主义学者认为,西方经济已受到巨大的威胁,必须从国家积极干预经济的道路上改变方向,充分发挥市场经济的自我调节机制。以阿瑟·拉法为首的供应学派,同样认定国家对经济的干预破坏了自由市场经济。合理预期学派在看待政府政策上得出比货币主义学者更加悲观的结论,认为任何形式的国家干预都是有害无益的。哈耶克的新自由主义主张回到亚当·斯密的自由主义,反对任何形式的国家干预,要求给予私人经济以最充分的自由,把调节的任务交给竞争和市场力量。而凯恩斯主义学派(包括后凯恩斯主义、新剑桥学派)仍竭力维护国家干预经济的政策,甚至主张进一步加强国家干预,对社会经济实行统制。

1979年英国以撒切尔为首的保守党政府采取了货币主义政策,尽

---

[13] 〔英〕琼·罗宾逊:《经济增长的年代》,载商务印书馆编辑部编:《现代国外经济学论文选》(第一辑),商务印书馆1979年版。

[14] 〔美〕托宾:《供给经济学:是什么,行得通吗?》,载《国外经济文献摘要》1982年第4期。

量减少国家对经济的干预,削减政府财政支出,使国有企业民办化和恢复市场机制。美国里根政府亦摒弃了凯恩斯主义,采纳了货币主义和供给学派的经济理论。里根在1981年2月18日向国会提出了一个经济复兴计划,其中包括减税、削减政府开支、减少政府对经济的干预、改革或取消政府对企业的某些管制法令和条例等。日本也在1980年来了个急刹车,突然抛弃了凯恩斯主义,采取了弗里德曼的方针。唯独法国密特朗政府在政府干预经济的道路上继续前进,进一步扩大国有化经济,扩大对经济的干预。日本金森久雄在评论各国经济政策时写道:"由于凯恩斯政策实行得不顺利,所以英国和美国向右,法国向左,不断改变自己的政策。"⑮目前,资本主义世界已进入了一个重新对经济政策进行调整和实验的时期。凯恩斯经济学已从多数国家官方经济学的宝座上被赶了下来。这是否会因此动摇经济法在西方整个法的体系中的重要地位?经济法在今后的发展中是否将再出现一个"马鞍形"?现在来谈论这些问题似嫌太早。但是有一点是肯定的,即资本主义世界对经济理论的重新评价,各国对经济政策的改变、调整和实验,必将对西方经济法的前途产生重大的影响。

---

⑮ 〔日〕金森久雄:《资本主义能复兴吗?》,载庞慧茹译,《国际经济评论》1982年第9期。

比较法与法律制度[*]

不同国家有不同的法律,甚至同一国家也常有不同的法律。这一事实导致了一个叫比较法的法学部门的诞生。

一、比较法先驱者

虽然自古以来法律就是不相同的,但是从学术上对法律的多样性做持之以恒的研究,却还不到100年。当然,尽管人们对这种多样性偶然产生兴趣,但对法律的多样性进行系统研究则始于19世纪60年代。

在各种各样的地方法律最终构成学术研究的对象之前,比较法不可能作为一个学术领域得到发展。欧洲大陆国家在中世纪末以前,甚至英国在19世纪以前都未把地方法律作为学术研究对象。即使对若干法律制度的学术研究有了进展,也并未立即产生对这些法律制度的比较研究。事实上,欧洲大陆的那种法律研究方法成了比较研究的障碍。

罗马帝国的法律知识湮灭在蛮族入侵之中。中世纪时,日耳曼入侵者的粗陋习惯逐渐发展成为复杂而精细的法律体系。但它们只是作为各类地方法庭的惯例而发展起来的,并不是可由学者培育和详细解释的那种法律体系。在中古时代,只有在英国,作为诺曼底人征服的后果,法律的发展开始集中于国王的法庭,真正的法律专家是实践工作

---

[*] 本文译自《国际社会科学百科全书》1978年版,原载《法学译丛》1989年第3期,作者麦克斯·罗恩斯泰,徐炳校。

者,而非法学教授和学者。唯有寺院法即关于教会的法律,才受到学者们的关注,这些学者聚集在当时建立的大学中。从12世纪起,情况发生了变化。当时罗马法被重新发现,并成为教学和写作的对象。这首先出现在波伦那大学,然后是在迅速建立和增加的其他大学。通过有相互承继关系的各种学派的努力,罗马法被改造成为所谓的民法。这些学派包括:前期注释法学家(12世纪)和后期注释法学家(13、14世纪),人文主义者(16世纪),17—18世纪荷兰和法国的法理学家,理性主义者的自然法学派,最后是18、19世纪德国的法典主义者。在所有大学课堂上讲授的,在各种学术论文和论著中精心研讨的,正是这一民法。但是,它不能以其被讲授的形式在任何地方付诸实施。法庭所适用的法律,实际上是民法与地方习惯及制定法的混合物。学者们讲授的民法是放之四海而皆准的一套规则和原则。实际适用的法律因地而异,学者们对此不屑一顾,他们所关心的是永恒不变的法。此外没有任何东西可与之相提并论。假如对法律有不同见解,则其中只可能有一种是正确的。可能用来进行比较的现实法律,也被局限于它们所适用的范围内。对现实法律所作的比较研究仅限于枯燥无味地列举不同的规则,学者们甚至对丹麦—挪威(1683—1687年)、瑞典(1734年)、普鲁士(1791—1794年)和奥地利伟大的私法法典的编纂,也置若罔闻。另外,在法国《拿破仑法典》(1804—1810年)牢固地成为专业教学和研究的对象之后,古老的民法从大学课程中消失了。后来德国(1896年)、瑞士(1907年)、意大利(1865—1942年)及其他国家相继编纂了各自全国统一的法典。人们把注意力同样集中到这些新法典上。对新法典的内容作精心研究和解释的庞大任务,耗尽了学者们的精力。从不同国家有其独特的法律这个意义上说,法律科学在各国被民族化了。只有在以别国的法律作为本国法典编纂样板的情况下,学者们的目光才越出国界。法国的法律知识在意大利、荷兰、西班牙、拉丁美洲一些国家受到重视,因为在这些国家,《拿破仑法典》成为立法的样板。德国的法律知识在那些本国法典和法律受德国学者著述影响的国家和地区颇有影响,如奥地利、瑞典及日本。

在民法时期和法典时期,大陆法律理论基本上是"教义学"。从一部权威的教材出发——民法时代是指法律大全,后一时期则是指令人肃然起敬的国家法典——学者们忙于对这些教材作"解释"。这些教材中的法律,被视为完美无瑕,只要以正确方法阅读和理解教材,无论何时可能出现的问题,教材都提供了现存答案。法律科学于是变成了恰当地解释这些教材的科学,正像神学就是解释圣经一样。既然采取了这种态度,也就没有多少必要、没有什么兴趣进行法律比较,正如不存在对宗教的比较一样。

英国的情形与之相似,但原因却有不同。由中央集中管理、组织严密并拥有政治权力的英国律师界成功地抵制了罗马法的冲击。设在威斯敏斯特的皇家法庭将各种各样的地方习惯融入了英国普通法。法律的阐述者,是从事法律实务的人员,尤其是法官们。他们是工匠而非学者。英国法几乎没有在大学课堂上讲授过。人们通过学徒方式,即通过法律实践学习法律。英国的律师对于学习运用某些古怪的法律,比方说苏格兰的法律,就像一个鞋匠对于学习木工一样,根本没有什么兴趣。

律师不是唯一对法律感兴趣的人。法律同样引起科学家、哲学家以及那些在英语国家后来被称作法理学家的人的兴趣。这就是说,这些懂得法律的学者们并非从严格意义上的职业角度对法律产生兴趣,而是从局外人的角度对法律产生兴趣。法理学家就是那些对法律产生和发展的历史、对法律所保护和提倡的那些东西的价值、对法律借以发挥作用的机构、对法律体系的结构,以及对法律在社会中的作用和功能等问题感兴趣的人。哲学家和法理学家首先显示出对比较法的兴趣。现在,社会学家、人类学家和政治学家对法律的兴趣正在增长。法律工作者,特别是法律学者的态度也正在转变。他们已开始发展一种新的法学,其中比较法将占有日益重要的地位。

在现代比较法研究的先驱者中,首先应提到亚里士多德,他曾从事希腊各城邦国家宪法的比较。在中世纪,某些教会法学家、法律学家或神学家,也不时地进行过对世俗法和宗教法的比较观察。后期,商法的某些奇异特征也曾引起学者们的一些注意。

突然,孟德斯鸠出现了。几乎可以说是前无古人,后无来者。在他的《论法的精神》(1748 年)中,法律被视为一种社会现象,法律的多样性被看作起因于自然的、历史的、种族的、政治的以及社会环境其他因素的多样性。19 世纪早期,孟德斯鸠的观点再现于胡果、萨维尼、艾希霍恩及德国历史法学派其他著作家的思想之中。针对那种认为有可能也有必要通过人类理性发展一套具有普遍效力的法律制度的自然法学派的观点,胡果、萨维尼等人再次强调法律依赖于周围的环境条件,尤其是各民族的特殊精神。历史法学派分裂为两个敌对的阵营,即罗马法主义者和日耳曼法主义者。他们竭力要取代罗马法与日耳曼法传统的混合物。随着双方激烈的论战,也就很自然地附带发生了对这两种法律制度的比较,并且必须研究法国法、英国法和斯堪的纳维亚法。在法国法中,日耳曼传统被保留下来,其程度远超过在德国法中。而英国和斯堪的纳维亚,这两个地方均未发生过罗马法的全盘继受。自从受到孟德斯鸠的赞扬,英国公法制度就一直受到学者们的关注。且在欧洲大陆,在由 1789 年的事件引发的整个革命运动进程中,英国公法制度被广泛仿效。

孟德斯鸠洞察法律与其他社会因素相互依赖的方法,被亨利·梅因再次运用,他为古代罗马和古代印度法律的相似及其相似的发展所触动。由于受当时达尔文主义思想的影响,梅因在《古代法》(1861 年)中毅然提出了从身份到契约是人类社会发展的普遍规律这一著名"定律"。

二、现代比较法

1869 年比较立法学会的成立,1876 年法国司法部比较立法委员会的设立,以及 1898 年英国比较立法学会的成立,开始引起法律工作者而不是法理学家对现代比较法的兴趣。这一运动起因于实践上的考虑。那个时代的法律工作者认为,创制本国法律就是指立法,为此必须了解外国的思想和经验,尤其是外国新的立法思想和经验。对此有兴趣的为数不多的专家们的主要活动是翻译和讨论新的外国法典和法律。

不是比较立法,而是比较法迎合了一个人数日增的学者群的要求,这些学者对19世纪后期大规模的国际私法统一的必要性和可能性持乐观态度。因而比较法与国际公法和国际私法一道,成为国际法研究所年会的讨论题目之一。国际法律统一的理想,也是在巴黎举行国际比较法大会的动因。来自世界各地的学者云集大会,在参加者的回忆中,这次大会被怀旧地称作"比较法极盛时代"的顶点。从那以后,这一领域中的工作变得更加现实。其发展反映在埃道尔·兰伯特的毕生工作中,在里昂大学比较法研究所里,他艰苦细致地研究达数十年之久。

学者们为立法、国际法律统一和国际商业贸易等方面的目的而追求法律的实践知识,不断刺激并使研究外国法的兴趣日渐增长;同时也产生了新的理论研究方面的兴趣。渴望发现作为一般社会现象发展的法律起源——这一发展过程被普遍看作是直线型的——这就使学者们的注意超出罗马法、希腊法和日耳曼法的范围,转向具有更古老特征的法律以及原始民族的习惯。《比较法研究》杂志(创刊于1987年)集中研讨这种新的"民族法学"及相关问题。

比较法愈是呈现出社会科学的特征,其研究者就愈了解进行研究之困难。因为作为一门社会科学的比较法,要追求作为一种社会现象的法律的系统知识,其研究不得不超越国家的边界。什么地方可以找到保存全部必要资料的图书馆呢?谁能记住并整理这些资料呢?1917年出现了具有决定性意义的步骤。这一年在慕尼黑大学建立了恩斯特·拉伯尔比较法研究所,9年后在柏林建立了凯瑟·威尔海姆外国私法和国际私法研究所(现称马克斯-普朗克比较法与国际私法研究所,在汉堡),以及外国公法和国际公法研究所(现称马克斯-普朗克比较公法与国际法研究所,在海德堡)。这些研究所建立了综合性的图书馆,并集中了一批专家,他们在拉伯尔的指导之下为新立法的起草人和国际法律活动的参加者提供咨询意见。他们可以系统地观察世界各地法律的发展，以便获得理论知识，发展法律思维和研究的新方法。这一创新的影响是非常深远的。比较法研究所的建立恰逢德国法律思想方法从概念—分析法学向新的利益法学的转变时期，亦加速了这一转变。这种利益法学强调对社会生活事实的了解及对现时各种相互冲突的社会利益的评价。根据这种方法，学者们可能不再仅仅关注本国的社会现象。

同时发生在美国的法律方法的转变促使美国学者对比较法（现时通常称作国际法律研究）的兴趣迅速增长。而美国之日益卷入世界事务，包括政治性事务和商业性事务，则是另一有力动因。

庞德、魏格摩、弗莱德及米纳等学者在法学研究中，从20世纪之初就致力于打破地方主义，放眼世界。他们的研究范围，以及由他们发起并编辑出版的法律哲学丛书、大陆法律史丛书及现代犯罪科学丛书，表现了他们的渊博学识。自第二次世界大战以来，由于得到福特基金会的有力支持，国际法律研究已经成为美国各大学法学院的课程和研究项目中必不可少的部分。法学家一直在寻求同社会学家、经济学家、政治学家、人类学家以及历史学家的合作。现今美国所缺少的，只是以德国马克斯－普朗克研究所为模式的一个巨大的研究机构。

在联合王国，比较法研究是由哈罗德、盖特内吉所开创的。现在大学都在研究比较法。大学的法律学术教育正在迅速发展，以补充或取代古老的学徒培训方式。1948年在伦敦建立的高级法律研究所，提供了一个比较法研究平台与中心。

在法国，各大学法学院开设了有关世界各重要法律制度的各种课程，而研究工作则是由各研究所主办的，尤其是巴黎、里昂土鲁斯的研究所。在意大利，一些大学对比较法的兴趣方兴未艾。西班牙、日本、南斯拉夫等国家和地区的研究所和大学法律系也很活跃。在苏联，社会科学院法律研究所密切注视外国法律的各项发展。

比较法因其超国家性而要求国际合作。国际法律科学协会提供了满足这种合作需求的国际机构。国际法律科学协会通过其理事会即国际比较法委员会，与联合国教科文组织联系。比较法学者的国际会议由国际比较法学会主持,并由设在斯特拉斯堡的比较法国际教育学部和设在卢森堡的国际比较科学大学予以指导。

三、方法和范围

比较法律研究,有微观的比较和宏观的比较之区别。后者从事整个法律制度的比较,例如,比较英美普通法系与所谓民法法系,或者在民法法系内部进行比较。民法法系即罗马法系,是指那些以法国法和德国法为模式的法律。微观比较,是从事法律规则和制度的细节比较。当然,这两种方法有时相互交错,尤其是在关于程序法的比较和法律思想的比较中。

(一)微观的比较

比较法研究的初期,倾向于从特殊的制度出发进行比较。例如,比较普通法系与民法法系中的合同,或者比较法国法和德国法上的占有,或者比较普通法系的对价学说与民法法系的约因概念。进行这样的比较可以得到两个重要发现:其一,不同法律制度中的那些似乎相同的概念,极少具有相同的含义;其二,那些相同的或似乎相同的制度,在不同的社会环境中可以具有不同的功能。举例来说,英美法中的合同概念,其含义在若干方面不同于罗马法学家所使用的"合同"概念及其在现代的对应概念。侵权行为的损害赔偿金制度,在德国法上具有严格意义上的赔偿作用,但在普通法上则兼有赔偿和惩罚两种作用。因此,比较法学家愈来愈倾向于采用功能的方法。不是从任何特别的规则或制度出发,而是从某个社会问题出发,并设法去发现解决该问题的规则和制度。举例来说,在不同的法律中,为清偿死者留下的债务设计一个什么样的清偿顺序,或者为不公平的或过分苛刻的商业交易的受害人提供什么样的救济,或者为不动产买方的所有权提供什么样的安全保障?这样进行调查研究的结果很可能表明:一方面,有多种多样的办法一直被用于和可能被用于达到多少是相同的目的;另一方面,对立法者来说,可供采用的方案并非无限的。

（二）宏观的比较

对所有法律制度作出宏观比较的很少有人像马克斯·韦伯或达维德那样涉及整个世界。在大多数情形下，这种研究只是对西方文明的两大法律制度——英美普通法和民法的比较研究。

（三）普通法对民法

深入细致的分析表明，普通法系与民法法系的典型区别并不能用那些经常采用的对偶方式来表述，不能用诸如法典法与非法典法、制定法与法官法，更不用说什么独裁主义法与自由主义法等相对方式来表述。民法国家法律的大部，如法国和德国行政法的大部，既未法典化甚至也未表现为制定法，而英国法和美国法的大部都已进行了综合性的立法编纂，例如英国的海商法、美国的统一商法典和国内税法典。毋庸置疑，普通法系与民法法系对待那些编纂法典的司法态度有所不同，但这种司法态度的不同是基于更根本的区别，即两大法系在法律思想方法上的区别。

司法判例在两大法系中所起作用的差异，也并不像人们通常所相信的那样大。就理论上讲，普通法系的法官受判例拘束，而民法法系的法官不仅可以无视这种先例，而且应当用新眼光看待每个案件。但事实上，法国和德国的法官竟然那样细心地注意先例，以致几乎可以说整个法律都是法官制定的。例如，法国的侵权行为法，德国法中关于合同当事人必须遵守诚实信用和公平原则的法律的细节大部分都是由法官制定的。法典愈古老，司法解释在法律中的比重愈大，司法解释可以完全掩盖法典的本来面目。我们知道，《法国民法典》已有170余年的历史，而《德国民法典》已有80余年的历史。另外，普通法系的法官也像他们在大陆的同行一样，精通根据事实从不适合的先例中区分出新的案例的技巧。此外，与英国的法庭不同，美国的法庭已不再回避公开推翻已过时的先例。

至于所谓民法法系的独裁主义与普通法系的自由主义对比，只需指出瑞士是民法法系的国家，加纳是普通法系国家，如像克伦威尔时代的英国就够了。最后，那种似乎根深蒂固的信念，即认为在民法法系的刑事诉讼程序中,被告人必须自己证明自己无罪,则纯属虚构。

普通法系与民法法系的根本区别,在于法庭诉讼程序的技术结构,在于法律思维运动不同的概念体系,以及导致这些区别的原因,即负责司法的人员的显著差异。

比较法研究中最重要的发现,也许是马克斯·韦伯的下述意见:一个社会的法律制度状况最终取决于支配该法律制度的那种人。法律制度是像古代罗马那样由贤明的绅士和高级行政官支配,还是像伊斯兰国家由神学家支配,这就形成了区别。普通法是作为一个中央集权的法庭体系的法律发展起来的。这些法庭是由少数杰出司法人员组成的,而这些法官本身又与集中管理的律师组织联系在一起,他们正是从这些律师组织中挑选出来的。其结果是,普通法反映了这些环境因素:论证方法是类推的方法——方针并不总是前后一贯的,概念也并不总是明晰的,法律主要被看作处理那些在司法外无法解决的少数争议的一套规则,而不把法律主要视为社会行为规范体系。偶然的失当并不一定是严重的邪恶。但一般说来,那些曾任出庭律师的法官知道事情的过程,懂得怎样正确判决案件。这些案件在法庭上由富有经验的律师组织进行针锋相对的口头辩驳。

大陆法国家缺少一个中央法庭,这是个重要差别。如果法律要适应变化中的社会现实并要维持最低限度的统一性,大学法学系就必须发挥指导作用。几个世纪以来,法学不是由超越地区界限的教授们组成的。在对被视为构成法律理论基础的权威著作进行解释时,他们讲究系统性,对重要原则做仔细阐述,采用三段论式的逻辑推理,注意术语的前后一贯性,很少涉及与现实生活关系较远的问题。怎样正确解释权威著作的争论掩盖着努力使法律适应变化中的社会现实的目的。法律被视为一套人类行为的规范体系,倾向于由那些精通法律的教授和高级官吏进行家长式的指导。

今天,情况已有所变化。在大陆法国家,中央的国家法院的建立赋予法官极大的权力,相应地削弱了法学教条曾经起过的主导作用。另外,在美国,在那些未由一个拥有全国管辖权的法院创立统一判例法法律的部门中,法学院教授们的影响已很大。在英国,由于枢密院司法委员会中央上诉审管辖权的崩溃,类似的变化已经发生。法律教育已由大学承担,大学教授们正在变成英国和英联邦法院法官的指导者。这些法院现在是相互独立的,就像美国的州最高法院以及欧洲大陆曾经有过的具有较小司法权的法院一样。两大法律制度的上述发展结果产生了实体法和程序法上的细微变化。

(四)社会主义法

在法律制度的宏观比较中,社会主义国家的法律,尤其是苏联法,近来受到更多的重视。西方观察家提出这样的问题:社会主义国家的法律究竟是自成一种法律制度,还是应被看作民法法律制度的一个分支?答案取决于所采取的区分方法。如果注重法律规则的内容及借以实施这些规则的机构,你将同意苏联法理学家关于独立的社会主义法律制度的主张,尽管你认为社会主义法与"资产阶级法"的区别并不像苏联理论中所说的那么巨大。毕竟西方国家已采取了福利国家的主张。另外,如果注重法的概念体系,尤其是法典中的概念体系,或者如果你关注法庭组织和诉讼程序的基本特征,一个受到法国法、德国法或瑞士法训练的律师将比一个受到普通法训练的律师,更易于理解和掌握它们。假如你注重司法人员,你将看到他们与西方的法官和律师具有相当不同的司法观念,但如你观察一下东方的社会主义兄弟国家的法官和律师,你就会发现一种正在不断增长的倾向,即他们把自己看作保护个人权利免受专制侵害的监护人。

四、比较法的任务

正在进行的对法律制度的仔细分析,已导致了对过时的陈词滥调的怀疑。我们已经看到,即使是普通法与民法的区别,也不应看得过大。这种区别与其说是法律内容上的区别,莫如说主要是方法上和传统上的区别。同样,这一区别主要表现在私法上而不在公法上。民主政府的形式保障公民参政及使其免受政府(民主制的或专制主义的)滥用权力之害的法律策略,是独立于法律发展的历史背景之外的。

比较法给人的深刻印象是，它证明了西方文明的统一性。这一文明已传遍整个世界，甚至影响了亚洲和非洲的家庭法，而家庭法是它们的非欧洲传统维持时间最久的领域。除了家庭法领域正在消失中的旧传统及相关事物，现在世界上可以说没有任何一个国家，其法律不属于发源于西方的三大法律制度：民法、普通法和社会主义法。

在微观和宏观的比较中，比较法学家必须进行的工作不仅仅是探究法律规范和法律制度的异同。假使他希望了解其异同的原因，他必须研究那些与法律规范和法律制度的发生、运作并反作用于它们的社会条件。这就要求法律比较学者必须成为社会科学家。完成这一任务遇到的困难将是十分艰巨的，因为即使只进行严格的形式上的比较，也已经够棘手了。因此，进展是非常迟缓的。然而，微观的比较和宏观的比较均已开始，尤其是在私法和诉讼程序方面。

伟大的法律创造者总是社会现实的观察者。古代罗马的法理学家坚持不懈地从事我们今天所谓的社会研究，耐心地阐述为保障自由企业的经济秩序顺利运作所必要的法律规范。中世纪的教会法学家，颇像现代的社会学家，当时已注意到罗马教皇用法律手段制止家族间世仇的努力之归于失败，是因为这种手段与人们的传统习惯相抵触。律师们曾反复出现把法律看作一个自我完善的规范体系的倾向，而这种倾向曾荒唐地受到孟德斯鸠、萨维尼以及其他更近代的法律学者的支持，如梅因、梅兰德、基尔克、吉尼。

19世纪后期，在美国、德国和奥地利及斯堪的纳维亚的法学学者普遍把法学视为概念法学，20世纪中期的新法学学者则普遍地把法律科学视为社会科学。

法典法与普通法的比较[*]

一、法典法制度

"法典法制度"作为一个法律术语,通常在两种不同的但又有联系的意义上使用。在第一种意义上,"法典"是指通过综合性立法或法典编纂,把某个民族日常遵守的法律变成一种书面的、具有一定稳定性的、有系统的法律文件。严格说来,法典也可以指宪法或类似作为基本法的公法法规。但更常见的情形是,这一用语限于私法(合同、侵权行为、财产、代理、婚姻、婚后财产及有关事务)编纂,尽管许多国家也有刑法、刑事诉讼法、民事诉讼法及商法的法典编纂。就特定国家有一个或多个主要部门法汇编为单个综合性法规这一意义而言,法典法制度通常对应于非法典化的普通法制度。在普通法制度中,一般说来,至少私法仍然是来源于习惯的规则和原则的未法典化体系。这些规则和原则表现在最高法院的判决中,以及表现在专为修正或扩张这些判决而通过的零星的制定法之中。

在第二种且更为通俗的意义上,"法典法制度"一语指欧洲大陆的民法体系,其主要代表是现代两个主要的法典编纂,即1804年的《法国民法典》(又称为《拿破仑法典》)和1896年的《德国民法典》。这一民法体系已经传播至全世界。1896年的《德国民法典》对现行《日本民法典》的制定和通过有决定性的影响。《法国民法典》在中东、非洲及拉

---

[*] 本文译自《国际社会科学百科全书》1978年版,原载《法学译丛》1989年第5期,作者艾德华·麦克威利,陆元校。

丁美洲普遍地被复制或借用。

正是在表示两大西欧实体民法的法典编纂这一特定意义上,"法典法制度"一语通常区别于英语国家的普通法制度。英国普通法,通过征服、占领和殖民,最初被带到美洲各国和美国海外殖民地。在土著的非英或非欧居民占人口绝大多数的国家,在尊重原有地方性的、习惯的法律的前提下,普通法经过一些修改后被保留下来,甚至一直到英国的政治权力在这些国家正式地或实际上消失以后仍然如此。因此,普通法是现今大不列颠、英联邦国家,以及美国的基本私法。普通法一语用于以下两个地方:其一,那里的普通法已经法典化了,如大多数英语国家的商法和刑法;其二,那里的法律本属于罗马法主义,但未正式法典化,被伦敦枢密院的一系列决定改造成为一种类似普通法,即由先例构成的判例法(如南非和斯里兰卡)。在法典编纂标志着在一定程度上同过去决裂这一意义上,法典编纂常常是一种革命的步骤。尽管所有的法典声称仅仅表述旧的、先已存在的法律,但大多数伟大的法典编纂委员会都曾利用这种机会进行革新和变革旧的法律。同时,因为法典编纂需要将大量的、迄今未加整理的杂乱无章的材料系统化,法典编纂本身必然要把业已存在的法律精确化、现代化。

伟大的法典化计划总是与伟大的政治或社会变革或巨变的时代耦合,也许因为在那种时期易于在决策阶层中取得完成法典化计划所必要的起码的一致意见,也许只有在那种时期,追求稳定和追求变革的两种相互冲突的压力,才可能完满地妥协为将法律编纂为一个综合性的立法文件。《法国民法典》是紧随法国多年的革命骚乱之后制定的,并且是拿破仑皇帝第一批计划之一。拿破仑个人指导这一计划直到完成,甚至不时地亲自主持编纂委员会的会议。在德国,法典化运动只在1871年以联邦形式实现德国政治统一之后才真正开始并得到官方恩准,并且法典编纂当时被看作帮助和促进民族统一精神的工具。

现代《日本民法典》受到《德国民法典》很大影响且许多内容来自《德国民法典》,是故意作为基本社会制度"现代化"或"西化"的政策的一部分而制定的,希望借以加速大规模的工业化和发展。

1922年的《苏俄民法典》，是苏联政府在经历1917—1921年无法律年代的灾难性混乱状态之后，致力于寻求法律上的稳定、透明和肯定而制定的。1917—1921年，沙皇的法典和法律大部被废除了，法官和行政官员经常不是按照一个确定可靠的判断标准决定案件，而是根据他们自己的"革命意识精神"办事。1922年是苏联执行新经济政策的开始一年，放松了对经济活动的官方控制，鼓励企业的商业活动，鼓励外贸和外商在苏联投资。现实已经表明，一个固定的和明确的民法典将是在国内外塑造一个更为开明的苏维埃官方形象的无价之宝。显然，这一民法典就其组织结构及大量的实质性原则而言，离欧洲大陆民法的源流并不太远。

各国法典很不相同，主要取决于它们的制定者是将《法国民法典》还是将《德国民法典》作为启迪其智慧的主要灵感。《法国民法典》直截了当，明白易懂，在结构和语言上常熠熠生辉，也许反映了法语固有的优美以及法典起草委员会在个性和技术上的优秀品质。该委员会成员基本上是开业律师，他们在拿破仑的某种鼓励之下，花了几个月工夫完成了最后的法典。反之，《德国民法典》语言冗长艰涩、学究气浓，在某种程度上反映了它的主要起草人的学者风度和官僚主义特征，并反映出它是多年研究、争论和批判的结果。虽然在1874年，随着法典编纂委员会成员的任命，实际法典编纂计划就开始了，但直到1896年，最后的法典草案方才完成并获通过，且于1900年生效。拿破仑曾经说过，他的目的是要使法典在编排上简洁、方便，以至于在烛光下阅读法典袖珍本的农民能够了解他所有的法律权利。从法律写作的观点上看，这一法典如此成功，以致司汤达据说每天都要阅读几页《法国民法典》，以期提高其文学风格。相反，《德国民法典》基本上仍是法律专家的法典，没有什么文学的优美和高雅风格可言。

这与不同的民族心理或民族个性——或者按照萨维尼的说法，称之为民族精神——有关。关于各个国家的法典编纂，要注意这样一个问题，即该国历史上是否存在过一个特别时期，其间进行法典编纂的时机已特别成熟。也许还有一个更具根本性的问题，即为什么某些国家实现了法典编纂,而其他国家则没有? 在1814年,作为对法国的入侵、革命和拿破仑时代的军事占领的反应,安东·西波特及德国民族主义运动敦促立即进行法典编纂。但萨维尼反对这些措施。他争辩说,因为法典首先是一国法律的重新表述或具体化,假如任何国家在未达到政治上、社会上和经济上完全成熟之前就试图进行法典编纂,则势必阻碍其发展。萨维尼反对在条件未成熟时编纂法典的告诫增加了一个民族主义的论据。他说,假定在19世纪初期进行德国法的法典编纂,当时仅有一部松散的、混乱的、啰里啰唆的1794年《普鲁士民法典》,是有用的严格意义的日耳曼模式。这一法典是腓特烈大帝受法国理性主义冲动驱使的粗劣制品。当时任何德国大学法律系的既有知识能力、法律人才和资源,都不能胜任德国法典的编纂工作,只有复制被拿破仑军队带到莱茵及德国其他部分的《法国民法典》。

在萨维尼看来,保持现存的德国法大拼盘更好些。例如,在莱茵各州,保留《法国民法典》;在普鲁士及其控制地区,保留1794年的法典;在其余各州,则保留非法典化的普通法,或者"继受的罗马法"。德国之吸收这种非法典法,发生在14、15和16世纪。在吸收过程中及随后各大学法学院的集中研究中,非法典法被逐渐精炼并予以重述。萨维尼在针对法典化所作辩论中,求助于日耳曼民族主义传统,出现了一个莫大的讽刺,因为继受的罗马法在19世纪初期支配着德国大部,在内容和外部特征上均已变成了"极端罗马法"。然而,即使是《法国民法典》,虽在很大程度上吸收了南部法国的罗马法,但就其实质性原则而论,仍受到法国北方各省日耳曼习惯法很大的影响。

法典化运动的大部分原动力无疑来自理性主义精神。大不列颠和美国都有过强有力的法典化运动。边沁及其门徒,作为19世纪早期一般法律改革运动的一部分,发起了法典化运动。制定法典的目的,用边沁自己的话说,是提供外行也能知晓的法律。但是,到19世纪中期和后期,除在某些特定的法律领域尤其是刑法和商法领域以及在英国海外殖民地仍保留了一些影响之外,这一运动大体上已瓦解冰消。这可能是由于遭到司法界和律师界既得职业利益的顽强抵制。这些特殊技术集团的思维方式,适合于实用主义一个问题一个问题地发展判例法制度固有的法律原则。他们坚决反对通过法典编纂规定任何预先的假定原则。英国大学的法律教学直到19世纪都非常薄弱,基本上处于无组织状态,四大律师学院使律师界的影响在法律教育上占支配地位,这成为法典编纂的又一思想障碍。

法典编纂运动在19世纪中叶对美国有强烈的影响,这表现在"费尔德—卡特大辩论"中,但是在商法领域之外,法典编纂的影响是很迟缓的,且影响所及的范围是有限的。另外,尽管存在50个形式上相互分离和独立自主的州司法裁判权,然而某些因素却非常有助于美国私法发展的统一。特别重要的是美国法律重述,和以耶鲁、哈佛为典范的那些有声望的"国家"法学院的影响。这些法学院声称讲授一种真正国家的法律,以区别于特定州的法律或者地方法律。

法典一旦起草出来,就必定会有一种倾向,即产生许多类似宪法或基本法的那种永恒性、刚性和不可改变性。萨维尼所发现的这一特别的真理,似乎由19世纪解释和适用《法国民法典》的详细历史充分证实了。在法国,一个非常保守的司法界借助于对法典内容的严格文义解释或者注释,坚持用建立在极端个人主义基础的自由放任哲学解释法典,然而这时法国作为一个整体,从社会和政治意义上说,已经历了大规模的工业革命并且已大体接受了集体主义和民主观念。但是,到了19世纪末期,考虑到发达工业文明的新环境,而法典必须在这种新环境中起作用,一批才华横溢的教科书作者和注释者开始系统地重新解释《法国民法典》。这种改造法典的有效工具,是目的论解释的新技巧(根据社会需要而作解释),它们本身是吉尼所谓法律上自由的科学研究的成果(1889年)。法国法典上的这些发展类似并且先于后来北美法学上对实证主义和社会问题的强调。

像宪法一样,法典要有活力,必须随着它在其中起作用的社会的变化而变化;法律与社会的这种关系,或者称共生现象多因起草法典时所使用的概括一般原则的方法而得到加强。当德国的社会民主主义者对《德国民法典》的起草发难,认为这一法典有所谓的自由主义、个人主义偏见时,伟大的法理学家鲁道夫·斯坦纳向他们保证,法典总则部分高雅、精确的品格将使之不断地适应社会所接受的民主观念。法典关键条款中的措辞如美国宪法第五、第十四修正案中的"正当程序条款"——能给旧的原则注入新的内容。因此,解释的过程能够用来在法律上达到变更和革新的目的,而避免采取表面上剧变的直接修订法律的步骤。

二、普通法制度

人们在若干不同的意义上使用"普通法"一语。在中世纪的英国法中,普通法是指在王座法庭上适用,并且至少在原则上为整个王国所共有的法律。从第一种意义上说,普通法区别于地方法庭、郡法庭或封建时代的庄园领主法庭所适用的法律,这些法律只属于某个特定的地区。普通法也区别于像商人法那样的自治法,后者只适用于某些阶层的人们。

然而,在第二种意义上,普通法是与制定法相对应的概念。普通法具体而详细地表述于法庭的判决中,其法律效力亦源于法庭的判决。而制定法或称立法,则是拥有国家主权的议会或立法机关意志的产物。在此含义上,普通法也区别于法典化法或法典法(民法)。普通法也被视为源于习惯的一种原则体系,这些习惯不是反映在最高法院的判决之中,就是包含在专为修正或扩张这些习惯而通过的零星法规之中。因此,普通法与那些已被归入并编制成单一的综合性立法文件或法典形式的法律,恰好相反。

鉴于英语国家一般能够抵制对它们的法律进行综合性法典编纂,我们常在最广泛和最通俗的意义上使用普通法这一概念——指英语国家的法律,以对应欧洲大陆及拉丁美洲、亚洲、非洲某些国家的民法(一般是法典化的)。拉丁美洲、亚洲、非洲的这些国家,在政治上受欧洲大陆的影响,其法律制度亦与之相仿。

在第三种意义上,普通法与衡平法相对应。衡平法是区别于普通法的一个法律体系,由作为"国王良心看守人"的大法官在大法官法庭上适用,其目的在于修正或改善通常的法庭适用普通法的过分严苛僵硬之处。衡平法开始是反映公平和自然正义的一系列原则和规范。在中世纪,这些原则和规范的弹性很大,以致后来人们有理由批评它的随意性。但是,到了19世纪初期,衡平法已经凝结成为一个相当严格的判例和司法法源体系。与普通法不同,衡平法是由另外一套独立的司法系统即大法官法庭予以适用的。《司法法》的颁布,影响到英国司法结构的整个体系,特别的大法官法庭被废除了,于是衡平法与普通法正式融合为一,形成了一套法庭系统适用判例法的单一制度。

最后,普通法一语有时被用来表示私法,即规范私人之间关系的法律体系。其中,社会公共利益或国家利益通常不占什么地位或只具有表面的意义(例如,关于合同、侵权行为和个人财产的法律),这与通常充分体现社会公共利益的宪法和公法(例如行政法、劳动法和反托拉斯法),是截然相反的。由于在原先被认为只涉及个人利益的法律领域,国家干预日渐增强,因此在现代术语中公私法区分的真正意义正在消失。

毫无疑问,依循判例的原则是今天维系普通法生命力的关键因素。首先,这一原则规定在司法系统中,法庭审判应依循和适用上级法院判决;其次,设立了最高法院应受自己作出的判决约束的原则。第一方面似乎是显而易见的,因为这是英国法院组织金字塔结构的自然结果,并具有保证下级和中级法院所作判决的一致性和可预见性的实际效用。第二方面,严格意义上的依循判例原则——虽然常被认为是普通法学的老生常谈,但实际上只是在1898年伦敦街道有轨电车有限公司案件的判决中才被明确表述为英国普通法的一项具有法律效力的原则。但从那时起,它已成为普通法不容置辩的重要原则之一。

与法庭是否应受过去的判决约束的争论点颇为不同,"法律实证论"学派提出了一个新的争论点,即法庭是否在实际上用先前的判决约束它们自己。这一学派,在两次世界大战之间,在美国的法学院中很有影响。20世纪30年代初期,在那些才华横溢的青年学者如法官弗兰克和卢埃林的领导下,法律实证论者暗示法庭采用有效的实质性策略和计策,尽早减弱那些不受欢迎的司法判决的效力。在这些策略中,法律实证论者提出了"区别"于先前判例的方法:在法庭受理的案件中,尽力找出那些与产生判例的先前案件所不同的事实,以说明先前的判例不适用于所审之案。法律实证论者还暗示人们采用如司法人员所喜爱的"规避"先前判例的方法,即通过把某些判决归入强有力法庭的判决一类,或者在那些有两种以上判决意见的案件中,注重区别不同于法庭正式观点的个人司法观点,以给予某些判决较其余判决更重要的地位。这些个人观点,可能是以特别的理由表示赞成法庭意见的观点,甚至在一些著名的法理学家如美国最高法院的霍姆斯那里,可能是对法庭决定持异议的观点。在1905年洛克纳一案中,霍姆斯所持异议的明智和准确意见后来成了很具号召力的观点,以后在1937年西海岸酒店诉帕里什一案中得到美国最高法院大多数法官的赞同。

必须承认,普通法世界由于终审上诉法庭所记载的不同司法观点激增而使"区别"先前的判决易如反掌。但唯有枢密院仍绝对坚持其一贯做法,在每一案件中,法庭只记载一个观点。

现今相互独立的司法裁判权过多,各自产生自己的判决,这同样也有助于对案件的"区别"。考虑一下英语世界中联邦国家的问题吧。美国存在50个独立自主的司法管辖权。从理论上说,各个管辖权都是独立和相互分离的,各州最高法院是在该州提起的案件的终审上诉法庭(那些同时涉及联邦管辖权的案件除外)。任何一个州最高法院的判决当然不能拘束其他的州,但这些判决可以具有某种劝导力。要从不同的州最高法院的判决中找到互相抵触的东西总是可能的,因而为创造性的司法选择——制定司法方针,开辟了道路。尽管存在50个分离的并且经常相互对抗的司法管辖权,但也存在抵销力量,这种抵销力量指向统一美国普通法。重要的统一因素之一是美国法律研究所提出的法律重述。美国法律研究所虽说不是官方机构,但集中了可能罗致的优秀专家(法学教授、法官和律师),很快便取得了半官方的地位。法律重述要竭力体现当时各个州私法的一致性,因而在各个州的裁判中起到了重要的统一作用。它至今在大多数州的法庭上受到高度尊重。另一重要的统一因素是存在许多"国家的"法学院(耶鲁、哈佛、哥伦比亚、芝加哥,等等)。这些学院有意识地避免强调它们所在州的法律,而是讲授一种一般说来是"国家的"普通法。这种普通法能吸取50个独立的州中的法律制度中的最佳法学原则。

强调根据事实进行案件"区别","区别"了案件中的不同事实,促使现代普通法作判决时重视事实的决定作用。法官的职责不仅仅是阐述先前判例中的正统观点,然后把这一观点用于案中事实。在法律实证主义理论的影响下,终审上诉法庭认为最好要或不可避免地要制定司法政策(司法立法)时,日益认识到有必要保留一个充分的事实记录,以帮助这种司法立法。这一新强调的重点,在美国法学上最充分的体现也许要算"布兰代斯陈述"方法。这种方法是提请美国最高法院注意宪法性事实。这种方法同样适用于私法。

当然,在美国宪法中直接和公然地背离依循判例原则是最明显的,以致法官欧文·罗伯茨就否决美国最高法院早先的判例,沮丧地评论说,这种法庭灵活性的趋势,致使最高法院的裁决成为像严格的火车票一样,仅限当天列车有效。

英国关于消费者安全的法律[*]

英国法中,普通法和制定法都很早就确立了对消费者的保护制度。最早制定、与此最有关的立法之一,是《1893年货物买卖法》。该法现已被重新制定为《1979年货物买卖法》。以下凡提到货物买卖法,均指《1979年货物买卖法》。但是,该法的局限性之一在于,要能够获得它所提供的保护,当事人之间必须存在契约关系。

大多数此种性质的买卖,现在均受《1979年货物买卖法》调整。这源于该法的著名定义,即所买卖的货物应具有适销品质并符合其用途。原来的《1893年货物买卖法》从未对这些术语下过定义,因此必须由判例法予以界定。《1973年货物供应(默示条款)法》终于对这些术语作出了下述定义:"无论何种货物,只要它符合购买该类货物通常所达之目的,则具有本法意义上的适销品质。任何本法所谓不适销货物,均应据此作相应的解释。"

前述定义已经被并入《1979年货物买卖法》。此外,1973年的法律使消费品买卖合同不能排除关于适销品质和符合用途的规定之适用。除了1893年的法律关于凭样品买卖,关于适销品质和符合用途及关于凭说明书买卖的第13条、第14条、第15条,用契约条款排除责任必须以未达到不公平和不合理的程度为限。判断一个免责条款是否公平或者是否合理,这种检验又再次被归结于客观。必须考虑案件的

---

[*] 本文译自克里斯廷·A.罗伊斯－路易斯:《产品责任和消费者安全》(第七章),剑桥ESICSA出版公司1988年版。译文原载《法学译丛》1990年第4期,徐炳校。

全部情况,尤其是下述几点:(1)当事人谈判地位的有关实力;(2)买方是否得到了一项同意免责条款的诱因,或者是否存在可以选择的供应来源;(3)买方是否"知道或者理应知道"该免责条款;(4)如果卖方的责任是有条件的,则该条件是否合理;(5)该货物是不是按照特别的订货供应的。

一、《1979 年货物买卖法》

正如我们已经看到的,该定义现今已被制定法订为条文。虽然,某些人会说,这只是把判例法确立的原则编纂入法典。为了理解已包含在《1973 年货物供应(默示条款)法》中的定义,应当审查一下某些较早的判例。假使我们从《1979 年货物买卖法》第 13 条着手,该条规定,如货物凭说明书出售,则存在一项货物应与说明书相符合的默示条款。一旦货物与说明书不相符,则第 13 条使买方有权拒收货物并请求返还价款,当然,这首先从属于是否接受的问题。

因此,在考虑产品责任的有关因素和《1987 年消费者保护法》时,最重要的条文是《1979 年货物买卖法》第 14 条,也就是涉及适销品质和符合用途的那个条文。当产品交付于买方使用时,必须满足一些条件。如果买方认为货物不具有适销品质和不符合其用途,则可以拒收货物,并请求赔偿人身损害和经济损失,同时一并返还货款。应有适销品质和符合的用途这些条件仅适用于商业买卖。

从已决的判例看来,在判断货物是否适销时,应当考虑的事项如下:(1)该货物被使用的用途;(2)对该货物所支付的价格;(3)对该类货物通常适用的说明书;(4)该类货物共通的用途;(5)该货物可能被使用的用途。

以不具适销品质作为拒收货物理由的大多数案件倾向于只涉及细小缺陷。例如一辆汽车,不像它应该的那样新,或者超过了应有的行驶里程;又如若干木桶,不完全符合订单的要求,虽然仍可适用于所要求的用途。因此,当货物达不到预期的品质时,如像我们在前面已看到的,则买方的救济办法是拒收货物,并请求赔偿货款、人身损害和经济损失。

当货物的缺陷达到稍微严重一点的程度时,拒收的理由则是货物不符合用途。通常是指,该货物不胜任预期的用途。例如,一辆开不动的汽车,一辆拉不动犁的拖拉机,一只不能盛水的水瓶,或者一台不出图像的电视机。正如适销品质一样,基于货物不符合用途的诉讼要获得成功,也有若干共同的因素应予考虑:(1)买卖是在商业过程中进行的;(2)买方已事先告知卖方购买货物的事由;(3)当卖方为买方挑选货物时,买方完全信赖了卖方的技能和判断;(4)货物的缺陷已达到不符合其用途的程度;(5)该货物在出售时是否具有缺陷;(6)该货物是否能够很容易地被修复;(7)该货物是新的还是旧的。

无论何时,买方必须牢记,他一旦接受了货物,就丧失了依照《1979年货物买卖法》第14条拒收货物的权利。那时他仅有的权利请求损害赔偿。如果:(1)买方告知卖方,他将占有该货物;或(2)买方接收了所交之货,有了检验货物的适当机会后,买方以某种方式实施了与卖方继续享有所有权相抵触的行为(如转售该货物);或(3)如果买方保有货物超过一个合理的期间未通知卖方拒收,货物将视为已被接受。

实践中,若干判例表明,在买方通知卖方拒收货物之前,可能已超过这个合理的期间。这取决于根据具体情况判断什么是合理的。假如该缺陷需要一定时间才能显现出来,或者买方给了卖方一个合理的机会以弥补缺陷,则尽管在他通知卖方拒收之前已经过一定的期间,该买方仍将被允许拒收货物。在一个案件中,买方在保有一辆汽车达8个月,体验到它的持续而严重的缺陷之后,企图拒收该汽车。法庭支持了他拒收货物的请求。

有关适销品质和符合用途的另外两个应考虑事项,是严格责任原则和主要责任原则。按照货物买卖法的要求,货物必须合理地符合其用途。至于存在缺陷或缺乏适销品质或不符合其用途的原因,则是无关紧要的。对不合用途产品的主要责任,归卖方承担而不是制造商。这一规则所依据的原则是,谁从货物买卖中获得利益,谁就应该承担责任。此外,这一规则将对买方有利,因为与原始的制造人相比,卖方可能更易于被查明。当然,经销人或卖方可以向制造商求偿。

二、《1973年货物供应(默示条款)法》

该法对与分期付款买卖合同和货物买卖合同相关的所有权、货物说明、货物质量问题规定了同样的条件。仅有的区别在于,其他当事人可能承担责任。即买方首先对金融机构而不是对出售货物的经销商起诉。《1974年消费者信用法》使金融机构对买受人承担更大的责任。贷方应为经销商在分期付款信用买卖或附条件买卖协议的订约磋商中的所说所为,对买受人负责。在这种情形,所谓订约磋商将包括商业广告及任何其他作为。这也是消费者保护法规定的一个考虑因素。

三、《1977年不公平合同条款法》

按照先前的立法(即货物买卖法),关于适销品质和符合用途的默示条件,可以由当事人间的契约或合意所排除。这是在非消费者买卖的情形。在消费者买卖中,卖方不能排除其责任。

《1979年货物买卖法》第55条规定,在货物买卖合同中由法律之默示而产生的权利、义务或责任,可以(依《1977年不公平合同条款法》)通过当事人之间的明示合意或交易过程,或者合同双方所遵守的惯例,予以排除或者变更。

因此,必须考察《1977年不公平合同条款法》。该法之主要动机,是要禁止或限制利用合同条款或标准合同排除营业过程中所生过失之责任的企图。一般规则是,造成死亡或人身伤害的责任不能被排除。其他的损失或损害之责任,仅在该合同条款或警告(以法庭的观点看来)为合理的范围内,才可能被排除。这里,我们再次使用了合理性标准。认定条款是否公平和合理时,必须考虑已知的或应当知道的或缔结合同时在双方当事人意图之内的各种情况。对于免责警告,判定其是否合理的标准是看该责任产生或者(或无该警告)本应产生时的各种情况。证明该警告的合理性的举证责任,归主张该条款的当事人负担。

四、《1974 年工作等卫生安全法》

设计者和制造商们早已明白该法第 6 条的含义。依该条他们应承担下述义务:

(1)在合理可行的范围内,尽可能地保证工作中所用的器具和物质在正确使用时是安全的且对健康并无危险。

(2)必要时,应执行或准备执行那种对于履行上述所课义务也许必要的检验或试验。

(3)保证提供充分的有关货物设计和检验的资料。

(4)保证提供在工作中所使用物质的充分资料,即关于已经进行了的检验结果的资料和保障该物质在适当使用时安全和对健康无害的必要条件的资料。

(5)为了消除对健康或安全的危险或将该危险降至最低限度,应对有关物质作或安排作必要的研究。

(6)保证该物质被恰当地安装或装配以达到合理的安全。

《1974 年工作等卫生安全法》还规定了一项义务,即在切实可行的范围内,保障雇员的健康和安全。雇员的安全受卫生安全执行官员的保护,他们应巡视各工作场所,检查并保证符合标准。《1974 年工作等卫生安全法》已被《消费者保护法》所修正。修正该法的目的,是为人们提供一个防御危险的手段,该防御手段是其非经修正就无法提供的。

五、《1978 年消费者安全法》

政府试图矫正《1961 年消费者保护法》及《1971 年消费者保护法》的不足之处,制定了《1978 年消费者安全法》。在 1976 年的一份咨询文件中指出了早期立法中的下述缺点:

1. 缺乏信息

虽然信息的流通量并不大,但其中存在大的缺口。特别是需要:

(1)获得关于与事故有关的产品及通常引起家庭事故的产品经常性的统计数字;(2)开展深入的研究,以确定特定产品或其他因素对于事故的发生所起作用的程度;(3)同地方执行机关和其他地方机构经常交换情报,以保证当危险产品一旦产生时能采取迅速的行动予以处理;(4)从工业界获得它随时发觉的新危险的资料;(5)同其他国家交换情报。

2. 标准制定存在问题

依照《1961年消费者保护法》所制定的规章,应该以不列颠标准所载的安全规定或商业界了解并赞同的其他惯例为基准。然而,人们意识到,有许多消费品并不为任何不列颠标准或其他标准所包括,并且,扩大现行标准以包括新产品的过程是很迟缓的。

与使用标准作产品安全基准有关的主要问题是:(1)许多消费品缺乏任何标准,而某些现存的标准没有充分的安全规定;(2)制定新的标准或修订现有标准需要时间;(3)由于在制定国际标准方面进展迟缓,以致许多不同的标准继续并存。

3. 规章制定存在问题

人们认为,即使有合适的不列颠标准存在,规章的制定也不可能是很快的。原因是《1961年消费者保护法》加给国务大臣一项义务,即在制定任何规章之前,应咨询那些有必要咨询的个人和团体,而这要花费时间。此外,依该法可得到的制定规章的权力是有限的,且在某些情形不允许采取必要的行动。其缺陷包括:(1)没有要求所有货物均应贴适当标签的规定;(2)不允许断然禁止固有危险的产品出售;(3)不允许在规章中规定符合排除危险要求的标准,而是让制造商自由选择其他遵从方法;(4)没有要求特定商品的出售应经事先批准的规定;(5)没有规定买卖危险产品的最低年龄;(6)它不适用于无偿供应的产品,如以赠券等取得的产品;(7)它的适用范围不包括消费品的售后服务。

六、缺乏处理规章未包括的不安全产品的权力

规章通过规定特定种类的全部产品均应达到的最低安全标准,从

而提供了一种保障长期安全的措施,但是,规章没有采取迅速行动处理新发现的危险的规定。况且,这些规章没有足够的弹性去注意某种未发现的危险产品。

七、法律的实施

地方当局在执行消费者保护法方面与执行其他法律具有同等的权力。但是,事实上,在执行消费者安全法与其他有关消费者保护的法律之间存在区别。咨询文件已经详细讨论了这一问题。早期立法中的大量的缺陷因《1978年消费者安全法》的通过得到了解决。有趣的是,该法是私人提案的结果。

《1978年消费者安全法》规定,国务大臣在他认为适当时有权制定规章,以保证货物的安全,以保证提供有关货物的适当信息或者不提供不适当的信息。这些通称为安全规章。当安全规章禁止某人供应或要约或同意供应货物,或者为供应而陈列或占有货物时,假使他违反该禁止,则可能构成犯罪。此外,安全规章可以要求从事商业经营的产品制造者和加工者对货物作特别检验,采用有关货物制造和加工的特别程序,或者在产品全部或部分不符合标准或有关生产程序标准时,要求他们以或不以特别方式经销一定数量的该产品。

某人违反某规章的要求,未在货物上贴标识或用其他方式提供信息,亦构成犯罪。《1978年消费者安全法》对违反该法的行为规定了刑事制裁。通过简易程序可判处其不超过3个月的短期监禁。此外,还可能被课以不超过2000英镑的罚金。

根据《1978年消费者安全法》与消费者保护法,国务大臣可下达命令,禁止人们供应或要约、同意供应或为供应而陈列、占有任何货物。只要该货物被国务大臣认为是不安全的并记载入该命令,或者是被设计用作其他货物成分的任何货物,该货物一旦被用作成分将使其他货物成为被载入该命令的货物。这些命令通称禁止命令。国务大臣还可以发布禁止通知,禁止某人供应或要约、同意供应或为供应而陈列、占有任何被国务大臣认为是不安全并记载入该通知的货物,除非得到国务大臣的许可并符合该许可所给予的条件。最后,国务大臣可以向任何人发出通知(警告的通知),要求以特定形式或方式,且在必要时指定以本人负担费用,发表有关国务大臣认为不安全的、本人供应或已供应的货物的警告。

违反禁止命令、禁止通知或关于警告的通知,可能构成犯罪,可处以不超过3个月的监禁和不超过2000英镑的罚金。但是,在这种情形下,被告可以证明为避免违法已采取了合理步骤和实行了全部应有的勤勉作为抗辩。

有些人认为,尽管国务大臣被授权发布上述命令、通知和要求发表警告,但是还做得很不够。它未包括任何要求强行撤回所发现不安全货物的规定。1984年关于货物安全的白皮书讨论了消费品供应人的一般性安全义务。它建议应当规定一项一般性义务,从而使地方主管部门能采取行动,要求撤回危险货物。这个报告比《1978年消费者安全法》走得更远。它发现《1978年消费者安全法》仅对由正规的命令或通知载有特别要求的有限种类产品有效,而几乎任何种类消费品均可能发生对安全和健康的危险。它断言,因为没有使供应商供应安全消费品的一般性义务,所以它与《1974年工作等卫生安全法》第6条不配套,因而应该扩大消费者安全法的范围以包含此一般性义务。这种义务将刺激那些供应商产生更大的责任感,他们现时被认为不受立法的影响(普通法上的注意义务并不能吓着他们)。同时,这种义务的规定也为执行机关在新证实的危险产品案件中采取迅速的救济行动提供了更大的余地。

白皮书也断定,在规章中或在紧急情形下,通过禁止命令或通知,有必要为某些种类货物作出详细规定。例如,对下列货物就有必要作此规定:只有那些强制服从一个既定标准才能使消费者安全得到最好保障的货物;那种本身具有很大危险、须经批准才能向一般公众出售的特别种类的货物。为使欧洲共同体指令在联合王国生效,也须对某些货物作出详细规定。在那时政府并不打算废除现存的规章(除必要更新的以外)。这一次,政府明确表示要考虑现时欧洲共同体内讨论的有关任何新的产品责任。众所周知,政府批准了指令并使之从1988年7月起生效。

法国1985年公路交通事故赔偿法[*]

1985年7月5日,法国议会通过了第85-677号法律。该法的目的,在于改进和加快对道路事故受害人的赔偿程序。人们希望新法将有助于结束一场在司法界内外持续半个多世纪之久的论争,即在决定道路事故责任上关于过错和因果关系的论争。然而,情形远没有得到改善。新法在某些方面表现出几分尴尬,它企图满足过错原则和无过错原则两方面的辩护者,其结果则是模棱两可。这又为进一步的争论留下很大余地。

该法乐观主义的标题表明了它的目的:"改善道路交通事故受害人地位并加速赔偿程序法。"议会期望,采用这样一种制度使大多数道路交通事故案件,不是由法院而是由保险公司决定。这实际上正是法国律师协会许多会员所忧虑的。然而,结果证明并非如此。不恰当的措辞,能适用于所有道路事故受害人的统一制度难以令人赞同,加上部分法律职业界的敌视,所有这些因素共同导致了比原来所期望的要大得多的诉讼数字。法院须依新法处理巨大数量案件的另一原因,是该法第1—6条(关于赔偿原则)自公布始立即生效,且不仅适用于该法通过前3年内发生的事故,还适用于那些已依民法典第1382条、第1384条开始了诉讼程序的案件,包括诉至最高上诉法院的未决案件。许多情形表明,诉至最高上诉法院的案件在新法公布之前被故意搁置。

---

[*] 本文作者为英国埃塞克斯大学法律讲师罗斯·雷特蒙德-库珀,原载《国际法和比较法季刊》1989年第3期。译文原载《法学译丛》1990年第6期,余火校。

这就是法国最高法院不得不宣布这一巨大的案件数字之原因。更何况,该法既复杂又易于引起争论,学者们和法院都因对某些规定的含义的理解不同而四分五裂。于是,虽然该法生效才 3 年多一点,但是已经成为各级法院许多司法解释的对象。

按照第 1 条的规定,该法适用于涉及"陆上机动车辆"(包括其拖车)的道路事故的受害人,但火车或在自己的轨道上运行的有轨电车除外。这类车辆的驾驶人或管理人不得再以不可抗力或者第三人行为作为对抗受害人的抗辩理由。对于人身伤害的赔偿请求,如受害人是陆上机动车辆驾驶人以外的人,则受害人过错与赔偿无关,除非这种过错是不可原谅的过错,是构成事故发生的唯一原因(虽然如此,在属于下述"特殊受害人"的情形,甚至不可原谅的过错也并不导致免除或减少赔偿金)。与事故有牵连的车辆驾驶人一方任何程度的过错,均将相应减少他对赔偿金的请求。就各类受害人对财产损害的赔偿请求而言,受害人过失的证据将继续起作用。

1. 交通事故概念

从判例法来看,显然交通事故概念不应局限于公共道路上的事故,还应包括发生在田间、停车场、滑雪坡道或通向商店停车场的岔道上的事故。对交通事故概念的解释如此广泛,将包括机动车辆正常出没的绝大多数场所,似乎还应包括私有不动产(诸如商店的停车场,以及在工厂、农场、大学校园或豪华宅地被推定为私有的道路)。关于发生在私有不动产内的事故,至今尚未讨论有关非法侵入他人不动产者的法律适用问题。下述假定似有道理:如果非法侵入者的出现是可预见的,则伤害他的车辆的驾驶人应依该法承担责任。但如属不可预见,则可以争辩说,由于原告所犯"不可原谅的过错,构成事故的唯一原因",因而不存在责任。

2. "陆上机动车辆"

有关交通事故责任的新规则仅适用于"陆上机动车辆"及其拖车。对火车及在自己轨道上运行的电车并不适用。正如"交通事故"概念被法院作广义解释一样,就整体而言,对"陆上机动车辆"概念的解释也是如此,显然包括轿车、货车、摩托车、公共汽车及其他"正规的"机动车辆,并且被扩大到水泥搅拌机、田间的拖拉机、道路机动清扫车、滑雪坡道汽车以及混凝土搅拌车。但是,某些低级法院的判决对该概念的解释则比较拘谨,滑雪场爬山拖车、机动挖掘机以及为道路施工供应动力的电动压缩机,均被排除在外。于是,同这些车辆碰撞而受伤的人必须依据民法典第 1382 条、第 1384 条获得赔偿。

如上所述,火车和在自己轨道上运行的电车被排除在该法调整范围之外。但从该法条文的措辞看,铁路和电车道经营者由此所受保护的范围并非完全明确。一种可能的解释是,只有发生事故的火车或电车行驶在它自己的轨道上远离普通车辆和行人时,才将被准予排除。于是,一个侵入国铁轨道而受伤的人无权依该法诉求赔偿,而那些在水平交叉道上发生的事故中受伤的人却可依该法请求保护,依据是火车并不是在完全属于它自己的(排他的)轨道上运行。不幸的是,最高上诉法院决定支持对国铁公司的广泛保护,坚持要求在水平交叉道上与火车相撞的汽车占用人须依普通民法典责任规则起诉,而国铁公司则有权依据该法请求赔偿事故所造成的人身损害。这样的区别对待,实在令人遗憾。

机动车辆的拖车显然属于该法范围,且最高上诉法院声称该法可适用于由拖拉机拖曳的拖车、旋耕机及由汽车拖曳的大篷车。它还宣布可适用于发生事故时与车辆脱钩的拖车。

3. 何时车辆与事故"有牵连"

按照第 1 条的要求,机动车辆与事故有牵连时,才能适用于该法。车辆不论是在行驶中或停止不动,也不论其是否与受害人接触,均可被认定为与事故有牵连,一切依具体情形而定。在各案中,被告的车辆是否实际上与事故的发生有牵连,应由原告证明。

1985 年之前,依民法典第 1384 条,原告仅在能证明车辆对于导致损害起了"积极作用"时,才能对车辆的管理人起诉。由于该法使用牵连关系一词而不用因果关系,其适用范围看来比民法典第 1384 条更宽,并且排除了以"被动性"作为抗辩理由。这显然是立法者的意图所在。负责推动该法获得议会通过的司法部长罗伯特·鲍狄特陈述说,

"有牵连"这一用语,是经慎重考虑所采用的含义非常广泛的用语。并且,"即使车辆正确停放着,即使它在另一事故发生后到达现场,该法仍将适用;但必须是它对损害起了某种作用。所以,为决定法律条文的适用范围,不必讨论原因结果问题,也不必讨论车辆在事故中所起的积极作用或消极作用问题"。

政府的意图,是要完全排除车辆与损害之间的因果关系及车辆管理人一方的过错问题,停止遵循1930年的让德尔案判例。但是,为了达成要求被告的保险公司对原告予以赔偿的某种法律基础,被告的车辆应该"有牵连",即使是纯粹偶然性的。这一术语所产生的解释问题在许多方面体现了依法律理论解释法律的真正本质。

尽管在许多方面该法企图排除被告一方应有过错的要求,但为了消除财政上的忧虑及使那些批评者满意,某些折中方案仍然是必要的。那些批评者认为,不考虑受害人过失,简单地依据所受伤害赔偿所有的受害人,在道德上是错误的。我们在后文将看到,在新制度之下,受害人过失仍将以这种或那种形式继续起作用,这也许是企图在该法的适用中引进某种调和。这样,依法庭对"牵连关系"的要求,仅车辆偶然出现在事故现场是不够的。

新法施行3年之后,牵连关系概念并不要求车辆应对损害的发生起积极作用,显然已被法院接受。低级法院的某些早期判决似乎固守对因果关系的要求。这些判决宣布,因为车辆对于损害之发生仅起了消极的作用,并且无可归咎于驾驶人之过错,因而不可能存在车辆"有被牵连"的问题。现在,车辆的消极作用已被正式拒绝作为否认对受害人赔偿的根据,但是,依然存在某种倾向,将牵连关系概念与有关驾驶人某种程度的不当(Shame)相联系。车辆的消极作用显然已不再能作为拒绝赔偿的依据,法庭便设法认定与车辆无牵连,尤其是有关停放着的车辆的案件。即使在最高上诉法院一级,也仍然存在一种明显的愿望,对完全不该责备的驾驶人不给予什么非难,其结果是受害人被剥夺了从驾驶人保险公司获得赔偿的权利。这在"牵连"到停放着的车辆的场合,最为明显。

在一些案件中,停放在道路交叉点上的车辆,阻挡了其他车辆驾驶人的视线,或者妨碍了行人通过,尽管该车辆在物理上与碰撞事故无关,但根据该法仍被认定为"有牵连"。但是,所述车辆系正确停放且未妨碍车辆通行,而被另外的车辆所撞的,则最高上诉法院坚持断言与该车辆无牵连。于是,一辆机动脚踏两用车的驾车人因撞在一辆停放着的货车尾部而致死亡,该货车被认定与事故无牵连,因为它正确地停放在一个视线良好的明亮区域。同样,一辆救火车在结冰道路上打滑,撞上了一辆停放着的汽车,该汽车被认定为与该事故无牵连,因为难以正确判断汽车停放位置及其对损害之发生是否有作用。

在这些案件中,如果事故是由于另一驾驶人的过失或者恶劣的气候条件所致,颇有说服力的说法是,事故中被撞的正确停放的汽车仅仅是偶然有关,因而在该法意义上并无牵连。在这些案件中所得结论可能是正确的,因为在前一案件中,原告是另一机动车驾驶人;而在后一案件中,原告请求赔偿财产损害。所有这些情形,法院均有权考虑受害人过失。但是,由于坚持无辜的正确停放的车辆与其被碰撞的事故未有牵连,最高上诉法院使这类案件完全脱离了该法适用范围。但是,这样做对原告是非驾驶人及所受损害属人身损害而非财产损害的情形,则可能产生重大后果。与停放的车辆相撞的是一名竞赛自行车手而不是摩托车驾驶人,巴黎上诉法院仍然认定事故与停放之车辆无牵连,因而原告无权获得赔偿。

在判断与车辆是否有牵连时,巴黎上诉法院适用一种比最高上诉法院更严格的检验方法:所考虑的车辆是否停放在那样一个位置,正好阻碍了原告的前进,致原告无法避免与之相撞? 由于认定那辆车与事故无牵连,巴黎上诉法院不仅拒绝对受伤自行车手给予赔偿,还责令他向保险公司赔偿被告汽车所受损害,外加承担诉讼费用。正如最高上诉法院所处理的案件一样,该法院是基于车辆管理人一方没有过错,但是比最高上诉法院走得更远。因为该案中发生问题的地区,实际上竞赛期间是禁止停车的。被告未被告知禁止停车,法院显然觉得宣告他的汽车与事故有牵连将有失公平。于是,该不幸的自行车手自己承担了事故所产生的全部损失。这样的结果至少是同该法精神显然相左的。该法的意图正好是要对这一类受害人给予赔偿。假使该法院认定汽车与事故有牵连，则将很难回避给予原告全额赔偿，因为他在一条本应不准停放车辆的道路上骑行，要说他犯有不可原谅的过错是完全不合情理的。

人们发现，认定"无辜的"汽车与事故无牵连，也会损害乘客的利益。像骑自行车的人和步行者一样，依据该法，乘客也被赋予一种特殊地位，他有权获得全额赔偿，除非犯了不可原谅的过错，且是构成事故的唯一原因（第3条）。事故发生在两车之间的情形，其中一辆车的驾驶人明显有过错，法院宁愿裁决仅"有过错的"汽车与事故有牵连（而不论另一汽车停放着或在行驶中）。在许多案件中，"有过错的"汽车中受伤的乘客将能向驾驶人的保险公司提出赔偿请求，但如果该驾驶人未投保，则乘客将得不到赔偿。在汽车事故的场合，这一难题可能并不常见。然而，年轻的机动脚踏两用车驾驶人违章搭载乘客，在法国非常普遍，对这类受害人恐难以保护。一辆汽车未给一辆机动脚踏车让道，致使机动脚踏车驾驶人和违章乘客都受了伤。该汽车被认定为与事故无牵连。因为是机动脚踏车驾驶人一方的过错导致了事故，由于他在夜间骑车没有车灯，未戴头盔及搭载乘客。机动脚踏车驾驶人一方的这些过错导致发生事故，这是汽车驾驶人所不能预见的，所以汽车被认定为与事故无牵连。

该法的目的，是要采用一项对道路事故受害人进行赔偿的先进制度，但所选择的方法，却是用旧的基于保险的程序来实施新制度，并且希望在大多数案件中诉讼程序将被证明是多余的。但是，要使特定的保险公司对特定的受害人承担责任，就必须选择投保汽车与事故之间的某种联结方式。因果关系因为太严格而被抛弃了，于是选中了"牵连关系"。一旦决定保留旧的基于保险的程序，各种困难就可能难以避免，因为保险公司首先将寻求逃避责任，而驾驶人则将抱怨关于他们与事故有牵连的裁决。

要真正改进对所有道路事故受害人的赔偿程序，似应发展某种更类似于新西兰的事故赔偿制度。即由一项中央基金支付道路事故受伤者的赔偿金,这一中央基金,既可以依靠现有的私人保险公司,也可以采取更激进步骤,实行国有化的道路交通保险。十多年前,皮尔逊报告曾赞成对道路事故采用无过错计划,按照该计划,受伤的人将有权获得以社会保险水平为基准的最低支付,并同时保留依传统方式诉求赔偿的权利。一旦受害人有权从中央基金依适当标准获得赔偿,无论该基金是公共管理的或是私人管理的,则这类事故的侵权制度就没有再予保留的必要。侵权诉讼威慑作用的辩护者,他们不愿看到侵权制度被废止,但若刑事法庭对那些明显"有过错"的驾驶人采取更严厉的态度,他们就会感到满意了。所谓明显地"有过错"是指某种道德意义上的,而不是简单意义上的一念之差。

4. 不可抗力不再是抗辩理由

第2条规定,与事故有牵连的车辆管理人,在任何情况下均不能基于不可抗力和第三人行为免责。这一规定几乎没有引起什么争论,不可抗力已被解释为受害人以外的任何事件,诸如一只在快车道上游荡的狗,或者路面有一层难以发现的薄冰。

5. 对非驾驶人的赔偿

对机动车驾驶人以外的人所受人身损害的赔偿,规定在第3条。第3条第1款规定,机动车驾驶人以外的人有权获得人身伤害的全额赔偿,而不必考虑他们的任何过错,除非该过错属于"不可原谅的"并为构成"事故的唯一原因"。对于非驾驶人的一揽子规定如果不附加那样一个例外,很可能难以为公众舆论接受。但很显然,因为包含了这一例外,正像牵连关系概念一样,本希望由保险公司同受害人在法庭外迅速解决问题,却又为大量的诉讼敞开了大门。

6. 不可原谅的过错

"不可原谅的过错"概念来自劳动法领域。按照1898年4月9日关于劳动事故的法律,一个在劳动中受伤的工人,因其雇主犯有"不可原谅的过错",有权获得比未犯那种过错时应得的更高的赔偿金。最高上诉法院于1941年的全体会议上决定了一个公式,此后被广泛用于判断一个过错在什么时候应属于不可原谅的。对最高上诉法院来说，那是一种"特别严重的过错，即主动的作为或不作为，过错方肯定明知其危险，不存在任何正当理由"。该公式曾广泛地适用于劳动法案件，现在被某些上诉法院和初审法院用来评定保险公司是否有权对非驾驶人拒绝赔偿。须加注意的是，在劳动法领域，裁定犯有不可原谅的过错，是用以增加对受害人的赔偿，因所争论的过错属于被告而非原告，但依 1985 年的新法，那种裁定将导致受害人完全得不到赔偿。因此，废除劳动法上对不可原谅的过错概念的解释，代之以更适合该法目的的解释，应是合乎逻辑的。

法律的准备工作表明议会的意图，是要把不可原谅的过错概念的使用局限于那些极少数案件，其中受害人在道路交通中具有违背社会准则的行为。因此，受害人仅在那些例外情形应被剥夺赔偿金，亦即他做了"普通的"男人或女人（与英国法上的理智人标准相反）所绝不会做的行为。但是，许多低级法院的早期判决显示了一种要求，要在受害人一方的愚蠢行为与他最终有权获得的赔偿金额之间，确定一种更明确的联系。因此，1941 年最高上诉法院关于不可原谅过错的定义被用来减少赔偿金。在那些案件中，行人或骑自行车的人毫无理由地以那样一种方式行事，以致被认定为肯定明知可能发生事故，于是在红灯时或在远离人行横道的地方穿越道路的行人，可能被宣告犯有不可原谅的过错，其结果是丧失依该法获得赔偿金的全部权利。其实，以虚拟的理智人标准衡量，那种行为毫无疑问应归入不应负责的过错一类，绝大多数行人都偶尔犯有那种不应负责的过错。而议会的意图不是要取消对犯有诸如此类过错的人的法律保护，而是要剥夺对那种或者是自寻伤害（第 3 条第 3 款），或者存在不可原谅过错的情形，或因违背社会准则完全应受严责的受害人的赔偿。

最高上诉法院最近的判决力图强调，就第 3 条第 1 款的意图而言，受害人"不可原谅的"过错，应当是主动的（即当事人欲望在有责行为本身而不是其简单结果），特别严重的（"普通"愚蠢行为因而应排除在外），毫无理由地暴露自身于危险之中，对于此危险，他应当是明知的。

许多早期案件,行人或骑自行车的人被裁定犯有鲁莽行为过咎而被剥夺了救济,现在均被最高上诉法院宣告无效,根据是,所犯过错并非严重到足以被认定为不可原谅。应被剥夺赔偿的仅是那样一些案件,可以说受害人是完全无视自身安全,如夜间横穿光线暗淡的双车道时,不利用就在附近的人行横道,而是翻越中心隔离栅栏,毫不在意往来车辆。

7. "事故的唯一原因"

在排除获得赔偿的权利之前,法庭必须裁定受害人的过错不仅是不可原谅的,而且是事故的唯一原因。于是,一个摩托车驾驶人从一定距离之外发现有人不顾危险在道上练习骑自行车并能避免撞上他,则该骑自行车的人的过错可能属于不可原谅的,但并非事故的唯一原因,他因而有权依据该法获得全额赔偿。在判断受害人过错是否构成事故唯一原因时,应考虑对受害人行为的预见可能性及车辆当时的行驶速度。对最高上诉法院来说,当机动车绿灯通过时,一个行人冒险横穿是驾驶人所不能预见的。

8. 驾驶人一方的受害人过失

第3条第1款的规定不适用于机动车驾驶人。假如机动车驾驶人在汽车事故中受伤,证明他有受害人过失,即使未达到不可原谅的过错,亦将被采纳并相应减少其赔偿金。之所以作不同的规定,其根据在于驾驶人与行人或骑自行车的人(实际包括骑马的人)之间的性质差异。驾驶人仅因其车辆运动中的力就制造了事故危险,而行人或骑自行车的人在碰撞事故中极有可能遭受重伤。在国民议会的辩论中,罗伯特·鲍狄特指出,汽车驾驶人由一个钢壳护着,这一钢壳有效地使他免受自己错误的影响,而行人或骑自行车的人则通常为一刹那的不留神付出生命代价。但是,摩托车驾驶人似乎像骑自行车的人和行人一样易受伤害,却未得到同样的保护。事实上,依据议员梅·盖斯帕德的报告中所列举的数字,绝大多数未得到损害赔偿的事故受害人,属于机动车驾驶人。但是,一项为道路交通事故中受伤的一切人自动提供赔偿的制度,恐怕太昂贵。此外,那种制度将摧毁普通人的理想和要求,即那些对交通事故负有责任的人应为他们的过错付出代价。这两者都是1985年议会选举迫近时的重要考虑。

因此，驾驶人和非驾驶人之间的区别就可能成为判断受害人是否有权获得赔偿金的关键。假如他被认定为驾驶人，则他自己的受害人过错可能对他不利；而在非驾驶人的情形，则仅构成事故唯一原因的不可原谅的过错才会影响他获得赔偿的权利。虽然在大多数案件中，受害人属于哪一类是很明确的，但也有难以断定的案件。

判断一个受害人是否有驾驶人资格的检验方法，仍应看他在与其车辆的关系中所处位置，而不是看他对车辆的控制程度。许多情形，这种检验被证明对受害人有利。因为，一旦驾驶人因某种原因走到车外或离开车辆，他就可要求行人资格。当驾驶人在发生他作为驾驶人被牵连的事故后，离开汽车去通告发生了事故，这时又被第三辆车撞倒，则就第二次事故而言，他被当作非驾驶人对待，其受害人过错则与确定赔偿无关。同样，一个人在正要上他的汽车时被另一车辆撞倒，则被认定为行人而不是驾驶人。在发生事故时，机动车正被受害人推着走，则他将是行人。假如他在被拖曳的车里面，则可能被认为对汽车具有某种程度的控制，这可能使其被归入驾驶人一类；假如他正用脚踏打算发动机动脚踏两用车的引擎，也将是如此。在那些案件中，从事故发生时情况看，发生碰撞时受害人所处位置不十分明确，则被告将被要求就受害人是驾驶人而非行人举证。

虽然该法声称目的在于改进、加快和简化对道路事故受害人的赔偿程序，但这种人为地区别驾驶人和非驾驶人的办法之采用，不仅摧毁了该制度的大部分逻辑，因为不存在引入那种人为区别的正当理由，还引起了更多的延误和不确定。

9. 特殊受害人

第3条第2款规定，非机动车驾驶人的受害人，如果年龄在16岁以下或者70岁以上，或者已收到一个证件证明达到80%以上永久性残疾，则其在道路事故中所受人身伤害永远会得到赔偿，不得主张他们有不可原谅的过错。伤及行人的大多数道路事故，均涉及这几类人，他们由于年龄的原因或者因无能力,在横穿道路时往往会犯重大的判断错误。因此,不再存在适用于德格尼一类案件的客观检验标准,他们应永远有权获得全额赔偿,除非证明是受害人自寻损害。所以,仅仅证明原告的行为方式在普通人看来能立即判断是危险的,这还不够,必须证明受害人实际上是故意要被伤害。假使一个打算横穿道路的受害人,不看眼前快速行驶的车辆而奔跑,尽管这在普通人看来可能是不可原谅的过错的证据,但如属于上面提到的几类人,则仍将得到全额赔偿,除非他故意要扑到汽车下面以求自杀。

《德国民法典》债务法的修改*

引 子

《德国民法典》第二编债务关系法的修改,从 20 世纪 70 年代中期开始酝酿。在获得多数州的赞同之后,联邦司法部委托法学学者和实务家 24 人提供修改意见,最后汇编成三卷《债务法修改的鉴定意见与提案》(以下简称《鉴定意见书》)①,于 1981—1983 年发表。在广泛听取各界对该意见书的意见之后,联邦司法部于 1984 年正式设立德意志联邦共和国债务关系法修改委员会。该委员会于 1991 年 11 月 21 日向联邦司法部长提出《德国债务法修改委员会最终报告书》(以下简称《最终报告书》)。②

鉴于《德国民法典》在大陆法系占有极重要的地位,以及我国民事立法和民法理论深受《德国民法典》的影响乃是不争的事实,我国民法学者理应对《德国民法典》债务法的修改动向给予极大关注。笔者谨根据日本学者的译文,将修改的背景及债务法总论部分的主要修改内容介绍如下,以供我国民法学研究之参考。

---

* 本文原载《外国法译评》1993 年第 1 期。
① 参见〔日〕下森定等:《西德债权法改正的动向》,载《法学家》第 771—772 号。
② 参见〔日〕冈孝等译:《德国债务法修改委员会最终报告·总论》,载《法学家》第 996—997 号。

一、债务法修改的背景③

(一)历史的回顾

1900年1月1日,德国法律史进入了一个新时代。《德国民法典》的施行,在德国全境开始适用统一的民法,实现了德国法的统一,因而受到普遍欢迎。但是,也有少数论者认为,"新法典只是历史的总结,而不是新时代的开始","与其说是为20世纪揭幕,不如说是19世纪的遗物"。这些言论被认为是对民法典未来的不祥预言。

令人惊讶的是,德国在20世纪尽管经历了政治、经济和社会的重大变革,民法典依然延续了下来。差不多100年后的今天,几乎没有人真的认为"与民法典诀别之时"已经到来。我们看到,当初民法典起草者未能认识其重要性,以及仅设有不充分的法律规定的几个领域,如像劳动法,现今已被作为具有相当独自性的领域来把握。别的领域,立法者自己考虑到社会关系的变化,制定了新的法律规定。特别是家族法领域,从1957年6月18日的《男女平等权利法》开始,进行了根本性的修改。与此相反,立法者对债务法所作的修改和补充却很少。例如《房屋租赁法》,第二次世界大战后首先以特别法方式规定,通过20世纪六七十年代对租赁法的修改,大部分又被归入了民法典。当时,房屋承租人的法律保护得到了改善。《旅行契约法》也被编入民法典(第651a条至第651k条)。但在其他场合,立法者选择了制定特别法的方式。例如,1976年12月9日《关于规制普通交易约款权利的法律》(以下简称《约款规制法》),1986年1月16日《关于访问交易的撤回的法律》,1989年12月15日《产品责任法》及1990年12月17日《消费者信用法》。

除此之外,维持民法典的基本结构,并使其能够适应各种关系的变化,乃是判例与学说的功绩。最重要并且常受到外国称赞的是,法院通过判例填补民法典规定的欠缺,沿法形成的方向补充其规定,如常常基

---

③ 这一部分参见《鉴定意见书》序言及《最终报告书》的第一部分。——笔者注

于第 242 条的一般条款,以解决因第一次世界大战后的经济破坏、通货膨胀以及第二次世界大战后德国的分割与货币改革所发生的困难问题。

民法典由于深深地植根于个人主义,过分严格而难以融通。首先,判例在与学说的对话中对此进行修正,创立了"行为基础丧失""权利滥用之禁止""伴有保护第三人效力的契约"等制度。其次,判例通过承认"契约缔结上过失"及"积极侵害债权"所生责任,并加以扩充,扩张了当事者与契约关系的准备及解除之际互负的注意义务、保护义务及情报提供义务的范围。所以,《德国民法典》债务关系法的许多规定,现今已被判例法涂上了相当厚的一层,以致对于现实中所适用的法,就连受过法官教育的专家单靠阅读法律条文也难以掌握。

(二) 修改的提出

民法典的规定与现实中所适用的法,如此之乖离,引出了修改债务法的议论。按照《鉴定意见书》序言,在《约款规制法》制定过程中,提出了修改债务法的必要性。1974 年 3 月联邦司法部约款规制法工作小组第一次报告书中写道,仅以普通交易约款为规制目的,难以达到充分保护消费者的效果,应于必要时考虑提出关于债务法总论及各论修改的提案。该工作小组乃专门针对普通交易约款问题,并未进行债务法本身的修改或提出追加的提案。

上述工作小组的作业刚结束,不来梅、黑森、下萨克森等州即表示应对债务法的总论及各论进行总括的检讨,特别是对实际生活中普及的契约类型作出法律规定,赋予判例法上的规范以法律的形式,修改民法典落后于时代的规定使其符合现代精神,并应考虑使契约法的规定与现行国际条约相适应。

在 1978 年 1 月 25 日联邦议会预算审议会上,当时的联邦司法部长谈及特别法过多,打算检讨是否可将特别法的各种规定归入民法典。

值得注意的是有关旅行契约的立法化问题。当初的参事官草案是作为特别法制定的,因为受到各方面的批评,最后采纳了德国法官联合会的意见,不作为特别法,而是在民法典中设立规定。即将债务法各论的第七节承揽契约分为二目,将关于承揽契约的原规定(第 631—651 条)作为第一目承揽契约,另增设第二目旅游契约(第 651a—651k 条)。第七节标题改为"承揽契约及与其类似契约"。将特别法规定纳入民法典的方针,受旅行契约立法的影响很大。

此后,当时的联邦司法部长对联邦司法部民事局下达对民法典债务法进行检讨的指示。这一指示表明,债务法的修改时机已经成熟。按照该指示,检讨的目标是尽可能维护民法典债务法的统一性,尽可能将债务法领域的新规定统合于民法典中,并使其适合于民法典的体系。修改的方针可归纳为以下三点:第一,检讨本属于债务法领域的特别法规定能否并入民法典之中。第二,关于民法典所规定的 25 种债权关系(包括无因管理、不当得利、不法行为),应否吸收判例和学说的发展。例如关于不当得利,判例和学说所主张的类型论等可否吸收。第三,民法典中的典型契约所不能包括的新契约类型,可否在民法典中予以规定。如融资租赁契约、诊疗契约等。

1978 年 9 月 19 日第 52 届德国法学大会上,联邦司法部长在致词中谈及,司法部正在考虑的立法计划之一,是将特别法的规定并入民法典,以图民法典债务法的复苏。这就使社会上知道了债务法的修改准备工作已在进行。但修改准备工作的具体内容,向 24 位学者征求鉴定意见以及各人的题目,直至《鉴定意见书》发表之前,关系者以外的人均不知情。因此,关于修改工作的赞成和反对意见,均未有所闻。据说 1981 年 9 月召开的德国民事法学者协会上才正面提出债务法修改问题。

《鉴定意见书》序言列出了应予检讨的四项课题。其一,分散存在于各种法律中的债务法的对象,尽可能地统合于民法典第二编,是否可行,以及应采用的方法。其二,根据特别法上发展的成果,并考虑到判例中的重点,债务法各论中的各种债权关系怎样才能适应高度技术化的工业化社会的民事交易实际,以及应采用的方法。其三,判例法上所确立的法理以及判例的其他重要发展,并入民法典第二编中是否可行,以及应采用的方法。其四,根据在民法典第二编中被轻视的自由社会法治国家的价值判断,以强化私法的社会面向,是否可行,以及应采用的方法。

(三)课题设定的问题概观

1. 向民法典债务法的回归

(1)债务法的严重分散化。存在于民法典之外的,含有债务法内容的法律规定,约有2700项之多,散见于大约250个法令之中。

关于债务法总论,提出的第一个问题是,应否进一步发展民法典的给付障害法。约70个法律中有超过400项的规定是配合基于契约责任的事实,加上其他方面的考虑,成为给付障害法改正提案的根据。各种债权关系,例如旅客运送,种子、饲料的购入,以及用导线、导管购入能源,因为其责任的特殊性,所以容易发生问题。

作为更大的规范群,可以举《约款规制法》。此外,并入民法典存在更大困难的应举《分期付款买卖法》。

特别法的许多规定,就具体的债权关系如质屋、中介、律师、煤气和电气供应、运送法,对债务法总论作了修正。这些规定可以作为证明民法典基本规定不完全的证据。

(2)特别法上更大的债权契约的规范群,正在形成可以作为一个独立契约类型的亚类型。将其编入民法典,可以成为新的债权关系的基础。而《分期付款买卖法》将买卖与信用供与结合进行规定,因有这种信用供与,买主受到特殊的保护。按照《能源经济法》及《约款规制法》,有关煤气、电气、地区暖房及水道供给的普通约款的诸政令,关于用导线、导管的供给关系有特别规定。《通信教育保护法》是为了保护私人通信教育制度的顾客,通信教育构成了一种独立的契约类型。有关中介及建设业令的民事法规定,对承揽契约法、有偿事务处理契约及中介法作了修正。一系列法律对相当于民法典中有偿事务处理契约的契约,特别对自由业者的报酬作了规定。《住房设施法》,特别是第4条,包含住房设施契约的民事法规定,根据有关营业法的规定,形成民事上的契约内容。所有这些是否都应编入民法典第二编,此外,应采什么方法编入,均有深入研究的必要。

危险责任规定在德国责任法及民法典以外的一系列法律中。应检讨的是,这些规定可否由在民法典中规定简洁的条文所代替,因而从特别法中删除。

2. 民法典与商法典的区别

在实质上承认商法的独立性问题,文献中存有疑问。其他国家的法律制度中也有不存在独立的商法的。但商法的独立性不可能成为债务法改正范围内的问题。

但在修改债务法时,对于如何划分民法典和商法典的规制范围才更为恰当,仍有检讨的必要。关于典型的双方商行为的特别规定,原则上应保留在商法典中。这样说,并非这些规定在私生活领域完全没有意义。与此相反,问题是一方的商行为如对非商人的当事者有本质上的重要性并且有普遍意义的话,是否应规定在民法典中。

说不定应当赞成将商事买卖的若干问题包含在民法典的一般买卖法之中。如旅客运送分散在各种各样的规定中。无论如何,这属于关系到多数市民日常生活的一方的商行为。因此,要求将旅客运送从物品运送法中分离出来,并消除其分散状态,作为统一的基准集中规定旅客运送。《德国商法典》第355条、第357条及《德国民法典》第675条关于交互计算关系的规定,虽然不完全,现今已成为记账结算交易的根据。在实务上,这一领域由金融机关的普通交易约款极详细地规制。至少应当检讨,记账结算交易的基本点应否在民法典中作出规定。包含作为商事附属法的支票法在内的有价证券法,与银行交易密切相关,必须检讨,作为日常生活中的有价证券的支票,是否应在民法典中规定。

3. 各种新的债权关系

债务关系法分别规定了25种债权关系,1979年增补了作为承揽契约亚类型的旅行契约。但是,另有几种契约类型,立法者以其他方式进行规定,这样做部分与公法有关。这些新的契约类型已由法律给予了基础概念,依普通交易约款正在形成类型的特质。其中属于对银行顾客法律关系的,大概是消费者信用。与此相关,应提到建设契约,因为联邦最高法院将建设承揽工事规程评价为普通交易约款。在应考虑的众多亚类型中,对立法者来说有规制必要的,只是那些距已知基本类型太远因而必须理解为独立契约类型者。对实务中广泛实行的这些契约类型设置规定的必要性,一直反复被主张。约款规制法工作小组第一次报告书中也曾主张,对于那些未规制或未充分规制的契约类型,法律应作规定。如信用提携贩卖、旧车换新车的买卖、旧车的贩卖、建设业及建设监理业契约、融资租赁交易、建设契约、设计契约、诊疗契约、住宿契约、社员食堂租赁契约、托收账款契约、停车场契约、旅客船周游契约、仓库契约多次被列举,应予研究。这一名单大概还可加长。

应否规定基本类型的亚类型,取决于被检讨的基本类型本身,特别是买卖契约、承揽契约、有偿事务处理契约及雇佣契约采取什么形态。应检讨各个契约类型是否涵盖了生活关系基本周知的内容,以及民法典之外的特别规定是否能被统一于此基本类型之中,问题在于,特殊形态不能被基于类型法的规制完全涵盖的场合,是否应由法律规定亚类型。某种生活关系,在特别的法律或政令中,例如《住房设施法》,关于用导线、导管购入能源的政令,以及中介及建设业令中,已作特别规定的场合,这种特别规定显然有其必要和理由,因此在检讨基本类型时,只在有充分的必要性和非常成功的情形,才可能完全放弃特别规定。

4. 判例的发展

判例的成果已成为德国债务法之一部。实务上关于债务法全体的判例成果积累很多,其中仅较大的问题值得注意。

债务法的重要发展之一是契约缔结上过失。按照这一法概念,侵权行为责任的一部向契约责任转移。其结果扩张了契约责任,使其包括了按照立法者本来考虑应认为仅属于侵权行为责任的范围。必须研究,由判例所发展、在习惯法上得到承认的契约缔结上过失之法理,应否被法律所接受,以及应以何种形式接受。

积极的契约侵害,已成为在给付障害之中实务上最为重要的制度。④ 修改债务法时,不能仅将积极的契约侵害采入法律而全然不考

---

④ "积极的契约侵害"一语为学者 Staub 所倡,成为学说和判例经常使用的名称。其后学者认为,应将其适用范围扩大为"债权",因此改称"积极侵害债权"。——笔者注

虑已有的法定给付障害。应使法定给付障害与判例法上的给付障害相结合,以实现国内法的统一,并要求与国际法统一。问题在于,能否将判例法上的给付障害法及国际统一买卖法的给付障害法模式,一并纳入民法典。

与契约法一样,关于侵权行为法的赔偿方法及范围,也存在问题。联邦最高法院在不孕手术失败的判决中指出对损害赔偿法作法律规制的紧急必要。修改的课题是,确立法与法律的统一,将危险责任引入民法典,以及采纳变更损害赔偿义务的新思路。这种情形,加害者的支付能力及危险之付保可能性,亦应考虑。

民法典缺乏解决长期继续债权关系所生问题的一般法律制度,仅有定义为继续债权债务关系契约的规定。契约拘束存续期间或契约终止前的期间,提出了特殊的问题。问题之一即所谓行为基础丧失制度。⑤《约款规制法》第10条第3款、第11条第11款及特别是第11条第12款,仅以其中二三侧面为对象。这些规定构成继续债权关系的中心。其中,已不能维持的继续债权关系却不能解除,应有一种适应变化了的状况的机制。

时效属于强行法,时效期间不能任意由法官变更。但又承认一定的债权关系应服从被认为妥当的时效期间。这样就产生了时效的不安定,结果促使立法者于许多个别规定中特别规定时效期间。因此,有必要对新出现的特别规定,《德国民法典》第195条及第197条的期间以及有关各种债权关系的时效期间予以重新评价,看能否还原为少数的基本规定。

新出现的生活关系,法律仅有部分的规制由判例予以具体化,导致债务法各论中有明文规定的债权关系的内容和意义发生了变化。

应探讨这一变化并从中引出结论,然而不可能对全部债权关系进行研究,仅可能集中精力作个别的研究。但不能仅限于契约所生债权关系的相互关系,与各个债权关系有关的债务法总论的任务与意义亦

---

⑤ 行为基础丧失制度,亦即情事变更制度。——笔者注

应一并鉴定。不当得利亦应在检讨之中。

民法典中侵权行为的规定,不适应我们的社会环境技术化所生要求。判例必须处理伴有种种危险的技术进步及信息社会所发生的各种问题。结果导致侵权行为法中判例所形成的法与成文法的相当大的偏离。问题是如何制定法律以结束判例法的放任状态。

危险责任,针对各种场合仅在个别法律中作了规定。危险责任中故意过失的要件事实完全不存在。尽管如此,被认为责任相当的案件在判例中多次引用。为了达到理想的结果,过失责任原则向这种场合扩张。为了明确记述故意过失责任的课题,判例的用意及法政策的要求,应考虑独立于故意过失责任领域的危险责任。这种场合,应考虑由判例法发展而来的危险责任要件。

判例法的发展,特别是契约缔结上过失、积极的契约侵害及侵权行为法,涉及契约责任与侵权行为责任的关系问题。为了评价某一规制所生的全部结果,共同检讨基于契约的请求权与基于法律的请求权两者,德国法上称为请求权竞合。相互竞合的不同请求权却有不同的限制、不同的时效期间及不同的法律效果。尤其是关于慰谢金,常常连专家们也只能了解个大概。

5. 债权法内部的发展

民法典债务法由个人主义债务法向社会的债务法的发展,基本上可以通过接受个别法律和判例的现状来完成。一系列法令中含有调整不均衡的规范。例如,《分期付款买卖法》《通信教育保护法》《住房设施法》及有关中介及建设业令,关于旅客运送的各种规定,以及特别是《约款规制法》。对特别法进行统合时,民法典债务法中迄今被轻视的公共福利关系的机能,将依特别法的精神而增强。

民法典债务法吸收判例发展的成果,可以符合早已存在的社会平等化动向。契约缔结之前,通过契约缔结上过失,然后通过基于契约的附随义务之导入,损害赔偿法的改正,继续债权关系拘束的限制以及判例对侵权行为责任的扩张,因而改善个人的地位。危险责任的导入同样导致被害者地位改善的结果。

债务法因德国法接受欧共体指令而进一步得到发展。而且,关于访问贩卖的撤回权的指令,可能给予契约缔结法以显著影响。制造物责任的种种尝试,可能因接受理事会指令而成立法律。关于消费者信用保护的指令草案,包含有关于信用提携贩卖的详细规定,德国法接受此指令后,消费者保护将同样得到改善。但不认为债务法出现了向生活过程的法的方向进一步推进的倾向。债务法的核心应是维持契约自由。唯有按照契约自由,各市民的种种要求才以自由社会的种种方法获得满足的机会。

(四)债务关系法修改委员会的组成及其任务

联邦司法部所委托的24名法学学者和实务家对民法典债务法所作的鉴定意见,被汇编为三卷《鉴定意见书》,于1981—1983年发表。民事法学者协会两次会议上进行了讨论,并在专门刊物上作了评论。1984年,联邦司法部长任命了17位学者专家,组成债务关系法修改委员会。委员会成员均作为独立的专家参加委员会。

债务关系法修改委员会的任务是:考虑到特别是判例和实务的成果,审查一般给付障害法、买卖契约和承揽契约的瑕疵担保法及消灭时效法,并对立法者提出适合于时代的提案。委员会的工作成果应形成立法提案,并附上理由作为报告书提出。委员会在工作过程中认为债务法的上述领域之外有修改必要时,可将其考虑以报告书形式提出。

在委员会成立会上,联邦司法部长指出,委员会的任务并不是要宣布"与民法典诀别",应当是以保持并强化民法典第二编债务法之中心地位为目的,并非对法典全面的修改,而是借助于法律的基本构造和方法论,以维持法律的基本评价,所谓集80年法适用之经验进行修改。最为重要的是,把握法实务中出现的问题,作出实际有用的解决。

委员会成立至最后完成报告书,7年间共召开了22次会议。受委任的事项有三:(1)一般给付障害法;(2)买卖契约及承揽契约的瑕疵担保法;(3)消灭时效法。从法政策上考虑需要紧急处理的无疑是消灭时效法。但委员会却先检讨给付障害法和瑕疵担保法。这是因为时效问题的解决,须先弄清楚所涉及的请求权种类和内容。委员会在第

13次会议检讨上述三个重要问题,决定新规制的基本构成,并作成立法提案的草案。第13次会议以后,委员会讨论所考虑的各种解决方案最后是以《最终报告书》的形式提出的立法提案。

二、现行法之现状与缺陷⑥

(一) 一般给付障害法

给付障害法关系到债务关系法的最重要问题,涉及买卖契约、承揽契约,以及旅行契约、融资租赁契约,此外还有出版契约、合伙契约、信用保证的合意等。在契约对方完全不履行契约,或履行不完全,或不适当履行,如未按所定时日履行,未按适当场所履行,以及其他方法履行有瑕疵的场合,契约当事人能够行使什么样的权利,必须由债务法作出解答。现行给付障害法的根本性缺陷如下。

1. 现行给付障害法的中心概念:给付不能

现行给付障害法的中心概念是所谓给付不能。按照这一概念,法律上规律之出发点,在于罕有发生或仅对特定债权关系发生的特定情形。例如,关于特定物买卖,卖却物毁损,或关于雇佣、承揽契约,债务人患病,事务所被当局封闭或失火烧毁,致约定的劳务给付或完成工作成为"不能"。《德国民法典》第306条规定,以原始的"客观的"不能的给付为标的之契约无效。此外,应区分原始的不能与后发的不能,客观的不能与主观的不能,加上全部不能与一部不能,终局不能与一时不能。以上各种情形的客观的不能与主观的不能,又区分为仅可归责于债务人的事由,仅可归责于债权者的事由,或应归责于双方当事人的事由,或不应归责于任何一方当事人的事由。

今日一致的见解,认为《德国民法典》第306条的规律是失败的。该条将给付不能的效果规定为无效,以及将债务人的责任局限于赔偿消极利益(第307条),是不适当的。而且不存在债权买卖的特例(第437条),亦属不当。判例根据案件各种情形,认为有债务者对约定给

---

⑥ 这一部分系译述《最终报告书》第二部分的主要内容。——笔者注

付保证。加之，欠缺原始主观不能的规律。此外，判例中反复运用的此类型的解决方案，现今学说上亦众说纷纭。关于"一时的"不能，仅对原始的客观不能（第 308 条）作了规定。反之，对于后发的不能，以及虽属原始不能但仅对具体债务者存在而对同一状态的其他债务者不存在的情形，未作规定。区别各种各样的客观不能与主观不能——什么地方也找不到对这两个概念的定义，或许根本就不可能下定义——常常成为争议的原因，而不能获得充分的解决。以上区别何以导致不同的法律效果，对此，看不出有法政策上说服力的正当理由。

2. 判例法对现行法的补充

"积极侵害债权""契约缔结上过失"及"行为基础丧失"的法制度，法律家谁都知道，是判例对成文的给付障害法作大范围的补充，因而发展起来的制度。此外，还有基于重大事由的告知。关于基于重大事由的告知《德国民法典》第 554a 条、第 626 条、第 723 条对个别契约类型作了规定。除此之外，当事人的契约关系属于继续债务关系的场合，亦为判例所承认。将判例所发展的一切原则法律化，并非立法者的任务。但是，委员会认为，判例法对于解决日常法适用的问题有根本的重要性，且能在法律上作满意的规制的情形，有予以成文化的必要。

（1）积极侵害债权的法制度，更加证实了法典中的给付障害法对于实际法适用的非常重要领域之不完全。

判例学说赋予这一法制度两方面的任务。一方面，积极侵害债权适用于既不属于给付不能也不存在迟延，而是债务人给付不完全，即采用与契约规定不同的方法履行以及违反契约上的其他义务，而给债权人造成损害的事例。另一方面，这一法制度使忠实于契约的一方当事人，于发生重大的契约侵害时，可以契约不履行为理由请求损害赔偿或解除契约。例如，债务人明确地最终拒绝履行契约，以及有以其他方法违反契约的行为，因此危及契约的正当履行的场合。这时，由于积极侵害债权扩大了适用要件，债权人可依《德国民法典》第 325 条、第 326 条，以不履行为由请求损害赔偿。

法律上规定的以给付障害为理由的请求权，与未成文化的由判例所发展的请求权并存,如果这些请求权相互间有明确的区别,各种请求权所生不同的法律效果有正当的法政策基础,这种并存或可容忍。但实际并非如此。尤其是成文的瑕疵担保请求权与不成文的积极侵害债权请求权之竞合,在审判实务中造成种种不明确与不整合(Ungereimtheiten)。根本原因即在于此。依第463条、第635条以瑕疵商品的交付及瑕疵服务的提供为由主张损害赔偿请求权,例如,买卖契约与承揽契约即使有完全不同的法律上规律,也还是比较明确的。但依积极侵害债权的请求权,却并无规律。所以,依第463条、第635条的请求权存在时,是否允许积极侵害债权的请求权,难免发生疑义。假使允许,为避免积极侵害债权的请求权与法律上规定请求权明显的矛盾,对其要件、应赔偿的损害范围及所适用的时效期间是否必须修正,如必须修正的,应如何进行,这些都不明确。例如,仅出售商品缺乏所保证的品质,以及卖主关于商品的性质恶意欺骗买主的场合,卖主依第463条负损害赔偿责任。反之,依积极侵害债权的买主损害赔偿请求权,只需卖主对于商品的瑕疵有轻过失即可发生。在这种情形,只承认依第463条的损害赔偿请求权而不承认积极侵害债权的请求权,是有充分根据的。但长期以来判例作了不同的判断。判例试图以下面的方式克服所发生的矛盾。即一方面发展了"瑕疵结果损害"的概念,卖主依积极侵害债权并非赔偿"本来的瑕疵损害",而是赔偿"瑕疵结果损害";另一方面,积极侵害债权的请求权也适用第477条的时效期间。不用说,有了这两个制约,积极侵害债权的责任所要求的卖主的过失,仅限于有关买卖标的物之性质。所以,卖主交付的混凝土搅拌机之混合筒存在瑕疵的场合,限于卖主于交付时进行必要检查因可归责事由未能发现瑕疵,且第477条时效期间未满卖主不能援用时效,卖主应向买主承担"瑕疵结果损害"赔偿责任。与此相反,因可归责于卖主的事由,其使用说明书中未说明对混合筒的正确保养,则买主不仅可以请求赔偿所生全部损害,而且此请求权可在30年间主张。这是因为,这种情形应适用第195条而非第477条的时效规定。这样的差异是否有实质上的正当理由,并不清楚。在依第635条、第638条的承揽人责任与积极侵害债权之间,判例更引出不同的区别。这种引申伴有许多不确定性。

（2）类似的重大问题也发生在契约缔结上过失所生责任的场合。今天,这一理论被用来解决内容完全不同的事例群,从违反契约前的情报提供义务及指示义务的责任,到契约交涉中对方违反注意义务造成事故的责任,此外还用来解决投资公司发起人及主导者关于小册子上的记载之责任。这也发生同样问题。例如,卖主于契约交涉之际对标的物性质未作必要说明,且有应归责事由的场合,以及收买企业时卖主关于纯收益作了错误的报告,判例对此否定瑕疵担保请求权,而依伴有相当长时效期间的契约缔结上过失的请求权,对买主予以救济。

3. 契约的法定解除

民法典关于契约法定解除的规定,不能满足实务的要求。

（1）问题首先在于解除与损害赔偿相互排斥的原则。特别是依第325条、第326条契约解除的意思表示有效的债权者不得请求因契约不履行的损害赔偿。这种解决办法不适应实务上的要求。联邦普通法院对此原则作了修正。即如有解除的意思表示,即使是由律师作出的,也尽可能认为以某种方法保留了损害赔偿请求权。反之,债权者请求损害赔偿时,若债权者依差额说考虑其赔偿请求权,则此请求权可与解除的效果相结合。

（2）依第325条、第326条、第285条所规定的原则,债权者仅限于不履行有可归责于债务人事由时才可以解除契约。由此引出更困难的问题。要求这一可归责性,对债权者的损害赔偿请求权来说是有意义的。反之,对于是否承认契约解除权,从各种情形来看,应以债务人之履行是否可期待为基准。尽管债务人未履行对债权者之给付,如果这种履行仍可期待,则债权者仍应受契约约束并继续准备自己的给付。若在已不能期待的场合,则从应归责债务者事由发生时起,所约定给付成为不能,债权者当然可解除契约。有若干情形,现行法承认债权者的解除,与债务人之可归责性无关。例如,定期行为(第361条)、基于买卖标的物瑕疵依第462条的瑕疵担保解除,以及工作未于所定时间内完成依第 636 条的瑕疵担保解除,就是如此。在其他场合,判例为了得到合理的结论,常常必须依据辅助的构成。

(3)解除或瑕疵担保解除的意思表示所生法律效果,实务上也产成许多问题。第 347 条所定责任,对于法定解除权及瑕疵担保解除权的行使者来说过于严格,已是共识。在约定解除权的场合,常常必须考虑解除的可能性。与此不同,在法定解除权与瑕疵担保解除权的场合,权利者以不知存在解除权及瑕疵担保请求权的事实上要件,为取得权利之前提。对此,第 347 条那样严格的责任不适当。按照第 350 条,物交付,所有权向买主移转后偶然灭失的危险,在解除的场合也要由卖主负担,实难理解。

4.联合国统一买卖法的规制模式

在国际动产买卖领域,联合国统一买卖法(以下简称"公约")的给付障害法于 1994 年 1 月 1 日生效成为德国国内法。该规定回避了民法典给付障害法的多数缺陷。

(1)未综合规定给付不能。一切契约缔结时客观不能的给付关系之契约,为有效,此与民法典第 306 条的规定不同。给付不能——其不能的原因是原始的或后发的,客观的或主观的,有无归责性,当然成为问题——公约将其作为契约不履行的一种形态考虑,依一般规定处理(第 45 条以下、第 61 条以下)。

(2)该法在以下情形,保障履行的优先。即卖主的契约违反行为属于"重大的契约违反",以及在不履行的场合,买主已指定相当的犹豫期间而卖主于此期间经过仍未履行的场合,买主才能解除契约(公约第 47 条第 1 款、第 49 条第 1 款)——买主请求损害赔偿的权利,并不因行使法律上的其他救济手段,特别是契约解除的意思表示,而丧失(公约第 45 条第 2 款)。

(3)买主解消契约的权利,并不以卖主对于义务不履行有归责事由或关于不履行的特别事由应由卖主负责,为要件。仅因买主行为引起卖主不履行的例外场合,与此不同。(公约第 49 条第 1 款、第 79 条第 1 款、第 80 条)

确实,公约的给付障害法达到了现行德国法由法律规定、判例及契约实务协同达成的同一结论。两者决定性的差异如下:公约中作为其给付障害法基础的原则,明确、易于理解且无矛盾,法政策上有说服力,因此在实务上很容易判断具体的案件应适用什么规定。同时,回避了民法典中若干部分发生的难以理解的结果。所以,该法的思考方式,在修改给付障害法时应予注意,可以作为多数规律领域的范本。但是,在现行德国法中,对于给付障害法的要件、效果,如按照这样两种完全不同的规范体系加以规制,其结果必会更糟。

(二)买卖契约法与承揽契约法

关于买卖契约法及承揽契约法有必要修改的,首先是瑕疵担保请求权的规定。修改的理由:首先,瑕疵担保请求权与买主或定作人依一般给付障害法的请求权的关系不明确。其结果导致实务上产生许多疑问和不能理解。其次,尤其是关于卖主责任的规定,因民法典施行以来生产技术、贩卖方式及贩卖条件发生了根本性变化,有修改的必要。民法典起草人专门注意的,是性质上比较单纯且引起损害可能性较小的特定物和种类物的买卖契约。今天,由于技术的复杂化,以至于交付时要知道瑕疵的存在非常困难,后来其瑕疵才会显现出来,因而可能发生重大的瑕疵结果损害。主要是这样的商品买卖。因此,除买主的瑕疵担保请求权和价金减额请求权之外,有必要增加买主的追完请求权及卖主的"第二次提供"权。最后,关于买主的瑕疵担保请求权的规定,与联合国统一买卖法上相同机能的规制内容不同,也成为对前者修改的正当理由。

1. 有独自规制对象的瑕疵担保法

瑕疵担保请求权,现行法上仅关于权利瑕疵的卖主和承揽人的责任问题,与一般给付障害法结合规定。与此相反,物的瑕疵问题,民法典继受罗马法以来的传统,在第459条以下及第633条以下——尤其是买卖法——设立了与一般给付障害法无关的、并存的独自规制。且这两种规制之间缺乏协调,自民法典施行以来,成了无尽的争论的原因。对因此所发生的问题,判例在多数判决中都必须处理。今天,只有专家才会对这些判例看一看,而且有时就连专家也看不下去。因此,发生了很大的法律不确定性,有时出现很难理解的判决。总之,这种结果不仅受到学说的激烈批判,也受到财界若干团体的强烈非难。甚至有若干事例,联邦普通法院被立法者要求作适当清理。

其中一例是正确区别交付异种物与交付有瑕疵商品的问题。关于前者,给予种类物的买主一般的履行请求权,适当商品的交付成为不能,或者所定犹豫期间经过后仍未履行,则买主可以对卖主主张第325条、第326条的权利。后者(瑕疵物交付)的场合,买主也可以请求追完。当然,此权利必须在第477条的期间内行使。如果买主受领了商品,由于仅给予买主第480条、第459条以下的瑕疵担保请求权,结果仍应适用第477条的短期时效。因这样的差异,以致发生下述问题。即为制作背包所交付的山羊皮可否被看作"有瑕疵的"子牛皮,将秋小麦当作春小麦交付的,将国内产铁屑当作进口铁屑交付的,能否说"是有瑕疵",以及混入甘油酯的葡萄酒能否被看作"有瑕疵的"葡萄酒。这些案件中所交付的商品与契约的约定商品相比较,属于"异种物"。这种区别成为决定问题的原因,乃是民法存在"体系欠缺"之结果。作为不同的利益状态所生的合理归结,这种区别并非适当。这样说来,以上案型,卖主未适当履行契约,所以买主应有同一的请求权。

关于权利瑕疵与物的瑕疵的区别,与此类似。如存在权利瑕疵,买主可以请求除去瑕疵,并且依第440条第1款属于以给付障害为理由的一般请求权,30年间均可主张。反之,在物的瑕疵的场合,应适用第459条以下的规定,特别是第477条的时效规定。权利瑕疵与物的瑕疵竟发生这样不同的法律效果,使人不可理解。至少,假如两种瑕疵类型有明确的区别,恐怕还可容忍。但现实并非如此。例如,违反土地买卖契约,土地上设有地役权,显然属于权利瑕疵。但土地上有公法上的建筑限制时,却被认为属于物的瑕疵问题。国家有时可基于公法理由要求土地所有者向国家转让的场合,被认为属于权利瑕疵;与此相反,基于公法理由,该土地并非任何人均可租赁的场合,却又被认为属于物的瑕疵。土地应服从1965年的《住居拘束法》第6a条的条件时,情形又有不同。

2. 瑕疵给付情形的损害赔偿请求权

卖主和承揽人损害赔偿责任的状况十分混乱。民法典关于卖主损害赔偿责任的规定,仅第463条,仅在卖主恶意隐匿瑕疵或标的物欠缺卖主所保证的品质时,发生损害赔偿责任。但是,按照确定的判决,受瑕疵物交付的买主,在不能满足第463条的条件时,如果能满足积极侵害债权的要件,即因可归责于卖主的事由交付有瑕疵之物,或其性质与所述不同,以及未作正确描述的场合,买主可以请求损害赔偿。承揽契约法,判例亦作同样判断,即与第635条的损害赔偿请求权并存,发生积极侵害债权的损害赔偿请求权。这导致极大的混乱,并产生迄今难以圆满解决的问题。买卖法上,非存在于物的瑕疵本身的损害,仅可作为"瑕疵结果损害",基于积极侵害债权请求赔偿。因此,买主对于有瑕疵物的修理,或以低价转卖时所发生的不利益,仅在满足第493条的要件时,才能作为"本来的瑕疵损害"请求赔偿。与此相反,买主将瑕疵商品作为自己营业使用,因而导致对自己顾客的损害赔偿,或依顾客要求予以追究的场合,该不利益又属于"瑕疵结果损害",可依积极侵害债权向卖主请求赔偿。很难说这种区别是根据不同的利益状态因而有充分的理由。

更为困难的问题,在于积极侵害债权的请求权,因民法典未作规定,原则上应适用第195条的30年时效。而判例则认为积极侵害债权的请求权应类推适用第477条。但是,同时又引出其他方面的问题。即在积极侵害债权的请求权中,仅与法律上规定的瑕疵担保请求权机能相似的请求权,亦即卖主关于所交付商品的性质有过失的场合,才能适用第477条的短期时效。因此,卖主因可归责事由以劣质汽油代替优质汽油交付,对买主的汽车引擎发生"瑕疵结果损害"的赔偿请求权,应适用第477条的6个月时效。反之,卖主出售劣质汽油后,因可归责事由交付时注入标有优质汽油的油罐,所发生的对汽车引擎的同样损害,买主却可依30年时效主张赔偿。这是因为,卖主并非交付有瑕疵的汽油,而是将适当的汽油因可归责事由注入了错误的油罐,因而违反了契约上其他注意义务,须依一般规定要求损害赔偿。

第635条的损害赔偿请求权与积极侵害债权所引起的问题又有不同,且难以完全满足。两请求权在要件上并无差异。第635条也要求承揽人关于自己工作的瑕疵应有可归责性。但是,判例对于以工作瑕疵为理由的请求权——与买卖法不同——即便在请求赔偿瑕疵结果损害的场合也是如此,限于该损害与工作瑕疵有"密接关系",必须根据第635条。反之,积极侵害债权的请求权,对于距瑕疵较远的瑕疵结果损害亦可发生。这种情形,不依第638条,而依第195条决定时效期间。

因此,建筑师作成有瑕疵的设计书,由此发生建筑物瑕疵时,建设方的赔偿请求权应依第635条判断,时效应适用第638条。但同一建筑师受银行委托作不动产评价鉴定,该鉴定有瑕疵,银行因该不动产不足担保所致损害,则可依积极侵害债权的法理要求赔偿,此请求权应适用第195条的时效期间。这样,以定作人所主张的损害赔偿请求权的法性质决定时效期间,与工作瑕疵有"密接关系"的瑕疵结果损害,及与之稍有距离的瑕疵结果损害,成为判例中多年的论题,学说上亦议论纷纭,有的虽有说服力,但迄今未看到特别有实用性的解决方案。

3. 瑕疵担保期间

认为第477条的瑕疵担保期间太短,乃是一致的见解。买主在可能知道自己所得到的动产有瑕疵以前,第477条第1款的6个月时效期间已经届满的情形,并不罕见。如初夏购买的滑雪板,打算在圣诞节假期使用,到那时发现有瑕疵,6个月的期间早已经过,已经不能向卖主主张瑕疵担保请求权。即使买主在瑕疵商品交付后即予使用,也常常在第477条的期间经过后才开始显露出来。例如,卖主交付胶合板后,买主立即用来铺设体育馆,经数月使用后由于弹力不足致发生损害。为了解决这一难题,有人建议如属隐蔽瑕疵,则时效期间不从标的物交付起算,而从买主发现瑕疵或可能发现瑕疵时起算。但因为第477条有明文规定,判例如此解决已构成对法律规定的违反。于是,判例为救济买主,又采用别的方法。例如,依情形从案件各种情事推定当事人有推迟时效起算点的合意。对于属于瑕疵物的交付抑或异种物的交付,以及属于物的瑕疵抑或权利瑕疵的问题,法院有时倾向于判断为异种物的交付和权利瑕疵。这样,可以避免适用第 477 条,而适用第 459 条以下。关于企业收买,判例对企业销售额及收益作错误陈述的卖主,不适用物的瑕疵担保责任的观点,而使其负契约缔结上过失的责任,也常常是基于这样的考虑。下面的场合也是如此。卖主关于标的物的使用可能性提供了错误的建议和咨询意见,判例不将其作为物的瑕疵,而作为违反其他义务的卖主过失,这样,买主的请求权可不适用第 477 条而适用第 159 条的时效。另外,联邦普通法院对于几类案件,在瑕疵担保请求权时效超过的场合,为了救济买主,承认基于侵权行为的请求权,适用第 852 条的 3 年时效。例如,标的物仅有"机能上限定"的瑕疵,交付后扩大到标的物其他无瑕疵部分的情形,买主关于瑕疵标的物修补及原状恢复费用,依第 823 条第 1 款及第 852 条对卖主请求赔偿。对于认许侵权行为法上的请求权,学说持批评态度,认为根本改变了买卖法上的风险分配。但联邦普通法院仍然维持自己的判例。

对承揽契约法适用第 638 条的时效期间,也发生相当的差异。第 638 条所定期间中,有的也显然太短。"土地工事"与"建筑物"有不同的时效期间,而这种区别实际上并无道理,难免发生问题。此外,瑕疵担保期间,在出售有瑕疵房屋的场合,为从交付起的 1 年(第 477 条),与此相反,在建筑有瑕疵房屋的场合,则为从交付起的 5 年(第 638 条)。第 477 条的期间显然太短,于是判例作下述处理。即基于建筑物瑕疵的瑕疵担保请求权,在卖主依契约负建筑物制作的义务,及可从契约诸规定的关联性及全部情事推论出该义务的情形,服从第 638 条的时效。卖主为自用建成的建筑物,自己居住数月后出售的场合,也适用承揽契约法的时效期间。此外,卖主将旧建筑物分割为两个区分所有权,对一区分所有权的买主以契约约定改筑的场合,也同样处理。

从以上例子,我们必须得出第 477 条、第 638 条的瑕疵担保请求权时效期间不适当的结论。为避免此不当的结论,判例对于许多案件,借规避之道以求得个别的合理解决,结果引出更困难的问题。

4. 未规定买主的追完权⑦及卖主第二次提供权

现行法的瑕疵担保规定,乃以罗马法关于公市场奴隶、家畜买卖有不能除去的瑕疵时,予买主以价金即时返还及减额请求权的规定,作为蓝本。因此,现行瑕疵担保法未对种类物买卖规定买主的追完权及卖主第二次提供权。这与一般的法意识不一致,也与今日大量工业制品交易的要求矛盾。取得瑕疵物的买主,采解除契约或价金减额并不一定有利。对买主来说,更为重要的是取得无瑕疵之物,采用修补或给付同等之物大抵可满足此利益。特定物的买卖也是如此。种类物买卖也常有交付新物不符合买主利益的情形。这时,买主想保留该物,希望予以修补。如机械的买主,已将机械安装固定的场合,解除契约及价金减额通常不起作用,唯修补有利。另外,买主仅有解除及价金减额之权,卖主不能以修补或交付代替品以避免此结果,也不符合卖主正当利益,且不经济。

不仅如此,现行契约法未规定买主的追完权,也未规定卖主以追完避免买主瑕疵担保请求权的权利。由判例对此项欠缺予以补充的场合,并不罕见。例如,考虑到诚信原则,科以买主承认卖主提供修补的义务;卖主自建房屋出卖,在建筑欠缺的场合,依承揽契约法(第633条第2款)承认买主有修补请求权;等等。此外,对于上述法律欠缺,采契约实务填补。这就是广泛发展普通交易约款。其中规定买主的修补请求权及代替给付请求权,以代替解除买卖及价金减额的权利。立法者也承认,这种契约实践的基础是两契约当事人合理的经济要求。《约款规制法》第11条第10款b规定,在修补或代替给付不能的场合,才给予买主解约及价金减额权的约款为有效。民法典新增第476a条也规定,如有这样的合意,则应由负修补义务的卖主承担修补的必要费用。按照《约款规制法》第11条第10款c,卖主不得以普通交易约款

---

⑦ 所谓追完权,为日本学者用语,指标的物有瑕疵时,买主要求卖主进行修补或另行交付无瑕疵物的权利,亦即包含修补请求权和替代给付请求权二者。——笔者注

免除此项义务。关于买主的追完权——例如日常生活中的现金交易，因未作成契约证书，所以契约中不包含普通交易约款，因此应在买卖契约法上作相应的规定。

5. 公约模式

现行德国买卖法的上述欠缺，依公约可以避免。这是因为：(1)该公约未规定独立的瑕疵担保法，而是从契约不履行的一般概念出发，其所生法律效果，原则上并不区分其不履行属于物的瑕疵或权利瑕疵或者属于异种物交付或卖主违反其他义务(第35条、第45条以下)。(2)该公约第46条第3款规定，考虑一切情事可以期望于卖主的条件下，买主有修补请求权。(3)按照该公约履行优先的原则，发生卖主的修补权及代替给付权。买主定有犹豫期间时，买主负有应给予卖主修补瑕疵物或代替给付无瑕疵物的机会之义务(第47条1款、第49条第1款b)。

(三)消灭时效法

从实务的经验看，现行法的时效规定在许多方面不适应今天经济交易的要求。依判例学说一般的见解，现行时效法的体系、起算点、时效期间、期间届满的形态以及若干时效规定要件，有修改的必要。这既适于民法典的时效规定，也适于其附随法规及其他许多规定。实务上发生非常困难的问题，特别是因为有关时效的各种规定没有统一的体系，及各个规定落后于时代，并且规定了太短的和太长的时效期间。

1. 时效法的体系欠缺

现行时效法的特征，在于对相同的要件或类似的要件定了许多不同的时效期间。仅民法典，就有6周、6个月、1年、2年、3年、4年、5年、30年。如此多样的时效期间，假如明确规定了不同时效期间的要件及相互间有明确的且有说服力的区别，还可以容忍，但常常并非如此。

多数时效期间乃与请求权的法性质相结合。即以所主张的请求权作为决定时效期间的基准，所以必须探究所涉及的请求权是基于买卖契约，或是基于承揽契约，以及是基于承揽契约，或是基于雇佣契约。另外是基于瑕疵物的交付,或基于附随义务之违反,以决定请求权的正确性质。但是——如上所述——究竟属于买卖契约,或属于承揽契约;属于归责于卖主的事由交付瑕疵物,或是交付无瑕疵之物,却因可归责事由对其使用可能性及正确使用、保养方法向买主作了不完全的建议,常常并不清楚。当事者所缔结的契约由于法律未作规定,被看作非典型契约及混合契约的场合,也发生各种困难。例如,自动贩卖机设置契约,作为使用租赁契约,作为按比例的利益分配关系,或作为合伙契约,都存在困难。无论归入哪一类,因关系到时效期间的基准,其结果将发生很大的差异。不仅如此,因事实关系的把握不同,也会导致适用完全不同的时效期间。这些都没有道理。给人的印象是,许多场合,法官首先选定解决案件所适用的时效期间,然后再依所希望的结论,决定所主张的请求权性质。

所引起的困难问题,对作为习惯法而发展起来的请求权,即基于契约缔结上过失、积极侵害债权及行为基础丧失的请求权,亦存在。由于缺乏特别的时效规定,这些请求权原则上应适用30年的普通时效期间(第195条)。这一期间对这些请求权来说,一般被认为太长。判例于是限制第195条的适用,力图类推适用考虑别的事例所规定的时效期间。例如,联邦普通法院认为,第196条、第197条的短期时效期间应成为"从经济上看与所列举报酬请求权同等的"一切请求权的基准。这样一来,一切请求权——契约上的请求权、法律上明定的请求权以及习惯法上的请求权——只要以本来所预定的事物的价值为目标,均可适用第196条的时效期间。同样,基于违反良俗的分割信用契约请求依不当得利返还所支付利息的请求权,亦可适用第197条的时效期间。因租赁标的物返还迟延,出租人请求赔偿的场合,无论是基于第557条还是基于第812条,均可适用第197条的时效期间。

在买卖及承揽契约法上,因瑕疵担保请求权、基于积极侵害债权的请求权及基于契约缔结上过失的请求权并存所发生时效法上的问题,前面已经指出。

在主张复数的请求权,确定其法性质及作为基准的时效期时,相互并存的请求权是否应适用各自的时效期间并不明确,常常发生更困难的问题。对此,所存在的一般基本原则被为数众多的例外所破坏。并且,其例外又被对例外的例外所破坏。例如,使用租赁之出租人以标的物毁损为理由向承租人请求损害赔偿的场合,出租人的请求权基于第823条,应适用第558条的时效期间。反之,承揽人毁损定作人的材料,以及卖主交付瑕疵商品致买主的所有权及健康受侵害的场合,定作人或买主的损害赔偿请求权仅能从侵权行为求得基础,依第852条适用独立的时效期间。这种区别并无实质上的正当性可言。

2. 各个规定的欠缺

除现行时效法体系上的疑问外,各个时效规定也有修改的必要。

(1)落后于时代的陈旧规定

特别是第169条。第1款中的第3、6、10项,出租马车的驾驶人、短工(日雇劳动者)、师傅工头等职业,现实中已不存在。第1款之第10、12、13项所规定的职业上给付关系,今天虽不能说完全没有,但已经不重要了。

第196条在具有实务上意义的范围内,其规定亦已成为不可理解。例如,从文言上看,第1款之第9项关于劳务者的赁金(垫款)请求权,及第1款之第8项中职员的薪金请求权,完全不明白。第196条的规定从整体上看没有说服力。因依该条规定,不能把握私人间的法律行为及关于物的给付的请求权。

(2)不当的时效期间

现行法上特别短和特别长的时效期间,不适应交易的要求。

第一,关于短期时效期间,如前所述,买卖和承揽契约上瑕疵担保请求权的时效期间太短。这种短期间,有买主或定作人在知有请求权之前该请求权即已失效的危险。常常表现在组装后又经加工的制品,其瑕疵须经过典型的长期间之后才显露出来。基于这样的理由,建议延长瑕疵担保请求权的时效期间是适当的。这种场合,也必须考虑卖主与承揽人的利害。他们关于评价将来的瑕疵担保请求权危险,将其投保责任保险,以及对这种请求权的主张进行有效防御,有值得保护的利益。

第二,关于长期时效期间,普通时效期间为 30 年。在多数场合,显然太长。对于时效期间,应给予权利者主张权利以充裕的时间;但必须要求 30 年的时间,仅限于例外的场合。通常情形,比较短的期间就足够了。特别是不能期待义务者在长时期内用意周到地保管证据。与其他国家相比较,凡比较新的民法典及现代的时效法规中所规定的,基本上是短的时效期间。

3. 修改中断及停止事由的必要性

(1) 中断事由,现行时效法关于中断事由的区分不适当。现行法规定,多数场合特定措施可中断时效。但是,因此产生的结果——新时效期间的开始——不能说有实质的正当理由。

(2) 停止事由,应规定承认和执行为中断事由。其他现行的中断事由,可作为停止事由。应补充规定所欠缺之处。

首先,现行法上,以请求权实现为目的之诉讼上措施,未有影响时效的效力。如为请求权的满足而申请假处分。这种申请应有停止的效力。

应规定几种停止事由,不仅与所规定的各种场合有关,而应基于一般通用的法思想。在第 639 条第 2 款、第 951g 条第 2 款之第 3 项、第 852 条第 2 款——例如,有关瑕疵担保请求权及损害赔偿请求权权限的交涉即可停止时效,令人难以理解。

应包含如第 477 条第 3 款那样的一般化法思想,即某种请求权的时效停止或中断,其效力及于与之竞合的其他请求权的时效。

4. 广泛的法分散危险

如上所述,民法典的时效规定不完全,其结果是,立法者在制定民法新法规时不能准用民法典时效规定,而必须规定独自的时效规定。现有 80 多个法律中有 130 多项关于时效的规定,且这些规定相互之间不协调,使时效法上的规定并存越来越混乱。要结束这种状况,须尽快对民法典时效规定作根本改造。

三、债务关系法修改委员会提案概要⑧

（一）一般给付障害法

1. 作为给付障害法中心概念的义务违反

债务关系法修改委员会制作了作为一般给付障害法中心的义务违反概念。给予债权者基于给付障害的权利的统一基本要件，为义务违反。这一概念，对于债权者的损害赔偿请求权（草案第280条、第283条）及契约解除权（草案第323条），同样适用。义务违反之构成，仅以义务之客观上违反为必要，不包含债务者义务违反之非难可能性。同样，导致义务违反的理由何在，以及发生什么样的结果，均不重要。义务违反对债务者来说属于给付的原始不能，抑或属于所谓后发不能，亦不具特别意义。与现行法不同，不能及迟延已经不再被特别地、独立地规定为给付障害的形态。依草案第275条，给付不能对债务者的给付拒绝权来说，有重要意义，但即使在这里，给付不能亦未明示列举。这一给付不能，不过是"尽管债务者依债权关系内容、性质有为约定给付之义务，但却不能为给付"情形之一事例。同样，迟延只不过是债权者请求迟延损害赔偿时，在义务违反要件之外附加的一个要件（草案第280条第2款之2、第284条）。

草案的给付障害法，进一步发展了以积极侵害债权为理由的责任之法理，并使其一般化。判例中，将既非不能也非迟延的一切义务违反作为积极侵害债权，草案将不能及迟延导致的不履行也作为义务违反考虑。

义务违反概念，与公约第45条第1款、第61条第1款所使用的契约上义务的"不履行"概念相对应。两者只是用语不同，并无实质差异。

2. 保障履行请求权的优先

债务关系法修改委员会除构造了义务违反概念之外，另一个本质

---

⑧ 这一部分乃译述《最终报告书》第三部分的主要内容。——笔者注

的构造是,债权者对于债务者的履行原则上必须指定相当的犹豫期间,须待此期间经过而债务人仍未履行时,才能主张代替履行请求权的其他权利(草案第 283 条)。要求设立犹豫期间,在现行法第 283 条、第 326 条、第 542 条第 1 款、第 634 条、第 635 条已有先例,这是为了保障履行请求权优先,但现行法上由于各个给付障碍的要件不同,未充分贯彻。

3. 损害赔偿的概括规定

草案第 280 条,对于债务者违反基于债权关系的义务的情形,规定了债权者可以请求损害赔偿的一般要件。按照这一规定,一切义务违反发生损害赔偿请求权。但义务违反无可归责债务者之事由的场合除外,且对所违反义务的种类不加区别。特别是,债务者是违反主义务抑或违反附随义务,是违反给付义务抑或违反保护义务,不成其为问题。同样,债务者完全未履行义务,未依约定时日履行,于错误场所履行,及与约定不同的给付,或者给付数量、性质、种类不符合契约,亦不成其为问题。

草案第 280 条第 1 款首先规定了积极侵害债权的法律上依据。但是,这一规定具有更广泛的意义。现行法上特别给付障碍要件——特别是不能及迟延——存在时,承认不履行的损害赔偿请求权的场合,也被包含在内。依草案,债权者的损害赔偿请求权的基本要件如下:债务者,关于未为契约约定给付之义务违反结果所生损害,不能证明对于义务违反无可归责之事由,则必须承担责任。对于履行之优先,草案第 280 条第 2 款之 1、第 283 条规定,设立犹豫期间要件,予以保障。所以,债权者原则上应定相当期间,此期间经过而债务者仍未履行,才可请求代替给付的损害赔偿。

迟延损害赔偿请求权,亦基于草案第 280 条第 1 款,依草案第 280 条第 2 款之 2,更要求须有迟延。这样,草案对于民法典上错综复杂的法律规定,以及与之并存的后来接受的法实务发展的成果,作出了明确的且预计将有效的损害赔偿规定。

4. 不以归责性为要件的解除权

草案第 323 条,以公约为蓝本,规定了不以归责性为要件的解除权。债权者的解除权的要件,是债务者违反双务契约上的义务。此外,履行的优先同样受要求设立犹豫期间的保障。为了除去义务违反之状态,定了犹豫期间并经催告,而债务者仍未履行,才能解除。

至于所违反的义务是否重要,义务违反的程度是否重大,原则上不作区别。犹豫期间的设定并催告而期满仍未履行,被作为判断义务违反对一切债权者达到不能期待契约的维持状态的前提。此外,草案第 323 条第 3 款第 1 项规定,违反轻微义务时不能解除。

5. 承认与解除并存的损害赔偿及解除效果的新规定

与现行法不同,草案仿公约第 45 条第 2 款,规定债权者依草案第 327 条解除契约的场合,不仅有基于清算债权关系的请求权,而且可以主张以契约不履行为理由的损害赔偿请求权。所以,债权者解除契约之同时,可以请求赔偿因代替该契约的交易所多支出的费用及所失利益。信赖损害的赔偿,在草案第 327 条作了明示规定。关于作为解除之根据的义务违反,无可归责于债务人之事由的场合,则不发生损害赔偿义务。

关于解除的场合妨碍给付物返还的障害,草案第 346 条提出新的基本规律,试图避免现行法的若干争点,放弃了作为排除解除权的要件的做法,规定了一切障害事例原则上按统一的价值清算的模式。

6. "行为基础丧失"的规定

草案第 306 条规定行为基础丧失的规律。债务关系法修改委员会考虑到行为基础丧失制度不适于法律上详细规定。在这里,不过是将判例所发展的指导原则作为一般形态在法律上予以规定。基于具体案情对此加以具体化的任务,必须委诸判例。因而草案未作例示的列举。

7. "契约交涉开始之际的过失"为理由的责任之规律(契约缔结上过失)

草案第 241 条第 2 款规定,从债权关系发生一方当事人对另一方当事人的权利和法益的注意义务。另外,草案第 305 条第 2 款规定,契约缔结之前阶段,亦可发生这种注意义务。以违反这种义务为理由的损害赔偿请求权,最终依草案第280条第1款发生。所以,关于损害赔偿责任的一般规律,也是基于契约缔结上过失的请求权之请求权基础。

关于这一规定,同样避免例示的列举。因为有关判例尚未完全确定,有待于判例今后进一步发展,因此不作详细规定。

8."因重大事由的告知"的规定

继续的债权关系上因重大事由的告知,在草案第307条作了规定。对此,债务关系法修改委员会只是将判例所发展的一般原则采入法律。

9.《德国民法典》第306—309条的废止

债务关系法修改委员会建议废除《德国民法典》第306—309条。这是一般给付障害法适用于原始不能的场合的适当结果。即债务者如果满足草案第275条的要件,因该条规定的抗辩,可以拒绝不能的给付请求。债权者可依草案第280条、第283条请求损害赔偿,或依草案第323条解除契约并依草案第327条请求损害赔偿。

(二)买卖契约法及承揽契约法

1. 买卖的瑕疵担保法之废止

债务关系法修改委员会建议的买卖法新规定,特别废止现行法所规定的独立的瑕疵担保法,而将买主的请求权并入一般给付障害法。因此,现行法上物的瑕疵的区别,特定物买卖与种类物买卖的区别,甚至买卖契约与承揽契约的区别,一概被废止或可能将区别减少至相当程度。同时这种新的思考方法再构成时效法时,可以合理规定瑕疵担保请求权的时效。

这样所达到的目的,是将交付无瑕疵标的物也作为特定物买卖的卖主的义务。所以,草案第434条规定,卖主必须以无瑕疵(物的或权利的瑕疵)状态交付标的物。交付有瑕疵标的物时,构成义务违反,原则上发生与一般给付障害法同一的法律效果。即依草案第323条可以解除契约,在对于瑕疵标的物之交付有可归责事由的场合,可依草案第280条、第283条请求损害赔偿。与此相伴,区别瑕疵损害与瑕疵结果损害的麻烦也就不再有了。因将瑕疵担保法归入一般给付障害法,用解除取代瑕疵担保解除，这在语言表达上也受到欢迎。迄今被作为对买卖及承揽契约的特别法律救济手段的价金减额权，照样被认可。但这一权利同解除权一样，已被修改为形成权的构成。债务关系法修改委员会提案的规定之结果，已不存在特定物买卖与种类物买卖的区别。另外，对买主的请求权来说，卖主所交付的标的物属于物的瑕疵或者权利瑕疵，已不生本质的差异。同样，收买企业者，因信赖卖主关于销售额及收益反于事实的说明而受损害的赔偿请求，是基于契约缔结上过失抑或基于瑕疵标的物之交付，已不重要。盖因两者的损害赔偿请求权的要件均应依草案第280、283条判断，并且关于请求权的时效，法律上作何处理，亦已不重要。因为买主的权利被并入一般给付障害法，对于买主以欠缺所保证的性质及恶意隐匿瑕疵为理由的损害赔偿请求权，已经没有特别加以规定之必要。上述两种请求权，以可归责于卖主的义务违反为理由的一般损害赔偿请求权之构成，而被解消。而且，积极侵害债权的损害赔偿请求权也被包含在内。关于这一点，并无对现行法作实质变更的意图。现行法上为了处理明示的或默示的性质保证的各种考虑，今后仍将存在。即这些考虑对依草案第280、283条被请求损害赔偿的卖主来说，关系到草案第276条所谓对有瑕疵物之交付是否有可归责事由。

2. 买主的追完请求权及卖主的第二次提供权

草案第438条规定了买主的追完请求权。买主在被交付瑕疵标的物的场合，有追完请求权，而与是特定物买卖或是种类物买卖，及是物的瑕疵或是权利瑕疵无关。卖主可以选择，是以瑕疵除去实现自己的追完义务或在代替物的买卖，以交付无瑕疵物实现这一义务。对卖主来说，因费用过巨不能追完时，卖主可以拒绝追完，这种情形，买主仅能主张义务违反时可以行使的其他请求权。

当买主以所交付标的物有瑕疵为理由请求损害赔偿及以同样理由解除契约的场合，卖主可用主动追完这一买主的权利，予以反击。这是因为，瑕疵标的物交付的场合，买主可以行使的权利因并入一般给付障害法，已不言自明。盖因买主的损害赔偿请求权和解除权，根据草案第

280、283、323 条,原则上以买主为无瑕疵给付之追完设定相当期间并待该期间经过而卖主未予追完,作为发生前提。

3. 承揽契约法的修改

依现行法,承揽人有为无瑕疵给付之义务,在所为给付有瑕疵的情形,有除去瑕疵的义务。因此,承揽契约法无作根本修正之必要。但因债务关系法修改委员会提案对买卖契约法作了修改,使两契约类型的规定相互非常接近,法律上规定的顺序及内部构成亦基于同样的原理。所以,在现行法上起重要作用的两契约类型之正确区别,已经丧失其意义。建筑完成后,卖主居住过的房屋的买卖契约,是否可依承揽契约决定其性质,按照债务关系法修改委员会提案,今后已经不成其为问题。因为,依该提案,买主也可请求修补,卖主亦可以瑕疵之除去击退买主的其他请求权。时效抗辩的要件,对于房屋的卖主和对于建筑房屋的承揽人都相同。

4. 诸规定的废止

因买主和定作人的瑕疵担保请求权被归入一般给付障害法,使买卖契约法与承揽契约法非常接近,法律规定的数目可相当地减少,且其内容的整合性基本上更加明确和易于理解。

(三) 消灭时效法

1. 一般考虑

首先,在决定时效期间时,关于期间是否适当,应与时效的起算点、期间停止和中断事由一并考虑,加以判断。期间、起算点、期间届满时的后果、停止、中断,一并考察,才能确定债权者与债务者的各种利益是否被合理考虑。

关于债权者的利益,债务关系法修改委员会的目标是,保障对债权者主张请求权给予公正的机会。即必须给予债权者认识债权的存在,为裁判上实现债权而进行调查、收集证据,以充分的机会。但债务关系法修改委员会不考虑此原则在例外情况下的贯彻。债权者于时效期间届满前,对属于自己的请求权不知或不能知,债权的时效消失仍必须发生。尤其是,归属于债权者的契约上请求权,乃基于瑕疵物之交付、瑕疵工作之完成或瑕疵劳务之提供的场合。

关于债务者的利益，首先是因债务者受无根据的请求而使其利益受阻，因时间之经过产生不利益，对此应予保护。债务者仅可能在有限的时间内保存证据。债务者因时间的经过，举不出证人的姓名，失去与证人的联络，以及记不起所争执的事件，而发生证明困难。特别是，债权者请求权的要件被推定为存在，必须由债务者对该要件之不存在提供反证的场合，更是如此。例如，请求基于契约的损害赔偿的债权者，仅须证明发生客观的义务违反，而依草案第282条，应由债务者证明关于义务违反无可归责事由。此外，类似问题亦存在于推翻表见证明的场合。

但是，时效法并不能说仅从时间经过有证明困难的危险就必须对债务者加以保护。例如，虽债务者不存在证明困难，但在长时间经过后仍要求其履行，则对债务者过苛。对债务者来说，已经达到了可信赖债权者已不行使权利的时点。另外，要求债务者长时间做履行准备也不适当。如作这种要求，很有可能不当限制债务者自己的处分自由。在债务者可向第三人求偿的场合，因时间经过已经找不到求偿债务者，或求偿债务者丧失支付能力，或者援用求偿债权的时效，债务者对第三者的求偿权已经丧失，这种情形仍要求债务者履行则过苛。

其次，时效法的规定必须具有法律的确定性。所以，这一规定不仅须单纯明确，且必须成为债权者、债务者、律师和法院均能用以判断债权是否存在的实用规定。从这一意义上说，时效法的规定，是保障预见可能性与计算可能性的。因此，时效法对个别案件亦可能得出不当的结论。为了避免这种结果，求得具体的妥当性，唯有设置细分化的规定，使不同的请求权服从不同的时效期间。但是，正如现行法的经验所显示的，将因此付出太高的代价。

2. 契约上请求权与法律上请求权在时效上的差异

按照债务关系法修改委员会的提案，原则上一切契约上的请求权应服从同一时效期间。该契约上请求权，是要求契约的履行，或是当事人以义务违反为理由要求解除、瑕疵除去、反对给付减额或要求损害赔偿,对时效期间不生区别。另外,债务关系法修改委员会考虑到,基于法定债务关系的请求权与契约上请求权,当事者利益状况不同,因此应区别契约上请求权时效与法律上请求权时效。债权者,通常认识契约上履行请求权的存在,反之,对基于无因管理、侵权行为或不当得利的请求权,则不一定认识请求权的发生及履行期间的时点。关于后者,债权者常常在后来才知道请求权基础及债务者。因此,对法律上请求权,应规定比契约上请求权更长的时效期间。

3. "认识或认识可能性"对时效原则上失去意义

有两位鉴定人建议,原则上应对一切请求权——包括契约上请求权及法律上请求权——规定2年时效,并以履行期间经过为起算点。他们认为,对于债权者检讨自己的债权能否在裁判上实现,2年期间已经足够。债权者作这种检讨并下决心,乃从知道属于自己的债权开始。所以,主张时效期间的起算点从请求权的履行期间经过开始,债权者不知对债务者有请求权,则时效停止进行。因重大过失而不知请求权的存在,则视为已知。因此,两鉴定人建议:"时效,权利者非因重大过失而不知债务者、请求权的对象及其法律原因时,停止。"依其建议,时效期间,因停止——包括因权利者不知而停止——最高可延长到10年。

两鉴定人提案之优势在于,对一切请求权均适用同一时效期间。请求权之基于契约、事务管理、不当得利或侵权行为,已不重要。限于债权者知道请求权的场合,对于决定能否通过裁判实现,2年的期间已足够。

但债务关系法修改委员会彻底检讨的最后结果是,不同意上述提案。如果采用两人的提案,实务上时效期间倒不成问题。但代之而起的是,债权者知道请求权存在之时点,以及是否构成因重大过失而不知,成了重要问题。其结果是,债务者实际知道或有应当知道之情事时,仍将不能回答时效是否完成的问题。因为,时效很有可能被主要属于债权者内部领域的事实所左右。债权者在同债务者交涉之际,由于隐瞒了属于自己交易领域的时效法上重要事实之情报——不能假定这种情形绝不发生,使债务者不能提出时效的抗辩。其结果将取决于,是否准许通过推定债权者知或因重大过失而不知以确定事实。因为这些理由,债务关系法修改委员会未采纳两位鉴定人的建议。

4. 关于侵权行为上请求权时效的特别规定

债务关系法修改委员会的见解是,关于法律上请求权的时效,原则上以同一期间为基准。但是,侵权行为上的请求权时效,与基于法定债务关系的其他请求权时效,仍有不同。《德国民法典》第852条的规定被证明是适当的,因此应维持该规定的构造。

5. 在与侵权行为上的请求权竞合时契约上请求权的时效优先

关于侵权行为上请求权的时效规定(例如《德国民法典》第852条),按照债务关系法修改委员会提案,在债权者的契约外损害赔偿请求权与契约上请求权竞合的情形,不予适用。这种请求权竞合的实践中重要情形,例如,承揽人毁损定作人所提供的材料,卖主交付物有瑕疵致买主依《德国民法典》第823条所保护的权利及法益受到损害,交付之物一部的瑕疵扩及无瑕疵部分发生损害的场合。草案第200条规定,与契约上损害赔偿请求权竞合的情形,关于契约外请求权的时效,应以契约上请求权的时效为准。这样,为第三人的契约及伴随保护第三人效力的契约,对债务者的契约上请求权和侵权行为上请求权归属于受益的第三人的场合,也是如此。

6. 例外的要件

按照债务关系法修改委员会的提案,基于对自由、身体、生命及健康等特别重大法益的侵害的损害赔偿请求权,应服从30年绝对时效期间。不用说,结合对损害及赔偿义务者的认识的3年时效期间,对于一切请求权包括契约上请求权,均适用(草案第201条)。基于绝对权的返还请求权,亦为30年(草案第203条)。

7. 中断事由的减少及停止事由的增加

债务关系法修改委员会所规定的中断事由,仅有执行行为和承认(草案第205条、第207条)。此外,从来作为中断事由的,特别是起诉及送达支付命令的裁判上处置,仅作为停止事由。申请诉讼费用的救助及所谓假处分的申请,亦作为停止事由。

日本制造物责任法[*]

[平成6年(1994年)法律第85号,7月1日公布]

第一条 [目的]

本法的目的在于,通过规定因制造物的缺陷致人的生命、身体及财产发生损害情形制造业者等的损害赔偿责任,谋求保护受害者,因此促进国民生活的安定向上和国民经济的健康发展。

第二条 [定义]

1. 本法所称制造物,指经制造或加工的动产。

2. 本法所称缺陷,指考虑该制造物的特性、其通常预见的使用形态、其制造业者等交付该制造物时其他与该制造物有关的事项,该制造物欠缺通常应有的安全性。

3. 本法所称制造业者等,指符合下述任何一项者:

(1)以制造、加工或输入该制造物为业者(以下简称制造业者)。

(2)自己作为该制造物的制造业者在该制造物上表示其姓名、商号、商标及其他表示(以下简称姓名等的表示)者,或误认为该制造物的制造业者而为姓名等的表示者。

(3)前项所列者外,从该制造物的制造、加工、输入或有关贩卖形态的其他事项看来,可以认为是该制造物的实质的制造业者的姓名等的表示者。

---

[*] 本文原载《外国法译评》1994年第4期。

第三条　[制造物责任]

制造业者等,当其制造、加工、输入或为前条第3款第(2)项及第(3)项的姓名等的表示的制造物,于交付后因缺陷侵害他人的生命、身体或财产时,对因此所生损害负赔偿责任。但其损害仅就该制造物发生时,不在此限。

第四条　[免责事由]

在前条的情形,制造业者等能够证明以下各款所揭示的事项时,不负同条规定的赔偿责任:

(1)依其制造业者等于交付该制造物时的科学或技术水平,不可能认识该制造物有那种缺陷。

(2)该制造物作为其他制造物的组件或原材料使用的情形,该缺陷系遵从该其他制造物的制造业者的指示专门设计所致,且对于该缺陷的发生并无过失。

第五条　[期间的限制]

1. 第三条所规定的损害赔偿请求权,从受害者或其法定代理人知有损害及赔偿义务人之时起三年间不行使时,因时效而消灭。从其制造业者交付该制造物时起经过十年,亦同。

2. 前款后段的期间,对于在身体中逐渐蓄积而损害人的健康的物质所致损害或须经过一定的潜伏期间后才出现症状的损害,从其损害发生时起算。

第六条　[民法的适用]

关于制造物的缺陷的制造业者等的损害赔偿责任,除依本法的规定外,依民法(明治29年法律第89号)的规定。

附　　则

[施行日期]

1. 本法从公布之日起算经过一年之日起施行,就本法施行后其制造业者等交付的制造物适用。

[**关于原子力损害赔偿的法律的一部改正**]

2. 关于原子力损害的法律(昭和 36 年法律第 147 号)之一部改正如下:

第 4 条第(3)项中的"及关于限制船舶的所有者等的责任的法律(昭和 50 年法律第 94 号)",改为"关于限制船舶的所有者等的责任的法律(昭和 50 年法律第 94 号)及制造物责任法(平成 6 年法律第 85 号)"。

民法的解释与利益衡量[*]

一、民法与利益衡量

1. 利益衡量的含义

"利益衡量"一语,许多人在不同的意义上使用,无论利益衡量论者,还是利益衡量反对论者,所说"利益衡量"一语,其含义未必相同。所使用的汉字,亦因人而异。我写作"衡量",而星野英一教授则使用"考量"二字。用"考量"二字,读起来容易一些,但是,"考"的意思,是对双方的利益进行估量后,考虑应着重哪一方的利益,而利益衡量的"衡量"二字,有英语中"balancing of interest"的含义,因此,我以为用"衡"表示这种估量的含义更恰当。此外,还有人使用"较量"二字。比较起来,我觉得有用天平计量意义的"衡"字更好。

我在此前写过题为"法解释学的论理与利益衡量"的论文。写作该论文时的心情,是觉得日本的法学虽说已脱离概念法学,但仍旧有概念法学相当的影响,因此撰文批判。我认为应当更自由、更弹性地考虑实际的利益进行解释。正是从这样的基本立场出发,基于对传统法学及概念法学的思考方法进行批判的目的,我撰写了那篇以批判为重点的论文。因此,用"利益衡量"一语所表达的,当然是问题的实质论或者实质的判断。

---

[*] 本文来源于加藤一郎(时任东京大学民法教授)1982 年 7 月 27 日在第三届有斐阁法学讲演会上所作讲演的记录稿,刊登于日本《法学教室》1982 年第 25 期。译稿原载《民商法论丛》(第 2 卷),法律出版社 1994 年版。

2. 概念法学及对概念法学的批判

所谓概念法学,指仅依形式的三段论法进行判断,即以法律规定作为大前提,以具体的事实作为小前提,然后依三段论法引出机械的、形式的结论。历来的概念法学就是如此。这正像自动贩卖机,从上面投入事实,在其中适用预先决定的所谓法律规定,然后从下面自动出来结论。概念法学的思考方式就是这样的。这样的形式的论理,我所谓"论理与利益衡量"所起的是什么样的作用? 就像自动贩卖机那样,自动引出结论,而且是唯一的、正确的结论。形式的论理,就起机械地、自动地引出那样的结论的作用。

这里要谈到裁判官的作用。所谓"裁判官就应当如此",有人对裁判官是这样认为的。即裁判官自己并不进行判断,而是规规矩矩地接受法规的拘束,并不加入自己个人的价值判断或者利益衡量,仅仅从立法者所决定的法规,引出唯一的正确结论。裁判官所起的就是这样一种自动机械的作用。

这样的思考方法,正是 19 世纪德意志法学的思考方法。而且,19 世纪末期起草、1900 年施行的《德国民法典》体现了一种对裁判官的不信任,要求裁判官遵从立法者所决定的法规,自己不得进行判断的思考方法。这就是新的立法的缘故。某种意义上也可以反过来说,体现了对立法的过分信赖。另外,其中也许体现了一种民主论,即基于国民的总意所决定的立法,不能允许裁判官擅自改动。这样的思考方法和概念法学与《德国民法典》有密切的联系。

日本在明治时代,由于主要继受了德国的法律,因此引入了德意志法学中概念法学的思考方法。当然也有反对这种概念法学的思考方法。19 世纪末期在欧洲出现了自由法运动或者自由法学。当时,由于社会剧烈变化、不断动荡,机械地适用法规难以得出妥当的结论和妥当的判决。于是,在法兰西和德意志,兴起了自由法运动,要求打破概念法学。

在美国,尽管时间上稍有不同,但也有类似的情形。在英美,虽没有与概念法学直接对应的用语,但有形式论者(formalist),或者称为分析法学(analytical jurisprudence)的思考方法,可以说19世纪到20世纪初期,概念法学的思考方法占了支配地位。与此相应,美国的反对运动,是现实主义法学。在日本翻译出版的有弗兰克法官的《被裁判的裁判所》(古贺正雄译)和《法与现代精神》(棚濑孝雄、棚濑一代译)。弗兰克法官之外,还有许多现实主义法学者对传统法学予以激烈的批判。

这与美国当时实行的新政也有关系。20世纪30年代罗斯福担任总统,实行新政,推行积极的社会保障政策。而传统法学坚持宪法的机械适用,若干新政立法被裁判所裁定为违宪。尤其是像缩短劳动时间、规定最低工资这类推行社会政策的立法,被裁定为限制自由竞争和契约自由的违宪立法。这致使新政的推行受到相当大的阻碍。于是,出现了现实主义法学对传统法学进行激烈的批判。从政治上说,是对新政的有力支援。

无论是自由法运动,还是现实主义法学,大抵一谈到究竟用什么作为裁判的基准,就显得乏力。于是,概念法学在批判自由法学时,斥之为"感情法学",是凭自己的好恶、任意的感情进行判断。现实主义法学方面,也有相当过头之处。关于普通人的陪审问题,谈到裁判官进行裁判时的个人心理所起的作用,就说得很极端:裁判官如果早晨同妻子吵了架,在进行裁判时就会作出过酷的判决。的确,这样的事作为事实,说不定会有。但这不是法律的问题,防止这种事发生的办法,就是选拔好的裁判官。应当说这是法学的对象之外的问题。说到法学,到底还是通过规范的判断引出结论,不仅如此,由于必须是规范的东西,着重心理分析的现实主义式的裁判往往会走过头。对此,有人批判说,如此看来,并没有产生任何新的东西。但是,尽管有这样的缺点,在欧洲,自由法学逐渐取代了概念法学,而在美国,现实主义法学的活动产生了相当大的影响,今日美国的法学或者裁判,已有相当的自由和弹性,起了造法的作用。

日本的法学于1921年左右出现了新的动向,被认为概念法学已经终结。但概念法学的思考方法的影响依然存在,我们还不自觉地受其束缚。因此应有意识地引入利益衡量,基于实质的判断进行解释。特别是裁判官向来比较保守,大多拘泥于传统的思考方法。所以,希望适用的人采用更具弹性的思考方法,正是我提出利益衡量论的目的。

所谓实质判断和利益衡量,在概念法学看来属于邪道。在进行判断时考虑结果之妥当否,或者进行判断时考虑所作判决对于现实将起什么作用,对概念法学来说,是邪门歪道。因此,作为裁判,应当排除这种实质的考虑。但是,裁判官也是人,或者说,法学乃是以控制人的行为、预先规范人的生活的法为根据的,裁判中加入实质的判断,是无论如何也难以避免的自然之理。问题在于采取什么样的形式。价值判断为利益衡量之一,或者说是指更看重什么样的利益,这是利益衡量的基础,而且进行作为全体的利益衡量时考虑哪一方应当获胜,也称为价值判断。但是,例如,在房主的利益与借房人的利益之间,应当重视哪一方利益的价值判断中,实际上有更细的各种各样的利益衡量,也有与意识形态无关的利益衡量。假使把价值判断直到那些具体的细分的利益衡量全体,称作总括的利益衡量,则无论裁判官、辩护士——虽然辩护士是为委托人的利益,还是学者,都在以不同的形式进行利益衡量,这是毋庸置疑的。

可是,让我们来看判决的写作方法。法官装作完全没有那样的实质判断的样子,似乎法律的条文本来如此,从条文得出唯一正确的结论是理所当然。作为判决的写作方法,以那样的形式规范地、论理地对判决的导出进行理论构成,本来是理所当然的。但同时应一并将所进行的实质判断写上。美国的判决就是这样。有甲与乙两种可能的结论,甲有这样的理由,乙有那样的理由,所以认为采甲更妥当。日本的判决就是这样写。但是,日本的判决,不用说下级审,就是上级审的判决也是这样写。那样的实质判断,被作为邪道不予表现。

但实际上,多数情形照旧取决于实质判断。假如将法律条文用一个图形来表示,这是一个中心部分非常浓厚,愈接近周边愈稀薄的圆形。在其中心部分,应严格按照条文的原意予以适用,不应变动。如果说中心部分通常可以直接依条文决定的话,则周边部分可能出现甲、乙两种难有定论的情形。因此,适用法律时当然要考虑各种各样实质的妥当性。

3. 利益衡量的必要性

这样看来,那种认为仅从法律条文就可以得出唯一的正确结论的说法,只是一种幻想。而真正起决定作用的是实质判断。对于具体情形,究竟应注重甲的利益,或是应注重乙的利益,在进行各种各样细微的利益衡量之后,作为综合判断可能会认定甲获胜。得出这样的初步结论之后,再考虑应附上什么样的理由,亦即结合条文,怎样从论理上使该结论正当化或合理化,以形成判决。

由于条文的中心部分难以变动,因此裁判中关于这部分不大发生争论。因为一看条文就可以了解其结果,所以谁也不用争执。发生争执的,是条文的周边部分,因为可以有两种不同的解释,可以得出两种不同的结论。正是由于这样的边界状态,究竟倒向哪边不清楚,才发生争执。并且,正是由于这个原因,才出现一审判决甲胜,二审颠倒过来判决乙胜,到上告审又推翻原判发回重审的情形。即使高明的裁判官、法律家之间,所作判断亦有分歧。由于有这样的争执,其判决的结论多数情形非取决于形式论理,而是取决于实质判断。既然如此,难道不应当不加隐讳地将该实质判断表明并听凭批判吗？这样的实质判断究竟是善是恶,对此姑且不论,我认为,仅仅从形式上讨论与条文的整合性,并不属于真正有生命的法律的议论。

4. 不同法域利益衡量之差异

现在来看在非常广泛的意义上说的利益衡量,不限于民法,凡涉及一切法律判断,亦即法的解释,就有利益衡量问题。不仅是民法的解释,还包括宪法的解释、刑法的解释,只要是法的解释,可以说都存在论理与利益衡量的关系问题。只是法域不同时,则利益衡量的方法也有相当的差异。

例如,在宪法的场合,由于宪法中表明了国家的基本原则,因此不允许轻易变更。日本的宪法,属于所谓硬性宪法,改正非常困难;不经众参两院总议员 2/3 以上提议并经国民投票通过,不能改正。这样非常硬性地规定下来的基本原理，具有相当强的拘束力，大部分不能由裁判官自由变更。并且，国家的基本原则关系民主之原理，由国会作为宪法内容固定下来，不可以轻易变动，如需变动，必须按照宪法改正的手续。如对《日本宪法》第9条关于和平主义、战争放弃的规定与自卫队和《日美安保条约》的关系，有各种各样的议论，除掺杂着意识形态的对立外，还关系到一个基本的问题，即如何从民主的立场去解释的问题。如果不限于条文的形式，这样的考虑本身就已属于广义的利益衡量，但这种场合必须看到基本原则所具有的相当强的拘束力。

另外在刑法领域，不用说刑法实行罪刑法定主义，由于刑法条文对各种各样的犯罪规定了严密的构成要件，因此不允许以类推解释方式扩张处罚范围。亦即，若事实与条文的规定不符，即应依反对解释认定为全部无罪。但是，也有如从前发生的电气盗窃事件（大判明治36.5.21）。所谓盗窃罪，是指窃取他人财物应受惩罚的行为。而所谓财物，是指有体物。因电气非有体物，盗窃电气是否构成盗窃罪，成为问题。大审院认为电气也属于物理的存在，有管理之可能性，因此属于财物，并据以认定盗窃电气有罪。对此，学说多以违反罪刑法定主义而加以反对。因此，如需对这种行为加以处罚，应由法律作出明确规定。现在的《日本刑法典》（1907年）在盗窃罪中设有将电气视为财物的规定，解决了这个问题。

在今日，窃取情报和能源，再次成为问题。在美国，发生过日立制作所盗窃IBM公司情报的事件。该事件中，据说写有新的电脑使用方法的秘密资料被盗，因此构成普通的盗窃罪或者故买盗赃问题。如果仅仅是窃取情报，如利用电话线路窃取他人持有的情报，或者窃取新形式的能源，这种情形是否构成盗窃罪，则属于新的问题。也许有这样的议论，认为对有支配可能性的、有较大财产价值的情报和能源，应视为财物，适用盗窃罪，或者类推适用关于盗窃电气的规定。但是，按理说，应由立法予以明确解决，在立法规定之前，原则上不得不作无罪对待。

与此相反，在民法的场合，由于是对等的市民之间的争执，哪一方获胜，是甲胜或者乙胜的问题，因此进行利益衡量容易，适于依充分的利益衡量以定胜负的场合较多。即市民之间的争执,其立场有互换性。虽在此时成为买主,但在彼时又可能成为卖主。由于有这样的互换性不属于党派的或者意识形态价值观的对立,因此,最好是将各个市民的立场作为对等的当事人考虑判断。

但是,民法中也有各种各样立场显然不同的情形。在那样的情形下,也常常因价值判断或意识形态等思考方式的不同而就哪一方更应受保护的问题发生争论。例如劳动法领域,便体现在偏向使用者一侧,或者偏向劳动者一侧,无论是学者还是辩护士,站在劳动者一侧的人显然是多数。民法中,尽管迄今为止尚不明确,但出现了一些讨论,如承租人与房主,哪一方更应当受保护?在不法行为中,如关于企业发生的公害和药害,相对于企业来说,似乎更应保护受害者,等等。此外,在一般的交易中,最近消费者保护的呼声也很高。这也属于一种广义上的利益衡量,或者也可以说是成为利益衡量基础的价值评价问题。

这样的价值评价或者价值判断,即使是极端赤裸的,在解释论上属于过分粗糙的议论,也不能说必定是坏事。与其将这种价值判断掩盖起来,含糊过去,我认为最好是展开公开的讨论,应当在裁判中反映各个时代的社会状况和占支配地位的价值观。

5. 进行利益衡量时应排除的因素

但是,在进行利益衡量时,有各种各样的因素应当予以排除。例如,美国的裁判通常有陪审,由 12 位陪审员出席,全员一致就事实作出判定。有所谓,如当事人是美人,陪审意见就会对其有利的说法。尽管裁判时对当事人的长相不应考虑系一般常识,但由于陪审员不是法律家,因此容易为当事人的容貌所影响。即使是裁判官,虽就不徇私情受过专门的训练,但作为人,不能说对美人就不动心。当有漂亮女人时,他照旧会变得反应灵敏,能够很好地进行自由心证,这也许是人类的弱点。但是,就法律上说,对于当事人的长相,不应该考虑,应从利益衡量中排除,这显然是常识。

此外,又如人种。美国《宪法》第 14 条规定"法律之下的平等",不因"人种、信仰、性别、社会的身份和门第"而有差别。例如,在日本的企业与外国的企业涉讼的情形中,假如日本判日本的企业胜,美国判美国的企业胜,则正义何在?这些因素说不定在事实上会有所考虑,但作为利益衡量,则不应考虑。

再如,"有钱人,或没钱的人","穷人,或不是穷人",不能说依具体场合进行利益衡量时不加考虑,但按理说,已超出利益衡量之外。同样的行为,对贫乏之人就给予权利,对有钱人就不给予权利,这是违反宪法关于"法律之下的平等"的规定的,既称为法,终究必须是对各人均等适用的,不应因贫富或社会地位的不同而在裁判上差别对待。

二、利益衡量的具体事例

1. 正当事由、公序良俗—— 一般条款

有各种各样的问题与刚才提到的受害者保护或承租人保护在性质上有所不同,可以纳入法律上的利益衡量之中。例如,在住房困难时期仍然必须强调对承租人的保护。《借地借家法》第1条之二关于房主要求承租人腾房规定须有"正当事由",在第二次世界大战后的裁判中成为非常问题。当时处于极度的住房困难时期,实际上腾房的正当事由原则上不被认可。由于法律条文明示,出租人"于自己使用的必要场合及其他正当事由的场合",将自己使用的必要性作为正当事由的示例之一,因此如有自己使用的必要性,腾房的请求当然应被认可。但是,依此规定,只要房主认为必要,就可以立即将承租人赶出去。因此,判例为了保护承租人,对此予以修正——这是一种利益衡量——所谓房主的必要性,不限于房主的主观情况,承租人一方的情况也应考虑在内,对于房主的必要性作客观的判断。这样一来,只要不属于承租人不那么困难的情况,腾房的请求都不被认可。

正当事由这类规定属于所谓一般条款,是否正当事由的判断被委诸裁判官。为了正确反映社会情势,索性委之于裁判官进行判断。同样的一般条款,还有《日本民法典》第90条的"公序良俗"及第1条第3项的"权利滥用之禁止"等。因未作更具体的规定,要求裁判官针对各具体事例作出适当的判断,称为对裁判官的委任规定。因此,可以期待适应时代的变化或思考方法的变化，作出弹性的适当的处理。如住房困难，便对正当事由作严格的判断，今日住房困难已有某种程度的缓和，认可腾房可以稍多一点。

作为公序良俗问题的例子，有所谓"前借金无效判决"（最判昭和30.10.7）。此即与艺娼妓契约有关，支付前借金，致拘束女性的人身，被认定为无效。通常父母出卖女儿，即可从业者得到价金，但这里采取了不同的方式，业者以前借金（贷款）的名义支付给艺娼妓的父母，在法律上变成了所谓消费借贷契约。对于业者要求返还前借金的诉讼，该判例以消费借贷契约违反公序良俗而无效，判决前借金不必返还。

前借金的契约无效，父母一方所得到的金额应当成为一种不当得利。因此，业者一方除贷款的返还请求之外，还可依不当得利请求返还。对此，也作为不法原因的给付而不予认可。即依《日本民法典》第708条，基于不法原因而为给付，属于一种丑恶，因此不能向裁判所请求救济。其结果，业者无论以什么方法都不能收回其前借金。

战前也有同样的问题。但是，战前的判例将前借金的消费借贷契约与人身的拘束即艺娼妓契约，大体在形式上作为不同的契约看待，因此认定前借金有效。之所以战后改变了见解，是因为价值判断改变了。因为要抑制卖淫，所以认定与之有不可分关系的前借金无效。与此同时，艺娼妓受前借金的束缚本身属于一种人身买卖，构成人权侵害，此为新宪法所不许。我认为，判例见解改变的背后存在这种理念的东西。无论如何，这的确是有重大意义的利益衡量的结果，导致《日本民法典》第90条解释、适用的改变。公序良俗这类一般条款的确是易于容纳时代变化的规定，我认为，裁判所应当大胆地反映时代的变化。

2. 姘居的保护与让渡担保——反对解释的排除

再举姘居的保护问题为例。细小的利益衡量随处可见，而姘居的保护问题属于重大且易于理解的例子。

关于姘居，有名的判例是大正4年（1915年）的婚姻预约有效判决。这是所谓姘居，即未进行婚姻登记的事实上的婚姻关系中，夫任意将妻撵出的事例。这里所说的是，妻能否从夫得到损害赔偿的问题。

而此前的判决均不认可损害赔偿。

《日本民法典》第739条采所谓法律婚主义,只承认经婚姻登记的法律上的夫妻。因此,未经登记,在法律上等于零,不属于法律上的婚姻,不受法律的保护。而与此相反,依这一判决的思考方法,姘居,在事实上或者社会上已成为夫妻,虽然不能强制对方进行登记以成为法律上的夫妻,没有这样的效力,但是一旦加入姘居关系,即可视为将来登记成为正式夫妻的一种约束,如违约将妻撵出,应作为一种债务不履行承担损害赔偿的责任。此即现今婚姻预约有效判决的思考方法。

顺便提及,这一案件中,被撵出的妻一方实际上是依不法行为请求损害赔偿,但直至二审都未被认可。大审院认为,依据不法行为不行——虽然依据债务不履行可以认可,但依不法行为却不行,判决原告败诉。此所谓依不法行为不行,成为这一判决的真的判决理由。作为判例进行严密分析,这一判决只是依据了不法行为才败诉。真的判决理由是,依据不法行为不行,其旁论是,若依据债务不履行则可以。虽作为旁论,但无论如何,等于作了若依债务不履行将予认可的宣言,尽管不具有先例的价值,然而在实际上起了先例的作用。此后,为了损害赔偿被认可,当然改采债务不履行的构成。

到了战后,姘居关系中依不法行为提出的损害赔偿请求也得到认可。此即1958年(昭和33年)的所谓姘居准婚姻判决(最判昭和33.4.11)。姘居被作为准婚姻看待,适用《日本民法典》第709条关于权利侵害的规定。即使称不上严格意义上的权利,属于法律上值得保护的利益也可以,姘居就是如此,在姘居关系被不当破弃的场合,当然可依不法行为取得损害赔偿。因此,关于姘居关系的不当破弃,迄今为止,法院的判决既有采契约违反的债务不履行构成的,也有采不法行为构成的。

谈到与利益衡量的关系,便引出这样一个问题,即如何看待《日本民法典》第739条的法律婚主义与对作为社会实态的姘居关系怎样保护的实质判断,两者如何配合的问题。如对第739条作反对解释,则只有经过登记才是正式夫妻,未经登记在法律上等于零,因此对于姘居关系当然不能给予法律保护。但是,如果不作那样明确的反对解释,只是强调唯有经过登记的才作为法律上正式的夫妻对待,关于对未经登记的应如何处理,大体上视为法律存在空白,并不当然是零。依这样的思考方法,该空白便成为法律的漏洞。

于是,那里存在法律的空白,如构成法律的漏洞,就应依条理谋求妥当的解决。亦即,考虑作为社会实态的姘居关系是否值得法律保护,基于这样的实质判断,填补该法律空白,说明何以应给予姘居关系以法律保护。现今的判例并未明言这样的操作,但只要理解判例的变化,可以认为,由将姘居当作零到作为法律上的空白这一思考方法的变化,导致姘居受到法律保护。

另外,关于姘居关系,再举一个别的问题。即《日本民法典》第711条的规定,发生死亡损害的情形时,死者的父母、配偶、子女等近亲属可以请求损害赔偿,特别是慰谢金。在交通事故等场合,发生了这样的问题,死者姘居关系的妻能否作为《日本民法典》第711条的配偶请求慰谢金,即关于妻的规定可否类推适用于姘居关系的妻?我认为可以类推适用。迄今未有最高裁的判决,而下级审则广泛认可类推适用。无论是正式的妻,还是姘居的妻,作为实质的利益状况并无不同,姘居的妻对于夫的死同样悲伤、痛苦,难道不应与正式的妻同样对待吗?

只是存在有正妻——户籍上的妻,又有姘居的妻的场合,称为重婚的姘居关系——这种场合应如何处理,是个问题。可是,重婚的姘居关系也各种各样,在与正妻共同生活的同时又有"二号"的场合,就现今的一夫一妻原则而言,对"二号"的保护无论如何仍旧是个难题。但是,在事实上与正妻分离,例如,虽未能离婚却一直分居,实际上只是与姘居的妻住在一起的场合,即使是重婚的姘居,也应当认可其慰谢金的请求。只是,因有必要认可正式的妻作为配偶的慰谢金请求而认可两人的请求将使赔偿额过高,于加害人不利。因此,最好在慰谢金的计算上作适当调整,由两方分享,结果是姘居的妻的慰谢金请求也得到认可。这也是一种利益衡量。这样的场合,首先考虑的是,怎么样解决在实质上最好,并且最好是附上妥当的理由。

与此不同,对姘居的妻是否也认可继承权,是不同的问题。关于配偶的继承权,在继承人为配偶和子女的普通情形中,原规定配偶有 1/3 的继承权。1981 年(昭和 56 年)的民法修改将配偶的继承权提高为 1/2(《日本民法典》第 900 条)。这种场合,对于姘居的妻能否类推适用关于配偶继承权的规定?大概没有人会认为可以类推适用。如果要适用,有必要通过立法谋求对姘居的保护,而由解释即判例突然认可姘居的妻的继承权,是不适宜的。

为什么说不适宜,是因为还有别的继承人。例如,有前妻的子女 2 人,如后妻经登记,则后妻继承 1/2,前妻的子女变成各继承 1/4,但是,前妻的子女考虑到父娶了后妻将减少自己的继承份额,因此加以反对,致后妻不能登记。这样,因未经登记的称为姘居的妻,姘居的妻也就这样认了,这种场合如果夫死后姘居的妻得到遗产的一半,在法律上属于不适当,仍旧应由子女各继承 1/2,对姘居的妻只能采取别的方式,如遗赠及生前赠与,予以关照。直接的继承权关系到其他继承人,或者关系到债权人,无论怎么利益衡量也不得随意以解释变动之。因此,必须严格地适用法律。

这与前面提到的《日本民法典》第 711 条在法律意图上有基本的不同。第 711 条是能否从加害人处取得慰谢金的问题,关于可以从加害人处取得多少,如对此外的人无特别影响,可对金额作调整。这样的问题可以适应社会的实情予以类推适用。但由于继承权涉及同他人的关系,因此不能类推适用。这是理所当然的。所谓利益衡量,是指通过法律解释实现这种当然的即合乎常识的解决。而且,适应于各个不同的场合,衡量什么利益,作出何种解释,自然有所不同。就以姘居为例,虽同是姘居,也依具体的法律问题不同,实际所采取的处理方法也不同。

此外,众所周知的问题还有让渡担保。例如,经营小工厂的人借入运营资金的场合,如果以作为动产的机械设定质权,将使工厂不能继续经营。因此,采用让渡担保方式,即借款时机械原封不动,以让渡机械所有权为担保,待归还借款后机械的所有权再回归。

但是，认真说来，按照《日本民法典》的规定，这种担保方式是违法的。因为民法禁止以占有改定方式设定质权，即不允许由担保设定者（借款的工厂经营者）代理担保权人占有担保物（《日本民法典》第345条）。因此，让渡担保将作为此质权规定的脱法行为而被认定无效。与此相反，可以认为让渡担保与质权不同，是一种新的担保物权，因此不适用关于质权的规定。但是，又有是否违反物权法定主义的问题。《日本民法典》第175条规定，物权仅以法律所规定者为限，这使得任意创设新的物权遇到困难。亦即从概念法学的形式论来看，所谓让渡担保，将因违法而致无效。

但在今日，让渡担保不用说已为判例、学说所公认。依学说，关于动产，认可不移转占有的担保，即非占有担保，有其社会的必要性，对此，民法存在漏洞。因此，不能因法律无规定，就认为在法律上等于零而不予保护。同样应认为存在法律空白，对此应采取妥当的形式，以适应社会的要求。另外，先前提到的民法关于禁止代理占有质物，即禁止占有改定的规定，不见得有那样的合理性，如采取不同于质权的让渡担保形式，应不适用。这就是实质的理由。今日，谁也不再怀疑让渡担保的有效性。如采形式论，将是一个难以解决的问题。认可让渡担保的有效性的确是进行实质判断、进行利益衡量的结果。

上述姘居和让渡担保的例子，结果都排除了反对解释，或者说不作严格的反对解释。作为解释方法，所谓反对解释与类推解释，正好是相反的方法，如果仅看条文，对于应作反对解释或者应作类推解释，难以判断。亦即，这些解释方法仅仅是技巧，究竟应使用哪一种技巧，应依不同场合的实质判断决定。

举一个容易理解的例子。如神社等地通常立有"禁止车马通行"的牌子。这种场合，如简单地对车马作反对解释，则应允许牛通行。但是，如认为牛和马一样，属于身体庞大的动物，可能对儿童等造成危害，则应作类推解释。反之，如认为马跑得快，会踢人，因此很危险，而牛行动迟缓，即使对儿童也不会产生危险，则应对车马作反对解释，认为牛可以通行。

两种解释究竟应采哪一种？对此应进行实质判断，先分析马与牛有哪些相似点，有哪些不同点，然后从禁止车马通行的立法目的，考虑对牛如何处理更好。仅从"禁止车马通行"的文字所得出的无非是牛被包含在内和不包含在内两种结论。亦即，依实质判断恰好得出了两个正相反对的结论。我认为，这正是利益衡量的典型事例。先前谈到的姘居与法律婚的关系等，不属于反对解释与类推解释的问题，而是不作严格的反对解释，采取认为那里存在法律空白的思考方法，为谋求妥当解决开辟道路。

但是，认真说来，如果严格适用概念法学，也许对于一切条文均应作反对解释。即立法者于立法时应该考虑到一切可能的情形，进行这样的立法，应当全部列举法律规定的适用对象，由于作了这样的列举限定，则凡未列举的对象均应属于适用除外。从这样的形式论出发，则应以反对解释作为原则。但实际上并非如此简单。在刑法的场合，基于罪刑法定主义，不作反对解释不行。在民法的场合，于实际妥当的情形可以作类推解释。这样，究竟应作反对解释，或应作类推解释，仍然取决于利益衡量的实质判断。但是，仍以反对解释为原则，要作类推解释，必须举出这样做的理由，并具有其妥当性。

3. 飞机事故——法律漏洞的理论

再举飞机事故为例。由于飞机事故使旅客遭受损害的场合与飞机坠落地的地上第三者的被害，属于两种类型，且两者性质不同。旅客一方预先了解有遭遇事故的可能性，正因为如此，乘飞机时才附加了保险。这样采取了某种程度的对策。至于地上的第三者，才真正是祸从天降，很难采取什么预防措施，想逃也逃不了。因此，这一方应当是完全的无过失责任、绝对责任。

这方面的国际条约，关于旅客有《华沙条约》，关于地上第三者有《罗马条约》。其中，《华沙条约》已被日本批准，航空公司方面采取了一切必要的措施，即对于旅客所受损害，不能证明无过失时，不能免责，而对于地上第三者所受损害，则无论如何也不能免责。其中，由于日本还没有批准《罗马条约》，作为解释论，产生了在飞机坠落的场合，第三者是否总能得到损害赔偿的问题。

我认为,日本虽然没有特别的规定,但不应适用《日本民法典》第709条的过失责任原则,基于事情的性质,当然应考虑适用无过失责任。为此,必须排除第709条的适用。作为排除的理由,《日本民法典》的立法者当初对于飞机事故未曾预见,所以存在法律空白,存在法律漏洞。存在法律漏洞的,应依条理谋求最妥当的解决方法,基于其性质,当然应适用无过失责任。

此外,作为解释,也可以考虑是否类推适用《日本民法典》第717条的工作物责任。由于立法当时所谓的危险物,只是土地的工作物,因此只对土地工作物规定了无过失责任。而今日,出现了汽车、飞机这样的更加危险的东西,因此应类推解释工作物责任的规定,认可无过失责任。

以上两种主张,作为实质判断,都认为应认可无过失责任,当然各自所附的理由有差异。问题是哪一方更具说服力。考虑工作物责任的类推解释,应看到所谓土地的工作物,是指固定的东西。与其将汽车、飞机这类性质完全不同的东西说成同样的危险物予以类推适用,莫如认为《日本民法典》第709条未预见到那些东西,因此关于那种特殊的责任,应适用今日认为妥当的特殊的法律。

关于这个问题,航空公司或自卫队对于地上第三者是如何处理的?很早以前有过调查。大体上都是无异议地支付赔偿。对于地上第三者受害,不作抗辩,根据坠落的事实无异议地支付赔偿,这种处理方式证明了我所谓无过失责任的解释决非任意的解释。

这种场合所采用的解释方法是,首先根据立法者意思或其他的理由,排除某个法律规定的适用,然后对此法律空白,引入妥当的解释。但是,这种方法若过分简单地使用,将导致任意的解释和解释的滥用。这种可能性的确存在。

这里举石田穰副教授的论文集《损害赔偿法的再构成》(1977年出版)为例。其中将不法行为责任区分为三种类型。第一种,意思责任的不法行为,指加害者具有具体过失的场合应负的责任。即缺乏注意力的人只需适应于该人的注意义务行动即可,违反通常人的注意义务不构成过失,因此也不负责任。第二种,客观责任的不法行为,这里要求抽象的过失,即加害者本人即使属于注意力缺乏之人,如果怠于平均人、通常人的注意义务,基于市民的共同生活,仍然应作为过失承担责任。第三种,结果责任的不法行为,指对于特别危险的行为,应负无过失责任。在对将不法行为责任区分为三种类型所作的说明中,作者认为,《日本民法典》第709条的立法者考虑到了第一种意思责任的不法行为,即对具体的过失负责。其余抽象过失的责任及特别危险行为的责任均在第709条之外。

但是,这样的说法过分扩大了法的漏洞。立法者当然也考虑到了抽象过失,认为《日本民法典》第709条不包含抽象过失责任是毫无道理的。此外,特别危险行为也有各种各样的类型。我先前谈到的飞机责任,尤其是对地上第三者的责任,认为最好与第709条作不同的处理。对于这样的明确的类型,不从危险行为中区分出来作个别处理,我认为既缺乏说服力,又属于任意的解释。因此,石田说不能赞同。这里也有个程度问题,但如果不是符合常识或符合良识的、具有说服力的解释,其主张仍旧不会对裁判官产生什么影响。

三、利益衡量的界限

1. 节制的必要性——子女重伤场合父母的慰谢金请求权

依利益衡量考虑妥当解释的场合,必须充分注意,利益衡量不应是毫无节制地、恣意地。这种考虑也可以说是一种广义的利益衡量。例如,是否有害于法的安定性,或者仅此而言虽说可以,还必须考虑此后的裁判中是否要有所节制等。

与先前谈到的《日本民法典》第711条有关的一个问题是,子女重伤的场合,父母可否请求慰谢金?子女死亡的场合,父母依《日本民法典》第711条有权请求慰谢金,若对此作反对解释,则未死亡的重伤不能请求。但有的父母非常悲惨,受他人伤害未致死亡便不认可一切慰谢金请求,这样处理未必妥当。有关的判例,对于虽属于重伤,但父母受到与死亡同样的精神上的痛苦时,认可与死亡的场合同样的慰谢金请求(最判昭和33.8.5)。该案中,10岁女儿的颜面作为后遗症留下严重的伤残,判决认可了其母的慰谢金请求。此后出现了认可父母的赔偿请求的判决。

对此,赞成者较多,反对论也有。反对的意见认为,如果扩大到受伤,将会失去控制,最好还是以死亡为限。如果打破这一界限,说不定会无限地扩大。此外,父母对于子女受伤也许感到悲痛,但如果增加对受伤子女本人的慰谢金,不是也可以使问题得到实际解决吗?存在这样的议论。但是,这种场合,要说扩张也并没有扩张到多么厉害的程度,要是判例对于具体的情形能够作出妥当的判断就好了。我原本也讲过这样的场合应认可慰谢金的意见,这一判例也正是采用了我的见解。但也有不少判例由于担心过分扩张而否定了父母方的慰谢金请求。

2. 实用的可能性——制造物责任及大企业与中小企业的区分

也有这样的例子,即对于那个事例虽然可依利益衡量得出妥当的结论,但是考虑到与其他事例横的或纵的关系,则应认为并不妥当。

这里再次引用石田副教授的学说。即关于制造物责任,首先,在个人一次性制造的场合,应属于第一类型的意思责任;其次,在个人企业和中小企业的场合,应属于第二类型的客观责任;最后,在有危险性的食品、医药品及由大企业制造的场合,应属于第三类型的结果责任、无过失责任。这与"分散损失"(loss distribution)有关。大企业可以通过将损害填补的费用或责任保险的保险费打入商品价金的方式,将损失转嫁他人,以实现分散损失,因此结果责任是适当的。

将制造物责任区别为三种类型,又引发了大企业与中小企业如何区分的问题。关于法律漏洞存在的场合以条理予以补充,常常引用《瑞士民法典》第1条第2项的规定。依该项规定,存在法律漏洞时,裁判官应依据假如自己作为立法者所应制定的规范进行裁判。即缺乏所应适用的法规的场合,裁判官应当设想自己作为立法者进行判断,但他进行判断时,应充分考虑所采用的条理与其他制度和规定的整合性,即纵的、横的关系,应考虑作为一般原则是否适当。

那样的话,区分大企业与中小企业,一方负无过失责任,他方负抽象过失责任,这在立法上可能吗？要划清二者的界限,实际上是不可能的。对医药品课以重的责任,依商品的危险性进行类型化,这也许尚能办到。但说到大企业,必须考虑以多少资本金,或多少从业员为基准。公司法中也确有划分大公司与中小公司的议论,但迄今未能实现。因此,在损害赔偿方面要规定区分大企业与中小企业,是不适宜的。既然不能作出那样的明确区别,则要改变责任原理,就裁判所来说,是无论如何也不可能的。所以,我认为现今的石田理论在立法上难以实现,作为解释,对裁判官来说没有说服力,缺乏妥当性。

这又涉及美国的"司法的管理"(administration of justice)问题。作为裁判,有这样的情形,即个别的看具有妥当性;但综览全体,考虑对与之相同的事例进行裁判是否可行之后,认为不具妥当性。这种情形同样必须体面地打住。这也可以说是一种广义的利益衡量。利益衡量论,不是自己任意地解释,要具有合理性、具有说服力,这一点必须充分注意。

3. 与条文结合——危险负担的债权者主义

我要强调的是,利益衡量要有说服力,仍旧不能忘掉论理。作为论理,使结论与条文相结合,即这一结论可以从形式上结合条文予以说明,否则仍旧是任意的判断、恣意的判断。利益衡量论中有不少过分任意的或可能是过分任意的判断。我想无论如何总得说服概念法学的或保守的裁判官,对于稍微有点不当的东西,真正为了发展利益衡量论,也有必要自我反省。特别是学生诸君,不认真学习注重论理的概念法学的思考方法,就难以超越概念法学。不讲论理,只是卖弄利益衡量,是危险的。

这里举一个防止滥用利益衡量论的例子。《日本民法典》第534条有所谓危险负担的债权者主义的规定。例如,特定物的房屋的买卖,还没有交付,因地震、海啸而致房屋灭失,买主是否必须支付价金？即不能归责于当事人双方的事由而致标的物灭失的场合,买主是否应支付价金？依第 534 条的债权者主义,应由债权者负担危险。所谓债权者,在这个场合就是买主,因此,即使房屋被毁,买主亦应支付价金。对此,有人进行批判,房屋的支配尚未移转给买主,仅因缔结了买卖契约,买主就必须支付价金,实在不合理。因此,今日的多数说认为,未交付或未登记移转时,买主可以不支付价金。但是,这怎么才能与第 534 条结合？抽掉与第 534 条的关系,只是说债权者主义不妥当,所以危险应在交付时移转,这样简单的议论仍然是不适当的。

我认为应以当事人的意思作为媒介进行说明,虽说有点迂回。《日本民法典》第 534 条的规定,无论如何不能无视。但它并不是强行法规定,当事人如有"危险负担随交付移转"的特约,则第 534 条规定的债权者主义可以被排除。对该买卖中作为当事人意思的危险负担随交付时移转的意图进行推定(因普通契约书中不作明文规定),或者事实上有那样的习惯(《日本民法典》第 92 条),都同样有必要以意思为媒介予以说明。不这样做,因有第 534 条,只是以该规定不妥当、自己的考虑妥当为由,仍旧很难简单地无视该规定。引入当事人意思,虽然是一种拟制,但是毕竟将说明与条文结合起来了,如不将有合理性、可接受性的说明与条文相结合,仍将属于任意的议论。

这样看来,何处引入利益衡量进行实质判断,应该归入说服力或可接受性的问题。学者自以为正确,轻率地发议论,不能说服裁判官作成判例、判决,终归没有意义。恰似俗话说的,远方的狗叫不起作用。要想说服裁判官,使之得以实现,不能过分轻率地议论,应有充分的理由,即实质的理由和形式的理由,无论如何,两者都是必要的。

四、解释与立法的关系

最后,作为结语,我打算谈谈解释与立法的关系。批评意见认为,基于实质的利益衡量的弹性解释,作为解释论是有界限的,如得出与条文不同的结论,就已经不属于解释论而属于立法论了。

说到立法论,要实现立法是相当困难的。行政法规由于有各种各样官厅的行政上的需要,进行改正要相对简单一些,但作为基本法的民法或者属于六法的法律,其改正相当难。另外,过分朝令夕改于法的安定性也不利。如改正,还必须像写书一样修改,新的条文不能给阅读和学习带来困难,太简单的改正则不能令人满意。但是,日本属于基本法相当难改变的国家。

说到立法论,等待立法一直等到死能否实现也很难说。如果想在活着的时候得到比较好的解决,就有必要尽可能通过解释论探求解决的可能性。对此,1981年年末大阪空港事件的大法庭判决中,团藤裁判官也曾谈到。该判决是11对4的判决。多数意见认为,作为民事诉讼不能认可禁止,作为行政诉讼或可另说,但民事诉讼不行。反之,4人的少数意见认为,作为民事诉讼的禁止也应允许。团藤裁判官也属于该少数意见的人之一。少数意见中谈到,由于日本的立法是缓慢的,或者甚至是怠惰的,因此裁判所在法形成上应当承担比其他国家更大的任务。认可民事诉讼的禁止,虽然有各种各样的难点,但是应当说通过解释仍然是可能的。对这一点,我也有同感。

只是立法与判例造成的解释变更不同。作为立法,只对法改正以后的事件适用,原则上无溯及效力,因此不损害法的安定性。反之,在因判例导致解释改变的场合,称为"判例的溯及效力"也许是可笑的,但对此前的事件,该新的解释当然应适用。这样,过去的交易是符合从前判例的交易,但判例变更后,难免要接受与预期结果不同的裁判。这就发生了这种判例的溯及效力损害法的安定性的问题。但是,从法的发展来说,即使法的安定性受到某种程度的损害,若判例变更是适当的,对超过法的安定性的利益衡量作了实质判断,则改变判例是值得的。

为了防止发生偏颇,这里介绍美国所谓判例不溯及的变更。即判例变更后,变更后的判例仅适用于此后的事件、此后的交易。进而言之,虽然今后要变更判例,但不适用于现在发生问题的事件。如适用于该事件,就会由于该事件而损害法的安定性,因此将该事件排除在适用范围之外。对从现在起进行的行为和交易,适用变更后的新的判例,即无异于宣布"今后就这样变更"。

有人会说,这等于由裁判所进行立法,裁判所涉足立法的领域是越权。的确,从实质上说是立法。但是,基于立法不容易的现状,裁判所不得不那样做。如果不得不那样做,考虑到对法的安定性的损害,采取不损害法的安定性的不溯及变更,是适当的。在日本,迄今还没有细致深入的议论,我认为应该作那样的考虑。

在美国,也有这样的议论,即由裁判所进行的法创造可以达到什么程度?例如,有所谓"juridical creativity"(裁判的法创造)的用语及议论。日本也使用司法积极主义和司法消极主义的用语。这主要是就宪法判断而言,一般将回避宪法判断的称为司法消极主义,推进宪法判断的称为司法积极主义。但不限于宪法,可就裁判所的整个活动分为消极主义和积极主义。我认为,裁判应立于更加司法积极主义的立场,推动法的发展,使之顺应时代的要求,与价值判断相适应。

这样,裁判官也不应仅作为裁判的机械而机械地适用法律,也应当积极进行新的法创造,起积极的作用。这样,所谓裁判官的形象,也将由黯淡无光变为光辉闪耀,并且有志于做优秀裁判官的积极的人才将大批涌现出来。我期待着诸君中出现优秀的裁判官,为新的法形成而努力奋斗。

德国的专家责任[*]

一、专家责任及其特质

(一)何谓专家

在日本,所谓"专家",相当于德语中的"自由职业从事者"。自由职业是因时代而变迁的概念,其本身并无明确的定义。但是,如果从自由职业从事者与"从属的被用者"(公务员、公司从业员)、"自营业者"及"原材料生产者"的对比中抽出其类型的特征,则自由职业具有下述特质[①]:①自由职业,作为职务,乃是基于自己的责任和经济上的独立性向相对人提供专家的精神创造成果。②要求有作为完成职务前提的资格、创造能力及获得该资格和能力的学历。③基于同相对人间的特别的信赖关系以完成职务。④职务活动有利他性(排除营利性)。⑤国家承认职务从事者团体的自律性,由团体规定职务行为的规准,并对违反行为予以制裁。

此自由职业从事者一般包括:①医业从事者(医师、药剂师);②法律上、经济上的职务从事者(律师、公证人、公认会计师、税理师等);③建筑、科技职务从事者(建筑师、顾问技师、鉴定人等);④教育、精神科学职务从事者(独立的教育者、司牧者);⑤艺术、著述职务从事者

---

[*] 本文作者为日本早稻田大学浦川道太郎教授。本文译自专家责任研究会编:《专家的民事责任》,别册 NBL no. 28,第 31—42 页。译文原载《民商法论丛》(第 5 卷),法律出版社 1996 年版。

[①] Taupitz, Jochen: Die Standesordnungen der Freien Berufe, 1991, S. 38f. 该书是关于自由职业从法律侧面的最初的总括的重要研究成果,值得注目。另外,本文所说自由职业的特质,是对 Taupitz 所列举的 8 个要素加以整理的结果。

（作家、新闻业者）。② 从这一点来看，可以说此自由职业，与英美所谓"Profession"大致相符，仅在特别强调经济上的独立性和个人完成职务的要素之点，有微妙的区别。③

（二）关于专家责任的判例学说之发展

德国的专家责任④，如果个别地看，有关的研究和裁判例早在第二次世界大战前就已经有了，但作为独立的题目进行积极的研究，并且开始有意识地作为判例法形成的对象，则是近年的事。当时首先提起的是有关医疗过误的医师责任，进入 20 世纪 80 年代后，从信息提供者责任的侧面多次提起律师、公认会计师、税理师等的责任，至此可以说专家责任已经成为损害赔偿法的中心题目之一。⑤ 不过，所进行的研究仍限于个别的专家及特定的侧面，而几乎看不到对专家责任进行综合的、横断面的研究，也是事实。

因此，近年有关专家责任的判例和学说发展的背景，在于专家所置身的社会环境的急速变化。这是先进国家所共同的。其一，首先在于在复杂化的社会中，市民和企业必须采用专门知识，与此相伴则是与专家接触的机会增多，并且生活中对专家所提供的服务和信息的依赖益增的事实。一方面是对专家的依赖、对专家所提供的服务和信息的依存度增大，当然另一方面，涉及其责任的麻烦也就增加了。其二，也应指出，由于社会的民主化与高学历化的增进，使得专家与一般市民之间身份、地位的差距几近泯灭。即专家虽在专门知识的领域受到尊敬，但

---

② 此系参考 Taupitz 前揭书所作分类。

③ 作为公司从业员被雇佣，与美国的"Profession"概念并无矛盾，但与强调经济自立性的德国自由职业的思考方法是对立的。

④ 在德国所谓"专家的责任"的情形，通常使用"Berufshaftung"一语，"Fachleutehaftung"及"Expertenhaftung"也被使用。另外，就德国的专家责任而言，前述属于自由职业者的"教育、精神科学职务从事者"和"艺术、著述职务从事者"并不发生责任问题，反之论述包含不属于自由职业的金融业者（银行等）的责任的较多。所以，作为专家责任，除属于典型的自由职业者的责任之外，还应加上不具有自由职业的要素却具有与自由职业从事者同样的专门知识的职业从事者的责任。而特别成为问题的，是在后述信赖专家提供的虚伪信息处分财产遭受损失的情形，专家的信息提供者责任。

⑤ 参见 Ebve, Werner F., JZ 1990, 688. 另外，值得注目的早期的综合研究有 Mertens, Hans-Joachim: Berufshaftung, VersR 1974, 509。

已经不再被认为是不可侵犯的存在了。因此,并不认为由于专家的社会地位,即使专家有错误也不能追究其责任,相反,正因为是专家,更不应有错误,因而责任问题的意识日益增强。

(三) 专家责任的法律构成

医师、律师、建筑师在内的专家所给付的劳务不适当而发生损害的情形,在德国法上追究损害赔偿责任的一般的法律构成,为民法上的契约责任及侵权行为责任,不存在特别法。

在德国法上,关于专家责任的民法上的契约责任和侵权行为责任,也基于与日本法大致相同的归责构造。亦即,在契约责任上,成为债务人的专家由于违反契约上所课的义务,被追究债务不履行责任;同样在侵权行为责任上,以成为加害人的专家违反社会生活上的义务为起点,追究其过失责任。⑥ 所以,两种责任同样以义务违反为责任根据,此义务系按照平均的专家水准予以设定,当不按照平均的专家那样做时,则肯定其责任。因此,虽说由于专家与普通市民相比在职务上被要求高度的注意义务,但如尽了他所属专家集团平均人水平的注意,则不追究其责任,就这一点而言,专家责任与传统的契约责任和侵权行为责任并无不同。不过,在专家的情形,即使免除了法律上的损害赔偿责任,如果在职业道德的侧面应受非难,则可能受所属职业团体的制裁。⑦

如果说专家责任乃是基于一般的契约责任和侵权行为责任的话,则理应认为,专家在与存在契约关系的委托人之间应负契约责任,而在与无契约关系的第三人之间应负侵权行为责任。但是,德国法在请求权竞合的前提之下,由于两种责任的要件和效果的制约,这一理所当然的责任构成不能贯彻,而向别的方向发展,即由于契约责任中不认可慰

---

⑥ 在德国侵权行为法上,基本的构成要件采三分法,作为责任成立要件,在违反社会生活上义务的绝对权侵害(《德国民法典》第 823 条第 1 款)之外,还有保护法规违反(《德国民法典》第 823 条第 2 款)、良俗违反(《德国民法典》第 826 条)。但最常利用的侵权行为规定是违反社会生活上义务的绝对权侵害。

⑦ 专家的责任除法律责任外,还存在专家所属职能团体自治的制裁,这是其特质。本文研究以法律责任为焦点,因此不涉及团体所进行的制裁。

谢金请求权[8]，因此以人身损害为中心的医师与有契约关系的患者间的责任问题，大半根据侵权行为责任处理。同样，由于侵权行为责任中原则上否定对非人身和物的有形损害的纯粹财产损害的赔偿[9]，因此在提供作为信息的专门知识的律师等损害无契约关系的第三人的事例中，不能追究侵权行为责任，而选择契约责任或准契约责任的构成（详见后述）。

于是，除医疗过失的领域外，在德国，作为专家责任被讨论的主要部分，涉及作为专家的律师等所提供的信息使无契约关系的第三人受损害的情形的损害赔偿责任问题。所以，这个问题最显著地反映了社会上专家的作用与责任应有状态之变迁。因此，本文以下为了探寻德国专家责任的特色，将以专家的信息提供者责任问题为中心进行检讨。

（四）专家的信息提供者责任

1. 专家的职务与信息提供的意义

现代社会中专家的作用，在基于专门知识为委托人进行或者代委托人从事一定的工作之外，正在急速扩及为委托人自身的判断而提供作为信息的专门知识的领域。

因此，从专家的法律责任的观点来看，例如，医师为委托人实施医疗行为，同样律师代委托人完成诉讼行为的情形，专家就委托人所约定的工作为劳务提供的情形，可以说几乎不发生什么难题。这样说，是因为这一领域中专家执行任务失败应负的责任，大半限于与委托人的关系，因此关于注意义务的水准及证明责任等并无讨论的余地，对此，《德国民法典》（以下称BGB）所规定的委任、雇佣、承揽等条文及侵权行为的规定，无须大幅修正即可适用。与此相反，近年在专家的作用日益增大的信息提供领域中，专家责任面临困难的问题。之所以如此，是因为专家所提供的信息不仅为委托人所利用，很多也被第三人作为权

---

[8] 参照《德国民法典》第253条。另外，关于德国的慰谢金制度，参见〔日〕浦川道太郎：《慰谢金的比较法研究（西德）》，载《比较法杂志》1982年第44号。

[9] 关于纯粹财产损害的意义，参见〔日〕浦川道太郎：《损害论》，载1990年私法学会报告者小组编：《制造物责任的现状与课题》，商事法务研究会1992年版，第64页。

威的信息予以传递和利用,与此相伴专家责任的范围也将扩张,于是发生了以往的契约责任和侵权行为责任所不能处理的问题。

2. 德国法上信息提供者责任的问题点

德国的学说上,作为专家责任近时热烈讨论的题目,是关于信息提供者的责任问题。其背景是,如前所述,专家的职务中作为信息提供者的作用所占比例增大的结果,因错误信息造成委托人以外的第三人受害的机会也增加了,因而检讨其责任问题的必要性增大了,但更实质的理由,则是有关信息提供者责任须从法理上解决的课题已堆积如山这一事实。

关于信息提供者责任须由法理论解决的困难问题,是由以下情形引起的:第一,成为解决此问题起点的BGB,关于信息提供者责任采取极为消极的态度,BGB第676条明文否定信息提供本身将产生责任,而委由通常的侵权行为责任或契约责任解决争端。⑩ 第二,因此成为责任根据的侵权行为责任,由于以人身和有体物的保护为中心,作为无形受害的单纯财产损失不受保护,所以专家提供错误信息使第三人遭受财产上损失的情形⑪,作为纯粹财产损害原则上不能请求赔偿。第三,契约责任上虽认可纯粹财产损害的赔偿请求,但作为责任的前提要求当事人(加害人、受害人)间存在契约关系,原则上责任不得及于契约外的第三人。

面对现行法上这样的制约,德国判例法在这些制约的夹缝间肯定信息提供者责任,开辟认许因专家提供的不实信息遭受财产损害的第

---

⑩ 《德国民法典》第676条规定,"向他人提建议或为推荐的人,除承担因契约关系或侵权行为所生的责任外,对该他人因听从其建议或推荐所生损害不负赔偿义务",在明文规定信息提供本身不生责任的同时,委由一般的契约责任、侵权行为责任处理信息提供者的责任。详细检讨德国信息提供者责任,包括该条成立史的论文有〔日〕松本恒雄:《德国法上的虚伪信息提供者责任论(一、二、三)》,载《民商法杂志》1978—1979年第79卷2号、3号、4号。此外,关于德国的信息提供者责任,也可参见〔日〕冈孝:《信息提供者的责任》,载《现代契约法大系》(七),有斐阁1984年版,第36页以下;〔日〕龙泽昌彦:《德国法上的专家责任》,载〔日〕川井健编:《专家的责任》,日本评论社1993年版,第133页以下。

⑪ 因专家提供的不实信息致第三人所生损害,例如,第三人因信赖作为专家的美术鉴定人作出的错误鉴定书购入假画等,以发生非人身损害和物损害的纯粹财产损害为通例。

三人的损害赔偿请求权的途径。因此,受这一判例法动向的影响,学说之一部开始出现了主张创设专家特有的新的责任要件的必要性说。

3. 判例法上的信息提供者责任

如上所述,德国的专家责任,显示最具特征的动向、讨论所集中的领域,是关于专家提供错误信息致第三人受损害情形的损害赔偿责任问题。这一领域,虽然 BGB 显示了消极的姿态,但是判例仍积极致力于对专家提供不实信息致第三人所生损害,肯定专家的责任。此时德国判例法所采主流的法律构成,是将认许纯粹财产损害的契约责任的保护扩及第三人。具体采用的是:其一,默示的信息提供契约;其二,具保护第三人效力的契约;其三,契约缔结上过失等法律构成。此外,与契约责任相伴,也利用良俗违反的侵权行为责任(BGB 第 826 条)作为补充。

(1)默示的信息提供契约

即使未受直接委托的专家向第三人提供不实信息的情形,也可以从两者的接触认为专家与第三人间缔结了默示的信息提供契约,并基于契约责任开辟可能赔偿第三人的纯粹财产损害的途径。莱比锡法院,于 BGB 施行不过 2 年的 1902 年,对于接受 A 委托的公证人 Y 向银行 X 提供了有关 A 所有不动产的担保负担状况的错误信息致 X 未能收回贷款的事例,采用了默示的信息提供契约的思考方法。即判决:"就该种业务向他人提供咨询为职务之人,明知他人正在寻求有关某事项的可信赖信息,而以向该人发送文书方式给予有关重要之点的信息的情形,应据此认为与寻求信息者之间缔结了有关信息的契约。"[12]

这种默示的信息提供契约的思考方法为现在的联邦普通法院以更加强化的形式采用,用于专家作成不实的鉴定书及银行的不实信用信息、投资建议的事例。依据联邦普通法院法官的见解,默示的信息提供契约的成立要件可整理如下:其一,信息对受领者有重大意义,受领者意图将信息作为实质决定的基础;其二,信息提供者认识信息所具有的

---

[12] RGZ52,365.

意义及该信息将作为受领者决定的基础这一事实;其三,信息提供者具有该信息的专门知识,并就信息提供受有特别委托且对信息提供有利害关系。⑬

(2) 具保护第三人效力的契约

所谓具保护第三人效力的契约,不是指契约当事人以外的第三人对契约债务人有给付请求权,而是指依据诚实信用原则的要求,被纳入契约债务人所负担的保护义务的保护领域。如肯定对第三人有保护效力的契约,则在专家 Y(契约债务人)基于契约对 A(契约债权人)提供的不实信息,经 A 传入第三人 X 之手,X 因信赖该信息而遭受损失的事例中,也就有可能肯定 X 对 Y 有基于保护义务违反的损害赔偿请求权。但在从前,联邦普通法院在契约债权人 A 对第三人 X 无注意义务,因而两者间无利害的共同性的情形,认为 Y 对第三人 X 不负契约上的保护义务,对于信息提供者责任领域认可具保护第三人效力的契约的成立,表示了消极的态度。⑭

与此不同,近时的联邦普通法院显著缓和契约债权人 A 与第三人 X 间利害的一体性要件,在专家的信息提供者责任领域积极活用具保护第三人效力契约的法律构成。亦即,关于专家提供的信息,即使 A 与 X 间有相反的期待和希望,在两者共同信赖信息正确的情形,仍然解为专家 Y 不仅基于契约向直接的相对人 A,也向第三人 X 提供信息,根据具保护第三人效力的契约,应负不实信息所生损害的赔偿责任。⑮

(3) 契约缔结上过失

联邦普通法院就专家的信息提供者责任的特殊事例,还进一步采用契约缔结上过失的法律构成。例如,在律师 Y 在劝诱向 A 有限责任

---

⑬ Lang, Arno: Zur Dritthaftung der Wirtschaftsprufer, Wp 9, 1989, S. 61.

⑭ 参见〔日〕冈孝:《信息提供者的责任》,载《现代契约法大系》(七),有斐阁 1984 年版,第 318 页。

⑮ BGH JZ 1985, 951; BGH NJW 1987, 1758. 此外,信息提供者责任中具保护第三人效力契约的活用之扩大,被评为专家责任领域近年最值得注目的、最轰动的发展。Damm, Reinhard: Entwicklungstendenzen der Expartenhaftung, JZ 1991, S. 377.

公司投资的小册子中记载了错误的信息,使信赖此信息而投资的 X 遭受损害的案件中认为,以对专家的专门知识的信赖为根据,因其信赖而对投资家的意思决定给予影响的 Y,应对 X 负契约缔结上过失的责任。⑯

(4)良俗违反的侵权行为责任

规定侵权行为责任的合理基础的广泛成立要件的 BGB 第 823 条第 1 款,不认许对纯粹财产损害的赔偿,但认许良俗违反的侵权行为赔偿责任的 BGB 第 826 条,其成立要求有故意,从效果看却容许纯粹财产损害的赔偿。因此,第三人因信赖银行、信用所、律师、公认会计师等提供的不实信息进行投资等遭受损失时,在可能评价为故意良俗违反加予损害的情形,依 BGB 第 826 条,提供信息的专家必须赔偿受害人所生纯粹财产损害。

判例法因有扩大专家的信息提供者责任的意图,现在已出现显著缓和责任成立要件的倾向。如在银行等因重大过失违反业务上的注意义务向第三人提供不实信息的情形,即解释为有良俗违反。同样,如果认识到不实信息有使第三人遭受损害的可能性而仍予容许,即解释为有故意。⑰

4. 学说上的信息提供者责任

联邦普通法院所发展的判例法主要是以契约责任为基础,并利用侵权行为责任的形式作为补充,朝着积极认可专家的信息提供者责任的方向发展起来的。对此,学说的多数在对专家责任的扩张予以肯定评价的同时,对极需技巧的操作责任要件的法律构成的批判之声日增。因此,提倡整理判例法的成果,尝试依新的法律构成创设概括的责任要件。

其一,信赖责任(Vertrauenshaftung)的主张。例如,一般地展开信赖责任思考方法的卡纳理斯(Canaris)说,专家的信息提供者责任,可以契约缔结过失理论发展上区别于契约责任、侵权行为责任的第三责

---

⑯ BGNZ 77, 172.

⑰ 参见 Munchener Kommentar Zum BGB, 2. Aufl., 826, Rdnr. 172ff. (Mertens, Hans-Joachim).

任类型,即信赖责任作为基础。⑱

其二,主张将专家的信息提供者责任置于侵权行为法的发展线上,尝试通过肯定"保护他人财产的社会生活上的义务"(Verkehrspflichten zum Schutz fremden Vermogens)以解决此问题。此强力主张者冯·巴尔,除努力验证判例法展开的侵权行为要件在事实上已成立外,更进一步在关于债务法改正的鉴定意见书中提出这一问题,作出关于专家的信息提供者责任的新的侵权行为规定的建议。⑲

除此之外,因本文篇幅限制,不可能谈到关于专家的信息提供者责任,学说依据契约责任、侵权行为责任及其中间形态,或者第三责任类型多种根据所进行的摸索检讨。从这一事实亦可理解,德国的专家责任在信息提供者责任领域显示出不同于其他责任领域的独自发展,并致力于适当扩张和确定其有效范围。

二、律师的责任

(一)作为专家的律师及其责任之现状

1. 律师的资格、地位与作用

德国的律师,乃是作为具有关于一切法律事务的资格的顾问者和代理人,作为司法的独立机关的自由职业(《联邦律师法》第1—3条)。律师,原则上只许可在一个普通法院从事业务(单数许可制,《联邦律

---

⑱ 参见 Canaris Laus-Wilhelm: chutzgesetze-Verkehrspflichten-Schutzpflichten in: Festschrift für Karl Larenz, 1983, S. 27ff。

⑲ 冯·巴尔曾建议在《德国民法典》的侵权行为规定以下插入新的条文:第828条[营业交易中的其他加害]。

"因故意或过失而有以下列举的行为者,以可预见的损害范围为限,负赔偿由此所生损害的义务:

"1. 享有因职业活动获得特别信赖的地位,不论对方是否能主张此信赖,在有关财产的业务中向特定人提供不实的信息或为有瑕疵的推荐,且不论是否属于新的知识,而不予订正者。"

V. Bar Christian: Deliktsrecht, in: Gutachten und Vorschläge zur Überarbeitung, des Schuldrechts, Bd. 11, 1981, S. 1761. 另外,关于此点可参见〔日〕浦川道太郎:《冯·巴尔关于侵权行为法改正的立法建议》,载〔日〕下森定等编:《西德债务法改正鉴定意见的研究》,日本评论社1988年版,第555页以下。

师法》第 18 条),并属于高等法院辖区内设置的律师协会(《联邦律师法》第 60 条)。要成为律师,须经德国国家考试合格取得法官的资格,或者在欧共体各国获得律师资格之后须经律师适合性考试合格(《联邦律师法》第 4 条)。作为律师在律师协会登记者,1994 年为 70438 人。[20]

律师受作为自治组织的律师协会的监督。违反作为专家的律师的职务义务,轻则受到律师协会职员会的谴责,重则受律师惩戒裁判所的惩戒(《联邦律师法》第 74 条、第 113 条),作为其基准的职务义务,在《联邦律师法》第三章(作为一般条款,见《联邦律师法》第 43 条)有抽象的规定,具体内容由联邦律师协会以指导方针的形式规定(《联邦律师法》第 177 条第 2 款第 2 项)。[21] 这一职务义务,有作为第一次的惩戒基准的伦理的性格,也影响到律师的民事责任的判断基准。

德国除区法院外,民事诉讼中实行强制律师代理制(《民事诉讼法》第 78 条),其他诉讼也实行强制律师辩护制,更进一步发展了诉讼费用负担的权利保护保险[22],因而律师参与一般市民的法律事务的机会与日本相比大得多。再有,规定律师报酬的法律是《联邦律师报酬法》。

2. 律师的民事责任之现状

在德国,以担当法律事务中的过误为原因向律师请求损害赔偿的事态,近年急剧增加。但没有统计资料,例如,Prinz 在 1986 年说,德国

---

[20] 关于德国律师制度及法曹养成制度最近的动向,参见〔日〕村上纯一:《德国的法律家养成的现况》,载《法学家》第 1016 号,第 72 页以下(1993);〔日〕小田中聪树:《德国最近法曹养成制度改革的动向及其特征》,载《法学家》第 1018 号,第 59 页以下(1993);〔德〕海因利希·梅克汉斯:《德国的律师制度》,载《法学家》第 1021 号,第 86 页以下(1993)。此外,律师人数根据 AnwBl 1994, S. 181 的记载。

[21] 但是,这种联邦律师协会作成的规则被 1987 年 7 月 14 日的联邦宪法法院的决定认定为违宪。因此,现在,如后述,新的以法律详细规定律师的职务义务,并能对应近年显著变化的律师职务形态的关于修改律师、专利商标代理人职务法的法律草案,已经提交联邦议会审议。这一法律,除职务义务的明确化之外,还包括放弃单数许可制等,将对今后律师业务产生很大影响,在此不能详细介绍(这一法律已于 1994 年通过)。

[22] 关于德国权利保护保险的最近的介绍,参见〔日〕辻千晶:《诉讼费用与权利保护保险》,载《法学家》第 997 号,第 89 页以下。

律师平均两年半受到 1 件因过误提起的损害赔偿请求。[23] 另外 Borgmann 写到对律师提起的诉讼年均约 800 件。[24] 此外,受理原西德地区律师责任保险 2/3 的雅利安兹保险公司,于 1990 年处理了 12000 件保险金请求,若以律师数折算,则全部律师的 1/3 受到以某种形式与律师活动相伴的损害赔偿请求。[25] 由这个事实看来,可以说德国的律师作为专家负担了非常重的责任。[26]

(二)律师的民事责任

由上可见,在德国对律师追究所提供的不适当服务的民事责任,非常之严。用以追究这种律师的民事责任的责任根据,对应于近年律师业务的急速扩大,而愈益多样化。亦即,律师不仅作为诉讼代理人,而且作为破产管理人、遗嘱执行人、信托受托人、监护人等进行活动,并且大多超出单纯的事务处理而执行咨询、顾问的工作及鉴定的工作,因此其服务的性质也发生了变化,以致将负担与之相伴的多样的责任。这里不能说明律师的民事责任的全体,仅打算就最基础的责任形态作一概述。[27] 为了方便,分别检讨:①律师对委托人所负的责任;②律师对第三人所负的责任。

1. 对委托人的责任

(1)责任的法律根据

由于律师与委托人间存在契约关系,律师的不适当服务提供所给予委托人的损害也以纯粹财产损害为中心,因此委托人追究律师的民事责任的情形,即以契约责任为根据。

委托人与律师之间所缔结的律师契约,由于 BGB 上将委任定为无

---

[23] Prinz, Matthias: Der Juristische Supermann als Maßstab, VersR 1986, 317.

[24] Borgmann, Brigettez Haug, Karl H.: Anwaltshaftung, 2. Aufl. 1986, S. 234. 该书为德国概括论述律师责任的若干著作之一种。此外,最近的杂志论文有 Henssler, Martin: aftungsrisiken anwältlicher Tätigkeit, JZ 1994, 178。

[25] Hartstang, Gerhard: anwaltshaftung, BRAK-Mitt, 1992, 73. 雅利安兹保险公司送给川井健教授的报告书(1993 年 8 月 16 日)中也指出,与医师责任相比,律师一方的风险更大。

[26] 参见〔日〕辻千晶:《辩护过误与责任保险》,载《法学家》第 990 号,第 95 页以下(1991)。该文有对德国律师业务风险的具体说明。

[27] 参见〔日〕冈孝:《律师的责任》,载〔日〕川井健编:《专家的责任》,第 207 页以下。

偿契约，因而不能归入委任一类。所以，一部任务被解释为承揽，而通常的任务领域则作为雇佣对待，总之都以事务处理为目的，因此被解释为应准用委任规定之大部的有偿事务处理契约（BGB 第 675 条）。㉘ 于是，此第 675 条和规定律师职务义务的《联邦律师法》，成为追究契约责任的主要根据。但是，由于实定法所定的职务义务是抽象的，因此判例依据律师的职务形成对委托人负担的契约上具体的职务义务，成为判例法发展的显著领域。

（2）契约的成立

从委托人受到职务委托的律师，不接受职务的情形必须不迟延地作出拒绝的意思表示，负担因过失而迟延所生的损害赔偿责任（《联邦律师法》第 44 条）。这被解释为契约缔结上过失的责任。

（3）律师契约所生的职务义务

在发生律师责任问题的事例中，判例按照具体的事项设定律师负担的多样的职务义务，对其作一一列举近乎不可能。经过整理，有如下的职务义务。

其一，遵守委托人指示的义务。

为了使律师的任务符合委托人的利益，基本上应受委托人指示的拘束。作为可以偏离委托人指示的例外，仅限于此偏离从委托人利益看有正当理由的情形（BGB 第 665 条）。但作为专家的律师，对于无专门知识的委托人不明确的指示或有疑问时，不应单纯地遵从该指示，而必须履行后述的建议、指教义务，以求指示的明确化或变更。此外，有关实施对委托人的利益有法律上的或经济上的决定影响的事项时，律师必须征求委托人具体的指示，在无法征求委托人指示时，于委托人概括的指示范围内，也有选择自认为最适当手段的裁量权。当然，对于委托人的违法指示并无遵从义务，而有予以拒绝的权利（《联邦律师法》第 45 条第 1 款）。这里所谓委托人的指示与律师的裁量权及建议、说

㉘ BGB 第 675 条规定，"对于以事务处理为标的的劳务契约或承揽契约，准用第 663 条、第 665 条至第 670 条、第 672 条至第 674 条的规定；如义务人得不遵照预告解约通知期限而为解约通告者，也准用第 671 条第 2 款的规定"。

明义务的相互关系,类似于患者的自己决定权与医师的裁量权及说明义务的关系。

其二,事案解明义务。

律师实施职务之际,负有对所处理的事件及事实关系予以解明的义务。为了解明事案,必须实施必要的调查,不仅包括听取委托人的陈述,依情形还应听取相对方的陈述。

其三,权利关系调查义务。

律师基于对成为对象的事案的解明,对有关权利关系负有调查研究的义务。进行调查研究之际,务期核对法律、判例无误。即使非公知的法律,律师也应具有其知识,关于判例,不仅对公示判例集,对专门杂志亦应注目,要求把握最新的状况。㉙

其四,建议、指教义务。

律师必须就事案的状况及所作预测,向委托人作一般的、概括的并尽可能完全的说明,并于必要时指教经济上的风险,而后建议采取最安全和危险小的可能手段。㉚ 采用最安全、最符合目的的方法,不仅针对建议、指教的领域,而是对律师职务的一般要求。

其五,文件作成、保管义务。

律师负有就所受委托的事件作成文件并予保管的义务(《联邦律师法》第 50 条)。

其六,保守秘密的义务。

律师关于受委托事件所知道的事实负有保守秘密的义务。此一保守秘密义务在刑法及其他法律上也被要求。

(4)职务义务违反与律师的契约责任

律师的契约责任,主要是根据前述的职务义务违反,以积极的债权侵害为理由追究损害赔偿责任。《联邦律师法》第 51 条规定,此损害赔偿请求权的消灭时效,为自请求权发生时或契约终止时起 3 年。不

㉙ BGH NJW 1952, 425.
㉚ BGH VersR 1960, 932; BGH MDR 1961, 578.

过,按照判例,律师就自己职务上的过误,以及其所生赔偿请求权的存在有对委托人指教的义务,在违反此指教义务的情形,作为原状恢复的手段,消灭时效已过的损害赔偿请求权仍有行使的可能。因此,律师在实质上要主张时效非常困难。[31]

(5)责任限制

律师在与委托人的契约上规定的免责特约,因有 BGB 第 276 条第 2 款(禁止免除故意的责任的免责特约)及《约款规制法》的制约,而不被认可。但根据联邦律师协会所定规则等,约定以律师通常加入每一事件 50 万马克责任保险金额为限的责任最高限度额,是可以的。[32] 现在审议中的关于修改律师、专利商标代理人职务法的法律案,除责任保险的强制保险化和责任限制的规定外,意图在法律上对这一点作出明确规定。

2. 对第三人的责任

作为律师对第三人负民事责任的情形,绝大多数属于律师提供错误信息致第三人遭受损害的事例。此关于对第三人的信息提供者责任,前面已予检讨,此不赘述。前述的责任对律师是典型的和妥当的。

3. 履行确保措施

现行法上,依联邦律师协会所定的规则,律师有义务缔结责任保险,但这不是法律义务。审议中的职务法的修改如获通过,将导入课以律师缔结 50 万马克责任保险的义务的强制保险制度。并且,律师在该限度上依契约设定对委托人的责任限度额将成为可能。

---

[31] BGH NJW 1984, 2204. u. a. Taupitz, Jochen: Die zivilrechtliche Pflicht zurunaufgeforderten Offenbarung eigenen Fehlverhaltens, 1989, S. 9ff. 另外,关于此问题请参见〔日〕大木满:《医师关于自己治疗上的过误的主动说明义务》,载《早稻田法学会志》第 44 卷,第 96 页以下。

[32] Borgmann/Haug: aao., S. 234.

三、建筑师的责任

(一)作为专家的建筑师及其责任之现状

1. 建筑师的资格、地位与作用

德国的建筑师(Architekt),因获得关于建筑设施的建筑许可有作成建筑确认图书类的权限,可实施有关设计(Plannung)及监理(Bauleitung)的各种业务。有关建筑师的资格、职务义务以及其自治团体的事项,由属于州法的建筑师法规定。要成为建筑师,作为原则,应取得受大学等专门教育的毕业证书,还必须有 2 年的实务经验,登记在州的建筑师名簿。建筑师名簿的登记者现在约有 7 万人(其中,建筑师约 6.5 万人,室内建筑师约 3000 人,庭园景观建筑师约 2000 人);关于建筑物的设计、监理的建筑师中,约 3.5 万人为自由契约者,约 3 万人为受雇于官厅、企业的建筑师。㉝

建筑师受作为自治组织的州建筑师协会的监督。违反职务义务的情形,将受建筑师协会设置的建筑师职业裁判所的惩戒;作为其基准的职务义务,由建筑师协会制定的建筑师职业规则详细规定。这一职务义务也影响到建筑师的民事责任,建筑师因职务义务的履行是由称为设计、监理的工作来体现的,因此一般从工作瑕疵的侧面追究民事责任。

建筑师的报酬由属于联邦一级的法规命令的建筑师、技师业务报酬规程(HOAI)规定最高额和最低额。

2. 建筑师的民事责任之现状

在日本追究建筑师责任的极少,即使涉及建筑师责任的事例,也大多将责任转嫁于建筑承揽人,而不问参与设计、监理的建筑师的责任。而究其原因,可以指出建筑师与建筑承揽人密切的关系以及国民对建

㉝ 关于德国建筑师制度,详见〔日〕花立文子:《建筑师职业伦理与惩戒制度》,载《志林》第 86 卷第 2 号,第 82 页以下(1988)。另外,建筑师登录数依据联邦建筑师协会提供的 Bundesarchitektenkammer: The Legal and Professional Status of Architects in the Federal Republic of Germany, S. 2。

筑师职能的认知度低。德国的状况与日本恰好成鲜明对比。正像这一领域的研究者已分析说明的那样,德国关于建筑师民事责任的判例,不仅数量多,而且内容丰富。仅从这一点就可以说,德国的建筑师处在比日本的建筑师更严格的责任之下。㉞

(二)建筑师的民事责任

律师的工作,其典型是进行诉讼,因而工作的成果并无保障,工作中有过误时发生的主要是纯粹财产损害。与此不同,建筑师的工作,其成果是完成建筑物,并且工作有过误时所发生的损害是建筑物的瑕疵和作为人身事故的损害。正由于这种差异,使两者在责任根据和法律构成上也就有所不同。

1. 对定作人的责任

(1)责任的法律根据

定作人与建筑师之间缔结的建筑师契约,因工作是设计,或是监理,或者两者兼而有之,而分为建筑设计契约,建筑监理契约和建筑设计、监理综合契约三类。关于此三类建筑师契约的性质,今日的判例都解释为承揽契约。因此,建筑师对定作人的民事责任,首先是承揽的瑕疵担保责任(BGB 第 633 条以下)。其次,建筑师进行工作时对定作人还负有附随的义务,因此也可能发生附随义务违反的积极债权侵害的责任。

(2)建筑师的瑕疵担保责任

建筑师对于设计、监理的瑕疵,负承揽的瑕疵担保责任。未获得建筑确认、未达到建筑的技术水准及不符合作为契约基础的经济要求等情形,即存在设计的瑕疵。对施工是否符合建筑规则和设计怠于监督时,即存在监理的瑕疵。

㉞ 分析德国的建筑师责任时,像本文一样指出德国的建筑师所负责任比日本更严格的有〔日〕日向野弘毅:《建筑师的责任与建筑诉讼》,成文堂 1993 年版,第 1 页以下、第 57 页以下;〔日〕花立文子:《关于建筑设计、监理契约的考察》,载《志林》第 86 卷第 3、4 号,第 93 页以下和第 87 卷第 3 号,第 87 页以下以及第 88 卷第 3 号,第 183 页以下(1989—1991);〔日〕高桥寿一:《建筑师的责任》,载〔日〕川井健编:《专家的责任》,第 401 页以下。

作为瑕疵担保责任,首先是瑕疵修补请求权(BGB 第 633 条)。但是,判例因设计建筑师的工作限于精神的东西,认为修补施工后的建筑物对于设计工作的修补并无意义,因此否定施工后定作人对建筑师的修补请求权。另外,关于建筑师为了避免损害赔偿请求是否有主动进行修补的权利有争论,但联邦建筑师协会所定建筑师契约约款中却插入了建筑师可以向定作人要求进行修补的条款。㉟

建筑师的瑕疵担保责任中,不仅瑕疵修补请求权没有什么意义,同样解除权和报酬减额请求权(BGB 第 634 条)对救济定作人也没有实质的意义。与此不同,对定作人的被害救济有重大意义的,是定作人以建筑师有责的不履行为理由的损害赔偿请求权(BGB 第 635 条)。亦即,建筑师关于与工作的瑕疵有密切的、直接的关系的损害及以瑕疵为近因引起的损害,包含建筑物所生损害及其派生的损害,应负损害赔偿责任。

瑕疵担保责任的消灭时效,为从工作交付起的 5 年(BGB 第 638 条)。但是,建筑师对成为建筑物瑕疵的原因的设计瑕疵有说明的义务,对作为其结果发生的定作人的权利有指教的义务,因此与律师责任的情形相同,对消灭时效的成立实质上并无多大的制约。㊱

(3)建筑师附随义务违反的责任

建筑师除对无瑕疵的设计、监理负责外,还负有就与建筑关联的各种问题的必要事实向定作人指教和建议的义务。如违反此附随义务,建筑师应负以积极的债权侵害为理由的损害赔偿责任。因建筑师的过误,违反指教、建议义务,致定作人发生工作之外的人身损害及财产损害时,发生积极的债权侵害的损害赔偿责任。其消灭时效为 30 年(BGB 第 195 条)。

(4)责任限制

联邦建筑师协会制定的建筑师契约约款中包含了关于建筑师有瑕

㉟ 参见 Allgemeine Vertragsbestimmungen zum Einbeits-Architektenvertrag(AVA)5 Abs. 5. 及 Werner, Ulrich/Pastor, Walter: Der Bauprozess, 7. Aufl., 1993, S. 512.

㊱ BGHZ 77, 144.

疵的工作于轻过失情形的责任,原则上以建筑师加入的责任保险的补偿金额为限的条款。这样的责任限制被解释为有效,但在以约款限制责任的一些小问题上仍有不同意见。[37]

2. 对第三人的责任

关于建筑师对第三人的责任,通过具保护第三人效力契约的形式,将建筑师所负担的保护义务扩及与定作人有一定关系的第三人。除此之外,以建筑现场的危险防止措施的懈怠为原因,也可能产生违反社会生活上义务的责任(BGB 第 823 条第 1 款)等。但建筑师一般说来无建筑现场安全注意的义务,仅在依监理契约内容产生对建筑现场安全的责任的情形,才对第三人负有社会生活上的义务。另外,建筑师也有对第三人的信息提供者承担责任的情形。

3. 履行确保措施

与律师的情形相同,按照建筑师协会制定的建筑师职业规则,建筑师有加入责任保险的义务。一般说来,建筑价格不超过 150 万马克的情形,应投保包括人身损害 100 万马克、其他损害 15 万马克的责任保险(建筑价格超过 150 万马克的情形,其他损害的保险金额为 30 万马克)。关于责任保险的特约,取决于作为各州建筑师协会的联合组织的联邦建筑师协会与保险业界的协议。[38]

---

[37] Hartmann, Rainer, Gewahrleistung und Haftung nach den Architektenver-tagsmustern der Bundesarchitektenkammer im Spiegel des AGB-Rechts, S. 337ff., in: Festschrift, fur, Horst Locher zum 65. Geburtstag, 1990.

[38] Bundesarchitektenkammer, aao., S. 10.

论专家的民事责任[*]
——其理论架构的建议

一、序言

在论述专家责任的多数论文中,所谓专家负有与其专门性相应的高度注意义务,因此应负严重的责任,这样的议论占了讨论的中心。[①] 这并没有错,但我总觉得专家责任的重要部分被忽略了。专家责任究竟有什么特征?委托人何以要追究专家的责任?重新探究这类问题,为考察专家责任提供一种理论的框架,乃是本文的目的。如先提出结论的话,则我以为在专家责任中,存在违反专家所负的高度注意义务的"高度注意义务违反型"和违背委托人所给予的信赖、信任的"忠实义务违反型"[②]。医师、律师、建筑师等专家,由于向委托人要求给付与其专门性相应的高报酬,所以在其不能完成高度专门性工作的情形时,委托人当然对其不满。这就是高度注意义务违反型纷争的端绪。此外,

---

[*] 本文作者系东京大学能见善久教授,日本专家责任研究会成员。本文译自专家责任研究会编:《专家的民事责任》,别册 NBL no. 28,第 4—12 页。译文原载《民商法论丛》(第 5 卷),法律出版社 1996 年版。

[①] 谈到"忠实义务"属于"高度注意义务"的,参见〔日〕圆谷峻:《日本法上专家的不法行为责任》,载〔日〕川井健编:《专家的责任》,第 55 页。

[②] 以前类似的类型论,参见〔日〕加藤新太郎:《辩护士作用论》,第 78 页以下。其中,将律师的过误区分为"不诚实型""单纯错误型""技能不足型"。本文的"高度注意义务违反型"相当于该书的"技能不足型","忠实义务违反型"则相当于"不诚实型","单纯错误型"则因侧重点不同而属于"高度注意义务违反型"或者"忠实义务违反型"。忠实义务系与英美法上 fiduciary duty 相当的概念,以利益相反行为等的禁止为中心。本文系将其加以扩张而用之。

委托人因其专门性之故信赖专家,委托之际不作细致的指示而授予专家广泛的裁量权,因此专家有反于委托人利益的不诚实行为时,委托人与专家的信赖关系即被破坏,于是发生忠实义务违反型责任的问题。所以,高度注意义务违反型与忠实义务违反型,不仅责任的根据不同,其效果也或多或少有所差异。

二、专家的特征

所谓专家,有律师、建筑师、医师、公认会计师、土地房屋调查师等,因此要概括其特征较为困难。杰克逊和鲍威尔在《专家的过失》一书中列举的专家和专门职业有四个特征③:其一,工作性质属于高度的专门性,其中心不是体力工作而是精神的、判断的工作;其二,高度重视职业道德及其与顾客的信赖关系;其三,大多要求一定的资格,并由专家集团维持一定的业务水平;其四,具有较高的社会地位。不用说,须注意杰克逊和鲍威尔的概括是以英国的专家为对象,也或多或少与日本的专家的情况相符。

与此同时,在谈论专家的法律责任时所应重视的专家特征,可整理如下:第一,由于工作内容高度专门化,因此要求专家应具有与所要求的资格相符高度的能力、技能。并且不能以能力、技能的不足作为免责理由,发生一定水准以下的行为时,即当然认定为有过失。亦即高度的能力、注意义务被客观化了。不过,在特别高度的知识、技能的领域,专家之间也存在差别,问题是应否予以考虑(医疗过误诉讼中所议论的医疗水准问题)。④ 第二,由于专家的工作以智力判断为中心,就使得在像医师的误诊等情形,很难进行过失判断。因此,过失证明时,必须寻求其他的办法。例如,依据说明义务违反等追究责任。第三,高度的

---

③ 参见 Jackson and Powell, Professional Negligence, p.1。谈及此点的还有〔日〕饭冢和之:《英国法上的专家责任》,载〔日〕川井健编:《专家的责任》,第77页。

④ 关于医疗水准,依医院的规模等而有差别,进行过失判断时也应予以考虑。参见〔日〕畔柳达雄:《医疗水准——专门医、地域差、设施差》,载《判例TIMES》第686号,第70页。

职业道德、信任关系,可以导出专家负有与委托人的信赖相符的为委托人的利益而行动的忠实义务。

三、专家与委托人、顾客间的关系

(一) 契约关系的存在

医师、律师、建筑师等专家与委托人、顾客之间,存在由专家向委托人提供专门的服务的契约关系。其中,所谓专家责任,是指顾客对专家追究契约责任(专家对第三人的责任是另外的问题)。所以,本文题目也着重于专家责任作为契约责任具有什么样的特殊性。但必须考虑的是,关于医师的责任等,尽管委托人与专家之间存在契约关系,但是不追究契约责任而追究侵权行为责任的情形相当多,而且,在诸外国发生问题的也是专家的侵权行为责任。例如,英国关于存在契约关系的专家与顾客之间,在契约责任之外可否追究侵权责任,即承认请求权竞合或是仅认可契约责任,曾发生争论。[5] 20 世纪 70 年代肯定侵权责任的立场在判例上也很有力。特别是,认可侵权责任的有利点在于,可以排除契约上的免责特约。但进入 20 世纪 80 年代出现了否定请求权竞合的判例。[6] 大概是因为当时已经展开了在契约责任中否定不当契约条款效力的理论,于是以侵权行为法超越契约责任界限的必要性已经减弱。在日本,请求权竞合仍为现今判例、学说之通说,契约责任残存各种限制的时代姑且不论,若就契约责任自身发展的阶段而论,请求权竞合问题确有再次重新考虑的必要,不管怎样,本文乃以专家的契约责任为中心。

(二) 契约内容的特征

专家与委托人之间所缔结的契约,在内容上有什么样的特征? 通常属于"为的债务"而不是"给予的债务",可以称为服务提供契约。但仅此尚不足以说明专家与委托人间契约的特征。专家所提供的服务,

---

[5] Jackson and Powell, Professional Negligence, p. 11.
[6] Holyoak, Concurrent Liability, A Judicial U-Turn? Professional Negligence, Nov. -Dec. 1985, p. 198.

以适应委托人多样化要求的"非定型性"为特征。例如,自动车教习所向受教者教习驾驶技术,也属于为的债务,属于以服务提供为内容的契约。但这种服务提供者所负的责任,可以作为一般的为的债务的不履行问题考察,而与专家责任不同。自动车教习、运送、英语会话教习等,都是提供预先准备的目录中的一定的服务,与专家适应委托人多样化要求的非定型性的服务不同。绝不能说对专家授予广泛的裁量权与专家所提供的服务之非定型性无关。不管怎么说,因为这种债务内容的非定型性,使债务不履行的判断发生困难,这正是专家责任问题的意义所在。

四、专家责任的特征

(一)信赖

专家从委托人处得到两种意义上的信赖。其一,应认为专家有对于自己的专门领域的工作具备最低基准的能力的保证。重要的是,作为非专家的委托人,不可能直接判断受托人是否具有专家的技能、能力。如果受托人是医师的话,委托人唯有信赖其具有作为医师的技能、能力。正是这一点使委托人与专家的契约在当事人间存在极大的不对称性。其二,专家关于其裁量的判断也得到委托人的信赖。在医师的治疗行为存在几个选择方案的情形,无论怎么说明,委托人往往也难以决断。委托人(患者)只能信赖医师作为专家的判断,委托医师选择治疗行为。再如,对律师来说,作为法律外行的委托人大多不得不将诉讼事务委由律师判断。所以,对委托人来说,其信赖医师、律师将为委托人的利益而行动。

第一种意义上的信赖,关系到如何设定注意义务。当然应使专家负客观的高度注意义务。然后的问题是,考虑到契约当事人间的不对称性,如何保护委托人。

第二种意义上的信赖,则有不同的意义。这就是,委由专家进行的裁量的判断,对于委托人的利益来说,是否适当的问题,属于与注意义务不同的忠实义务的违反问题。在日本,处理这个问题没有适当的法律概念,大致相当于英美法上的"fiduciary duty",本文以《商法》第254条之三及信托法领域讲学上所使用的"忠实义务"一语表示之。但在英美法上,"fiduciary"义务的中心,在于利益相反行为的禁止,而本文所谓忠实义务,还包括禁止不诚实行为。⑦

(二)高度注意义务与忠实义务

迄今的检讨中,根据专家的特征,把握其法的义务的特征,集中到"高度注意义务"和"忠实义务"这两种义务上来。即专家负有与异于一般人的专门知识、技能相应的高度注意义务,以及基于委托人的信任必须进行裁量的判断这一意义上的忠实义务。关于两者的意义的区别将在后面详加讨论,在这里应指出的是,两种义务都属于可导致法律责任(债务不履行责任)的义务,只是作为债务不履行类型有所不同。

专家或多或少都同时负有高度注意义务和忠实义务,但医师、律师、建筑师等各种专家在所负两种义务中以何者为重点却有所不同。例如,建筑师忠实义务的要素较少,以高度注意义务为中心。因此,委托人对建筑师的索赔要求以违反委托人意图为由的极少,大多以技术上的错误为由。与此不同,律师的职务中,向委托人提供法律信息如报告书的作成、契约书的拟订等,进行正确的调查和制作非常重要,因此要求尽高度注意义务。但是,律师不仅负一般意义上的忠实义务,律师活动的重要部分属于诉讼活动及和解等纷争解决活动,因如何进行的选择方案增加,律师的裁量判断更加重要。此种意义上的忠实义务产生的问题较多。医师也是如此,关于治疗行为,问题是高度注意义务,从选择什么样的治疗行为之方面看,也有忠实义务的侧面。但无论怎么说,高度注意义务的比重较大。

(三)专家债务不履行的类型与责任根据

1. 高度注意义务违反型

责任的根据在于,作为专家所要求的基准以下的行为,是一种客观

---

⑦ See Dugdale and Stanton, Professional Negligence, 2nd ed. (1989), para. 1. 15, para. 14.01 et seq. 不过,故意违反委托人利益的行为,则构成忠实义务违反。不诚实行为与其相近。

的基准决定的责任,可以认为是以具有一定基准以上的能力、技能的信赖为基础的一种保证责任(如称为信赖责任,则难以与忠实义务违反型相区别,因此称为保证责任)。建筑师的设计错误等,即其典型。医师的手术错误,亦可包括在内。但是,在专家本不应犯的重大过失(如输血时未进行血型检查等)的场合,问题不在于是否具备专家的能力,而属于忘记了委托人的利益不诚实行为,应作为忠实义务违反型以追究责任。

专家责任应以专家一般的客观基准进行判断,如果该专家具有比委托人所认为的水准更高的特别的能力、技能,该能力百分之百地发挥将不致发生损害,而该专家仅发挥了平均水平的能力、技能因而造成损害时,应否追究其责任? 从政策上说,应以肯定其责任为当,但要从理论上予以说明则有困难。对此可作如下考虑。如果委托人知道该专家有此特别能力并期待其发挥此特别能力,则应以该特别能力、技能作为判断过失的基准。在委托人不知专家有此特别能力、技能的情形,则不能以委托人对专家的特别能力、技能的信赖作为根据,但该专家无特别理由而未运用该特别能力、技能时,则可以作为忠实义务违反而追究其责任(属于后述不诚实型)。这是由于,作为应有高度职业道德的专家,应为委托人的利益而尽其最大限度的努力之故。

2. 忠实义务违反型

此属于因委托人信赖而被委以裁量权行使的专家,从委托人利益的观点来看不适当地行使裁量权的情形,所应负的责任。关于忠实义务,由于判例、通说认为与善管注意义务基本相同,只不过对其内容作一点引申而已[8],因而未展开进一步的探讨。[9] 但在这里,打算建议将高度注意义务违反型不能妥善涵括的纷争类型,作为忠实义务违反型

---

[8] 参见最判昭45.6.24,载《民事判例集》第24卷第6号,第625页(八幡制铁政治献金事件)。该判决否定了认为忠实义务是区别于善管注意义务的独立义务的主张,认为原告将政治献金作为忠实义务违反问题的主张没有道理,因此以该案论述忠实义务不适当。

[9] 但是,关于律师忠实义务的议论,详见〔日〕加藤新太耶:《辩护士作用论》,第9页以下。又见〔日〕赤屈光子:《取缔役的忠实义务(1)—(4)》,载《法协》第85卷第1—4号。

予以适当的处理。关于以诚实义务或者忠实义务为核心的责任,已有加藤新太郎裁判官在论述律师责任时提出此主张。本文的立场,在责任的意义上并无新奇之处,只在将忠实义务违反型的责任范围扩大到一般的专家责任,并进而强调承认该类型的实益之点,有若干不同(以忠实义务不单是善管注意义务的加重而有其独立的意义的考虑为基础)。忠实义务违反型之中,尚可作各种各样的划分,现整理如下。

(1)利益相反行为

受到委托人信任的专家,应专注于实现委托人的利益,不得追求第三人的利益或自己的利益。专家与此相反的行为,应作为利益相反行为构成专家的忠实义务违反,发生债务不履行责任。如对委托人作了充分说明之后,该行为得到了委托人的同意,则不构成忠实义务违反。[⑩] 例如,医师对白血病患者进行治疗时,对患者脾脏细胞组织有研究兴趣,从该组织细胞的培养可以获得大的金钱利益,由于医师个人的利益与患者的利益相反,存在影响医师正确判断的可能性。这种情形,医师不说明利益相反的事实,于治疗行为时切除患者的脾脏组织,属于医师的忠实义务违反。[⑪] 即便治疗行为获得成功,亦应认为可以发生作为忠实义务违反的一定的损害赔偿责任。

(2)不诚实型

即使不涉及利益相反的关系,受到委托人信赖的专家有违背此信赖的行为时,亦应认可其忠实义务违反的责任。此类型的适用范围相当宽,可细分为两个类型:其一,期待的违反;其二,裁量权的不适当行使。最近的医疗过误事件中,作为期待权侵害而认可一定的损害赔偿(慰谢金)的下级审判例[⑫],应属于不诚实型中的第一类型。

[⑩] 参见〔日〕四宫和夫:《信托法》(新版),第234页。信托受托人所负忠实义务,即便经受益人同意也不能免责,为信托法学说之通说。

[⑪] See Moore v. Regents of the University of California et al., 271 Cal. Rptr. 146(1990).

[⑫] 参见〔日〕新美育文:《癌症患者的死亡与医师的责任——期待权侵害理论的检讨》,载《法学家》第787号,第78页;〔日〕石川宽俊:《期待权的展开与证明责任的方法》,载《判例 TIMES》第686号,第25页;〔日〕渡边丁造:《有过失而无因果关系情形的慰谢金》,载《判例 TIMES》第686号,第66页等。参看裁判例中对这些论文的引用。

其一,期待的违反。

由于委托人信赖专家,期待专家将为了委托人的利益而采取适当的行为,当有违反此信赖、期待的行为时,应成立专家的忠实义务违反。

例如,输血时的血型试验不发生过误是最起码的要求,对将医师作为专家信赖的患者来说,因未作适当的试验而致不适合的输血,属于违背信赖的重大过误。发生这种忠实义务违反行为的情形,即可据以请求损害赔偿。⑬ 另外,在患者叙述症状时漫不经心,致未进行适当检查的情形,违背了患者对作为专家的医师所期待的诚实,因此构成忠实义务违反。⑭

作为法律专家的律师,发生错过上诉期限的错误,对委托人来说,由于相信专家不致发生这样简单的错误,这样的显然违反期待的行为,应认为属于"期待违反"行为而构成忠实义务违反。⑮ 这是因为,要判断作为专家应该如何行动有困难,因此不是以发生了错误,而是以发生了专家不该发生的错误,作为"期待违反"的根据。

其二,裁量权的不适当行使(自己决定权的侵害)。

在有复数的治疗方法、复数的法律解决方法(如和解等)的情形,委由专家进行选择。因属于专门的事项,作为外行的委托人,无论专家如何说明也不可能完全理解,因此委由专家进行选择。这样的场合,专家必须设身处地地站在委托人的立场行使裁量权。例如,乳癌患者希望仅对肿瘤部分作部分切除的情形,如果切除了整个乳房,即使治疗是成功的,也不能说是符合委托人的意图适当行使裁量权。因此,可能发

---

⑬ 参见冈山地判昭 63.3.22,载《判例时报》第 1293 号,第 157 页。所谓"起因于不掌握医师的基本知识的、不注意等的初步的、未导致患者死亡的极危险极重大的、不应有的医疗过误",属于足以认定为忠实义务违反的事情,被判决支付 400 万日元的慰谢金。

⑭ 参见神户地判昭 63.12.14,载《判例时报》第 1324 号,第 91 页。"死者甲,延长生命的可能性不能说完全没有,但在近 9 个月中仅给服用止痛药,而对癌症未进行任何治疗,因此违背了甲对作为地区最高医疗机构的中央医院的期待,应当给予精神的损害赔偿——如对甲所受精神的痛苦予以金钱评价,则相应相当于 200 万日元。"

⑮ 参见东京地判昭 46.6.29,载《判例时报》第 645 号,第 89 页。但横滨地判昭 60.1.23,载《判例 TIMES》第 552 号,第 187 页,则认为,即使上诉也无胜诉可能性,因此不认可损害赔偿请求。对此判决的分析,参见〔日〕加藤新太郎:《辩护士作用论》,第 115 页以下。

生医师的债务不履行责任。

律师进行和解等,未达到委托人希望的条件的情形,在裁量权不适当行使的意义上,也可以属于忠实义务违反。例如,接受债权收取委托的律师,进行和解时仅收回相当于债权额 150 万日元的 1/10 的 15 万元,而放弃 135 万日元余额的请求,这种情形即使从纷争解决的意义上所受的是概括委托,也与委托人的期待差距太大,应发生律师的债务不履行责任。⑯ 判例于这种情形仍然从善管注意义务违反寻求责任根据,但这里的问题不是被告律师未尽充分注意义务⑰,而是要追究被告不谋求委托人的利益而选择了轻易妥协之路的责任,应当以忠实义务违反的责任构成为适当。又如,接受上诉的特别授权的律师,断定即使上诉也不可能获得胜诉,因此未同委托人商量而不提出上诉,假定在客观上的确不可能胜诉,也应属于违反委托人利益的不适当行使裁量权。⑱

(3)信息公开、说明义务违反

与前两种以专家的裁量行为前提而追究其不适当行使的责任不同,不属于裁量判断的当否的层次,而是在设定限制裁量性范围的义务后,追究该义务的违反。由于不是追究专门的高度技能、能力的违反,因此不同于高度注意义务违反型,仍应属于忠实义务违反型。例如,认为存在多种治疗方法的情形,为了让患者理解,医师必须对各种治疗方法予以说明。未作说明,或者未作充分说明就选择了治疗行为,在事后未得到患者同意的限度内,认为治疗行为不适当的患者,可以追究医师说明义务违反的责任。这种情形,作为损害赔偿而请求什么是其次的问题。即使从医学上看治疗是成功的,也有请求损害赔偿的可能。

(四)债务不履行的类型与损害赔偿

(1)专家的过误属于高度注意义务违反型的情形,过失判断等构

---

⑯ 参见东京地判昭 40.4.17,载《判例 TIMES》第 178 号,第 150 页。
⑰ 参见〔日〕加藤新太郎:《辩护士作用论》,第 89 页。他认为此事件也有"不诚实型"的要素,但就对债权回收的预测错误方面,则应属于"技能不足型"。
⑱ 参见东京地判昭 46.6.29,载《判例时报》第 645 号,第 89 页。

成要件方面有其特殊性,而效果方面并不存在特别的问题。需要考虑的是,专家提供的服务的缺陷所生损害,无论是对人的损害或是对财产的损害,都将是巨大的,在与责任要件的关系上,对提供服务的专家来说,风险是很大的。但这是取决于与对价的关系的问题。委托人向专家支付的报酬额高,专家有过误时所承担的责任大,应该说是不得不如此。与此有关的问题是,在何种范围内可以认可免责特约、责任限制特约的效力。从专家责任的发展历史看,责任限制的排除已经成了大的课题,前已言及英国等认可依侵权行为责任追究专家责任,原因正在于此,但此问题本身就是大的课题,本文不作深论。

(2) 作为忠实义务违反而追究责任的情形,也有应予讨论的问题。即这种情形,可以请求什么样的损害赔偿?

例如,接受诉讼委托的律师错过上诉期限,使委托人的败诉确定的情形,如果按照通常的损害赔偿理论,则委托人必须证明律师的过误与损害之间有因果关系。并且,如果基于裁判胜诉所得利益请求损害赔偿的话,还必须证明如经上诉理当胜诉。但是,这是很困难的。并且,日本的裁判中,现实的胜诉可能性在 50% 左右的情形,如不能证明损害及因果关系,则必定败诉。如胜诉可能性在 50% 以下的情形,就更是如此。为了解决这一因果关系及损害的证明困难,有下述对策。

其一,可否仅依可能性而认可损害赔偿。在公害事件裁判中,有降低证明度,而基于因果关系的可能性认可损害赔偿的判决[19],但人们认为这是大规模被害所特有的事情,而对于追究专家责任的个别事件,则不能简单地降低证明度。[20] 但是,值得讨论的是,忠实义务违反型场合的损害赔偿,在英美法上也多少给予特殊的处理。在英美法上认为对属于典型的忠实义务违反的利益相反行为,即使未能证明因果关系,也

---

[19] 参见东京地判平 4.2.7,载《判例时报》临时增刊平成 4 年 4 月 25 日号,及《判例 TIMES》第 782 号,第 65 页。

[20] 参见〔日〕加藤新太郎:《公害诉讼中个别因果关系的证明度》,载《法学家》第 1013 号,第 131 页以下。

应认可一定的损害赔偿,这种主张是有力的。㉑ 例如,受托人将自己的固有财产作为信托财产出卖的情形,其后该财产价值降低,即使价值降低与利益相反行为不存在因果关系,受托人也必须赔偿价值降低的损害。㉒ 此外,律师因错过各种期限致委托人丧失胜诉的机会的情形,也不采用通常证明所用的证据优越原则,而是以请求额与胜诉的确率相乘所得金额,作为损害额㉓(胜诉的可能性仅50%的情形,依证据优越原则仍旧不能证明损害)。关于忠实义务违反情形的损害赔偿,作这种特殊处理的理由,可以举出衡平法上以原状恢复为原则,及特别强调抑制忠实义务违反行为的必要性等理由,但另外,也有对不同于通常的债务不履行的处理的合理性表明疑问的议论。㉔ 日本的议论认为,仅说是忠实义务违反型就完全不要损害的证明,这有困难。最好将忠实义务违反所造成的状态本身作为损害,而关于损害的算定可采用降低证明度的方法,当然仍有不少难点。

其二,考虑利用慰谢金的方法。医疗过误等事件中,在医师有重大过失的情形,即使与死亡间的因果关系未获认可,也认可作为某种精神痛苦的慰谢金而给予一定的赔偿,这样的解决方法在下级审裁判例中为有力说。我认为,作为以忠实义务违反为理由的损害赔偿,是适当的解决方法。不过,以蒙受精神的痛苦作为损害赔偿的根据不仅是一种拟制,也有可能抑制损害赔偿额的担心。在实际的裁判中,是将可能导致财产的损害额作为算定慰谢金的要素之一,而专家的忠实义务违反所发生的问题,主要是财产的损害,因此应该在算定慰谢金时明确地考虑财产损害的可能性(有增额的可能性)。并且,也可以这种方式对忠

㉑ See Gummow, Compensation for Breach of Fiduciary Duty, in: Youdan (ed.), Equity, Fiduciaries and Trusts, p. 88.

㉒ See Notes: Liability of Trustee in the Absence of Causal Relation Between Wrongdoing and Loss, 50 Harv. L. R. 317.

㉓ See Hugh Evans, Damages for Solicitor's Negligence: (1) the Loss of Litigation, Professional Negligence, Dec. 1991, p. 203.

㉔ 关于这些议论还可参见 Finn, The Fiduciary Principle, in: Youdan (ed.), Equity, Fiduciaries and Trusts, p. 29。

实义务违反中的利益相反行为予以救济。因为,就利益相反型而言,很难说使委托人蒙受了精神的痛苦。以慰谢金解决存在难点,并且财产损害的证明也不能充分。因而对什么救济也得不到的担心,如果算定慰谢金时考虑财产的损害则有可能实现足额的赔偿。[25]

五、结语

本文的目的在于,探求专家责任可能与通常的债务不履行责任之间的不同,进而探求专家责任的特殊性。因此,意图阐明对应于专门性所要求的高度善管注意义务违反的高度注意义务违反型,及应与此区别的忠实义务违反的债务不履行类型,乃是专家责任的特征。由于迄今有关一般的忠实义务违反的议论,只是限于受托人及代理人的行为,主要在该行为是否无效的层次上进行讨论,也想为论述产生损害赔偿责任的债务不履行问题提供颇有兴味的视点。[26] 然而,关于其要件、效果还大有检讨的余地,本文未能充分展开。本文只是提供一个视点,若能成为讨论的资料则幸甚。

---

[25] See Farrington v. Rowe Mcbride and Partners, [1985] 1 NZLR 83. 因人身事故从加害人处获得 6 万美元的损害赔偿的原告 X,考虑如何使用这笔赔偿金时,采纳 Y 律师事务所的咨询建议,向 P 开发者作抵押贷款投资。但贷款方 P 开发者破产。于是 X 向 Y 律师事务所请求损害赔偿。P 开发者也是 Y 律师事务所的顾客,该律师事务所未将属于开发者的企业集团的融资活动向 X 公开。一审驳回了原告的损害赔偿请求,而上诉审则以忠实义务违反为由认可 X 的请求,因损害算定而发回原审。在日本,这类案件怎样认定损害赔偿,是一个困难的问题。

[26] 在英美,对忠实义务违反的损害赔偿问题也不怎么讨论,最近值得注意的有 Gummow, Compensation for Breach of Fiduciary Duty, in: Youdan (ed.), Equity, Fiduciaries and Trusts。

论专家的民事责任的法律构成与证明[*]

一、引言

作为专家的民事责任的法律构成,对被称为民事责任法的普通法之侵权行为责任构成起着重要的作用。但是,由于涉及专家民事责任的事例大多是与顾客契约关系上的纠纷,如采法条竞合论则当然采取契约责任构成,即使采请求权竞合论,也以采取与侵权行为责任构成并立的契约责任构成为好。不过,迄今的裁判例,如像在作为典型的医疗过误诉讼中所看到的那样,采侵权行为诉讼的特别多。其原因当有种种,例如,就拿成为裁判上争点的损害赔偿请求来说,有关此点,除时效外,无论侵权行为责任构成或者契约责任构成,均无多大差异,特别是日本裁判的实情,法官对于时效的起算点及证明责任等并不采僵硬的态度,大抵倾向于导出具体的妥当解决办法。但是,除此之外,作为重要的原因,可以举出现行民法典关于债务不履行规定之不完备。亦即,对于专家与顾客间的契约的法律性质,民法典的典型契约中最为接近的是普通委任及准委任契约,但现行民法典的规定关于无形的为的债务之不完全履行责任极不完备,因此使人想到依侵权行为责任构成追究责任。依侵权行为责任构成处理虽有用,但由于是特殊的即契约关系上的纠纷,以契约法上的方法予以处理,无论是在理论上或是在实际上均为妥当,因此我认为通过契约责任论的新发展以摸索处理的方法,

---

[*] 本文作者为日本法政大学下森定教授,本文译自专家责任研究会编:《专家的民事责任》,别册 NBL no. 28,第 101—112 页。译文原载《民法学说判例与立法研究(二)》,国家行政学院出版社 1999 年版。

乃是今后学说的课题。本文的目的在于，就专家的民事责任从契约责任再构成及契约责任论的新发展的角度，检讨不同于侵权行为责任构成的契约责任构成，并尝试提出若干问题。①

另外，关于专家的契约责任相对于一般契约责任的特质及其理论结构，请参照能见善久教授的论文。

二、专家的契约责任的理论基础

（一）现行契约责任体系的基本构造与问题点

作为契约责任论，特别是不完全履行论的新发展的前提，应当指出，与采取以损害赔偿请求权为第一次保护手段的损害担保契约责任构成的英美法不同，日本民法继受大陆法，以履行请求权的第一次的认许作为媒介，采结果实现保障的契约责任构造的事实，所以，这一契约责任构造是今后也应予基本维持的有用的制度。并且，这一点可以说是日本民法上的契约责任制度，相对于以损害赔偿请求权作为第一次保护手段的侵权行为责任制度的最大特色。②

另外，以给予的债务为中心构筑的现行契约责任体系中，作为履行内容不完全情形的救济，特别设计了瑕疵担保责任制度。专家的契约责任的考察上最成问题的是，关于为的债务的"履行内容的不完全履行"，就工作结果多为有形的承揽，设计了瑕疵担保责任制度，而关于无形的服务提供之救济却非常欠缺。并且，指出了这一欠缺的学说，迄今也没有作出什么积极的和具体的解释论的成果。这样一来，为的债务的不完全履行论的新的发展，特别是从效果论上检讨其补正请求权，就成为现时最大的理论课题。

（二）专家契约的法律性质与不完全履行

专家与顾客间的服务供给契约，一般说来，大多采取委任及准委任

---

① 本文是以发表在川井健编《专家的责任》（日本评论社1993年版）上的拙稿《日本的专家的契约责任》和发表在司法研修所论集1993年第290号上的拙稿《不完全履行论的新发展》为基础，吸收本研究会的部分共同研究成果加工修改而成。

② 参见〔日〕渡边达德：《〈维也纳买卖条约〉的契约违反的构造》，载《商学探究》第41卷第4号（1991年）等一系列研究及所引用的诸文献。

契约、承揽契约、雇佣契约，或者兼有这些性质的混合契约的形式，这里仅以承揽契约和委任契约为中心，尤其涉及其不完全履行，尝试作一般的检讨。

1. 承揽契约的不完全履行与补正请求权

问题在于如何考虑承揽人的不完全履行责任与瑕疵担保责任的关系。学说上有所议论，我也这样认为。由于承揽以完成工作，即以无瑕疵的完全的工作为债务的内容，因此工作的内容存在瑕疵时，即属于不完全履行。如果这样的话，则承揽契约上的债务将不消灭，定作人不问承揽人有无归责事由，在瑕疵修补可能的限度内，当然可以提出补正或瑕疵修补的请求（无过失责任自不待言，属于本来的履行请求的问题。这样一来，不完全履行一般是妥当的，可以解释为补正或瑕疵修补请求权的成立要件不要求有归责事由）。亦即，承揽人的瑕疵担保责任，可以视为不完全履行责任本身。不过，因立法者不知今日使用意义上的"不完全履行"概念（伴有短期期间限制的履行内容的不完全履行概念——日本自己的概念，创自胜本、末弘说），对用本来的不完全履行概念可以妥当处理的问题，依据瑕疵担保责任制度予以处理，其与作为不代替物的特定物买卖的法定无过失责任（以所谓特定物的教条为前提，梅谦次郎博士已有这样的主意）[③]，在法律性质上是不同的。所以，作为今日时点的解释论，将承揽的瑕疵担保责任的规定，解释为今日意义上的不完全履行的萌芽的规定，解释为一般的不完全履行在承揽上的特别规定（不是区别于债务不履行的瑕疵担保责任形式的特则，而是不完全履行本身在承揽上的特则），是妥当的。即不完全履行的责任与瑕疵担保责任不是并存的，并且也不能看作是以承揽的担保责任的规定，完全排斥不完全履行的一般理论。从本质上看，应首先适用可以说是不完全履行的承揽的担保责任的规定，未有规定的问题，或在今日时点看来现行规定不妥当的问题，最好是依不完全履行的一般理论

[③] 参见拙稿：《不完全履行与瑕疵担保责任》，载《加藤一郎先生古稀纪念·现代社会与民法学的动向》，有斐阁1992年版；《关于瑕疵担保责任之一觉书》，载《内山教授等古稀纪念论集·续现代民法学基本问题》，1993年版，第197页以下。

予以解决。例如,《日本民法典》第 635 条关于契约的解除,即使有重大的瑕疵,也不能解释为定作人总是可以即时不经催告而解除,应解释为在可能修补的限度内,除与承揽人的信赖关系已遭破坏的特别情形外,非经指定相当期间予以催告后不能解除(与一般说来大多不可能补正,且卖主大多不具备瑕疵修补技术的不代替物的特定物买卖中的瑕疵担保责任不同)。因此,妥当的解释是,只在承揽人受到瑕疵修补或补正履行的请求而仍怠于修补或仅为不完全的修补之后,才发生属于第二次保护手段的解除权。此外,《日本民法典》承认瑕疵修补请求与损害赔偿的选择(第 634 条第 2 款),从债务不履行的一般原则来看是有问题的(代替履行的损害赔偿请求属于第二次保护手段乃是原则。参照《德国民法典》第 634 条第 1 款及第 635 条)。有的情形,即时的损害赔偿请求应依诚信原则予以限制。并且,赔偿义务作为无过失责任且及于包含扩大的损害的全损害的处理,由视承揽的瑕疵担保责任为不完全履行的立场看来也有疑问。要而言之,作为对定作人的保护,在有补正可能的限度内,即使有重大的瑕疵也应第一次定相当的期限请求补正或瑕疵修补,只在不为补正或修补以及补正或修补不完全的情形,并以承揽人对于瑕疵的发生(履行内容的不完全履行)有归责事由为要件,而认可作为第二次保护手段的契约解除或价金减额的损害赔偿、履行利益及扩大损害(瑕疵结果损害)的赔偿,才是妥当的。关于卖主的瑕疵担保责任,近时在德国和日本发生的不特定物买卖中卖主的瑕疵修补权和补正权(或对债权人履行请求权的"拘束")问题,在承揽的情形也应是当然的问题。因此,将不特定物买卖和承揽的瑕疵担保责任视为不完全履行责任时,其理论的根据应该说是明确的。

2. 委任契约的不完全履行与补正请求权

关于可谓为专家与顾客间的契约典型的委任契约之不完全履行,日本民法就受托人的善管注意义务设有特别规定,而关于瑕疵担保责任却未有规定。但在受托人所为事务处理行为的内容不完全的情形,作为委托人,在行使以善管注意义务违反为由的损害赔偿请求权之外,应被许可依契约责任的一般原则,特别是第一次的行使履行请求权、补正请求权。

不过,《日本民法典》在委任契约的情形未有像承揽契约的第634条那样的关于瑕疵修补请求权的规定。也可以考虑委任既然以无偿为原则因而不应负瑕疵担保责任,若从尽管无偿但受托人的注意义务仍作为善管注意义务而存在这一点来看,委任的无偿性未必可以成为否定补正请求权的根据。再则,《日本民法典》规定,不特定物的遗赠义务人所给付的标的物有瑕疵时必须以无瑕疵之物代替之(第998条第2款)。起草人梅谦博士关于此点作了说明:与特定物的情形不同,在不特定物遗赠的情形中,给付有瑕疵之物不应谓为债务的履行,故不免除代物给付义务。赠与及买卖与此相同。[4] 如果这样的话,不问有偿、无偿,在委任的情形,受托人为不完全履行也不能说是符合债务本旨的履行,应不免除补正义务。委托人的这一补正请求权,如前所述,因属于契约上本来的履行请求权,作为其行使要件,并不要求受托人有故意、过失或善管注意义务之违反。并且,补正的必要经费,除有特别情事外,应由受托人负担(《日本民法典》第485条)。

不过,受托人的委任事务的处理不构成符合债务本旨的履行,须由委托人一方证明。关于承揽契约的不完全履行,工作的标的物之有瑕疵,也须由定作人一方予以证明;以进行无瑕疵的完全的工作(特定结果之达成)为债务的内容(所谓结果债务),且与工作的结果多为有形的承揽不同,委任作为所谓手段债务,属于以取向特定结果之达成而为最善处置为内容,且工作的结果多为无形,因此债务内容的证明以及委任事务处理不完全的证明,要比在承揽的情形困难得多。尤其在专家被授予大范围裁量权的情形中,更加困难。但是,依委任契约预先就委任事务的内容、处理方法作出详细而具体的规定的情形也不是没有,基于事务处理的种类、性质要求对此加以明确的情形亦非罕见。再说,在预防法学上,当事人间大多存在契约关系的专家责任的情形,与一般侵权行为责任的情形不同,不待纷争事例的累积,而可能预先在契约上就

---

[4] 参见〔日〕梅谦次郎:《民法要义》(第5卷继承编),第357页以下。

将来纷争的证明责任规定具体而明确的基准,也可以说这样做是必要的。此外,在建筑师的情形,由于设计、监理上的错误大多表现为所完成建筑物的有形的欠缺,瑕疵或不完全的证明也较容易;至于律师,对于同是专家的对方律师及法官来说,可以认为应履行债务的内容大多比较明确,证明的困难也比其他专家少。再就医师而言,在镶牙、盲肠手术、感冒及腹痛等的诊断与处方这类普通的诊疗行为的情形,事务处理的内容及其不完全的证明大多比较容易,因此与证明责任有关的补正请求权(以及损害赔偿请求权)的行使,一般说来未必困难。另外,在委任事务内容及事务处理之不完全的证明容易的案件,关于损害赔偿请求不要求就受托人的故意、过失举证的契约责任构成,也比侵权行为责任构成更有利。至少在这样的案件范围内,可以断定契约责任构成的有用性。自不待言,这种情形依侵权行为责任构成,通过过失认定的操作也不是不能导出妥当的解决办法,但故意不采有利的契约责任构成而采侵权行为责任构成不大可能。[5]

关于补正请求权的行使,作为受托人,与第一次被要求契约解除及损害赔偿相比,接受补正请求在实利上、今后的信用上也较有利。因此委托人行使补正请求权,一般不能说对受托人过于严酷,现今医疗契约的案件及其他承揽、委任的案件中,补正是很平常的。就委任契约的不完全履行,建议认可补正请求权,未必能说有什么新意,在某种意义上,也可以说是理所当然。迄今对此几乎没有谈及倒是奇怪的,或者可以说,因为几乎是理所当然的,故一般认为没有必要讨论。如果真是这样的话,那就是我不明了。

此外,关于补正请求权行使的要件、期间限制等,类推适用所谓为的债务不完全履行之萌芽形态的承揽契约瑕疵担保责任的规定,应是妥当的,详见已发表的论文。

---

[5] 关于侵权行为责任构成与契约责任构成的一般差异及证明责任,参见拙稿《日本的专家的契约责任》及所引用的诸文献。

3. 损害赔偿的请求与专家注意义务的程度

民法,鉴于以信赖关系为基础的委任契约的特质,关于受托人注意义务的程度,尽管属于无偿,也特别规定应负善管注意义务。因此,今日受托人为专家的情形,与属于一般人的情形比较,其注意的程度更高,被解为基于各自的职业应负的高度的专门的注意义务。例如,判例关于医疗事故的案件认定,既然管理人是生命及健康业务之从事者,应被要求按照该业务的性质,为防止危险而在实验上承担所必要的最善的注意义务(最判昭和 36.2.16 民事判例集第 15 卷第 2 号第 244 页东大梅毒输血事件。属侵权行为诉讼)。这一判决的思考方法,关于专家责任基本上适用,仅关于不涉及人的生命及健康情形的专家责任的基准,须另作具体检讨。⑥

这样,从其"专家"性求得了专家一般负担这种高度的注意义务之根据。⑦ 具有一定的资格、高的社会地位及报酬一般有保证,基于顾客的信赖,就其事务处理被委以高度裁量的专家,因此应负与之相称的以信赖责任为根据的保证责任、高度的注意义务。⑧ 这一点,不论专家的契约责任或侵权行为责任,一般应被认可。进而言之,应解为进入与顾客间特别的社会契约关系的专家,有关进入该契约关系的情事、契约内容、契约关系继续中的诸情事以及在契约关系终止后的一定期间内,负有从该契约关系的特殊情事及契约解释导出的特殊的、契约上的债务及与之相伴的高度注意义务。这里将涉及用信息开示、说明义务、忠实义务及信任义务等概念谈论的问题。

例如,街道开业医与专门医及大学医院,虽同称为专家的高度的注意义务,显而易见其一般的基准自然不同,患者避开街道的开业医而不惜时间和费用选定可以期待特别高的治疗行为的专门医和大学医院,

---

⑥ 参见〔日〕川井健:《问题的提起》,载专家责任研究会编:《专家的民事责任》,第1—3页。

⑦ 参见〔日〕川井健:《问题的提起》,载专家责任研究会编:《专家的民事责任》,第1页。

⑧ 参见〔日〕能见善久:《论专家的民事责任》,载专家责任研究会编:《专家的民事责任》,第4—12页。

对方也夸耀与该期待相符的医师及医院的地位,这样进入与患者的诊疗契约关系的情形,该专家应负担超出一般高度注意义务的该特殊的、契约上的高度的信赖责任、保证责任。反而言之,在偏僻地方及孤岛的有疑难疾病的患者,因时间及费用之故不入专门医院而委托村诊疗所治疗的情形,由于患者对医师的信赖、期待,不像对专门医那样的程度,甚或毫无期待可言,故应止于对该种程度的医师所要求的一般的高度注意义务以及该种程度的信赖责任水准。进一步说,虽在同一大医院诊疗,普通的正规时间的诊疗行为,与在医师少的夜间作为急诊对进入意识不清状态的患者的诊疗行为,由于进入契约关系的情事、状况不同,医师的信赖责任的程度、内容也应不同。

可是,在追究专家责任也可采侵权行为责任构成的情形,契约关系上的诸事实,作为判断的材料,在债务的内容、注意义务的程度、故意过失及不完全履行的判定、其主张和举证责任以及损害赔偿额的算定(例如,计算赔偿额等也许可考虑契约的对价的话)等方面,采契约责任构成一方,大致可作更精细、合理的处理,予以说明也要容易些。

三、专家的契约责任各论的检讨

根据以上的总论的检讨,下面尝试就建筑师、律师、医师的典型的专家的契约责任作各论的验证。

(一)建筑师的契约责任

建筑师执行的业务内容,通常为建筑物的设计及监理。关于建筑设计、监理契约的法的性质的议论[9],如果从与典型契约的关系看,可以说接近于准委任契约。不过承揽契约说亦有力,其根据无非是在效果论上企图适用关于瑕疵担保责任,尤其是瑕疵修补请求权的规定。但是,如前所述,以委任契约的不完全履行为由的补正请求权

---

[9] 这一问题请参见〔日〕花立文子:《关于建筑设计·监理契约的考察》,载《法学志林》第 86 卷第 3、4 合并号、第 87 卷第 3 号、第 8 卷第 3 号;〔日〕日向野弘毅:《建筑师的责任与建筑诉讼》,成文堂 1993 年版。

之行使如获认可的话,此点的重要性将减弱。即不完全履行论的新的发展,今后或将成为有关此点的以往的争论中的一个问题。

可是,建筑物之建造,依建设方与建筑承揽人的建筑承揽契约进行,直到建筑物的完成,通常不受建筑师的约束。但建筑设计、监理契约上的债务之履行行为,与所完成的建筑物有密切而不可分的关系。在所完成的建筑物有瑕疵的情形,定作人如果主张、证明系由建筑师的设计、监理行为的不完全履行所致的话,则在此限度内将追究建筑师的责任。这种情形作为建筑师的法律责任之根据,也可考虑侵权行为责任;该种情形,效果论上仅限于损害赔偿的请求必须证明过失。但是,对定作人来说,首要的理想手段,不消说是瑕疵的修补及补正请求。尤其著名的建筑师所设计的建筑物,也与建筑师的著作权及设计权(《著作权法》第10条第1款第5项、第20条第1款同一性保持权,但请注意第20条第2款第2项,另参照《建筑师法》第19条)有关,第三人擅自变更设计的,修补瑕疵存在困难。所以,瑕疵修补请求权及补正请求权的法律根据,只能从现行法上的契约责任构成求得。不用说,作为实际问题,裁判上补正请求权的行使较罕见,因与著作权及设计权的关系,由第三人变更设计、代替修补有困难的情形,及定作人无论如何也期待该建筑师亲自补正的情形,有必要考虑依间接强制方式的强制实际履行,这大概与民事执行领域近时学说上要求更加活用间接强制的动向相符。[10] 此外,作为裁判规范的民法,同时也有事实上行为规范的功能,因此承认作为实体法上的请求权的补正请求权,在裁判外的纷争解决上也具有极重要的意义,且对于建筑师的报酬请求权的行使来说,通过补正请求权的行使而为同时履行的抗辩或者拒绝支付的抗辩,在法律上也有实效性。另外,如前所述,对于建筑师来说,承认其补正权

---

[10] 参见〔日〕三个月章:《民事诉讼法》,弘文堂1981年版;〔日〕中野贞一郎:《民事执行法》(第2版),青林书院新社1991年版。并参见〔日〕平井宜雄:《债权总论》(第2版),弘文堂1994年版,第246页以下及所引用森田修论文。

(对债权人本来的履行请求权的"拘束"⑪)也是有利的。

建筑物完成后,设计、监理行为的过误表现在建筑物上时,建筑师作为准委任契约上债务的不完全履行者,负有补正履行的义务。这种情形,建筑物瑕疵的修补本属于建筑承揽人的工作,作为建筑师,需要先进行返工以修改设计,在此基础上监理瑕疵的修补工事,以完成补正义务。在这个意义上,是两者共同修补工事,可以说是负担一种共同的债务。如果这样的话,可以预想,将发生应依诚信原则将补正请求权的期间限制及瑕疵担保责任的时效期间两者作为一体,以决定其起算点及期间的案件,在损害赔偿请求的层面也将发生同样的问题。与此有关,在采侵权行为责任构成的情形应如何处理这一点,是留给今后的课题。

(二) 律师的契约责任

追究律师的民事责任的事例,大多属于与委托人间契约关系上的纠纷,对其诉讼,现在多采债务不履行之诉。究其原因,其与医疗过误诉讼的情形不同,契约当事人及契约内容比较明确。律师与委托人间的契约被解为普通的委任及准委任契约,对此未见有异议(应视为承揽契约的情形也有⑫)。

可是,目前日本的辩护过误诉讼不像医疗过误诉讼那样多。其理由是:其一,法院通过行使释明权等的监督作用,在相当程度上纠正补充了律师诉讼活动中的不妥当处置;其二,通过律师协会的纲纪委员会、惩戒委员会等的自律活动,解决了某种程度的纠纷;其三,律师执行职务的不妥当转嫁给了法院及委托人,作为外行的委托人对此不能反驳;等等。⑬ 在建筑师的情形,虽属于无形的行为,但其过误大多转移

---

⑪ 关于此用语及其问题点,请参见〔日〕森田修:《法国的债务转型论与"附迟滞"》,载《法学志林》第90卷第1号,第1页以下;〔日〕平井宜雄:《债权总论》,第74页以下。

⑫ 不过,据小林秀之所指出的现代日本律师活动的扩大化,有时可作为承揽与雇佣的混合契约,这种情形,日本可参考德国法的议论。参见〔日〕小林秀之:《律师的专家责任》,载专家责任研究会编:《专家的民事责任》,第76—86页。

⑬ 参见〔日〕小林秀之:《律师的专家责任》,载专家责任研究会编:《专家的民事责任》,第76—86页。

并明确表现在完成后的有形的建筑物上。与此不同,律师职务的执行完全是无形的行为,过误明确表现出来的较少,也可以说是其中一个原因。此外,其行为的不完全,可以随时纠正补充,或者说纠正补充的机会较多。此与多数设计、监理行为的过误一下子表现为完成建筑物的缺陷,也可以说有差异。这就意味着,在辩护过误的法的救济中,补正请求权所占比重较小,而损害赔偿请求权所占比重较大。

关于损害赔偿请求的证明责任,以往的议论认为,无论采侵权行为责任构成或采契约责任构成,其差异并不那么大。但是,如果考虑在辩护过误中经常成为问题的错过上诉期间的案件等,委托人在该种情形如果主张、证明未从律师得到适当的通知、报告、说明就错过了上诉期间的事实,即可追究其债务不履行责任,反之律师一方在证明自己对错过上诉期间并无过失之后,可以免责(例如,受上诉审的诉讼委任的律师向担当原审辩护的律师的事务所询问判决正本送达日,因事务员答错送达日而错过上诉期间的情形,或者判断根本没有胜诉可能性而不上诉等。当然,这些理由能否免责,其本身是个问题)。一般说来,委任契约上的债务属于手段债务,律师执行职务债务之不完全履行的证明困难的情形较多,而前述情形却可以很容易地举证。在职业的专家的情形,何种程度的履行构成符合债务本旨的履行,专业外的第三人大多很难判定,反之因其专门性、技术性之故,应为债务的内容也是明确的,特别是关于律师职务活动的内容,对同是专家的法官和对方律师来说,大多容易判定。委任契约关系的当事人间的多数辩护过误诉讼,在采契约责任构成时的争执之一在于证据,且在这些事例的情形,对债务不履行及违法性判断与归责性及故意过失的判断作一元化处理未必有必要,可以说对两者予以区别的实益是存在的。于是,关于律师的过误行为,与损害赔偿请求有关,契约责任构成至少在一定范围内是有用的。

(三)医师的契约责任

关于医疗过误诉讼,众所周知,采侵权行为责任构成比采债务不履行及契约责任构成多。诊疗契约的法的性质,一般可以视为准委任契约;像契约成立之有无及当事人(意识不清的危急病人被过路人送入医院的情形等,再有债务人是医师或是医院等)不明的情形,债务内容特定上的困难,成为采侵权行为责任构成的理由;在诊疗过误的情形,医师与患者之间即使不认可有直接契约关系,也存在特殊契约的社会关系,因此以不存在这些关系为初步前提的既存侵权行为法理予以处理之不充分,大概是不能否定的。通过侵权行为法理的发展予以处理不待言是有用的,现在这种努力已经积累不少,而像迄今所看到的那样,以契约责任法理、准委任契约的不完全履行论的新发展(进而也包含立法论)予以处理的方法,大概可以说更妥当些。或者至少,在侵权行为责任构成之外发展这种法律构成,不能说是毫无意义的。从包含证明责任的要件论、效果论上,可以谋求多面的被害者救济这一点看也有其实益,若认为侵权行为责任构成已经充分,断然拒绝契约责任构成,则关于医师的责任(与建筑师及律师的情形有程度的差别)也将有疑问。例如,像牙科医的镶牙治疗、外科医的盲肠手术、内科医对普通感冒及腹痛等的处方行为的过误等,如前所述,债务内容原则上是明确的,违法性与归责事由的二元性在证明责任上也对患者更有利,可以说承认患者的补正请求权和医师的补正权(对本来的履行请求权的"拘束")是有用的。在医疗过误诉讼的领域,从不完全履行论的新发展、契约责任再构成的视点看,今后也可能取得一定的成果。

四、结语

比较法的考察本不在本文范围之内,简单写下若干感想作为日后研究的记录,权作本文结语。

(1)关于专家的民事责任,日本已有的比较法研究,据我粗略的涉猎,对各国的种种问题均有涉及,但对哪个国家的研究都处在中间的研究阶段,判例法也是同样。

首先,关于美国法,详见本研究会成员弥永真生的论文⑭,依据该文,在美国追究专家的责任,依侵权行为责任的较多。但作为其原因而举出的实际上的理由,因与日本侵权行为责任制度的差异之故,对日本法来说,不能原样照搬。另外,作为契约责任追究保证责任、信任义务违反,日本可作大体相同的考虑。但是,契约责任因依存于契约内容的解释所具有的问题性,也与日本相同,被作为债务内容确定之困难进行讨论已如前述,在此不赘。此外,如前述在以损害赔偿请求权作为第一次保护手段的、仅作为例外认可特定履行(specific performance)的英美法上,补正请求权所占比重很轻,作为裁判外的问题自不待言,作为裁判上的问题果真就那样好,是应根本检讨的问题。⑮

其次,关于英国法,详见川井健退职纪念论文集中饭冢和之的论文《英国法上的专家责任》。⑯ 英国法上,判例从侵权行为责任构成到契约责任构成,又再到侵权行为责任构成的变迁,如前所述,我们所关心的问题是契约责任的内容,在这一点上,英国法给予日本法什么样的启示,有待于今后的研究。

再次,在法国法上,据前揭川井健退职纪念论文集中须永醇的论文《法国法上的专家责任》的介绍⑰,既不是侵权行为责任法理,也不是契约责任法理,而是以作为第三法理的职业责任法理为最有力。这一独自的责任说所特别强调的,基于职业的责任亦即基于职业的义务不履行的责任形式,如有效契约的存否,是否注重与契约相对方的关系,是否注重与第三人的关系等,因这类事情所产生的差异均一概不认。例如,医师在对有意识的患者的关系中的契约责任,医师对被送来的处于

---

⑭ 参见〔日〕弥永真生:《美国的专家责任》,载专家责任研究会编:《专家的民事责任》,第21—30页。

⑮ 附带指出,近时的英美法有较广泛地认许特定履行的倾向,参见〔日〕渡边达德:《〈维也纳买卖条约〉的契约违反的构造》,第131页。

⑯ 参见〔日〕饭冢和之:《英国法上的专家责任》,载〔日〕川井健编:《专家的责任》,第75页以下;〔日〕樋口范雄:《美国契约法》,弘文堂1994年版,第239页以下。

⑰ 参见〔日〕须永醇:《法国法上的专家责任》,载〔日〕川井健编:《专家的责任》,第159页以下。

意识丧失状态的患者的关系中的侵权行为责任,其中任一种在法处理上所产生的差异,就像基于制造物缺陷的损害是对有契约关系(及契约连锁)的人发生或是对毫无关系的第三人发生并无差异一样,均不被承认。

这里所指出的问题状况,正好与日本相同,对职业的专家课以高度的注意义务的方向是共通的;应如何解开既存契约责任体系所存在的问题,现今德国和日本正致力于债权法的改正、契约责任再构成及所谓不完全履行论新发展的理论探索,究竟在现代法国民法学上是一种什么样的状况?相当于我们所提出的这些问题的情形,法国民法学将如何对应,今后将如何发展?我们将拭目以待。

最后,来看德国法的问题状况。德国的专家责任,特别是关于律师的责任,详见前揭川井健退职纪念论文集中龙泽昌彦的论文和冈孝的论文。[18]《德国民法典》上委任被限定为无偿契约,因此与律师的契约不作为委任,多半视为以雇佣契约为基础的有偿事务处理契约,在极有限的领域被认作承揽契约的事务处理契约。这一点,与原则上视为委任及准委任契约的日本的情形,颇为不同。另外,关于与建筑师的设计、监理契约,承揽契约说颇为有力,这里作为实际上的理由,瑕疵担保责任特别是瑕疵修补请求权的规定之适用问题,占了很大的比重。[19]

要了解近时德国法的问题状况,不可忽略以统一的保护关系理论为中心的契约责任论的新发展,以及采纳这一理论的债法改正的动向。[20] 尤其是债法改正的动向,对考虑日本法今后的发展很重要,因日本法与德国法差异之故,日本法对此动向应否原封不动地参考,应当慎重。例如,《日本民法典》第415条对于所谓债务人不符合债务之本旨

---

[18] 参见〔日〕龙泽昌彦:《德国法上的专家责任》,载〔日〕川井健编:《专家的责任》,第133页以下;〔日〕冈孝:《律师的责任》,载〔日〕川井健编:《专家的责任》,第207页以下。

[19] 参见〔日〕花立文子:《关于建筑设计·监理契约的考察》,载《法学志林》第87卷第3号,第87页以下。

[20] 参见〔日〕冈孝等译:《德国债务法改正委员会最终报告书·总论》,载《法学家》第996号、第997号、第998号;〔日〕花立文子译:《债务法改正委员会的民法典草案对承揽契约法的意义》,载《法学志林》第91卷第1号,第213页以下;《不完全履行论的新发展》等。

履行有一般的规定,未采所谓迟延、不能的明确的二元化构成,认可契约解除与损害赔偿的并存、竞合;时效期间原则上为10年,不像德国的30年那样长;瑕疵担保时效的起算在买卖的情形从知有瑕疵之时开始,并且买卖、承揽的瑕疵担保责任的时效期间均比德国法稍长;加之法院在实际上进行弹性的处理;此外关于种类买卖未像《德国民法典》第480条那样作特别规定,即独自规定作为瑕疵担保责任的补正请求权,因此未发生关于该请求权与契约上本来的履行请求权是何关系的麻烦的讨论,可以说与《德国民法典》相比,缺点较少。还有,应予注意的是,日本独自发展了由胜本教授提倡,经末弘教授提炼的履行内容不完全履行论(特别以补正给付请求权的期间限制为要点),其结果是即使不依瑕疵担保的规定,种类买卖也可能得到妥当的处理,沿着这一构思推进,对承揽的瑕疵担保责任也同样处理,通过委任契约的不完全履行论的新发展以谋求专家责任的妥当解决之道也很容易。在德国,依我的私见,本来的履行内容不完全履行论可以处理的问题,因种类买卖及承揽契约假托瑕疵担保责任制度立法化,被强拉硬拽到古典的瑕疵担保责任制度,便又生出其内容不完备的问题,最终产生了这次的改正提案,走向买卖与承揽的瑕疵担保责任接近化,再进一步废除瑕疵担保责任概念等走向给付障害论的一元化等的提案,我认为,在那之后势必又将发生新的问题点。例如,改正提案,关于不代替物的特定物买卖也否定了所谓特定物教条,通过原则上认可卖主的瑕疵修补义务,谋求作为法定无过失责任的瑕疵担保责任之债务不履行责任一元化。但是,作为民法典规制对象的交易行为,在今日可以说商人间的交易及商人与市民间的交易占据重要位置,而一般市民间的交易行为虽占有相当地位,却在改正提案视野之外;在尝试将无偿的赠与、遗赠、无利息消费借贷也纳入视野作总论的检讨时,特定物教条仍有其合理性。亦即在种类物的无偿赠与等情形,瑕疵物的给付成为不完全履行,而特定物的无偿赠与却不能说不完全履行,认可赠与人的补正给付义务恐怕没有必要。此外,瑕疵担保属于有偿契约所特有的制度,在无偿契约并无认可之必要,这种情形仅认可成立债务人的不完全履行责任已足矣。值得注意的是,改正提案保留了不问卖主及承揽人有无过失的价金减额请求权,名称姑且不论,这意味着保留了有偿契约中瑕疵担保责任的实质,并未实现瑕疵担保责任的完全债务不履行责任化。还有,在为的债务、服务供给契约中如何展开债务不履行论,可以说并不清楚。本文对德国民法学的考察不拘于瑕疵担保责任制度的不完全履行论的新发展,究应如何予以评价?当考虑专家的民事责任时,以雇佣和承揽为基本作为有偿事务处理契约对待的德国民法学立场,委任的规定被大幅准用,可以说其妥当性没有疑问吗?在立法论上,承认有偿的委任契约,作为不完全履行处理,其方向性能说不妥当吗?[21]

(2)关于专家的民事责任,比较法研究的各种成果告诉我们欧美先进诸国的实态,伴随消费者保护的构思,专家注意义务的高度化、严格责任化对于我们考察日本的问题有极大的启示。但另外,因各自国家法律救济制度的差异,故结合着各自的问题向我们演示问题的复杂和困难。尽管所结合的实际问题状况是同样的。

但是,关于给予的债务之典型的商品买卖契约中卖主的契约责任的国际买卖统一法动向,对于解决服务供给契约的问题也极有启示。即1988年1月1日生效的国际动产买卖的《维也纳买卖条约》,继受普通法的概念,当事人不履行自己设定的义务时,全部作为契约违反,不规定契约违反的不同态样;但当规律契约违反的效果时,却继承欧洲大陆法系的传统,认可作为第一次保护手段的履行请求权(第46条)。而后,买主无论行使补正(第46条第2款)或者修补(第46条第3款)请求权,其请求权均应受在所谓以瑕疵责问为起点的"相当期间内"行使的限制。[22] 其结果恰好与日本的通说,亦即将种类买卖的瑕疵物给付与瑕疵担保责任分开,将其作为不完全履行,认可伴有期间限制的补正及瑕疵修补请求权的立场相合。因此,沿着这个方向再进一步,如前

---

[21] 参见〔日〕小林秀之:《律师的专家责任》,载专家责任研究会编:《专家的民事责任》,第76—86页。

[22] 参见〔日〕渡边达德:《〈维也纳买卖条约〉的契约违反的构造》,载《商学探究》第41卷第4号1991年版,第133页。

所述,应许连同为的债务的不完全履行论的新发展一并考虑。再者,我认为在作为第一次保护手段的履行请求权的基础上,履行迟延、履行不能和不完全履行的三元构成,仍有相应的合理性,即使采契约违反或者义务违反概念的债务不履行的一元立法,估计也还确实存在对应三种态样作特别规定的必要性,或者通过解释予以解决的必要。㉓

于是,所谓专家的民事责任的研究课题,在实务上具有消费者保护立场上的重要意义的同时,在其他方面,可以说是在服务供给契约、为的债务的债务不履行责任应有状态的摸索过程中,为契约责任制度的再检讨,进而为债法的改正与发展,提供一个重要契机的理论的法政策问题,进一步说,向我们提出的是应取向广泛的国际共同的法制度开发的国际课题。有关服务提供者责任的 EC 指令案的动向亦应置于视野之内。㉔ 换言之,所谓专家的民事责任的研究课题,可以说是应该在这种大视野之下致力研究的实际的理论课题。

㉓ 作为日本的解释论,主张债务不履行的三元构成无意义,应予取消的平井宜雄教授的见解(《债权总论》第 48 页以下),近似于英美法的构思,与维也纳买卖条约及德国的改正提案基本方向也相同。

㉔ 须永醇著的《法国法上的专家责任》中有所介绍。

日本现代担保法制及其对
我国制定担保法的启示*

一、引言

中国在一个相当长的时期实行计划经济,不存在真正的市场,因而也不存在市场风险。担保法作为化解市场风险的法律手段,也就没有制定的必要。

从 20 世纪 80 年代初期开始,中国执行了对外开放政策,并对旧经济体制进行改革,逐步由计划经济体制向市场经济体制过渡。为适应发展市场经济的要求,逐步建立了符合市场经济客观规律的民法体系,其中包括对保证、抵押权、留置权等担保制度的原则规定。但是,由于法律规定过分简略,且未及时制定相应的程序性规定,如登记、拍卖等,使现行担保制度不能发挥其应有的功能。进入 20 世纪 90 年代以来,发生了所谓"三角债"即企业相互拖欠货款和企业拖欠银行贷款的严重社会问题,影响了市场经济的健康发展。这使立法机关、法律实务界和法学界对于担保法在现代市场经济中的重大作用及现行担保制度的缺陷,有了较深刻的认识,于是有制定担保法之议。据说立法机关已将中国担保法的制定列入近期立法计划。

担保法虽说是传统民法制度,但在第二次世界大战以来却有了极大的发展变化,呈现出崭新的面貌,被称为民法中最为活跃的部门之一。因此制定中国担保法,应当尽可能地顾及担保法的发展趋势,尽可

---

* 本文原载《民法学说判例与立法研究(二)》,国家行政学院出版社 1999 年版。

能地借鉴市场经济发达国家和地区的立法经验。

日本在战后倾力谋求经济恢复和起飞,于20世纪60年代终于成为世界经济大国。日本在短时间内取得如此巨大的经济成就,有多方面的原因。其中之一是适应市场经济的要求,不断发展和完善市场经济法律制度,重视发挥法律制度,例如担保制度,在保障和促进经济发展上的重大作用。

日本民法乃继受德国民法,同时也深受法国民法的影响。《日本民法典》关于担保的规定,兼采德、法两国民法典,同时也有自己的特色。例如关于保证,《德国民法典》和《法国民法典》均将其作为一种契约加以规定,而《日本民法典》却将其作为"保证债务",规定在债权总则的"多数当事人"一节;关于物的担保,《日本民法典》规定了留置权(第295—302条),先取特权(第303—341条),质权(第342—368条),抵押权(第369—398条)。其中留置权,在德、法两国民法典中均只作为诉讼上的抗辩权,而非担保物权。《日本民法典》将留置权作为一种担保物权,是其创新;关于先取特权的规定,系继受法国法上的优先权制度;关于质权和抵押权的规定,乃兼采德、法两国民法典之长。[1]

《日本民法典》于1898年(明治31年)施行。当时的日本,正处于由封建社会向资本主义社会转变时期,市场经济不发达;当时的产业资本处在政府控制之下,企业依赖政府拨给补助金和巨大的订货,基本上没有通过不动产融资筹措资金的必要性[2];担保制度主要用来担保农民的消费信用贷款。因此,《日本民法典》上的担保制度基本上属于保全型担保,而不是以企业资金筹措为目的的金融媒介型担保。战后以来,日本市场经济的高速发展要求强化担保制度作为生产信用担保手段的机能,通过民法典的修改及特别法的制定,使担保制度由保全型担

---

[1] 参见董开军:《担保物权要论》,中国社会科学院研究生院1992年博士学位论文,第63—66页。

[2] 参见〔日〕福岛正夫、〔日〕清水诚:《日本资本主义与抵押制度的发展》,载《法律时报》第28卷第11号,第5页。

保转变为金融媒介型担保,最终实现了担保法制的现代化。③ 这方面的成功经验无疑对正处于由计划经济体制向市场经济体制过渡中的中国,有重大参考价值。

笔者打算先对日本现代担保法制的状况作一个概括性描述,然后结合中国发展市场经济的实践,提出关于制定中国担保法的若干设想和建议,供立法机关参考。

二、日本现代担保法制概述

(一)人的担保

民法关于人的担保方法,主要是保证和连带债务人两种。这两种方法规定在《日本民法典》债权总则第三节"多数债权人的债权"中。在消费者金融的场合,常见采用连带债务人担保方式。例如,在采分期付款方式购买的场合,事业者使多数希望采分期付款方式购买的消费者作为一个团体,同事业者缔结契约,由该团体成员承担连带责任。在消费者向贷金业者借款的情形,亦采此方式,称为"group 贷"。由此发生裁判上是否应承认"连带负责特约"效力的问题。④ 与连带债务人担保方式相比较,保证方式在现代的运用要广泛得多。除《日本民法典》原有规定的一般保证及连带保证(无检索抗辩权的保证)外,还发展出若干新的保证类型。下面主要介绍银行保证、根保证和工事完成保证人。

1. 银行保证

银行保证,又称银行担保、银行保函,是现代国际经济贸易,如国际招标投标、国际借贷、国际建设工程承包中广泛使用的一种担保方式。例如投标保证(tender guarantee 或 bid bond),预付金退还保证(repayment guarantee 或 prepayment bond),履约保证(performance guarantee 或 performance bond),扣留金保证(retention money bond)。银

---

③ 参见〔日〕清水:《财团抵押法》,载《日本近代法发达史》第4卷,第100页以下。

④ 参见〔日〕长尾治助:《消费者金融与担保》,载《担保法现代的诸问题》,第241—242页。

行保证与一般保证的差别在于:一般保证具有从属性和补充性,而银行保证(尤其是"凭要求即付保证")不具有这种从属性和补充性;在一般保证,保证人有后诉利益和检索抗辩权,还可以行使主债务人基于主契约所产生的一切抗辩,而银行保证的保证人不享有后诉利益和检索抗辩权,也不能行使属于主债务人的抗辩,只要债权人(受益人)提出要求,保证人即应向其支付约定的金额。⑤ 由此看来,银行保证已经具有物的担保的性质。应当注意的是,根据 20 世纪 80 年代初期的一次问卷调查统计,银行保证在日本采用较少,而应用较普遍的是根保证。⑥

2. 根保证(最高额保证)

根保证(最高额保证),又称信用保证,指对于主债务人与银行之间基于继续信用交易关系,就将来发生的债务所进行的保证。根保证与一般保证的差别在于,一般保证是对特定的一定额债务的保证,根保证是对基于继续信用交易关系,就将来发生的不特定债务所进行的保证,其性质类似于担保物权中的根抵押(最高额抵押)。但根保证属于保证的一种,应全面适用《日本民法典》关于保证的规定。⑦

根保证契约由债权人与保证人缔结,主债务人与根保证契约无直接关系。根保证契约一般应规定:所保证的债务范围(种类);保证限额;保证期间。但仅以所保证的债务范围能够确定为生效要件。未规定保证限额和保证期间不影响根保证契约的有效。在未规定保证限额及保证期间的场合,如主债务人与债权人之间的融资契约有关于融资限额和交易期间的规定,则该融资限额和交易期间应同时作为保证债务的限额和保证期间。在无保证限额和保证期间的情形,并不认为保证人的责任没有限制。依判例学说,在无保证限额的情形,如果违反交易习惯和诚实信用原则不当地扩大主债务,则对于扩大的部分,保证人

---

⑤ 参见沈达明、冯大同编著:《国际经济贸易中使用的银行担保》,法律出版社 1987 年版,第 26—29 页。

⑥ 参见〔日〕岩城谦二:《关于担保的问卷调查分析结果》,载《担保法现代的诸问题》,第 6 页。

⑦ 参见〔日〕高木多喜男、〔日〕吉井直昭:《担保·保证的基础》,青林书院新社 1981 年版,第 315 页。

不负责任。⑧ 在无保证期间的情形,根保证契约缔结后经过相当的期间,保证人可以解除契约,称为任意解除权。此外,在主债务人资产状况恶化及发生保证人于保证当时未预见的特别情事时,不问是否定有保证期间,保证人均可解除契约,判例上称为特别解除权。⑨

学说上将未规定保证限额和保证期间的根保证,称为包括的根保证。与包括的根保证相对应的是限定根保证。限定根保证又分为限额根保证、有期根保证和有期限额根保证。⑩

3. 工事完成保证人

按照《日本建设业法》第 21 条的规定,建设工事承揽契约中,可依发包人的要求约定金钱保证人和工事完成保证人。所谓金钱保证人,其所承担的责任是,在建设业者不履行债务的场合,保证迟延利息、违约金及损害赔偿金的支付,属于一般保证。所谓工事完成保证人,其所承担的责任是,在建设业者不履行债务的场合,代替建设业者完成建设工事。工事完成保证人制度之产生,是由于日本建设业者大多属于中小企业,易受经济不景气的影响,历年破产比率很高,签约后于施工中途丢下工事逃跑的事例也很多,因此发包人往往对承揽人持一种不信任和不放心的心态。按照《日本建设业法》的规定,发包人在对承揽人预付金额之全部或一部时,可以要求承揽人立金钱保证人或工事完成保证人,在未立此保证人的场合,发包人可以拒绝支付预付金。⑪

按照 20 世纪 50 年代初期制定的公共工事标准约款,当发包人请求工事完成保证人完成工事时,保证人将继承该契约上的权利义务。因此,工事完成保证人属于地位继承型保证。1962 年(昭和 37 年)

---

⑧ 参见〔日〕高木多喜男、〔日〕吉井直昭:《担保·保证的基础》,青林书院新社 1981 年版,第 318 页。

⑨ 参见〔日〕高木多喜男、〔日〕吉井直昭:《担保·保证的基础》,青林书院新社 1981 年版,第 321—322 页。

⑩ 参见〔日〕高木多喜男、〔日〕吉井直昭:《担保·保证的基础》,青林书院新社 1981 年版,第 326—327 页。

⑪ 参见〔日〕岩崎修:《工事完成保证人的担保作用》,载《担保法现代的诸问题》,第 248—249 页。

9月修正该约款时,删去了"继承文句",则工事完成保证人变为承揽人工事完成义务的连带保证人,属于单纯保证型。单纯保证型工事完成保证人由于不能继承承揽人在契约上的地位,在完成剩下的工事时,不能以自己的名义向发包人请求支付,显然于理不合。如果发生承揽人破产等情事,工事完成保证人的利益不能得到充分保护。有鉴于此,1972年(昭和47年)12月对约款再次修正时,又恢复了有关继承契约上权利义务的"继承文句",使工事完成保证人复归于一种概括地位继承型保证。[12]

关于工事完成保证人的法律性质,有免责的债务承担说、并存的债务承担说、保证人说及债务更改说。其中免责的债务承担说为多数说。所谓免责的债务承担,即债务人(承揽人)从契约关系中解脱,承担人(工事完成保证人)取代原债务人的地位而成为新债务人。[13]

(二)物的担保

前已述及,《日本民法典》所规定的物的担保方法有:留置权、先取特权、质权和抵押权。现代经济生活中最常用和最重要的是质权和抵押权两种。此外,还有非典型担保。

1. 质权

质权的作用有二:其一,质权人留置标的物,间接强制债务人履行债务,发挥与留置权同样的机能(权利质权无此作用);其二,质权人可就标的物优先受偿,此与抵押权相同。质权正是通过这两种作用实现担保的机能。此外,在不动产质权,还有对标的物为使用收益的权利,实质上是将其收益充作利息。[14]《日本民法典》规定了动产质权、不动产质权和权利质权。

(1)动产质权

由于质权之设定以交付标的物为发生效力的要件,且动产质权人非继续占有标的物,不能以其质权对抗第三人。因此,企业无法利用质权

---

[12] 参见〔日〕岩崎修:《工事完成保证人的担保作用》,载《担保法现代的诸问题》,第253—254页。

[13] 参见〔日〕岩崎修:《工事完成保证人的担保作用》,载《担保法现代的诸问题》,第254—255页。

[14] 参见〔日〕高木多喜男:《担保物权法》,有斐阁法学丛书,第51页。

作为动产担保方法以获得融资。企业如果就其机器设备设定质权,须移转机器设备之占有于债权人,将意味着企业活动的停止,因而生产用动产不能利用质权方式实现担保化。适于设定质权的唯有消费用动产。且因各种无担保消费者金融的普及,动产质权的利用度愈益降低。[15]

(2)不动产质权

不动产质权,同样将使设定人丧失对标的物的利用,并且质权人还将承担标的物的管理费用及其他负担,对标的物进行管理也有许多麻烦。虽说质权人有使用收益权,但实质上是用该收益充抵债权的利息,如果不能进行有效率的使用,难免遭受损失。因此,现今日本不动产质权几乎不被利用。[16] 从前面提到的问卷调查结果看,不动产质权的实例一件也没有。[17]

(3)权利质权

权利质权的对象为财产权,而物权的对象为物。因此,《日本民法典》制定的当时,认为权利质权与动产质权、不动产质权不同,它不是物权。《日本民法典》第 362 条第 2 款规定,关于权利质权准用质权总则的规定,表明立法者认为,权利质权是不同于动产质权和不动产质权的权利。但在今天,鉴于三者对于标的所具有价值的物权支配效力,权利质权已被承认为一种物权。[18]

在现代市场经济社会中,可以成为权利质权对象的财产权,如股票、债券、票据等有很高的财产价值。随着经济的发展,新的财产权不断诞生,因而权利质权得到广泛的利用。[19] 日本现今通行的权利质权有:债权质权;股票上质权;公司债券上质权;不动产物权上质权;无体财产权上质权;提单上质权;保险金请求权上质权。[20]

---

[15] 参见〔日〕高木多喜男:《担保物权法》,有斐阁法学丛书,第 52 页。
[16] 参见〔日〕高木多喜男:《担保物权法》,有斐阁法学丛书,第 52 页。
[17] 参见〔日〕岩城谦二:《关于担保的问卷调查分析结果》,载《担保法现代的诸问题》,第 3 页。
[18] 参见〔日〕高木多喜男:《担保物权法》,有斐阁法学丛书,第 72 页。
[19] 参见〔日〕高木多喜男:《担保物权法》,有斐阁法学丛书,第 52 页。
[20] 保险事故发生前,被保险人可否基于保险契约的保险金请求权设定质权,沿革上疑义颇多,但现今肯定的见解占支配地位。参见〔日〕松村宽治:《损害保险与担保》,载《担保法现代的诸问题》,第 192 页。

特别值得指出的是,虽然权利质权不具有留置的效力,其形式上的效力比一般质权弱,但因可作为权利质权对象的各种权利在现代市场经济社会中具有极大的财产价值,使权利质权制度具有极重要的机能。尤其是债权质权和股票上质权,今天在金融上具有极大的意义,甚至有压倒不动产抵押权的趋势。[21]

2. 抵押权

抵押权与质权同属约定担保物权。抵押权与质权的差异主要是不移转标的物之占有。抵押权不是以标的物之占有、支配为内容的权利,而是以对标的物价值的支配为内容的权利。在这个意义上,抵押权属于一种价值权。抵押权的中心效力,在于对标的物价值的优先支配力。依此效力,抵押权人可申请执行机关按照竞卖手续换价,优先于其他债权人使被担保债权获得清偿。[22]

正是由于抵押权之设定不须移转标的物之占有,使设定人可一边继续占有、使用标的物,一边将标的物担保化以获得融资。企业为了获得融资将企业设施设定抵押权后,仍可继续使用该设施从事生产经营活动,用所获得的利润清偿债务。因此,抵押权是实现企业金融目的最理想的担保方式。在消费者金融的场合,抵押权制度也得到广泛的运用。如消费者从金融机构接受住宅、宅地购入资金的融资时,以购入的宅地、住宅设定抵押权作为融资的担保。

鉴于不动产尤其是土地具有很高的价值且很安全,最适合作为担保物,因此抵押权在现代担保制度中占据中心地位,是最主要的担保方式。[23] 按照《日本民法典》的规定,抵押权标的物唯限于土地、建筑物及地上权、永佃权,使得抵押权制度的优越性和机能未得到充分的发挥。战后日本经济的恢复和高速发展对资金产生极大需求,最终促成抵押权制度的发展。这种发展表现为适用范围的扩大和新的抵押权形式之产生。

---

[21] 参见〔日〕铃木禄弥:《物权法讲义》,创文社三订版,第241页。
[22] 参见〔日〕高木多喜男:《担保物权法》,有斐阁法学丛书,第83—84页。
[23] 参见〔日〕高木多喜男:《担保物权法》,有斐阁法学丛书,第86—87页。

(1) 根抵押(最高额抵押)

根抵押(最高额抵押),指在最高额限度内,担保属于一定范围的不特定债权的抵押权。根抵押与普通抵押权的区别在于,被担保债权之不特定。但法律对此不特定债权仍设有限制:其一,从量上予以限制,即须约定最高限额,并作为有效要件;其二,从质上予以限制,即须约定被担保债权的范围,并作为有效要件。[24] 根抵押与普通抵押权的另一区别在于,根抵押不具有成立上的附从性。普通抵押权须以被担保债权已经成立并有效为前提,具有成立上的附从性。但根抵押权设立时,不仅被担保债权未成立,且将来何时成立及最终是否成立均不确定。因此根抵押权与普通抵押权成立上的附从性相反。[25]

在继续进行融资的场合,每发生一个债权缔结一个抵押权设定契约,将不胜其烦,而采根抵押方式,只需缔结一个抵押权设定契约,即可为将来继续发生的一系列债权提供担保。这正是根抵押的优越性之所在,日本明治时代已存在根抵押,判例也认为有效,但民法典未作规定。战后日本经济高速发展的过程中,为了适应企业对资金的旺盛需求,金融机关、商社在提供信用时广泛利用根抵押形式。由此产生的各种问题要求立法解决。日本1970年(昭和45年)修正民法典时在第十章抵押权中增设第四节根抵押。[26] 日本现今土地、建筑物的担保方法以根抵押为主流。根据前述问卷调查结果,根抵押的利用率远远超过普通抵押权。[27]

(2) 动产抵押

由于抵押制度允许设定者保留标的物的占有,生产设备在设定担保后可由设定者继续利用,因此适应生产手段担保化的要求。因抵押权的设定须以登记为公示方法,故《日本民法典》将抵押标的物限定于不动产。但动产如机械、器具、汽车等,若能不移转占有而实现担保化,

---

[24] 参见〔日〕高木多喜男:《担保物权法》,有斐阁法学丛书,第235页。
[25] 参见〔日〕铃木禄弥:《物权法讲义》,创文社三订版,第205页。
[26] 参见〔日〕高木多喜男:《担保物权法》,有斐阁法学丛书,第233—234页;〔日〕高木多喜男、〔日〕吉井直昭:《担保·保证的基础》,青林书院新社1981年版,第115页。
[27] 参见〔日〕岩城谦二:《关于担保的问卷调查分析结果》,载《担法现代的诸问题》,第2页。

将极大地发挥抵押制度的作用。为了适应经济发展的需要,日本将抵押制度扩大适用于动产,产生了动产抵押制度。日本现行动产抵押制度系由特别法加以规定。如 1933 年(昭和 8 年)的《农业动产信用法》规定了农业动产抵押权;1951 年(昭和 26 年)的《自动车抵押法》规定了自动车抵押权;1953 年(昭和 28 年)的《飞机抵押法》,规定了飞机抵押权;1954 年(昭和 29 年)的《建设机械抵押法》规定了建设机械抵押权。另依商法,有船舶抵押权。[28]

(3)不动产与动产共同抵押

《日本民法典》所规定的抵押制度系以土地为中心的担保方法。依此方法不可能将企业所有财产作为一个整体实现担保化。但现代企业的财产是土地、建筑物等不动产,机械、设施等动产,专利权、商标权等无体财产权的有机结合体。如果能将企业全体财产作为一个整体实现担保化,则其担保价值将远远超过各个部分分别设定担保的数额的总和,并且可以避免分别设定担保时在程序和手续上的许多麻烦。因此,为了适应经济发展的需要,产生了不动产与动产共同抵押制度。[29]

其一,工厂抵押(狭义)。

按照 1905 年(明治 38 年)的《工厂抵押法》第 2 条的规定,工厂所有者将属于工厂的土地和建筑物设定抵押权时,抵押权的效力及于土地、建筑物的附加物,机械、器具及其他供工厂之用的物。抵押权的效力及于附加物本属于不动产抵押权的特征。在工厂抵押的场合,更扩及机械、器具及其他供用物。因此,这向工厂设施一体担保化的方向前进了一步。但工厂用地分为三笔以上时,只能分别设定共同抵押。另外,依日本民法,土地与建筑物为分别不动产,不能将土地与建筑物合为一体,应分别设定抵押权。[30]

---

[28] 参见〔日〕高木多喜男:《担保物权法》,有斐阁法学丛书,第 276—278 页。
[29] 参见〔日〕高木多喜男、〔日〕吉井直昭:《担保·保证的基础》,青林书院新社 1981 年版,第 151 页;〔日〕高木多喜男:《担保物权法》,有斐阁法学丛书,第 269 页。
[30] 参见〔日〕高木多喜男、〔日〕吉井直昭:《担保·保证的基础》,青林书院新社 1981 年版,第 152 页;〔日〕高木多喜男:《担保物权法》,有斐阁法学丛书,第 269—270 页。

其二，工厂财团抵押。

按照《工厂抵押法》第 11 条的规定，可以将属于工厂的土地、建筑物、机械、器具及工业产权等组成财团，作为一个不动产设定抵押权。组成物件中，不论有几笔土地、几栋建筑物，即使在地理上不相连接，亦可全部包括作为一个不动产。工厂财团中可以包括：①属于工厂的土地、建筑物；②机械、器具、电柱、电线，各种管道、轨道，以及其他附属物；③地上权；④租赁权（得到承租人承诺）；⑤工业产权；⑥水库使用权。设定工厂财团抵押权以工厂财团的设定为前提。而工厂财团的设定，须提出记载工厂财团组成物件目录，于工厂财团登记簿中作所有权保存的登记。记入工厂财团组成物件目录使组成物件特定化。工厂财团的设定为工厂财团抵押权设定的有效要件。[31]

在《工厂抵押法》之后，日本又相继制定了若干特别法，规定了各种财团抵押：矿业财团抵押[1905 年（明治 38 年）的《矿业财团抵押法》]；铁道财团抵押[1905 年（明法 38 年）《铁道抵押法》]；轨道财团抵押[1909 年（明治 42 年）关于轨道抵押的法律]；运河财团抵押[1913 年（大正 2 年）《运河法》]；渔业财团抵押[1925 年（大正 14 年）的《渔业财团抵押法》]；港口运输事业财团抵押[1951 年（昭和 26 年）的《港口运输事业财团抵押法》]；道路交通事业财团抵押[1952 年（昭和 27 年）《道路交通事业财团抵押法》]；旅游设施财团抵押[1968 年（昭和 43 年）《旅游设施财团抵押法》]。加上工厂财团抵押共九种，称财团抵押，分为不动产财团和物财团两类。其中利用最广泛的是工厂财团抵押。[32]

财团抵押制度亦有各种问题。首先是因为标的物的特定性原则，财团组成及变更，须以财团目录的作成、变更为必要。因此组成物特定并需要公示。但大规模企业的财团目录作成及企业规模扩大时的财团目录变更甚为繁杂。其次，无法以目录特定的商品、买卖价金债权，将被排除在外。最后，一旦记入目录成为财团组成物，将受到处分限制。

---

[31] 参见〔日〕高木多喜男、〔日〕吉井直昭：《担保·保证的基础》，青林书院新社 1981 年版，第 152 页；〔日〕高木多喜男：《担保物权法》，有斐阁法学丛书，第 273—274 页。

[32] 参见〔日〕高木多喜男：《担保物权法》，有斐阁法学丛书，第 272—273 页。

为了回避上述问题,产生了企业担保。㉝

其三,企业担保。

日本于1958年(昭和33年)制定《企业担保法》,以英国法上的浮动担保(floating charge)为范本,规定了企业担保制度。企业担保权,是支配企业财产全体(不问有形、无形)的担保权。它不是从静态把握企业,从企业向外流出的财产将自动从企业担保权获得解放;反之,从外部流入企业的财产将当然进入企业担保权的效力范围。企业担保权实行时,将从实行当时构成企业财产的财产,优先受清偿。在企业担保权实行之前,各个构成财产不受担保权的支配。企业担保制度使各个构成财产从特定性、公示性原则获得解放。因此,企业担保是支配继续流动中的企业财产全体的担保制度。㉞

由于特定性、公示性原则之否定,企业担保制度回避了财团抵押制度的缺点。但其反面又发生了担保权者难以预测价值支配量的范围,以及其他债权者的地位不安定问题。因此,企业担保被限定于股份公司债的担保,其结果,仅大企业可以利用。㉟

(4)抵押证券

日本在1927年(昭和2年)金融恐慌之后,提出不动产的证券化问题。1931年(昭和6年)3月公布《抵押证券法》,同年8月1日施行。但抵押证券制度在四十多年的长时期内基本上未被利用。1970年(昭和45年),因为住宅金融的关系,抵押证券的作用被重新认识。1973年(昭和48年)设立了日本抵押证券股份公司,抵押证券业务才真正开展起来。㊱

所谓抵押证券,指以土地、建筑物及地上权为标的的抵押权,当事人有发行抵押证券的特约,依抵押权人的申请,由管辖登记所交付的一

㉝ 参见〔日〕高木多喜男:《担保物权法》,有斐阁法学丛书,第274页。
㉞ 参见〔日〕高木多喜男:《担保物权法》,有斐阁法学丛书,第274—276页。
㉟ 参见〔日〕高木多喜男:《担保物权法》,有斐阁法学丛书,第275页。
㊱ 参见〔日〕高木多喜男:《担保物权法》,有斐阁法学丛书,第279页;〔日〕上原由纪夫:《抵押证券的理论与现状》,载《担保法现代的诸问题》,第37页。

种有价证券。抵押证券为抵押权与被担保债权相结合的产物。为了将抵押权证券化,乃将抵押权登记簿所记载的内容转载于抵押证券。抵押证券的体裁相当于登记簿的一页。抵押证券发行后,抵押权的变更,在变更登记时应变更抵押证券的记载。如果抵押证券的记载未变更,将不能对抗第三人。发行抵押证券后,抵押权和债权的处分须以处分抵押证券的方式进行,且抵押权与债权不能分离处分。抵押证券可依背书而流通。抵押证券丧失时,可依除权判决要求再交付。[37]

3. 非典型担保

《民法典》所规定的质权和抵押权担保制度,系债权人在供担保财产上有一种限制物权,基于此限制物权的效力,从供担保财产的价值优先受清偿。这种担保物权方式的特征在于,债权人以担保物权所支配的价值充抵被担保债权,必须依照民事执行法所规定的公的实行手续进行。但在实际经济生活中,有一种不经公的实行手续,直接以财产上的权(主要是所有权)充抵被担保债权的担保方法。这种方法,由于回避了公的实行手续的麻烦和费用,又能确保被担保债权的满足,因此得到广泛的利用。[38]

(1)让渡担保

让渡担保,是将供担保的财产(特别是所有权)从设定人(债务人、物上保证人)移转于债权人,债务受清偿后复归于设定人,发生债务不履行时,财产权将确定地归属于债权人,以充抵被担保债权的一种担保方法。设定让渡担保,通常由设定人保留标的物的占有,类似于抵押权,因此被称为让渡抵押。也有将标的物的占有移转于债权人的,这种情形类似于质权,因此被称为让渡质。让渡担保分为三种:其一,不动产的让渡担保。设定不动产让渡担保,须进行所有权移转登记。其二,动产的让渡担保。设定动产的让渡担保,设定人可保留现实的占有。

---

[37] 参见〔日〕高木多喜男:《担保物权法》,有斐阁法学丛书,第279—280页;〔日〕上原由纪夫:《抵押证券的理论与现状》,载《担保法现代的诸问题》,第38页。

[38] 参见〔日〕高木多喜男:《担保物权法》,有斐阁法学丛书,第283页。

设定人可在利用标的物的同时实现担保化。因此动产的让渡担保成为动产抵押的代替方法。其三,集合的让渡担保,包括集合动产的让渡担保和集合债权的让渡担保。现代社会中诞生的各种新的财产,如电脑软件,可依此方法实现担保化。[39] 关于集合债权的让渡担保,将在(三)中论及。

按照让渡担保设定契约的规定,标的物的权利移转于债权人,履行期届满前如债务人履行债务,则所有权复归于设定人;如履行期届满而债务人未履行债务,则所有权确定地归属于债权人。因此,关于让渡担保权的性质,有所有权构成说。依此说,则债权人所取得的担保权为所有权。但债权人的经济目的在担保债权,如果认为债权人从设定时取得所有权,将使之获得过大的权利。实际上,债权人只能在被担保债权的范围内支配标的物价值的物权。因此,债权人所取得的只是一种担保物权(限制物权)。此种立场称为担保权构成说,为现今之通说。依此说,让渡担保权非所有权,而是一种以对标的物价值的支配为内容的限制物权,类似于质权和抵押权。[40]

(2)所有权保留

所有权保留,是在买卖价金支付完毕前移转标的物的占有于买受人的买卖中,出卖人为担保价金债权而保留标的物所有权的一种担保方法。如果买受人支付迟延,出卖人将基于所有权取回买卖标的物,以充抵价金债权,实现担保目的。此种担保方法广泛运用于动产的分期付款买卖,是基于买卖商品与价金债权的牵连关系的一种简便的担保方法。其设定方法是在商品买卖契约中约定所有权保留的特约。《日本分期付款买卖法》第7条规定,在适用该法的场合,推定有所有权保留的特约。在继续的买卖关系,基于全部买卖商品与全部价金债权的牵连关系,为担保全部价金债权而保留全部买卖商品的所有权,被称为根所有权保留。[41]

---

[39] 参见〔日〕高木多喜男:《担保物权法》,有斐阁法学丛书,第310—312页。
[40] 参见〔日〕高木多喜男:《担保物权法》,有斐阁法学丛书,第314—316页。
[41] 参见〔日〕高木多喜男:《担保物权法》,有斐阁法学丛书,第348—350页。

(3) 假登记担保

假登记担保,指为了担保金钱债务,当事人间订立代物清偿契约,约定发生债务不履行时,移转属于债务人或第三人的财产所有权或其他权利于债权人,以充抵被担保债权的一种担保方法。其中债权人所享有的权利被称为假登记担保权。[42]

第二次世界大战后,假登记担保方法在日本得到广泛利用。当初,由于担保契约采代物清偿预约、买卖预约的形式,因此依代物清偿、买卖的法理决定权利内容。后来,认识到不过是借用代物清偿、买卖的形式以实现担保目的,学者提出担保权构成说。1967年(昭和42年)最高裁第一小法庭判决第一次援用担保权法理,至1974年(昭和49年)最高裁大法庭判决,假登记担保权的内容、效力已经逐渐明确,形成假登记担保权的判例法理。鉴于判例法理以解决个别具体案件为目的的性格,关于假登记担保仍有不明确之点,须由立法加以解决。1978年(昭和53年)制定的关于假登记担保契约的法律,基本上继承了从前的判例法理。[43]

按照关于假登记担保契约的法律,假登记担保权依假登记担保契约设定,被担保债权应为金钱债权;要求有担保目的;应以债务不履行时移转所有权或其他权利为内容;要求对标的物进行假登记、假登录,并以假登记、假登录为公示方法。[44]

(三) 其他担保方法

1. 债权让渡

以往担保的主流是动产担保和不动产担保。近来以权利为标的的担保占了重要地位。以权利为标的的担保,被称为权利担保。权利担保与人的担保及物的担保相比,有其优越性。例如,物的担保,有麻烦的手续,尤其是未必适合短期间的担保;且发生债务不履行时,将因执

---

[42] 参见〔日〕高木多喜男:《担保物权法》,有斐阁法学丛书,第284—285页。
[43] 参见〔日〕高木多喜男、〔日〕吉井直昭:《担保·保证的基础》,青林新社1981年版,第180页;〔日〕高木多喜男:《担保物权法》,有斐阁法学丛书,第285页。
[44] 参见〔日〕高木多喜男:《担保物权法》,有斐阁法学丛书,第288—289页。

行担保而丧失店铺及设备,以致影响营业。若采人的担保,必须依赖他人,实际上是以保证人的一般财产承担责任,仍然存在不安定的因素。相反,在权利(债权)担保,担保责任限定于该目的债权,并不及于店铺及设备,不致影响债务人的营业。另外,设定权利担保,其设定、管理及换价等手续简便,费用很少。因此,相对于人的担保和物的担保,权利担保更为有利。权利担保中,将来债权的担保前途最大。实际上,企业以现时已有的债权及将来取得的债权合为一体,以作为向金融机关融资的担保,被称为集合债权让渡担保。法院判例,如东京地判昭32.3.19,福冈高判昭39.11.16,大阪高判昭47.1.27,最判昭53.12.15,均承认集合债权让渡的有效性。[45]

2. 契约上地位的担保

契约上地位的担保,指以当事人在契约上的地位作为担保的客体,即将债权、债务作为总体上有财产价值的东西,合为一体供作担保。依判例、学说,契约上的地位原则上有让渡性,可以视为一种财产而设定担保。以契约上地位设定担保,在设定人不履行债务的场合,则发生契约上地位的让渡,被称为契约承担。从判例实务来看,设定担保的主要是买卖契约上买受人的地位,不动产租赁契约上承租人的地位,以及合伙契约上合伙人的地位。[46]

3. 抵销预约

在金融交易中,金融机关通常与融资方缔结抵销预约,实质上与设定担保权无异。与其他担保权相比,抵销预约有下述特征:第一,缺乏公示方法;第二,交易双方之间有复数债权存在时,被担保债权与担保目的债权的结合关系不明,带有流动的、包括的担保权的性质;第三,多数场合未明确规定抵销预约的终止事由。基于这些特征,如果无条件承认抵销预约的对外效力,将有使第三者遭受不测和不当损害的可能性。因此,1964年(昭和39年)最高裁大法庭判决,否定抵销预约的对

---

[45] 参见〔日〕鸟谷部茂:《将来债权的担保》,载《担保法现代的诸问题》,第58页。
[46] 参见〔日〕须藤正彦:《契约上地位的担保》,载《担保法现代的诸问题》,第109—111页。

外效力。但 1970 年（昭和 45 年）最高裁大法庭判决改变见解，全面肯定抵销预约的对外效力。

关于抵销预约对外效力的有无，学说上有肯定说、否定说、限制的肯定说和期待利益说。其中，所谓限制的肯定说，只承认有公知性的抵销预约有对外效力。所谓期待利益说，以有无合理的期待利益作为判断抵销预约有无对外效力的前提，对是否有公知性及第三者认识的有无、抵销预约终止事由的明确性、被担保债权与担保目的债权的特定性进行综合检讨。显然，期待利益说较为合理。值得重视的是，判例、学说最近的动向强调活用"抵销权滥用"的理论，以解决肯定抵销预约对外效力所产生的弊害。

4. 代理受领、存入指定

所谓代理受领，指债权人甲为了确保自己对债务人乙的债权，获得乙的委任，直接从乙的债务人丙（第三债务人）受领金钱，以清偿自己的债权的一种方法。代理受领是一种习惯的担保方法，属于权利担保之一种。具体做法是，债务人乙对第三债务人丙有特定债权，乙作成委托债权人甲向丙请求并受领的委任书，由甲乙连署并要求丙承诺，丙记入承诺之旨并签名用印。债权担保本有债权质和债权让渡，但是，其一，债权中有依特约或法律规定禁止设质、让渡的情形；其二，债权质或债权让渡以通知并获得第三债务人的承诺为要件，其结果将使第三债务人怀疑债务人乙的信用状况；其三，可能有债权的金额及清偿期不确定的情形。以上情形，代理受领可作代用手段。现实中，代理受领比正式担保更常用。㊼

所谓存入指定，指债务人乙对于自己的债务人丙有价金债权，指定丙将价金存入自己在金融机关甲的特定账户，以此存入金额保全甲的债权的一种担保方法。存入指定与代理受领相同，是在采正式担保方法有困难的场合，作为代用的担保手段。具体做法是，乙作成委托丙将

㊼ 参见〔日〕甲斐道太郎：《代理受领・存入指定的担保的效果论》，载《担保法现代的诸问题》，第 85 页。

应付价金存入乙在甲的特定账户的委托书。委托书通常包括:第一,将该金额充当乙从甲借款的清偿的特约;第二,该委托书非经甲乙双方同意,不得变更的特约;第三,由甲乙双方或仅乙签名用印,再由丙记入承诺文句并签名用印。关于存入指定的性质,有准委任契约说、委任契约说及三面契约说等。与代理受领相比,关于存入指定的学说、判例较少,存在的问题较多。特别是,丙以存入指定以外的方法对乙清偿后,丙对甲应否负责,以及存入指定委托书的文言格式亦未统一化。[48]

5. 保险担保

所谓保险担保,指代替民法典上的保证、连带债务人等人的担保方法,以保险人的信用力,实质上起到担保的机能。日本现在起担保机能的保险有:①保证保险,包括投标保证保险、履约保证保险、住宅融资保证保险、特约贩卖店保证保险;②信用保险,包括分期付款买卖价金保险、住宅资金贷款保险、个人融资信用保险、海外旅行资金贷款保险、石油信用卡信用保险、身元信用保险;③保证证券。[49]

(1) 住宅融资保证保险。1971年(昭和46年)创设住宅融资保证保险,目的在于补充住宅融资制度中个人的信用力,以此保证保险代替从来的个人保证,确保住宅融资债权。作为投保人的债务人不能履行住宅融资契约的债务时,由保险公司填补债权人(被保险人)所受损害。[50]

(2) 个人融资信用保险。1973年(昭和48年)4月认可个人融资信用保险。债务人不能履行基于金钱消费借贷的债务时,由保险公司填补被保险人(债权人)所受损害。保险公司支付补偿金后,将代位行使对债务人的债权。信用保险与保证保险的区别在于,在保证保险的场合,投保人与被保险人非同一人,投保人为债务人,被保险人为债权人,保险费由债务人负担;在信用保险的场合,投保人与被保险人为同

---

[48] 参见〔日〕甲斐道太郎:《代理受领·存入指定的担保的效果论》,载《担保法现代的诸问题》,第90—91页。

[49] 参见〔日〕松村宽治:《损害保险与担保》,载《担保法现代的诸问题》,第217页。

[50] 参见〔日〕松村宽治:《损害保险与担保》,载《担保法现代的诸问题》,第217页。

一人,即债权人,债权人负担保险费。(51)

(3)保证证券。保证证券,是将一定债务的保证作为保险营业之一种,1974年(昭和49年)5月获得认可,开始营业。保险公司作为保证人,基于债务人委托,收取保证费,发行保证证券,承担与债务人的连带责任,担保债务的履行。债务人不履行债务时,由保险公司支付保证证券上约定的保证金额,或协助债务人履行主债务,或代替债务人履行主债务,或支付债务不履行的损害赔偿。保证证券,依所保证的是法令上的义务还是契约上的债务,分为法令保证和契约保证。在契约保证的场合,所保证的债务限定于承揽契约的承揽人、买卖契约的出卖人、租赁契约的承租人、劳务契约的劳务提供者、运送契约的运送人及投标人基于相应契约的履行债务、瑕疵担保债务、租金债务、预付金返还债务。

保证证券与保证保险的区别在于:保证证券性质上属于民法上的连带保证,从保证债务有效成立至主债务履行,保证债务一直存续,保证人不能解除责任;而保证保险,基于保险约款上告知义务的违反,保险人有解除权,在被保险人的故意及重大过失而致保险事故时,保险人可免责。在这一意义上,保证证券的担保机能更为彻底。(52)

6. 担保信托

所谓信托,本来是一种财产管理手段,可用于多种目的,除不法和不能的目的外,无论为什么样的目的均可设定。这里所说的担保信托,指活用信托法理,实质上起担保机能的信托,亦称担保目的信托。现实中的担保信托有多种,以设备信托为典型。(53)

所谓设备信托,是利用信托法理,一方面从银行获得设备资金的融资,另一方面以所购置的设备担保银行的债权,是企业取得车辆、船舶、机械、建筑物时常采用的方法。具体做法是:第一,采长期分期付款方式购置设备的企业与制造商和信托银行,三方缔结基本协议。第二,标

---

(51) 参见〔日〕松村宽治:《损害保险与担保》,载《担保法现代的诸问题》,第219页。

(52) 参见〔日〕松村宽治:《损害保险与担保》,载《担保法现代的诸问题》,第220页。

(53) 参见〔日〕今村和夫:《信托与担保》,载《担保法现代的诸问题》,第224页。

的物制作完成后,以制造商为委托人和当初受益人,与信托银行缔结信托契约,将标的物所有权作为信托财产移转给信托银行。第三,同时,信托银行与用户缔结租赁契约,将标的物交给用户占有使用。用户分期支付租金(分期付款的价款和利息)。契约终了时,由用户支付残价取得标的物所有权。第四,万一用户支付迟延、破产,出租人可取回标的物。第五,制造商将依信托取得的受益权让渡给第三人(年金信托基金等),直接收回买卖价金。第六,投资家(年金信托基金等)则享受以信托财产的标的物所担保的受益权。㊞

三、关于制定中国担保法的设想和建议

(一)指导思想

我国现行担保制度产生于改革开放之初,因旧的经济体制和旧的民法思想的局限,仅规定了保证、抵押权、留置权和定金四种担保方式,属于传统保全型担保制度。其缺点及不适应发展社会主义市场经济的要求,已如前述。今天制定担保法,首先应明确立法指导思想。

制定担保法的主要目的,是要尽可能地促进企业财产的担保化,以发展企业金融,适应发展社会主义市场经济对资金的极大需求。这就要求建立金融媒介型担保制度。但考虑到市场经济发展的阶段性,尤其向市场经济体制转轨不是短期可以完成,以及企业相互拖欠货款的社会问题还将长期存在,保全债权仍然是担保法的重要目的。因此,我们所要建立的担保制度,应兼顾金融媒介型担保和保全型担保两种性质。

基于以上立法指导思想,在规定担保种类时,应规定尽可能多的担保方式,尤其是适应企业财产担保化的担保方式,如根抵押、权利质、动产抵押、财团抵押等。传统的担保方法,如动产质、保证、留置权等,也应加以规定。一些新的担保方法,如日本的抵押证券、保险担保等,虽

㊞ 参见〔日〕今村和夫:《信托与担保》,载《担保法现代的诸问题》,第227—228页。

对于媒介企业金融有重大作用,但鉴于我国市场经济发展水平,可暂不规定,留待将来为适应市场经济发展的要求,制定特别法予以规定。也有一些担保方法是否符合我国的情况,现在尚难以判断。

鉴于我国立法向来过分简略,难以适用,担保法之制定应尽可能地做到详略适当。特别对于各种担保的适用范围、构成要件、法律效果,应有明确规定。

(二)担保类型

首先是人的担保。鉴于《民法通则》第87条关于连带债务已有规定,因此,担保法不必规定连带债务人,仅须规定保证。

在物的担保中,首先应区分质权和抵押权。根据《民法通则》第89条第(二)项的规定,对质权和抵押权不作区分,系受苏联民法的影响,显然不适应市场经济的要求。现今主张区分质权和抵押权,已成通说。

日本民法上的质权,分不动产质权、动产质权、权利质权三种。我国传统习惯及民法理论均不认不动产质权,且日本的经验表明,在现代市场经济条件下,不动产质权的作用甚微,因此无承认不动产质权之必要,仅须规定动产质权和权利质权。考虑到农业政策及自然资源保护,农业用地使用权(承包经营权)、采矿权、国有森林采伐权、国有草场使用权、国有水面、滩涂使用权等,不能作为担保标的物。

抵押权为市场经济条件下最重要的担保物权。其中的根抵押(最高额抵押)是企业财产担保化最常用的担保方法,毫无疑问,制定担保法时应当规定。至于不动产与动产共同抵押,建议规定财团抵押为基本方式。另外规定企业担保(浮动担保),作为股份公司发行公司债的担保方法。关于动产抵押,日本的做法是仅就自动车、飞机、船舶及建设机械等动产,分别制定特别法规定动产抵押;我国台湾地区则由"动产担保交易法"规定,一切动产均可设定动产抵押。最近有学者建议仿台湾地区的办法,制定动产担保交易法。考虑到台湾地区的动产担保是引进英美法上的制度(chattel mortgage),能否与大陆法规契合尚难肯定,且承认一般的动产抵押对登记机关和登记制度的要求更高,我建议仿日本法,在担保法中仅对汽车、飞机、船舶等规定动产抵押。

我国台湾地区"动产担保交易法"中的另外两种担保方法是附条件买卖和信托占有。附条件买卖相当于日本法上的所有权保留,可留待制定合同法时,规定在分期付款买卖中。信托占有仿自美国法上的信托收据(trust receipt),主要用于商品批发环节,从我国市场经济发展的情况看,至少目前尚无规定之必要。

日本法上的其他担保方法,如让渡担保、保险担保、设备信托等,无疑是现代市场经济条件下的重要担保手段,考虑到我国经济发展水平,可暂不规定。

(三)担保法的结构

担保法所要规定的内容,本应属于民法典的保证契约和担保物权,现在由一个单行法加以规定,在法律结构的设计上容有困难。似可采下述结构:

第一章 总则

应规定立法目的:为保证交易安全,促进资金融通。

应规定动产质权之设定,采交付生效主义;抵押权之设定,采登记生效主义。

应规定适用范围:保证及担保物权适用本法规定;本法无规定时,适用民法通则及其他法律。

第二章 保证

应首先规定保证的一般原则;规定保证人享有后诉利益及检索抗辩权;规定保证契约的有效以主契约的有效为前提;规定保证契约应以书面形式订立,并由保证人签名。然后规定连带保证,即无后诉利益和检索抗辩权的保证。并可考虑规定银行保证(保函)。根保证和工事完成保证人,可不必规定。

关于保证人的资格,原则上应无限制。仅须规定国家机关(政府及其部门)不得担任保证人,但国家财政部除外。

第三章 质权

应分为三节。

第一节,关于质权的一般规定。应规定质权的定义;质权的标的物须有可让与性；质权的设定，因标的物的交付而生效；质权的效力包括留置的效力和优先受清偿的效力；优先受清偿的债权范围：被担保债权的原本、利息、违约金、质权实行费用、质物保存费用及债务不履行所生的损害赔偿；关于转质的规定；关于禁止流质的规定。

第二节，动产质。应规定动产质权人非继续占有质物，不得以其质权对抗第三人。

第三节，权利质。关于权利质权的种类，建议规定：债权质权；股份上质权；债券质权；无体财产权（包括专利权、商标权、著作权）上质权。其中，关于债权质权，应规定：用以设定质权的债权，应具有可让与性；在有债权证书时，其设定契约以该证书的交付为生效要件；无记名债权，准用关于动产质的规定。

第四章 抵押权

建议分为五节。

第一节，抵押权的一般原则。应规定抵押权的定义；抵押权的效力；抵押权的设定，须有书面合意，并以登记为生效要件；抵押权的顺位；优先受清偿的范围，包括被担保债权、利息及因债务不履行所生损害赔偿，但利息及损害赔偿以最后3年内发生者为限；取得抵押标的物的第三人，有涤除权；抵押权的实行；抵押权的消灭。

第二节，根抵押（最高额抵押）。应规定，设定根抵押，必须约定被担保债权的范围、最高限额；被担保债权范围的变更，不须经后顺位抵押权人的同意；最高限额的变更，必须经后顺位抵押权人同意；被担保债权原本的确定。

第三节，动产抵押。应规定，可设定动产抵押的动产，限于汽车（包括摩托车）、飞机、船舶、建设机械、农用机械。其中，船舶限于20总吨以下，20总吨以上船舶的抵押，应适用《海商法》。汽车、飞机、船舶的抵押，应向各自登记机关进行抵押登记；建设机械抵押、农用机械抵押，应向专门设立的登记机关进行抵押登记。

第四节，企业财团抵押。应规定，企业可将其所有的不动产、机械设备、工业产权，组成企业财团，设定抵押权。可以组成企业财团的财产,应限于:企业所有的土地使用权、建筑物、机械、器具、电柱、电线、管道、轨道、租赁权(经出租人同意)、专利权、商标权。设定企业财团抵押,须作成企业财团目录,并向专门设立的登记机关进行登记。企业财团抵押设定后,企业财团组成物禁止转让;未得抵押权人同意,不得将组成物从财团分离。

第五节,企业担保(浮动担保)。可规定,股份公司于发行公司债券时,为担保公司债可将企业现在所有及将来所有的全部财产设定企业担保。依此规定,唯股份公司可以设定企业担保,被担保债权唯限于公司债。企业担保权之设定契约,应作成公证证书,并向公司登记机关进行企业担保权登记。此登记为企业担保权公示方法和生效要件。在企业担保权实行时及设定公司破产的场合,企业担保权优先于其他担保权。但普通债权人及其他担保权人对企业个别财产为执行时,企业担保权无优先效力。

第五章 留置权

留置权为法定担保物权。可规定仅对加工承揽契约、保管契约、运送契约发生留置权。应规定发生留置权的条件:一方当事人依契约关系占有对方财产,对方未依契约规定支付价金或费用。并规定留置权的效力:留置的效力和优先受清偿的效力。

第六章 附则

四、结语

中国要发展社会主义市场经济,非实现法制现代化不可。其中,民商法包括担保法的现代化,是当前最迫切的任务。在制定中国担保法时,要广泛参考市场经济发达国家和地区的经验。毫无疑问,日本现代担保法制有特别的参考价值。

《国际商事合同通则》
与《联合国国际货物销售合同公约》*

——是二者择一还是相互补充

引 言

谈及《联合国国际货物销售合同公约》(CISG,以下简称《销售合同公约》)与《国际商事合同通则》(PICC,以下简称《商事合同通则》)时,首先应当说二者均属于获得非常大的成功的法规范或法原则。《销售合同公约》已获得包括全部主要贸易国(但日本除外)在内的50多个国家的批准,迄今世界上所报告的判决例已有200件以上,并且很多文献也都说明其成功。同样,《商事合同通则》也可以说非常成功。公布至今仅3年多,该通则已在世界的法律界和商业界广为人知,包括俄语和汉语在内的九国语言出版了该通则的全文,迄今在世界上已卖出3000部。还有以十多种语言翻译的该通则条文,在各种法律杂志上刊载。其中包含应当受到称赞的广濑教授的日语译本。此外,已报告的以各种形式言及《商事合同通则》的仲裁裁定和法院判决大约有27件。

---

* 本文是罗马大学教授、国际统一私法协会法律顾问米切尔·波乃尔(Michael Joachim Bonell)于1997年10月3日在日本商事法务研究会主办的演讲会上的演讲稿(英文),由东京大学院末次克已译成日文,刊登在《法学家》杂志1998年4月1日(No.1131),第66—71页。本文系从该杂志转译。译文原载《外国法译评》1999年第2期。

一、二者的性格——对国际立法之重述

(一)《销售合同公约》——缘起及国际立法的界限

首先会遇到一个难以回避的问题,即《销售合同公约》与《商事合同通则》究竟是什么关系?尤其在《销售合同公约》已经取得那样的成功时,国际统一私法协会何以要倡导编纂《商事合同通则》?并且,二者的并存难道没有造成混乱与重复的危险吗?

为了方便后面的讲解,先说结论:我以为并不存在这样的担心。

首先从回答怎样形成这样两个法规范或法原则的疑问开始。1980年《销售合同公约》的通过,是从 1929 年开始持续 50 年作业的终点。从一开始,所设想的就是具有拘束力的统一规则。原因是在当时,法律实证主义及将法等同于国家法的教条占支配地位。其结果,法律统一的全部尝试,不得不采取了先在国际的层面达成合意,然后再导入本国的国内法体制的统一立法形式。

众所周知,1964 年的两个海牙条约——《国际货物买卖统一法公约》和《国际货物买卖合同成立统一法公约》——尽管在数十年间付出了极大的努力,但也未能取得成功。仅仅被 9 个国家批准,而其中 7 个是西欧国家。因此,联合国新设立的国际贸易法委员会(UNCITRAL)开始工作之时,基本的选择是准备有拘束力的规范。当时,之所以固执此立法方式,也有新的根据。法的统一的进程已经不限于比较少数的具有单一经济社会结构的国家,这时已包括东欧的社会主义国家及所谓第三世界的新独立国家。这些国家几乎都具有的共同特征是,严格的中央集权化的计划经济。如果这些国家打算参加国际商业交易的话,必须就对外的交易关系制定特别的规则。特别是,有必要认可本国的经济主体,享有与来自市场经济诸国的竞争对手基本相同的契约自由。这些特别的法制度,无论由本国单方面制定,还是由国际层面就国际买卖契约的场合达成合意,都必须通过立法的方式。

但是,国际贸易法委员会选择统一的立法方式的结果,不可避免地缩小了起草者的行动范围。由于参加交涉的各国法律传统的差异,有

时更重要的问题起因于各国社会经济构造的不同,导致某个问题被从最初设想的规范对象中排除出去,关于其他许多事项,就对立的意见作妥协处理的结果,只能将该问题以或多或少没有解决的形态遗留下来。

其结果是,《销售合同公约》中存在若干重要的漏洞,还有不少规定的意思含糊不清。

《销售合同公约》明示,关于契约的有效性、契约可能对所售货物所有权的影响(参照第 4 条)、货物造成买主及其他人死亡或人身伤害时出卖人的责任(参照第 5 条),不适用该公约。不适用该公约的事项,还可以列举以代理人缔结契约、一方或双方使用定型化条款所生问题、货物的进出口及外汇的各种各样的国家管制措施对买卖契约及其契约债务履行的影响等。

关于对立的见解,一种是率直地以适用国内法解决问题(例如,参照关于契约的书面要求的第 12 条及第 96 条、关于判决特定履行的可能性的第 28 条、关于未以明示或默示约定价金场合契约有效成立的可能性的第 55 条);其他的规定,采用了在原则规定之后紧接着设置广泛的例外的办法(参照关于要约撤回可能性的第 16 条,关于货物不适合及追夺担保的通知义务的第 39 条第 1 款、第 43 条第 1 款、第 44 条,关于运输途中货物的买卖的危险负担移转的第 68 条),个别情形最终应适用哪一种规则的疑问仍未解决。然后,其他若干规定使用了极端含糊、不明确的词语,掩盖了实质上什么合意也未达成的事实(参照言及遵守诚实信用的第 7 条第 1 款、定义重大的契约违反的第 25 条、关于收取迟延的金钱利息的权利的第 78 条)。

(二)《商事合同通则》——缘起及作为国际契约法重述的性格

促成国际统一私法协会制定统一法原则那样雄心勃勃的方案的因素,既可以说是《销售合同公约》的长处,也可以说是《销售合同公约》的短处。换言之,如果《销售合同公约》这样的国际买卖统一法在世界上未被采用的话,也就不会考虑制定关于国际商事契约一般规则的尝试。同时,因为《销售合同公约》表明了立法层面可能达到的最大限度等原因,国际统一私法协会彻底放弃了制定具有拘束力的规则的计划,作为代替，设计了独自的方案和摸索别的途径。因此国际统一私法协会构想在国际层面实现美国法律重述那样的规则，成立了包含世界主要的法律及社会经济制度之代表者的专家小组。大多数成员是学者，也有高级法官及官员。但是，所有成员均以个人资格参加，不代表自己政府的见解。该小组并不是完全自己作决定，而是以组织的方式向外部征求评议和意见。为此，国际统一私法协会将一系列的草案交世界学术界和经济界传阅。

因为此作业的目的已经不是要统一国内法，而是只对现存的国际契约法予以重述，当然也就没有必要将世界上一切国家的一切法律均纳入考虑。换言之，当必须从对立的规则中选择其一的情形时，用作选择的基准并非简单的多数决。亦即，左右该决定的，不仅是哪一个规则为大多数国家所采用，而是考虑其中哪一个规则对于跨国交易最具价值，或者特别适合。这样的努力达成了非常满意的结果。《商事合同通则》获得下述评价："法的思考的全球化的极重要的进步"，"自《国际贸易术语解释通则》以来国际贸易法领域最重要的业绩"，"对商习惯法最具权威且最有价值的记述"。

二、二者的内容

《销售合同公约》本来就有很好的内容，并在世界范围内被广泛接受，因此在制定《商事合同通则》时当然必须参照该公约。在二者处理同一问题的情形，《商事合同通则》的规定通常是原封不动地采用《销售合同公约》的对应条款，或者至少是实质上采用。《商事合同通则》的规定与《销售合同公约》不同的，仅限于例外的情形。

这类不同规定之中，最为重要的例子是，《商事合同通则》规定，双方当事人在包括契约准备阶段在内的整个契约期间，都负有遵循诚实信用原则的义务。而《销售合同公约》与此不同，仅在相关解释条文中言及应当考虑到遵守诚信原则。

前已述及，由于《商事合同通则》本身并未打算具有拘束力，因此极少受各种法制度的差别的限制，可以处理《销售合同公约》中完全除外的或者规定不充分的若干事项。例如,相当于《销售合同公约》条文数倍的关于契约成立的规定,关于契约实质的有效性的新章,关于履行艰难、免责条款、违约罚金条款的规则。《商事合同通则》设置各种新规定的另一个理由是,该通则所涵盖的范围不限于买卖契约,也包括其他种类的交易,尤其是服务提供契约。考虑这些类型契约的特别问题所设置的规定,可以举关于当事人间的协助义务的规定(第5.3条)、关于区别特定结果达成义务与最妥善的努力义务的规定(第5.4条)、关于这些义务种类的决定基准的规定(第5.5条)等为例。

三、二者的适用关系

(一)仅一方适用的场合

以下谈我认为最为困难的问题。《销售合同公约》与《商事合同通则》,二者究竟是对立的,还是并存的?

首先,《销售合同公约》仅以货物买卖契约为对象,而《商事合同通则》涵盖更广的范围,即适用于国际商事契约的全部,因此关于买卖契约以外的契约,二者不发生适用上的重复。但是,在买卖契约的领域,二者也并非不相容的,而是互补的关系。例如,《销售合同公约》虽在世界上被广泛接受,但也有非缔约国的当事人间缔结买卖契约而不适用《销售合同公约》的案型。这样的案型,作为国际的统一规则的替代的《商事合同通则》就有适用的余地。在双方当事人本身明示选择,作为契约的准据法,言及"法的一般原则"或"商习惯法"的情形,即可以将《商事合同通则》解释为"法的一般原则"或"商习惯法"。实际上,据我所知,在国际商事契约领域适用《商事合同通则》的仲裁裁定已有十多件。其次,在适用《销售合同公约》的案件中,鉴于其拘束的性格,通常《销售合同公约》优先于《商事合同通则》。《销售合同公约》第6条明确规定,当事人可以排除该公约一部或全部之适用。但是,当事人也可将《销售合同公约》的个别条款置换为更适当的《商事合同通则》中的对应条款,至于以《商事合同通则》替换整个《销售合同公约》,至少在目前还难以考虑。实际的情形,当事人屡屡排除《销售合同公约》

的适用,通常是因为担心适用新规则将导致不确定性。在这样的案件中,即使适用《商事合同通则》有什么实质的优点,与适用《商事合同通则》那样的新规则相比,当事人宁愿选择适用具有安全性的国内法。

(二)适用《销售合同公约》而《商事合同通则》起补充作用的场合

1. 使《销售合同公约》的解释明确化

即使在国际买卖契约以《销售合同公约》作为准据的场合,《商事合同通则》也可以起到重要的作用。《销售合同公约》第7条第1款规定:"在解释本公约时,应考虑到本公约的国际性质和促进其适用的统一以及在国际贸易上遵守诚信的需要。"以往为了解释《销售合同公约》,裁判官或仲裁员每次都必须探求解释的原则和基准。《商事合同通则》将使这种工作变得非常容易。例如,《商事合同通则》第7.3.1条为判断债务不履行是否达到根本违约所设定的若干基准,将有助于理解《销售合同公约》关于这一重要概念有几分含糊规定的第25条。同样,《商事合同通则》规定受害方当事人解除契约的通知不能排除不履行方当事人补救的权利的第7.1.4条,可以用来消解与此相应的《销售合同公约》第48条关于此点所生的疑问。

2. 补充《销售合同公约》的漏洞

除使《销售合同公约》不明确的词语明确之外,《商事合同通则》还可以用来填补该公约的漏洞。《销售合同公约》第7条第2款规定:"凡本公约未明确解决的属于本公约范围的问题,应按照本公约所依据的一般原则来解决……"过去,各裁判官或仲裁员先确定该一般原则,再从该一般原则导出需解决的特定问题的答案。这种工作因援用《商事合同通则》而变得容易。这种场合须满足的唯一条件是,《商事合同通则》的有关条款表明了作为《销售合同公约》基础的一般条款。

迄今已有3件裁定——维也纳国际仲裁中心的两件、国际商会仲裁院的一件,为填补《销售合同公约》的漏洞而援用了《商事合同通则》。最初的两件,是澳大利亚的卖主与德国的买主之间就铁的买卖契约所生纠纷。两个契约均以《销售合同公约》为准据,但《销售合同公约》未规定应当适用的利率,仲裁员依据《销售合同公约》第7条第2

款解决了这一问题。此两案的仲裁员,均考虑到所谓损害完全赔偿原则是作为《销售合同公约》基础的一般原则之一,认定适用债权人本国的支付货币及银行短期贷款的平均利率。并特别谈到,这样解决的根据是《商事合同通则》第 7.4.9 条第 2 款。第三件是澳大利亚与瑞士公司之间的买卖契约纠纷。该案契约以《销售合同公约》作为准据,独任仲裁员适用伦敦银行间交易利率(Libor)的年利率追加 2%,以填补《销售合同公约》关于应适用利率的漏洞。对此,仲裁员特别谈到《商事合同通则》第 7.4.9 条第 2 款所规定的规则(及《欧洲契约法原则》第 4.507 条第 1 款的类似规则),将该规则作为《销售合同公约》第 7 条第 2 款所谓一般原则之一。

另外,已有用《商事合同通则》补充《销售合同公约》的法院判决——1996 年 Grenoble 上诉法院的判决。该案是德国和法国公司之间的买卖契约纠纷。依据关于民事及商事裁判管辖权及判决执行的 1968 年《布鲁塞尔公约》第 5 条第 1 款决定独自的裁判管辖,法院必须决定返还买方多支付的价金的卖方义务的履行地。但是,作为该契约之准据的《销售合同公约》,对此未作规定。法院断然否定了主张采用法国法及德国法的对立的结论,而作出以买方营业所作为履行地的判决。法院在作出此判决时,不仅依照《销售合同公约》第 57 条第 1 款,而且依照从更有说服力的《商事合同通则》第 6.1.6 条推导出的所谓金钱债务应在债权人的营业所履行的一般原则。

(三)二者并存的场合

鉴于《商事合同通则》所涵盖的范围更广,契约当事人可以考虑在《销售合同公约》之外,就其未包含的事项适用《商事合同通则》。为此,当事人可以考虑在契约中设置下述条款:"本契约以《销售合同公约》为准据,并且就该公约所不适用的事项以《商事合同通则》为准据。"

这一条款赋予《商事合同通则》的作用,与其在《销售合同公约》第 7 条第 2 款之下所起的作用,至少在理论上作了明确的区分。在《销售合同公约》第 7 条第 2 款之下,只在该公约存在漏洞,并且仅仅为了用国内法作为最后的手段填补漏洞时,才适用《商事合同通则》。与此相对照,契约当事人如果约定了提及《商事合同通则》的条款,则其意图是关于《销售合同公约》适用范围以外的事项,并且直接包含适用国内法范畴的事项,适用《商事合同通则》。这里没有时间详加讨论,由于《商事合同通则》所具有的特殊性格,前述言及该通则条款的意义,将因处理具体案件的法院或仲裁庭而异。

四、结语

从以上叙述可以得出下面的结论:我认为,《销售合同公约》与《商事合同通则》均获得了成功,并且二者均显示出独自的存在价值。由于《销售合同公约》适用范围的限制,关于买卖契约以外的国际商事交易,二者间并不发生冲突。即使在买卖契约领域,至少在现时点,还不能说二者间存在深刻的对立。鉴于《商事合同通则》与《销售合同公约》携手发挥了重要机能,不仅不能认为《商事合同通则》对《销售合同公约》的存在构成威胁,而且应认为其正在提高《销售合同公约》的权威。

民法上未有条文的概念和制度[*]

一、自力救济的禁止^{**}

设例：A 正为自己的自行车被 B 偷走而烦恼，数日后，偶然发现 B 正骑着自己的自行车。A 考虑到机会一旦失去就不可能找回自行车，于是运用自己的力量从 B 处夺回自行车。问这样的行为是否允许？

（一）自力救济的概念

所谓自力救济，是指在不能通过法律规定的手续实现权利，或者实现权利有显著困难的紧急的不得已情形下，权利人不借助国家的帮助，而依靠自己私人的力量以实现权利的必要行为。设例中的 A 靠自己的力量从 B 处夺回自行车的行为，即属于自力救济。

本来在法治国家，对方任意地不接受情形的权利实现，原则上必须通过司法手续。即自力救济被评价为违法的力量行使，应负基于侵权行为的损害赔偿责任（《日本民法典》第 709 条），或依情形应负刑事责任。此外，基于侵害对方的平稳的占有，例如即使对方是小偷，也受占有诉权的保护。但问题在于，存在紧急的不得已的特别情事的情形，因其必要性和正当性，可否作为例外的许可行为而阻却其违法性，亦即是否许可自力救济？

（二）自力救济的功能

首先，检讨认可所谓自力救济的根据。日本民法并不存在关于自

---

* 本文原文载日本评论社《法学 SEMINAR》2000 年第 12 期，第 6—41 页。本文原载《为中国民法典而斗争》，法律出版社 2002 年版。

** 本部分作者为明治大学专任讲师神田英明。

力救济的一般规定。充其量有在邻地的树根越界时无须对方的行为和同意而自行切除的规定,大概属于对极为特殊的情形的规定(《日本民法典》第233条第2项)。假使对正当防卫、紧急避险情形不负损害赔偿责任的规定作某种形式的反对解释,并考虑占有诉权制度的存在,似乎应当说日本民法上并不承认自力救济的概念。如对后者详细说明,则承认占有诉权的保护,即有基于即使是自始的正当权利人的所有权人,也不能自力实现权利的前提的意味。

但是,在因紧急情事的存在致权利实现不能或显著困难的情形,仍不认可自力救济的话,则法律认可权利之趣旨将不能贯彻。现实中,国家的救济机关也不可能是万能的。因此,日本虽说未有明文规定,但学说上仍然提倡,应在与德国民法同样程度范围内,作为例外承认自力救济。特别是与第二次世界大战后新设《日本民法典》第1条第3项相关联,权利滥用或者权利的本质论为学说上积极采用,以致在学说及判例上已固定下来。

假设不承认此概念又将如何?按照设例,A仅能在采取假扣押或假处分等保全处分后提起民事诉讼,待胜诉判决确定而B仍不予履行时,通过申请强制执行以实现其权利。另外,假如A仍进行自力救济,A的行为将被评价为违法,A将对B承担基于侵权行为的损害赔偿责任,并且将面对B的占有回收之诉。

但是,这一结论用在设例的情形,将对权利人过于苛刻。自力救济概念的作用即在避免这种不合理的结论,阻止权利的有名无实化。一方面,因要求遵守手续而禁止自力救济;另一方面,为贯彻法律认可权利的趣旨,不得不认可其例外。此两方面的要求均存在于法治国家。贯彻国家自定的权利的实现与遵守同样是国家规定的手续,要求兼顾二者。

(三)自力救济概念的有用性

原则上禁止自力救济的理由如下:第一,权利的存在本身常常未必是确实的,即主张权利存在者对事实的认识及法律上的判断常常未必一致。第二,即使权利确实存在,认可私人的实力行使将诱发人们诉诸暴力；以暴力予以反击，会导致将军事、警察权力及强制执行机关的实力行使集中于法院以维护国内社会秩序的法治国家体制的崩溃。因此，完全的实力主义的世界将很可能成为助长暴力团体的基础。

这样一来，其例外也应当解释为是极为有限的。作为认可例外的要件，一般要求：①事态的紧急性；②手段的相当性。关于前者，最高裁判所解释为"认为采法律规定的手续，不能对抗对权利的违法侵害以维持现状，或者有显著困难的紧急不得已的特别情事存在的情形"。对此可从较广和较狭的幅度把握。假设采较狭的把握，应考虑整备民事保全法和民事诉讼法的保全、执行手续，不符合假扣押、假处分的情形，即有紧急性，并且应当限定在因标的物流出国外使强制执行的实效性降低等发生保全、执行手续上大的障碍的情形。例如，应当限定于像设例那样如不当场扣住将失去再为取回的机会的情形，以及发现正在向海外输出的情形等，确实期待国家机关的救济在实际上已不可能而权利将变成画饼的情形。

反论认为，除特殊情形外必须求助于国家权力的结论过分死板。但是，这一反论被认为，与我们通常意识不到空气和电气的珍贵一样，忘记了法治国家的珍贵，而受到再反论。再反论认为，如果考虑到接受独断的权利主张的危险性及诉诸暴力的危险性，以及阻止暴力团体优位的社会作用，并不能说不当，至于说多少有点死板，这是作为代偿而应当忍受的。

先前所说的例外，如果以极端限定的立场为前提，实际上除设例那样的稀有情形外，几乎不存在准许自力救济的情形。另外，在不法行为的要件论中，不必要作为权利者的权利实现的一种样态予以积极把握，也可能作为因社会的相当性而阻却行为违法性的一种情形予以说明。如果这样看，则所谓自力救济的一般概念的积极的有用性，就多少有检讨的余地。

（四）结语

所谓自力救济的题目，给予我们加深对法律的构造及民法的理解的学习材料，并且成为综合理解民法与其手续法的关系的良好开端。

可是，学习之时最好是按照在充分理解原则论即自力救济的禁止的趣旨之后，再学习例外论即自力救济本身的顺序。此外，重要的是，有意识地学习在什么样的场景才论及自力救济概念，以及到底有多大的有用性之点。

作为与自力救济的禁止相关的制度，可以举出占有诉权制度（《日本民法典》第 197 条以下），以及包含阻止自力救济的禁止规避的机能的以不法行为债权作为受动债权的抵销禁止（《日本民法典》第 509 条）。这里未便详予说明，学说的主流认为，关于对占有的侵害的自力救济，应从与迄今论述的一般的自力救济稍稍不同的角度考察。此占有权的自力救济与占有诉权的关系，也是有很大的学习价值的题目。

二、代表[*]

设例：A 研究所的职员 B，违反该研究所关于 1000 万日元以上的交易必须全体职员合议的章程，为了 A 的运营，单独从 C 银行借款 1 亿日元。B 用该笔资金从 D 不动产商购买研究所用地，到购买土地的最终阶段，其他职员知道了，该计划被中止。问 A、C 间的借款契约是否有效？此外，在 D 遭受损害的情形中，A 是否应当承担责任？

（一）代表的概念

B 代 A 并为 A 的利益而与 C 交易的情形，称为"代理"。这种情形，为交易行为的是 B，其法律效果却归属于（权利义务）A，行为者与效果归属者不同是其特征（《日本民法典》第 99 条）。与此不同，设例中的 A 研究所是法人（《日本民法典》第 33 条以下），如果 B 是其理事（《日本民法典》第 52 条），B 作为 A 的"代表"（《日本民法典》第 53 条本文），为 A 的利益而与 C 交易的情形，则应认为 B 作为 A 的机关而行为。亦即，这种情形，为交易行为的是 A 法人，由于法人实际上不能为行为，因而通过作为其手足的 B 为之。在这里，因为 A 通过 B 自为行为，所以其法律效果当然归属于 A。

---

[*] 本部分作者为南山大学教授中舍宽树。

因此,代理与所谓代表,实际上在 B 为 A 的利益而为行为,以及法律效果归属于 A 这两点上是相同的,仅在从法律上看究竟是谁的行为这一点上有所不同。

(二)代表概念的作用

关于代表,民法上未有规定其定义的条文。但是,代表这个词却出现在好几个条文中。即关于法人的理事,规定"理事……代表法人"(《日本民法典》第 33 条本文);关于亲权者(原则上指未成年人的父母,《日本民法典》第 818 条第 1 项)就子女的财产,以及成年监护人(《日本民法典》第 843 条)就成年被监护人的财产,规定"作为其代表"(《日本民法典》第 824 条本文、第 859 条第 1 项)。但亲权者及成年监护人是与子女及成年被监护人相区别的人格者,不是后者的手足,即使作为代表规定,仍属于前述代理。此外,关于法人的代表,法人被认为是与自然人(人类)同样可以作为权利义务主体的团体,前文的例子,即使说 B 作为 A 的代理人而行为也并无障碍,称为代表也只不过是词语的变换而已。因此,所谓代表的用语,究竟有什么独特的含义令人怀疑。

虽然如此,但是以前的判例、通说仍依法人的代表与代理不同而对二者加以区别,此曾受到对法人制度理解方式的影响。亦即,由于强调法人虽然看不见但实际存在于社会之中(法人实在说),其(通过手足)"自为"行为乃是当然,因此必须将代表理解为与代理不同。但是,近来认为将法人与自然人同样对待不过是一种拟制的思考方法(法人拟制说)成为有力说。依此说,所谓法人的手足也不过是一种比喻,即使承认法人为权利义务主体,因不能认可法人有自己的行为等说法,故法人的代表也只能是代理。

因此,最近的学说中,认为法人的代表本属于代理,在其权限范围内属于概括授权的这一点,与仅持有个别事项的权限的一般代理不同,为表明此区别,使用区别于代理的代表概念就很方便(这样考虑,关于亲权者及成年监护人,其权限也是概括的,因而称之为代表更好)。但是,对于这样的说明,也有学说予以批评,认为其不过是"感情用事"。

(三)代表概念的有用性

代表与代理的区别,仅仅不过是"感情用事",或者具有"实益",取决于在效果上看究竟有多大程度的差别。

1. 关于契约的效力

前文的设例中,A、C 间的契约是否有效,与代理的情形比较有若干不同。在法人代表的情形,即使法人的章程中对理事的权限加以限制,但对于不知有此限制(所谓善意)而与理事交易的相对人,不得主张此限制(《日本民法典》第 54 条)。设例中,如果 C 与 B 交易之际属于善意,则 A 对于 C 不能说 B 胡搞而与 A 无关,在 A、C 间将有效成立金钱借贷契约。与此不同,如属于代理,在代理人超越其权限而为本人进行交易的情形,如果相对方不是有正当理由相信代理人未超越权限,则交易应不生效(《日本民法典》第 110 条)。所谓有正当理由,应解释为善意且无过失(没有失误)。这种情形,对相对方来说,比在法人的情形中追加了一个条件。具体言之,只是不知道情事还不行,如果不属于已尽充分的注意而仍然不知道的情形,则交易仍不能有效。反面言之,如在法人代表的情形,将对法人课以比代理更重的责任,因为法人的理事与一般的代理人不同,通常就法人的事务什么事情都可以做(是概括的权限),可以从相对方的保护予以说明。

2. 关于不法行为的责任

前文的设例中,B 加损害于 D,A 对此应否负责,与代理的情形比较也有若干不同。在代理的情形,代理人为代理行为损害他人时,使用该代理人的本人应作为使用人承担损害赔偿责任(《日本民法典》第 715 条第 1 项本文)。但如本人就代理人的选任、监督已尽充分的注意,则本人将不负责任(《日本民法典》第 715 条第 1 项但书)。例如,B 与 D 进行购入不动产的交涉,以其他业者 E 为代理人的情形,A 就 E 的行为的责任即如上述。与此不同,在法人代表的情形,B 作为理事在活动的过程中损害 C 时,A 即使对于理事的选任、监督并无过失,也应负损害赔偿责任(《日本民法典》第 44 条第 1 项)。因此,在不法行为的情形,如系代表,将课以比代理更重的责任。这是因为,法人的理事拥有比一般的代理人及从业员更大的权限,根据不法行为人这样重要的立场,作出不问其选任、监督有无过失,作为法人均应负责的政策判断。

如上所述,代表与代理,二者权限的大小和范围的广狭不同,此系条文上关于权限违反时交易的效力及业务中所为不法行为的责任,作出不同规定的理由。此具体的效果上的差别,说明代表概念有实际上的意义。

（四）结语

如果认为上述效果的差别不过是若干的程度问题,不值得加以区别,则应否区别代表与代理的结论又变了。但须注意的是,无论如何,今天已经不再像从前那样从法人的性质论当然推论出两者的差别。只是对作为表示效果差别的概念是否有用,评价不同而已。从这个意义上说,对于这一问题,实在说与拟制说的议论,讨论起来很有趣;但作为法律论,从如此抽象的议论直接导出具体的结论是危险的。应当怎样认识效果的差别,单从条文的表述难以理解,要具体考虑其场景才有意义。

三、准法律行为[*]

设例:A 有对 B 的甲债权(100 万元的买卖价金债权)。(1) A 对 B 发出"清偿甲债权"书面通知的情形将发生何种法律效果？A 的代理人 C 可以代为"催告"通知吗？(2) A 与 D 缔结将甲债权转让给 D 的契约,随之以书留内容证明的邮件形式对 B 发出甲债权已让与 D 之旨的通知。向 B 发出的债权让与通知将发生何种法律效果？是否可以由代理人 C 代为让与通知？又 A 于买卖契约缔结后成为被监护人,而 A 未得监护人的同意而为让与通知的情形,A 可以撤销该债权让与通知吗？

（一）准法律行为的概念

作为契约、合同行为、单独行为三者的上位概念的法律行为,以

---

[*] 本部分作者为立正大学教授三林宏。

"意思表示"为构成要素,以不存在无效原因(违反公序良俗、错误等)及撤销原因(欺诈、胁迫、能力限制等)为限,发生意思表示所定的法律效果。

与此相对,作为"意思通知"[通知意思的情形(1)即其适例]、"观念通知"[通知事实的情形(2)即其适例]、"感情表示"(因现行法上并无适例,有学者认为准法律行为中不含感情表示)的上位概念的准法律行为,就伴有某些意思的、精神的要素[上述(1)中通知"清偿"的意思为意思的要素,上述(2)中"认识让与"的通知为精神的、意思的要素]之点而言,近似于法律行为。但是,在法律行为,发生意思表示所定的法律效果;而在准法律行为,各准法律行为所发生的法律效果概由法定,当事人与该法律效果之是否发生无关,存在某事实即发生某法律效果。

例如,作为"意思通知"事例的上述(1),A对B催促"清偿甲债权"(以下称为"请求")的情形,A希望清偿且发生清偿的效果,法律认可的三种效果(时效中断、履行迟延、解除权发生),因存在"请求、催告"的事实而发生。因此,与催告者是否希望该效果的发生无关,而是因存在"催告"的事实而发生该法律效果。再如,作为"观念通知"事例的(2),因A对B以书留内容证明邮件的形式通知"已将甲债权让与D"的事实,即可发生D自己作为债权人对B主张权利的效果(《日本民法典》第467条第1项规定的作为对债务人的对抗要件的效果),以及在A将甲债权向D以外的E为二重让与的情形,D对E主张自己是债权人的效果(《日本民法典》第467条第2项规定的对抗第三人要件的效果)。

(二)准法律行为概念的功能

准法律行为的概念,是在德国学者研究法律行为论的过程中,作为与法律行为同样包含意思的、精神的要素,却与法律行为不同、非依意思表示而发生效果的行为的总称而产生的概念。日本的判例、通说继受这一思考方法,准法律行为概念现今也被视为当然。

可是,《日本民法典》关于"法律行为",在第一编第四章(第90条至第 137 条)设有详细的规定。具体言之,即第一节"总则",第二节"意思表示",第三节"代理",第四节"无效及撤销",第五节"条件及期限各规定"。因此,如系法律行为,除这些规定外,关于限制能力的规定(第 4 条至第 20 条)也应一并适用。与此不同,关于准法律行为,民法典未设这样的通则性规定。

其结果,准法律行为概念被认为是至少具有以下两点法律上的实益的概念。第一点,准法律行为与法律行为不同,虽包含某种意思的、精神的要素,却不依其意思的、精神的要素而发生效果,其法律效果仅作为各准法律行为的法定的效果而发生。第二点,准法律行为因非属于法律行为,故不能当然适用关于法律行为的规定及限制能力的规定。

(三)准法律行为概念的有用性

关于准法律行为概念的有用性,在结论之前应指出,因准法律行为的研究在质和量上的不足,如下所述,有必要检讨之点甚多。例如,所谓"意思通知、观念通知"的二分类,真的就适当(例如,同属"观念通知",在债权让与通知的情形,因对债务人而言,了解谁是正当的债权人的事实很重要,因此让与通知的事实内容有误的情形,应解为通知无效,但基于代理权授予表示的表见代理的情形,即使无代理权授予的事实等事实内容有误,鉴于授予表示已引起相对方的信赖,应解为存在代理权授予,两者上法律上处理不同)吗?此外,前述(二)已经谈及,关于准法律行为概念的两点实益,是否能够说是无条件的,应予检讨之点也不少。

首先,与以上(二)所述第一点实益相关。以准法律行为非因意思的、精神的要素而发生效果之点,作为区别法律行为与准法律行为的基准的有益概念,同时在判断准法律行为的情形,其法律行为并不以当事人意思为基准,而必须以民法所赋予该准法律行为的法律效果作为判断基准,此在一定程度上有意义。例如,设例(1),A 因 B 的 100 万日元履行期超过后怎么也不返还,而以解除买卖契约本身的趣旨催促"于本月底支付 100 万日元"的情形,属于 A 以发生解除权的目的而为催促,"解除权发生"的效果,并非对应于"催促、请求"的法律效果。但是,如果将该动机考虑在内,则也可以说 A 为解除权的发生而为"催促、请求",与此相对应的"解除权发生了"。同样,关于设例(2),A 对 B 为债权让与的通知,因而"具备债权让与的对抗要件",也可以说,与此相对应地"发生了对抗要件具备的效果"。在这一意义上,也可以说,如将其动机考虑在内,其与法律行为情形的区别就不那么明确。

其次,与以上(二)所述第二点实益相关。对于"法律行为所适用的诸规定,对准法律行为并不当然适用"之点,关于有无类推适用的可能性,尚未言及。这种情形,学说认为应当检讨考虑各种准法律行为制度的趣旨,与意思表示、代理、能力限制各规定等,以及使类推适用成为问题的规定的制度趣旨,以判断能否作类推适用。例如,民法上仅规定了"法律行为的代理",应解为,以不属于不许 A 本人以外的权利行使的禁止代理的行为为限,可以认可"法律行为以外的代理",如"催告"的代理及"债权让与通知"的代理,此为判例、通说所肯定。此外,在"债权让与通知"的情形,因债务人 B"了解让与的事实"很重要,应解为,以让与通知无误为限,即使让与人为通知时点丧失行为能力成为限制能力人,通知的效力不受影响,不能类推适用关于能力限制的规定〔这样解释,在设例(2)将不认可被监护人的撤销〕。

(四)结语

关于准法律行为,教科书中语焉不详。例如,关于设例(1)的催告及设例(2)的债权让与通知,如能检讨《日本民法典》第 4 条至第 20 条、第 90 条至第 130 条各条文类推适用的是非,再对两者进行比较,可以理解准法律行为与民法各种制度的关系等,是一种有益的学习方法。

四、授权[*]

设例:B 受 A 的委托,签订了将 A 所有的土地房屋出卖给 C 的契约。契约书上,B 作为卖主签名盖印。问 C 可以对 A 主张取得该土地房屋的所有权吗?

---

[*] 本部分作者为明治大学教授伊藤进。

(一)授权的概念

民法规定,通常以本人(A)与相对方(C)为契约等法律行为的情形为前提。但现实中,以他人(行为人)(B)代本人(A)与相对方(C)签订契约等法律行为的情形甚多。这种情形,本人(A)将处分其所有的土地房屋的权限授予行为人(B),"表示为本人"(《日本民法典》第99条)而行为(基于显名的原则的行为)时,则作为代理,应依《日本民法典》第一编第四章第三节的规定,处理其法律关系。因此,C直接从A取得土地房屋的所有权。而依设问,该行为人(B)以自己的名义(B)实施行为的情形又将如何?日本民法对于这种情形未有规定。然而,这种情形,认为与代理同样,C直接从A取得土地房屋的所有权也是可以的。B基于A授予的处分权限的行为,明示为A行之,或者径以B的名义行之,异其规定是否有必要?所以,《德国民法典》(第185条第1项)明定这种情形也有效,即规定"权利人就标的物的处分同意时,非权利人的处分也有效"之趣旨。因此,德国的学说认为,此规定之意旨,在A对B授予以B的名义为处分的权限时,该处分的效果直接归属于A,于是产生了"授权"(Ermaechtigung)概念。此概念引入日本亦属当然。

不过,在日本,授权概念从来就有,民法教科书中对此予以说明则是最近的事。所以,即使最近的教科书,也有未对授权作说明的。因此,说不定有人仍不知此概念。这样的人容易按照字面的含义,理解为"授予权限"。此外,说不定有人会认为与授予代理权行为的"授权行为"的含义相同。这两种理解都错了。

因此所谓授权,是指"行为人以自己的名义所为行为,其法律效果直接归属于本人"的情形。民法规定的所谓代理,在以他人代本人与相对人为行为,法律效果直接归属于本人这点上,是共同的,而在是"表示本人名义"或者是"以自己的名义"上则不同。以行为人的名义所为行为的效果归属于本人的情形,还有间接代理,但效果归属的过程,在间接代理的情形中,是先归属于行为人再归属于本人,与授权系直接归属于本人之点不同。

(二)授权概念的有用性与必要性

1. 与买卖他人之物的关系

B 以自己的名义与 C 签订契约的情形,原则上 B 和 C 是契约的当事人,该契约所生法律效果归属于 B 和 C。根据此原则来看设例,则成为以 B 为卖主,以 C 为买主所缔结的买卖契约。其结果,B 对 C 有价金请求权,C 对 B 有土地房屋的交付请求权。关于土地房屋的所有权,C 应当从 B 取得之。但是,该土地房屋的所有权属于 A,而非属于 B。B 不可能直接将土地房屋的所有权移转给 C。所以,这种情形在买卖契约有效的前提之下,再考虑其后的处理构成。民法上对买卖他人之物也有规定(《日本民法典》第 560 条)。依此规定,B 应当先从 A 取得土地房屋的所有权,然后再移转给 C。仅就 B 不能从 A 取得所有权的情形,以承担卖主的担保责任(《日本民法典》第 561 条至第 564 条)处理。只是这种处理,即使 B 可以取得,也必须采取从 A 到 B,再从 B 到 C 的所有权移转,并进行与之伴随的所有权移转登记,迂远甚矣。而 B 能否取得所有权并不确定,C 未必就一定能够取得土地房屋的所有权。

然而,如设例 B 虽然基于 A 的委托为之,但如此迂远的处理,并置 C 于不安定的情形却不适当。使 C 直接从 A 取得所有权的构成,才是适当的。为此,设例中 A 的委托应视为"授权",因而 B 以 B 的名义处分 A 所有的土地房屋可产生直接处分 A 的关系的效果,使由 A 向 C 直接移转所有权的构成成为可能。

2. 与代理的显名原则之关系

按照民法,在他人代本人行为的情形,非表示本人的名义(例如,表示 A 的代理人 B)对本人不发生直接效果(《日本民法典》第 99 条)。此被称为显名原则。此显名原则的法律上的意义,应在代理的本质论中讨论,这里不予涉及。姑且不论如何看待其法律上的意义,显而易见,要打破"B 所为法律行为的效果归属于 B 自身"的原则,使其直接效果归属于 B 以外的 A,归属于非行为人 B 的 A,相对方也应当对此了解。如果这样的话,"授权"初看之下,似与之龃龉。

但是,在移转土地房屋所有权的情形,重要的是移转该所有权的权限,即有无处分权限,而不是以谁的名义为处分行为。无论 B 行为时表示为 A 处分的情形,或者 B 自身为处分形态的情形,如果有处分权,则解为所有权移转有效,并无多大问题。亦即,处分者是谁的人的要素并不重要。对相对方而言,也并无不妥。如果这样的话,关于处分行为,坚持显名原则也就没有必要。因此,关于承认处分行为的授权(处分授权),并无多大争议。

与此相应,基于该行为而负担义务的情形(义务负担行为),可否也采同样的思考方法?例如,B 受 A 的委托"购买" C 所有的土地房屋而以 B 的名义签订契约的情形。不过,据此采 C 不能对 B 仅可对 A 请求的构成是否有问题?负担价金支付义务者,是 A 还是 B,于 C 显然有利害关系。如果这样的话,不应承认这样的负担义务行为授权的考虑就应当成立。那么,这种情形,如考虑 B 作为行为人自身,A 作为义务负担授权者,使两者负担价金支付义务如何?这样考虑,就没有必要排斥义务负担授权。因此,还有待于检讨的问题是,就什么样的行为(权利行使、权利取得、诉讼行为等)可以认可授权?

(三) 结语

授权与代理,共同之处甚多。因此,当考虑有关授权的法律关系时,重要的是考虑什么程度上应适用代理的规定?无处分权者以自己名义为处分后,经权利人承认的情形,与无权代理行为的追认的关系;超越授权范围的情形与表见代理的关系;基于授权的行为的瑕疵与代理行为的瑕疵的关系;等等。

五、追完[*]

设例:A 的儿子 B 为了取得自己事业的资金,盗用 A 的印鉴、权利证等,以 B 的名义办理移转登记手续,将 A 所有的不动产很方便地卖给了 C。后来发觉了此事的 A 为了儿子的事业,同意了这一擅自出卖的情形,问 B 所为卖却处分的效果如何?此外,怎么样认定其根据为好?

---

[*] 本部分作者为青山学院大学助教授武川幸嗣。

(一)追完的概念

出卖他人之物或以他人之物设定担保的行为,如设例中的 B,如作为 A 的代理人为之,则属于"代理"(《日本民法典》第 99 条以下)的问题。因此,如果 B 没有代理权,除成立表见代理(《日本民法典》第 109 条至第 112 条)的情形外,此无权代理的效果并不及于本人(不发生作为卖主的权利义务),所以 C 不能取得所有权,仅可对 B 追究无权代理人的责任(《日本民法典》第 117 条)。但是,如事后 A 予以追认,则应与自始的有权代理作同样处理(《日本民法典》第 113 条、第 116 条——追认的溯及效力)。

那么,如设问 B 以自己的名义为之(自己作为契约当事人卖主)的情形,该契约的效力又将如何?首先,即使出卖他人之物,将有效发生 B 作为卖主将所有权移转于买主 C 的债务(《日本民法典》第 560 条)——此点与本来无效及无权代理行为不同。那么,C 能够有效地取得该所有权吗?除得到所有人 A 的同意或者 B 取得该财产等而有处分权限外,原则上 A 不丧失其所有权,C 不能取得权利(当然,适用《日本民法典》第 94 条第 2 项及第 192 条的善意保护制度的情形是为例外)。在这一意义上,非权利人的财产处分行为,原则上应解为因欠缺处分权限而无效或者效果不归属(后述)。但是,B 于契约当时没有处分权限,事后得到 A 的同意,或者因接受 A 的赠与或继承 A 等致 B 自己取得该财产的情形,应当认为,因无效原因得到修正,对该处分行为作自始有效处理,并认可 C 取得所有权,对当事人的利益应属适当。

这样,非权利人的处分权限事后得到补充,因而当初对本人不生效力的他人的法律行为,溯及地成为有效,此被称为"追完",系源于德国民法的概念。

(二)追完概念的功能

追完概念的意义已如上述,其与民法上诸项制度的关联应如何理解为好?首先,非权利人以自己名义为处分行为,真正权利人事后予以同意的情形,与德国民法不同,日本民法上不存在直接规定的条文,应当如何予以补充为好?可以找到民法上关于追认的诸规定,有无效行为的追认(《日本民法典》第 119 条)、可撤销行为的追认(《日本民法典》第 122 条)及无权代理行为的追认(《日本民法典》第 116 条),但意义各有不同,问题是哪一个与这里的追完接近呢?

首先,看自始无效行为的追认。依《日本民法典》第 119 条,无效的效果本来是绝对的、确定的,违反公序良俗、违反强行规定的行为等,无论是否追认均当然无效。虚伪表示及错误的情形,如当事人知为虚伪表示及错误而再予追认,则不过作为新的契约有效,不认可其溯及效力,因此,至少在条文上,与非权利人处分的"追完"不同。

其次,与可撤销行为的追认比较。此种行为因撤销权的不行使而成为完全有效,追认具有撤销权放弃的意义(未必能够说因修正撤销的原因而补完有效要件),而非权利人的处分,未予追完则原则上对本人不生效力,此与可撤销行为的追认有差异。

所以,判例、通说认为,对非权利人处分的追完,类推适用《日本民法典》关于无权代理行为的追认的第 116 条。因无权限的他人行为的效果,在事后补完要件而及于本人这点上,与之类似。今日,在这一意义上,认定"追完"与无权代理行为的追认相似的较多。但处分人为代理人的情形(无权代理人),与自己作为当事人本人(非权利人)的情形,其效果内容并不相同,值得注意。

再者,关于非权利人的处分,还有本人同意之外的发生追完的情形(因赠与、买卖或继承等致处分人自己取得该财产的情形),《日本民法典》中不存在包含这些在内的一般的"追完"制度。

(三)追完概念的有用性

如上所述,因条文上仅有关于无权代理行为的追认的规定(《日本民法典》第 113 条、第 116 条),作为说明非权利人处分权限的补完而使行为有效的概念,在此意义上,应当肯定"追完"概念的有用性。

再者,可从无效及无权代理行为与非权利人处分的效果之关系的检讨,看追完概念的意义。学说上,无权代理行为与非权利人处分的效果区别于本来的无效的倾向,较为常见。但近时,将代理权及处分权限作为区别于行为本身的有效要件的效果归属要件,并将无权代理行为及非权利人处分的效果,解为不是无效而是效果不归属于本人的见解,正在抬头。其区别也反映在溯及的追认或"追完"之补充是否可能之点,而基于这样的理解,则追完概念的有用性将更高。

不过,在今日,关于无效,尽管不认《日本民法典》第119条溯及的追认,例如,陷于错误等意思无能力的状态下缔结契约的情形,如事后对此已知的表意者特别希望该契约实现,不妨以追认使其溯及地有效,此思考方法为有力。同是无效,但其原因各有不同,通常无必要使其效果绝对地、确定地等于零,最好相应于无效的原因导出妥当的结果。如果从这个方向考虑,则有需要表意者主张的"近于撤销的无效",以及如经追认可"溯及地有效化的无效"等,这样一来,则补充非权利人处分的处分权限情形的能动的追完概念的意义,也应当考虑与无权代理行为这种无效的变化的关系,作重新整理。

(四)结语

关于"追认",值得注意的是,虽若干条文使用同一用语,但其制度上的意义有所不同。

另外,关于他人之物的处分权限,作为某人的法律行为的效果对他人发生的根据,类似代理权的,还有"授权"。关于授权概念的意义,本文有专门论述,请予参照。

六、形成权*

设例:A缔结了购买B所有的土地的契约,当时B欺骗A说交通非常方便。此外,约定该土地上的旧房屋在契约签订后两个月内拆除,但经多次请求仍不予拆除。问A可以废止该买卖契约吗?

(一)形成权的概念

在说明概念之前,首先看A依法可提出的主张。B的吹嘘如符合《日本民法典》第96条的"欺诈",A可以撤销的方法废止买卖契约,这样做的权利为法律行为的"撤销权"。其次,不遵守约定,法律用语称

---

* 本部分作者为民法学者椿寿夫。

为债务不履行,A 在督促之后发生依《日本民法典》第 541 条废止契约的"解除权"。此撤销权和解除权,统称形成权,但《日本民法典》中未出现形成权概念。《日本民法典》中,作为各种权利的统称使用的最中心的概念是物权和债权,民法的编制正是以此类概念为基础。与此不同,支配权、请求权、形成权则是法理论上权利分类情形的用语,当然在法典上未出现,这是对各种权利依其所起作用的观点而进行的分类。①支配权,是典型的将某物置于权利人的支配之下的权利,包含了所有权等各种物权。请求权,是对他人可要求什么的权利,与债权结合的情形为其代表,还有要求返还被盗物的物权请求权。形成权的共同特征,在于"依一方的通告"的作用方式。如设问,A 如作"因您欺骗我订立的契约,我要撤销此契约"的通告,B 无论是同意还是反对均不成问题,契约将归于消灭。或者 A 作"因房屋未拆除,此契约废止"的通告时,不论对方愿意与否,契约将归于消灭。

形成权,从其内容观之,则有"创设""变更""废弃"三种。基于买卖的一方的预约(《日本民法典》第 556 条第 1 项),作"订立本契约"的通告,无论相对方是否同意即成立买卖契约,属于创设;改变一方应交付的物的情形,属于变更。设问的事例,则属于废弃。

至此如作统一的定义,则"所谓形成权,指依权利人一方的意思表示而创设、变更、废弃法律关系的权利,是从作用角度对权利的分类"。

除上述之外,如房屋买取请求权(《借地借家法》第 13 条)虽名为请求权,实际也属于形成权。其实,无须相对方的承诺或同意,仅作"我买了"的通告,房屋买卖即自动成立。必须懂得名为请求权其实为形成权的主要权利。租金增减请求权(《借地借家法》第 32 条)也应解为一种形成权,如果将其涵盖在形成权内则前述定义应加上一句:"也有称为请求权而实际属于形成权的性质的情形。"

(二)形成权概念的功能

我们如需对他人做什么,通常必须得到他人的理解同意,不允许简

---

① 参见〔日〕椿寿夫:《民法总则》,第 16 页以下。

单地单方面强加。这一点,在契约的情形,原则上基于当事人要约承诺的合意才能要求并予强制,其容许度及容许范围自然也很重大。所以,"契约(也包含内容)的自由",被认为是近代民法三大原则之一。

但是,容许因任一方的要求而自动发生法律上的变动(一定关系的创设、变更、废弃)也有其必要。例如,在 B 违反契约后,只要 B 不承诺 A 就不能从契约拘束中脱离,也是奇妙的和不当的。这样的场面还有好些,最终在 20 世纪初期的德国,提倡以形成权概念作为这类情形的统称。此被作为适当且方便的"统一用语"的"发现",立即被接受,并引入日本的学说。《日本民法典》上并无这一用语,与德国一样,也可以说是在法典制定后,学者才注意到的。

想象一下"名为请求权的形成权",如果按照所谓请求权之名称以认定其内容,则在相对方不同意时,应当转而起诉,以获得判决并据以为强制执行。但是,对权利人来说,以不采(或不必采)这样迂回的方式为好。最好允许在意思表示后立即进入实现行为(例如请求返还)的更直接的途径。这正是形成权概念的功能。

此形成权,与仅依一个意思表示而发生所欲法律效果的"单独行为"之间,存在重合的部分。形成权,属于可以为单独行为的权利,为不致使相对方不利益,其可否附条件及以撤回等加以限制,有必要与单独行为共同考虑。

(三)形成权概念的有用性

(1)教科书上,采用"形成权之一种"或"一种形成权"这样表述的情形不少。采这样的用语时,有权利人单独(或一方)就可以实现的意味。形成权三字,容易使人联想到"一方的实现"。此外,也会想到,既未言及有什么负担和承担什么不利益,则考虑相对方的不利益,应当限制其附条件和撤回。

(2)说到形成权一语,特别引人注意的是,关于因时的经过而权利消灭。日本民法的消灭时效,适用于"债权"与"债权或非所有权的财产权"(《日本民法典》第 167 条),至于形成权如何处理则无明文,而学说上的多数见解认为,形成权应适用除斥期间。但判例上,对前述房屋买取请求权等,解为应适用消灭时效。

(四)结语

教科书在说明"权利的种类"及"民法上的权利"的地方,也论述到什么是形成权,自不待言。但是,一旦进入债权法,几乎仅仅只写"此权利属于形成权之一种"。所以,须注意的是,现今认识了形成权的意义,到其他场所遇到形成权一语时不要忘记了。

第二部分
判解研究

雇主承包厂房拆除工程违章施工
致雇工受伤感染死亡案评释[*]

《最高人民法院公报》1989年第1号(总17号)发表的《张连起、张国莉诉张学珍损害赔偿纠纷案》涉及民法理论中的若干重要问题。试作评释,不当之处请学术界和实务界专家赐教。

一、事实及理由

个体工商户业主张某甲(被告)承包拆除天津碱厂除钙塔厂房工程,由被告全权代理人徐某(被告之夫)组织、指挥施工,并亲自带领雇用的临时工张某乙之子(原告)等人拆除混凝土大梁。在拆除前四根大梁时,起吊后梁身出现裂缝;起吊第五根时,起吊后梁身中间折裂(塌腰)。此种情况,并未引起徐某的重视。当拆除第六根时,梁身从中折断,站在大梁上的徐某和原告张某乙之子滑落坠地,张某乙之子受伤,经医院检查:左下踝关节挫伤,受伤第五天住院,半月后死亡。鉴定结论:左踝外伤后,引起局部组织感染、坏死,致脓毒败血症死亡。医院治疗无误。

原告向塘沽区人民法院起诉,要求被告赔偿全部经济损失。被告辩称:死者张某乙之子签写招工登记表时,同意"工伤概不负责"。

塘沽区人民法院审理认为:被告张某甲的全权代理人徐某在组织、指挥施工中,不仅不按操作规程办事,带领工人违章作业,而且在发现

---

[*] 本文原载《法学研究》1989年第4期。

事故隐患后,不采取预防措施,具有知道或者应当知道可能发生事故而忽视或者轻信能够避免发生事故的心理特征。因此,这起事故是过失责任事故。经鉴定,张某乙之子是由工伤引起的死亡,与其他因素无关。我国《宪法》明文规定,对劳动者实行劳动保护,这是劳动者所享有的权利,受国家法律保护,任何个人和组织都不得任意侵犯。被告张某甲身为雇主,对雇员理应依法给予劳动保护,但被告却在招工登记表中注明"工伤概不负责"。这是违反《宪法》和有关劳动法规的,也严重违反了社会主义公德,属于无效民事行为。依照《民法通则》第106条第2款的规定,被告由于过错侵害了张某乙之子的人身安全,应当承担民事责任。依照《民法通则》第119条的规定,被告应承担赔偿张某乙之子死亡前的医疗费、家属误工减少的收入和死者生前抚养的人的生活费等费用。

二、本案适用法律的探讨

本案被告与受害人间虽然有雇佣合同关系,但本案性质上非违反合同,而属于侵权行为。因为被告加害行为非违反依雇佣合同关系所产生的合同债务,而是违反法律赋予一切人不得侵害他人合法权益的普遍性义务;所侵害之对象非受害人依雇佣合同关系所产生的债权,而是受害人的身体、健康和生命,属于人身权。

本案事实为受雇工人在执行职务中遭受伤害,即工业事故,依现代民法属于特殊侵权行为,应适用无过错责任原则。民法上的无过错责任原则正是为了解决工业事故的损害赔偿问题才得以确立的。

民法从罗马法一直到《法国民法典》,均坚持绝对的过错责任原则。到了19世纪下半叶,由于大规模工业交通事业的发展,工业事故已成了十分严重的社会问题。大批受害工人往往因不能证明业主有过错而得不到赔偿。

1896年法国最高法院在审理一个因拖船爆炸而使雇工受致命伤害的案件中,依《法国民法典》第1384条使雇主承担赔偿责任。这一判例表明法国最高法院的立场有重大变化,对工业事故伤害采用了无过错责任原则。最后导致《法国劳工赔偿法》的颁布。依据该法，工业事故的受害人有权获得雇主的赔偿，而不论雇主是否有过错，除非损害是受害人自己故意造成的。

在德国，工业事故伤害的无过错责任原则是以单行法方式确立的。早在1838年，《普鲁士铁路法》规定：铁路公司对其所转运的人及物，或因转运之故对于别的人及物予以损害者，应负赔偿责任。企业之容易予人损害者，虽企业主毫无过失，亦不得以无过失为免除责任之理由。德国统一后于1871年颁布《帝国统一责任法》，规定由业主对其代理人及监事管理人员的过错所造成的死亡和人身伤害负赔偿责任。1834年颁布《工业事故保险法》确立企业主对雇工伤害负赔偿责任的原因责任(无过错责任)原则，同时推行强制灾害保险制度。①

英国从1897年起制定了一连串劳工赔偿法，使业主对雇工伤害承担无过错责任。1910年以后，美国各州相继颁布了工人赔偿条例，无论雇主有无过错，都应对工人所受伤害负赔偿责任，并辅之以强制责任保险。②

我国台湾地区采纳德国法立场。我国台湾地区"民法"第4条规定：因故意或过失不法侵害他人之权利者，负损害赔偿责任。即适用于一般侵权行为之过错责任原则。有关工业事故所致工人伤残死亡的赔偿问题，另由劳工保险制度依无过错责任原则解决。但鉴于并非所有企业所有工人均参加劳工保险，为使未参加劳工保险之工人亦能享受无过错责任原则之利益，特设"工厂法"第45条。台湾地区现行"工厂法"第45条规定：凡依法未能参加劳工保险之工人，因执行职务而致伤病、残废或者死亡者，工厂应参照劳工保险条例有关规定，给予补助费或抚恤费。

以上说明，工业事故致工人伤残死亡的赔偿问题，属于特殊侵权行为，应适用无过错责任原则，此为现代民法之通例。而民法之所以确立

---

① 以上法国、德国资料转引自中国人民大学法律系民法教研室编：《外国民法论文选》，中国人民大学法律系1984年版，第418—426页。

② 参见王卫国：《过错责任原则：第三次勃兴》，浙江人民出版社1987年版，第97页。

无过错责任原则以解决工业事故的赔偿问题，有四点理由：第一，企业之经营活动为意外灾害之来源；第二，在一定程度上唯业主可能控制这些危险；第三，由获得利益者负担危险是公平正义之要求；第四，业主虽负担危险责任，但能通过商品价格或责任保险制度予以分散。[③]

我认为，本案受理法院适用《民法通则》第 106 条第 2 款关于一般侵权行为的过错责任原则的规定，显属不当。由于本案被告代理人违章施工，具有明显过错，因此依过错责任原则也可以使原告得到赔偿。但是，现实生活中的大量工业事故，业主是否有过错殊难证明，且有相当的事故其发生与当事人过错无关，若依本案适用过错责任原则，势必有许多工人遭受损害而不能依法获得赔偿。

我国《民法通则》之制定曾广泛吸取大陆法系民法和英美法系普通法之成功经验和理论研究成果，尤其关于侵权行为的规定迎合了现代侵权法发展之最新潮流。不仅在第 106 条第 2 款规定了一般侵权行为之过错责任原则，而且在该条第 3 款规定了无过错责任原则，另在同一章第三节分别规定了应适用无过错责任原则的特殊侵权行为。其中第 123 条即是关于工业事故的规定："从事高空、高压、易燃、易爆、剧毒、放射性、高速运输工具等对周围环境有高度危险的作业造成他人损害的，应当承担民事责任；如果能够证明损害是由受害人故意造成的，不承担民事责任。"

这一条文借鉴前法制委员会民法起草小组拟定的《民法草案（第三稿）》（以下简称"民法草案"）第 476 条"从事高空、高压、易燃、易爆、剧毒、放射性等对周围环境有高度危险的作业而造成损害的，应当承担民事责任；如果能够证明损害是不可抗力或者是受害人故意造成的，可以不承担责任"的规定。

将两个条文对照，基本内容及行文排列均一致，但有三点差别：第一，民法草案条文中未包括"高速运输工具"。这是因为民法草案在该

---

③ 参见王泽鉴：《民法学说与判例研究》（第 2 册），台大法学丛书 1979 年版，第 168—169 页。

条之后另有一条专门规定交通运输工具造成损害的赔偿问题,是采将"工业事故"与"交通事故"分别规定的方式。而《民法通则》在条文中增加"高速运输工具",是采"工业事故"与"交通事故"合并规定的方式。第二,《民法通则》第123条明定为"造成他人损害的",纠正了民法草案条文中"造成损害的"一语不准确的毛病。因为经营高度危险业务的企业或个人自己所受损害,当然是由自己负担损失,与侵权行为的民事责任无关。第三,民法草案条文中规定的免责原因为"不可抗力"和"受害人故意"两种,而《民法通则》第123条只规定"受害人故意"一种,其用意在贯彻严格的"由获得利益者负担危险"原则,以符合社会公平观念。

实际上,《民法通则》第123条及民法草案的相应条文,均着重参考了1964年《苏俄民法典》的规定。该法典第454条标题为"对高度危险来源所造成的损害的责任",规定"其活动对周围的人有高度危险的组织和公民(交通运输组织、工业企业、建筑工程部门、汽车占有人等),如果不能证明高度危险来源所造成的损害是由于不能抗拒的力量或受害人的故意所致,应当赔偿所造成的损害"。

将《民法通则》第123条与《苏俄民法典》第454条做比较,可以发现二者在立法技术上有差异。《苏俄民法典》是列举"交通运输组织、工业企业、建筑工程部门、汽车占有人"等。而《民法通则》第123条只是列举高度危险作业种类。虽然,"从事高空、高压、易燃、易爆、剧毒、放射性"等,毫无疑问是指工业企业及建筑、采矿等企业活动。但是,毕竟若不采《苏俄民法典》第454条直接列举"工业、采矿、建筑企业",能涵盖一切工业事故。就现行法条,若采文义解释,囿于法条文字含义,则对于如工人操作机器致伤致残,工人因工业粉尘致患病和因长期接触化工原料(虽非剧毒)遭受损害,以及矿工因矿井坍塌致死等案件,应否适用《民法通则》第123条,难免产生疑问,并导致适用法律不当。

本案事实是以吊车拆除厂房,属于"从事高空"作业,适用《民法通则》第123条当属毫无疑义。但受理法院竟然未予适用,恐怕是受了

《民法通则释义》一书的影响。该书作如下解释:"高空作业,如修建高层建筑。"④高空作业之范围甚广,作者单举"修建高层建筑"一种,易于使人产生误解:似乎本案之"拆除厂房"不属高空作业。因为,第一,"拆除"有别于"修建";第二,"厂房"有别于"高层建筑"。但"高层建筑"是一个极不确定的概念,其解释因时、因地而不同。现在,高层建筑之高度正扶摇直上,二三十层乃至更高的建筑所在多有。相形之下,十层以下只能算"低层建筑"了。若依此解释,将有大批因工受伤的建筑工人及其他受害人不能依《民法通则》第 123 条适用无过错责任原则得到赔偿,与立法者本意抵牾太甚。依我的见解,对"高空"一语不可拘泥于文义解释,应采扩张解释,解释为"空中"作业。凡建筑工程施工不分"修建"或"拆除",在地面以上空中作业所致损害,均属之。顺便提及,《民法通则》第 123 条之"剧毒"一语,亦以解释为"有毒"为宜。

前法制委员会民法起草小组成立于 1979 年,1980 年即拟成《民法草案(第一稿)》。当时城市经济体制改革尚未开始,工业、采矿业、建筑业还是单一的公有制。工人执行职务致伤残死亡,完全依劳动保险制度处理。向法院提起诉讼,追究侵权责任的,主要是针对此类企业以外的人受损害的赔偿问题。但随着经济体制改革的全面展开和深入发展,打破了单一的公有制经济结构,出现了个体、合伙、私营及村办和乡办的各种工业、采矿和建筑企业,出现了农村建筑队向城市进军的浪潮。这些企业和建筑队的工人数以千万计,绝大多数不享受劳动保险。因此,正确解释《民法通则》第 123 条,使该条能涵盖一切工业事故,以便广大未能享受劳动保险的工人因工受损害时,可以适用该条依无过错责任原则得到法律保护,避免出现严重的不公平,无疑具有重大的理论和实践意义。

三、本案对民法因果关系理论的重大意义

无论依过错责任原则,还是依无过错责任原则,都须确定加害行为

---

④ 穆生秦主编:《民法通则释义》,法律出版社 1987 年版,第 132 页。

与损害后果之间是否有因果关系。只在加害行为与损害后果间存在因果关系时,法律方才追究行为人的民事责任。如果不存在因果关系,即便是故意的加害行为,行为人亦不应对损害后果承担赔偿责任。但民法理论上对于判断因果关系有不同的学说。外国及我国台湾地区学者大多采相当因果关系说,而苏联及我国大陆学者大多采必然因果关系说。下面先介绍相当因果关系说。

按照相当因果关系说,如果某项事实仅于现实情形发生该项结果,还不足以判断有因果关系,必须在通常情形,依社会一般见解亦认为有发生该项结果之可能性,始得认为有因果关系。例如,伤害人后送入医院治疗,不幸医院失火致伤者被烧死。其伤害与死亡,于该案特定情形不能说没有因果关系,但医院失火之事实出于意外,在通常情形不可能发生此结果,因此不能认为有因果关系。如因伤后受风以致死亡,则在通常情形,依一般社会经验认为有此可能性,因此应认为其伤害与死亡之间有因果关系。此说符合民法之公平原则,因而为多数学说及实务上所采取。⑤

相当因果关系说,又称为适当条件说。适当条件为发生该结果所不可缺之条件。不独于特定情形偶然地引起损害,而是一般发生同种结果之有利条件。例如,酒醉车夫迷路,途中大雨骤至,乘客因雷击而死,车夫之醉酒,为乘客死亡之结果所不可缺之条件,然于遇骤雨雷击之特别情形为伤亡之原因,不得认定为一般的死亡原因。反之,如因车夫之过失致车倾翻,因而伤害乘客,虽车之倾翻不一定伤害乘客,但有伤害之可能性,因而有相当因果关系。⑥

学者将相当因果关系说概括为下述公式:"以行为时存在而可为条件之通常情事或特别情事中,于行为时吾人智识经验一般可得而知及为行为人所知之情事为基础,而且其情事对于其结果为不可缺之条件,一般有发生同种结果之可能者,其条件与其结果为有相当因果关

---

⑤ 参见欧阳经宇:《民法债编通则实用》,汉林出版社1977年版,第80页。
⑥ 参见史尚宽:《债法总论》,荣泰印书馆1978年版,第161页。

系。"⑦依此公式于具体案件判断是否有相当因果关系时,须加注意:(1)行为与损害之间不要求有直接因果关系。损害虽为间接之结果,如有适当条件,即应负责。例如,杀人毁物为直接损害。因行为一旦发生某结果,以该结果为原因,再生损害为间接损害。如将向他人所借自行车置于户外,因而被窃;运送人将货物运送他处,因而货物受损。对此间接损害,亦应负赔偿之责。(2)不要求损害为必然发生。例如,买入病牛而传染于他牛,如将病牛隔离即可避免传染。此他牛之传染非必然发生之结果。但亦应认为有因果关系。(3)苟基于适当条件所生损害,其为通常所生之损害或为特别情形所生之损害,在所不问。例如,射击野兽,散弹回击达于通常所不达之所而伤人,虽非通常所生之结果,但射击伤人为一般所得生之结果。又例如,受创伤者因创热而死亡,其死亡虽不为创伤之通常结果,但创伤致死亦为一般所得生之结果。因此亦应认为有相当因果关系。⑧

按照必然因果关系说,只有当行为人的行为与损害后果之间是内在的、本质的、必然的联系时,才具有法律上的因果关系;如果行为与结果之间是外在的、偶然的联系,则不能认定二者有因果关系。我国学者大多持这种观点。⑨

我国大多数学者之所以持必然因果关系说,无疑是受苏联民法理论的影响。苏联学者认为,"因果关系永远是现象的这样一种联系,其中一个现象(原因)在该具体条件下,必然引起该种后果(结果)"⑩。这里所强调的,是原因和结果之间的必然性联系。

相当因果关系说与必然因果关系说,两者的根本区别在于:前者强调结果发生的"可能性",而后者强调结果发生的"必然性";且前者所强调的"可能性"取决于"社会一般见解","在通常情形,依一般社会经

---

⑦ 参见史尚宽:《债法总论》,荣泰印书馆1978年版,第163页。
⑧ 参见史尚宽:《债法总论》,荣泰印书馆1978年版,第163—164页。
⑨ 参见王利明、郭明瑞、方流芳:《民法新论》(上册),中国政法大学出版社1988年版,第465页;唐德华主编:《民法教程》,法律出版社1987年版,第444页;陈国柱主编:《民法学》(修订本),吉林大学出版社1987年版,第449页。
⑩ 《苏联民法》(上册),法律出版社1984年版,第506页。

验,认为有此可能性",即有相当因果关系,而后者所强调的"必然性",是"客观的"存在,与人的认识无关。

所谓必然,是一个哲学概念,指不以人们意志为转移的客观规律。必然性,指客观事物发展、变化中不可避免和坚定不移的趋势。必然性是由客观事物的本质决定的,认识客观事物的必然性就是认识客观事物的本质。必然因果关系说的要害在于混淆了哲学上的因果关系与法律上的因果关系,以哲学因果关系概念代替法律因果关系概念。在司法实践中严格贯彻必然因果关系说,即:(1)要求加害行为与损害结果之间有直接的因果关系,不承认对间接损害的赔偿,"行为人只应对自己行为的直接后果负责"[11]。(2)要求损害为必然发生,不承认对非必然发生之损害结果的赔偿。如买入病牛,非必然传染他牛,及时将病牛隔离即可避免传染,若依此说则应否认其因果关系。(3)不承认偶然因果关系,否认因偶然性所发生损害的赔偿责任。[12] 若严格贯彻必然因果关系说,将使许多无辜受害人得不到法律保护,违反民法基本精神和社会公平正义观念。

近年来,已有少数学者开始怀疑必然因果关系说的正确性,认为否定间接的因果关系和偶然的因果关系,是错误的。[13] 虽然如此,学者们却并不打算抛弃这种学说而采取相当因果关系说,因为相当因果关系说据说是"违反唯物辩证法的"学说。[14]

必然因果关系说貌似符合唯物辩证法,实际上是形而上学。依唯物辩证法,客观事物的必然联系,即客观规律是可以认知的。但这种认识有待于整个人类的实践活动,而人类的实践活动是不断发展的历史过程。要求法官处理每一个具体案件均能准确掌握其必然性因果联

---

[11] 唐德华主编:《民法教程》,法律出版社1987年版,第445页。
[12] 参见魏振瀛:《论构成民事责任条件的因果关系》,载《北京大学学报》(哲学社会科学版)1987年第3期。
[13] 参见张佩霖:《民事损害赔偿中的因果关系探疑》,载《政法论坛》1986年第2期;魏振瀛:《论构成民事责任条件的因果关系》,载《北京大学学报》(哲学社会科学版)1987年第3期。
[14] 参见魏振瀛:《论构成民事责任条件的因果关系》,载《北京大学学报》(哲学社会科学版)1987年第3期。

系,这恰恰是违背唯物辩证法的。并且,这一学说违背法律之本质。法律的任务在于协调社会生活中各种利益冲突,维护社会公平与正义。法官在裁判案件时,主要是依循社会生活的共同准则、公平正义观念及善良风俗习惯和人之常情。不了解这一点,就无法理解民法时效制度、无过错责任原则、公平责任原则及因果关系。与必然因果关系说相反,相当因果关系说不要求法官对每一个案件均脱离一般人的智识经验和认识水平,去追求所谓"客观的、本质的必然联系",只要求判明原因事实与损害结果之间在通常情形的存在可能性。这种判断非依法官个人主观臆断,而是要求法官依一般社会见解,按照当时社会所达到的知识和经验,只要一般人认为在同样情形有发生同样结果之可能性即可。因此,相当因果关系说不仅是现实可行的,而且符合法律维护社会公平正义之精神。毫无疑问,作为一种法律学说,相当因果关系说是科学的,而必然因果关系说是不科学的。

本案被告全权代理人徐某在组织、指挥施工中不按操作规程办事,带领工人违章作业,是发生损害的原因。受害人受伤致感染败血症死亡,是其结果。与前引欧阳经宇先生所举"因伤后受风以致死亡"及史尚宽先生所举"受创伤者因创热而死亡"之例吻合。⑮ 依相当因果关系说,因外伤感染脓毒败血症死亡,虽非必然发生之结果,但依一般社会见解,有发生之可能性,因此应认定为有因果关系,使被告承担赔偿责任,这与《民法通则》所确立的公平原则及社会公平正义观念完全符合。反之,若依必然因果关系说,则势必否认有所谓"客观的、本质的必然因果关系",而使原告得不到赔偿,违背民法基本原则及社会公平正义观念。

本案受理法院虽未公开表明判断因果关系之理论依据,但从案件处理结果看,显然采纳了相当因果关系说为理论依据。因为必然因果关系说没有为本案的公正解决提供任何可能性。本案表明,我国司法实务接受了相当因果关系说,采取了与各主要国家及地区大多数民法

---

⑮ 参见欧阳经宇:《民法债编通则实用》,汉林出版社1977年版,第80页;史尚宽:《债法总论》,荣泰印书馆1978年版,第164页。

学者相同的立场。毫无疑问,这在理论和实务上将产生重大影响。

四、本案确立了人身伤害的侵权行为免责条款无效的原则

双方当事人预先达成一项合意,免除将来可能发生损害的赔偿责任,称为免责条款。以其所欲免除责任的性质,可分为违反合同的免责条款及侵权行为的免责条款。这里所讨论的是侵权行为免责条款的效力问题。

各主要国家及地区对待侵权行为免责条款的态度分为两派:其一是免责条款原则上无效;其二是免责条款原则上有效。

认为免责条款原则上无效的理由主要是,侵权行为责任关系社会公共秩序,且法律关于侵权行为的规定属于强行法,不得因当事人意志而影响其适用。因此,免除侵权行为责任的任何协议都是非法的。按照大多数学者的见解,法国的判例法确立了免责条款无效的原则。在受法国法影响的阿拉伯国家中,如埃及、叙利亚、利比亚,以及突尼斯、摩洛哥等国的民事立法,均明文规定了这一原则:任何免除对侵权行为所负责任的条款为无效。埃塞俄比亚的法律与此稍有差异。按照《埃塞俄比亚民法典》,禁止任何人免除由于自己过错的侵权行为所负责任。但是,依法应对他人的侵权行为负责的人,可以通过约定免除其责任。对于依法应负无过错责任的特殊侵权行为,允许事先约定在自己无过错的情形免除其责任。

在法国,有一些学者不同意多数人的意见。这些学者认为侵权行为责任并不是公共秩序问题,认为这种免责条款除非有法律明文禁止,否则皆受合同自由原则的保护。因此,他们认为免责条款原则上有效。比利时自1907年最高法院通过了一项决议之后,所有法院均确认免责条款原则上有效。荷兰的最高法院已明确表示,在若干情况下免责条款有效。按照《意大利民法典》,调整本人侵权行为所负责任的条款原则上是合法的。葡萄牙、墨西哥的法律中也有同样规定。瑞士、奥地利、希腊和土耳其,认为限制和免除侵权行为责任的协议原则上是合法的。

即使在承认免责条款原则上有效的国家及地区,也都有例外规定,禁止免除以下三种情形的侵权行为责任。其一,禁止免除人身伤害的侵权行为责任。拳击运动员之间或足球运动员之间所缔结的免责条款,如果是为了免除对人身伤害的责任,则应无效。同样,汽车司机也不能免除对其免费乘客人身伤害的责任。即使乘客是司机的未婚妻、妻子或父母,也不能免责。在英国,议会主动禁止造成人身伤害的过失所负责任的免责条款。禁止免除对人身伤害的侵权行为责任,是各主要国家及地区立法和实务的一致立场,而仅有的例外是比利时。按照比利时的法律,有关人身伤害的免责条款完全有效。其二,禁止免除故意和重大过失的侵权行为责任。各主要国家及地区法律大抵明文禁止有关故意和重大过失侵权行为的免责条款,如意大利、荷兰、瑞士、希腊、匈牙利、黎巴嫩、墨西哥等。另外一些国家,如比利时、西班牙和菲律宾,只禁止有关故意的侵权行为免责条款。其三,与公共秩序和善良风俗相抵触的免责条款无效。按照《德国民法典》,违反善良风俗的协议无效。按照《意大利民法典》,免除违反公共秩序行为所负责任的所有条款无效。《葡萄牙民法典》规定,当事人事先协议而免除或限制责任,不适用于违反调整公共秩序的法律所规定的义务的行为。荷兰的法律规定,如果免责条款与公共秩序和善良风俗相抵触,即为无效。瑞士、土耳其、希腊、奥地利等国法律对此都有规定,如果免责条款试图免除因侵害人身不可让与的权利所发生的侵权行为责任,即被断定为与公共秩序和善良风俗相抵触。所谓人身不可让与的权利,是指人的生命、身体、健康、自由、人格尊严、名誉等人格权利。

有的国家及地区法律专门规定,不得限制或免除因高度危险作业所负责任,如《匈牙利民法典》第345条规定及《波兰民法典》第437条规定。其他国家及地区虽无明文禁止免除高度危险作业损害的责任,但高度危险作业所造成人身伤害的责任不得预先免除,这是毫无疑义的。⑯

---

⑯ 以上各主要国家及地区立法资料转引自中国人民大学法律系民法教研室编:《外国民法论文选》,中国人民大学法律系1984年版,第418—426页。

我国现行法未对侵权行为的免责条款作任何规定。我迄今所看到的民法著作也没有这方面的论述。但在我国目前的社会生活中，随处都可遇见免责条款问题。例如，旅店规定：旅客行李自己保管，如有遗失本店概不负责；病人动手术前医院让家属在保证书上签字：所发生一切后果，医院概不负责；乡镇企业、村办企业、私人企业的雇佣合同中规定，雇工如因工伤死亡，雇主概不负责。前文已经谈到，近几年来由于乡镇企业、私人企业的发展，由于法律制度的不完善，在这些企业中工作的工人不受劳动保险制度的保护，如果承认这种免责条款的效力，将使许许多多受人身伤害的工人无法获得赔偿，违背民法公平原则及公平正义观念。因此，法律必须对侵权行为免责条款的效力问题表明立场。

本案的重大意义正是在于，我国司法实务首次表明了对侵权行为免责条款所持的立场，以判例法形式确立了一项法律原则：有关人身伤害的侵权行为免责条款绝对无效。依这一原则，试图免除对人身伤害的侵权行为责任的免责条款，在法律上绝对无效，不容有例外。

这一法律原则的根据，表述在最高人民法院〔1988〕民他字第 1 号《关于雇工合同应当严格执行劳动保护法规问题的批复》中："经研究认为，对劳动者实行劳动保护，在我国宪法中已有明文规定，这是劳动者所享有的权利，受国家法律保护，任何个人和组织都不得任意侵犯。张学珍、徐广秋身为雇主，对雇员理应依法给予劳动保护，但他们却在招工登记表中注明'工伤概不负责任'。这是违反宪法和有关劳动保护法规的，也严重违反了社会主义公德，对这种行为应认定无效。"其中包含了三点理由：(1)该免责条款侵犯了劳动者依宪法所享有的受劳动保护的宪法性权利。这一宪法性权利是由《宪法》第 42 条规定得出的。(2)该免责条款违反了雇主依宪法和有关劳动法规应给予雇员劳动保护的义务。这一义务由《私营企业暂行条例》第 30 条第 1 款作了规定："私营企业必须执行国家有关劳动保护的规定，建立必要的规章制度，提供劳动安全、卫生设施，保障职工的安全和健康。"(3)该免责条款违背了社会主义公德。按照《民法通则》第 7 条的规定，"民事活动应当尊重社会公德,不得损害社会公共利益,破坏国家经济计划,扰乱社会经济秩序"。《民法通则》这一规定相当于各主要国家及地区法律所称"公共秩序与善良风俗"。

  从上述分析中我们看到我国法律中还确立了有关侵权行为免责条款的另一原则:凡与社会公德和公共利益抵触的免责条款,应为无效。这项原则是由最高人民法院上述批复从《民法通则》第 7 条规定的基本原则推论出来的。在本案中,只是作为认定有关人身伤害的免责条款无效的理由之一,但不可否认它本身构成一条法律原则。关于侵权行为免责条款,我国法律只缺少"禁止免除故意和重大过失的侵权行为责任原则"。希望不久能在最高人民法院的批复和判例中看到这一原则。

道路管理瑕疵的赔偿责任*

——大风吹断路旁护路树砸死行人案评释

1988年7月15日下午6时许,原告王某之夫马某下班后骑自行车回家,行至千阳县电力局门前公路时,遇大风吹断公路旁护路树,马某躲闪不及,被断树砸中头部,当即倒地昏迷,由同行人送入医院,经抢救无效死亡。经一审千阳县人民法院查明,发生事故公路及路旁树木属千阳县公路管理段管辖。路旁树木受害虫黄斑星天牛危害严重,部分树木枯死已3年之久,经上级批准下达了采伐路旁虫害护路树的文件。由于被告千阳县公路管理段对采伐虫害护路树一事未采取任何积极措施,致发生上述事故。一审法院认为,"公路两旁的护路树属公路设施。千阳县公路管理段对这段公路及路旁护路树负有管理及保护的责任。护路树被虫害蛀朽已三年之久,直接威胁公路上的车辆行人的安全,在上级批文决定采伐更新的一年多时间内,千阳县公路管理段不履行自己的职责,导致危害结果发生,是有过错的"。依《民法通则》第119条及第126条,一审法院判决被告千阳县公路管理段向原告王某支付损害赔偿金。

被告不服一审判决,以下述理由提出上诉:(1)因收益分配等问题与附近村镇意见不一致而无法采伐更新虫害护路树,要求有关单位分担责任;(2)当地气象部门已预报下午有大风,受害人仍冒风行进致被断树砸死,死者也有过错。

* 本文原载《法学研究》1991年第5期。

二审宝鸡市中级人民法院认为,上诉人千阳县公路管理段对该段公路护路树负有直接的管理责任。在上级批文决定采伐更新虫害蛀朽的护路树一年有余的时间内,未采取积极措施,致使危害结果发生,主观上的过错不能推脱。有关村镇与上诉人有关收益分配上的争议,是另一民事权益争议,不能成为分担责任的理由;受害人冒风行进,主观上没有过错,与被断树砸死不存在因果关系,不应承担责任。因此,二审法院作出终审判决:驳回上诉,维持原判。①

本案是我国司法实践正式确认道路管理瑕疵赔偿责任的第一个判例,在理论和实践上均有重要意义。

一、道路管理责任与国家赔偿责任

道路管理瑕疵的赔偿责任属于国家赔偿责任的范畴。在此有必要对于国家赔偿责任之确立作一简要回顾。

众所周知,资本主义社会以前的社会中不存在国家赔偿责任制度。基于"国家绝对主权"及"国王不能为非"等原则,人民不得对国家提起侵权赔偿诉讼。这在理论上称为"国家无责任说"。资产阶级革命推翻了封建专制,实行民主政体,国家无责任说丧失了理论上和政体上的依据。法国早在1799年的法律中就已规定国家行政部门应对公共建筑工程所致损害承担赔偿责任(其中包括道路管理瑕疵责任),但是,直到1873年的勃朗哥案件,才通过判例法最终确立了国家赔偿责任制度。②

德国在1910年的《国家责任法》中规定了官吏在执行公务时因故意过失对第三人造成损害,应由国家代为承担《德国民法典》第839条的责任。至1919年,德国《魏玛宪法》中明文规定,官吏行使受委托之权时,对于第三者违反其职务上的义务,其责任应由所服役之国家及政治机关负担,不得起诉官吏。这一规定标志德国正式确立了国家赔偿

---

① 本案载《最高人民法院公报》1990年第2期。
② 参见于安主编:《行政诉讼法通论》,重庆出版社1989年版,第257—258页。

责任制度。③

其他国家正式确立国家赔偿责任制度是第二次世界大战后的事，比法、德两国晚了许多年。例如美国，一直到 20 世纪 40 年代，主权豁免原则仍起着支配作用。这一原则的根据，是从英国普通法继受的"国王不能为非"的传统原则。大法官霍姆斯曾经解释说：美国不能因为侵权而被诉。"我觉得，控告国家如同对天挥拳一样，正是天空滋养了人的精力，使人能够挥拳。"④制定联邦侵权赔偿法以废除主权豁免原则的努力，始于 20 世纪 20 年代，直至第二次世界大战后才获成功。1946 年，美国通过了联邦侵权赔偿法，宣布放弃国家侵权赔偿责任的豁免特权，允许有关当事人对因联邦政府雇员在其职务范围内有过失的侵权行为，向美国提起侵权赔偿诉讼。⑤ 该法被认为是美国国家赔偿责任立法的里程碑，并对其他普通法国家如英国产生了很大的影响。

标志英国确立国家赔偿责任制度的立法是 1947 年颁布的《王权诉讼法》。该法宣布原则上放弃国家豁免原则，规定于下述情形，国家负有与成年的有责任能力人相同的责任：①有关它的公务员和代表人的侵权行为；②有关普通法上作为一个雇主对它的雇员或代理人所负的义务；③有关在普通法上任何作为财产所有人所负的义务。⑥

日本学者将国家赔偿责任区分为国家权力作用的赔偿责任及非权力作用的赔偿责任。后者再分为私经济关系的赔偿责任及非权力的公共行政的赔偿责任。这种分类得到多数学者的赞同。⑦ 日本从明治至大正初年，只承认国家立于私经济关系当事人地位，可依民法典的规定承担赔偿责任；1916 年（大正 5 年）以后的判例，承认国家基于非权力的公共行政（如公共营造物设置和管理瑕疵）所生损害，可依《日本民

---

③ 参见于安主编：《行政诉讼法通论》，重庆出版社 1989 年版，第 234 页。
④ 〔美〕施瓦茨：《行政法》，徐炳译，群众出版社 1986 年版，第 525 页。
⑤ 该法规定了许多例外情形以限制国家赔偿责任，因此有人认为，美国之制不过是将"国王不能为非"修改为"国王仅犯小错"而已。
⑥ 参见于安主编：《行政诉讼法通论》，重庆出版社 1989 年版，第 281—282 页。
⑦ 参见〔日〕加藤一郎：《不法行为法之研究》，有斐阁 1983 年版，第 29—30 页。

法典》第 717 条的规定承担赔偿责任。⑧ 但基于公权力的行使所生损害的赔偿责任,却一直不被承认。直到第二次世界大战后,于 1947 年颁布《日本国家赔偿法》,规定了基于公权力的行使所生损害的赔偿责任(第 1 条),国家赔偿责任制度终于得以确立。

由上可见,国家赔偿责任制度是人类社会进步和民主法治发展的一项重大成果。我国在 1982 年制定现行《宪法》时,立法者在总结三十多年历史经验尤其是吸取十年"文化大革命"惨痛教训的基础上,借鉴上述各主要国家及地区关于国家赔偿责任立法的成功经验,规定了第 41 条第 3 款:"由于国家机关和国家工作人员侵犯公民权利而受到损失的人,有依照法律规定取得赔偿的权利。"这一宪法条文是建立我国国家赔偿责任制度的奠基石。

1986 年我国颁布的《民法通则》第 121 条规定:"国家机关或者国家机关工作人员在执行职务中,侵犯公民、法人的合法权益造成损害的,应当承担民事责任。"1989 年我国颁布的《行政诉讼法》第 67 条第 1 款规定:"公民、法人或者其他组织的合法权益受到行政机关或者行政机关工作人员作出的具体行政行为侵犯造成损害的,有权请求赔偿。"第 68 条第 1 款进一步规定,由该行政机关或者该行政机关工作人员所在的行政机关负责赔偿。可以认为,我国国家赔偿责任制度已初步确立,尽管尚不完善。

按照日本学者加藤一郎的解释,国家赔偿责任包括三种情形:①基于公权力行使所生损害的赔偿责任;②基于非权力的公共行政所生损害的赔偿责任;③基于私经济关系所生损害的赔偿责任。⑨ 但依我国现行《民法通则》和《行政诉讼法》的规定,我国国家赔偿责任须以"在执行职务中"为必备条件。⑩ 国家立于民事经济关系(亦即日本学者所谓私经济关系)当事人的地位所造成的损害,受害人只能依民事法律的规定,向该国家机关提起民事赔偿诉讼,不属于国家赔偿责任的

---

⑧ 参见〔日〕加藤一郎:《不法行为法之研究》,有斐阁 1983 年版,第 30 页。

⑨ 参见〔日〕加藤一郎:《不法行为法之研究》,有斐阁 1983 年版,第 29—30 页。

⑩ 参见于安主编:《行政诉讼法通论》,重庆出版社 1989 年版,第 244 页。

范畴。

依解释,"执行职务"行为包括:立法行为、司法行为、行政行为和公共行政。其中,立法行为、司法行为、行政行为均属于行使国家公权力的行为。公共行政与公权力的行使无关,指国有公共设施的设置和管理行为。按照《行政诉讼法》第 67 条规定,因行政机关或行政机关工作人员作出的"具体行政行为"所生损害,受害人可依行政诉讼程序获得赔偿。抽象行政行为(行政规章)、司法行为、立法行为所生损害,以及国有公共设施的设置管理行为所生损害,应依何种程序获得国家赔偿,尚无明确规定。

本案事实为大风吹断护路树砸伤行人经抢救无效死亡。公路之设置和管理属于非权力的公共行政。一审法院在判决理由中阐明,被告千阳县公路管理段对该段"公路及路旁护路树负有管理及保护的责任",二审法院亦确认"上诉人千阳县公路管理段对该段公路护路树负有直接的管理责任"。此所谓"管理责任",即道路管理瑕疵的赔偿责任。通过本案判决,确立了下述原则:国有道路及其他公共设施因管理瑕疵造成人身财产损害,应由受委托管理的国家机关或公共团体对受害人承担赔偿责任。法院审理这类案件应适用民事诉讼程序,而不适用行政诉讼程序。此项原则之确立弥补了我国国家赔偿责任立法之不足。

二、道路管理责任与建筑物责任

本案一审法院在判决理由中着重阐明被告应承担道路管理瑕疵的赔偿责任,"护路树被虫害蛀朽已三年之久,直接威胁公路上的车辆行人的安全,在上级批文决定采伐更新的一年多时间内,千阳县公路管理段不履行自己的职责,导致危害结果发生"。但该判决理由却又引用《民法通则》第 126 条关于建筑物责任的规定作为判决依据。而二审法院亦表示原审"适用法律正确"。究竟引用《民法通则》第 126 条作为道路管理瑕疵的赔偿责任的判决依据是否妥当?要回答这一问题,必须对道路管理责任与建筑物责任作一番比较。

建筑物责任源于罗马法。依据罗马法,自屋内投物品于通衢,加损害于他人时,家屋之居住者,担损害赔偿之责;于通衢置物或悬物,加损害于他人时,加害人须担损害赔偿之责。⑪《法国民法典》第1386条规定,建筑物的所有人对建筑物因保管或建筑不善而毁损时所致的损害,应负赔偿的责任。《德国民法典》第836条规定,因建筑物或与土地相连的工作物倒塌或一部分剥落,致人伤亡或毁损财物,由土地的占有人承担赔偿责任。《日本民法典》第717条规定,因土地工作物的设置或保存有瑕疵,致他人产生损害时,工作物的占有人负损害赔偿责任。其他国家和地区民法如《瑞士债务法》第58条、我国台湾地区"民法"第191条对此均有规定。

上述各民法关于建筑物责任之性质,有较大差异。在法国民法中,学者初时解释为过失责任,后基于危险责任之理论,渐趋于无过失责任。⑫ 在德国民法中,如占有人证明对于防止危险已尽相当的注意,则不负赔偿责任,应为推定过失责任(中间责任)。《瑞士债务法》就建筑物及其他工作物,一般采无过失责任。⑬ 在日本民法中,依通说,占有者负推定过失责任,所有者负无过失责任。⑭ 我国《民法通则》第126条明定"能够证明自己没有过错的除外",应属于推定过失责任,或称中间责任,类似于德国民法。

《法国民法典》第1386条关于建筑物责任的规定,对于道路并不适用。道路瑕疵造成的损害,由道路管理者基于公役务(service public)的过失承担赔偿责任。即道路管理者负有维持公共道路良好状态的义务。此项义务的违反产生损害赔偿责任。⑮《德国民法典》第836条所规定的建筑物责任,同样不包含道路在内。道路存在危险状态的情形,属于交通安全义务的违反,由此产生对交通安全的责任。这

---

⑪ 参见黄右昌:《罗马法与现代》,第454页。
⑫ 参见史尚宽:《债法总论》,第194页。
⑬ 同上注。
⑭ 参见〔日〕森岛昭夫:《不法行为法讲义》,有斐阁1987年版,第53页。
⑮ 参见〔日〕加藤一郎:《不法行为法之研究》,有斐阁1983年版,第45、47—48页。

种赔偿责任,属于《德国民法典》第823条的一般民法上责任,与第839条所规定的违反官吏职务上义务所生公法性质的责任不同。⑯ 日本在第二次世界大战前曾有若干判例对于道路管理瑕疵损害案件适用《日本民法典》第717条关于工作物责任的规定。例如,1928年(昭和3年)东京市道路瑕疵致损案件及1935年(昭和10年)群马县作为道路一部的棚桥因风雨损坏致货车坠落案件。⑰ 1947年《日本国家赔偿法》第2条规定:道路、河川及其他公共营造物,因设置及管理瑕疵致他人受损害,由国家或者公共团体承担赔偿责任。此后,道路等公共营造物责任即应适用《日本国家赔偿法》的规定,而不再适用《日本民法典》第717条。例如,1958年(昭和33年)仙台市道路瑕疵致人死亡案件,法院即依《日本国家赔偿法》第2条判决仙台市承担赔偿责任。⑱

道路管理责任与建筑物责任,前者属于国家赔偿责任,后者属于一般民事责任。两者的主要区别如下:

其一,适用对象不同。道路管理责任的适用对象为国有道路及其他公共设施。建筑物责任的适用对象为建筑物及其他设施。我国《民法通则》第126条关于建筑物责任规定了三种情况:一是建筑物发生倒塌、脱落,如房屋倒塌、外墙皮脱落;二是其他设施发生倒塌、脱落;三是建筑物上的搁置物、悬挂物发生脱落、坠落,如阳台上放置的花盆发生坠落,造成他人损害。⑲ 依立法之本意,道路及其他公共设施并不包含在内。

其二,责任主体不同。道路管理责任之责任主体,为受国家委托管理国有道路及其他公共设施的国家机关或公共团体。建筑物责任之责任主体,为建筑物及其他设施的所有人或管理人。非属于公共设施之国有建筑物,如国家机关的办公用房屋因倒塌、脱落致他人受损害,该

---

⑯ 参见〔日〕加藤一郎:《不法行为法之研究》,有斐阁1983年版,第45、47—48页。

⑰ 参见〔日〕加藤一郎:《不法行为法之研究》,有斐阁1983年版,第45、47—48页。

⑱ 该案事实为A驾驶附马达自行车,因前轮陷入一直径约1米、深10～15厘米的坑中,致失去平衡跌倒,A头盖底骨折,于次日死亡。参见〔日〕加藤一郎:《不法行为法之研究》,第43页。

⑲ 参见穆生秦主编:《民法通则释义》,法律出版社1987年版,第133页。

国家机关系立于民事主体地位承担建筑物所有人、管理人责任,而与道路管理责任有别。

其三,承担责任的根据不同。建筑物责任之根据有二:一是报偿理论,即受利益者负担建筑物所生损害;二是危险责任理论,即建筑物为危险之源,应由其所有人负危险责任。[20] 道路及其他公共设施以满足公众需要为目的,其受委托管理之国家机关或公共团体并不享受利益,无法依报偿理论解释,既以服务社会公益为目的,则无使所有人负担危险责任之理,因而危险责任理论亦难以适用。道路管理责任属国家赔偿责任,其根据为"公共负担人人平等"理论。依此理论,国家出于公共目的,设置和管理道路及其他公共设施,为社会公众谋利益,如果因而损害某人的利益,就必须由国家对受害人予以赔偿,从而达到公共负担人人平等。[21]

其四,责任原则不同。道路管理责任采用无过失责任原则,凡因管理有瑕疵造成损害,道路管理者即应负责,不容许其证明无过失免责。例如街道阴沟未加盖,致夜间行人坠入其中而受伤,负责设置管理的单位虽无过失,亦不能免责。建筑物责任在法国、瑞士和日本采无过失责任,而德国采推定过失责任,我国《民法通则》第126条亦采推定过失责任。依推定过失责任,被告可以通过证明已尽相当注意(即证明无过失)而获免责。

由此可以判定,本案审理法院引用《民法通则》第126条建筑物责任的规定,作为判决道路管理瑕疵赔偿责任案件的法律根据,属于适用法律不当。本案应当适用的是《民法通则》第121条关于国家赔偿责任的规定。

三、道路管理责任之构成

(一)适用对象

道路管理责任,其适用对象包括道路及其他公共设施。道路指由

---

[20] 参见史尚宽:《债法总论》,第194—195页。
[21] 参见于安主编:《行政诉讼法通论》,重庆出版社1989年版,第242、258—250页。

各级政府主管部门负责修建、养护和管理之公路及城镇街道。农村之人行小道不属于此所谓道路。但旅游景点供游人通行之小路应包括在内。此所谓道路还应包括道路之附属设施,如公路之排水设备、防护构造物、护路树、交叉路口、界碑、测桩、安全设施、渡口码头、检测及监控设施等。其他公共设施包括桥梁、隧道、堤防、渠堰、下水道、高压输电线、纪念碑、运动场馆、公园学校之运动设施、属于名胜古迹之寺庙碑塔,等等。

所应注意者,所谓公共设施,指由各级政府或公共团体设置管理,以供社会公众利用为目的之营造物。私人或企业法人开设经营之运动场馆、娱乐设施,不包括在内。但由私人或企业法人设置、归政府机关或公共团体管理者,应属于此所谓公共设施。虽为公共设施,在其开放供一般公众利用之前,如未开放供参观游览之属文物的古建筑,其倒塌脱落所致损害应适用《民法通则》第126条,非此所谓道路管理责任。此外,由政府组织之企业法人所经营之公共服务业,如铁路、电力、煤气、自来水等,属于一般民事行为,应依民法承担责任。如公共电汽车压死人,应依《民法通则》第123条承担责任,但如车站候车亭、避雨棚因管理不善倒塌压死人,或输电线设置不固被风吹落电死人,则应成立道路及公共设施管理责任。

(二)管理瑕疵

道路管理责任为无过失责任,不以管理者有故意过失为要件。但须以道路及其他公共设施之管理有瑕疵为条件,因此非绝对无过失责任或结果责任,而属于相对无过失责任或称严格责任。此所谓管理瑕疵,应包括设置瑕疵在内。日本《国家赔偿法》将设置与管理并提,称为设置或管理瑕疵。

日本学者关于设置或管理瑕疵概念,有两种学说。其一为客观说。认为所谓设置或管理瑕疵,指道路或其他公共设施欠缺通常所应具备的安全性。对此应进行客观的判断。其产生原因如何,及管理者有无故意过失，均非所同。㉒ 依客观说，实际上是以道路及其他公共设施本身物理的性状，作为判断是否存在管理瑕疵的依据。即如果存在道路本身瑕疵（缺乏应有之安全性），则推定为存在道路管理瑕疵。㉓ 其二为义务违反说。此说认为，道路及其他公共设施之管理者，负有安全确保义务，违反此项义务，即构成管理瑕疵。如果只有道路等公共设施本身物理性状的欠缺，而并无安全确保义务之违反，尚不得成立管理瑕疵。㉔ 上述第一说为日本学者之通说。

上述两说，客观说强调道路之物理性状是否具备通常应有之安全性，凡不具备通常应有之安全性，即可认定存在管理瑕疵，符合无过失责任之性质。义务违反说强调须有安全确保义务（包括预见义务和损害结果回避义务）之违反，实际上使道路管理责任变成过失责任，且在实务上要求受害人证明有预见义务之存在和损害结果回避义务违反之事实，于受害人极为不利，且增加裁判上的困难。㉕

本案法院判决理由，先认定道路本身存在瑕疵，即"护路树被虫害蛀朽已三年之久，直接威胁公路上的车辆行人的安全"。然后又阐明被告违反损害结果回避义务，即"在上级批文决定采伐更新的一年多时间内，千阳县公路管理段不履行自己的职责，导致危害结果发生"（即有过错）。可见本案判决之主旨，属于义务违反说。假使被告并无损害结果回避义务之事实，如上级未下达采伐更新护路树之批文，则原告将不能获得赔偿。

我认为，道路及其他公共设施管理瑕疵应采客观说，而不应采义务违反说。本案被告在上级下达采伐更新护路树文件后不采取积极措施，致使损害结果发生，既不是管理瑕疵之要素，也不是责任成立之要件，而是可以考虑加重被告责任的依据。

㉒ 参见〔日〕森岛昭夫：《不法行为法讲义》，第59页。

㉓ 参见〔日〕加藤一郎：《不法行为法之研究》，第51页；〔日〕森岛昭夫：《不法行为法讲义》，第59页。

㉔ 参见〔日〕森岛昭夫：《不法行为法讲义》，第61、66—67页。

㉕ 参见〔日〕森岛昭夫：《不法行为法讲义》，第61、66—67页。

(三) 不可抗力及原因竞合

道路管理责任虽属无过失责任,但非绝对无过失责任,而属于相对无过失责任或称严格责任,因而允许在若干情形免除或减轻责任。

其一,不可抗力为唯一原因。上文已经谈到,依客观说,如果存在道路本身的瑕疵,即可推定存在道路管理瑕疵。但当道路瑕疵之发生以不可抗力为唯一原因时,这种推定即被推翻。例如,因暴风雨冲毁道路的场合,在应急措施能够实施之前发生事故,管理者将免于承担赔偿责任。在这种情形,道路本身的瑕疵固然存在,但不存在道路管理瑕疵。[26] 这与不可抗力免责的一般民法原则是一致的。

其二,不可抗力与管理瑕疵竞合。有的情形可能发生不可抗力与管理瑕疵竞合。例如,道路被暴风雨冲毁后,管理者采放任态度未积极进行抢修,或在不能及时修复时未设置充分之危险警告及防护装置,致发生损害,则属于不可抗力与管理瑕疵竞合。再如,属于文物古迹之古建筑物被闪电击中倒塌压死游人,若依文物管理规定装有完善之避雷设备,则不存在管理瑕疵,应依不可抗力免责;若管理者未按照文物管理规定安装避雷设备,则属于管理瑕疵与不可抗力之竞合,管理者应依民法关于原因竞合之规则,承担赔偿责任。

其三,管理瑕疵与受害人过失之竞合。管理瑕疵与受害人过失竞合,在道路瑕疵致损中常见。[27] 因为道路有瑕疵,如有裂缝深坑、坍塌,街道阴沟未加盖等,行人及车辆驾驶人本应能注意(夜间或盲人除外),如竟未注意致发生事故,即发生管理瑕疵与受害人过失之竞合。对于其他公共设施也可能发生,如古建筑年久失修,管理者虽设有危险警告或禁止攀登之标志,但未装设充分之防护设备,游人无视危险警告或禁止标志而攀登,致生损害,即构成管理瑕疵与受害人过失之竞合。这种情形应依民法关于过失竞合之原则,减轻管理人赔偿责任。

虽然本案被告在上诉理由中主张受害人明知有大风仍冒风行进为

---

[26] 参见〔日〕加藤一郎:《不法行为法之研究》,第51页。
[27] 参见〔日〕加藤一郎:《不法行为法之研究》,第51页。

有过失,要求按过失竞合原则减轻责任,但大风吹断护路树砸死人为一般人所难以预见,法律不能要求行人负此注意义务。因此二审法院认定受害人没有过错,不存在管理瑕疵与受害人过失竞合,是完全正确的。

其四,管理瑕疵与第三人原因之竞合。如果因第三人的原因致道路或其他公共设施缺乏通常应有之安全性,因而发生事故,则属于管理瑕疵与第三人原因之竞合。例如,第三人在路基下违章取土致道路坍塌,或者在道路上堆放障碍物,或者将防护构造物或阴沟盖移动或拿走,致发生事故;公共设施因承揽设计施工之承包人设计错误或施工中偷工减料,致缺乏通常应具备之安全性,造成损害,即属管理瑕疵与第三人原因之竞合。这种情形应由道路及其他公共设施之管理者承担对受害人的全部赔偿责任。管理者(国家或公共团体)对受害人承担赔偿责任后,享有对该第三人的求偿权。[28]

有关道路管理瑕疵赔偿责任的其他问题,如因果关系、损害赔偿范围及诉讼时效等,均应适用民法一般规则,此不赘述。

---

[28] 《日本国家赔偿法》第 2 条第 2 款,规定了对第三人的求偿权。

电视节目预告表的法律保护与利益衡量*

一、引言

1994年12月6日出版的《北京广播电视报》第一版中《电视节目预告表受法律保护》一文,报道了引起广泛关注的广西广播电视报社诉广西煤矿工人报社侵权案二审终结,柳州地区中级人民法院判决电视节目预告表受法律保护,责令被告立即停止侵权行为,赔偿原告经济损失并公开赔礼道歉。同年12月19日出版的《广西煤矿工人报》头版以"本报讯"方式宣布该报编委会对照有关实体法及有关部门的行政规章讨论后认为,柳州地区中级人民法院对本案的判决缺乏法律依据,该报对判决表示强烈不服,决定向最高人民法院申请再审,并以第三版整版刊登该报《再审申请书》及《二审代理词》,直接诉诸公众舆论。鉴于本案在民法方法论上有其重要意义,故撰此文予以评析,不妥之处请理论界同仁和实务界专家指正。

二、本案事实概要

原告广西广播电视报社于1979年12月经有关部门批准创刊,发行于全区。之后,原告与中国电视报社签订协议:由中国电视报社提供中央电视台节目预告表,供原告刊载,由原告向中国电视报社每期支付稿酬80元。原告又依据广西电视厅桂发字〔1987〕35号文件精神,与广西电视台达成口头协议:由原告刊登广西电视台的一周电视节目预

---

* 本文原载《法学研究》1995年第2期。

告表，每期向广西电视台支付稿酬100元。

被告广西煤矿工人报社未经原告同意，从1987年起每周一从原告的报纸摘登中央电视台和广西电视台的一周电视节目预告表。1988年2月1日和1989年5月8日，原告在其报纸上发表声明：未经本报准许，任何报刊不得转载、刊登本报的一周电视节目预告表，违者依法追究法律责任。1989年9月22日，在广西版权局桂权字〔1989〕9号《关于广播电视节目预告转载问题的通知》下发后，被告仍继续转载原告的一周电视节目预告表。

1990年2月4日，原告向广西版权局提出申诉，要求被告停止侵权，登报赔礼道歉，赔偿损失。广西版权局审查认为，被告擅自转载原告一周电视节目预告表，违反有关规定，属侵权行为，于同年7月24日作出裁定：被告立即停止摘登原告的一周电视节目预告表，登报公开致歉，补偿原告经济损失6360元。裁定后，被告拒不执行。同年8月27日，原告在自己的报纸上刊登了广西版权局裁定的内容和结果。1991年8月15日，原告向原审合山市人民法院起诉，请求判令被告停止侵权，公开赔礼道歉，赔偿损失。被告反诉原告侵害名誉权，要求赔礼道歉和赔偿损失。

三、原审及终审裁判要旨

1. 原审裁判要旨

原审法院经审理认为，电视节目预告属预告性新闻范围，本身应视为时事新闻。对于时事新闻，无论是新闻单位还是个人都不享有著作权，任何人都可以自由使用不受限制。原告诉被告侵权无法律依据，不予支持。同时，原告在其报和广西电视台登载和播出广西版权局尚未发生法律效力的裁定，使被告名誉受到损害，被告反诉要求赔礼道歉的理由成立，予以支持。判决驳回原告的诉讼请求，并责令原告公开向被告赔礼道歉。

2. 终审裁判要旨

终审法院经审理认为，电视节目预告表是电视台通过复杂的专业技术性劳动制作完成的,电视台对其劳动成果应享有一定的民事权利。根据我国目前的实际情况,对电视台所享有的这一民事权利应予以适当的法律保护。但电视节目预告表不具有著作权意义上的独创性,因而不宜适用《著作权法》保护。原告通过协议方式有偿取得的广西电视台和《中国电视报》一周电视节目预告表,在广西地区以报纸形式向公众传播的使用权,应予以保护。被告未经许可,擅自无偿摘登原告一周电视节目预告表而有偿地提供给公众,不符合《民法通则》的有关原则,违反了有关部门作出的已被报业所普遍接受的"可以转载广播电视报所刊当天和第二天的广播电视节目预告,但不得一次转载或摘登一周(或一周以上)的广播电视节目预告,如需转载整周的广播电视节目预告,应与有关广播电视报协商"的规定,侵犯了原告的权利,应承担相应的民事责任。特别是在诉讼期间,被告仍继续摘登原告的一周电视节目预告表,对此造成的法律后果亦应承担相应的民事责任。给对方造成的经济损失,应根据实际情况酌情给予赔偿。原告上诉有理,予以支持;一审判决不当,应予纠正。依照《民事诉讼法》第153条第1款第(二)项之规定和《民法通则》第4条、第134条第1款第(一)、(七)、(十)项之规定,判决撤销原审判决,责令被告立即停止一次摘登原告一周电视节目预告表的侵权行为,赔偿原告经济损失5万元,并登报向原告公开赔礼道歉。

四、法解释学与利益衡量

1. 本案在法解释学上的意义

本案案情并不复杂,而原、被告双方主张如此尖锐对立,一、二审判决完全相反,究其根源,在于法律对于"电视节目预告表"之是否受法律保护并无明文规定。换言之,法律既无明文规定电视节目预告表应受保护,也无明文规定电视节目预告表不受保护,这无疑是一道难题。要解这道难题非求助于法解释学不可。

2. 法解释学与法律解释

所谓法解释学,简而言之,即关于法律解释适用的方法和规则的实用科学。按照法解释学,法律适用并不仅仅是简单地进行三段论的逻辑操作,即以法律规定作为大前提,以案件事实为小前提,依形式逻辑推理得出结论(判决)。在能够进行这种三段论逻辑操作之前,必须找到可供作为大前提的法律规定。寻找作为大前提的法律规定的工作,称为"找法"。而找法的结果,无非三种可能性:一是法律有明文规定;二是法律没有明文规定;三是虽有法律规定但其构成要件和法律效果不明。在第一种情形,须对找到的法律规定进行解释,以便阐明其意义,明确其构成要件和法律效果,这种工作被称为狭义的法律解释。在第二种情形,法律对于待决案件没有规定,法解释学上称为有法律漏洞,须依法解释学上的漏洞补充方法填补该漏洞,称为漏洞补充。在第三种情形,虽有法律规定,但属于不确定概念和一般条款(或称白地委任性规定),如"正当事由""显失公平""诚实信用"等,并无明确的构成要件和适用范围,须由法院结合案件予以具体化,然后才能适用于待决案件。法院结合案件予以具体化,称为价值补充。狭义的法律解释加上漏洞补充和价值补充,即为广义的法律解释。所以,法律解释为法律适用之前一阶段。任何法律,不经解释不能适用,此属于法学上的常识。

3. 法律解释与利益衡量

法学者与法官在进行法律解释时,不可能不进行利益衡量。因为,法律是为解决社会现实中发生的纷争而确定的基准,成为其对象的纷争无论何种意义上都是利益的对立和冲突。法律解释正是基于解释者的价值判断为解决纷争确定妥当的基准,法学者与法官于进行法律解释时,对于案件当事人双方对立的利益作比较衡量,当然是不可缺少的。但是,自20世纪60年代以来,特别作为民法解释学的一种方法论的利益衡量论,绝不仅是主张法律解释中应作利益衡量或者应重视利益衡量,而是强调民法解释取决于利益衡量的思考方法。即关于某问题认为有A、B两种解释,解释者究竟选择其中哪一种解释,只能依据利益衡量作出判断。但法官不能仅依利益衡量判案件,因此还须加上现行法上的根据,即法律构成,以便验证依利益衡量所得结论是否具有妥当性,确定解释结论的适用范围,并增强解释结论的说服力。

4. 利益衡量的必要性

利益衡量的必要性在于，法律解释有复数解释结论的可能性。承认法律解释有复数解释结论的可能性，这在现代法解释学上已是共识。而在复数的解释中，一般很难说某一种解释是绝对正确的解释，某一种解释是绝对错误的解释。利益衡量论认为，法律解释的选择终究是价值判断问题，因此不能说某一种解释绝对正确，法解释学所应追求的只是尽可能合理的、妥当的解释，认为法律解释只是妥当性的问题。其哲学基础，属于所谓价值相对主义。

法院裁判案件，似乎是依三段论推理从法律规定得出判决。但在实际上，多数情形取决于实质判断。假如将法律条文用一个图形来表示，这是一个中心部分非常浓厚，愈接近周边愈稀薄的圆形。在其中心部分，应严格按照条文的原意予以适用，不应变动。如果说中心部分通常可以直接依条文决定的话，则周边部分可能出现甲、乙两种解释结论，仅依法条文义，难以判定谁对谁错。因此，适用法律时当然要考虑各种各样实质判断的妥当性，即进行利益衡量。那种认为仅从法律条文就可以得出唯一的正确结论的说法，只是一种幻想。而真正起决定作用的是实质的判断。对于具体情形，究竟应注重甲的利益，或是应注重乙的利益，在进行各种各样细微的利益衡量之后，作为综合判断，可能会认定甲应受保护。在得出这样的初步结论之后，再考虑法律上的根据和理由，亦即使依利益衡量得出的结论与法律条文相结合，从法律逻辑上使该结论正当化或合理化，并以此作为判决依据。

由于法律条文的中心部分意义明确，不致发生歧义，因此裁判中关于这部分不大发生争论。因为一看法律条文，就可以了解其结果，所以谁也不用争执。而发生争执的，是法律条文的周边部分，即所谓边缘意义和边界案型。因为在这种情形，待决案件处于法律条文的边缘，究竟在界内或是界外是不明确的，可以有两种不同的解释，可以得出两种不同的结论。正是由于这样的边界状态可能有两种不同的解释，才发生争执。并且，正是由于这个原因，才出现一审判决原告胜诉，二审颠倒过来判决被告胜诉，到再审又推翻原判发回重审。即使是在高明的法官、法学家之间,所作判断亦有分歧。由于有这样的争执,其判决的结论多数情形并非取决于对法律条文作形式逻辑推论,而是取决于实质的判断,即对当事人双方利益及当事人与社会利益所作的利益衡量。

五、试对本案涉及的利益作利益衡量

1. 对当事人双方利益作利益衡量

其一,确定本案当事人争执和利益。

本案双方争议之实质在于,一周电视节目表所包含利益之归属。

其二,应考察此利益由何产生。

此利益显然不是凭空产生出来的,更不是产生自煤矿工人报或其他报刊的劳动。毫无疑问,该利益产生自电视台全体工作人员的劳动加上电视报编辑人员的劳动。

其三,存在两种相反的解释。

将一周电视节目预告表解释为新闻或非新闻,反映了以电视台和电视报为一方,以煤矿工人报及其他报刊为另一方的利益冲突。

其四,假使采前一种解释将导致何种后果。

将一周电视节目预告表解释为新闻,使煤矿工人报一方获得此利益,但此利益并非其劳动所创造,同时剥夺了电视台、电视报一方自己劳动所创造的正当利益。不仅如此,正如被告在《再审申请书》中所指出的,势将因此剥夺全国150余家电视报的生存条件。

其五,假使采后一种解释将导致何种结果。

将一周电视节目预告表解释为非新闻,将使电视台、电视报一方获得此利益,此利益为其劳动所创造,因此属正当利益。虽因此剥夺了煤矿工人报一方无偿使用的权利,却并不构成对煤矿工人报一方正当利益的损害。由于煤矿工人报一方并非以一周电视预告表为生存条件,且其仍可无偿摘刊两天节目预告,因此对煤矿工人报及其他报刊生存条件毫无损害。

2. 对当事人利益与社会利益作利益衡量

其一,保护一周电视节目预告表是否保护了垄断。

这里的关键是正确理解垄断的含义。所谓垄断，是指企业利用自己的优势地位以排斥竞争者，限制竞争者生产同种产品或提供同种服务。本案事实并不是双方都生产、经销同种产品或提供同种服务，而是一方不允许他方无偿使用自己的劳动成果，即电视报不允许煤矿工人报无偿使用电视报的产品，而不是电视报限制煤矿工人报生产经销煤矿工人报自己的产品。因此，本案的实质根本不是什么垄断与反垄断问题，而是不经他人同意，擅自无偿取得他人的产品并用来同该产品的生产者进行所谓竞争的问题。显然，指责电视报一方垄断一周电视节目预告表，法院如果保护电视报一方对一周电视节目预告表的权利就是维护垄断，就像我把某教授的著作拿过来署上我的姓名发表，然后反过来指责某教授想搞垄断一样，是可笑的。

其二，保护电视节目预告表是否不符合人民的根本利益。

煤矿工人报在《再审申请书》中认为，保护一周电视节目预告表的全部意义仅仅在于有利于全国150多家电视报的生存及其发展。并指责说，法律总不能为了保护电视报的局部利益而不顾人民大众的利益吧。

必须指出，现代民法绝不因某一当事人的合法利益属于局部利益或微不足道的利益而不予保护。更何况涉及全国150多家电视报的生存和发展的问题，绝不能说是微不足道的。试问，法律、法院或法官能够、应当仅仅为了满足煤矿工人报一方擅自、无偿获取本属于他人劳动的成果而轻易地将全国150多家电视报(整个行业)的生存条件和生存基础一笔勾销吗？

应当指明，全国150多家电视报的"局部"利益与人民大众的根本利益绝不是冲突的。在涉及大众传播问题上，人民大众的根本利益在于了解权之行使。所谓了解权，指了解国家社会生活中所发生的重大事件，了解国家法律、政策方针之权。一周电视节目预告表并非新闻，与人民大众行使了解权无关。电视节目预告表的价值在于文艺节目和一般知识性节目，为了预先知道有哪些文艺节目和一般知识性节目而有利于选择欣赏，花一点钱购买节目预告表属于正常的交易行为。这与人民大众花钱购买生活用品和获得服务在本质上并无二致,怎么谈得到"保护电视报"的利益就损害"人民大众的利益"呢,这里不存在任何因果关系。

说穿了,不过是以人民大众的利益为借口,企图获取本应由电视报一方获得的正常交易关系之代价。众所周知,电视报与电视台有密切的关系,全国 150 多家电视报能否生存和发展,绝不能说与人民大众的利益无关。要说不符合人民大众的利益,无论以何种借口、何种理由剥夺电视报一方靠自己的劳动获得的这一点代价(无论电视报、电视台将此收入用作发展经费还是增加职工福利),都才真正不符合人民大众的利益。

3. 小结

基于上述利益衡量,并考虑到"使创造利益者享受该利益"这一民法基本精神及现代法治之基本精神,即使存在两种解释可能,即既可解释为新闻亦可解释为非新闻,亦应判定将一周电视节目预告表解释为非新闻为较为合理和较为妥当的解释。反之,解释为新闻消息或时事新闻,非属合理、妥当的解释。

六、将一周电视节目预告表解释为时事新闻错在哪里

原审判决一周电视节目预告表不受《著作权法》(1990 年)(以下《著作权法》皆指本法)保护之根据在于,认定一周电视节目预告表为"时事新闻"。此一解释之不当,可从以下证明。

1. 不符合对《著作权法》第 5 条的文义解释

第 5 条第(二)项规定,本法不适用于"时事新闻"。先应确定法条之文义,尤其是"时事新闻"的文义。确定时事新闻的文义,须先确定"新闻"一词的文义。查《辞海》(商务印书馆 1979 年版缩印本第 1483 页)"新闻"条,有二义项:其一,指报社、通讯社、广播电台、电视台等新闻机构对当前政治事件或社会事件所作的报道。形式有消息、通讯、特写、记者通信、调查报告、新闻图片、电视新闻等。新闻具有强烈的阶级性。无产阶级新闻报道必须准确反映客观实际,宣传马克思主义政党

的路线、方针、政策和策略,以指导当前斗争。其二,指被人当作谈资的新奇事情。如红楼梦第一回,众人当作一件新闻传说。时事新闻一语中的新闻,属于第一义项。再查《现代汉语词典》(商务印书馆1984年版)第1042页"时事"条:指最近期间的国内外大事。如时事报告、时事述评。毫无疑问,对于《著作权法》第5条的"时事新闻"一语,应解释为:报社、通讯社、广播电台、电视台等新闻机构对最近期间国内外大事如政治事件或社会事件所作的报道。显而易见,一周电视节目预告表不在"时事新闻"的文义范围之内。法解释学上有一原则:无论作何种解释,都不得违背法律条文可能的文义。将电视节目预告表解释为时事新闻,错误正在于此。

2. 违背《著作权法》第5条的目的

《著作权法》的基本精神是:对于知识分子的创造性劳动成果,作为专门的民事权利予以强有力的保护,只在有重大事由时,才予以限制。第5条第(二)项规定的时事新闻不适用于本法使时事新闻可不经作者同意而予以转载,并不是因为时事新闻非创造性劳动成果,而是因为时事新闻直接关系现代民主社会人民的了解权。为了有利于人民了解国内外近期发生的大事如政治事件和社会事件,使时事新闻尽可能迅速广泛传播,因此对时事新闻作者的权利作适当限制,不给予《著作权法》保护(并不是不予法律保护)。一周电视节目预告表非时事新闻,与人民了解权无关。予一周电视节目预告表以著作权法保护,并不妨碍人民了解国家社会发生的大事。因此,原审法院将一周电视节目预告表视为"时事新闻",剥夺作者的著作权,并无重大的正当事由,与《著作权法》基本精神和第5条立法目的相悖。

七、《著作权法》第3条不能作反对解释

基于以上的理由,应当肯定一周电视节目预告表属于《著作权法》第3条所称"作品"(不论其是否构成编辑作品)。这里有必要涉及被告代理人在《二审代理词》第二部分所持的理由,即智力成果须由法律明确规定才受知识产权法包括版权法保护。被告代理人在《二审代理词》第三部分中又强调,版权法是国家的一个重要法律,什么该保护,什么不必保护,立法上已做了充分考虑,没有规定电视节目预告为版权作品,已充分说明版权立法的态度。被告代理人这里使用的无疑是法解释学上的反对解释方法。

所谓反对解释,指依法律条文所定结果,以推论其反面之结果。换言之,即对于法律规定之事项,就其反面而为解释,为反对解释。例如,法律规定法律行为有悖于公共秩序或善良风俗者无效。采反对解释,则凡不悖于公共秩序与善良风俗之法律行为,均应有效。再如,法律规定,故意或重大过失之责任,不得预先免除。采反对解释,则债务人因欠缺善良管理人之注意而发生的轻微过失责任,并非不得由当事人依特约予以免除。

按照法解释学,某一法律规范可否进行反对解释,应视其构成要件与其法律效果间之行文及相互间之逻辑关系,加以决定。法律规范与其法律效果间通常有三种逻辑关系:其一,属于外延的包含。依此逻辑关系,法律条文之构成要件为法律效果之充分条件,而非必要条件,不能进行反对解释。其二,属于内涵的包含。依此逻辑关系,法律条文之构成要件为法律后果之必要条件,可为反对解释。法律构成要件既已一一列举别无遗漏,进行反对解释,合乎逻辑法则。其三,法律条文之构成要件与法律效果的外延完全重合。依此逻辑关系,法律条文之构成要件为法律效果之充分条件和必要条件,可为反对解释。由此可知,并非任何法律条文均可为反对解释。进行反对解释的前提是,法律条文之构成要件与法律效果间的逻辑关系,构成内含的包含及外延重合。换言之,可作反对解释的法律条文,其外延必须是封闭的,即已将适用对象涵盖无遗。

再看《著作权法》第3条。该条既未对"作品"下一个精确的定义,也未采列举方式穷尽其适用对象。该条的规定是:"本法所称的作品,包括以下列形式创作的文学、艺术和自然科学、社会科学、工程技术等作品:(一)文字作品;(二)口述作品;(三)音乐、戏剧、曲艺、舞蹈作品;(四)美术、摄影作品;(五)电影、电视、录像作品;(六)工程设计、产品设计图纸及其说明；(七)地图、示意图等图形作品；(八)计算机软件；(九)法律、行政法规规定的其他作品。"这里采用的是不完全列举方式，因此该条不具备进行反对解释的前提条件。

认真说来，如果严格适用概念法学，也许对于一切条文均应作反对解释，即立法者于立法时应该考虑到一切可能的情形，进行这样的立法应当对法律规定的适用对象作全部列举，由于作了这样的列举限定，则凡未列举的对象均应属于适用除外。但实际上并非如此简单，要求立法者对于每一法律规定均将应适用对象列举无遗，是无论如何也做不到的。《著作权法》第3条就是明证。

对于本案，合理的解释应当是，不因《著作权法》第3条所作不完全列举规定未提到电视节目预告表，就认为在法律上等于零，而是确认《著作权法》存在法律漏洞。再依法解释学提供的方法予以补充。

八、依《著作权法》保护电视节目预告表的法律根据

前已述及，作为法解释学方法论的利益衡量论，并不主张法官仅依利益衡量裁判案件，而是在进行利益衡量得出初步解释结论之后，还须进一步从法律上寻求根据，用现行法上的根据验证自己的初步解释结论，确定其适用范围，并增强其说服力。只在解释结论获得法律上的根据时，才能说是妥当的解释，才能进行判决。当然，进行判决时作为三段论推理之大前提的，是法律规定而不是利益衡量本身。

对一周电视节目预告表的法律保护，首先应考虑《著作权法》的保护，其次在不能采用《著作权法》保护的情形，则应考虑民法上的保护。下面先检讨对一周电视节目预告表以《著作权法》保护的法律依据。

以《著作权法》保护一周电视节目预告表的法律根据在于，依对《著作权法》第4条第1款和第5条作反对解释。

《著作权法》第4条和第5条均属于强制性规定和排除性规定，并采取了完全列举方式规定了应排除适用的全部对象，因此完全符合反对解释的前提条件。

《著作权法》第4条第1款规定，依法禁止出版、传播的作品，不受本法保护。对此进行反对解释，所得解释结论是：凡不属于法律禁止出版、传播的作品，均受本法保护。而一周电视节目预告表显然不属于法律禁止出版、传播的作品。因此，依形式逻辑推论，得出结论：一周电视节目预告表应受《著作权法》保护。

再看《著作权法》第5条的规定："本法不适用于：（一）法律、法规，国家机关的决议、决定、命令和其他具有立法、行政、司法性质的文件，及其官方正式译文；（二）时事新闻；（三）历法、数表、通用表格和公式。"对此条作反对解释，所得解释结论是：凡不属于本条列举的对象，即应适用本法，一周电视节目预告表不属于第（一）项和第（三）项列举对象至为明显，而不属于时事新闻已在本文之六作了论证。因此，依形式逻辑推论，得出结论：《著作权法》应当适用于一周电视节目预告表。

遗憾的是，原审法院未能注意到《著作权法》立法者在第4条和第5条所作的基本价值判断，误对第5条第（二）项"时事新闻"一语的外延，作了过分扩张，以致脱离其内涵（文义）。二审法院在纠正原审错判之后，却轻率地采纳"电视节目预告表不具有著作权意义上的独创性"这一理由（其实著作权法学者所谓作品的"独创性"要求很低，只要是自己脑力劳动的成果，不是抄袭、剽窃他人的成果，就符合要求[①]），以致未能注意到对《著作权法》第4条第1款和第5条作反对解释这一最有利的保护根据。

九、依民法保护电视节目预告表的法律根据

民法与《著作权法》是普通法与特别法的关系，在法律适用上应适用的原则是：特别法优先于普通法适用。就民事权利的保护而言，只要特别法有规定的，应考虑适用特别法保护；在不能获得特别法保护的情形，则应适用普通法保护。前已提及，本案应优先考虑适用《著作权法》保护，在方法论上可采对《著作权法》第4条第1款和第5条作反

[①] 参见最高人民法院著作权法培训班编：《著作权法讲座》，法律出版社1991年版，第162页。

对解释。在不能适用《著作权法》保护时,应当适用民法保护。依民法保护电视节目预告表,可考虑以下三种法律根据。

1. 适用《民法通则》第 106 条第 2 款

《民法通则》第 106 条第 2 款规定:"公民、法人由于过错侵害国家的、集体的财产,侵害他人财产、人身的,应当承担民事责任。"这里的关键概念是"财产"。此所谓财产,不能解释为财产权。财产一语,在民商立法上屡见不鲜,且学说于各种财产权之外,承认有财产之独立存在。这对于法律解释,犹有相当便利。财产之意义如何,学说尚未一致。依通说,须具有经济价值,须能实现一定目的,须为权利义务之结合。依此说,则电视节目预告表,不论其是否足以成立著作权,因为是电视台通过复杂的专业技术性劳动制作完成的成果,并由原告通过与电视台订立协议方式有偿取得在广西地区以报纸形式向公众传播的使用权,已属于原告的合法财产,应毋庸置疑。该财产受到被告故意侵害,自应依据《民法通则》第 106 条第 2 款之规定,使被告承担民事责任。

2. 适用《民法通则》第 5 条

《民法通则》第 5 条规定:"公民、法人的合法的民事权益受法律保护,任何组织和个人不得侵犯。"这里的关键概念是"民事权益"。立法者在这里不用"民事权利"概念,而用"民事权益"概念,其立法意思显而易见,即民法不仅保护民事权利,尚不足以构成民事权利的合法利益,亦在保护之内。这从穆生秦主编的《民法通则释义》(法律出版社 1987 年版)对本条的解释可以证明:"民法权益,指依照民法所享有的一切权利和利益。"正如权利可以区分为财产权利与非财产权利一样,利益也可以区分为财产利益与非财产利益。非财产利益受保护的例子,可以举公民的"隐私"(我国民法迄今未规定隐私权)。财产利益受保护的例子,可以举"孳息"。电视节目预告表,不论是否构成著作权,其对于电视台和从电视台有偿取得使用权的广播电视报社,毫无疑问是一种合法利益。此合法利益受到被告故意侵害时,自应使被告承担民事责任。

3. 适用《民法通则》第 4 条

《民法通则》第 4 条规定:"民事活动应当遵循自愿、公平、等价有偿、诚实信用的原则。"此为民事活动应遵循的基本原则,任何人在民事生活领域从事活动,包括从事生产经营、进行市场交易、建立买卖关系及提供服务等,均不得违反。禁止无偿剥夺、巧取强夺、一平二调,保护劳动所得和合法所得不受他人侵犯,不仅是民法之基本精神,也是整个法治之精义所在。被告不经原告许可,擅自无偿摘登原告一周电视节目预告表,强取他人劳动所得和合法所得,显然违背民法自愿原则、公平原则和等价有偿原则。有关部门作出规定:"可以转载广播电视报所刊当天和第二天的广播电视节目预告,但不得一次转载或摘登一周(或一周以上)的广播电视节目预告,如需要转载整周的广播电视节目预告,应与有关广播电视报协商。"此规定充分权衡和照顾到广播电视报与其他报刊各方的利益,并经报业界普遍接受,已形成行业规则,有习惯法上的效力。而被告竟置之不顾,不予遵循,其有悖于诚实信用原则,至为明显。依《民法通则》第 4 条规定,使被告承担民事责任,并非于法无据。

至于《民法通则》第 4 条属于基本原则,法院能否直接适用基本原则裁判案件,虽学者间有不同见解,但以肯定说为通说。自 20 世纪以来,各主要国家及地区法院直接引用诚实信用原则裁判新型案件,并创造出一系列崭新的民法规则,即是明证。我国法院自改革开放以来,遇到许多法无明文规定的案件,直接适用诚实信用原则予以裁决,也不乏其例。不仅如此,正在起草中的《合同法(立法方案)》采纳学者建议于第一章明文规定,"法院于裁判案件时,如对于该待决案件法律未有规定,或者虽有规定而适用该规定所得结果显然违反社会正义时,可直接适用诚实信用原则"。可以断言,终审法院引用《民法通则》第 4 条判决被告承担民事责任,不仅所得结果符合社会正义,合于现代民主法治之精神,就是在法学方法论上也并无不当。

十、结语

本案终审判决的意义,不仅在于实现个案的实质正义,尤其是在于法无明文规定的情形,能够直接适用原则性条文以补充法律具体规定之不足(如能通过解释适用《著作权法》就更好了)。这在法解释学上有其重要意义。目前我国民商事立法尚在建立健全的过程中,现有法律如《民法通则》失之过分简略,许多重要法律制度尚付阙如,而向社会主义市场经济转轨进程中各种各样的新型案件层出不穷,在现行法上往往找不到具体的明文规定。在私法领域,法官不得借口法无明文规定而拒绝裁判,为基本原则。这就要求法官善于充任立法者的助手,熟练掌握运用法解释学的各种方法,弹性地解释法律,将形形色色的新型案件纳入法律规范范围,作出合理、妥当的裁判,使当事人的合法权益受到保护,使私法领域的法律秩序得以维持,实践民法基本精神,维护社会公平正义。

医院的艾滋病病毒感染诊断是否侵害名誉权[*]

一、引言

第四军医大学法律顾问处律师张先生于1994年咨询一案,基本事实是:被告医院在原告治疗中怀疑原告感染艾滋病病毒,经国家批准的检测确认实验室确认后,诊断不排除原告为艾滋病病毒感染者并进行隔离治疗,原告出院后向法院起诉,指控:被告"因无法查清病因从而错误地诊断为艾滋病",并"将原告控制在隔离病房"的行为,侵害了原告的名誉权。据说是我国第一例涉及艾滋病的侵权诉讼。

张律师提供了下述资料:①原告诉状复印件;②被告答辩状复印件;③中国人民解放军艾滋病检测确认实验室HIV抗体检测确认报告书复印件及检测记录复印件;④中国预防医学科学院艾滋病研究及检测中心AIDS检测结果报告复印件;⑤陕西省卫生防疫站艾滋病专项查体检验表复印件;⑥第四军医大学生化教研室1994年4月7日、8日检测报告复印件;⑦第四军医大学西京医院检验科检验报告复印件;⑧卫生部《关于公布艾滋病检测确认实验室的通知》复印件。

本案事实涉及三个重要方面,因此需要寻找下列三个方面的法律法规:其一,侵害名誉权的侵权责任。与此有关的法律和有权解释,可以找到《民法通则》和最高人民法院审判委员会1993年6月15日第579次会议讨论通过的《关于审理名誉权案件若干问题的解答》。其二,艾滋病诊断。与此有关的法规和规章,可以找到1987年12月26

---

[*] 本文原载《法学》1995年第12期。

日国务院批准,1988年1月14日卫生部、外交部、公安部、国家教育委员会、国家旅游局、中国民用航空局、国家外国专家局发布的《艾滋病监测管理的若干规定》;1990年卫生部发布的《全国艾滋病病毒检测管理规范》;卫生部于1992年5月28日发布的《关于公布艾滋病检测确认实验室的通知》。其三,医疗责任。与此有关的法规,可以找到国务院于1987年6月29日发布的《医疗事故处理办法》。

在仔细研究了案件事实和有关法律法规规章及最高人民法院解释之后,我提出了对本案的法律意见。本案在第一审法院作出原告胜诉的判决后,被告上诉,第二审法院已经作出被告不构成侵害名誉权侵权行为的终审判决。目前《法学》杂志主编郝铁川先生路过北京,盛情邀我撰稿,故我将对本案的法律意见稍作整理,借《法学》一角予以发表,并请民法理论和实务界专家批评。

二、名誉权的范围和侵害名誉权责任的构成要件

1. 名誉权的范围

《民法通则》第101条规定,公民享有名誉权。

依据解释,公民的名誉,指有关公民道德品质和生活作风方面的社会评价。道德品质和生活作风之外的问题,如阶级出身、宗教信仰、财产状况、政治立场、文化程度、工作能力等,均不属于名誉的范围。有关公民身体健康状况如患有某种疾病的情况,一般也不属于名誉权的范围。但某些特殊疾病如艾滋病或性病,在社会一般人看来,是容易损及该公民道德品质和生活作风方面的社会评价,因此应属于名誉权的范围。

2. 侵害名誉权责任的构成要件

最高人民法院《关于审理名誉权案件若干问题的解答》规定:"七、问:侵害名誉权责任应如何认定?答:是否构成侵害名誉权的责任,应当根据受害人确有名誉被损害的事实、行为人行为违法、违法行为与损害后果之间有因果关系、行为人主观上有过错来认定。"

按照最高人民法院的上述解释,要构成侵害名誉权,须有四项要件:其一,确有名誉被损害的事实;其二,行为人的行为具有违法性;其三,行为与损害后果间有因果关系;其四,行为人主观上有过错。

3. 本案事实不符合侵害名誉权责任的构成要件

依本案事实,被告第四军医大学西京医院在作出原告感染艾滋病病毒的诊断后,只是向原告单位领导及原告配偶和岳父通报病情,并未向公众散播,原告在诉状中并未提出被告向公众散播诊断结论的指控和证据。原告所提出的指控是,被告"因无法查清病因从而错误地诊断为艾滋病",并"将原告控制在隔离病房"的行为。

姑且认定原告确有名誉受损害的事实,则仅仅满足第一项要件。

毫无疑问,本案事实无论如何不具备第二、第三和第四项要件。要说明这一点,只需证明被告将原告"诊断为艾滋病"及"控制在隔离病房"的行为不具有违法性就够了。

关于诉状称被告带领医护人员前往原告工作单位,对曾与原告接触的人员进行抽血化验达70余人次的情节,依一般常识,被告既非原告单位之上级主管,不得到原告单位党政领导许可,绝无带领医护人员擅自进入原告单位对任何人强行抽血化验之可能,更不用说先后抽血化验达70余人次,显然被告行为出于当事人自愿请求、单位领导联系邀请,应无疑问。至于因此造成不良影响,当然不应要求被告负责。

三、被告对原告做艾滋病检测及隔离治疗属于履行法定义务

本案的实质是被告对原告做艾滋病检测及隔离治疗的行为是否违反法律,即是否具有违法性。对此,须以有关法律的规定为判断基准。

我国现行规范艾滋病检测事项的法规是1987年12月26日国务院批准,1988年1月14日卫生部、外交部、公安部、国家教育委员会、国家旅游局、中国民用航空局、国家外国专家局发布的《艾滋病监测管理的若干规定》。现引述主要条文如下:

第2条规定:本规定所指艾滋病监测管理的对象是:(一)艾滋病病人;(二)艾滋病病毒感染者;(三)疑似艾滋病病人及与第(一)项、第(二)项所指人员有密切接触者;(四)被艾滋病病毒污染或可能造

艾滋病传播的血液和血液制品、毒株、生物组织、动物及其他物品。

第16条规定：医疗单位要密切注意就诊病人，发现疑似艾滋病人，应当立即诊断、报告和处理。

第17条规定：从事预防、医疗和保健工作的人员确诊或疑诊艾滋病病人和感染者后，应立即向当地卫生防疫机构报告。卫生防疫机构在接到报告后，于十二小时内向上级卫生行政部门报告疫情。

第21条规定：任何单位和个人不得歧视艾滋病病人、病毒感染者及其家属。不得将病人和感染者的姓名、住址等有关情况公布或传播。

第23条规定：卫生、医疗和保健机构发现本规定第二条第(一)项所指人员时，应立即采取隔离措施，并送其到卫生行政部门指定的医疗单位治疗。

第24条规定：卫生、医疗和保健机构发现本规定第二条第(二)项、第(三)项所指人员时，应当根据预防的需要，对其实施以下部分或全部措施：(一)留验；(二)限制活动范围；(三)医学观察；(四)定期或不定期访视。

按照上述第16条、第17条的规定，一切医疗单位都应密切注意就诊病人，发现疑似艾滋病人，应当立即诊断并报告；确诊或疑诊艾滋病病人和感染者后，应当立即向当地卫生防疫机构报告。按照第23条、第24条的规定，医疗单位发现艾滋病病人时，应当立即采取隔离措施；发现艾滋病病毒感染者、疑似艾滋病病人时，应当根据需要采取留验、限制活动范围等措施。这是《艾滋病监测管理的若干规定》赋予一切医疗单位的法定义务。

本案事实，被告发现原告疑似感染艾滋病病毒，于1994年4月4日立即申请检测，于4月5日由检验医师苏某某等三人作出"受检血清检测结果均为阳性"的结论，于4月6日报告西安市新城区防疫站，于4月7日由第四军医大学生化教研室阎某某、苏某某采用四种方法检测，结果受检血清均为阳性，证明原告血液中存在艾滋病病毒，并于4月22日将原告血清标本分别送中国人民解放军艾滋病检测确认实验室和中国预防医学科学院艾滋病研究及检测中心检测，中国人民解放军艾滋病检测确认实验室于 4 月 23 日检测获得阳性结果并作出"怀疑艾滋病感染,建议复查"的结论,而中国预防医学科学院艾滋病研究及检测中心获得阴性检测结果。被告于治疗期间将原告安置于隔离病房。事实表明被告切实履行了《艾滋病监测管理的若干规定》第 16 条、第 17 条、第 23 条、第 24 条所赋予的法定义务。原告诉状指控被告因无法查清原告病因从而错误地诊断为艾滋病,并于同日报告给西安市新城区防疫站继续将原告控制在隔离病房,直到出院为止,也正好证明被告切实履行了前述法定义务。

履行法定义务的行为不构成违法,此系侵权行为法之基本原则。

四、关于艾滋病检测结果的效力

原告诉状中对被告的指控集中在以下两点:①"在陕西省卫生防疫站经过科学化验否定被告的诊断结果后,被告仍然一意孤行坚持其错误";②"经北京国家艾滋病检测中心否认被告诊断结果后,被告仍不更正自己的错误"。这实际上涉及艾滋病检测结果的效力问题。

1990 年卫生部发布《全国艾滋病病毒检测管理规范》,对艾滋病检测实验室实行分级管理,分为初筛实验室和确认实验室。初筛实验室由各省、自治区、直辖市卫生厅局审批,确认实验室由卫生部审批。初筛实验室发现的 HIV 抗体阳性血清,须就近送确认实验室进行确认。确认实验室得出的结果为最终结果,报卫生部作为艾滋病病人和感染者人数的统计数据。

按照卫生部于 1992 年 5 月 28 日发布的《关于公布艾滋病检测确认实验室的通知》,到目前为止,经卫生部批准的艾滋病检测确认实验室有:中国预防医学科学院艾滋病研究及检测中心,军事医学科学院流行病学微生物学研究所病毒研究室,上海市、北京市卫生防疫站艾滋病监测中心,广东省、云南省卫生防疫站艾滋病监测检验中心,福建省卫生防疫站 HIV 实验室,广西壮族自治区卫生防疫站艾滋病中心实验室和北京、上海、广州、深圳卫生检疫所的 HIV 抗体检测实验室。其中,中国预防医学科学院艾滋病研究及检测中心为国家级实验室,负责各确认实验室和省级实验室的质量控制、技术指导和标本的最后确认工作。

从以上两个文件的规定可知,有关法规将艾滋病检测机构分为三种:初筛实验室、确认实验室和国家级实验室。它们的职责是:由初筛实验室进行初筛检测,并把初筛阳性或疑似阳性的血清就近送确认实验室进行确认;由确认实验室进行确认检测,确认实验室得出的结果为最终结果,并报卫生部作为艾滋病统计的依据;由国家级实验室负责各确认实验室和省级实验室的质量控制、技术指导和标本的最后确认。

根据上述检测实验室的分类及其不同职责,应注意三点:

(1)确认实验室得出的结果为最终结果,一经确认实验室进行确认得出阳性,即应认定为艾滋病病人或艾滋病病毒感染者。

(2)中国预防医学科学院艾滋病研究及检测中心具有双重身份,既是艾滋病检测确认实验室,又是国家级实验室,因此它既承担确认实验室的职责,也承担国家级实验室的职责。但凡送检单位属于初筛实验室的,则它是以确认实验室身份履行确认实验室的职责进行确认检测,所得出结果应为最终结果。

(3)从检测结果的效力看,初筛检测结果不具有肯定的效力,不得据以认定患者为艾滋病病人或艾滋病病毒感染者;确认检测结果依据卫生部规定属于最终结果,当然具有肯定的效力,可以作为认定艾滋病病人或艾滋病病毒感染者的依据;国家级实验室的检测结果依据卫生部规定属于最后确认结果,当然可以否定或肯定确认实验室得出的最终结果。

现在让我们回到本案事实及原告的指控,第四军医大学生化教研室和陕西省艾滋病诊断中心均属于初筛实验室,所得检测结果均属于初筛结果,因此陕西省卫生防疫站所作出的"HIV 抗体阴性"结果不具有否定第四军医大学生化教研室作出的"患者血液中有 HIV 病毒存在"结论的效力。可见原告在诉状中指控"在陕西省卫生防疫站经过科学化验否定被告的诊断结果后,被告仍然一意孤行坚持其错误",与事实和法规要求不符。

中国人民解放军艾滋病检测确认实验室和中国预防医学科学院艾滋病研究及检测中心同属于卫生部批准的艾滋病确认实验室,对初筛实验室送检标本进行确认检测,虽然前者得出的检测结果为"阳性",后者得出的检测结果为"阴性",但依 1990 年卫生部《全国艾滋病病毒检测管理规范》,两个结果同属于最终结果,不存在后者所得出的"阴性"结果否定前者所得出的"阳性"结果的问题。可见原告诉状中指控"经北京国家艾滋病检测中心否认被告诊断结果后,被告仍不更正自己的错误",与事实和法规要求不符。

五、所谓"误诊"为艾滋病,应否承担法律责任

1. 被告切实履行了国家有关艾滋病监测法规赋予的义务

前已述及,被告怀疑原告感染艾滋病病毒后并未轻率作出诊断,而是严格按照国家有关法规的要求立即报告并将原告血清标本送初筛实验室检测,经初筛检测得出阳性结果后,又及时将标本报送确认实验室进行确认检测,并同时将原告安置于隔离病房,切实履行了国家有关法规赋予的法定义务。

2. 被告对原告出院诊断为"发热待查、不排除艾滋病病毒感染",属于"疑诊"且符合国家有关法规的要求

在两个确认实验室作出不同确认结果后,被告提出再一次向中国人民解放军艾滋病检测确认实验室和中国预防医学科学院艾滋病研究及检测中心送检,但由于原告不予配合(拒绝抽血)而未果。这种情形下,被告既不能作出否定的诊断,也不能作出肯定的诊断。因为中国预防医学科学院艾滋病研究及检测中心的"阴性"检测结果,不具有否定同属于确认实验室的中国人民解放军艾滋病检测确认实验室的"阳性"检测结果的效力,如果被告以中国预防医学科学院艾滋病研究及检测中心的"阴性"结果为依据,作出否定诊断,有可能被指为违法;又因为中国人民解放军艾滋病检测确认实验室在得出"阳性"结果后所作出的结论是"怀疑艾滋病病毒感染,建议复查",如果被告以此结论为依据作出肯定诊断,也有根据不充分之嫌。这时,被告经过反复权

衡,作出"不排除艾滋病病毒感染"的出院诊断,既未肯定原告为艾滋病病毒感染者,也未否定原告是艾滋病病毒感染者,不是"确诊",而属于"疑诊",其含义是,原告为疑似艾滋病病毒感染者。依此诊断,应当进行复查。实际上被告采纳了中国人民解放军艾滋病检测确认实验室的"怀疑艾滋病病毒感染,建议复查"的确认检测结论。被告此一出院诊断,当然是符合国家有关艾滋病检测管理法规要求的。换言之,原告指控被告"误诊",既不符合事实,也无法律依据。

3. "疑诊"应否承担法律责任

以上分析已经说明,被告所作出的"不排除艾滋病病毒感染"的出院诊断,并不属于误诊。即使后来进行复查(再次确认检测)或进行最后确认检测,得出"阴性"结果,也不能据以认定被告所作出院诊断为误诊,因为被告以及中国人民解放军艾滋病检测确认实验室并未作出"确诊",当然也就谈不上"误诊"。

须要补充说明的是,医疗单位和医师在诊疗工作中理所当然地要经常作出"疑诊",这是医疗这一职业的本质所要求的,也是对病人生命健康负责的体现。不仅如此,对于艾滋病这一严重威胁国家、民族和人类的疾病来说,有关法规直接规定:"医疗单位进行'疑诊'属于法定义务。"《艾滋病监测管理的若干规定》第16条、第17条明文规定,医疗单位要密切注意就诊病人,发现疑似艾滋病病人,应当立即诊断、报告和处理;从事预防、医疗和保健工作的人员确诊或疑诊艾滋病病人和感染者后,应立即向当地卫生防疫机构报告。毫无疑问,不论后来的复查肯定了疑诊或否定了疑诊,当初作出疑诊的单位和个人均不承担法律责任。

4. 退一步说,即使发生"误诊"也并不因此就发生法律责任

前面已经谈到对本案被告并未作出确诊,当然不发生误诊问题。这里也有必要论及误诊与法律责任的关系。

1987年6月29日国务院发布的《医疗事故处理办法》第2条规定:"本办法所称的医疗事故,是指在诊疗护理工作中,因医务人员诊疗护理过失,直接造成病员死亡、残废、组织器官损伤导致功能障碍

的。"依此规定,医疗事故责任不是以误诊为构成要件,而是以"诊疗护理过失"为构成要件。

按照《医疗事故处理办法》第 3 条的规定,在诊疗护理工作中,"虽有诊疗护理错误,但未造成病员死亡、残废、功能障碍的",不属于医疗事故。依据解释,此所谓"诊疗护理错误",包括"诊疗错误"和"护理错误"。其中的"诊疗错误",即通常所说的"误诊",质言之,即使有"误诊",只要未造成病员死亡、残废、功能障碍,便不属于医疗事故,也就当然不承担医疗事故责任。

由此可以断言,退一步说,即使有误诊,也不能向被告追究医疗事故责任。

六、结论

基于上述分析,我对于本案的基本法律意见是:被告第四军医大学西京医院在原告的治疗中怀疑原告感染艾滋病病毒,经国家批准的检测确认实验室确认后,诊断不排除其为艾滋病病毒感染者并进行隔离,不构成对原告名誉权的侵害。

谁是"神奇长江源探险录像"的作者[*]

一、引言

一年多以前,有关"神奇长江源探险录像"素材著作权归属的争议成为深圳地区的一个热门话题。《深圳法制报》1994年12月25日星期天版以"'神奇长江源'漂出来的诉讼"的大字标题,对诉讼双方的争点和理由作了报道。该报道最后一段的小标题是:"法律能涵盖一切吗?"最后一句是:"艺术何时能摆脱世俗的纠缠?"这两个问句深深地触动了笔者。艺术是否能够摆脱世俗的纠缠?何时能摆脱世俗的纠缠?恐怕应由艺术自己去回答。而法律确实不能涵盖一切,也不应企求涵盖一切。但是,人们至少可以向法律提出一个最低限度的要求:当艺术(作品)不幸陷入世俗纠缠之中时,法律应该给出一个公正的裁判。

本案审理结果:一审法院判决原告败诉,上诉审法院终审维持原判。

人们不禁要问:本案判决是否合法?是否公正?

系争标的的著作权被判给了被告深圳人保文化传播公司,是否符合《著作权法》的规定?被告对此是否受之无愧?

那些在大众传媒上被一再报道的勇士们,那些"在被称为'生命禁区'的长江源无人区,在蛮荒地带,骑牦牛、漂橡皮筏子,在难以想象的艰难岁月,精心拍摄了长江源头的风土人情、地质地貌、动物植物及宗

---

[*] 本文原载《法学研究》1996年第2期。

教活动等鲜为人知的珍贵镜头"(《深圳法制报》语)的探险队队员们,以及他们的代表,被称为"好男儿本是一条江"(《深圳青年》语)探险队队长和摄影师杨某哪里去了?

勇士们的正当权益是否已经得到了法律应有的保护?

本文谨以一审判决书[深中法(1994)知产初字第029号民事判决书]认定的事实为根据对该判决结果作一法理分析,并就教于法界同仁。

二、一审裁判要旨

一审法院认为:合作录像制品著作权是录像制作人依合作协议约定,或共同投资、共同制作录像制品而依法享有对录像制品占有、收益和处分的一种共有民事权利。原告和被告关于长江源拍摄探险没有签订任何合作协议,原告亦未对长江源拍摄探险活动予以投资、参与制作,原、被告之间不存在录像制作合作法律关系,故原告主张对长江源探险录像制品享有共同著作权和署名权,法院不予支持。

原告的聘用经理杨某以四川省电力局职工的身份向被告求职,并被聘为被告的员工,杨某利用被告员工的身份以及经办筹备长江源拍摄探险活动工作的便利,在无原、被告协商同意和授权委托情况下,私自将原告的名称印制在被告的宣传册、探险入队申请表和探险船上,并将原告的印章加盖在邀请函上,原告借此主张原、被告有合作的事实,这种通过违反被告真实意思表示、隐瞒事实真相的民事诈欺行为取得的虚假事实,不具有证据力,法院不予确认。

脚本与录像制品分属于不同的著作权客体,由此而产生的著作权法律关系亦不同,原告以杨某写有长江源拍摄探险脚本而主张与被告有合作拍摄事实,其主张既无法律依据,又无将脚本交付摄像师适用的事实,对此法院不予确认。

被告对长江源拍摄探险活动给予了资金投入,并以其公司员工组成长江源拍摄探险组委会、实施了独立录像制作行为,被告应是长江源拍摄探险录像制品的制作者,被告反诉主张对长江源探险录像制品拥有全部著作权,法院予以支持。①

三、对本案判决事实认定的检讨

本案一审判决对于若干基本事实,例如谁是作者,作品性质,被告和原告的身份,探险队的地位及与被告的关系,第三人杨某的身份及与原、被告的关系等未作出正确的认定,以致判决不当。这里仅分析其关于谁是作者的错误认定。

1. 谁是作者

这是审理著作权案件必须首先解决的问题。所谓作者,就是文学、艺术和科学作品的创作人。明确谁是作者是解决著作权纠纷案件的必要前提。

2. 作者只能是自然人

研究著作权法的著名学者刘春田教授指出,能够成为著作权法所称之作者的,必须具备四项条件:①应当具备创作能力;②应当实际从事了创作活动;③应当通过创作活动产生了作品;④作品符合著作权法所界定的范围。从这四项条件可以看出,能够成为著作权法所称之作者的只能是自然人。因为,"到目前为止,对客观世界研究的结果,都表明创造力始终是人类的特权。所以说,只有自然人才是智力成果的唯一创造人。其他的任何生命体、无生命体和社会组织,都不能从事这种创造活动"。所以,只有自然人才是事实上的作者,才是真正的作者。②

3. 《著作权法》的规定

有鉴于此,我国《著作权法》第 11 条第 2 款规定,"创作作品的公民是作者"。在具备该条第 2 款规定的要件时,法人或非法人单位"可以视为作者"。《著作权法》在这里采用了"视为"的立法技术。所谓

---

① 参见广东省深圳市中级人民法院深中法(1994)知产初字第 029 号民事判决书,第 6 页以下。

② 参见最高人民法院著作权法培训班编:《著作权法讲座》,法律出版社 1991 年版,第 67 页以下、第 69 页。

"视为作者",其意义是,法人或非法人单位本非作者,只是基于某种理由在法律上将其当作作者对待。因此,绝不应理解为法人或非法人单位可以是事实上的作者。同时,还应当指出,即使是在法人或非法人单位被视为作者的情况下,真正作者的地位也应该得到尊重和保护,这是不可动摇的原则。因为著作权法保护的是作者,而不是非作者。实践中有好多不是作者,却以作者的身份出现,一旦发生纠纷,著作权法的原则是保护那些实际作者。③

4. 一审判决对作者的认定有误

本案一审判决恰好混淆了谁是"神奇长江源探险录像"的作者这个关键问题。根据上述著作权法基本原理和法律规定,显而易见,被告深圳人保文化传播公司绝不可能是真正的作者,长江源拍摄探险组委会也绝不可能是真正的作者。"神奇长江源探险录像"的真正作者,只能是亲自参加该探险活动,并实际参加该录像拍摄的自然人。毫无疑问,真正的作者只能从神奇长江源拍摄探险队中去寻找。可以断定,一审判决认定被告深圳人保文化传播公司"对长江源拍摄探险活动给予了资金投入,并以其公司员工组成长江源拍摄探险组委会、实施了独立录像制作行为,被告应是长江源拍摄探险录像制品的制作者",显然是错误的。

一审判决为了认定被告是作者,提出了三个理由:其一,对长江源拍摄探险活动给予了资金投入;其二,组成长江源拍摄探险组委会;其三,实施了独立录像制作行为。这三个理由均不值一驳。显而易见,"资金投入"只能使被告取得"赞助人"的身份;组成拍摄探险组委会只能使被告取得活动"组织者"的身份。而"赞助人"和"组织者"这两种身份与"作者"身份没有因果关系,相反,倒正好可以作为证明被告深圳人保文化传播公司不可能是作者的事实根据。至于第三个理由,说被告深圳人保文化传播公司"实施了独立录像制作行为",以此作为认

---

③ 参见最高人民法院著作权法培训班编:《著作权法讲座》,法律出版社1991年版,第67页以下、第69页。

定被告是作者的根据,显然违反我国《著作权法》第 11 条规定及著作权法基本原则。

让我在这里引用刘春田教授的一段话:"事实上,法人在著作物的创作过程中,有的是进行投资,有的是提供设备、提供指导、从事组织活动,这些都不能等同于实际创作过程本身。所以法人在事实上不应该取得著作人资格,就如同各主要国家及地区专利法当中(中国专利法亦包括在内)所明确的,发明人中从来没有提到什么法人,都是自然人。说法人发明什么东西,主张法人能创作,不啻于发明永动机,是不可思议的。不承认法人是实际作者,这是各主要国家及地区法律普遍遵循的一个原则。"④

5. 真正的作者是脚本创作者、导演和摄像师

前已提到,根据《著作权法》第 11 条的规定和著作权法基本原则,本案争执作品"神奇长江源探险录像"(素材)的真正作者,绝不可能是作为赞助人或组织者的被告深圳人保文化传播公司,而只能是亲自参加该探险活动并从事该录像创作的自然人。根据《著作权法》第 15 条的规定,"神奇长江源探险录像"的真正作者,当然是长江源拍摄探险脚本的创作者、探险录像的导演和摄像师。因为系争标的只是素材,未经后期制作,没有作词、作曲、制片等作者。因此,"神奇长江源探险录像"(素材)的作者仅包括脚本创作者、导演和摄像师。毫无疑问,担任"神奇长江源拍摄探险队"队长并亲自创作拍摄探险录像脚本、亲自担任导演和摄像师的杨某,无疑应是真正的作者(至于探险队其余队员应否属于作者,值得认真研究)。

一审法院以深中法(1994)知审通字第 029 号通知书,驳回原告关于追加身为导演、摄影师、探险队长的杨某为第三人的请求,当然是不正确的。其结果是将系争标的的真正作者排除在案外。

---

④ 最高人民法院著作权法培训班编:《著作权法讲座》,法律出版社 1991 年版,第 71 页以下。

四、对本案判决法律适用的检讨

1. 一审判决所适用的法律条文

本案一审判决所列举作为裁判依据的法律规定是:《民法通则》第 94 条、第 106 条第 2 款,及《著作权法》第 13 条、第 15 条。其具体规定如下:

《民法通则》第 94 条规定:"公民、法人享有著作权(版权),依法有署名、发表、出版、获得报酬等权利。"

《民法通则》第 106 条第 2 款规定:"公民、法人由于过错侵害国家的、集体的财产,侵害他人财产、人身的,应当承担民事责任。"

《著作权法》第 13 条第 1 款规定:"两人以上合作创作的作品,著作权由合作作者共同享有。没有参加创作的人,不能成为合作作者。"

《著作权法》第 15 条规定:"电影、电视、录像作品的导演、编剧、作词、作曲、摄影等作者享有署名权,著作权的其他权利由制作电影、电视、录像作品的制片者享有。电影、电视、录像作品中剧本、音乐等可以单独使用的作品的作者有权单独行使其著作权。"

2. 本案不应适用《民法通则》第 94 条

《民法通则》第 94 条是对著作权最为概括的原则规定。如果是在《著作权法》颁布以前,法院裁判著作权案件,由于没有具体法律规定而适用该条,不得谓为不当。但在《著作权法》颁布生效之后,则应适用《著作权法》的有关规定而不应再适用该条。这就是民法上所谓"特别法优先于普通法适用"的原则。

按照民法法源理论,《民法通则》与《著作权法》之间的关系,是普通法与特别法的关系。《民法通则》为民事法律的普通法,《著作权法》相对于《民法通则》而言,居于特别法的地位,在法律适用上即应依"特别法优先于普通法"适用的原则,处理其相互关系。在关于待决事项《民法通则》和《著作权法》均有规定时,应适用《著作权法》的规定而不应适用《民法通则》的规定。

3. 本案应当首先适用《著作权法》第 11 条

关于著作权的归属,《著作权法》有专门规定,这就是第二章第二节"著作权归属"。该节共九个条文。其中,第 11 条规定著作权归属的基本原则,是该节其余条文的基础。因此,法院审理著作权权属争议案件,首先应适用第 11 条。

《著作权法》第 11 条共有 4 款。第 1 款规定判定著作权归属的基本原则:"著作权属于作者,本法另有规定的除外。"

第 2 款规定认定作者的基本原则:"创作作品的公民是作者。"这就是前面谈到的各主要国家及地区著作权法所共同遵循的原则,即只承认自然人是作者。

第 3 款规定在具备特别要件的情形,法人或者非法人单位可以视为作者:"由法人或者非法人单位主持,代表法人或者非法人单位意志创作,并由法人或者非法人单位承担责任的作品,法人或者非法人单位视为作者。"在将法人或者非法人单位"视为作者"的情形,亦应注意保护真正的作者。

第 4 款规定作者的推定,即推定在作品上署名的自然人是作者,推定在作品上署名的法人或者非法人单位为作者(视为作者):"如无相反证明,在作品上署名的公民、法人或者非法人单位为作者。"

不难看出,《著作权法》第 11 条是立法者为法院裁判著作权权属争议案件设立的裁决基准,法院只要是裁判著作权权属争议案件,非首先适用该条不可,且只要适用该条即不难得出正确判决。对于如此重要的法律条文,一审法院竟未予适用,令人不解。

4. 一审判决对《著作权法》第 13 条的解释适用有误

一审判决明示适用《著作权法》第 13 条。《著作权法》的立法者在设立第 11 条规定判断著作权归属的基准之后,进一步设立第 13 条规定,以解决合作作品著作权归属的判断标准。因此,法院裁判著作权权属争议案件时,对于合作作品或者可能的合作作品,在适用第 11 条之后还应进一步适用第 13 条。因此,应当肯定一审判决适用第 13 条是对的,问题在于,一审判决裁判理由中对第 13 条规定所作解释有误。

第 13 条包括两款。其第 1 款规定:"两人以上合作创作的作品,著作权由合作作者共同享有。没有参加创作的人,不能成为合作作者。"而一审判决却解释说:本院认为,合作录像制品著作权是录像制作人依合作协议约定,或共同投资、共同制作录像制品而依法享有对录像制品占有、收益和处分的一种共有民事权利。其解释错误表现在:其一,在法律规定的合作作品构成要件之外增加了其他要件,违反该条本义,即法律所规定的合作作品的构成要件只有一个:"两人以上合作创作。"至于是否有合作协议,是否共同投资,均非认定合作作品的构成要件。其二,其解释错误还表现在将著作权这一特殊的民事权利,混同于所有权;将共同享有著作权,混同于共有所有权。著作权的对象是作品,作品是精神产物,是无体物,是无法"占有"的,不论单独占有或者共同占有。人们不能占有一部小说、一部电影、一部录像,只能占有作品的载体如一本小说书、一部电影片、一盘录像带,而这种占有与著作权无关,属于对载体的所有权。其三,如果正确解释适用该款,则应得出结论:无论是被告深圳人保文化传播公司,或者原告深圳唐古拉文化传播有限公司,均不能享有"神奇长江源探险录像"(素材)的著作权(不排除享有发行最后制作完成的录像带的经济利益的可能)。其四,如果正确解释适用该款,则应考虑"神奇长江源探险录像"(素材)的脚本创作者、导演、摄影师及其他探险队队员是否构成共同享有著作权的关系。

5. 一审判决对《著作权法》第 15 条的解释适用有误

前已述及,《著作权法》第二章第二节"著作权归属"是立法者为法院裁判著作权权属争议案件设立的判断标准。其中第 11 条规定著作权归属的基准或基本原则,是该节其他条文的基础。其余条文则是在此基础上进一步针对作品的特殊类别所作出的具体规定。如第 12 条针对改编、翻译、注释、整理作品;第 13 条针对合作作品;第 14 条针对编辑作品;第 15 条针对影视作品;第 16 条针对职务作品;第 17 条针对委托作品;等等。本案系争标的属于影视作品,因此理当适用第 15 条。问题在于,一审判决所得出的结论与第 15 条规定恰好相反。

《著作权法》第 15 条第 1 款规定:"电影、电视、录像作品的导演、编剧、作词、作曲、摄影等作者享有署名权,著作权的其他权利由制作电影、电视、录像作品的制片者享有。"

结合本案事实,系争标的"神奇长江源探险录像"属于录像作品,毫无疑义,当然符合该款规定的构成要件。依法律适用方法,应将该款规定作为大前提,而将本案事实作为小前提,进行逻辑推论得出本案判决结论:"神奇长江源探险录像"的导演、编剧、作词、作曲、摄影等作者享有署名权,著作权的其他权利由制作该录像的制片者享有。

又依本案事实,系争标的"神奇长江源探险录像"为未最后制作完成的录像素材,并无词、曲作者和制片者,因此可以得出结论:"神奇长江源探险录像"(素材)的著作权由其导演、脚本创作者和摄影师享有(应否包括其余探险队员,值得研究)。

令人不解的是,一审判决在列举所适用的法条中明明列举了《著作权法》第15条,却在判决中全然没有提到系争标的"神奇长江源探险录像"的导演、编剧、摄影师等作者,而将著作权判归没有也不可能参加创作的被告深圳人保文化传播公司所有。该判决正好与第15条规定相反。

6. 本案不应适用《民法通则》第106条第2款

鉴于《著作权法》关于侵犯著作权的侵权行为责任专门设立了第五章"法律责任",即第45条和第46条对于侵犯著作权的各种具体情形规定了侵权行为责任。因此,根据前面提到的"特别法优先于普通法"适用的原则,本案判决不应适用《民法通则》第106条第2款关于一般侵权行为责任的原则规定,而应适用《著作权法》第45条和第46条。一审判决不适用《著作权法》第45条和第46条,而适用《民法通则》第106条第2款,无疑属于适用法律不当。

五、何以回避《著作权法》第16条

如果按照笔者前述分析思路,则裁判本案应适用《著作权法》第11条、第13条及第15条,所得出的判决应是:创作系争标的"神奇长江源探险录像"的作者(当然包括作为摄影师和探险队长的杨某)共同享有

著作权。

不可否认裁判本案还存在第二条思路,即被告在答辩和反诉中所主张的思路:认定系争标的为职务作品。若按照这一思路进行裁判,未尝不可在保障真正作者的著作权的同时,使对系争标的的创作提供物质条件的被告的正当利益也得到兼顾。

一审判决书载明被告如下主张:"我司是此次探险拍摄活动的主持者,尽管杨某在此次活动中有一定的贡献,但他毕竟是以我司影视部摄影师的身份参加筹办,以我司探险队队长身份进行探险,他的行为是代表我司的一种职务行为。"对于被告的上述主张,判决书作了认定:"1994年4月,杨某向被告深圳人保文化传播公司求职","被告聘杨某为影视部摄影师"。依据这一被认定的重要事实,即以摄影师和探险队队长双重身份参加探险拍摄的杨某的"职务行为"创作了系争作品,显而易见,依正常的逻辑,则应适用《著作权法》关于职务作品著作权归属的第16条。但判决书法律适用部分却并未提到第16条。既然对被告关于"职务行为"的主张予以肯定,却又不适用规定职务作品著作权归属的第16条,一审判决书的这一逻辑矛盾,令人不解,给人有意要回避《著作权法》第16条的印象。

让我们来看看第16条的内容。第16条规定:"公民为完成法人或者非法人单位工作任务所创作的作品是职务作品,除本条第二款的规定以外,著作权由作者享有,但法人或者非法人单位有权在其业务范围内优先使用。作品完成两年内,未经单位同意,作者不得许可第三人以与单位使用的相同方式使用该作品。有下列情形之一的职务作品,作者享有署名权,著作权的其他权利由法人或者非法人单位享有,法人或者非法人单位可以给予作者奖励:(一)主要是利用法人或者非法人单位的物质技术条件创作,并由法人或者非法人单位承担责任的工程设计、产品设计图纸及其说明、计算机软件、地图等职务作品;(二)法律、行政法规规定或者合同约定著作权由法人或者非法人单位享有的职务作品。"

本案系争标的为"神奇长江源探险录像"(素材),其不属于该条第

2款第(一)项所列举的作品范围,至为明显。迄今并无法律和行政法规规定像本案系争标的这样的录像职务作品的著作权归单位享有,在判决书载明的被告陈述主张杨某以被告聘用的摄影师和探险队队长身份从事系争标的创作属于"职务行为"的同时,并未主张和证明被告和杨某之间有关于系争标的的著作权归被告享有的合同约定。因此,应无该条第2款第(二)项适用的余地。可见,本案只能适用该条第1款,所得出的结果是:判决作者享有系争标的的著作权,同时承认被告有权在其业务范围内优先使用。

六、结语

日常生活中人们常常抱怨法律的不完善。但我国《著作权法》无论如何不能接受这样的指责。在《著作权法》制定过程中,立法者关于谁是真正的作者,关于如何对待作者权利,关于如何协调作者和作者所在单位、作者与委托人之间的利益冲突,在经过长期的反复的讨论、斟酌和权衡之后,作出了细密的规定,并将"保护文学、艺术和科学作品作者的著作权"明定为本法首要的立法目的。但再完善、再先进的法律,也有赖于人去执行。本案判决结果除令人遗憾之外,也使我们警醒:制定了尽可能完善的法律并不就等于法治国。中国在法治之路上还有更重要的任务,即如何造就一代奉法、护法的"法律人"。

合同的解释规则[*]

——陕西省机械进出口公司与陕西省石油化工物资
供销公司经营部购销合同纠纷上诉案评释

一、主要事实

1993年5月19日上诉人陕西省机械进出口公司（以下简称"进出口公司"）与被上诉人陕西省石油化工物资供销公司经营部（以下简称"石化经营部"）签订了93004号工矿产品购销合同。合同约定：进出口公司供给石化经营部热轧低碳钢板5000吨；产地波兰；每吨单价（西安车板交货价）4205元，总金额按商检后的实际重量乘以西安车板交货价计算；"交（提）货时间及数量"栏内写明："1993年7月5日前到上海港报关、商检后交货"；"交（提）货地点、方式"栏内写明："中国储运总公司西安公司石家街仓库，西安东站201专线"；由进出口公司负担国内运输责任及费用；如国内运输出现丢失，石化经营部应在20日内提出索赔单，由进出口公司向有关单位索赔；合同签订后3日内石化经营部向进出口公司交定金6000000元，货到上海港商检后由进出口公司出示铁路运输货票，5日内石化经营部向进出口公司支付所余货款；违约责任：①货到后石化经营部不得退货，否则不退定金；②货不能于1993年7月5日按时到港，进出口公司向石化经营部按定金以日息1‰计赔偿；③见铁路运输货票后石化经营部不能于5日内付款，石化经营部向进出口公司按运单数量乘以西安车板交货价为计算金额以日

---

[*] 本文原载《民法学说判例与立法研究（二）》，国家行政学院出版社1999年版。

息1‰计赔偿；合同有效期限为1993年5月19日至1993年8月30日。

合同签订后，石化经营部于1993年5月22日将定金6000000元付给了进出口公司。因进出口公司未能在1993年7月5日前将货物运抵上海港，石化经营部于7月6日即以此为由口头要求解除合同，进出口公司未予同意。7月9日石化经营部又以同样理由书面通知进出口公司终止合同，并要求双倍返还定金，支付违约金。7月10日进出口公司函复不同意解除合同。7月25日钢板运抵上海港。8月4日首批钢板运抵西安公司石家街仓库。8月5日石化经营部以进出口公司未按期将货物运抵上海港为由向西安市碑林区人民法院提起诉讼，诉请解除合同。8月24日进出口公司将钢板全部运抵西安公司石家街仓库。进出口公司委托陕西省进出口商品检验局进行检验，该局指令中国进出口商品检验总公司陕西省分公司实施检验，该公司于8月25日出具商检证书，评定结果合格。8月28日，进出口公司三次通知石化经营部货物已全部运抵西安公司石家街仓库，要求石化经营部5日内付清其余货款，并附有铁路运输货票、铁路货物运单、海运提单和商检证书的复印件。同日石化经营部函复：纠纷已提交西安市碑林区人民法院解决。至8月30日合同有效期届满，石化经营部仍拒付货款、拒收货物。8月31日石化经营部向西安市碑林区人民法院申请撤诉，并于同日向陕西省高级人民法院提起诉讼，要求进出口公司双倍返还定金、支付利息和违约金。进出口公司答辩并提出反诉：货物迟延到达上海港是因为台风等不可抗力；7月5日是到港时间，不是交货时间；进出口公司按合同约定履行了义务，石化经营部应按合同约定支付货款、接收货物并赔偿经济损失。陕西省高级人民法院判决进出口公司败诉，进出口公司不服，上诉于最高人民法院。最高人民法院于1994年12月30日作出终审判决，改判进出口公司胜诉。

二、一审法院裁判要旨

陕西省高级人民法院审理认为，原告石化经营部与被告进出口公司于 1993 年 5 月 19 日签订的 93004 号工矿产品购销合同主体合格，内容合法，意思表示真实，为有效合同。石化经营部按合同约定如期支付了 6000000 元定金。进出口公司违反合同约定未能在"1993 年 7 月 5 日前到上海港报关、商检后交货"。进出口公司辩称货物迟到上海港系不可抗力造成，因证据不足，不予采信。因此，进出口公司应当承担违约责任及后果。该院于 1993 年 12 月 22 日作出判决：①原告石化经营部与被告进出口公司签订的 93004 号工矿产品购销合同依法予以解除；②被告进出口公司于判决生效后 10 日内向原告石化经营部返还定金 6000000 元，并赔偿占用期间的利息损失。

三、二审法院裁判要旨

最高人民法院审理认为，上诉人进出口公司与被上诉人石化经营部于 1993 年签订的 93004 号工矿产品购销合同符合国家法律规定，应依法确认为有效合同。合同约定的"1993 年 7 月 5 日前"，是货物运抵上海港的时间，而不是最后的交货期限。在合同约定的有效期限内交货，应当受到法律保护。本案合同已明确约定交提货地点为"中国储运总公司西安公司石家街仓库，西安东站 201 专线"，在上海交货之说无事实依据。进出口公司在合同约定的有效期限内将货物全部运抵交货地点并依法进行了检验，且于 1993 年 8 月 28 日通知石化经营部付款、提货，基本上履行了合同约定的义务。进出口公司未能在 1993 年 7 月 5 日前将货物运抵上海港，应按照合同约定，按定金以日息 1‰ 计赔偿。石化经营部在合同约定的有效期限内拒绝付款、提货，应当承担违约责任，赔偿因此给进出口公司造成的经济损失。进出口公司的上诉理由成立，应予以支持。陕西省高级人民法院关于合同效力的认定正确，但对于违约责任的认定缺乏事实和法律依据，应当依法改判。最高人民法院于 1994 年 12 月 30 日作出终审判决：维持原判第一项（即解除合同），撤销原判第二项，改判由被上诉人石化经营部承担违约责任，向进出口公司赔偿价差损失 7954714.45 元、利息损失 1994611 元、仓储费 349495 元，赔偿冻结账号存款损失 18101 元，扣除已交付定金

6000000元,还应再支付给上诉人进出口公司4316923元;由上诉人进出口公司承担货物迟延到港的责任,向石化经营部支付赔偿金120000元。

四、法院裁判与合同解释

本案一、二审判决对系争工矿产品购销合同效力的认定相同,而判决结果截然相反,差别在于两审法院对违约方当事人的判断相左。一审判断上诉人进出口公司违反合同,所依据的事实仅是进出口公司未能在"1993年7月5日前到上海港报关、商检后交货",关键在于,将"1993年7月5日前"认定为合同约定的交货期限。二审法院之所以作出相反的判断,关键在于,认定合同约定的"1993年7月5日前",只是货物运抵上海港的时间,而不是最后的交货期限。归根结底,两审法院之所以作出截然相反的判决,关键在于对系争合同书上的一句话,即"1993年7月5日前",进行了截然相反的解释。

众所周知,法院在审理案件中所处理的无非是两个问题。其一,事实问题;其二,法律问题。所谓处理事实问题,即查清案件事实。所谓处理法律问题,即正确适用法律条文。处理事实问题,目的在于把握案件的真实。为此,当然要运用程序法所规定的各种证明手段,如书证、物证、证人证言、鉴定结论等。而对于书证、证言、鉴定结论等,则又发生一个问题,即对其中的文字、词句、用语正确含义的理解,最后归结到解释。最常见和最重要的,是对合同书的文字、词句、用语、条款的解释,即合同解释。对合同书某一文字、词句、用语或条款的不同解释,将导致截然不同的判决。本案即是明证。而对于本案两审作出的不同判决,要判断何者为正确,何者为错误,不能不依据合同解释规则。

合同解释亦即意思表示的解释,即对于意思表示内容含义所作的解释。合同(法律行为)需要解释,最根本的原因在于语言文字的多义性。此多义性使合同所使用的文字、词句、条款可能有不同的含义,不经解释不能判明其真实意思。当事人的文化水平所限及法律知识欠缺,也往往造成合同中的用词不当,使双方真实意思难以明确表达。也可能有当事人出于规避法律或其他不正当目的，故意使用不适当的文字词句，掩盖其真实意思。因此，法院在审理案件时，往往需要先对合同的内容进行解释。虽然在诉讼中当事人双方往往提出各自不同的解释，但最终作为判决的事实依据的，是法庭所作出的解释。因此，民法上所谓合同解释，仅指法庭所作的解释。

解释合同（法律行为）的目的，在于探求当事人于意思表示中所表达的真实意思。唯须注意，此所谓当事人的真实意思，不是指当事人内心的意思（效果意思），而是指当事人在合同中所表示出来的真实意思。因现代民法大抵采介于意思主义与表示主义之间的折中主义。在解释原则上，一方面规定应探求当事人的真实意思，另一方面又规定不可拘泥于所使用之不当词句。我国《民法通则》关于合同（法律行为）的解释未设规定，致使审判实践中常发生因合同解释不当而致错判。这已经引起了审判机关和立法机关的重视。

五、合同解释诸方法

（一）文义解释

合同的解释，应从文义解释入手。所谓文义解释，指通过对合同所使用的文字词句含义的解释，以探求合同所表达的当事人的真实意思。但由于语言文字本身具有多义性及当事人语言程度和法律知识的不足，难免可能存在使用不准确、不适当之词句，以致表示于外部的意思与当事人真实意思不一致，甚至可能有的当事人基于不正当目的，故意用不当词句隐蔽其真实意思。因此进行文义解释，不应仅满足于对词语含义的解释，不应拘泥于所使用之不当词句。民法关于文义解释，要求解释合同时，应探求当事人共同的真实意思，不得拘泥于所使用之词句。

《法国民法典》第1156条规定，解释契约时，应寻求当事人的共同意思，而不拘泥于文字。《德国民法典》第133条规定，解释意思表示，应探求其真意，不得拘泥于字句。《瑞士债务法》第18条第1款规定，判断契约应就其方式及内容，注意当事人一致之真实意思，不得着重于当事人误解或隐蔽真意所用之不当文字或语句。我国立法机关委托学者起草的合同法建议草案对文义解释作了规定：解释合同应探求当事人共同的真实意思，不得拘泥于所使用之词句。

（二）整体解释

所谓整体解释，指对合同各个条款作相互解释，以确定各个条款在整个合同中所具有的正确意思。

一个法律行为，例如一个合同是一个整体，要理解整体意思必须准确理解各个部分的意思；反之，要理解各个部分的意思，也必须将各个部分置于整体之中，使其相互协调，才可能理解各个部分的正确意思。如果将某个条款单独解释，或许存在不同的意思，难以确定哪一个意思是当事人的真意，但只要将该条款与其他条款相联系，相互解释，相互补充，即不难确定当事人的真实意思。

关于整体解释，《法国民法典》第1161条规定，契约的全部条款得相互解释之，以确定每一条款从整个行为所获得的意义。我国《民法通则》关于法律行为的解释虽未有规定，但学说和审判实务均认可整体解释。

（三）目的解释

所谓目的解释，指解释合同时，如果合同所使用的文字或某个条款可能作两种解释，应采取最适合于合同目的的解释。

例如，《法国民法典》第1158条规定，文字可能作两种解释时，应采取最适合于契约目的的解释；第1157条规定，如一个条款可能作两种解释的，宁舍弃使该条款不能产生任何效果的解释，而采取使之可能产生某些效果的解释。《联合国国际货物销售合同公约》第8条规定，"（1）为本公约的目的，一方当事人所作的声明和其他行为，应依照他的意旨解释，如果另一方当事人已知道或者不可能不知道此一意旨"。

当事人订立合同必有其目的，该目的是当事人真意所在，为决定合同内容之指针。因此，解释合同自应符合当事人所欲达成之目的。如当事人意思表示的内容前后矛盾或暧昧不明，应通过解释使之协调明确，以符合当事人之目的。合同所使用的文字或某个条款有两种相反的意思,自应采取其中最适合于当事人目的的意思。唯应注意,此所谓当事人目的,乃指双方当事人共同目的或者至少是为对方当事人已知或应知的一方当事人目的。若属于对方不可能得知的一方当事人目的,自不得作为解释之依据。

(四)习惯解释

所谓习惯解释,指合同所使用的文字词句有疑义时,应参照当事人的习惯解释。

例如,《法国民法典》第1159条规定,有歧义的文字依契约订立地的习惯解释之;第1160条规定,习惯上的条款,虽未载明于契约,解释时应用以补充之。《德国民法典》第157条规定,契约应依诚实信用原则及一般交易上的习惯解释之。《美国统一商法典》第1-205条亦规定行业习惯得作为解释合同的依据。《联合国国际货物销售合同公约》第8条规定:"……(3)在确定一方当事人的意旨或一个通情达理的人应有的理解时,应适当地考虑到与事实有关的一切情况,包括谈判情形、当事人之间确立的任何习惯做法、惯例和当事人其后的任何行为。"第9条规定:"(1)双方当事人业已同意的任何惯例和他们之间确立的任何习惯做法,对双方当事人均有约束力。(2)除非另有协议,双方当事人应视为已默示地同意对他们的合同或合同的订立适用双方当事人已知道或理应知道的惯例,而这种惯例,在国际贸易上,已为有关特定贸易所涉同类合同的当事人所广泛知道并为他们所经常遵守。"

习惯解释的依据在于,人们的行为除受法律的支配外,往往还受习惯的支配。各地有各地的习惯,各行业有各行业的习惯,如不违反法律强行性规定和公序良俗,应可作为解释法律行为当事人真实意思的依据。例如,在合同内容有歧义时,应依据习惯予以明确;在合同约定不完全致使权利义务难以确定时,应依据习惯予以补充。此为各主要国家及地区法律及国际公约所公认的解释方法。唯应注意,采为解释依据的习惯,应是当事人双方共同遵守的习惯,如果仅为一方的习惯,除非订立合同时已将该习惯告知对方并获得对方认可,否则不应采为解释的依据。此外,无论地方习惯还是行业习惯,其是否存在及为对方所认可,应由主张一方举证。

(五)公平解释

所谓公平解释,指解释合同应当遵循公平原则,兼顾当事人双方的利益。在合同所使用文字词句有两种不同的含义时,若是无偿合同,应按对债务人义务较轻的含义解释;反之若是有偿合同,则应按对双方均较公平的含义解释。如果属于依一方当事人单方面决定的定式合同条款所订立的合同,即所谓定式合同或附合契约,在有歧义时,应按对决定条款一方不利的含义解释。

例如,《法国民法典》第 1162 条规定,契约有疑义时,应作不利于债权人而有利于债务人的解释。《南斯拉夫债务法》第 101 条规定:解释合同应符合公平原则,遇有歧义时,如属无偿合同应按对债务人义务较轻的含义解释,如属有偿合同则应按对双方均较公平的含义解释。我国《民法通则》规定公平原则为民法基本原则,解释合同当然也应遵循。

现代民法以公平原则为指导当事人缔结民事法律关系之基本原则,公平原则同样也是指导法院或仲裁庭解释合同的基本原则。公平解释作为一种解释方法,首先要求解释合同应当遵循公平原则,作为对合同解释的一般要求。但合同又分为有偿合同与无偿合同,公平解释要求区别对待。因无偿合同非关于商品交换,自应按对债务人较轻的含义解释。而有偿合同实质为商品交换关系,自应兼顾双方利益,解释时应尽可能采用对双方均较公平的含义。另外,现实中往往有一方当事人单方面决定合同内容的情形,即通常所称定式合同或附合契约,这种情形应采用不利于单方面决定合同内容一方当事人的含义。这样解释是出于对经济上的弱者予特殊保护的考虑。

(六)诚信解释

所谓诚信解释,指解释合同应遵循诚实信用原则。

例如,《德国民法典》第 157 条规定,契约应依诚实信用原则及一般交易上的习惯解释之。日本最高裁判所昭和 32 年 7 月 5 日判例:所谓诚实信用原则,已广泛适用于债权法领域,它不仅适用于权利行使和义务履行,而且也应成为解释当事人缔约目的所适用的基准。《联合国国际货物销售合同公约》第 7 条规定:"(1)在解释本公约时,应考虑到本公约的国际性质和促进其适用的统一以及在国际贸易上遵守诚信的需要……"

诚实信用原则为现代民法上指导当事人行使权利履行义务之基本原则,也是指导法院或仲裁庭正确解释合同的基本原则。我国《民法通则》第 4 条规定,诚实信用为一切民事活动所应遵循之基本原则,合同之解释当然应包括在内。依诚实信用原则,合同所使用文字词句有疑义时,应依诚实信用原则确定其正确意思;合同内容有漏洞不能妥善规定当事人权利义务时,应依诚实信用原则补充其漏洞。无论采何种解释方法,最后所得解释结果都不得违反诚实信用原则。合同内容经解释仍不能与诚实信用原则相协调者,应无效。

六、对本案两审判决的评论

由上可知,民法关于合同解释的规则要求,法庭在解释合同时应探求当事人共同的真实意思,不应拘泥于合同所使用的个别词句,应对合同各个条款作相互解释,以确定各个条款在整个合同中的正确意思,且解释合同应遵循公平原则及诚实信用原则。

本案系争合同"交(提)货时间及数量"栏内写明:"1993 年 7 月 5 日前到上海港报关、商检后交货";"交(提)货地点、方式"栏内写明:"中国储运总公司西安公司石家街仓库,西安东站 201 专线";且合同中明文约定,由进出口公司负担国内运输责任及费用;如国内运输出现丢失,石化经营部应在 20 日内提出索赔单,由进出口公司向有关单位索赔;货到上海港商检后由进出口公司出示铁路运输货票,5 日内石化经营部向进出口公司支付所余货款。显而易见,"交(提)货时间及数量"栏所填写的内容与合同中的其他内容存在矛盾。因此,解释时绝对不能拘泥于该栏所填写的"1993 年 7 月 5 日前到上海港报关、商检后交货"一句,而置其他内容于不顾。应正确运用文义解释,探求双方当事人订立合同的真实意思,而不拘泥于不当文句,并运用整体解释,对合同关于交货时间、交货地点、计价方式、运输费用及风险负担等条款内容进行解释,相互协调、相互补充,再依据公平原则及诚实信用原则,作出正确的解释。

一审法院判决仅依据合同中"交(提)货时间及数量"一栏所填写的"1993年7月5日前到上海港报关、商检后交货"一句,全然不顾及合同其他条款的内容,即轻率地认定"1993年7月5日前"为双方约定的最后交货时间、上海港为双方约定的交货地点。其违背解释合同的文义解释规则、整体解释规则及公平、诚信解释规则,至为明显。

与一审法院相反,二审法院判决并未拘泥于"交(提)货时间及数量"一栏,而是将该栏所填写的内容与合同中的其他重要内容,尤其是合同关于交(提)货地点、计价方式、国内运输费用、风险负担及索赔权行使的明文规定,相结合进行整体解释,从而认定合同交货地点为中国储运总公司西安公司石家街仓库,上海港不是交货地点。毫无疑问,二审法院的解释是正确的。首先,合同关于交货地点有明文规定,且文字表达清楚,不容轻易否定。其次,此关于交货地点的规定与合同其他重要条款的规定一致。如果像一审法院那样拘泥于合同中"交(提)货时间及数量"一栏,认定"1993年7月5日"为最后交货期限、上海港为交货地点,则无论如何都不能解释何以当事人关于计价方式要约定"西安车板交货价",何以要由上诉人进出口公司负担国内运输费用(既然在上海港交货,国内运输即与进出口公司无关),至于约定国内运输发生丢失由进出口公司负担风险并行使索赔权,更是于法于理均有不通。二审法院正是在采用文义解释之后,复采用了整体解释,以合同关于计价方式、国内运输费用、风险负担及索赔权行使的规定,解释合同关于交货地点的规定,认定西安公司石家街仓库为交货地点是签约时当事人双方共同的真实意思。

二审法院关于交货期限的解释也是正确的。

合同"交(提)货时间及数量"一栏写明:"1993年7月5日前到上海港报关、商检后交货。"如果仅看这一段文字,而不考虑其他条款,似可有两种解释,即既可将"1993年7月5日"解释为报关时间,也可以解释为交货时间。两种解释中,毫无疑问,只能有一种解释是正确的。而要判定哪一种解释是正确的,必须采用整体解释,将这一段文字与合同其他重要条款进行相互解释。换言之,只有能够与合同其他重要条款协调一致的解释,才是正确的解释。

将"1993年7月5日"解释为当事人关于报关时间的约定,而不是关于交货时间的约定,最根本的理由在于,这一解释能够与当事人约定的以西安公司石家街仓库为交货地点,以商检后的实际重量乘以西安车板交货价为计价方式。由供方承担国内运输费用、风险和行使索赔权的约定相协调一致。而另一种解释,即将"1993年7月5日"解释为交货时间,因为不能与合同上述重要条款协调一致,所以不能采取,所以是不正确的解释。这一将"1993年7月5日"解释为报关时间的解释结论之所以是正确的,还可以由需方石化经营部并未在上海港为接收和贮存货物做必要准备,相反却与西安公司石家街仓库签订仓储保管合同这一事实,得到确证。

在得出"1993年7月5日"只是报关时间而不是交货时间的解释结论之后,就需要回答合同最后交货期限这个问题。

关于在合同未约定明确的履行时间的情形应如何处理,大陆法系的办法是,允许债权人随时向债务人请求履行,但应当给对方必要的准备时间。我国《民法通则》第88条即采此办法。英美法系的办法是,债务人应在一个合理的时间内履行。实际上,两种处理问题的办法并无实质的差别,都是授权受理案件的法院依据具体情况确定债务人的履行是否在"必要的准备时间"或"合理的时间"之内。二审法院判决将合同有效期"1993年8月30日"解释为合同最后交货期限,亦即"必要的准备时间"或"合理的时间"的下限,并无不当。在合同中约定有效期,其所表示的意思是,凡在有效期内,双方均应受合同的拘束,反之,一经超过该期间,双方均不受合同的拘束。当事人在协商约定合同有效期时,毫无疑问所考虑的是该期限对于债务人履行债务是否必要和是否合理。在合同未约定明确的履行期限的情形中,将合同有效期解释为最后履行期限,也是各主要国家及地区合同实践中的通常做法。

我认为，二审法院判决由被上诉人石化经营部承担违约责任，赔偿上诉人进出口公司所受到的损失，并依照合同关于到港迟延约定的违约责任条款，判决上诉人进出口公司向被上诉人支付迟延到港的约定违约金，不失为妥当的判决。二审法院通过该判决，保护了当事人的正当权益，维护了合同和法律的严肃性且符合民法上的公平原则及诚实信用原则，值得赞佩。

一审判决并无不当，宁电公司不应免责[*]

——也评海南公司诉宁电公司购销合同纠纷案两审判决

一、引言

《判例与研究》1995年第2期刊登孙培理先生的《越权代理应当自负其责》(以下简称《越权》)一文，系对海南公司诉宁电公司购销合同纠纷一案两审判决所作的评析。作者在详述案情及一、二审法院判决理由之后，认为"一、二审法院判决结果的大相径庭，源于两级法院对于珠南公司法定代表人张某的行为是否超越代理权限的问题的认识上的分歧"，并在文末评论说"二审法院依据事实和法律，认定珠南公司超越代理权，免除宁电公司违约责任，划分清诉讼当事人的各自责任，并判令由越权代理人珠南和靖海两公司直接归还挪用海南外贸公司的贷款，应该说是正确的"。仔细分析文中介绍的案情和两级法院的裁判理由之后，笔者得出了与作者相反的意见：一审判决并无不当，宁电公司不应免责。为了读者阅读方便及便于展开分析，仍将《越权》一文引述的案情和两级法院判决理由转述如下。

二、主要事实及裁判理由

1. 主要事实

1993年1月，珠南公司受宁电公司委托，与海南公司会签了一份硅铁购销合同(1000吨)……并要求海南外贸公司在签约后向宁电公

---

[*] 本文原载《民法学说判例与立法研究(二)》，国家行政学院出版社1999年版。

司支付货款总额20%的定金,还约定合同由珠南公司执行。

1993年1月4日,宁电公司见到珠南公司电传的合同后,向珠南公司出具了授权委托书,载明:"兹委托珠南公司法定代表人张某先生代表本公司办理HFGZ92105号合同的会签。"宁电公司对上述合同作了明文确认。

随后,张某打电话通知海南公司,称货已到天津,请海南公司速派人验收。海南公司当即指派王某于1993年1月11日抵达天津,但王某在天津同张某联系时,张某又称货已卖出,需要重新组织货源,要求将合同推迟履行。同年1月14日,海南公司王某与合同执行人张某在天津达成延期履行合同的口头协议,将合同履行期推迟到1993年3月1日。对此,海南公司未提出异议,但也未按合同约定向宁电公司支付定金。在此期间,海南公司与外商签订了1000吨硅铁售货合同,并申请了300万元贷款。

1993年2月25日和26日,张某以珠南公司名义两次电传海南公司。25日电传称"有关合同价格及交货期、付款方式等,我到海口与贵公司另行协商,补充协议"。26日电传称"贵公司现应付我公司已到天津港两批硅铁(180吨+470吨)货款总计123.6万元,请将上述款电汇至宁电公司,账号127021075(此账号是宁电公司以本公司名义在工商银行开立的专供张某使用的账号)"。

海南公司收到电传后,即于1993年2月27日将123.6万元硅铁款电汇到宁电公司127021075账户上。宁电公司收到货款后,即按照张某的要求将款汇出,后经查明,该款最终被珠南公司和也是由张某为法定代表人的靖海公司挪用。

海南公司汇出货款后,既未收到货,也未见宁电公司回音,遂于1993年5月17日和28日两次向宁电公司发出电报,要求宁电公司退还货款及利息,并保留要求宁电公司赔偿损失的权利。宁电公司收到电报后未予回复。

2. 一审法院裁判理由

一审法院认为:珠南公司法定代表人张某受被告的委托与原告签

订的硅铁购销合同体现了原、被告双方的真实意思表示,而且合同内容没有违反法律,张某的代理行为也没有超出授权范围,应确认该购销合同为有效合同。被告出具的授权委托书和由此确认的购销合同,不仅授权张某代签合同,同时也确定了珠南公司是该合同的执行者。合同签订后,被告从未解除张某的代理权,也未取消珠南公司执行合同的资格,因此,珠南公司及其法定代表人张某所实施的行为应视为被告的行为……被告收到原告货款后,既不发货,又不通知原告,也未将货款退回,而是将货款转到其他单位以致被挪用,不仅应退还货款,还应承担由此给原告造成的损失。

3. 二审法院裁判理由

二审法院认为:珠南公司代宁电公司与海南公司签订的铁硅购销合同有效。但以后珠南公司变更合同履行期限等主要条款的行为超越了代理权限,宁电公司既未授权,也未追认,责任应由珠南公司承担……原判事实基本清楚,但责任不明,适用法律不当,应予纠正。

三、对一、二审裁判理由的评析

1. 二审判决依据越权代理

正如《越权》一文所指出的,一、二审判决之所以截然相反,关键在于,两级法院对珠南公司法定代表人张某的行为是否超越代理权作出了相反的认定。

二审法院认定张某的行为已超越代理权,其根据是被告的授权委托书。该授权委托书载明:"兹委托珠南公司法定代表人张某先生代表本公司办理 HFGZ92105 号合同的会签。"其中"会签"一语,应解释为"签订合同"。这里的逻辑是,既然委托书所授予的代理权限仅仅是"签订"合同,则代理人张某与原告达成延期履行合同的协议,变更合同原定履行期限,显然超出委托书所授予的代理权限。因此,二审法院推论:代理人张某的行为已成立越权代理。

2. 一审判决依据有"执行权"

反观一审法院裁判理由:被告出具的授权委托书和由此确认的购

销合同,不仅授权张某代签合同,同时也确定了珠南公司是该合同的执行者。合同签订后,被告从未解除张某的代理权,也未取消珠南公司执行合同的资格,因此,珠南公司及其法定代表人张某所实施的行为应视为被告的行为。显而易见,一审法院将张某的行为视为被告的行为,乃是基于张某具有的双重身份:被告授权的代理人和合同执行人。换言之,张某所实施的行为,既可以是行使被告授予的代理权,又可以是行使被告确认的合同执行人的执行权。

3. 能说珠南公司的行为超越了"执行权"吗

此所谓合同执行人的"执行权",虽在法律上未有规定,但依合同法属于任意法的性质,合同一方当事人并非不可授权他人作为合同执行人以执行合同。本案中,合同双方当事人除约定购销合同标的、价款、履行期、履行地等内容外,还特别约定"合同由珠南公司执行"。一、二审法院均肯定合同内容并不违法,并在裁判理由中认定合同有效,当然包括关于由珠南公司执行的约定有效。既然如此,认为珠南公司依据此有效的约定拥有代被告宁电公司执行合同的执行权,也就是顺理成章的事了。现在的问题归结到此执行权的范围上来。如果我们说,本案珠南公司拥有的执行权,包括代替被告宁电公司履行该合同上的交货义务和代替被告宁电公司行使收取货款的权利,大约任何人也难以有根有据地加以反对。如果我们进一步说,珠南公司拥有的执行权涵括了被告宁电公司依据该合同产生的全部义务和权利,恐怕二审法院也没有理由予以反驳。既然如此,珠南公司在代替被告履行义务的过程中,在"需要重新组织货源"时,"要求将合同推迟履行",主动与对方当事人(原告)协商"达成延期履行合同的口头协议",并电传要求对方当事人(原告)将应付货款电汇到被告宁电公司的账户上的行为,当然在其所拥有的合同执行权范围之内。

4. 一审裁判理由未被驳倒

要批驳一审法院判决,不仅要证明张某的行为超出被告所授予的代理权限,并且还必须证明张某的行为超出了经被告确认的合同执行人的执行权。如上所见,二审法院裁判理由中仅仅指出"珠南公司变更合同履行期限等主要条款的行为超越了代理权限",而回避了是否超越合同执行权这一重要问题。且不问二审法院何以对如此重要的问题避而不谈,仅此已足以表明一审法院作为裁判依据的理由未被二审判决所推翻。

四、对二审裁判逻辑的分析

姑且承认二审法院作出的本案已构成越权代理的结论。现在让我们来考查二审法院得出判决的逻辑推理。

大前提:越权代理如被代理人不予追认则应由越权代理人自负其责;

小前提:本案属于越权代理而被代理人未予追认;

即得出结论:本案应由越权代理人自负其责。

依形式逻辑规则,如果大前提和小前提只要有一个不真,则所作出的结论必然错误。

显而易见,此大前提是《民法通则》第66条第1款第1、2句的简化。该法第66条第1款前两句:"没有代理权、超越代理权或者代理权终止后的行为,只有经过被代理人的追认,被代理人才承担民事责任。未经追认的行为,由行为人承担民事责任。"因此可以断定大前提是真实的。既然大前提为真,则只要再验证小前提亦真,即可证明上述结论无误。而小前提是否真实,则须根据本案事实并紧扣法律规定进行判断。

本案经两级法院认定的有关事实是:"海南公司汇出货款后,既未收到货,也未见宁电公司回音,遂于1993年5月17日和28日两次向宁电公司发出电报,要求宁电公司退还货款及利息,并保留要求宁电公司赔偿损失的权利。宁电公司收到电报后未予回复。"

能否直接依据"宁电公司收到电报后未予回复"这一事实便作出被代理人宁电公司"未予追认"的判断呢?不能。因为,对于像本案这种被代理人既不明示追认,也不明示否认的"未予回复"的行为,《民法通则》专门设有特别规定。这就是第66条第1款第3句:"本人知道他人以自己名义实施民事行为而不作否认表示的,视为同意。"此所谓"视为同意",即视为追认。所谓"实施民事行为",当然包括"变更合同履行期限等主要条款的行为"。按照这一规定的要求,被代理人宁电公司收到海南公司于 1993 年 5 月 17 日和 28 日发出的电报,知道自己授权的代理人越权代理行为(变更履行期限等)后,应尽快作出追认或否认的表示,如果经过一个合理的期间而未作出否认表示的,即应依据上述规定被"视为同意(追认)",于是该越权代理即应发生有权代理的效力,由被代理人宁电公司承担违约责任。遗憾的是,二审法院回避了《民法通则》第 66 条第 1 款第 3 句这一重要规定,对"宁电公司收到电报后未予回复"这一重要事实作出了反于法律规定的认定。既然二审法院上述推论中的小前提已被验证为不真实其作出的逻辑推论即对本案判决之属于不当,也就是毋庸置疑的了。

五、结语

通过上述分析,我们已经看到本案二审判决在事实认定和法律适用上均有不当,而一审法院判决之属于正当亦已获得验证。在此唯应补充强调一点,即越权代理并非一定由越权代理人自负其责。按照民法代理制度,在越权代理的情形中,法律特设有被代理人的追认制度及直接依据被代理人不置可否的事实"视为追认"的制度。此外还有表见代理制度,即在相对人有正当理由信赖无权代理人有代理权时,使其发生有权代理效力的制度。被代理人的追认制度,其立法目的在于保护被代理人,而"视为追认"制度和表见代理制度的立法目的在于保护相对人和交易安全。对此,执法者和评论者均不可不细加审查,切不可使人民和企业产生"越权代理必定自负其责"的错误认知。

共有人处分共有财产案型的法律适用问题[*]

共有人未征得其他共有人同意处分共有财产,所处分的非"他人财产",而是"自己的共有财产",不在《合同法》第51条适用范围之内。但自《合同法》实施以来,各地法院对于此一案型往往适用《合同法》第51条无权处分合同规则,认定买卖合同无效。这显然属于适用法律若干问题。

以共有财产的基础关系为标准,区分为两种类型:①基于合伙关系的共有财产;②基于夫妻关系的共有财产,为方便考虑,这里省略夫妻关系之外的家庭关系。

基于合伙关系的共有财产,再区分为形成合伙企业组织的合伙关系与未成立合伙企业组织的合伙合同关系。前者推举有合伙事务执行人,《合伙企业法》中为"执行事务合伙人"。[①]《合伙企业法》第37条规定:合伙企业对合伙人执行合伙事务以及对外代表合伙企业权利的限制,不得对抗善意第三人。后者无合伙事务执行人。无合伙事务执行人的,各合伙人对于合伙事务有同等的权利。按照合伙合同原理,各合伙人在对外关系上视为相互授予代理权。

有合伙事务执行人的合伙,执行人未经其他合伙人同意处分合伙共有财产,属于合伙负责人超越权限订立合同,依据《合同法》第50条

---

[*] 本文写作于2010年6月。

[①] 《合伙企业法》第26条第1、2款规定,合伙人对执行合伙事务享有同等的权利。按照合伙协议的约定或者经全体合伙人决定,可以委托一个或者数个合伙人对外代表合伙企业,执行合伙事务。

的规定,原则上有效,例外无效。② 其他合伙人要求认定买卖合同无效,须向法庭证明"相对人知道或者应当知道"出卖人超越权限,举证责任在要求确认合同无效的合伙人一方。这一点很难,因为合伙内部对执行人代表权的限制,相对人无义务了解。

无合伙事务执行人的合伙,合伙人未经其他合伙人同意处分合伙共有财产,构成代理人超越代理权,根据《合同法》第 49 条关于表见代理的规定,相对人有理由相信行为人有代理权的,该代理行为有效。③ 举证责任在相对人一方,相对人证明自己"有理由相信行为人有代理权",至于证明到什么程度,最高人民法院(2008)民上终字 124 号判决:"善意相对人客观上有充分理由相信行为人有代理权。"④ 显而易见,是采客观标准,即别的一般人处于同样情形也会相信行为人有代理权。

基于夫妻关系的共有,按照《婚姻法》第 17 条第 2 款的规定,夫妻对共同所有的财产,有平等的处理权。此所谓"处理权",当然包括民法所谓"处分权"。现实中,夫妻共有房产,登记在夫妻一方名下。现实做法:登记机关要求出卖人证明自己单身(未婚、已离婚),否则必须由夫妻关系他方到场明示同意,方才予以办理过户登记。但登记名义人未经他方同意出卖房产的案件时有发生。法庭应当根据《婚姻法》第 17 条第 2 款的规定,认定出卖人有处分权,判决买卖合同有效。此为原则。但作为例外,夫妻关系他方证明出卖人有损害另一方之恶意(离婚时侵占对方财产),法庭应当依据《合同法》第 52 条,认定买卖合同无效。如相对人属于恶意,即明知或者应知出卖人隐瞒婚姻关系,则适用《合同法》第 52 条第(二)项"恶意串通"损害第三人利益之规定;如不能认定相对人属于恶意,则适用《合同法》第 52 条第(四)项"损害

---

② 《合同法》第 50 条规定:法人或者其他组织的法定代表人、负责人超越权限订立的合同,除相对人知道或者应当知道其超越权限的以外,该代表行为有效。

③ 《合同法》第 49 条规定:行为人没有代理权、超越代理权或者代理权终止后以被代理人名义订立合同,相对人有理由相信行为人有代理权的,该代理行为有效。

④ 《最高人民法院公报》(2009 年卷),第 410—417 页。

社会公共利益"之规定。家庭关系之维护属于社会公共利益,当无疑义。

需特别注意,即使证明出卖人有损害夫妻关系他方之恶意,如果买卖合同已经履行并已办理过户登记的,法庭不宜否认买卖合同的效力。⑤ 此种情形下,法庭维护买卖合同的效力,成为共有财产处分规则"原则有效,例外无效"之"再例外有效"。理由如下:其一,买卖合同标的物房产已经登记过户至买受人名下,买受人已经取得该房产所有权,基于物权的排他性和不动产登记的公信力,法庭无权剥夺买受人的所有权;其二,夫妻关系他方所受损害,可在离婚诉讼中根据《婚姻法》第47条给予弥补。⑥

---

⑤ 须注意,这里讨论的共有人处分共有财产案型,不属于《物权法》第106条善意取得规则的适用范围。《物权法》第106条善意取得规则的适用范围是:无处分权人处分他人财产的合同,因权利人不予追认、处分人事后未获得处分权而依据《合同法》第51条被认定合同无效。

⑥ 《婚姻法》第47条第1款规定,离婚时,一方隐藏、转移、变卖、毁损夫妻共同财产,或伪造债务企图侵占另一方财产的,分割夫妻共同财产时,对隐藏、转移、变卖、毁损夫妻共同财产或伪造债务的一方,可以少分或不分。离婚后,另一方发现有上述行为的,可以向人民法院提起诉讼,请求再次分割夫妻共同财产。

第三部分

经济法研究

试论经济行政法[*]

近年来,为了适应社会主义经济建设发展的需要,我国法学理论界就如何健全社会主义经济法制,完善对国民经济的法律调整,展开了热烈的讨论。一些论著在总结我国30多年经济立法实践经验的基础上,提出了运用经济行政法和民法等多种法律手段,对整个国民经济实行综合法律调整的主张。所称经济行政法,是对我国各种行政性经济法规的总称。我国自20世纪50年代初期以来,颁布了数以千计的行政性经济法规。这些行政性经济法规对于我国社会主义经济基础的建立、巩固和国民经济的发展,起到了非常重要的作用。作为各种行政性经济法规总称的经济行政法,还是一个比较新的概念,一些论著虽曾论及,但往往比较简略,有待于深入研究。本文仅是这方面的初步尝试。

一、我国的经济行政立法

中华人民共和国成立以来,我国经济行政立法经历了三次大的发展或者说繁荣。第一次是从中华人民共和国成立至1957年,第二次是20世纪60年代前半期,第三次是从1979年开始。

(一)1949—1957年

这一时期,我们克服了解放初期由于长期战争破坏所造成的严重经济困难,并在赢得抗美援朝战争胜利的同时恢复和发展了国民经济,

---

* 本文原载《中国法学》1984年第4期。

取得了财政经济状况的根本好转,在此基础上进行了第一个"五年计划"的大规模建设,有秩序地对个体农业、个体手工业和资本主义工商业进行社会主义改造,为逐步实现工业化和建设社会主义奠定了基础。在此期间,国家颁布了大批经济行政法规作为执行正确的经济政策的有力工具。

1. 促进新的经济基础的形成

这方面的立法主要有:《中华人民共和国土地改革法》《关于没收战犯、汉奸、官僚资本家及反革命分子财产的指示》等。

2. 稳定市场、统一财经工作,建立各项经济行政管理制度

这方面的立法主要有:贸易部《关于取缔投机商业的几项指示》(1950年)、政务院《关于统一国家财政经济工作的决定》(1950年)、政务院《关于统一全国国营贸易实施办法的决定》(1950年)、贸易部《进出口厂商申请营业登记办法》(1950年)、政务院《对外贸易管理暂行条例》(1950年)、政务院《全国税政实施要则》(1950年)、政务院《预算决算暂行条例》(1951年)、财经委员会《国民经济计划编制暂行办法》(1952年)、政务院《粮食市场管理暂行办法》(1953年)等。

3. 实行统购统销政策

这方面的立法主要有:财经委员会《关于统购棉纱的决定》(1951年)、政务院《关于实行粮食的计划收购和计划供应的命令》(1953年)、政务院《关于实行棉花计划收购的命令》(1954年)、政务院《关于实行棉布计划收购和计划供应的命令》(1954年)、国务院《市镇粮食定量供应暂行办法》(1955年)、政务院《农村粮食统购统销暂行办法》(1955年)、政务院《关于农业生产合作社粮食统购统销的规定》(1956年10月6日)、政务院《关于由国家计划收购(统购)和统一收购的农产品和其他物资不准进入自由市场的规定》(1957年)等。

4. 对生产资料私有制实行社会主义改造

这方面的立法主要有:政务院《私营企业暂行条例》(1950年)、政务院《公私合营工业企业暂行条例》(1954年)、国务院《关于在公私合营企业中推行定息办法的规定》(1956年)、《农业生产合作社示范章

程》(1955年)、全国人大常委会《高级农业生产合作社示范章程》(1956年)等。

(二)1961—1965年

为了克服主要由于"大跃进"的错误加上连续"三年自然灾害"和苏联政府背信弃义撕毁合同给整个国民经济造成的严重困难,党中央决定对国民经济实行"调整、巩固、充实、提高"的方针,制定和执行了一系列正确的经济政策。这个时期的经济行政立法着重于恢复和建立、健全各项经济行政管理制度,加强对国民经济的管理。主要的经济行政立法有:国务院《国民经济年度计划编制办法(草案)》(1962年)、国务院《工农业产品和工程建设技术标准管理办法》(1962年)、国务院《工商企业登记管理试行办法》(1962年)、《统计工作试行条例》(1963年)、国家计委《计划工作条例(草案)》(1963年)、国务院《关于物价管理的试行规定》(1963年)、《商标管理条例》(1963年)、国家经委转发物资总局《关于物资调剂管理试行办法》(1963年)、全国物价委员会《重工业产品出厂价格管理办法》(1964年)等。这一时期,国家开始注意发挥经济行政法对经济的调节作用。例如国务院颁布了《关于奖励人民公社兴修水土保持工程的规定》(1962年)、《技术改进奖励条例》(1963年)、《关于严格禁止楼堂馆所建设的规定》(1964年)、《关于严格禁止楼堂馆所建设的补充规定》(1964年)等。

(三)1979年至今

党的十一届三中全会确定全党全国工作重点转移到以经济建设为中心的社会主义现代化建设上来,国家开始对不合理的经济管理体制进行改革,逐步扩大经济组织的经营管理自主权,在坚持计划经济为主的前提下开展市场调节,发挥市场调节的辅助作用,在保障国营经济占主导地位的条件下发展多种经济形式和多种经营形式,执行对内搞活经济和对外开放的经济政策。近年来,我国经济行政立法有了空前的发展,经济行政法成为推动经济体制改革和促进国民经济发展的重要法律手段。

1. 通过经济行政立法进行经济体制改革

这方面的立法主要有：国务院《关于扩大国营工业企业经营管理自主权的若干规定》(1979年)、国务院《关于国营企业实行利润留成的规定》(1979年)、国务院《关于开征国营工业企业固定资产税的暂行规定》(1979年)、国务院《关于提高国营工业企业固定资产折旧率和改进折旧费使用办法的暂行规定》(1979年)、国家经委和财政部《国营工业企业利润留成试行办法》(1980年)、国务院《关于实行"划分收支、分级包干"财政管理体制的通知》(1980年)、国务院《关于推动经济联合的暂行规定》(1980年)、国务院《关于开展和保护社会主义竞争的暂行规定》(1980年)、财政部和国家经委《关于国营工交企业实行利润留成和盈亏包干办法的若干规定》(1981年)、国务院《国家能源交通重点建设基金征集办法》(1982年)、国务院《关于国营企业利改税试行办法》(1983年)、财政部《关于对国营企业征收所得税的暂行规定》(1983年)、国务院《建筑税征收暂行办法》(1983年)等。

2. 通过经济行政立法贯彻执行对外开放政策

这方面的立法主要有：《中外合资经营企业法》(1979年)、《中外合资经营企业所得税法》(1980年)、国务院《中外合资经营企业登记管理办法》(1980年)、财政部等《引进国外技术设备国内配套贷款办法》(1980年)、国务院《开展对外加工装配和中小型补偿贸易办法》(1979年)、国务院《海关对加工装配和中小型补偿贸易进出口货物监管和征免税实施细则》(1980年)、《广东省经济特区条例》(1980年)等。

3. 通过经济行政立法，配合经济调整和体制改革，保障对外开放和对内搞活经济政策的贯彻执行，加强经济行政管理

这方面的立法主要有：国务院《标准化管理条例》(1979年)、国家经委等《全国厂矿企业计量管理实施办法》(1980年)、国家经委《工业企业全面质量管理暂行办法》(1980年)、商业部《国营商业日用工业品零售企业管理条例(试行)》(1980年)、国务院《关于严格控制物价、整顿议价的通知》(1980年)、国务院《社会集团购买力管理办法》(1980年)、国务院《关于加强市场管理打击投机倒把和走私活动的指

示》(1981年)、进出口管理委员会《关于出口许可证制度的暂行办法》(1980年)、国家计委等《关于制止盲目建设、重复建设的几项规定》(1981年)、国家计委等《关于控制汽车生产、进口和改进分配办法的暂行规定》(1981年)、物价总局《关于重工产品价格的几项暂行规定》(1981年)、物价总局《农副产品议购议销价格暂行管理办法》(1981年试行)、国务院《关于制止商品流通中不正之风的通知》(1981年)、国家计委等《关于工业品生产资料市场管理暂行规定》(1981年)、国家计委等《城乡集市贸易管理办法》(1983年)、国家计委等《工商企业登记管理条例》(1982年)、国家计委等《物价管理暂行条例》(1982年)等。

上引法规,远不是我国经济行政立法的全部。本文列举众多的各类经济行政法规,目的在于证明我国经济行政立法为数众多,涉及社会经济生活几乎所有的方面,对于整个国民经济起着非常重要的调整作用。同时说明经济行政法这一概念在我国有着广泛的立法根据。

二、经济行政法的调整对象和调整方法

马克思主义法的学说阐明了法律上层建筑与经济基础的相互关系。"无论是政治的立法或市民的立法,都只是表明和记载经济关系要求而已。"[①]我国30多年来所进行的经济行政立法,正是反映了我国社会主义经济制度的本质特征和要求。第一,社会主义的国家不仅是国家行政权力的执掌者,而且负有对国民经济进行组织、领导和管理的职能,它必然要运用手中的行政权力对整个国民经济实行组织和管理;第二,社会主义生产的根本目的和有计划按比例发展的规律,要求国家运用行政权力控制社会经济发展的方向、重点、规模和重大比例,保证国民经济的综合平衡和获得最大经济效益;第三,实行计划经济为主、市场调节为辅的方针,国家除对生产和流通实行计划管理外,有必要运

---

① 《马克思恩格斯全集》(第4卷),第121—122页。

用各种经济杠杆如价格、税率、信贷、补贴、外汇等对经济实行调节,而各种经济杠杆的调节作用又必须通过国家行政权力活动才能实现;第四,随着经济体制改革的发展和经济组织经营管理自主权的扩大,为了维护国民经济的整体利益,国家必须通过行政权力活动,对社会经济生活加强监督和管理,对经济领域中各种损害国民经济整体利益和滥用自主权的行为实行必要的行政干预,做到令行禁止,制裁各种经济违法行为,维护经济领域的正常秩序。上述行政权力在经济领域的活动集中表现为社会主义国家的经济行政,或者称为国民经济行政管理。[②]

经济行政或称国民经济行政管理,在整个国家的行政活动中居于非常重要的地位。特别是在党和国家工作的着重点转移到以经济建设为中心的社会主义现代化建设上来以后,更是如此。

国民经济行政管理,绝不是国家经济行政机关或个别经济行政负责人的为所欲为。国家经济行政机关的全部活动必须以经济行政法(即上升为法律的国家意志)作为准绳。同时,经济行政法又是国家经济行政机关实现对国民经济的行政管理的有力工具。经济行政法与国民经济行政管理,密切相关,互为表里。毫无疑义,经济行政法的调整对象,就是国民经济行政管理活动中所发生的各种关系,即国家经济行政机关在对国民经济实行计划、组织、管理、监督、调节和干预中所形成的各种联系。一些论著正确地指出,这种关系是以隶属性为其特征的。

既然经济行政法在本质上是国家行政权力活动的一种法律形式,不言而喻,经济行政法在对经济关系进行调整时,必然要采用属于行政法的调整方法。经济行政法通常采用的调整方法有如下几种:

(一)设权

法律赋予经济组织或公民某种权利能力或某项具体的权利。例如按照国务院《关于扩大国营工业企业经营管理自主权的若干规定》的规定,企业对多余、闲置的固定资产,有权有偿转让或出租;企业有权向

[②] 参见法学教材编辑部《行政法概要》编写组:《行政法概要》,法律出版社1983年版,第234页。

中央或地方有关部门申请出口产品,并按规定取得外汇分成;有权按国家劳动计划指标择优录用职工(第4、7、8条)。按照国务院《关于国营企业实行利润留成的规定》的规定,所有实行独立经济核算的企业,经营有盈利的,可以按核定的比例留用一部分利润(第1条)。按照国务院《关于城镇非农业个体经济若干政策性规定》的规定,凡有城镇正式户口的待业青壮年,都可以申请从事个体经营(第4条)。

(二)命令

法律赋予经济组织或公民某种作为义务,包括命令办理登记、命令报告、命令提交报表及命令缴纳税费等。例如《中外合资经营企业登记管理办法》规定,中外合资经营企业,应在批准后的1个月内,向我国工商行政管理总局登记(第2条第1款),向当地税务机关办理纳税登记(第6条)。在其他登记项目变动时,应在年终向所在地的工商行政管理局书面报告(第7条第2款)。按照《中外合资经营企业所得税法》(1983年)的规定,在我国境内的中外合资经营企业,从事生产、经营所得和其他所得,应按该法规定缴纳所得税(第1条第1款)。该法还规定,合营企业应当在每次预缴所得税的期限内,向当地税务机关报送预缴所得税申报表;年度终了后4个月内,报送季度所得税申报表和会计决算报表(第9条)。

(三)禁止

法律赋予经济组织或公民某种不作为义务。例如国务院《关于严格控制物价、整顿议价的通知》规定,一切机关、团体、部队、事业单位,不准从事转手倒卖从中渔利的活动(第6条),一、二类日用工业品不准搞议价(第4条)。国务院《关于制止商品流通中不正之风的通知》规定,禁止企事业单位、经济单位发给购销人员进行请客、送礼、拉关系的费用;一切社会主义的企事业单位、经济单位之间的购销活动,一律禁止提取"回扣"(第1条、第3条)。再如《关于制止盲目建设、重复建设的几项规定》规定了"十二条不准",即不准搞资源不清的项目、不准搞"长线"产品项目、不准搞"楼堂馆所"等。

(四)许可

"许可为对一般禁止的行为,对于特定人或关于特定事而解除其禁止的行政措施。"③例如按照《关于扩大国营工业企业经济管理自主权的若干规定》的规定，允许企业在完成国家计划的前提下，根据生产条件和市场需要，制订补充计划，按补充计划生产的产品，商业、外贸、物资部门不收购的，允许企业自行销售，或委托商业、外贸、物资部门代销（第1条）。按照《关于加强市场管理打击投机倒把和走私活动的指示》的规定，许可农村社队集体，贩运本社队和附近社队完成国家收购任务和议购合同后多余的、国家不收购的二、三类农副产品，许可社员从事人力所能及的、允许上市的农副产品的贩运活动，许可合作商店、合作小组和有证商贩，在营业执照范围内，从事农副产品的贩运活动（第2条）。按照《关于出口许可制度的暂行办法》的规定，经批准经营出口的公司，在批准的经营范围内的出口商品，一般即视为取得出口许可，但属于该办法第3条和第4条的情况，须申请出口许可证。

（五）计划

计划是经济行政法所特有的一种调整方法。计划的实质在于，通过行政权力为经济活动如产品生产、基本建设、财务支出等预定一个数量上的界限（称为计划指标）。计划依其效力不同可以分为指令性计划和指导性计划。指令性计划具有完全的法律拘束力，义务人必须严格执行。指导性计划不具有完全的法律拘束力，义务人员在执行中可以依据具体情况有所变动。

（六）确认

确认是由国家授权的经济行政机关认定并宣告特定的法律事实或法律关系是否存在或是否有效。例如《经济合同法》规定，由工商行政管理局（合同管理机关）和人民法院行使无效经济合同的确认权。其中工商行政管理局对无效经济合同的确认，即为经济行政法上的确认。④ 我国各地工商行政管理机关对经济合同进行鉴证，商检机关对进出口商品的品质和等级进行鉴定，也属于经济行政法上的确认。某

---

③ 法学教材编辑部《行政法概要》编写组：《行政法概要》，法律出版社1983年版，第114页。

④ 人民法院对无效经济合同的确认，是司法活动，不属于经济行政法上的确认。

种法律事实或法律关系是否存在和是否有效,一经确认,即发生确定力,经济行政机关不能自由撤销。

（七）撤销

撤销是运用行政权力对于某种法律资格予以取缔或消灭。如使企业关闭、撤销登记、撤销注册商标、吊销营业执照、吊销许可证等,是经济行政法常用的调整方法和制裁措施。

（八）免除

免除是解除特定的经济组织或公民一定的作为义务。例如按照财政部《关于进出口商品征免工商税收的规定》(1980年)的规定,对于国家准予出口的商品,按照扣除税金计算,换汇成本高于当年贸易外汇内部结算价格的,免征工商税(第1条);对经国家批准引进的先进技术和样机等免征工商税(第2条)。

经济行政法的调整方法,除上述八种外,还有指示、协调等,这里不再赘述。

三、经济行政法的法律特征

对各种经济行政法规的分析表明,经济行政法具有不同于其他法律的特征。这些法律特征,归根结底是由经济行政法的调整对象,以及经济行政法所采用的主要调整方法所决定的。

第一,经济性。这是经济行政法的首要特征。单纯从国家行政权力活动这一点看,经济行政法与行政法没有区别。按照传统行政法学的观点看来,经济行政法应当属于行政法中的行政作用法之一部,但经济行政法毕竟不同于传统意义上的行政法,区别之根据就在于经济行政法具有突出的经济性。⑤ 经济行政法的本质在于运用行政法律手段解决经济问题,通过行政权力活动调整经济管理关系。所谓经济行政法的经济性,应包含两层意思。第一层意思是,经济行政法适用于社会

---

⑤ 参见冯玉忠:《谈谈经济法的性质和特征》,载《辽宁大学学报(哲学社会科学版)》1981年第1期。

生活中的经济领域,而不是非经济领域,它所调整的关系是经济领域中发生的经济管理关系。第二层意思是,经济行政法调整总是为了实现一定的经济目的,例如促进某方面的经济发展,或限制某种经济发展。这种促进和限制则服从于国民经济的整体利益。因此,有的论著把这种促进和限制称作经济行政法的两大功能。[6] 但就具体的某个经济行政法规而论,在促进与限制二者之间允许有所侧重。例如《中外合资经营企业法》《广东省经济特区条例》等,其目的专在促进。而《关于限制集团购买力条例》《关于加强市场管理打击投机倒把和走私活动的指示》等则侧重于限制。大多数经济行政法规均兼有两种功能。须加以说明的一点是,出于非经济的目的,纵然对某种经济活动实施干预,也不属于经济行政法。例如出于安全的目的限制生产或禁止运输易燃易爆物品的规定不属于经济行政法规。同样,公安部等《关于禁止制造、销售赌具问题的联合通知》(1980年)、文化部等《关于禁止收购、出售、转录进口录音带、唱片的通知》(1980年),均不属于经济行政法。

第二,隶属性。这是经济行政法区别于民事法律的重要特征。单从经济性特征看,经济行政法与民法难以区别,两者都具有经济性,都是为了实现一定的经济目的,民法也有促进、限制或禁止的规定。但是,民事法律所调整的社会关系,主要是商品所有和商品交换及与之有关的其他一些关系。这些关系有一个重要特点,即当事人之间的平等。在民法所调整的关系中,也可能有时以某个国家机关作为当事人之一方,但在这种情形下,该国家机关只是以法人身份出现而与对方当事人处于法律上的平等地位,而不是以国家行政机关领导者、管理者的身份出现。同时民事法律关系中的权利义务原则上是由当事人双方共同协商规定。而经济行政法所调整的关系则不同,其中必有一方(即权利主体)是国家经济行政机关,该国家经济行政机关与对方当事人处于一种行政上的隶属关系,即领导者与被领导者、管理者与被管理者之间

---

[6] 参见冯玉忠:《谈谈经济法的性质和特征》,载《辽宁大学学报(哲学社会科学版)》1981年第1期。

的关系。并且,经济行政法律关系的内容即行政权利和行政义务,往往由法规和国家经济行政机关规定,而无须征得对方当事人的同意。经济行政法所调整的关系,不是一种平等的、等价的、有偿的关系。这也就使经济行政法规范具有区别于民法规范的隶属性特征。

第三,强行性。这是经济行政法区别于民事法律的又一重要特征。在经济行政法律关系中,起决定作用的只是通过法规和行政行为所体现出来的国家意志,这一意志单方面规定对方当事人(义务主体)的义务,而对方当事人无论是否同意,均必须严格履行该义务。这就使经济行政法规范主要是强行性规范[7],而不是任意性规范。我们知道,民法以承认当事人具有独立的商品生产者或所有者身份为前提,为了发挥经济组织和公民在微观经济活动中的主动性,获取最大经济效益,因此强调尊重当事人的意志,允许当事人在法律规定的范围内协商约定他们之间的权利义务(例如订立合同)。法律承认这种约定具有法律约束力。民法中有大量规范(主要是合同法部分)只起补充当事人意志的作用,当事人的约定可以排除这类规范的适用。经济行政法规则相反,原则上不容许当事人(义务主体)有意志自由。例如在税法关系中,义务人必须照章纳税,无意志自由可言。经济行政法的强行性还包括另一层含义,即由经济行政机关直接适用法规,在义务人违反法律或拒不履行义务时,经济行政机关直接实施行政制裁,追究行政责任。例如,纳税义务人抗税逃税,税务机关则直接适用税法规定的制裁措施,对义务人追缴税款并科处罚款,而不必诉诸司法机关。在义务人与税务机关之间就纳税额发生争议时,他也必须先行缴纳税款,然后再向上一级税务机关请求复议。这与民法中权利人或受害人只能向人民法院诉请救济(或向仲裁机关申请仲裁)是大异其趣的。

第四,政策性。经济行政法的政策性特征,其含义是,经济行政法是实施国家经济政策的工具。国家为了实行某一经济政策,总是运用

---

[7] 经济行政法也有非强行性规范,例如指导性规范,但所占比重很小,大量的和主要的规范属于强行性规范。

经济行政法作为法律工具,颁布相应的经济行政法规来贯彻这一政策,保障这一政策的实施。政策性在这里还有另一层含义,经济行政法规总是以某一具体的经济政策为其内容,是某一经济政策的规范化和条文化。当然,并不是一切经济政策都必定上升为经济行政法规,只有那些经过实践检验行之有效的、正确的经济政策,才经过立法手续,使之规范化、条件化,上升为经济行政法规。因此,经济行政法被称为法律化的经济政策,或者经济政策的法律化。由于经济行政法的政策性特征,它是执行经济政策的法律工具并以具体的经济政策为内容,因此我们经常看到经济行政立法总是随着经济政策的变动而变动。例如我们对企业实行利润分成的办法时,相应制定了一系列法规,而当我们改为实行以税代利的办法时,原来的一批法规被废止,而另外制定以利改税为内容的一批法规。

第五,技术性。技术性也是经济行政法的特征之一。这是由于经济行政法规总是规定一些比较具体的、或多或少带有某种技术性的关系。例如,关于基本建设程序的法规,关于计量、检验、质量管理、森林采伐程序的法规,关于节电、节油、节煤的一些指令,等等,其中基本上或者说主要是技术性的规范。许多法规、条例的实施细则,也主要是如何实施某一法规或条例的具体的、技术性的规定。除此以外的大部分经济行政法规,也总是包含有不少技术性规范。例如税法中关于税率和计算标准的规定,计划法规中关于计划编制、审批、下达程序的规定,物价法规和工商管理法规中关于商品分类的规定,基本建设法规中关于划分项目等级的规定,限制社会集团购买力法规中关于商品分类及审批程序的规定,等等。这与其他法律主要是原则性规定(不是说绝对没有技术性规定)的情形恰成鲜明对照。

第六,灵活性。经济行政法的灵活性,首先是指在立法程序上比较灵活。依据我国《宪法》规定,国务院有权制定行政法规。属于经济行政法的大部分法规,均可由国务院制定和颁布,而不必经过全国人民代表大会或全国人民代表大会常务委员会,因此在立法程序上比较灵活和简便。国务院所属各部委也可以制定一些在级别上较低的法规。现行的许多经济行政法规是由各部委制定的。各部委本身是国家授权的中央一级行政机关,它根据自己所管理范围内的情况和问题制定法规,容易做到及时、合理、灵活。国家还可以授权某个地方制定某类经济法规,如有关经济特区的法规。其次,经济行政法的灵活性还表现在法规形式上。经济行政法规形式多样,有法律、条例、规定、决定、命令、通知、指令及实施细则等。有的法规形式容量较大,包含条文较多,内容比较丰富。有的法规形式比较短小,只有几个条文甚至不分条款,规定某个具体的经济活动或经济过程,针对性强,非常灵活。例如《关于节约用电的指令》《关于节约成品油的指令》《关于节约工业锅炉用煤的指令》等就是如此。经济行政法的灵活性还表现在它属于因事立法,可以根据经济生活的实际情况随时制定,经济生活出现什么问题,需要什么法规,就制定什么法规,及时解决现实中亟待解决的问题。时过境迁,又及时制定新的法规,废止旧的法规。总的说来,经济行政法不像基本法律那样要有较高的稳定性。

四、充分发挥经济行政法对国民经济的调整作用

本文前已述及,对整个国民经济实行综合法律调整,是总结我国30多年经济立法实践所得出的结论,是符合我国经济生活实际的主张。1979年以来我国经济立法仍然坚持采用多种法律手段对国民经济实行综合法律调整。在综合法律调整中,各种不同的法律手段相互配合、相互补充,共同发挥作用。其中民法调整和经济行政法(亦称之为狭义经济法)调整,占有非常重要的地位。综合法律调整,首先要求民法调整和经济行政法调整互相配合、互相补充,共同发挥作用。这是由我国社会主义经济的本质所决定的。我国社会主义经济,是以生产资料公有制为基础的、保留商品货币关系的计划经济。我国社会主义经济由于保留了商品货币关系,实行大力发展社会主义商品生产和商品交换的方针[8],不同于取消商品生产和商品交换的单纯计划经济,是

---

⑧ 参见五届全国人大四次会议的政府工作报告。

计划性与商品性相结合的社会主义经济。因此要求实行民法调整,依靠民法调整国民经济中的商品所有关系和商品交换关系。我国社会主义经济也不同于单纯商品经济,是以生产资料公有制为基础的、国家计划指导下的商品经济。因此,要求运用经济行政法调整国家在对整个国民经济实行计划、组织、管理、监督、调节和干预中所发生的各种关系。这就决定了对国民经济的民法调整和经济行政法调整,两者不可偏废。我们讲发挥经济行政法的调整作用,毫无疑问是以对整个国民经济的综合法律调整为前提的。

我国近年来执行了对外开放和对内搞活经济的政策,对权力过分集中的经济管理体制进行改革,逐步扩大经济组织的经营管理自主权,并在坚持以计划经济为主的前提下开展市场调节。在这种情况下,强调对国民经济的经济行政法调整,具有特别重要的意义。众所周知,前一段时间,我国经济领域尤其是经济流通领域秩序比较混乱,其主要原因就是我们在执行对外开放和对内搞活经济的政策的同时,没有相应地加强经济行政管理,各种管理制度、调节制度、监督制度和干预手段没有相应跟上来。形势要求我们,应在坚持综合法律调整的前提下,抓紧经济行政立法,充分发挥经济行政法对国民经济的调整作用。为此,当前应着重解决好以下几个方面的问题。

第一,必须牢固树立"依法行政"的思想。

我国在一个相当长的时期中轻视经济领域的法制,尤其是经济行政管理领域长期单纯依靠行政手段进行管理,无法可依或有法不依的现象比较严重。许多经济行政管理干部不善于运用经济行政法律手段,生怕法律束缚自己手脚,不懂得经济行政管理也要依法办事。如果这种状况不彻底改变,就是制定了完备的经济行政法规也未必能发挥作用。我们可以借用传统行政法学上的一个口号,叫作"依法行政",其意思是,我们的经济行政机关在进行管理活动中,必须严格依据法律的授权和严格依据法律的规定办事,任何缺乏授权或超出授权范围的管理行为,或者虽有授权但违背法律规定的管理行为,都是非法的。只有真正做到"依法行政",才能够在经济行政管理中消除个别行政领导人的恣意妄为、违背客观经济规律的瞎指挥和非法行政干预,保证经济行政法规(即上升为法律的国家意志)的贯彻执行。我们要通过扎扎实实的思想政治工作、法制宣传工作,特别是对经济行政管理干部(尤其是负责干部)进行法律教育或培训,使广大经济行政管理干部做到知法、懂法和善于用法,严格依法办事,才能真正健全经济行政法制,充分发挥经济行政法的调整作用。

第二,完善经济行政立法。

发挥经济行政法的作用,要有完善的经济行政立法。我国经济行政立法还很不完备,许多急需的、重要的法规还未制定出来,一些经济行政管理活动还处于无法可依的状况。因此,完善经济行政立法,首先要加快立法速度,一些重要的、急需的法规要尽快制定出来。我们这几年所实行的行之有效的经济政策,要尽快通过立法程序上升为法律。一些已经颁布施行的重要的经济行政法规,要尽快成龙配套,颁布相应的补充性法规或实施细则,使这些法规能充分发挥作用。其次,要逐步提高立法技术。从已颁布的法规看,大部法规在立法技术上比较粗糙,缺乏法律所固有的规范性,许多条文只是一般的号召甚至说教。法规内部和法规之间缺乏协调、照应,甚至互相矛盾。这样势必影响法规效力,使法规难以遵守、执行。另外,特别应强调集中统一,克服立法中的本位主义。经济行政法规许多是由各部委起草或直接由各部委颁布,往往容易强调本部门或本地区权益,忽视兄弟部门或其他地区的权益,忽视国民经济的全局利益。一定要从立法规划、法规起草、审议、通过等各个环节强调国民经济的整体利益,坚决反对和克服本位主义,切实保证所制定的经济行政法规真正是国家意志的体现。

第三,完善经济行政法律责任。

法律责任是凭借国家强制力保障法律效力的手段。没有法律责任作为保障,法律便等于一纸空文。任何法律,莫不如此。这对经济行政法来说,尤其重要。因为经济行政法不像民法、刑法那样,已有一套严密的责任制度,包括责任形式、责任要件和责任原则等。从现行的经济行政法规看,关于法律责任的规定往往各不相同,互不照应。还有许多经济行政法规完全没有法律责任。当然,并不是说每一个法规都要有责任条款,而是说每一个法规都应有法律责任予以保障。经济行政法应有哪些责任形式,应有哪些责任要件和责任原则,要不要有一个统一的经济行政责任制度,以及经济行政法规如何规定其他责任形式(民事责任和刑事责任)等问题已经摆在我们面前,亟待加以研究和解决。

第四,完善处理经济行政争议的程序。

所谓经济行政争议,是指在经济行政管理过程中,经济组织或公民与经济行政机关之间就经济行政机关的决定所发生的争议。我们知道,由于经济行政法的特殊性,是由经济行政机关单方面的行为决定对方当事人的义务(如缴纳税费),并由经济行政机关直接对违反义务的对方当事人实施行政制裁(如罚款、没收财产或吊销执照等)。因此,法律允许当事人向该经济行政机关的上级机关申请复议,如果对复议的决定不服,则可以向人民法院提起诉讼。但是,由于法律对向上级机关申请复议及上级机关受理申请等没有作出程序上的规定,在实际生活中,上级机关往往不予受理,或拖延不决,致使当事人的权利在实际上未得到保障。另外,由于向人民法院起诉前已经上级经济行政机关复议,有的人民法院往往以各种借口拒绝受理,使当事人投诉无门,或者虽经受理,但法院因种种原因,影响作出与上级经济行政机关复议决定相反的裁判,结果仍使当事人的权利未得到保障。应由法律对经济行政争议处理程序及权利义务作出明确的、切实可行的规定。这对于经济行政法规的执行,对于充分发挥经济行政法的调整作用,无疑具有重要意义。

论经济行政争议及其复议制度[*]

我国经济行政立法尚未对经济行政争议作出一个概括性的定义，只是在一些经济行政法规中对若干典型的经济行政争议分别设有具体的规定。例如，《中外合资经营企业所得税法》第 15 条、《外国企业所得税法》第 16 条、《个人所得税法》第 13 条、《关于国营企业利改税试行办法》第 11 条、《建筑税征收暂行办法》第 15 条对纳税争议作了规定；《统计法》第 25 条、《森林法》第 39 条、《城乡集市贸易管理办法》第 34 条对不服行政处罚的争议作了规定；《专利法》第 43、49、58 条和《商标法》第 21、22、35 条对不服主管机关决定的争议作了规定；《进出口商品检验条例》第 21 条对有关检验、鉴定结果的争议作了规定。

从上述经济行政法规对各种典型的经济行政争议所作的规定，我们可以概括归纳出这样一个定义：所谓经济行政争议，是在经济行政管理过程中，经济行政机关同经济组织、事业单位、社会团体、公民以及其他国家机关之间所发生的具有经济内容的行政争议。

经济行政争议是行政争议中的一种。行政争议的特征在于：其一，争议双方当事人中必有一方是国家行政机关；其二，争议起因于国家行政机关所进行的行政管理活动；其三，争议的焦点是，在行政管理活动中国家机关行政权力的行使是否合法和正当。行政争议可以根据行政管理活动领域的不同而分为若干类，例如人事行政争议、外事行政争议、文化教育行政争议及经济行政争议等。经济行政争议具有行政争

---

[*] 本文原载《法学研究》1985 年第 4 期。

议的各项特征,这就使经济行政争议区别于其他经济争议,如民事经济争议。

在民事经济争议中,当事人双方通常为自然人和法人。国家机关在参加民事经济法律关系时也可能同其他民事主体发生争议。但在这种情形下,该国家机关是以法人的资格出现,而不是以行政权力执掌者的资格出现,与其他民事主体如经济组织法人、自然人在法律地位上是完全平等的,并无任何优越之处。因此,以国家机关为一方当事人的民事经济争议不同于经济行政争议。至于经济组织法人相互之间的经济争议如经济合同争议,毫无疑问属于民事经济争议。有的著作把经济合同争议说成是行政争议,混淆了行政争议与民事争议的界限。

经济行政争议,是在经济行政管理过程中发生的,具有经济内容的行政争议。经济行政争议与其他行政争议的区别在于:第一,经济行政争议发生在经济行政管理领域。行政法学将整个国家行政权力活动划分为若干领域,分别称为外事行政管理、人事行政管理、军事行政管理、文化教育行政管理、司法行政管理、公安行政管理、经济行政管理等。经济行政争议发生在经济行政管理领域,而不是其他行政活动领域。第二,经济行政争议具有经济内容。经济行政管理领域发生的争议并不都是经济行政争议,只是其中具有经济内容的行政争议才是经济行政争议。这里所谓经济内容,是指双方争议的对象(或标的)是某项经济上的权利和利益,或者是与这种权利和利益密切相关的某项权利能力或法律资格。例如,税费的征纳,罚款的支付,没收一定的财产,某种经济行政权力如专利权、商标权、矿业权的授予或剥夺,某种权利能力或法律资格的授予或剥夺(如营业执照、许可证),等等。从具有经济内容这一点来看,经济行政争议与民事经济争议、劳动经济争议是相似的,因此可以归为一类,统称经济争议。

经济行政争议的双方当事人共处于一定的经济行政法律关系之中。这种既存的经济行政法律关系是产生经济行政争议的前提。假使不存在这种经济行政法律关系,也就不可能产生相应的经济行政争议。当然,这并不是说存在经济行政法律关系就必定发生经济行政争议。

在社会主义条件下,国家利益、集体利益和公民个人利益在根本上是一致的。国家经济行政机关是国家整体利益的代表者,而国家利益则包含集体利益和个人利益。因此,在绝大多数情况下,经济行政法律关系的当事人都能够自觉地依照法律规定,正确行使其权利和履行其义务,不致发生争议。但我们应当看到,国家、集体和公民个人在根本利益和长远利益上是一致的,在个别眼前利益或局部利益上仍可能发生一些矛盾和冲突。因此,不可避免地要产生一些经济行政争议。同时,由于法制不完善和法制观念淡薄,个别国家经济行政机关工作人员不习惯于依法办事,无视法律规定或超越法定权限,致使经济行政机关处分失当,侵害对方当事人的合法权益,这也是产生经济行政争议的一个原因。从这里我们可以看到,及时妥善地解决经济行政争议,对于保障经济行政法律关系的正常化,保障国家经济政策的贯彻执行和促进社会主义经济建设事业的发展,具有重大的意义。

经济行政争议与其他经济争议的区别,归根结底是因为经济行政法律关系不同于其他法律关系,如民事法律关系和劳动法律关系。有的著作把经济合同争议当作经济行政争议的原因在于,作者混淆了经济行政法律关系与民事法律关系的界限。在他们看来,经济合同关系不是民事经济法律关系,而是行政经济法律关系,甚至把经济合同称为行政合同。

这种把经济合同关系说成是行政法律关系的观点,是权力过分集中的经济管理体制的反映。在那种体制下,经济组织(尤其是国营企业)没有自己的经济地位和经济利益,没有自主经营的权利,实际上成为国家行政机关的附属物。有的著作正是以这种"政企不分"的体制为依据,把国营企业称为"国家经济机关"。这是混淆两种不同的法律关系、把经济合同归入行政合同的原因。我国从1979年以来所进行的经济体制改革,正是要革除政企职责不分,国家对企业统得过多过死等弊端,实行政企职责分开,使企业与行政机关"脱钩",使企业真正成为自主经营的经济实体,成为具有民事权利能力和民事行为能力的经济组织法人。因此,那种把经济合同说成是行政合同,把经济合同关系混同于行政法律关系的观点,最终丧失了经济上的根据。既然经济合同关系不是行政法律关系,经济合同争议之非经济行政争议也就不言而喻了。

我们可以将经济行政争议大致分为三类:①有关征纳税费的争议;②有关不服行政处罚的争议;③有关不服其他行政决定所发生的争议。各种经济行政争议,当事人双方争执的焦点均集中于经济行政机关在行使经济行政管理权时所作出的具体行政决定是否合法和是否正当。由此决定了解决经济行政争议的方法不同于解决其他争议如民事经济争议的方法。

我国解决经济行政争议采用行政方法和诉讼方法。解决经济行政争议的诉讼方法属于民事诉讼法规定的内容,这里暂不作论述,本文专就解决经济行政争议的行政方法作初步探讨。

我们解决经济行政争议的行政方法,称为行政复议,行政复议制度发端于20世纪50年代初期。1950年公布的《财政部设置财政检查机构办法》第6条规定,被检查的部门,对检查机构之措施,认为不当时,得具备理由,向其上级检查机构,声请复核处理。虽未采用"复议"这一名称,但应认为系后来的复议制度的萌芽。1951年政务院通过的《暂行海关法》第135条规定,税则的解释、货物在税则上的归类和完税价格的审定,其权限属于海关。受(发)货人或其代理人有异议时,得自海关填发税款缴纳证的次日起14天内,以书面向海关提出申诉。同年政务院通过的《海关进出口税则暂行实施条例》进一步发展了这一制度,提出申诉应依规定格式,填具申诉书,凡未依规定程序提出者,概不受理(第13条);海关接到申诉书后,应于7天内将该案重行审核,并得变更原决定。受(发)货人或其代理人对变更之决定仍不服时,应于接到变更决定通知之日起7天内,提出再申诉。海关总署应于20天内予以审理决定。海关总署的决定为最后决定(第14条)。我们从上述规定可以看到已有的较具体的程序规定。1958年公布的《农业税条例》规定采用行政复议制度解决纳税争议。其第27条规定,"纳税人如果发现在征收农业税的工作中有调查不实、评议不公、错算和错征的情况,可以向乡、民族乡、镇人民委员会请求复查和复议。如果纳税人对复查、复议的结果仍不同意,还可以向上级人民委员会请求复查。各级人民委员会对纳税人提出的请求,应当迅速加以处理"。

1979 年以来,我国执行了对内搞活经济和对外开放的政策,并逐步改革原有的经济管理体制,在新的形势下,及时妥善地解决经济行政争议具有了更加重大的意义。行政复议制度被广泛运用于解决各种经济行政争议。首先是被用于解决各种因征纳税费所发生的争议。例如 1980 年第五届全国人民代表大会第三次会议通过的两个税法对行政复议制度作了明确规定。《中外合资经营企业所得税法》第 15 条规定,"合营企业同税务机关在纳税问题上发生争议时,必须先按照规定纳税,然后再向上级税务机关申请复议。如果不服复议后的决定,可以向当地人民法院提起诉讼"。《个人所得税法》第 13 条的规定与其相同。此后相继颁布的《外国企业所得税法》第 16 条、《建筑税征收暂行办法》第 15 条、《关于国营企业利改税试行办法》第 11 条、《国家能源交通重点建设基金征集办法实施细则》第 20 条均有类似规定。其次,行政复议制度还被用于解决某些因不服行政处罚所发生的争议。例如,《烟草专卖条例施行细则》第 52 条规定,"被处罚者如对处罚不服,可以在收到通知之日起十五天以内要求上一级烟草专卖局复议"。《城乡集市贸易管理办法》第 34 条规定,"对工商行政管理机关的处理不服的,可以向上一级工商行政管理机关提出申诉"。这里的"申诉"一语,应解释为申请复议。其余如《出口食品卫生管理办法(试行)》第 19 条、《进出口商品检验条例实施细则》第 42 条等均有类似规定。此外,行政复议制度还被用于解决其他不服经济行政机关决定的争议。例如《进出口商品检验条例》第 21 条规定,"对外贸易关系人对进出口商品的检验、鉴定结果如有异议,可向原检验机构申请复验"。《商标法》第 21 条规定,"对驳回申请、不予公告的商标……申请人不服的,可以在收到通知十五天内申请复审,由商标评审委员会做出终局决定,并书面通知申请人"。

须加以说明的是,行政复议制度在被用于解决某些特殊的经济行政争议时，使用了特殊的名称，例如《商标法》第21条称为"复审"，《进出口商品检验条例》第21条称为"复验"，还有的法规则称为"裁决"或"裁定"。例如《国家能源交通重点建设基金征集办法实施细则》第20条规定，"交纳单位对交纳基金同税务机关有异议时，应先如数交纳入库，交纳基金单位可在交款后十五天内提出书面报告，由上级税务机关裁决"。尽管在使用名称上尚不完全一致，但仍不失为一项统一的行政复议制度。我们看到，有的经济行政法规同时使用了复议和裁决两个名称，而"复议"指整个行政程序，"裁决"指经复议程序后所作出的决定。例如《建筑税征收暂行办法施行细则》第20条规定，"……纳税单位……在十五日内向上一级税务机关书面申请复议，上一级税务机关应当在接到申请后的三个月内作出裁决"。再如《国营企业成本管理条例》第40条规定，"企业或个人对审计机关或财政机关给予的行政处罚有异议，可以在接到处罚通知之日起十五日内申请上一级审计机关或财政机关复议。上一级机关接到申请后，应在一个月内进行复查，并作出裁定"。因此，切不可因为有的法规使用了"裁决""裁定"这样的措辞，而误将我国解决经济行政争议的行政复议制度混同于解决民事经济争议的行政仲裁制度。

综上所述，行政复议制度是我国解决经济行政争议的一项重要制度。但是，该制度并不是对一切经济行政争议均可适用。我国仍有相当一部分经济行政争议不适用行政复议制度，而是直接由人民法院采用民事诉讼方式解决。例如《森林法》第39条规定，"当事人对林业主管部门的罚款决定不服的，可以在接到罚款通知之日起一个月内，向人民法院起诉"。《药品管理法》第55条规定，"当事人对行政处罚不服的，可以在接到处罚通知之日起十五天内向人民法院起诉"。

依据我国现行经济行政法规的规定，将行政复议制度的主要内容分述如下：

一、复议机关

受理行政复议的机关，通常是作为争议一方当事人的经济行政机关的上一级机关。例如,按照《国家能源交通重点建设基金征集办法实施细则》第 20 条、《建筑税征收暂行办法施行细则》第 20 条、《个人所得税法》第 13 条、《国营企业奖金税暂行规定》第 15 条,有关税费征纳所发生的争议的复议机关,为上一级税务机关;按照《烟草专卖条例施行细则》第 52 条、《进出口商品检验条例实施细则》第 42 条、《城乡集市贸易管理办法》第 34 条,有关不服行政处罚的争议的复议机关,为作出该处罚决定的行政机关的上一级机关。上一级经济行政机关受理复议案件,是根据国家授予的对下一级经济行政机关的监督权限。

一般说来,作为争议一方当事人的经济行政机关本身无权受理复议。但在个别特殊情形,法规授予作为争议一方当事人的经济行政机关受理复议的权限。如 1983 年 4 月 29 日财政部《关于对国营企业征收所得税的暂行规定》第 13 条规定,"纳税单位对交纳税款有异议时,应先按规定交税,然后向当地税务机关申请复议"。这里所说的当地税务机关,毫无疑问是作为争议当事人一方的税务机关自身。这一规定明显地修正了财政部于同年 4 月 24 日颁发的《关于国营企业利改税试行办法》第 11 条的规定,"国营企业在纳税问题上与税务机关有分歧意见时,应当按照税务机关的意见先交纳税款,然后才能向上一级税务机关申请复议"。上述修正可能出于如下考虑:我国国营企业数以百万计,如果按照通例,纳税争议均以上一级税务机关为复议机关,无疑会使上一级税务机关无法应付,不利于争议的及时解决。因此特别授予作为争议一方当事人的税务机关受理复议的权限。为了防止由争议一方当事人担任复议机关所可能出现的弊端(即复议决定有失公允,使争议对方当事人的合法权益得不到保护),法律又特设"再复议"程序。《关于对国营企业征收所得税的暂行规定》第 13 条进一步规定,"税务机关应于接到申请后一个月内作出答复。如果纳税单位对复议后的决定不服,可再向上一级税务机关申诉复议"。

二、复议申请人

有权提起复议案件的申请人,为经济行政争议双方当事人中与经济行政机关相对应的另一方当事人,即经济行政法律关系的义务主体。因税费争议提起的复议案件,交纳单位为申请人;因不服行政处罚而提起的复议案件,受处罚一方当事人为申请人;因不服其他行政决定而提起的复议案件,不服决定的当事人为申请人。按照《个人所得税法施行细则》第 24 条的规定,除纳税人外,扣缴义务人亦可作为复议申请人。

按照现行经济行政法规及经济行政争议的性质,作为经济行政争议一方当事人的经济行政机关,不能作为复议申请人,它不能主动提起复议案件。这是因为在经济行政法律关系中,作为权利主体的经济行政机关凭借国家授予的经济行政管理权,能根据法规单方面决定对方当事人所应承担的义务,处于较对方优越的法律地位。在对方当事人拒绝履行义务时,经济行政机关可直接追究其法律责任,即对不履行义务的对方当事人实施行政处罚,而不必诉诸第三方。可见,作为争议一方当事人的经济行政机关无须其他机关(上级经济行政机关、人民法院或仲裁机关)的帮助,完全能够贯彻自己的意志和保障自己的权利。与之相反,争议的对方当事人即经济行政法律关系的义务主体,由于所处的法律地位,不能抗拒经济行政机关的意志,不能靠自己的力量保障自己的合法权益,除向上级经济行政机关或人民法院请求救助之外别无他途。因此,经济行政立法特设行政复议制度,使之享有提起行政复议的权利。这与民事争议案件无论哪一方当事人均有权申请仲裁或提起诉讼,是判然有别的。

三、复议申请

行政复议程序从申请人提出复议申请开始。复议申请为程序法上的行为,是一种单方面的意思表示。复议申请是否应采取一定的形式,立法未作统一规定。有的规定应采用书面形式,例如《建筑税征收暂行办法施行细则》《国家能源交通重点建设基金征集办法实施细则》等均有书面形式的要求。其他法规虽无明文规定,但理论上应解释为复议申请必须采用书面形式。

提起复议申请既为程序上的权利,就不能没有期限上的限制,否则不利于国家经济行政管理权的行使和经济领域法律秩序的建立。按照《烟草专卖条例施行细则》第 52 条、《建筑税征收暂行办法施行细则》第 20 条及《国家能源交通重点建设基金征集办法实施细则》第 20 条的规定,这一期限为 15 天。《进出口商品检验条例实施细则》第 42 条、《出口食品卫生管理办法(试行)》第 19 条则规定为 10 天。

复议申请在法律上的效力为发动行政复议程序,这一点无须深论。另外一个问题是,复议申请能否产生阻止经济行政机关的行政决定执行的效力?众所周知,在民事争议中,任何一方当事人一旦向人民法院起诉或向仲裁机构申请仲裁,该民事争议所涉及的权利义务即应停止执行,以维持双方法律关系的现状。在争议获得解决前,任何一方均不得强使对方履行义务。遇有特殊情形,对方当事人应依《民事诉讼法(试行)》第 95 条的规定,请求法院作出先行给付的裁定。但在经济行政争议中,双方争执的焦点是经济行政权力的行使是否合法和正当问题。由于经济行政法的性质,经济行政机关所作出的决定具有拘束力、确定力和强制力,不因对方当事人的意思表示(复议申请)而影响其执行。为确保国家经济行政权力的行使不受阻碍,法律规定当事人必须在执行决定之后才能提起复议申请。换言之,复议申请不具有停止行政决定执行的效力。例如《建筑税征收暂行办法》第 15 条规定,"纳税单位对纳税问题同税务机关有分歧意见时,应当按照税务机关的意见先缴纳税款,然后向上级税务机关申请复议"。《进出口商品检验条例实施细则》第 42 条规定,"受罚者如对商检机构的罚款决定有异议,可以在交付罚款后的十天内",向国家商检局申请复议。如经国家商检局复议,裁定不予罚款或者减免罚款,则由商检局通知银行退回罚款。另有一些法规,如《城乡集市贸易管理办法》《烟草专卖条例施行细则》等对此尚无明文规定,从理论上说,以解释为必须在执行处罚决定之后才能申请复议为宜。

四、复议案件的审理

我国经济行政立法未对复议案件的审理规定专门的程序。从现行法规看,复议机关通常为上一级经济行政机关,无须另立常设的或临时的审理机构或组织。因为行政复议制度之本质在于,由上级行政机关行使对下级行政机关的监督权,审查下级行政机关所作的具体行政决定是否合法和正当。这与行政仲裁制度由国家专门设立的仲裁机关站在第三方(即仲裁人)立场上,评判民事争议双方当事人的是非曲直,执行当事人约定或法律规定的民事责任,是不同的。

审理行政复议案件能否采用调解方法?众所周知,调解是我国解决民事争议的方法之一。《经济合同仲裁条例》第 25 条规定,"仲裁机关在处理案件时,应当先行调解"。《民事诉讼法(试行)》第 97 条也规定,"人民法院受理的民事案件,能够调解的,应当在查明事实、分清是非的基础上进行调解"。这是由民事争议本身的性质决定的。民事争议通常所涉及的是当事人自身的权利和利益,而当事人对于属于自己的民事权利依法享有完全的处分自由,在一般情况下,法律不禁止当事人自愿放弃属于自己的部分民事权利。因此,有可能通过调解促使争议双方互相谅解,各自作适当让步,在双方均能接受的基础上达成调解协议。而经济行政争议具有完全相反的性质。第一,争议所涉及的是行政性权利义务。这种行政权利和行政义务,当事人不得任意抛弃或互相免除。第二,争议的焦点是经济行政机关所作出的具体行政决定是否合法和正当。行政决定具有国家意思的先定力,不因当事人一方或双方的意思表示而受影响。调解协议是双方的意思表示,无变更行政决定的效力。原行政决定只能由新的行政决定或法院判决变更或撤销。可见,经济行政争议具有"不可调解性",上级经济行政机关在审理复议案件时,不宜采用调解方法。

上级机关对复议案件的审理,实质是对下级机关的具体行政决定进行审查,以判断其是否合法和正当。从理论上言之,似不必套用仲裁或诉讼的程序。审理结果为作出复议决定,有的法规亦称裁决或裁定。复议决定应采用书面形式,其内容或者是维持原行政决定,或者为撤销原行政决定,或者为变更原决定内容。

按照法律规定,复议机关应当在一个法定期间内作出复议决定。

例如《个人所得税法施行细则》第 24 条规定，"税务机关应当在接到申请后三个月内作出处理决定"。《中外合资经营企业所得税法施行细则》第 31 条、《建筑税征收暂行办法施行细则》第 20 条均规定为 3 个月。《国营企业成本管理条例》第 40 条、《关于对国营企业征收所得税的暂行规定》第 13 条则规定为 1 个月。其他一些法规对作出复议决定的法定期间未有规定，容易出现久拖不决，不利于尽快解决争议和保护当事人合法权益，应在实施细则或补充规定中作出明确规定，而法定期间长短一般以 3 个月为宜。

五、复议决定的效力

关于复议决定的效力，有三种情况。第一种，当事人不服复议决定，可向人民法院起诉。例如《中外合资经营企业所得税法》第 15 条规定，"如果不服复议后的决定，可以向当地人民法院提起诉讼"。《个人所得税法》第 13 条、《外国企业所得税法》第 16 条均有同样规定。属于这种情况的复议决定，只在当事人不向人民法院起诉时，方才发生法律效力。第二种，复议决定为终局决定，不得向人民法院起诉。例如《烟草专卖条例施行细则》第 52 条规定，"对上一级烟草专卖局的复议决定必须执行"。《专利法》第 49 条第 3 款规定，"专利复审委员会对宣告实用新型和外观设计专利权无效的请求所作出的决定为终局决定"。《商标法》第 21 条规定，"对驳回申请、不予公告的商标，商标局应当书面通知申请人。申请人不服的，可以在收到通知十五天内申请复审，由商标评审委员会做出终局决定，并书面通知申请人"。属于这一种情况的复议决定为终局决定，一经作出应立即生效。第三种，法律既未规定为终局决定，也未规定可以向人民法院起诉。例如《建筑税征收暂行办法》《关于对国营企业征收所得税的暂行规定》《进出口商品检验条例实施细则》等。但按照《民事诉讼法（试行）》第 3 条第 2 款的规定，"法律规定由人民法院审理的行政案件，适用本法规定"。最高人民法院 1983 年 3 月 19 日给安徽省高级人民法院的批复中，对《民事诉讼法（试行）》上款规定作了解释，"凡是法律明文规定当事人不服行政机关的行政处罚决定,可以向人民法院起诉的,人民法院应予受理;凡是法律没有明文规定可以向人民法院起诉的,人民法院就不应受理"。由此可知,如属第三种情况,即既未明文规定为终局决定,又未规定可以向人民法院起诉的行政复议决定,除个别法律规定了"再复议"程序的可再向上一级行政机关申请再复议以外,均应为终局决定。

经济法律关系论[*]

党的十一届三中全会以后,为了适应社会主义经济建设蓬勃发展和经济体制改革的要求,法学界开始探讨社会主义的法律对经济的作用机制。法律对经济的作用机制涉及许多重要的研究课题,其中之一是对经济法律关系的研究。我们注意到,这方面的研究已取得了初步的成果。近年出版的几本经济法著作对于经济法律关系均有专章论述,此外还发表了若干研究经济法律关系的专题论文。鉴于经济法律关系问题在理论和实践上的重要性,有必要在现有研究成果的基础上继续进行探讨。

一、关于如何理解经济法律关系

经济法律关系通常被理解为经济法所特有的一个概念。这种理解着重强调法律关系的部门属性,以被视为独立法律部门的经济法作为确定经济法律关系的标准。例如《经济法简论》写道:"每一个独立的法律部门都有各自特定的法律关系。例如行政法有行政法律关系,民法有民事法律关系,刑法有刑事法律关系等等。"因此,作者认为,"经济法律关系概括地说,就是由经济法调整人们(国家机关、企业等)在经济管理和经济活动中所形成的经济权利和经济义务关系"[①]。高校法学试用教材《经济法学》也是这样理解经济法律关系的。作者写道,

---

* 本文原载《法学研究》1985 年第 6 期。
① 刘隆亨:《经济法简论》,北京大学出版社 1981 年版,第 80 页。

"经济关系,由于经济法的调整,就具有了经济法律关系的性质"②。上述理解把经济法律关系看作是与民事法律关系、行政法律关系并列的一种法律关系。

我们一般并不反对用法律部门划分法律关系,例如,可以运用这种"部门划分法"来划分国家法关系、行政法关系、劳动法关系、民法关系、诉讼法关系等。就结果而言,用法律部门作为划分标准,或者用法律规范所调整的社会关系的性质作为划分标准,一般说来是一致的。这是由于两方面的原因:其一,这些法律部门具有确定性;其二,这些法律部门所调整的社会关系具有统一性。但是,我们反对采用"部门划分法"来划分经济法律关系,这是基于下述两方面的原因。

(一) 所谓经济法部门不具备作为分类标准的确定性

众所周知,法学界对于经济法是不是一个独立法律部门,哪些法规属于经济法部门,以及经济法调整哪些社会关系等,均无一致意见。经济法本身还是一个有待于确定的概念。用这样一个不确定的概念去确定法律关系的部门属性,必然达不到科学分类的目的,作为这种划分的结果,所谓经济法律关系必将因各种不同的经济法主张而大相径庭。例如,按照调整纵向经济关系的经济法主张③,则经济法律关系范围较窄,实际上是经济管理法律关系或称经济行政法律关系;按照调整纵横经济关系的经济法主张④,则经济法律关系范围较宽,应包括纵向经济法律关系、横向经济法律关系以及企业内部经济法律关系;按照调整纵横交错经济关系的经济法主张⑤,则经济法律关系只是一种,即纵横交错的经济法律关系;按照广义经济法或者"综合部门"的经济法主张⑥,则经济法律关系的范围十分广泛;而按照不承认经济法是独立法律部

---

② 法学教材编辑部《经济法学》编写组:《经济法学》,群众出版社1983年版,第42页。
③ 参见《全国经济法理论学术讨论会纪要》,载中国社会科学院法学研究所民法经济法研究室编:《经济法理论学术论文集》,群众出版社1985年版,第372页。
④ 参见前引《经济法简论》《经济法学》《全国经济法理论学术讨论会纪要》。
⑤ 参见前引《经济法理论学术论文集》,群众出版社1985年版,第372页。
⑥ 同上注。

门的主张⑦,则无所谓经济法律关系。由此可见,用经济法部门作为划分标准,不可能确定经济法律关系。

(二)社会经济关系的复杂性、多样性和广泛性决定了经济法律关系的多部门性

法学著作中一个近乎公认的基本观点是,社会主义国家对经济关系的法律调整不限于一个法律部门,而是运用若干个法律部门的多种法律规范,对社会经济关系实行综合法律调整。这一基本观点最有力的证据,是我国三十多年经济立法的实践,特别是党的十一届三中全会以来经济立法的实践。但归根结底,我国经济立法实践又是由社会经济关系的复杂性、多样性和广泛性所决定的。许多作者正确地指出,经济法并不调整所有的经济关系,经济法、民法、行政法等都各自调整一定范围的经济关系。⑧ 假使我们以作为独立法律部门的经济法作为划分标准,其结果必然是,只有受经济法调整的那一部分经济关系才形成经济法律关系,而受其他法律部门如民法、行政法等调整的大量的经济关系,却只能形成"非经济"法律关系。这在理论上是无论如何也说不通的。

根据历史唯物主义的基本原理,"法的关系正像国家的形式一样,既不能从它们本身来理解,也不能从所谓人类精神的一般发展来理解"⑨。决定法律关系性质的,不是法律部门或法律规范的部门属性,而是法律规范所调整的社会关系本身的性质。正是作为法律规范调整对象的各种社会关系本身的性质决定了法律关系的性质,并且也决定了法律规范的部门属性。所以,社会中各种经济关系无论受哪一部门法律规范的调整,均可以成为经济法律关系。换言之,经济法律关系不是经济法部门所独有的法律关系。例如,《经济法概论》一书就正确地

---

⑦ 参见前引《经济法理论学术论文集》,群众出版社 1985 年版,第 372 页。

⑧ 参见陶和谦:《经济法的概念和作用》,载中国政法大学本科生院汇编:《经济法讲义与经济法专题讲座》(第一分册),第 11 页;王忠等编著:《经济法学》,吉林人民出版社 1982 年版,第 36 页;关怀:《经济立法与经济司法》,上海人民出版社 1981 年版,第 5—6 页;江平、张佩霖:《试论调整经济关系的民法手段和行政手段》,载《中国政法大学学报》1983 年第 1 期。

⑨ 马克思:《政治经济学批判》,人民出版社 1976 年版,第 4 页。

指出,经济法律关系是民事法律关系中的主要关系。⑩ 邱宏铮也曾谈到所有权关系、债的关系属于经济法律关系。⑪ 毫无疑义,经济法律关系是迄今存在的主要法律部门都有的一种法律关系。而经济法律关系的这一"多部门"性特征,正是由社会生活中经济关系的复杂性、多样性和广泛性,以及国家对经济关系实行的综合法律调整所决定的。因此,我所理解的经济法律关系,是指有经济内容的法律关系。

二、关于如何理解作为法律规范调整对象的经济关系

法律关系是否具有经济内容,是由法律规范所调整的社会关系本身的性质决定的。法学著作中把那种具有经济内容的社会关系称为经济关系。法律规范通过规定经济关系参加者的行为准则,以达到调整经济关系的目的。经济关系的参加者依照法律规范的要求缔结经济关系,所缔结的经济关系便获得了法律关系的形式,而法律关系则以该经济关系为实际内容。⑫ 马克思对合同法律关系的分析,精辟地阐明了这种"形式"与"内容"的相互关系。他指出,"这种通过交换和在交换中才产生的实际关系,后来获得了契约这样的法的形式,等等;但是这一形式既不构成自己的内容,即交换,也不构成存在于这一形式中的人们的相互关系,而是相反"⑬。

所以,经济法律关系是指这样一种法律关系,这种法律关系以一定的经济关系为其实际内容,并以实现该经济关系为目的。

现在需要弄清楚的一个问题是,法律规范所调整的并进而成为法律关系实际内容的经济关系,究竟是指什么样的关系。有的著作认为,这就是马克思、恩格斯所说的经济关系、生产关系。在高校法学试用教材《经济法学》中,"一般说来,在经济活动中发生的社会关系,就是在

---

⑩ 参见高程德:《经济法概论》,中国展望出版社 1883 年版,第 24 页。
⑪ 参见邱宏铮:《计划法律制度》,载中国政法大学本科生院汇编:《经济法讲义与经济法专题讲座》(第一分册),第 182—183 页。
⑫ 这里称为实际内容,是为了区别于法律关系三要素之一的"内容"(即权利义务)。
⑬ 《马克思恩格斯全集》(第 19 卷),第 423 页。

社会生产过程中彼此结合起来的共同活动和互相交换其活动时所形成的社会关系,也就是生产关系,即经济关系。它的内容,按照马克思的论述,包括人们在物质资料的生产、交换、分配、消费等方面的关系"⑭。很显然,作者在这里把马克思恩格斯著作中用来阐明唯物主义历史观的经济关系概念和生产关系概念,完全等同于法律规范调整对象的经济关系概念。另外一本《经济法学》的观点与此完全相同。⑮

马克思和恩格斯在他们的著作中所使用的经济关系概念、生产关系概念,是有严格的含义的。马克思在《雇佣劳动与资本》中写道,"各方面都有人向我们提出责难,说我们对于构成现代阶级斗争和民族斗争物质基础的经济关系不曾加以描述"⑯。恩格斯在《路德维希·费尔巴哈和德国古典哲学的终结》中写道,"因此,至少在这里,国家,政治制度是从属的东西,而市民社会,经济关系的领域是决定性因素"⑰。我们从以上引文可以看到,马克思和恩格斯所使用的经济关系概念,同市民社会的概念,以及同《政治经济学批判》序言中表述的作为生产关系总和的基础的概念,是相同的。易言之,经济关系等于市民社会,等于生产关系总和,等于经济基础。我们注意到,恩格斯于 1894 年 1 月 25 日,在致瓦·博尔吉乌斯的信中,对经济关系概念作了无疑是最具权威性的解释。恩格斯在信中指出:"我们视为社会历史的决定性基础的经济关系,是指一定社会的人们用以生产生活资料和彼此交换产品(在有分工的条件下)的方式说的。因此,这里面也包括生产和运输的全部技术装备。这种技术装备,照我们的观点看来,同时决定着产品的交换方式,以及分配方式,从而在氏族社会解体后也决定着阶级的划分,决定着统治和从属的关系,决定着国家、政治、法律等等。此外,包括在经济关系中的还有这些关系赖以发展的地理基础和事实上由过去

---

⑭ 前引《经济法学》,群众出版社 1983 年版,第 6 页。
⑮ 参见王忠等编著:《经济法学》,吉林人民出版社 1982 年版,第 28—29 页。
⑯ 《马克思恩格斯文选》(第 1 卷),人民出版社 1962 年版,第 56 页。
⑰ 恩格斯:《路德维希·费尔巴哈和德国古典哲学的终结》,人民出版社 1972 年版,第 42 页。

沿袭下来的先前各经济发展阶段的残余（这些残余往往只是由于传统或惰力才继续保存下来），当然还有围绕着这一社会形式的外部环境。"⑱显然，这里所说的经济关系是一个高度抽象的概念，是马克思主义的一个特有范畴，并且是唯物主义历史观的核心范畴之一。生产关系概念也是如此。马克思和恩格斯按照他们发现的唯物主义历史观，把整个社会结构划分为四个因素：生产力—生产关系—政治上的上层建筑—社会意识形态。马克思在《政治经济学批判》序言中写道，"人们在自己生活的社会生产中发生一定的、必然的、不以他们的意志为转移的关系，即同他们的物质生产力的一定发展阶段相适合的生产关系。这些生产关系的总和构成社会的经济结构，即有法律的和政治的上层建筑竖立其上并有一定的社会意识形态与之相适应的现实基础"⑲。不言而喻，马克思和恩格斯用以阐明唯物主义历史观的经济关系概念和生产关系概念，与法学上所说的作为法律规范直接调整对象的经济关系是不相同的。

按照法学基本原理，法律规范本质上是一种国家意志，只能调整那些能够受人的意志支配的社会关系。法律规范对于不依人的意志为转移的社会关系，是无能为力的。作为法律规范调整对象并成为法律关系实际内容的经济关系，具有两个基本特点：①是双方当事人之间的具体的经济关系；②这种经济关系受当事人意志支配。我们注意到，马克思和恩格斯在他们的著作中也在这一意义上使用经济关系概念。例如，他们谈到商品的出卖人与买受人之间的买卖关系，房屋的出租人与承租人之间的租赁关系。马克思在分析商品买卖关系时指出，"商品监护人必须作为有自己的意志体现在这些物中的人彼此发生关系，因此，一方只有符合另一方的意志，就是说每一方只有通过双方共同一致的意志行为，才能让渡自己的商品，占有别人的商品"⑳。这里讲的是双方当事人之间根据他们的意志而缔结具体的经济关系，与我们在上

---

⑱ 《马克思恩格斯选集》（第 4 卷），第 731 页。
⑲ 马克思：《政治经济学批判》，人民出版社 1976 年版，第 4 页。
⑳ 《资本论》（第 1 卷），102 页。

面已经指出的马克思、恩格斯用来阐明唯物主义历史观的经济关系概念(即经济基础概念,是不以人们意志为转移的、高度抽象的),是显然有别的。法学上所说的法律规范的直接调整对象,只能是双方当事人之间根据他们的意志而产生的具体的经济关系。一些作者无疑已经注意到了这一点,为了加以区别,他们把法律规范调整的经济关系称为"实际"经济关系,或者"具体的"经济关系。例如,陈汉章在《对经济法问题的几点看法》一文中写道,"法律怎样反作用于经济呢?主要是通过调整人们之间发生的各种具体的实际经济关系"[21]。马绍春在《我国经济法调整对象浅析》一文中指出,"经济法调整的经济关系不是抽象的经济关系,而是……具体的经济关系"[22]。

马克思在分析商品交换关系时指出,"它们能够交换,是由于它们的所有者彼此愿意把它们让渡出去的意志行为"[23]。可以说一切具体的经济关系的产生和实现都离不开双方(至少是一方)的意志行为。但我们必须指出,这种经济关系的"意志性"只具有相对的意义。例如,具体的商品交换关系的建立或不建立,一般说来取决于当事人的意志。但是,在商品经济条件下,人们要生活,要获取生活资料和生产资料,总是不得不参加具体的商品交换关系。因为商品经济的客观规律是人们的意志(包括国家意志)所不能抗拒的。人的意志在一定条件下可以影响具体的经济关系,例如决定某一商品买卖关系的建立。但归根结底,人的这种意志又是由各种具体的经济关系的存在所决定和制约的。我们在谈论这种经济关系的"意志性"时,无论如何不能忽视这种关系的客观性。马克思在《摩塞尔记者的辩护》中告诫说,"在研究国家生活现象时,很容易走入歧途,即忽视各种关系的客观本性,而用当事人的意志来解释一切"[24]。这一告诫,无疑同样适用于对经济生

---

[21] 陈汉章:《对经济法问题的几点看法》,载《法学季刊》1984 第 3 期。
[22] 马绍春:《我国经济法调整对象浅析》,载北京商学院《经济法资料选编》(第二辑),第 43 页。
[23] 《资本论》(第 1 卷),第 106 页。
[24] 《马克思恩格斯全集》(第 1 卷),第 216 页。

活现象的研究。马克思在《德意志意识形态》中写道,"在法学家们以及任何法典看来,各个个人之间的关系,例如缔结契约这类事情,一般是纯粹偶然的现象;这些关系被他们看作可以随意建立或不建立的关系,它们的内容完全取决于缔约双方的个人意愿"[25]。马克思斥之为"法学家们的幻想"。那种把法律规范调整的经济关系的"意志性"绝对化,说成是似乎完全听凭意志(即使是国家的意志)任意支配的所谓"意志经济关系"的观点[26],恰好正是这种"法学家们的幻想"。

社会生活中所发生的实际经济关系,是复杂的、多种多样的、性质各异的,包括隶属性经济关系和平等性经济关系,管理性经济关系和财产性经济关系,有偿性经济关系和无偿性经济关系,等等。但它们有一个共同点,即总是与物(及非物质财富)有着某种必然的联系。这种必然的联系表现为,或者是直接为了实现物的占有或转让(直接联系),或者是与这种占有或转让有关(间接联系)。邱宏铮在论述计划经济关系时已正确指出了这一点。他写道,"根本不和物发生联系的社会关系当然不能算是经济关系。可是,如果和物发生联系,哪怕是间接联系,也就是说只要含有财产内容,就应该算是经济关系",计划关系"正是这种和物发生间接联系的经济关系"[27]。我们说经济法律关系是指有经济内容的法律关系,或者称之为经济性的法律关系,其根据正是在于,作为这一法律关系实际内容的具体的经济关系有着与物(及非物质财富)的这种本质联系。

三、关于如何理解经济法律关系的意志性

法律是上层建筑,它同经济的联系不是直接的,而是通过法律关系这个中介。国家根据社会主义经济的要求制定法律文件,把国家意志表述为法律规范,作为人们在经济活动(包括经济管理活动)中必须遵

---

[25] 《马克思恩格斯全集》(第3卷),第72页。
[26] 参见周沂林等:《论经济法调整对象》,载《中国社会科学》1982年第5期。
[27] 邱宏铮:《计划法律制度》,载中国政法大学本科生院汇编:《经济法讲义与经济法专题讲座》(第一分册),第183页。

循的行为准则。当事人按照法律规范缔结各种具体的经济关系,具体的经济关系因而获得了法律关系的形式,被纳入符合国家意志的范围。只有那些符合社会主义国家利益和社会公共利益的经济关系才能被确认为法律关系,而违反社会主义国家利益和社会公共利益的经济关系,例如无偿平调、不正当竞争、违法倒卖等,则不能被确认为法律关系。具体的经济关系取得法律关系的形式,就成了经济法律关系。当事人双方的行为被用权利义务的形式固定下来,要求当事人正确行使和履行。当事人正确地行使权利和履行义务,也即是经济法律关系的实现。这是由国家强制力予以保障的。如果经济法律关系的当事人未能正确行使其权利和履行其义务,国家机关将出面干预,运用国家有组织的力量强制贯彻国家意志,以实现该经济法律关系。由此可见,经济法律关系是在经济关系中贯彻国家意志的重要形式。国家借助于经济法律关系这一形式,贯彻表现在法律规范中的国家意志,对社会经济生活施加影响,保护和促进符合国家利益和社会公共利益的经济关系,限制并取缔不符合国家利益和社会公共利益的经济关系,以达到发展社会主义经济的目的。这表明经济法律关系在法律对经济的整个作用机制中居于十分重要的地位。

我们说经济法律关系是一种具有意志性的社会关系,这首先是指经济法律关系中体现着国家意志。第一,法律规范(国家意志的表现形式)是经济法律关系产生的前提。没有法律规范就不可能产生经济法律关系。我们知道,国家意志也可以表现在其他形式例如经济政策中。经济政策也是一种行为规范,也能指导人们缔结某些经济关系,例如当前正在试行的某些责任制关系。当这些经济关系没有通过国家立法程序得到确认以前,就不能认为是法律关系,因而不具备法律关系所特有的统一性、稳定性和强制性。因此,那些经过实践证明行之有效的经济政策,应当尽快地通过立法程序制成法律规范,以便能运用经济法律关系这一最有效的形式来保证经济政策的贯彻执行。第二,法律规范(即国家意志)预先规定了经济法律关系当事人双方的权利义务。调整各种经济关系的法律规范,实际上为当事人设计了一个经济关系的"标准格式",当事人必须按照这种"标准格式"缔结经济法律关系,规定相互的权利和义务。因此,立法者在制定法律文件时不应满足于规定一些空泛的或政策性的条文,而应着重规定有关当事人权利义务方面的实质性、规范性条文,使当事人可以遵循。第三,经济法律关系的实现是以国家强制力作为保障的。国家强制力,以及国家强制机关,是国家意志的物质形式。没有国家强制机关,经济法律关系也就等于零。因此,国家制定法律文件时,不仅为当事人缔结经济法律关系提供"标准格式",而且往往要规定相应的法律责任,有的还要规定专门的国家强制机关,以确保国家意志得以通过法律关系贯彻实现。

其次,经济法律关系的意志性还表现在其中也体现了当事人的意志。例如,在平等性经济法律关系中通常体现了当事人双方的意志,在管理性经济法律关系中体现了经济管理机关的意志。第一,经济法律关系中所体现的国家意志和当事人的意志,这都是一定的经济利益的反映。我国社会主义的经济制度和政治制度决定了国家是全体人民利益的代表,国家利益、集体利益和个人利益在根本上是一致的。因此,当事人能够自觉地依照法律规范缔结经济法律关系,并能正确行使其权利和履行其义务。即使在管理性经济法律关系中,虽然权利义务通常是由代表国家利益的经济管理机关单方面决定的,但对方当事人(义务主体)也总是能够自觉地履行其义务。第二,经济法律关系中所体现的国家意志和当事人意志不是平行的或平等的,国家意志处于优越地位。当事人的意志不得违反国家意志,并且只有在符合国家意志或者在国家意志允许的范围内才能发挥作用。第三,经济法律关系的产生和实现一般要通过当事人的意志,但不是绝对的。有时,经济法律关系的产生或实现可能不按照当事人的意志,甚至可能与当事人的意志相反。例如,国营企业所得税、建筑税、奖金税、能源交通重点基本建设基金等经济法律关系的发生并不以当事人意志为必要条件,在当事人拒绝缴纳时将从它们的银行账户上强行扣缴。因违法行为而产生的经济法律关系,如损害赔偿、行政罚款、排污费等,则往往与当事人意愿相反。有的作者在论述经济法律关系的意志性时,不适当地夸大了当事人意志的作用,认为"经济法律关系必须经过当事人的具体实践,才得以实现。因此,在具体的经济法律关系中也必然体现着当事人的意志"㉘,这是不妥当的。

　　我们对于经济法律关系的意志性,不应从个人意志或心理学道义上的意志去理解。经济法律关系的意志性是有特定含义的。它只是表明,经济法律关系中体现了反映在法律规范中的国家意志,其产生和实现一般要通过当事人的意志。正是在这个意义上,马克思把合同法律关系称为"一种反映着经济关系的意志关系"㉙。有的著作根据马克思的这一句话,断言经济法律关系是一种纯粹的意志关系(思想关系),或者上层建筑的关系。例如,《经济法概论》写道,"因此经济法律关系这种人与人之间的关系是一种思想社会关系,是属于上层建筑范畴的社会现象"㉚。《经济法简论》中也认为经济法律关系是一种上层建筑的关系。㉛ 但这种观点未必是正确的。

　　我们这里所讲的绝不是什么抽象的或观念形态上的法律关系,而是社会经济领域中实际存在着的各种经济法律关系。例如,各种财产权法律关系,各种经济合同法律关系,各种经济管理法律关系。辩证唯物主义基本原理告诉我们,事物的内容和形式是统一的,是不可分离的。经济法律关系正是这种形式和内容的统一。在这里,形式即法律关系,与内容即具体的经济关系,组成一个统一体。法律关系这一形式,如果脱离了它的实际内容即具体的经济关系,只能是一种抽象的、观念形态上的法律关系,而不是经济生活中实实在在存在着的经济法律关系。同理,具体的经济关系如果不具备法律关系的形式,也只能是未受法律规范调整的或者不为法律所保护的经济关系,而不是经济法律关系。经济领域中的各种经济关系受法律规范调整,即当事人按照

㉘　潘静成:《经济法律关系》,载中国政法大学本科生院汇编:《经济法讲义与经济法专题讲座》(第一分册),第123页。
㉙　《资本论》第1卷,第102页。
㉚　前引《经济法概论》,第24页。
㉛　参见前引《经济法简论》,第78页。

法律规定缔结经济关系,所缔结的实际经济关系获得了法律关系的形式,但并不丧失其经济关系的性质,并不变成"非经济"关系,例如纯粹的意志关系(思想关系)。

能不能根据马克思曾经讲过合同关系是一种"反映着经济关系的意志关系",得出经济法律关系是纯粹意志关系的结论呢?我以为不能。因为马克思在这里只是强调合同关系具有意志性的一面,并没有把合同关系说成是纯粹意志关系的意思。不然的话,我们就无法理解为什么马克思要嘲笑"法学家们的幻想",因为他们把合同关系"看作是可以随意建立或不建立的关系"。在这里有必要引述恩格斯关于如何正确理解马克思的一些个别论点的一段话。恩格斯在看了加·杰维尔写的《卡尔·马克思的〈资本论〉》后指出,"杰维尔在许多地方把马克思的个别论点绝对化了,而马克思提出这些论点时,只是把它们看作相对的,只有在一定的条件下和一定的范围内才是正确的"[32]。把经济法律关系说成是纯粹意志关系,正是由于把马克思的上述论点绝对化了。实际上,经济法律关系具有意志性,这只是一个方面,绝不能代替另一方面,即这种关系的经济性(物质性)。例如,我们看到,列宁曾经把"人们在交换产品时彼此发生的"关系作为"物质的社会关系"[33]。这只是所强调的方面或角度不同罢了。

上层建筑和经济基础是历史唯物主义的一对基本范畴。上层建筑是一个复杂的综合体,其中既有意识形态、思想和观点,又有与这些观点相适应的制度及物质化的机构。按照斯大林的提法,"上层建筑是社会的政治、法律、宗教、艺术、哲学的观点,以及同这些观点相适应的政治、法律等设施"[34]。毫无疑问,法律概念、法学思想和现行的法律规范体系,是上层建筑中的一个重要组成部分。恩格斯在给瓦·博尔吉乌斯的信中指出,政治、法律、哲学、宗教、文学、艺术等上层建筑"是以

---

[32] 恩格斯:《致菲力浦·屠拉梯的信(1893年6月6日)》,载《马克思恩格斯全集》(第39卷),第79—80页。

[33] 《列宁全集》(第1卷),人民出版社1984年版,第120页。

[34] 斯大林:《马克思主义和语言学问题》,载《斯大林文选》,第520页。

经济发展为基础的。但是,它们又都互相影响并对经济基础发生影响"㉟。同上层建筑中的其他部分如哲学、宗教、文学、艺术等相比,法律距离经济基础最近。但是,法律仍然不能直接作用于经济基础,其间必须要通过一个中介,即经济法律关系。

当然,法律不仅调整经济关系,也调整上层建筑关系。后者如像选举关系、行政组织关系。在这里,选举法律关系、行政组织法律关系,仍然是一种中介,只不过是上层建筑中的两个部分即法律与政治之间的中介。而经济法律关系的特点在于,它是整个上层建筑与经济基础之间的中介。经济法律关系并未丧失其经济关系的性质,因此不存在"上升"为上层建筑关系的问题。但是,经济法律关系毕竟不同于原来意义上的即未受法律调整的经济关系,它已经获得了法律关系形式,因而具有意志关系的性质。我们说经济法律关系是一种中介,其含义是:第一,经济法律关系是上层建筑与经济基础之间的中间联系环节;第二,经济法律关系同时兼有经济基础关系的因素和上层建筑关系的因素;第三,经济法律关系是上层建筑对经济基础发生影响的重要形式。

四、关于如何理解经济法律关系的构成

我们知道,有关法律关系的理论最初是在资产阶级民法学中产生的,后来在苏联法学中得到发展,并形成了法律关系构成的"三要素"理论,按照这个理论,任何法律关系均可分解为三个要素,即法律关系的主体、法律关系的内容和法律关系的客体。本文不能全面论述经济法律关系的构成问题。

(一)经济法律关系主体的广泛性和复杂性

经济法律关系的主体包括:国家机关、经济组织、社会团体、个体户和公民。国家本身在一定情况下也可以作为经济法律关系主体,如接受赠与及发行国库券。其中几乎每一类主体又可细分为若干种。例如,国家机关可分为国家经济管理机关和其他国家机关,经济组织可分

㉟ 《马克思恩格斯全集》(第39卷),第199页。

为法人经济组织和非法人经济组织,等等。其复杂性还表现在,同一主体参加不同的经济法律关系,是以不同的法律资格出现。例如,国家机关、经济组织、社会团体在参加行政经济法律关系时,分别以国家机关、经济组织、社会团体的身份出现,但在参加民事经济法律关系时,却都以法人资格出现。再如公民,在参加行政经济法律关系时以公民资格,参加民事经济法律关系时以自然人资格,参加劳动经济法律关系时以职工资格。这种复杂性还表现在某些种类经济法律关系对权利主体有特殊的要求。例如在行政经济法律关系中,只有国家授权的经济管理机关才能充当权利主体,其他国家机关、经济组织、社会团体、个体户及公民都只能充当义务主体。另外有个别经济组织,由于国家授予某一方面的经济管理权限,也可以在有关的行政经济法律关系中充当权利主体。

有的作者在论及经济法律关系主体的广泛性时,不适当地扩大主体范围,例如把立法机关(全国人民代表大会及其常务委员会)也说成是经济法律关系主体。我们知道,经济法律关系主体除应具有权利能力和行为能力外,还应具有诉讼能力和责任能力,必要时能在法庭充当原告或被告,并承担法律责任。上述观点之所以不正确,是因为作者无视这一事实,立法机关是不受法律追究的。

(二)经济法律关系的内容仍是权利义务

按照法律关系构成理论,权利义务是构成法律关系的要素之一,称为法律关系的内容。任何法律关系莫不如此,这是因为,法律关系在本质上是用法律上的权利义务形式固定下来的实际社会关系。法律关系,即法律上的权利义务关系,两个概念是完全等同的,我们看到近年来有一些作者,不适当地照搬经济学或经济管理学上的一些提法,用以否认经济法律关系是法律上的权利义务关系。他们认为,经济法律关系的内容不再是法律上的权利和义务,而应该是"权、责、利",即所谓"权利(权力)""责任"和"利益"。因此,我们不得不回到权利、义务这些基本概念上来。

法律上所称权利,是指法律允许作一定行为的可能性。它包含下述三方面：①主体按照自己的意志作一定行为的可能性；②请求他人作一定行为或者不作一定行为的可能性；③必要时请求国家强制他人作一定行为的可能性。法律上所称义务，是指按照法律或者他人的要求作一定行为或者不作一定行为的必要性。权利和义务是相互对应的，不可分的，作某一行为或者不作某一行为，在甲方是权利，对乙方就必然是义务。没有甲方的权利就没有乙方的义务，没有乙方的义务也就没有甲方的权利，凡法律关系，至少应有一方享有某项权利而对方负有相应的义务。把义务排斥在法律关系之外，实际上也就否定了法律关系自身。

能否在法律关系内容中再加入利益这个"要素"呢？这就须弄清楚权利义务与利益的关系问题。法学理论中关于权利与利益的关系，有三种学说。其一，认为利益为权利之本质；其二，认为利益为权利之目的；其三，认为权利即为法律所保护的利益。无论上述哪一种学说，均一致肯定权利本身就意味着某种利益。无论何种情况下，一提到权利，利益也就在其中了。义务与利益的关系，则采取了相反的形式，义务总是意味着某种"不利益"。可见，凡受法律保护的利益，均与权利义务相联系。与权利义务无关的利益，只能是不受法律保护的利益，例如赌金。其实，利益本身总是作为人与人之间的关系表现出来的。这种利益关系，即经济关系。恩格斯指出，"每一个社会的经济关系首先是作为利益表现出来"㊱。法律调整经济关系的结果，正是把这种经济关系所表现的利益用权利义务的形式固定下来，并且运用国家强制力保障其实现。把利益看作与权利义务无关的东西，并作为一个独立"要素"包含在经济法律关系当中，这不是画蛇添足又是什么呢？

至于法律责任，则是与义务密切相关的一个概念。责任以义务的存在为前提，并以义务人违反义务为发生责任的条件。无义务即无责任。虽有义务，但义务人能依法履行义务，也不发生责任。法律责任，在本质上是国家为保障法律关系实现而对违反义务人实行制裁的手

㊱ 《马克思恩格斯选集》（第 2 卷），第 537 页。

段。因此,责任实质上是义务人与国家之间或者义务人与权利人之间的一种特殊法律关系。它不是经济法律关系的要素,不能成为经济法律关系的内容。总之,用经济学或经济管理学上的"权、责、利"或者"责、权、利"的提法来取代法律上的权利和义务,是不妥当的。经济法律关系的内容只能是法律上的权利及相应的义务,经济法律关系只能是法律上的权利义务关系,这是毋庸置疑的。

(三)经济法律关系的客体包括管理行为

所谓法律关系的客体,指作为法律关系内容的权利义务的对象,因此又称为权利(义务)的客体。法学理论关于法律关系客体,约有下述四种学说:其一,认为客体为物(及非物质财富);其二,认为客体为行为;其三,认为客体为物和行为;其四,认为客体为法人及自然人。其中第三种为通说。我国论述经济法律关系的著作大抵采取第三种学说,只是对作为客体的行为作了不适当的限制。例如,《经济法简论》写道,"作为经济客体的行为,它是指经济主体的一种劳务性的活动"(第87页)。高校法学试用教材《经济法学》则以"完成一定工作、履行一定劳务"代替"行为"(第46页)。这种把经济法律关系的客体"行为"局限于"一定工作"或"一定劳务"的观点,不能认为是正确的。

我赞成经济法律关系的客体包括物(及非物质财富)和行为。其中的"行为"可分为权利主体的行为及义务主体的行为。但我们对经济法律关系客体的分析不能到此为止。应当看到,不同类的经济法律关系的客体有极大的差异。经济法律关系大致可以分为两类,即财产性经济法律关系和管理性经济法律关系。财产性经济法律关系的客体包括物质、非物质财富和行为。这里的行为主要是指,义务人向权利人支付一定的货币,交付一定的物,完成一定的工作并交付其成果,提供一定的劳务,在法律上统称为"给付"。除给付行为之外,还包括权利人本身的行为,例如对所有物的支配行为(占有、使用、处分)。但是,管理性经济法律关系的客体则不同。管理性经济法律关系的客体只是行为,不包括物质及非物质财富。不仅如此,须特别加以说明的是,作为管理性经济法律关系客体的"行为",不是"给付"行为,也不是权利人对物(及非物质财富)的支配行为(占有、使用、处分),而是管理行为。管理行为包括:权利主体(通常为经济管理机关)的指令行为,以及义务主体的服从执行行为。这些行为本身并不直接表现财产价值,这是区别于给付行为的主要标志。上面提到的著作把经济法律关系的客体"行为"限制在给付行为,实际上是盲目地套用关于民事法律关系的客体理论,把经济法律关系与民事法律关系混为一谈。

另有一些著作否认行为是(管理性)经济法律关系的客体,主张客体是管理的对象,如物价、计划等。[37] 被忽略了的一点是,物价、计划等具体管理对象,只是管理行为的标的。在这里,管理性经济法律关系的客体是管理行为,而不是管理行为的标的。

综上所述,经济法律关系是一种特殊的社会关系,是上层建筑反作用于经济基础的一种重要形式,是社会主义法律对经济的作用机制的一个重要组成部分。如果有必要给经济法律关系下一个定义,我倾向于如下表述:经济法律关系,是按照法律规范即国家意志产生的,采取法律上的权利义务的联系形式,并由国家强制力保障其实现的实际经济关系。

---

[37] 参见李时荣、王利明:《关于经济法的几个基本问题》,载《中国社会科学》1984年第4期。

中国反垄断立法的构想*

一、立法背景

中国曾经在一个相当长的时期实行中央高度集权的行政经济体制,通过行政权力、行政层次和行政手段管理经济,社会生产、交换、分配和消费均由国家实行垄断,社会经济生活中基本上不存在竞争。这种国家对社会经济生活的垄断,在中华人民共和国成立初期对于恢复国民经济,建立社会主义的工业基础以及保障人民群众基本生活需要等,曾经发挥过积极作用。但是,随着社会经济的发展,特别是进入以经济建设为中心的历史时期后,国家垄断的弊端便日益暴露出来,成为阻碍社会经济发展的一个重要原因。

党的十一届三中全会纠正了排斥市场机制和市场竞争的错误的经济政策,决定对旧经济体制进行改革,实行对外开放政策,引进竞争机制,发展社会主义的市场经济,在此基础上形成了初步的竞争政策。这一竞争政策规定在1980年10月17日国务院发布的《关于开展和保护社会主义竞争的暂行规定》(以下简称《暂行规定》)中。《暂行规定》首先肯定竞争对于调动生产经营单位和劳动者的主动性、积极性,对于推动经济发展和技术进步,对于加快现代化建设具有重大作用,应当逐步改革原有经济体制,积极地开展竞争,保护竞争的顺利进行。其次,《暂行规定》正式提出了反对垄断和不正当竞争。在经济活动中,除国

---

* 本文原载《法学与实践》1991年第6期。

家指定由有关部门和单位专营的产品外,一律不准进行垄断,不准搞地区封锁和部门分割。要求严格遵守法律,采取合法的手段进行竞争。最后,《暂行规定》要求工业、交通、财贸等有关部门修订现行规章制度,剔除其中妨碍竞争的规定,并授权各地区、各部门根据暂行规定的精神制定实施办法,保护竞争的顺利进行。

此后,国家又陆续颁布了若干法规,如1987年9月11日发布的《价格管理条例》、1987年10月26日发布的《广告管理条例》、1988年10月3日发布的《关于清理整顿公司的决定》等,其中都包括了禁止垄断的规定。例如,禁止企业之间或行业组织商定垄断价格;禁止在广告经营活动中的垄断行为和不正当竞争行为;在一个行业内不准建立全国性垄断企业集团;除国务院直接授权的少数公司外,其他公司不得兼有行政管理职能;等等。但这些规定零乱而不系统,无法确立公正而自由的竞争秩序,不能有效制止现实经济生活中严重存在的各种妨碍竞争、限制竞争的行为,因此,迫切要求制定中国反垄断法。

1987年8月,按照国务院的指示,在国务院法制局下成立了反垄断法规起草小组,负责起草禁止垄断和不正当竞争法规,至1988年草拟了《禁止垄断和不正当竞争暂行条例草案》(第四稿)。后因指导思想发生变化,1989年草拟的第五稿仅规定不正当竞争,改称《禁止不正当竞争暂行条例草案》。此后,立法工作陷于停顿。直至1991年春,由于全国人民代表大会常务委员会重新强调要加快经济立法以适应改革开放的需要,反垄断立法又重新被提上议事日程。

二、指导思想

1987年8月国务院法制局反垄断法规起草小组成立后,曾广泛征求各地方、各部门以及企业界和学术界的意见。在关于应否制定反垄断法及立法形式等问题上,均存在分歧意见。

首先,应否制定反垄断法?存在三种意见。第一种意见,认为不必要制定反垄断法。其理由是:中国实行社会主义经济,国家具有直接组织和管理经济的职能,必然存在国家垄断,反垄断即等于反对国家自己。第二种意见,认为当前制定反垄断法的时机还不成熟。其理由是:竞争才刚刚开始,还谈不到反垄断问题。主张先制定禁止不正当竞争条例,待以后时机成熟再考虑制定反垄断法。第三种意见,认为当前应尽快制定反垄断法。其理由是:中国要发展社会主义的统一市场必须建立完善的竞争法制。如果不尽快制定反垄断法,坚决制止、制裁垄断行为,就不可能形成正常的竞争秩序,并将造成严重后果。

上述第一种意见显然是陈旧的观点,完全无视中国进行的经济体制改革和建立社会主义竞争法制的要求。第二种意见实际上反映了地方和部门及企业界的主张。中国当前严重存在的行政性垄断,其典型表现即是地方封锁、部门分割,使地方利益、部门利益和企业利益结为一体,它们是垄断的受益者,当然不会自觉地反对垄断。因为反垄断法着重保护社会利益、消费者利益和中小企业利益,而将限制大企业的利益。毫无疑问,第三种意见是正确的。近年来,地方封锁、部门分割等行政性垄断日益严重,已经出现了一批拥有优势经济力的大型企业集团,他们已经开始运用其优势经济力进行垄断,限制竞争。例如一些企业联合体擅自提高产品价格,或共谋成立价格协议,或成立限制产量和销售定额协议,更为普遍的则是与地方或部门串通控制市场,等等。事实证明,制定反垄断法的时机已经成熟,不尽快制定反垄断法,必将危害整个社会经济的正常发展。

其次,对垄断和不正当竞争是合并立法还是分别立法?从1987年反垄断法规起草小组成立时起,就存在"合并"和"分立"两种主张。起草小组一开始采"合并"主张,所起草的第一稿至第四稿均将垄断行为和不正当竞争行为一并规定,而第五稿采"分立"主张,专门制定禁止不正当竞争条例。

反垄断法和反不正当竞争法都是竞争法制的重要组成部分,立法目的、主管机关、制裁等都是一致的,因此,在一个法律文件中既规定反垄断也规定反不正当竞争,可以使立法经济,自有其方便之处。但有三个方面的因素应予考虑:①反垄断法着重保护社会公益及中小企业和广大消费者利益,而反不正当竞争法比较看重大企业的利益;②各国竞争法制大抵采取反垄断与反不正当竞争分别立法的体制；③反垄断问题更带根本性，应由全国人民代表大会制定基本法，而反不正当竞争可由国务院制定行政性法规。基于上述三个方面的原因，故此建议采"分立"主张。

最后，是立法权和立法形式的问题。制定反垄断法应属于全国人民代表大会和人大常委会的立法权。按照《宪法》第 89 条第(一)项的规定，国务院只能根据宪法和法律，规定行政措施，制定行政法规，发布决定和命令。故国务院无制定反垄断法的立法权。

国务院法制局反垄断法规起草小组打算采取授权立法方式，制定"禁止垄断和不正当竞争暂行条例"，以回避全国人民代表大会立法的复杂程序。这是因为第六届全国人民代表大会第三次会议曾经授权国务院对于有关经济体制改革和对外开放方面的问题，必要时可制定暂行的规定或条例。我个人当时也曾赞同这种做法。但现在看来，采取授权立法方式，由国务院制定暂行条例，将带来下述问题：①使反垄断法变成暂行条例，失去基本法的地位，不可避免地将影响其应有的法律效力；②难以确立完善、有效的竞争法体系；③不易超脱部门利益和地方利益，草案第五稿只规定反不正当竞争就是明证；④无法规定刑罚制裁，因为国务院无制定刑事法规的权限。

因此，我主张不采授权立法方式，而由全国人民代表大会常务委员会法制工作委员会另组反垄断法起草小组，负责起草反垄断法，由全国人民代表大会通过颁布，作为我国竞争基本法。起草小组由经济学家、法学家、消费者协会代表及由国务院法制局、国家工商行政管理局、最高人民法院、最高人民检察院派员组成。1987 年国务院法制局下成立的反垄断法规起草小组，继续负责起草"禁止不正当竞争条例"。

三、立法目的

反垄断法应在第 1 条规定立法目的："为了建设社会主义商品经济法律秩序，保障社会主义竞争正常进行，维护国家、生产经营者和消费者合法权益，特制定本法。"此立法目的，为立法者制定反垄断法的指导方针,也是对该法各项规定进行解释的基本依据。

中国进行改革开放,发展社会主义商品经济,要求建立符合社会主义现代化商品经济的法律秩序。这是对社会主义法制的总的要求。为此,应当建立和完善多种法律制度,其中包括民商法制度、经济行政法制度、企业组织法制度及以反垄断法为基本法的竞争法制度。

建立以反垄断法为基本法的竞争法制度,是为了保障社会主义竞争的正常进行,即保障和监督一切生产经营者,在社会主义市场中进行公正、自由的竞争。其最终目的,当然在于协调和维护国家、生产经营者和广大消费者的合法权益。

四、规制对象

前面已经谈到,采取反垄断和反不正当竞争分别立法的方针,反垄断法仅以垄断为规制之对象。在中国,垄断有两种,即行政性垄断和经济性垄断。

所谓行政性垄断,指各级地方政府和经济主管部门运用行政权力,排除、限制或干涉本地区、本部门企业之间及它们与其他地区、部门企业之间的合法竞争。其表现形态主要是,实行地区封锁和部门分割,限制外地产品流入或限制本地产品(如重要原料)流出,人为地分割国家统一市场;运用行政权力强使本地区、本部门企业联合组建企业集团或设立行政性公司以垄断经营;地方政府动用地方财力,不顾法律规定进行减税让利,扶植本地企业,扩大其市场份额,设置种种障碍限制外地企业进入本地市场,搞地方保护主义。所谓经济性垄断,指大企业凭借经济实力,单独或者合谋在生产或流通领域限制、排斥或控制经济活动。从1980年开始,国家推行促进企业联合的经济政策,企图通过这种联合沟通横向联系,打破地区封锁、部门分割,结果建立了一批全国性和地区性的行政性公司。大型行政性公司的建立违背了经济规律,不仅没有打破地区封锁和部门分割,反而更促进了地区封锁和部门分割,严重妨碍和限制了竞争。1985年以后,促进企业联合的政策又转向建立企业集团的实践。其政策目的侧重于实现企业结构合理化,追求规模经济效益,同时也希望通过企业集团打破地区封锁和部门分割的行政性垄断局面。目前在中国已经出现一批大型企业集团,它们拥有实行垄断的经济实力。

当前,行政性垄断仍然是限制竞争的主要因素,经济性垄断只是次要的或潜在的因素。据我的观察,中国垄断的发展有自己的特殊规律:①不是由自由竞争逐渐发展到垄断,而是在不断打破垄断的前提下,逐渐开展竞争;②旧有体制,即高度中央集权的行政经济体制,实行完全的国家垄断,因此,可以说,经济体制改革实质上就是打破国家垄断;③已经进行的经济体制改革使中央政府直接管理经济的职能大大削弱,国家垄断局面已被打破,但地方政府及某些部门管理经济的职能却得到加强,同时,财政和税收制度的改革如"财政包干"等,则进一步刺激了地方保护主义倾向,结果是以地方封锁和部门分割为主要形态的行政性垄断取代了国家垄断成为限制竞争的主要因素;④一旦行政性垄断得到制止,目前处于潜在因素地位的经济性垄断势必将取代行政性垄断而成为限制竞争的主要因素。

有必要指出,国家垄断和行政垄断,是两个不同的概念。国家垄断是指中央政府所实行的垄断,其手段是合法的,如下达指令性计划或制定法律法规(如烟草专卖),所代表的利益是国家整体利益。行政性垄断是指由地方政府或行政部门所实行的垄断,其手段是不合法的,所代表的是地方利益、部门利益以及本地区或本部门企业的利益。

因此,中国反垄断法必须规定:既禁止行政性垄断,也禁止经济性垄断。特别是在当前,禁止行政性垄断更具迫切性。建议专设一条规定"垄断"的定义,然后另设一条列举属于"垄断"的各种行为,其中尤须列举各种行政性垄断行为,如地区封锁、部门分割等。

此外,应从中国实际情况出发并参考日本《禁止垄断法》和德国《反对限制竞争法》的经验,设立"除外规定",即列举不属于垄断的行为,可包括:①国家指令性计划及为执行该计划所作的必要安排;②国家对关系国计民生的重要行业、营业、商品和服务所实行的专营;③国家定价;④国家在特殊情况下采取的特别措施。

五、主管机关

关于执行反垄断法的主管机关,建议采纳日本的经验,实行一元体制,设立国家公正交易委员会为该法执行机关。国家公正交易委员会,其编制、财务隶属于国家工商行政管理局,业务上直接对国务院总理负责。

国家公正交易委员会由 5~7 名委员组成,其中应有经济学家和法学家,实行协议制,即只在全体委员意见一致时方能作出决定。反垄断法应明确规定公正交易委员会具有以下职权:

1. 行政权

①调查垄断行为及有关活动;②询问行为人、犯罪嫌疑人、当事人和证人;③检查与垄断行为有关的财务;④查阅、复制、扣留与垄断行为有关的合同、账册、单据、记录、文件、业务函电及其他资料。

2. 处罚权

依法对违法企业、单位及主管人、责任人实施行政处罚;依法向人民法院提起刑事诉讼,追究刑事责任;根据受害人请求,作出由违法企业或单位向受害人支付损害赔偿金的决定。

3. 准立法权

依反垄断法制定实施细则;认定"其他妨碍和限制竞争的垄断行为"。

在省级行政区设地方公正交易委员会,其编制、财务隶属省一级工商行政管理局,业务归国家公正交易委员会领导。地方公正交易委员会应有上述第 1 项和第 2 项职权,不应有第 3 项职权。

六、排除措施、处罚

反垄断法应参考德国、日本的经验,规定公正交易委员会有权决定采取排除措施,包括:①宣布垄断协议无效,制止正在进行的垄断行为;②决定强制企业分立或转让营业之一部。

处罚包括民事损害赔偿、行政制裁及刑事制裁。其中,民事损害赔偿不采美国惩罚性赔偿制度(即赔偿实际损失额之 3 倍),而采德国、日本的做法,依民法一般原则,赔偿受害人实际所受损失。行政制裁包括:通报批评,限期纠正;没收非法所得;罚款。关于刑事制裁,建议采美国、日本的经验,实行"双罚"原则,即对违法企业、单位及其负责人科处罚金或徒刑。美国《谢尔曼法》第 2 条规定的徒刑为 1 年以下,日本《禁止垄断法》第 89 条规定的徒刑为 3 年以下。建议借鉴美国做法,规定对负责人处 1 年以下徒刑,或 5 万元以下罚金。

七、救济

建议规定行政复议制度。违法企业、单位或负责人对处罚或排除措施不服,可在收到决定书之日起 15 日内向公正交易委员会申请复议;公正交易委员会应在收到复议申请之日起 30 日内作出复议决定;对复议决定不服,可在收到复议决定之日起 15 日内向所在地区高级人民法院(省一级)起诉。不服复议决定而起诉的案件,由行政审判庭依行政诉讼程序审理。

八、结束语

考虑到中国的实际情况,反垄断法应属于一种原则性立法,只规定一些重要原则和制度,许多具体问题、程序问题,可留待实施细则去规定,甚至留待将来取得初步经验后作修订或增补。各国反垄断立法中许多有效的制度,如特许卡特尔制度、企业联合之审批制度、国际合同的审批制度,等等,可依情形逐步建立。

消费者运动与消费者权利[*]

消费者运动的星星之火,是由美国1936年成立的消费者联盟点燃的。促使美国消费者联盟成立的原因,是1929年纽约股票市场崩盘引发了席卷全美的经济危机,面对危机,消费者自发进行有组织的活动,要求获得更便宜、更安全、更好的商品。联盟成立后发行了自己的刊物《消费者报导》,要求对产品实施公正的检验并向市民提供情报,深得广大消费者支持,其影响深远。由于第二次世界大战的爆发,消费者联盟中止了活动。但它对战后各国消费者运动无疑产生了重大的影响。

第二次世界大战后,美国经济以惊人的速度增长,与之相伴,发生了严重的环境破坏、企业事故、缺陷产品致损和道路交通事故,给消费者的人身和财产造成极大危害。在这种背景之下,兴起了告发型消费者运动。以拉尔夫·芮达为首的消费者组织首先向缺陷汽车发起进攻,结果促成1966年《美国道路交通安全法》的颁布。据估计,因该法的实施,每年约有12000人的生命得救。此后,美国政府官僚机构如联邦贸易委员会和农业部一度成为被告发的对象。20世纪70年代许多方面的专家,如科学家、经济学家和律师成为运动的领导人,活跃在消费者运动的中心舞台。各大城市相继成立了公众利益研究小组(PIRG),以及各种专门小组。如在首都华盛顿就有汽车安全小组、保健问题小组、追究企业责任小组、税制改革小组等,最多时有30多个不同的小组。这一时期,消费者运动还深入大学校园。以1971年斯坦福

---

[*] 本文原载《法律科学》1991年第5期。

大学成立第一个学生消费者组织为发端,至 20 世纪 70 年代末期,30 个州的 106 所院校都有学生消费者组织,会员达 50 万人。美国消费者运动已发展壮大,成为美国社会生活中的一大势力,并对其他国家产生了重大影响。

在美国消费者运动影响下,英国于 1957 年成立了消费者协会,有会员 70 万人,为英国最大的消费者组织,所发行的以产品比较检验为中心的刊物叫"WHICH?",有相当大的影响。另外,英国规格协会设置的消费者咨询评议会发行的《购物指南》为读者提供有关商品检验的评价。英国的全国性消费者团体还有消费者事务研究会、全国消费者组织联合会、全国消费者保护理事会等。由于消费者运动的推动,英国于 1959 年成立了消费者保护委员会(CCP),负责调查消费者保护问题。该委员会于 1962 年提出最后报告书,其中包含消费者保护领域若干法律改革提案,对英国消费者政策有极大影响。在消费者运动巨大压力之下,英国于 1974 年专门设立了物价及消费者保护部,负责有关消费者问题的政策和立法。

日本在第二次世界大战前已出现消费者运动的苗头,如 1897 年(明治 30 年)发生"米骚动",即要求降低米价的运动。第二次世界大战后 20 世纪 50 年代初期发生了以反对物价上涨为中心的消费者运动,1951 年日本生活协同组合联合会成立。日本经济于 1953 年恢复到战前水平,1955 年后急速增长,出现"神武景气"和"高原景气",使日本进入高度大众消费时代。1955 年 9 月,日本主妇联合会召开"保卫生活消费者大会",被视为消费者觉醒之标志。1956 年由十一团体组成全国消费者团体联络会,次年召开"全国消费者大会",并发表《消费者宣言》,要求一切产品价格和品质的决定必须尊重消费者的意志,提出消费者主权的口号。1959 年日本政府发表国民生活白皮书,提出"消费革命"口号。在消费革命的同时,发生了许多新型消费者问题,如环境污染和缺陷产品致损。日本生产性本部于 1958 年设立消费者教育委员会,发行《购物行家》杂志,标志消费者教育运动开始。该委员会于 1960 年发展为消费者教育室,1961 年独立,更名为财团法人日本消费者协会,并获得国际消费者协会承认。《购物行家》改为《消费者月刊》,发表商品比较检验结果。从20世纪60年代中期开始,日本消费者运动出现高潮,消费者团体总数由1965年的41个团体,急增至1974年的289个团体。现在日本主要的全国性组织有日本消费者协会、日本主妇联合会、日本生活协同组合联合会、全国消费者团体联络会、日本消费者联盟等。

德国第二次世界大战后消费者运动兴起的标志是1953年德国消费同盟的成立。该组织在成立初期主要进行商品比较检验,后来主要从事国内消费者团体间的协调工作,并作为消费者的代表参加政府和产业界团体的活动。德国另一全国性消费者组织是1964年设立的商品检验财团,在世界各国进行商品检验的消费者组织中起指导性作用,机关刊物《商品检验》,发行近80万份。法国最主要的全国性组织是法国消费者同盟,属于以商品比较检验为中心的教育型消费者组织,其刊物发行达29万份。

欧洲消费者同盟(BEUC)创建于1962年,是欧洲专门代表消费者利益,致力于消费者保护的组织,有14个会员组织和5个联系会员组织。主要从事欧共体内消费者问题的调查研究,为欧共体消费者政策提供建议,对欧共体的消费者政策和立法起了非常重要的推进作用。机关刊物《BEUC新闻》(月刊),主要刊载危险产品情报,供成员国消费者组织据以采取行动。欧洲各国的消费者组织共同成立欧洲检验组织(ETG),专门进行产品检验,经费由各参加组织分担,检验结果供各国消费者组织使用。欧共体委员会于1973年设立消费者顾问委员会,由欧洲消费者同盟及另外三个欧洲消费者组织(即欧洲工会、欧洲家庭组织问题及欧洲消费合作社联盟)的代表和消费者保护方面的专家组成。其任务是在欧共体委员会内作为消费者利益的代表,就有关消费者保护、教育政策的制定和执行提供建议。

1960年3月由美国消费者联盟、英国消费者协会、澳大利亚消费者协会、荷兰消费者同盟和比利时消费者协会五个团体发起,成立了国际消费者联盟(IOCU),其成员分为正式会员和通信会员,现今二者合计有 50 余个国家的 169 个团体。事务局设在海牙,原则上每两年召开一次世界消费者大会。国际消费者协会的宗旨是:①积极推进和促成各国政府的消费者保护行政及消费者组织化;②促进消费商品和服务比较检验的国际协力,以及检验方法和情报的交流;③推进消费者情报、教育和保护各方面的国际协力,以及消费者保护方面资料的收集和交流;④援助、鼓励发展中国家消费者教育和消费者保护。该组织在广泛的领域中发挥着日益重要的作用。

我国改革开放前长期实行权力高度集中的行政经济体制,限制商品经济发展,社会生活中存在的问题是消费品短缺。1979 年以后进行改革开放,促成了商品经济的极大发展,同时也发生了严重损害消费者利益的社会问题。在此背景下,中国消费者协会于 1984 年 12 月成立,是为我国消费者运动的开端。迄至 1990 年年底,全国县以上消费者组织已达 1900 个,其中省一级消费者协会 25 个,中国消费者协会和地方消费者协会共受理消费者投诉 56 万件,协同有关部门进行了大量的调查研究和检验工作,同损害消费者利益的行为作斗争,并开展消费者教育,得到消费者的信赖和支持。

第二次世界大战后各国消费者运动兴起的原因,在于各国均发生了消费者问题。而消费者问题之发生,又是根源于现代社会经济生活本身。

在自然经济条件下,生产与消费未发生分离,当然不发生消费者问题。只有在商品经济条件下,发生了生产与消费的分离,才可能发生消费者问题。但在不发达的商品经济条件下,生产者为手工业者或小作坊主,他们在经济地位上并不占显著优势。生产者与消费者之间的关系,被视为具有对等性和互换性,且消费者对于商品的选择具有充分的自由,单靠民法违约责任和侵权行为责任即能保护消费者利益,维护两者关系的平衡。因此,也未发生消费者问题。

从 19 世纪末期开始,人类社会经济生活发生了深刻变化。第一,由于生产组织形式的变革,生产者不再是手工业者和小作坊主,而是现代化的大企业、大公司。它们拥有强大经济实力,在商品交换中处于显著优势地位。第二,科学技术的发展使生产过程、生产技术高度复杂化,消费者在购买商品时已根本不可能判断其品质。第三,由于流通革命,商品从生产者到消费者须经过复杂的、多层的流通环节,买者、使用者与商品制造者间一般没有直接的契约关系。第四,由于生产者、经销者广泛运用各种广告和宣传手段推销商品,因而消费者在实际上处于盲目状态,只能任凭其摆布。因此,在现代高度发达的商品经济条件下,生产者与消费者之间的关系已经发生变化,实质上成为一种支配与被支配的不平等关系。消费者在广告和宣传上被奉为"上帝",而实际上只是听凭狡诈的厂商摆布和压榨的"弱者"。第二次世界大战后消费者日益自觉到这种"弱者"地位,于是谋求建立消费者组织,借团体力量与生产者相抗衡,并请政府进行干预。这正是消费者运动蓬勃兴起的根源。

在现代资本主义社会中,消费者沦为被剥削、被压榨之弱者,按照日本经济法学者正田彬先生的见解,有下述原因:其一,消费者经济力微弱。在交易市场上,消费者以各自独立姿态从事购买,与作为生产者、经销者的大企业之强大经济力成强弱悬殊的对比,造成双方交易能力不平衡。其二,消费者欠缺商品知识。消费者与厂商的商品知识差距很大,加之科技突飞猛进,致消费者对于商品已近乎无知,不得不完全依赖于厂商。其三,基于人性之弱点,消费者之经济活动异于厂商,其购买商品不具营利性,依其个人兴趣、爱好、虚荣心及侥幸心理选购商品,以满足个人欲望,因而不具有经济上的合理性,此最易为厂商所利用。其四,由于消费者缺乏组织,在各个交易中不能借团体力量与厂商之组织体相对抗,以致沦为经济上的从属者,任由厂商剥削。[①] 日本经济法学者今村成和进一步指出,在现代商品经济社会,消费者面对强大的资本力,乃呈现显著无力化状态;企业为追求利润而不择手段,生产销售对人身、财产安全有极大危险的商品,使今日之消费者置身于丧

[①] 参见〔日〕正田彬:《经济法的性格与展开》,日本评论社1972年版,第45—46页。

失生命财产的危机之中。②

　　风起云涌般的消费者运动在20世纪50年代提出"消费者主权"思想,在20世纪60年代终于形成了"消费者权利"概念。现今各国和地区消费者运动无不高扬"消费者权利"的大旗,而保护消费者权利已经成为各国和地区消费者政策的核心和理论基础。

　　前已述及,日本在1956年由十一团体组成全国消费者团体联络会,在1957年召开全国消费者大会,有来自全国各地的消费者代表800人出席大会,会上发表了具有历史意义的《消费者宣言》。该宣言指出,资本主义恰如一柄双刃剑——它一面榨取劳动者,一面榨取消费者。现在,排除对劳动者榨取的斗争已有进步,但榨取消费者的手段却更加巧妙,使我们消费者大众的生活正受到严重的威胁。我们消费者大众,乃是社会经济繁荣的源泉和柱石;一切商品价格和品质之决定,必须尊重消费者的意见。该宣言最后表达了消费者的誓言:"我们高声宣布,唯消费大众才是主权者,我们发誓要结合全体消费者的力量,为捍卫这一权利,为实现流通过程明朗化和合理化而奋斗!"③此后,1961年日本消费者协会发表的《消费者宣言》中重申了消费者主权思想,号召向着消费者主权的确立迈进,要求政府建立消费者行政,期望实现符合消费者利益的消费社会。

　　正是消费者主权思想孕育了消费者权利概念。1962年3月15日,美国总统肯尼迪向国会提出《关于保护消费者利益的国情咨文》,正式表述了四项消费者权利:

　　(1)安全的权利(the right to be safety),即保护消费者生命健康免受危险商品危害的权利。

　　(2)了解的权利(the right to be informed),即保护消费者免于因虚伪欺诈或使人误信的广告、宣传和表示而受损害,以及向消费者提供选择商品所必备知识的权利。

---

　　② 参见〔日〕今村成和:《私的独占禁止法研究(四)》,有斐阁1976年版,第333页。
　　③ 〔日〕胜部欣一:《生协运动历史的考察与课题》,载《法学家》增刊总合特集第13集,第57页。

（3）选择的权利（the right to choose），即保证消费者以竞争价格获取各种商品和服务，在由政府实行规制的非竞争性经济中，则应保证消费者以公正价格获得优质商品和服务的权利。

（4）意见被尊重的权利（the right to be heard），即要求政府在决定政策时，应保证消费者意见被充分考虑，并公正迅速地予以处理的权利。

咨文强调，为促进消费者权利之完全实现，必须加强政府干预措施，改善行政组织，并在有关领域制定新法令。这四项消费者权利迅即传遍世界，获得广大消费者赞同，成为主要国家及地区消费者组织的奋斗目标。后经补充第五项权利，即损害救济的权利。这五项消费者权利被公认为消费者五项基本人权。④ 由于咨文首次表达了消费者权利概念，对于消费者运动有重大历史意义，因而3月15日被国际消费者协会定为"世界消费者权益日"。

应当如何认识消费者权利？首先应注意的是，消费者权利在性质上不同于传统民法上的权利。民法上的权利乃是基于经济人对经济人的平等关系上的权利。而生产者与消费者之间的关系，乃是不平等的、强者对弱者的关系。所谓消费者权利，正是以这种不平等关系为基础，目的在于补救消费者的弱者地位。正如日本金泽良雄先生所指出的，消费者权利与其说是权利，莫如说是"作为弱者的消费者收复失地的一种手段"⑤。我们还应看到，消费者权利既不同于传统民法上的权利，也不同于传统公法上的权利，而属于一种兼有民法权利性质和公法权利性质的新型权利。

其次，资产阶级学者认为，消费者权利乃以生存权为其根据。各项消费者权利均以确保消费者生命健康和安全为中心。即使是其中的了解权，亦可从生存权求得根据，即消费者为确保人身安全和出于自卫，

---

④　参见王泽鉴：《消费者的基本权利与消费者的保护》，载《民法学说与判例研究》（第3册），第16页。

⑤　〔日〕金泽良雄：《消费者政策的意义及其视点》，载《法学家》增刊总合特集第13集，第27页。

必须了解有关商品是否安全的情报。日本学者奥岛孝康先生指出,经济上弱者的权利,具有以生存为起点的权利性质。即使消费者的选择自由,也是显著地向生存权倾斜,至于竞争政策问题、公权力介入问题,其结果也无非是在现实经济社会中确保消费者的生存权。⑥

最后,应该看到,消费者权利之功能,在于协调生产者与消费者的利益冲突。在资本主义商品经济条件下,企业以获得利润为其目的,而不是以满足消费者需要为目的。生产者与消费者处于根本利益冲突之中。在第二次世界大战后主要资本主义国家劳资关系、阶级关系趋向缓和的条件下,生产者与消费者的关系却呈现紧张趋势,20世纪50年代以来各国相继兴起的消费者运动正是生产者与消费者利益冲突尖锐化的表现。承认消费者权利,并兴以制定消费者政策,完善消费者行政,正是为了协调生产者与消费者的利益冲突,保障资本主义经济的发展。

资本主义国家,政府似乎是凌驾于社会之上,但实际上往往受大资本集团的操纵,政府决策较多地反映生产者一侧的利益,消费者一侧的利益常被忽视。第二次世界大战后各国政府采纳凯恩斯主义,执行干预经济的政策,在生产者与消费者的关系上,非但不能做到公正不倚,反而有意识地向生产者一侧倾斜。20世纪五六十年代发生的环境污染、缺陷产品致损等严重社会问题,正是这一倾斜政策的恶果。只是在风起云涌的消费者运动巨大压力之下,才开始注意消费者保护问题,制定并执行了若干有利于保护消费者的政策和立法。即使在这种情况下,各国政府对消费者利益的保护仍时时表现消极、被动和半心半意。例如,美国最早提出消费者权利,20世纪60年代就由法院判例确立了缺陷产品致损的严格责任原则,但在70年代中期以后迫于企业界的压力企图通过联邦立法退回到过错责任原则,而消费者团体为之奋斗多年的关于设置联邦政府消费者保护部(CPA)法案,亦在1978年被否

---

⑥ 参见〔日〕奥岛孝康:《价格决定与消费者的权利》,载《法律时报》昭和51年3月号,第31页。

决,致美国消费者运动遭受重大打击。再如日本为谋求经济复兴和起飞,一味向生产者一侧倾斜,严重忽视消费者利益,其发生的缺陷产品致损问题不但在时间上比欧美各国早,所给予消费者的损害也更为严重和广泛,以致激起消费者运动之持续高涨;学术界于 1975 年就提出产品责任法草案,主张采纳欧美经验规定严格责任原则,但日本政府生怕开罪于产业界,一味因循,迄今仍未着手此项立法。

我国实行社会主义经济政治制度,社会生产以满足人民群众即广大消费者物质文化生活需要为目的,且作为生产者的大多属于社会主义公有制企业,生产者与消费者之间应无根本利益冲突。但我国仍处于社会主义初级阶段,经济性质属于社会主义商品经济,由此决定企业必须在自身积累的基础上进行生产,亦即只在获有利润前提下才能继续存在和发展。因此获取利润仍然是企业目的。社会主义企业与资本主义企业的区别在于,获取利润非最终目的,其最终目的是满足人民群众即消费者的物质文化生活需要。企业如果不能获取利润,甚至谈不到最终目的;但若以获取利润为唯一目的,则完全背离了社会主义企业乃至于社会主义经济的本质。这种生产目的"双重性"正是消费者问题存在的根源。企业与消费者之间既有根本利益的一致,又有利益矛盾和冲突,必然会有一些企业要不择手段地损害消费者的利益。而且企业为具有强大经济力之组织体,分散的、经济力微弱的消费者难以与之抗衡。因此,生产者与消费者之间的关系难有实质上的平等可言,消费者之处于弱者地位,已是不争的客观事实。这就要求从立法上确认消费者权利,并通过法律、行政等各种手段确保消费者权利的实现。

在我国确认消费者权利之必要性已毋庸置疑。但我国消费者权利性质问题尚未见有论著探讨。我以为,可以借鉴上述西方学者所作解释,唯对于所谓消费者权利以生存权为根据之点,有必要特别考虑。

所谓生存权,为当代所公认的最基本人权。西方学者主张生存权为消费者权利之根据,其意在特别强调消费者权利之重大性和不可剥夺性。在生产者与消费者的关系中,两者利益不同,前者为经济利益,后者为生存利益。两者发生冲突时,毫无疑问应确保消费者一方的生存利益,其结果是对生产者一方的经济利益亦即对其获取利润的欲望,作某种程度限制。西方学者解释消费者权利为何以生存权为根据,其良苦用心是在为政府制定保护消费者政策提供理论依据,以增强这一政策的说服力,无疑是有重要意义的。

在我国,借鉴这一理论,强调企业经济利益与消费者生存利益之区别,以突出消费者权利之重大性和不可剥夺性,以增强保护消费者政策之说服力,同样是有意义的。但是,我们应当看到,我国所实行的政治经济制度、社会生产目的及大多数企业的所有权性质等,均与资本主义国家不同,社会主义商品经济有区别于资本主义商品经济的个性。比较起来,确保消费者的生存权,这仅是浅层次的、最起码的要求,并且是未反映社会主义商品经济本质的要求。我国消费者权利和消费者保护政策,另有其更深刻的根据所在。这就是社会主义经济政治制度本身。我们进行改革开放,发展商品经济,建设四个现代化,都是为着一个最终目的,即为了消费者(广大人民群众)的健康、幸福和共同富裕。保护消费者权利,不仅是一切企业的义务,而且是政府不可推卸的神圣职责。人民的政府应当主动地、积极地、全心全意地担负起保护消费者权利的职责,以符合社会主义制度的本质要求和广大人民群众的愿望。

要重视消费者权益保护
法律体系的内部关系*

《消费者权益保护法》(1993年)是经过全国广大消费者的斗争后得到的法律,它规定了消费者的各项权利并在5年实践中取得了很大的成绩。实践证明这个法律是正确的、先进的。其先进性特别体现在它的立法指导思想上。过去法律的态度、国家的态度是,商品交易行为由当事人自己决定,国家不进行干预。现在在市场经济条件下,考虑市场经济的情况,认为市场上的参加者往往经济实力对比悬殊:一方是大企业、大公司、生产者、经销者,他们的目的是营利;另一方是消费者,是分散的、弱小的,因此他们往往受到伤害,当他们受到伤害时,仅靠自己的力量不足以和大公司、大企业等抗衡。在这种情况下,国家出面承担保护消费者的职责是法律史上的重大发展、重大突破。

《消费者权益保护法》规定工商行政管理机关是执行机关,工商行政管理机关因此而获得这一授权。它们可凭借法律的规定介入消费者和企业、经销者之间的合同关系,给消费者以特殊保护。除工商行政管理机关外,还有人民法院,它们承担的责任同样是重大的。这是由法院和工商行政管理机关代表国家介入消费者与生产者之间的交易关系,平衡他们经济上的利害关系,使他们得到社会公正、社会正义。另外包括第49条双倍赔偿的规定、第41条关于残疾赔偿金的规定、第42条

---

* 本文来源于作者于1998年12月25日在国家工商行政管理局召开的纪念《消费者权益保护法》实施五周年暨保护消费者权益理论座谈会上的发言。

关于死亡赔偿金的规定内容,都是《消费者权益保护法》正确性、先进性的特别体现。但是,消费者与生产者之间是否敌对关系呢?不是。在我们这样的国家,社会主义市场经济离开消费者不行,离开生产者同样不行。强调给予消费者特殊保护是指在他们受到伤害的时候保护他们,并非要消费者同生产者去进行生死斗争、不可调和的斗争。

《消费者权益保护法》同样保护生产者、经销者的权利,要打击的是搞假冒伪劣、搞欺诈的生产者、经销者,而保护守法的生产者、经销者。正确执行这一法律就会同时兼顾消费者和生产者、经销者的利益。《消费者权益保护法》第49条中对"消费者"有严格的定义,不是说企业只要卖了质量不合格的产品就得双倍赔偿,那样就偏向消费者而不利于生产者、经销者合法权益的保护了。因此我们在执行《消费者权益保护法》时一定不能感情用事。

我国的法律是统一的整体,规范质量不合格产品问题不仅有《消费者权益保护法》第49条,还有《产品质量法》(1993年)第28条。《产品质量法》第28条属于理论上的瑕疵担保制,也是保护消费者的,是解决产品质量的基本规则。还有《产品质量法》第29—34条。这些规定都非常重要,产品质量有问题包含了对消费者人身的威胁。如出现燃气热水器漏气造成死亡应按《产品质量法》第29—34条保护受害人;如既未构成欺诈,又未构成不合理的危险,属一般的产品质量问题,就应适用第28条。过去我们对修理、更换、重做、退货总是考虑先修理,修不好再换,换不了再退。现在按新规定,消费者想退就退。在这里我强调一点,我们宣传对消费者的保护时不能只宣传《消费者权益保护法》,还要宣传《产品质量法》《合同法》《民法通则》等。产品不合格,有瑕疵担保制度(《产品质量法》第28条),有缺陷产品致损的侵权责任制度(《产品质量法》第29—34条),消费者合同问题有《合同法(草案)》的"买卖合同"一章专门作了规定,另外还有《消费者权益保护法》第49条。这几个制度是不能互相代替的,但相互间有一定的逻辑关系,夸大一个而取消另一个就破坏了法制。党中央讲建设社会主义的法治国家,法律制度体系内部的关系是很重要的。

我个人有个意见,我们还要考虑现在我们更应该做而没有做的事情。如现在的儿童超前发育问题,医生说是因为吃肯德基,鸡的饲料中有激素,这对中华民族的生存造成了影响。这个问题能否告生产鸡、生产激素的厂家？现在法院还不能受理,因为没有确定这之间的因果关系。我建议工商行政管理机关,特别是保护消费者的部门,应设专门研究室或与专门科学研究机关建立联系,用试验来确定有因果关系的事实,法院受理时就有依据了。工商行政管理机关也可主动向国家提出建议,修改饲料标准,禁止使用激素饲料,把工作做到生产领域中去,发挥工商行政管理机关的主动作用、超前作用,以保护消费者利益。

消费者法及其完善*

一、我国现行消费者法

（一）概述

现行消费者法由三部分构成：消费者政策法、消费者合同法、消费者安全法。其中，消费者政策法是国家消费者政策的条文化，规定我国消费者政策的基本要点和原则，规定消费者行政。它要求国家制定产业政策、经济政策时，不得违背消费者政策。一切有关经济的法律法规之制定，均必须体现和贯彻国家消费者政策。国家应根据消费者政策法制定各项消费者保护法律。鉴于消费者的弱者地位，其难以与居于强者地位的生产者和经营者相抗衡，因此有消费者合同法，予消费者以特殊保护，确保消费者合同的缔结和履行符合实质正义，并维护市场的道德秩序。其内容主要是：关于格式合同的规制，关于免责条款的规制，关于消费者合同的特殊规则。消费者合同法的目的在于确保消费者交易的公正。鉴于现代市场交易的产品多为机械化大生产的产物，难免有损害消费者人身和财产的危险，且受害人难以证明生产者有过失，因此有消费者安全法，目的在于确保消费者人身、财产安全。广义的消费者安全法包括：确保产品质量符合安全标准的产品质量管理法、确保受害消费者能够获得赔偿的产品责任法，以及追究生产者刑事责任的产品质量刑法。狭义的消费者安全法，仅指其中的产品责任法。

---

* 本文原载《工商行政管理》2000 年第 21 期。

(二) 消费者政策法

现行消费者政策法的基本内容规定在《消费者权益保护法》中。该法规定我国消费者政策的要点如下：(1) 中国消费者政策的目的是，保护消费者的合法权益，维护社会经济秩序，促进社会主义市场经济健康发展（第 1 条）。(2) 经营者与消费者进行交易，应当遵循自愿、平等、公平、诚实信用的原则（第 4 条）。(3) 国家保护消费者的合法权益不受侵害。国家采取措施，保障消费者依法行使权利，维护消费者的合法权益（第 5 条）。(4) 保护消费者的合法权益是全社会的共同职责。国家鼓励、支持一切组织和个人对损害消费者合法权益的行为进行社会监督。大众传播媒介应当做好维护消费者合法权益的宣传，对损害消费者合法权益的行为进行舆论监督（第 6 条）。(5) 国家制定有关消费者权益的法律、法规和政策时，应当听取消费者的意见和要求（第 26 条）。(6) 各级人民政府应当加强领导，组织、协调、督促有关行政部门做好保护消费者合法权益的工作。各级人民政府应当加强监督，预防危害消费者人身、财产安全行为的发生，及时制止危害消费者人身、财产安全的行为（第 27 条）。

(三) 消费者合同法

我国在 20 世纪 80—90 年代先后制定过三部合同法，均不包括消费者合同。为了实现市场交易规则的统一和合同法的现代化，于 1999 年颁布的《合同法》不采消费者合同单独立法的模式，而统一规范商事合同和民事合同（包括消费者合同）。按照立法指导思想，合同当事人一方为消费者的场合，应当优先考虑对消费者利益的特殊保护，亦即对生产者和经销者一方的合同自由予以某种程度的限制。同时，《消费者权益保护法》中关于消费者合同的规定，作为《合同法》的特别法，在适用上处于优先地位。

《合同法》有关消费者合同的规则主要是：(1) 关于规制格式合同的规则，包括提供格式条款的一方应当遵循公平原则确定当事人间的权利义务，违反公平原则构成显失公平的，受害方享有撤销权；提供格式条款的一方，对于免责条款和限制责任的条款，负有提示义务和说明义务,不履行提示义务和说明义务的,该免责条款或限制责任的条款无效(第 39 条);格式合同中免除提供格式条款一方主要义务、加重对方责任、排除对方主要权利的条款无效(第 40 条);格式合同条款有两种以上解释的,应当作出不利于提供格式条款一方的解释(第 41 条)。(2)关于免责条款的规则:造成对方人身伤害的责任的免责条款无效;因故意和重大过失造成对方财产损失的免责条款无效(第 53 条)。

《消费者权益保护法》中属于消费者合同法的具体规则有:(1)不公平、不合理的合同条款或免责条款无效(第 24 条);(2)经营者不得对消费者进行侮辱、诽谤,不得搜查消费者的身体及其携带的物品,不得侵犯消费者人身自由(第 25 条);(3)消费者因商品缺陷造成人身、财产损害的,既可以向销售者要求赔偿,也可以向生产者要求赔偿,实质上是规定销售者和生产者对消费者承担连带责任(第 35 条);(4)补充了《民法通则》第 119 条关于人身伤害损害赔偿的规则,增加了残疾赔偿金和死亡赔偿金(第 41—42 条);(5)针对经营者的欺诈行为规定了惩罚性损害赔偿,修正了民法关于损害赔偿责任的补偿性原则,目的在于刺激受害消费者同销售者的欺诈行为作斗争(第 49 条)。

(四)消费者安全法

1. 产品质量管理法

现行《产品质量法》的内容,除其中第四章外,属于产品质量管理法。此外还有依据《产品质量法》制定的有关产品质量管理的各种行政法规规章。

2. 产品责任法

鉴于 20 世纪 80 年代初期接连发生缺陷产品造成消费者人身伤害、死亡的重大案件,产品责任法的制定受到重视。1986 年制定的《民法通则》在参考美国严格产品责任法和欧共体产品责任指令的基础上,设第 122 条规定生产者和经销者对消费者的严格责任,为各级法院裁判缺陷产品致损案件提供了基准。但是,由于该条文字表述欠明确,且未使用"缺陷"概念,致解释适用发生歧义。于是,1993 年制定的《产品质量法》沿袭在一部法律中同时规定公法规范和私法规范的传统,除关于产品质量监督管理的公法规范外,在第四章规定了关于缺陷产品致损的损害赔偿的侵权行为法规范,亦即严格产品责任法。

《产品质量法》规定:(1)因产品存在缺陷造成人身、缺陷产品以外的其他财产损害的,生产者应当承担赔偿责任。生产者能够证明有下列情形之一的,不承担赔偿责任:①未将产品投入流通的;②产品投入流通时,引起损害的缺陷尚不存在的;③将产品投入流通时的科学技术水平尚不能发现缺陷的存在的(第29条)。这显然是参考了欧共体产品责任指令关于责任原则和免责事由的规定。(2)销售者的过错造成缺陷的、销售者不能指明产品生产者也不能指明供货者的,由销售者承担赔偿责任。生产者与销售者对受害人承担连带责任(第31条)。损害赔偿的范围,与《民法通则》第119条相同(第32条)。(3)诉讼时效期间为2年,并参考欧共体产品责任指令规定了10年除斥期间(第33条)。缺陷的定义是指产品存在危及人身、他人财产安全的不合理危险(这显然采纳了《美国侵权法二次重述》第402A条关于缺陷即不合理危险的定义);而产品有保障人体健康,人身、财产安全的国家标准、行业标准的,是指不符合该标准(第34条)。这里留下的问题是,如果产品符合国家标准或行业标准,却仍然造成他人损害的,生产者能否免责,如果生产者免责,则是否应当由国家承担赔偿责任?

3. 产品质量刑法

鉴于少数不法厂商生产、销售伪劣电器、药品、食品、化妆品等严重危害人民的生命、身体、健康,有必要对产品安全采用刑法规制。第八届全国人民代表大会第五次会议于1997年3月14日通过对《刑法》的修订,在分则第三章增设第一节生产、销售伪劣商品罪,共11个条文。例如对故意生产、销售伪劣商品的,依销售金额处有期徒刑或者拘役,并处或单处罚金,最高可处15年有期徒刑或者无期徒刑(第140条)。生产、销售假药,致人死亡或者造成特别严重危害的,最高可处10年以上有期徒刑、无期徒刑或者死刑(第141条)。生产销售不符合卫生标准的食品,造成严重食物中毒,后果特别严重的,最高可处7年以上有期徒刑或者无期徒刑(第143条)。单位犯该节之罪,对单位判处罚金,并对其直接负责的主管人员和其他直接责任人员,依照各该条的规定处罚(第 150 条)。

二、完善消费者法的建议

消费者保护虽然是消费者政策的主要内容,但消费者政策不等于消费者保护政策。消费者政策的另一个重要内容是:通过改善消费环境和开发消费教育,从而引导消费、促进消费、扩大消费的政策。即使对于消费者保护政策,也不能绝对化地理解为只是保护消费者利益的政策。消费者保护政策在保护消费者利益的同时,也保护生产者和经营者的利益,对消费者利益的特殊保护当然会限制生产者和经营者的利益,但只是限制生产者和经营者靠损害消费者利益获得的非法利益,即使对于那些损害消费者利益的生产者和经营者,在对其违法行为予以制裁时也应当注意分寸。同样,对于消费者利益的保护也要注意分寸。在消费者利益和生产者、经营者的利益之间,应当得到大体的平衡。消费者政策,包括消费者保护政策和消费促进政策,当然要在我国整个法律体系中,特别是在民事、商事法律和经济管理法律法规中得到贯彻和体现。因此,过去将消费者保护法理解为经济法的一个部分,或者民商法的一个部分,都是不适当的。将消费者保护法理解为现行《消费者权益保护法》,甚至理解为其中第 49 条关于惩罚性损害赔偿的规定,更是狭隘的和不正确的。基于上述考虑,特提出以下立法建议。

(一)建议制定消费者政策法

立法技术上,将现行《消费者权益保护法》中属于具体裁判规则的内容分离出去,对消费者政策的内容加以充实完善,重新颁布,改称《消费者政策法》或者《消费者政策基本法》。建议设立一个负责消费者投诉、产品检验、消费者教育及信息处理的中介机构,可以称为"消费生活中心",同时使现在的消费者协会实现民间团体化。消费生活中心和消费者协会的地位均应在消费者政策法上明文规定。明文规定国家工商行政管理局的消费者权益保护司作为消费者保护行政机关的地位和职责。建议设立消费者保护政策咨询委员会,定期研讨消费者政策,参与有关消费者的法律法规草案的起草、审议。

(二)建议尽快制定反垄断法

反垄断法被称为市场经济的宪章,着重保护消费者和中小企业的利益,与反不正当竞争法之着重保护大企业的利益不同。

(三)完善消费者合同法

建议不采单独制定消费者合同法的模式。鉴于民法典编纂已提上立法日程,《合同法》将经过充实完善作为民法典的合同编,建议将现行《消费者权益保护法》中属于《合同法》的具体裁判规则合并规定在民法典合同编。建议增设消费者合同撤销权的规定;增设消费者或消费者协会请求人民法院认定某个格式合同条款显失公平并责令从格式合同文本中删除的规定。所谓消费者合同,是指当事人一方为消费者、另一方为经营者的合同。所谓消费者,是指为自己和家庭生活消费的目的而购买商品、接受服务的自然人;所谓经营者,是指为营利目的而生产、销售商品或者提供服务的自然人、法人和其他组织。考虑到广大农民属于小农经营,与发达国家作为农场主的农民不同,其经济力薄弱,难以与工商业的经营者相抗衡,因此建议规定:"农民购买、使用直接用于农业生产的生产资料,准用关于消费者的规定。"鉴于医院和医师非经营者及医疗行为的性质,医疗合同不属于消费者合同。但患者与医院之间关于药品质量及住院期间住宿、饮食质量等发生的纠纷,应当适用消费者合同法。建议增设旅游合同、饮食住宿服务合同的规定。

(四)完善产品责任法

将现行《产品质量法》第四章"损害赔偿"中关于严格产品责任制度的规定分离出来,规定在民法典侵权行为编作为一种特殊侵权行为制度。这样,《产品质量法》成为单纯的产品质量管理法,当然属于公法。鉴于输血行为和血液的性质,输血感染案件不宜适用严格责任,建议明文规定输血用血液不属于"产品"。这样,输血感染案件应当适用一般侵权行为的过错责任原则,在医院和血站均无过错的情形下,受害人的补偿问题建议通过设立专门的补偿基金制度予以解决。

现行《民法通则》仅规定了人格(姓名、肖像、名誉)损害的精神损害赔偿,未规定人身伤害的精神损害赔偿,致消费者人身伤害情形的精神损害赔偿往往得不到认可。建议在民法典侵权行为编明文规定,在人身伤害的情形,受害人有权请求精神损害赔偿;在受害人死亡的情形,其配偶和父母有权请求精神损害赔偿。至于精神损害赔偿金额,应当由法庭根据具体案情决定,法律不能也难以规定具体标准。

消费者在报刊发表批评经营者产品、服务质量低劣及揭露经营者欺诈行为的文章,被经营者起诉侵害名誉的案件,涉及消费者和经营者双方利益的平衡,建议在民法典侵权行为编总则明文规定禁止权利滥用原则。依此原则,消费者在报刊发表批评经营者的文章,属于正当行使权利,不构成侵权行为;但行使权利超过合理界限,则构成权利滥用,应当承担侵权责任。以媒体广泛讨论的恒生电脑案件为例,王洪在互联网上发表《买恒生上大当》一文,对经营者予以批评,主要内容如果属实,即属于正当行使权利,应不构成侵害经营者名誉权;但其进而在互联网开设"声讨恒生维护消费者权益"网站,已超越权利行使的合理界限,应构成权利滥用。同理,经营者发现偷窃商品的行为人,当场抓获并从其身上搜出未付款商品,属于自助行为,为正当行使权利,不构成侵犯消费者人格权的侵权行为;但无端怀疑消费者并对其搜身、侮辱、限制人身自由等,当然构成侵害消费者人身、人格的侵权行为;即使搜出未付款商品,也应以责令付款或取回商品为限,如果私行拘禁甚至伤害其肢体,显然超越权利行使的合理界限,不仅构成侵权行为,同时也构成犯罪行为。

现行《刑法》分则第三章第一节关于生产、销售伪劣商品罪的规定,应维持不变。

中国的消费者政策和消费者立法[*]

一、中国的消费者政策的概要

(一)中国的消费者政策

1. 消费者问题的发生

中国在改革开放前长期实行计划经济体制,限制商品生产和交换,社会生活中长期存在的问题是消费品短缺,而不是消费者保护问题。在经历"文化大革命"造成的社会动乱和经济停滞之后,中国从1979年开始实行经济体制改革和对外开放政策,促进了市场经济(当时叫商品经济)的极大发展。各种家用电器、化学化纤制品、美容化妆品、各类饮料、食品和药品的大量生产、大量销售,在满足消费者生活需要的同时,却发生了损害消费者利益的严重社会问题。因产品缺陷对消费者人身、财产安全造成危害的情况日益突出,饮料瓶炸裂、电视机显像管喷火爆炸、燃气热水器煤气泄漏、食品中毒等事件时有发生;一些不法厂商大肆粗制滥造,生产伪劣商品,严重损害消费者利益;不少地方发现制造、贩卖假药、劣药、有毒食品和以工业酒精兑水作为饮用酒销售等严重危害消费者人身、财产安全的犯罪活动。[①] 在这种背景下,逐渐形成全国性的消费者保护运动。1984年,中国消费者协会成立,开始受理消费者投诉,同损害消费者利益的行为作斗争。由于中国实

---

[*] 本文原载《法学》2000年第5期。

[①] 参见1985年7月12日最高人民法院、最高人民检察院、公安部、司法部联合发布的《关于抓紧从严打击制造、贩卖假药、毒品和有毒食品等严重危害人民生命健康的犯罪活动的通知》。

行改革开放本身就带有危机对策和实用主义的性质,缺乏经济理论和经济政策的支持,突然面临损害消费者利益的严重社会问题,一时还难以形成明确的消费者保护政策。

2. 消费者政策的形成

中国消费者协会的成立,推动了对消费者保护政策和立法理论的研究,各地纷纷制定消费者保护的地方性法规,在此基础上,国家立法机关于 20 世纪 90 年代初期开始进行消费者保护的立法。1993 年 10 月 31 日颁布《消费者权益保护法》,标志中国消费者保护政策的形成。

依据《消费者权益保护法》的规定,中国消费者保护政策的要点如下:(1)中国消费者政策的目的是,保护消费者的合法权益,维护社会经济秩序,促进社会主义市场经济健康发展(第 1 条)。(2)经营者与消费者进行交易,应当遵循自愿、平等、公平、诚实信用的原则(第 4 条)。(3)国家保护消费者的合法权益不受侵害。国家采取措施,保障消费者依法行使权利,维护消费者的合法权益(第 5 条)。(4)保护消费者的合法权益是全社会的共同责任。国家鼓励、支持一切组织和个人对损害消费者合法权益的行为进行社会监督。大众传播媒介应当做好维护消费者合法权益的宣传,对损害消费者合法权益的行为进行舆论监督(第 6 条)。(5)国家制定有关消费者权益的法律、法规和政策时,应当听取消费者的意见和要求(第 26 条)。(6)各级人民政府应当加强领导,组织、协调、督促有关行政部门做好保护消费者合法权益的工作。各级人民政府应当加强监督,预防危害消费者人身、财产安全行为的发生,及时制止危害消费者人身、财产安全的行为(第 27 条)。

由上述要点可知,中国消费者政策的实质在于,承认市场经济条件下的企业与广大消费者之间存在利益冲突,必然会有一些企业不择手段地损害消费者的利益。鉴于企业为拥有强大经济力的组织体,分散的、经济力薄弱的消费者难以与之抗衡,因此需要由国家承担保护消费者的职责,通过立法、行政等予消费者特殊保护,补救其弱者地位,维持企业与消费者之间的利益平衡,建立和维护健康有序的市场经济秩序。这一消费者政策的重心,是对市场经济消极面的补救和对受害消费者的救济。

3. 消费者政策的调整

20世纪90年代后期开始,两个因素导致了中国消费者政策的调整。一是受亚洲金融危机的影响,中国经济遭遇一定困难,主要表现是国内需求不足,国内市场疲软。对此,中国政府提出立足于扩大国内需求的对策,开始重视增加消费对促进国民经济增长的作用。② 强调在注重扩大投资的同时,要注重引导和鼓励消费,开拓城乡消费市场,开辟更多的消费渠道。实际是将消费者政策纳入经济政策,作为经济政策的重要一环。二是中国准备加入世界贸易组织,要求营造良好的消费环境和市场环境,导致对消费者政策的重视。

现今中国消费者政策不仅是补救市场经济的消极面和救济受害消费者的保护政策,而且作为国家经济政策的一个重要环节,发挥其引导消费、促进消费、扩大内需以及推动经济增长的重大作用。③ 我们可以认为,现今中国消费者政策已开始朝积极的消费者政策转化。

(二)中国的消费者行政与消费者诉讼

1. 消费者行政

中国政府并未设立保护消费者权益的专门行政机关。《消费者权益保护法》第28条规定,各级人民政府工商行政管理局和其他有关行政部门应当依照法律、法规的规定,在各自的职责范围内,采取措施,保护消费者的合法权益。按照这一规定,保护消费者合法权益属于各级工商行政管理局的职责之一。但各级工商行政管理局内部长期未设置负责保护消费

---

② 1999年3月6日国家发展计划委员会主任曾培炎在《关于1998年国民经济和社会发展计划执行情况与1999年国民经济和社会发展计划草案的报告》中指出,继续扩大国内需求,是当前应对亚洲金融危机和国际市场变化的正确选择,也是我国经济发展的基本立足点和长期战略方针。参见全国人民代表大会常务委员会办公厅编:《中华人民共和国第九届全国人民代表大会第二次会议文件汇编》,人民出版社1999年版,第46页。

③ 国家工商行政管理局局长王众孚在中国消费者协会成立15周年纪念大会上的讲话中强调,加强消费引导、维护消费者权益,为扩大内需推动经济增长服务。各级消费者协会要深刻领会启动消费的重大意义,在实际工作中,注重教育广大消费者转变消费观念,改善消费心态。

者合法权益的分支机构和部门。④ 直到20世纪90年代后期,中国政府致力于扩大内需,强调优化消费环境、启动消费、启动市场,调整消费者保护政策,才开始在各级工商行政管理局设立保护消费者权益的专职机构。1998年,经国务院批准,国家工商行政管理局增设消费者权益保护司⑤,其职责是:研究拟定消费者权益保护规章制度及具体措施、办法并组织实施;组织查处严重侵犯消费者权益的案件;组织查处市场管理中发现的经销掺假及假冒产品的行为。1999年开始在各地方工商行政管理局设消费者权益保护处、科。工商行政管理局的消费者权益保护司(处、科)代表政府行使消费者行政执法职能,依据《消费者权益保护法》和《工商行政管理机关受理消费者申诉暂行办法》(1996年3月15日发布)、《欺诈消费者行为处罚办法》(1996年3月15日发布)的规定,受理消费者申诉,对消费者与经营者之间的争议进行调解,对经营者欺诈消费者的行为进行处罚。

2. 消费者诉讼

受害消费者起诉经营者的诉讼案件由被告所在地人民法院的民事审判庭受理。自20世纪80年代末期开始,消费者协会致力于在商业繁华的地区设立小额诉讼法庭的努力,迄今未获得成功。各级人民法院审理消费者诉讼案件,根据《民法通则》《产品质量法》和《消费者权益保护法》的规定,保护受害消费者的合法权益。由于人民法院历来对于受理案件数只作刑事、民事和行政的分类,缺乏进一步的细分,因此没有消费者诉讼案件数的统计数字。⑥

---

④ 在国家工商行政管理局的公平交易局内曾设有消费者权益保护处,在地方工商行政管理局的市场管理处曾设有受理消费者投诉的科室。1984年至1998年10月,全国工商行政管理局系统共处理消费者投诉265万件,为消费者挽回经济损失17.8亿元。此统计数字引自国家工商行政管理局副局长甘国屏1998年12月25日在纪念《消费者权益保护法》实施五周年暨消费者权益保护工作理论座谈会上的讲话稿。

⑤ 在全国人民代表大会批准国务院精简机构、裁减50%工作人员的背景下,工商行政管理局增设消费者权益保护司(处、科)这件事本身就体现了中国消费者政策的调整。参见老盼:《政府保护消费者权益的重大举措》,载《工商行政管理》1999年第24期。

⑥ 据消费者协会的统计,由各级消费者协会支持受害人起诉的案件,1998年为10192件,1999年为8000件。实际上,各级人民法院受理的消费者诉讼案件数远远大于由消费者协会支持受害人起诉的案件数。

(三)中国消费者协会

中国消费者协会是由国务院决定成立的全国性社会团体。《消费者权益保护法》第32条规定消费者协会履行七项职能:(1)向消费者提供消费信息和咨询服务;(2)参与有关行政部门对商品和服务的监督、检查;(3)就有关消费者合法权益的问题,向有关行政部门反映、查询,提出建议;(4)受理消费者投诉,并对投诉事项进行调查、调解;(5)投诉事项涉及商品和服务质量的,可以提请鉴定部门鉴定;(6)支持受害的消费者提起诉讼;(7)对损害消费者合法权益的行为,通过大众传播媒介予以揭露、批评。中国消费者协会于1987年9月被国际消费者联盟组织(CI)吸纳为正式会员。据统计,截至1999年10月底,全国县级以上的消费者协会已达3138个。另有消费者协会分会30845个,投诉站103182个。[7] 需说明的是,消费者协会不同于一般民间团体,是由各级政府发起成立的半官方组织,协会工作人员和经费由工商行政管理局配备和提供,在同级工商行政管理局的领导下开展工作,属于"官办的社会团体"。[8]

二、消费者问题的现状

(一)从消费者受害投诉[9]看消费者问题

1999年全国消费者协会受理消费者投诉720410件,支持消费者起诉8000件,由政府对违法经营者罚款2877万元。该年度投诉按照性

---

[7] 转引自中国消费者协会会长曹天玷在中国消费者协会二届九次理事会上的工作报告,载《中国消费者》2000年第1期,第13页。

[8] 中国消费者协会会长曹天玷于1999年12月23日在中国消费者协会二届九次理事会上的工作报告中说:中国消费者协会不同于一般民间团体,是"有法定名称、法定性质、法定职能、法定行为规范的官办社会团体"。参见《中国消费者》2000年第1期,第12页。可见,中国消费者协会还说不上是消费者依据《消费者权益保护法》第12条规定的"消费者结社权",所自愿成立的民间消费者团体。从比较法上考察,中国消费者协会相当于日本的国民生活中心和韩国的消费者保护院,后两者都是经费由政府拨给、干部由政府任命的实施消费者保护政策的准行政组织。地方消费者协会相当于日本地方政府的消费生活中心。

[9] 各级工商行政管理局的消费者保护司、处、科也受理消费者投诉,但缺乏统计资料,这里介绍的是消费者协会系统受理消费者投诉的统计资料。

质分析,质量问题占66.6%,价格问题占6.6%,虚假广告占1.9%,假冒商品占5.4%,计量问题占8.3%,欺诈行为占1.9%,其他占9.3%。⑩可见,以产品质量问题最为严重。⑪

前述年度投诉,因使用商品造成人身伤残和财产损失的重大案件1860件,致伤2716人,致残102人,死亡30人,财产损失1501万元。其中,电视机燃爆153件,致伤68人,致残1人,死亡3人;啤酒瓶爆炸979件,致伤888人,致残88人,死亡1人;燃气热水器泄漏21件,致伤15人,死亡12人;劣质机动车110件,致伤11人,死亡2人;劣质电器59件,致伤7人,致残1人,死亡4人。⑫中国消费者协会公布的前述年度消费者投诉十大热点:一是消费者在商场等被强行搜身、侮辱、殴打、非法拘禁甚至伤害致残,在社会上引起强烈反响,要求保障消费者人格尊严;二是啤酒瓶爆炸未能得到解决,致伤、致残消费者依然严重;三是对虚假广告的投诉激增(13932件,比上年度增长32.6%),消费者损失难以挽回;四是消费者对房屋、建筑材料的投诉激增(21235件,比上年度增长20.2%),纠纷久拖不决;五是医疗投诉数量大(17246件,比上年度增长29.1%),解决难度大;六是食品卫生、安全问题依旧(146646件,占20.4%,比上年度增长3.4%);七是美容服务投诉突出(7201件,比上年度增长45%);八是对邮电服务的投诉(25456件,比上年度增长27%);九是对房屋装修的投诉(16923件,比上年度增长13.1%);十是对日用消费品质量投诉居高不下(213537件,占总投诉量的29.6%,比上年度增长8%)。⑬

---

⑩ 参见《消费者协会简报》(第4期),第2页。
⑪ 另据质量技术监督局的统计,1999年全国质量技术监督部门共查处制假售假违法案件22.46万件,查获假冒伪劣产品标价总计35.43亿元。参见《北京晚报》2000年3月13日,第16版。
⑫ 参见《消费者协会简报》第4期,第5页。
⑬ 同上注,第5—12页。

(二)从新闻媒体的报道看消费者问题

从新闻媒体的报道和讨论可以看到以下消费者问题:(1)因消费者公开批评揭露产品质量低劣而被诉名誉侵权问题,法院作为一般名誉侵权案件审理,往往对消费者不利。(2)消费者购买商品后对商品质量和售后服务不满意,在互联网上公布上当经过,引起广泛讨论,被经营者起诉侵犯名誉权,法院判决侵权责任成立,引起争论。⑭ (3)饭店、商场附设的免费休息、娱乐场所拒绝中国人使用,被消费者以损害个人人格尊严和民族尊严起诉要求停止侵害、赔礼道歉的案件,引起社会关注。⑮ (4)因医院和医师过错造成患者受害得不到公正判决的事

---

⑭ 1997年8月1日王洪以其所在公司的名义购买一台恒生笔记本电脑,1998年4月该电脑开始出现故障,6月2日送修被告知须付7300元修理费,就售后服务发生争执。1998年6月9日王洪在互联网上发布题为"买恒生上大当"的文章。7月2日消费者协会通知王洪:恒生答应修理。但王洪与恒生联系时被告知必须先道歉。7月3日王洪在网上发布《势不低头》一文,并申请个人主页,建立"声讨恒生,维护消费者权益"网站(后改名为"IT315,诉说你的心酸事")。短短的时间内,有数千人浏览。7月28日《生活时报》以"消费者网上诉纠纷,商家E-mail律师函"为题进行了报道,8月10日《微电脑世界周刊》以《谁之过? 一段恒生笔记本的公案》作追踪报道。1998年9月7日恒生集团起诉王洪和《生活时报》《微电脑世界周刊》侵犯名誉权,索赔240万元。1999年12月15日北京市海淀区人民法院作出一审判决,认定侵权行为成立,判决王洪向原告支付赔偿金50万元,《生活时报》和《微电脑世界周刊》支付240356.8元,责令三被告刊登道歉声明。我认为,该案不仅涉及消费者利益与企业利益冲突的衡量,也涉及个人行使权利的界限及如何建立互联网上的法律秩序问题。王洪在网上发布题为"买恒生上大当"的文章,与在普通媒体如报刊发表文章,并无本质区别,只要内容属实,即使有损于企业的商誉,亦应属于正当行使对经销者批评监督的权利,不应构成侵权责任。但是,任何正当权利的行使均有其合理界限,权利行使超越此合理界限,致他人遭受重大损害的,即构成权利滥用。禁止权利滥用为现代法治国家一项基本原则。王洪在互联网建立"声讨恒生,维护消费者权益"网站,显然超越权利行使的合理界限,构成权利滥用。再者,考虑到我国法律为消费者行使权利提供了各种途径,如再允许任何人以维护消费者权益为由在互联网开设针对某个具体的企业和个人的网站,不仅将使所针对的企业或个人遭受重大损害,且严重违背建立健康、有序、正常的网络秩序的目的,有害于社会公共秩序和善良风俗之维持。如果上诉审法院能够变更裁判理由,仅认定王洪开设针对原告的网站的行为超越权利行使的合理界限,构成权利滥用,并考虑原告未履行销售者根据法律和合同应尽的义务,适用过错相抵,责令王洪撤销网站,并发表认错道歉声明以消除影响,免于承担金钱赔偿责任,则不失为合法、合理、合情之判决。至于《生活时报》和《微电脑世界周刊》发表报道文章,关系新闻自由和人民了解权,如果内容基本属实,应不构成侵权行为。

⑮ 参见徐高诉北京燕莎中心及凯宾斯基饭店一案,载《人民法院报》2000年1月23日,第3版。

件,引起社会广泛关注。⑯ (5)输血感染肝炎、性病、艾滋病的事件时有发生,在医院和医师方面无过错时,受害人往往得不到赔偿。⑰ (6)消费者人格权遭受损害的情形可依《民法通则》第120条要求精神损害赔偿,而关于消费者生命、身体遭受损害场合的精神损害赔偿未有明文规定。日资企业屈臣氏对消费者无端搜身案一审判决赔偿25万元,二审改判为1万元,导致对精神损害赔偿有无一定标准的讨论。⑱ (7)从报道的事件看,农民因购买劣质种子、劣质农药、化肥所遭受损害比一般消费者受害更为严重。⑲ (8)近年出现一些新的消费者问题,例如,消费者因有线电视台违章插播广告、球赛中踢假球、图书内容错误等要求赔

---

⑯ 此前,这类案件被称为医疗事故案件或医疗事故损害赔偿案件,将是否构成"医疗事故"作为被告是否承担损害赔偿责任的条件,是不正确的。"医疗事故"是医疗行政上的用语,是对医院或医师追究行政责任的根据。因此,《医疗事故处理办法》对"医疗事故"的构成作了严格限定,必须是"因医务人员诊疗护理过失,直接造成病员死亡、残废、组织器官损伤导致功能障碍",才属于"医疗事故"。虽有诊疗护理过失,但损害后果未达到死亡、残废和功能障碍,不构成"医疗事故"。严格限定"医疗事故"的构成条件,据以追究责任医院或责任医师的行政责任,是合理的和适当的。但不能将"医疗事故"作为判断医院或医师是否承担民事责任的根据。按照《民法通则》的规定,医院或医师对受损害的患者承担侵权责任的条件是:因诊疗护理过失造成患者人身遭受损害,而不论损害后果是否严重。按照《合同法》的规定,医院或医师对受损害的患者承担违约责任的构成条件是:因医院或医师的违约行为造成患者人身或财产遭受损害,同样不论损害后果是否严重。损害后果是否严重及严重程度仅是决定医院或医师承担损害赔偿责任大小(赔偿金额多少)的根据。据说有关方面正在考虑修改《医疗事故处理办法》,我建议删除其中关于一次性经济补偿的第18条,同时尽快实行强制性的医疗损害保险。

⑰ 河南省南阳市中级人民法院在一起因输血感染艾滋病的判决中,认定医院并无过错,判决医院不承担责任;认定血站具有过错,判决血站对受害人承担损害赔偿责任。所适用的法律是《民法通则》关于侵权责任的第106条第2款。我认为此判决是正确的。问题是,在医院因不具有过错而免责的前提下,如果血站亦无过错,将如何保护受害人的利益?此属于不可避免之风险,建议尽快实行社会保障性质的强制性保险。在此强制性保险实行之前,则应适用《民法通则》第132条关于公平责任原则的规定,使血站和受害人分担损害。

⑱ 广东省制定地方性法规规定经营者对消费者无端搜身、侮辱应支付不低于5万元的精神损害赔偿金。这涉及地方性法规规定赔偿标准是否合法的问题。民事权利义务不得由行政规章和地方性法规予以设定和限制,是现代法治一项基本原则,已在新《合同法》上得到正确体现。损害赔偿属于民事权利义务关系,由地方性法规规定赔偿标准是不合法的。

⑲ 《消费者权益保护法》未规定消费者的定义,该法第2条规定:"消费者为生活消费需要购买、使用商品或者接受服务,其权益受本法保护……"这显然将农民购买生产资料排除在外。但考虑到广大农民属于小农经营,与发达国家作为农场主的农民不同,其经济力薄弱,难以与经营者抗衡,因此在附则设第54条规定:"农民购买、使用直接用于农业生产的生产资料,参照本法执行。"

偿的案件。[20]

(三)当前消费者问题的严重性[21]

消费品市场上,假冒伪劣商品并未根除,缺陷产品给消费者造成人身伤害和财产损失的情况经常发生;虚假广告、不真实表示仍很普遍,消费者难以获得真实、充分的消费信息;商品销售和服务提供中,欺诈行为仍很严重;自选市场等商业场所无端对消费者搜身、殴打、限制人身自由的事件时有发生;经营者以格式合同、店堂告示、通知、声明等方式规定不公平、不合理的合同内容,或者加重消费者负担、免除经营者责任的现象,还很常见;农民的消费环境不容乐观,劣质种子、劣质化肥、劣质农药、劣质农机导致农民遭受损害的情况仍很严重;在医疗及电信服务领域,消费者遭受损害后往往难以获得公正、合理的赔偿;竞争比较充分的行业和领域,消费者保护状况近年有所改善,而在缺乏竞争的、垄断性的行业和领域,损害消费者权益的现象仍很突出;一些地方政府片面追求地方经济发展,致乡镇企业、个体企业生产销售假冒伪劣产品和严重危害消费者人身安全的缺陷产品,受到地方保护主义的庇护,受害消费者投诉难、打官司难、索赔难、取证鉴定难,消费者保护政策未得到认真执行。总括言之,中国当前消费者问题仍很严重,要切实贯彻执行消费者政策,营造良好的消费环境和公正竞争的市场环境,达到引导消费,扩大内需,促进经济发展的政策目标,任务还十分艰巨,还有很长的路要走。

三、有关产品安全和消费者合同的法规概要

(一)有关产品安全的法律法规

1. 概说

鉴于20世纪80年代初期,接连发生缺陷产品造成消费者人身伤害、死亡的重大案件,产品责任法的制定受到重视,1986年制定的《民

---

[20] 以上是我平时从阅读报刊、收看电视广播所了解的情况,难以一一注明出处。
[21] 以下是我个人的判断。

法通则》在参考美国严格产品责任法和欧共体产品责任指令的基础上，设第 122 条规定生产者和经销者对消费者的严格责任，为各级法院裁判缺陷产品致损案件提供了基准。但是，由于该条文字表述欠明确，且未使用"缺陷"概念，致解释适用发生歧义。于是，1993 年制定了《产品质量法》。该法沿袭在一部法律中同时规定公法规范和私法规范的传统，既包含关于产品质量监督管理的公法规范，也包含关于缺陷产品致损的损害赔偿的私法规范。另外，相继制定了一系列的各种产品质量和安全的管理法规。

2.《民法通则》(1986 年 4 月 12 日)

《民法通则》第 122 条规定，因产品质量不合格造成他人财产、人身损害的，产品制造者、销售者应当依法承担民事责任。依通说，该条确立了缺陷产品致损的严格责任。

《民法通则》第 119 条规定人身损害的赔偿范围，包括：医疗费、因误工减少的收入、残废者生活补助费等费用；造成死亡的，应当支付丧葬费、死者生前扶养的人必要的生活费等费用。对导致受害人死亡或残疾场合的精神损害赔偿（抚慰金）和逸失利益未明文规定。

3.《产品质量法》(1993 年 2 月 22 日)

《产品质量法》第一章总则，其中第 2 条第 2 款规定产品的定义：本法所称产品是指经过加工、制作，用于销售的产品。[22] 第 3 款明示建

---

[22] 近年关于输血用血液是否属于"产品"、输血感染案件可否适用《产品质量法》规定的严格责任，发生分歧。我主张输血用血液不是"产品"、输血感染案件不应适用严格责任的主要理由是：缺陷产品致损的严格责任所针对的是机械化、批量生产的工业产品，不包括输血用血液；现今也没有发现哪个国家的法律规定对输血感染案件适用严格责任。《产品质量法》第 2 条规定，"本法所称产品是指经过加工、制作，用于销售的产品"。依据解释，"加工"是指工业加工，且必须改变原材料的某些基本特性。因此，将从供血者身体抽取的血液进行分装、储存、保管、运输及加入抗凝剂等，均不构成"加工"。即使血站向供血者支付了代价，甚至包装袋上印有商品标记，也不能使血液成为"产品"。根本的理由在于，血液不是劳动的成果，迄今人类还不能生产、制造血液，制造血液是活人身体的机能。劳动可以生产产品、创造财富，但不能生产血液。输血也不同于产品销售，而类似于人体器官移植。由输血的目的决定，对输血用血液不能进行任何加工，哪怕是像一般药品那样进行消毒和杀菌处理。从法政策上看，如果将血液纳入"产品"范围，对血站追究严格责任，将不利于输血和医疗事业的维持。

设工程不适用该法规定。㉓ 第二章规定产品质量的监督管理,第三章规定生产者、销售者的产品质量责任和义务,均属于有关产品质量管理的公法规则。

第四章损害赔偿,第28条是关于产品质量瑕疵担保责任的原则规定,属于合同法规则。此规则在《合同法》第七章第111条得到进一步的明确和完善。第29条至第34条,规定缺陷产品致损的严格责任制度。第29条规定,因产品存在缺陷造成人身、缺陷产品以外的其他财产损害的,生产者应当承担赔偿责任。生产者能够证明有下列情形之一的,不承担赔偿责任:(1)未将产品投入流通;(2)产品投入流通时,引起损害的缺陷尚不存在;(3)将产品投入流通时的科学技术水平尚不能发现缺陷的存在。这显然是参考了欧共体产品责任指令关于责任原则和免责事由的规定。第30条规定销售者的过错造成缺陷的、销售者不能指明产品生产者也不能指明供货者的,由销售者承担赔偿责任。第31条规定生产者与销售者对受害人承担连带责任。第32条规定损害赔偿的范围,此规定与《民法通则》第119条相同。第33条规定诉讼时效期间为2年,并规定了10年除斥期间。第34条规定,该法所称缺陷,是指产品存在危及人身、他人财产安全的不合理危险;产品有保障人体健康,人身、财产安全的国家标准、行业标准的,是指不符合该标准。该条前段显然采纳了《美国侵权法二次重述》第402A条关于缺陷即不合理危险的定义。后段规定留下的问题是,如果产品符合国家标准或行业标准,却仍然造成他人损害的,生产者能否免责,如果生产者免责,则是否应当由国家承担赔偿责任?㉔

第五章罚则,规定对生产、销售不符合保障人体健康,人身、财产安全的产品的生产者、销售者追究行政责任和刑事责任。

㉓ 《合同法》第282条规定,因承包人的原因致使建设工程在合理使用期限内造成人身和财产损害的,承包人应当承担损害赔偿责任。依解释,该条就建设工程规定了严格责任。

㉔ 我的意见是,在产品存在"不合理危险"的场合,法院不得认可生产者以产品符合国家标准或行业标准为由主张不存在缺陷或者要求免责。

4.《刑法》(1979年7月1日通过,1997年3月14日修订)

鉴于少数不法厂商生产、销售伪劣电器、药品、食品、化妆品等严重危害人民的生命、身体、健康,有必要对产品安全采用刑法规制。第八届全国人民代表大会第五次会议于1997年3月14日通过对《刑法》的修订,在分则第三章增设第一节生产、销售伪劣商品罪(第140—150条),共11个条文。[25] 例如第140条规定对故意生产、销售伪劣商品的,依销售金额处有期徒刑或者拘役,并处或单处罚金,最高可处15年有期徒刑或者无期徒刑。第141条规定生产、销售假药,致人死亡或者造成特别严重危害的,可处10年以上有期徒刑、无期徒刑或者死刑。第143条规定生产销售不符合卫生标准的食品,造成严重食物中毒,后果特别严重的,最高可处7年以上有期徒刑或者无期徒刑。第150条规定单位犯该节之罪,对单位判处罚金,并对其直接负责的主管人员和其他直接责任人员,依照各该条的规定处罚。

5. 其他

关于产品安全的行政法律,还有《药品管理法》(1984年9月20日)、《食品卫生法》(1995年10月30日)等。

(二)有关消费者合同的法律法规

1. 概说

中国在20世纪80—90年代先后制定过三部合同法[26],均不包括消费者合同;为了实现市场交易规则的统一和合同法的现代化,于1999年颁布的新《合同法》不采消费者合同单独立法的模式,而统一规定商事合同和民事合同(包括消费者合同)。按照立法指导思想,合同当事人一方为消费者、劳动者的场合,应当优先考虑对消费者和劳动者利益

---

[25] 修订前的《刑法》分则第三章破坏社会主义经济秩序罪不分节,仅有15个条文。修订后的《刑法》分则第三章破坏社会主义市场经济秩序罪分为八节,共92个条文:第一节生产销售伪劣商品罪(第140—150条);第二节走私罪(第151—157条);第三节妨害对公司、企业的管理秩序罪(第158—169条);第四节破坏金融管理秩序罪(第170—191条);第五节金融诈骗罪(第192—200条);第六节危害税收征管罪(第201—212条);第七节侵犯知识产权罪(第213—220条);第八节扰乱市场秩序罪(第221—231条)。

[26] 1981年的《经济合同法》、1985年的《涉外经济合同法》和1987年的《技术合同法》。

的特殊保护,亦即对生产者和经销者一方的合同自由予以某种程度的限制。同时以《消费者权益保护法》中关于消费者合同的规定,作为《合同法》的特别法,在适用上处于优先地位。因此,中国不存在单独的消费者合同法;有关消费者合同,应当适用《合同法》和《消费者权益保护法》。

2.《合同法》(1999 年 3 月 15 日)

《合同法》包括 23 章及附则,共 428 条。其中,有关消费者合同的特殊规则主要是:

第 39—41 条关于格式合同的规则。第 39 条规定,提供格式条款的一方应当遵循公平原则确定当事人间的权利义务,违反公平原则构成显失公平的,受害方依第 54 条享有撤销权;同条规定,提供格式条款的一方,对于免责条款和限制责任的条款,负有提示义务和说明义务,依解释,不履行提示义务和说明义务的,该免责条款或限制责任的条款无效。第 40 条规定,格式合同中免除提供格式条款一方主要义务[27]、加重对方责任、排除对方主要权利的条款无效。第 41 条规定格式合同条款有两种以上解释的,应当作出不利于提供格式条款一方的解释。第 53 条规定关于免责条款的规则:免除人身伤害的责任的免责条款无效[28],免除故意和重大过失造成对方财产损失的责任的免责条款无效。

此外,在租赁合同、客运合同等章有少量保护消费者利益的特殊规则。

3.《消费者权益保护法》(1993 年 10 月 31 日)

《消费者权益保护法》包括 8 章:总则、消费者的权利、经营者的义务、国家对消费者合法权益的保护、消费者组织、争议的解决、法律责任、附则。共 55 条。

须注意中国《消费者权益保护法》与日本《保护消费者基本法》的区别:日本法属于政策基准法,主要是规定消费者保护的政策目标,国

---

[27] 原文为"免除其责任",与《合同法》第 39 条和第 53 条冲突,应当解释为"免除其主要义务"。

[28] 原文为"造成对方人身伤害的"免责条款无效,文字表述欠准确。

家、公共团体、事业者的责任,消费者的作用及行政组织和保护消费者会议,并未规定具体的裁判规则㉙;中国《消费者权益保护法》除关于消费者政策的规定外,还包含具体的裁判规则,法院裁判案件时可以直接适用。

《消费者权益保护法》具体的裁判规则包括:第 24 条规定不公平、不合理的合同条款或免责条款无效;第 25 条规定经营者不得对消费者侮辱、诽谤、搜身,不得侵犯消费者人身自由;第 35 条规定消费者因商品缺陷造成人身、财产损害的,既可以向销售者要求赔偿,也可以向生产者要求赔偿,实质上是规定销售者和生产者对消费者承担连带责任;第 41—42 条补充了《民法通则》第 119 条关于人身伤害损害赔偿的规则,增加了残疾赔偿金和死亡赔偿金㉚;第 49 条针对经营者的欺诈行为规定了惩罚性损害赔偿㉛,修正了民法关于损害赔偿责任的补偿性原则,目的在于刺激受害消费者同销售者的欺诈行为作斗争。

从规定消费者保护的政策、消费者权利、经营者义务、国家责任和消费者组织的内容看,《消费者权益保护法》属于中国消费者保护的政策基准法;但上述条文是特殊保护消费者利益的具体裁判规则,应属于民事特别法,在裁判上应当优先于《民法通则》和《合同法》适用㉜,是实质上的消费者合同法的内容。

㉙ 日本《保护消费者基本法》[1968 年(昭和 43 年)5 月 30 日法律第 78 号],包括第一章总则、第二章关于保护消费者的措施、第三章行政机关、第四章保护消费者会议、附则,共 20 个条文。参见辽宁大学日本研究所编:《日本经济法概要》,地质出版社 1982 年,第 248—251 页。

㉚ 残疾赔偿金和死亡赔偿金的性质是精神损害赔偿抑或逸失利益,存在分歧,一些法院在裁判人身伤害的赔偿案件中,将残疾赔偿金解释为精神损害赔偿。例如北京市海淀区人民法院 1997 年裁判的贾国宇案。

㉛ 《消费者权益保护法》第 49 条规定:"经营者提供商品或者服务有欺诈行为的,应当按照消费者的要求增加赔偿其受到的损失,增加赔偿的金额为消费者购买商品的价款或者接受服务的费用的一倍"。据消费者协会的统计,1999 年受害消费者依据该条获得的惩罚性损害赔偿金为 1044 万元。参见《消费者协会简报》第 4 期,第 1 页。

㉜ 《合同法》第 122 条规定:"因当事人一方的违约行为,侵害对方人身、财产权益的,受害方有权选择依照本法要求其承担违约责任或者依照其他法律要求其承担侵权责任。"该条认可合同责任与侵权责任的竞合。条文中所说"其他法律",当指《民法通则》关于侵权责任的规定和《产品质量法》第四章关于严格产品责任的规定。

《消费者权益保护法》未明文规定消费者和经营者的定义,但根据该法第2条和第3条的规定,可以得出下述解释:所谓消费者,是指为自己和家庭生活消费的需要而购买商品、接受服务的自然人;所谓经营者,是指为营利目的而生产、销售商品或者提供服务的自然人、法人和其他组织;所谓消费者合同,是指当事人一方为消费者、另一方为经营者的合同。[33]

4. 其他

《反不正当竞争法》(1993年9月2日)和《广告法》(1994年10月27日)等也有关于消费者合同的少量规定。

---

[33] 医院与患者之间的医疗服务合同不属于消费者合同,因为医院不是经营者。

《消费者权益保护法》第 49 条的解释与适用[*]

讨论《消费者权益保护法》第 49 条的解释适用问题,须从我国民法反欺诈制度入手。我国民法反欺诈制度包括三个层次的法律规定:首先是《民法通则》第 58 条规定以欺诈的手段订立的民事行为无效;其次是《合同法》第 54 条第 2 款规定以欺诈的手段订立的合同可撤销,以及第 52 条第 1 项规定以欺诈的手段订立的合同损害国家利益的无效;最后才是《消费者权益保护法》第 49 条规定经营者有欺诈行为的可判双倍赔偿。以上共同构成我国统一的民法反欺诈制度。

我国民法反欺诈制度的这一多层次结构具有重要意义:

其一,在法律适用上,按照特别法优先适用的原则,如果属于消费者合同上的欺诈,应当优先适用《消费者权益保护法》第 49 条;如果属于一般合同上的欺诈,则应适用《合同法》第 54 条第 2 款或者第 52 条第(一)项;如果属于合同之外的民事行为,例如悬赏广告、遗嘱、遗赠、遗赠扶养协议、收养协议、结婚离婚等民事行为上的欺诈,则应适用《民法通则》第 58 条。其二,在法律解释上,要求对三部法律上的欺诈概念作统一解释。申言之,对《民法通则》第 58 条的"欺诈"概念、《合同法》上的"欺诈"概念和《消费者权益保护法》上的"欺诈"概念,必须采取同样的文义、同样的构成要件。

所谓消费者合同,是指当事人的一方是消费者、另一方是经营者的合同。这是主要国家及地区通用的定义。所谓消费者,是指为自己和

---

[*] 本文原载《人民法院报》2001 年 3 月 29 日,第 3 版。

家庭生活消费的需要而购买商品或者接受服务的自然人。所谓经营者，是指以营利为目的从事生产、销售或者提供服务的自然人、法人及其他经济组织。须注意的是，消费者和经营者，绝不是固定不变的主体资格。因此《消费者权益保护法》第2条规定："消费者为生活消费需要购买、使用商品或者接受服务，其权益受本法保护……"这是以订立合同的目的来界定消费者概念和《消费者权益保护法》的适用范围。关键文字是"为生活消费需要购买、使用商品或者接受服务"。一个自然人，即使是领有营业执照的工商业者或者企业主，如果他是为生活消费需要购买、使用商品或者接受服务，他就是消费者，他的权益就受《消费者权益保护法》保护，他在订立购买商品或者接受服务的合同时受欺诈，就应当适用《消费者权益保护法》第49条。反之，即使他是下岗工人或家庭主妇，如果他不是为生活消费需要购买、使用商品或者接受服务，他就不是消费者，他的权益也就不受《消费者权益保护法》保护（而应当受其他法律如《合同法》保护），他在订立购买商品或者接受服务的合同时受欺诈，就不应当适用《消费者权益保护法》第49条（而应当适用《合同法》第54条或第52条）。

我国制定《消费者权益保护法》时采用了不是消费者就是经营者的"二分法"，借鉴美国惩罚性赔偿制度，规定《消费者权益保护法》第49条，其立法目的是要动员一切受欺诈的消费者同经营者的欺诈行为作斗争，确实未预见到会发生以获得双倍赔偿为目的的"买假索赔"案件。"买假索赔"案件的原告，其订立合同的目的不是"为生活消费需要"。因此，按照《消费者权益保护法》第2条的规定，应当肯定他不是消费者，他的权益不受《消费者权益保护法》保护（而应当受其他法律如《合同法》保护），不应当适用《消费者权益保护法》第49条（而应当适用《合同法》第54条第2款）。

有的同志认为，只要不是经营者，不管他购买商品是为生活消费需要，还是为获得双倍赔偿，都应当适用《消费者权益保护法》第49条。这是违背《消费者权益保护法》第2条以订立合同的目的限定《消费者权益保护法》适用范围的本意的，因而是不正确的。

这些同志无视《消费者权益保护法》第 2 条的限定而主张对"买假索赔"案件适用《消费者权益保护法》第 49 条，一个理由是：有利于制裁经营者的欺诈行为，对社会有利。所运用的是社会学解释方法，即以预测所产生的社会后果之是否有利，作为判断解释意见是否正确的根据。但民法解释学上有一项重要原则：无论采用何种解释方法，其解释结果都不得违背法律条文可能的文义。毫无疑问，"买假索赔"超出了"生活消费需要"一语可能的文义范围，因此应肯定"买假索赔"案件不在《消费者权益保护法》第 49 条的适用范围之内。再说，对"买假索赔"案件适用《消费者权益保护法》第 49 条，是否对社会就一定有利？鼓励、促成一批所谓"打假专业户"和"打假公司"，形成一个既非生产也非销售的所谓"打假行业"，借以取代广大消费者自己的维权行动，取代负责管理市场、维持市场秩序的国家专门机关的公职行为，其对于正在走向民主法治、建设社会主义市场经济法律体系的中国，究竟是福是祸，是很难预料的。相反，对"买假索赔"案件不适用《消费者权益保护法》第 49 条，促使有志于打假的公民把明察暗访了解到的经营者之违法行为向国家机关举报（对此应予物质奖励），由国家专门机关对有违法行为的经营者予以惩罚，肯定有利于建立健康有序的市场经济法律秩序。

这些同志还有一个理由：不能以购买商品的数量多少作为认定是或者不是"为生活消费需要"的根据。这涉及一个重要问题，目的存在于当事人心中，如果他没有公开表示出来（刚购买商品尚未使用），法官凭什么判断他"是"或者"不是""为生活消费需要"？正确的回答是：凭一般人的社会生活经验。此即所谓"经验法则"。举例来说，按照一般人的社会生活经验，一次购买、使用一部手机足矣，如果一次购买六七部手机，硬说是"为生活消费需要"，就不符合一般人的社会生活经验；法官如果采纳原告的说辞，认定是"为生活消费需要"的目的，就显然违反"经验法则"。有的法院审理购买手机索赔的案件，对原告购买一部或者两部手机的认定是"为生活消费需要"的目的，因此适用《消费者权益保护法》第 49 条判决双倍赔偿；对原告一次购买五六部手机的认定不是"为生活消费需要"的目的，因此不适用《消费者权益保护法》第49条而适用《合同法》的规定判决双方退货退款。有的法院对原告购买六部手机索赔的案件，认定其中一部手机是"为生活消费需要"的目的，其余五部手机不是，仅对其中一部手机适用《消费者权益保护法》第49条判决双倍赔偿，对其余五部手机适用《合同法》的规定判决退货退款。笔者认为，这些判决都是以一般人的社会生活经验为判断标准，符合"经验法则"，因此属于妥当的、合法的判决。

决定《消费者权益保护法》第49条适用范围的，除"为生活消费需要"这一合同目的要件外，还有"欺诈行为"要件。"欺诈行为"是《消费者权益保护法》第49条的关键概念，应采用文义解释方法，弄清"欺诈行为"一词在日常生活中是什么含义，在法律上是什么含义。按照一般人的理解，在日常生活中，"欺诈行为"就是故意骗人，就是故意捏造事实诱使他人上当受骗。《消费者权益保护法》第49条使用了"欺诈行为"概念，却没有为"欺诈行为"下定义。如前所述，我国民法反欺诈制度的多层次结构要求对其中三部法律上的欺诈概念作统一解释。按照民法解释学，同一法律或者不同的法律使用同一概念时，原则上应作同一解释。既然《消费者权益保护法》对"欺诈行为"没有定义，我们就应该按照《民法通则》第58条规定的"欺诈行为"进行解释。该条也只规定了"欺诈"的法律效果，即欺诈的民事行为无效，而没有规定什么是"欺诈"，没有给"欺诈"下定义。按照民法解释学，法律上有定义的，应当严格按照该定义解释，如果没有定义，则应当参考学说解释和最高人民法院的解释。

按照学说解释，"欺诈行为"是指"当事人一方故意制造虚假或歪曲事实，或者故意隐匿事实真相，使表意人陷入错误而作出意思表示的行为"，其构成要件之一是"须有欺诈的故意"，无"欺诈的故意"，即无所谓"欺诈行为"。[①] 按照最高人民法院的解释，"一方当事人故意告知

[①] 参见佟柔主编:《中国民法学·民法总则》，中国人民公安大学出版社1990年版，第238页。

对方虚假情况,或者故意隐瞒真实情况,诱使对方当事人作出错误意思表示的,可以认定为欺诈行为"(《关于贯彻执行〈中华人民共和国民法通则〉若干问题的意见〈试行〉》第 68 条)。

可见,在"欺诈行为"须以"故意"为构成要件这一点上,学说解释和最高人民法院的解释是完全一致的,当然应作为我们解释《消费者权益保护法》第 49 条的根据。据此解释,则《消费者权益保护法》第 49 条所说的"欺诈行为"以"故意"为构成要件,只有属于"故意"才构成"欺诈行为","过失"即使是"重大过失"也不构成"欺诈行为"。有的同志以《消费者权益保护法》的所谓特殊性为理由,主张不应按照传统民法上的欺诈概念解释《消费者权益保护法》第 49 条的欺诈行为,认为经营者的"过失"也应构成"欺诈行为",甚至主张对经营者是否出于"故意"可以不必考虑,是违反民法解释学原理的。在最高人民法院已有明确解释的情形下,要求法官作出与最高人民法院的解释相反的解释,也是违背法治原则的。

以"错标产地"案件为例,应区分为故意的错标产地和非故意的错标产地两类。如果经营者故意把真实的产地掩盖起来,标上虚假的产地,就属于故意的错标产地。除此之外,应属于非故意的错标产地。如果用一个圆圈表示"欺诈行为"的外延,另一个圆圈表示"错标产地"的外延,两个圆圈只有一部重合。重合的部分就是"故意的错标产地",符合"欺诈行为"的文义,应在《消费者权益保护法》第 49 条的适用范围之内。非故意的错标产地不符合"欺诈行为"的文义,当然不应适用《消费者权益保护法》第 49 条。

法官如何判断经营者是否具有欺诈的"故意"?依据《消费者权益保护法》对消费者特殊保护的立法目的及参考发达国家法院的经验,应当采用举证责任转换的法技术。即不要求消费者举证证明经营者具有"故意",而是要求经营者就自己不具有"故意"举证。我国许多法院正是这样做的。如北京的法院裁判的电子词典案,商店在价格标签上标明产地"香港",而实际产地是"广东中山",原告要求适用《消费者权益保护法》第 49 条判决双倍赔偿。被告承认价格标签上把产地标为

"香港"是错的,但主张不是故意错标产地,并以商品的外包装上明文写着产地"广东中山"且字迹清楚、完好无损为证据,证明是售货员在填写价格标签时疏忽,因为是香港公司的产品便填写产地为"香港",属于过失而不是故意。如果是故意错标产地,就应当把商品外包装上的产地"广东中山"几个字去掉。法院采纳了这个证据:商品外包装上对真实产地有明显的标注,而被告没有把它涂改、覆盖或者除去,这就足以证明错标产地不是故意的,因此认定不构成欺诈行为,对该案不适用《消费者权益保护法》第49条。这当然是正确的。

需说明的是,仅对是否具有欺诈的故意要件的认定可以采用举证责任转换,而对其他要件或事实的认定不能采用举证责任转换。关于商品质量是否合格、是否属于假冒伪劣产品的认定,原告有举证责任,被告也有举证责任,难以判断时应当委托产品质量检验机构鉴定。关于原告是或不是"为生活消费需要"的认定,如前所述,应由法官依据经验法则判断。

另一个问题是《消费者权益保护法》第49条可否适用于商品房买卖合同?近年发生多起商品房购买人以房地产公司有欺诈行为为由,要求适用《消费者权益保护法》第49条判决双倍赔偿的案件,据我的了解,多数法院不适用《消费者权益保护法》第49条,理由是《消费者权益保护法》第49条的适用范围不包括商品房买卖合同,也有个别法院适用了《消费者权益保护法》第49条判决双倍赔偿。

我赞成多数法院的意见,对于商品房买卖合同不适用《消费者权益保护法》第49条的理由:其一,《消费者权益保护法》制定时,所针对的是普通商品市场严重存在的假冒伪劣和缺斤短两的社会问题,所设想的适用范围的确不包括商品房在内。同时制定的《产品质量法》明文规定不包括建筑物,可作参考。其二,考虑到作为不动产的商品房与作为动产的普通商品的差异,商品房买卖合同上即使出卖人隐瞒了某项真实情况或者捏造了某项虚假情况,与普通商品交易中的欺诈行为亦不能等量齐观,商品房质量问题通过瑕疵担保责任制度可以得到更妥善的处理。其三,商品房买卖合同金额巨大,动辄数十万元、上百万元,判决双倍赔偿将导致双方利害关系的显失平衡,例如一套 30 万元的商品房因木地板材质不符约定或多计算了几个平方米面积,便判决双倍赔偿 60 万元,在一般人的社会生活经验看来很难说是合情、合理、合法的判决。

开放纳税人诉讼　以私权制衡公权[*]

一、传统理论和传统做法：以公权制衡公权

法律上有所谓公权与私权的划分，而私权的行使应受司法审查。中国改革开放以来的实践已经证明，对私权行使的司法审查制度，对协调私权行使中的利益冲突，制止、纠正滥用私权以损害私人利益和公共利益的行为，维护市场经济健康有序的法律秩序，发挥了极为重大的作用。

相对于私权的行使而言，公权（以下仅限于行政权）的行使原则上不受司法审查（损害私人合法权益时为例外）。传统的法理和做法是：某个政府机关被授权行使某项行政权（如行政审批、行政许可），就相应设置或授权另一个政府机关来予以制衡、控制。而对于被授权的另一个政府机关的行为，又需要再设置、再授权第三个政府机关予以制衡、控制。此即"用公权制衡公权"的法理，盖源于所谓分权与制衡的学说。此在学说上和法理上均能自圆其说，不能谓不合理。

但是，从公权制衡公权的实践，我们看到的仍然是：一方面，行政权的不断膨胀、不断扩张、愈发强大；另一方面，行政权的行使并未受到适当的制衡、控制。特别是，使国家和社会公共利益遭受重大损害的行政权行使行为很难得到纠正。人民所期盼的小政府、效率政府、廉洁政府，并未实现。

---

[*] 本文写作于2001年6月。

二、存在的问题与思考

造成国家和社会公共利益遭受重大损害的行政权行使行为可以分为三类:政府机关的不当行政行为;政府机关以行政权为根据的民事行为;政府机关行政权行使的不当事实行为。

第一种,政府机关的不当行政行为,可再分为:其一,不当抽象行政行为,例如,一些地方政府制定违反宪法、法律、法规的地方性规章,规定"行人违章撞了白撞";规定民事合同必须公证,必须经过批准、许可;规定抵押权登记以标的物评估价值收费,登记一次期限一年,期满须再登记再收费;等等。其二,不当具体行政行为,包括作为的不当具体行政行为和不作为的不当具体行政行为。前者如批准铁路春运涨价30%,许可在城市规划的禁止建筑的区域内建商业性建筑物,许可破坏风景名胜、作为文物的建筑等;后者如对于违章建筑不予强行拆除等。

第二种,政府机关以行政权为根据的民事行为,包括出让土地、出售企业、政府采购、公共工程发包,等等。现在的严重社会问题,如国有资产流失,官员从中收受回扣、红包、贿赂,以及许多"豆腐渣工程",均与政府机关的这类行为有关。

第三种,政府机关行政权行使的不当事实行为,如各地建设的各种"面子工程""纪念碑工程"及高档豪华办公大楼,各种不当巨额投资行为,以及各种不当公费开支,等等。此外,还有与行政权行使相关的公务员的不当行为,如公务员住房超标准豪华装修、开超标准高档汽车、出差住五星级饭店甚至总统套房、公费旅游等挥霍公款的行为及其他违法行为。

我们所面临的问题是极为严重的。但基于以公权制衡公权的法理,它们不在司法审查的范围之内。传统的对策是:人民群众有权向上一级政府机关揭发检举,由上一级政府机关通过行政权行使,予以审查、查处。这是以上一级政府机关及其公务员,与受检举的下级政府机关及其公务员无任何利害关系,均人格高尚、忠于人民、忠于法律、清正廉洁、秉公执法的理想模式为前提条件的。经验已经证明,这样的理想模式与社会现实之间存在多么巨大的差距。因此,我们不能不对公权制衡公权的法理产生怀疑。我们不能不思考:如果行政权的行使也受司法审查,如果凭纳税人的一纸诉状,法院就可以审查某个政府机关的某项行政权行使行为的合法性,就可以审查某个政府机关公务员与行政权有关的某项行为的合法性,其结果将会如何?

按照传统的以公权制衡公权的法理,行政权的行使原则上不受司法审查,仅在行政权的行使直接损害具体公民、法人或其他组织的合法权益时,如果受害人起诉,行政权的行使才受司法审查。关键在于是否"直接损害"具体公民、法人或其他组织的合法权益。如果没有,法院将驳回起诉,理由是原告不具有诉之利益,因此不具有当事人资格。其结果是,行政权行使行为即使严重违法、即使严重损害国家利益和社会公共利益,也不受司法审查。

既然行政权的行使直接侵害私人权益的情形采用私权制衡公权,将行政权的行使纳入司法审查已经收到良好的效果,为什么不可以进一步将整个行政权的行使纳入司法审查的范围,发挥私权制衡公权的优越性呢?这样做,在合理性上不存在任何障碍。直接侵害私人权益的行政权行使行为可以纳入司法审查,为什么直接侵害国家利益和社会公共利益,从而间接侵害私人权益的行政权行使行为,就不可以纳入司法审查的范围呢?

如果说存在障碍的话,只是程序法上所谓诉之利益、所谓当事人适格的理论。理论既然是人提出的,当然应根据实践检验的结果予以修正。

三、发达国家的经验

英美法上有所谓公益诉讼,包括三类诉讼:其一,相关人诉讼;其二,市民提起的职务履行令请求诉讼;其三,纳税人提起的禁止令请求诉讼。

第一类,相关人诉讼,指在私人不具有当事人资格的法域,原则上允许私人以相关人名义起诉。例如,1901年纽约州曾有一判决,允许私人以相关人的身份起诉,对于批准在道路上经营报亭的行政行为给予处分。

第二类,市民提起的职务履行令请求诉讼,指在公务员未履行其职务的情形下,允许私人以市民的身份向法院提起请求发布职务履行令的诉讼。最初这类诉讼是作为相关人诉讼提起的,后来私人被允许以当事人的身份起诉。到 1965 年,美国有 28 个州明确承认此种形式的诉讼。

第三类,纳税人提起的禁止令请求诉讼,简称纳税人诉讼,指美国各州普遍承认私人以纳税人的身份,有请求禁止公共资金违法支出的诉讼提起权。至 1965 年,美国几乎所有的州都承认以州属县、市、镇以及其他地方公共团体为对象的纳税人诉讼,甚至有 34 个州明确承认以州为对象的纳税人诉讼。特别引人注目的是,纳税人诉讼不仅针对公共资金的违法支出行为,同时也针对造成金钱损失的违法行为。例如,新泽西州的市民和纳税人以违宪为由,请求法院对公立学校强迫学生读圣经发布禁止令。承认纳税人诉讼的根据在于:公共资金的违法支出意味着纳税人本可以不被课以相应部分的税金,在每一纳税人被多课税的意义上,纳税人有诉之利益。

日本法上有所谓民众诉讼。1948 年(昭和 23 年),《日本地方自治法》第 242 条之 2 规定了居民诉讼。1962 年(昭和 37 年)《日本行政诉讼法》第 5 条规定了民众诉讼,指为纠正国家或公共团体的违法行为,以选举人资格提起的诉讼,属于行政案件的一种。日本最高裁判所 1962 年(昭和 37 年)1 月 19 日判决,认可浴池营业者提起的确认批准浴池营业许可无效的请求,因为违反公共浴池的设置必须距其他浴池 250 米以上的规定。东京地判 1968 年(昭和 43 年)2 月 9 日判决,认可镇名变更无效的请求。东京地判 1970 年(昭和 45 年)10 月 14 日判决,关于过街桥设置可能妨害道路通行权、侵害环境权并损害健康,认为存在侵害法定权利的事实,认可原告的请求。

特别值得注意的是,进入 20 世纪 90 年代初期,日本兴起一类以纳税人身份提起的要求公开交际费开支的诉讼。县知事、市町村长的交际费开支情况引起居民的极大关注,纷纷要求予以公开。有的市町村长满足居民的要求,全面公开交际费的开支情况,而都道府县知事则大抵作出不公开或仅一部公开的决定。这样一来,就引发了请求法院判决取消都道府县知事关于交际费开支不予公开或仅一部公开的决定的诉讼。其中大阪府知事交际费案和栃木县知事交际费案一直打到日本最高裁判所。两案的高等裁判所判决倾向于要求全面公开交际费的开支情况,但最高裁判所却倾向于限定公开的范围,撤销了两案的高等裁判所判决、发回重审。此后,东京高等裁判所就东京都知事交际费案,在最高裁判所判决的范围内,作出尽可能多公开的判决。20世纪90年代中期,日本又发生针对政府机关招待费、接待费的诉讼。如日本高知县的律师以纳税人的身份,要求县政府公布有关招待费的具体开支情况,遭到政府的拒绝后,而向法院提起诉讼,要求法院依据地方政府情报开示法,命令高知县政府公开有关开支情况。法理根据是:每个纳税人有权了解政府如何支出公费的情况。但高知县政府只愿意公布招待费总的开支数额,而起诉的律师要求公布究竟请了些什么人等具体情况。日本的招待费被称为食粮费,通常由出面招待人的主管签字就可以报销。原告在诉状中提出,公务员的工资中已包含了本人的生活费用,原则上公务员吃饭应该自己付钱,如果是必要的公款宴请,必须公布被宴请客人的姓名,这样才能让纳税人判断公费请客是否合理。法院判决原告胜诉。由于有关公务员不愿意公布被宴请客人的姓名,这些费用在财务上就不能报销,只能算是公务员自己请客,因此,最后依据判决从相关的公务员处追回了四五亿日元的金额。再如日本秋田地方裁判所民事一部1999年6月25日判决。秋田县居民代位县作为原告,以秋田县召开的六次恳谈会所开支的费用中有2091245日元餐费属于违法支出,对时任教育长等职的6名被告请求损害赔偿。法院认可原告请求,判决被告向秋田县支付现金2091245日元及利息,诉讼费用由被告负担。

四、结语:我的建议

面对如此严重的各种行政权行使损害国家利益和社会公共利益的

社会问题,建议我国参考发达国家的经验,开放纳税人诉讼,将行政权行使内容纳入司法审查。据报载,青岛市民告政府许可企业在按照城市规划禁止建筑的区域建商业建筑,被告以原告无诉之利益进行抗辩,法院已经认可原告当事人适格。如果法院判决认可市民的请求,这将是我国第一例获得胜诉的纳税人诉讼,标志着我国朝向以私权制衡公权、将行政权的行使纳入司法审查,迈出关键一步。据悉国家正在起草行政许可法,建议在该法规定,公民可以纳税人身份就政府机关的行政审批、行政许可,向人民法院提起诉讼。最后,建议修改行政诉讼法,规定公民可以纳税人身份就政府机关的行政权行使行为及公务员与行政权行使有关的行为,向人民法院提起诉讼。

第四部分

议案与建议

关于法律统一解释问题及设立
统一解释法律委员会的建议[*]

所谓法律的统一解释,是指由专门设立的解释机构,依据法律授予的统一解释法律的职权,对宪法、法律、法规、规章以及习惯法和判例进行统一的解释。统一解释的目的在于,阐明宪法、法律、法规等的正确含义,消除相互间的矛盾和冲突,实现法律体系内部的和谐一致,维护国家法制的统一性。

一个国家的全部法律规则,包括宪法、基本法、单行法、行政法规、地方性法规、实施细则等,依一定的逻辑关系构成一个统一的法律规则体系,叫作法律体系。这个法律体系犹如一个金字塔,最上层为宪法;其次为基本法;再次为单行法;以下为行政法规、地方性法规、实施细则等。为确保宪法确定的基本原则和价值判断的贯彻,要求层次较低的法律法规不得与层次较高的法律法规相冲突,所有的法律法规不得与宪法相冲突,同一层次的法律法规相互间不得冲突。这就是恩格斯所说的法律体系内部的和谐一致。法律体系内部的和谐一致是确保一个国家法制的统一性和有效性的前提,是依法治国的题中应有之义。

但由于构成一个国家法律体系的不同法律、法规是在不同的时期制定的,主持起草、审议的单位和人员往往不同,并且不同的法律法规有其不同的性质、不同的目的和任务。因此,不同的法律法规相互间发生冲突及法律法规与宪法间发生冲突,是难以避免的。为了消除这种

---

* 本文原载《法学》1999 年第 3 期。

法律体系内部的法律冲突,实现法律体系内部的和谐一致,确保法制的统一性和有效性,应有专门的机构行使统一解释法律的权限,进行对宪法、法律、法规等的统一解释,消除不同的法律法规相互间及其与宪法之间的矛盾和冲突,使国家的法律体系成为内部和谐一致的有效运作的统一体。

法律统一解释的必要性也是社会主义市场经济本身的要求。社会主义市场经济要求法律规则的统一,要求执行法律规则结果的统一,不允许同一行为因实施地点不同和实施主体不同而适用不同的法律规则,不允许同一法律规则因执法人和执法地的不同而得出不同的结果。这就是社会主义法制的统一性要求。为了确保法制统一性,不仅要求法律体系内部的和谐一致,还要求不同的执法单位和执法人对同一法律规则的理解、解释一致。因此,当同一执法单位、执法人对某一法律规则有疑义,或者不同的执法单位、执法人对同一法律规则的理解、解释不一致时,也应通过专门的机构进行统一解释,以确保对法律规则理解、解释的一致和执行结果的统一。

我国自改革开放以来,为适应改革开放和发展社会主义市场经济的要求,加快了立法进度,迄今已经初步形成了一个比较完整的由宪法、基本法、单行法、行政法规、地方性法规或实施细则等构成的法律体系。由于处在经济体制转轨时期及立法体制等方面的原因,造成法律体系内部存在严重的法律冲突。由于执法单位和执法人在法律素养上的差异及法律外因素的影响,造成法律规则的理解、解释的严重不一致和执行结果的严重不统一。因此,解决法律统一解释问题在当前更具有紧迫性。

建议尽快设立专门的法律解释机构,依法行使统一解释法律的权限,对宪法、法律、法规等进行统一解释。该机构的名称可以是统一解释法律委员会。统一解释法律委员会可以设置于全国人民代表大会法律委员会之下。统一解释法律委员会在性质上属于行使立法机关授予的专项职权的专家委员会。建议由全国人民代表大会常务委员会通过一个专门的法律,即"中华人民共和国统一解释法律委员会法",规定统一解释法律委员会的职权、组成、任期及工作程序等。统一解释法律委员会的委员，应由全国人民代表大会常务委员会从全国人民代表大会法律委员会推荐的人选中任命。统一解释法律委员会的委员应具有的资格是：曾经担任最高人民法院法官 10 年以上而有杰出成绩者，或者曾经担任法律主要学科教授、研究员 10 年以上而有权威著作者。委员的任期与法律委员会委员相同，可以连任两届。

叫停"错案追究",完善"法官弹劾"*

自20世纪90年代以来,如何保证法院裁判的公正性和重塑法院在人民心目中的权威,已经在人民法院内部引起高度重视。有代表性的解决方案有两个:一是吉林省磐石市人民法院的"法官弹劾制";二是贵州省遵义市中级人民法院的"错案责任追究制"①。这体现了两种截然不同的思路。

法官弹劾制的根据在于,人民通过自己的代表选任法官并授予决定人民身家性命、生杀予夺之裁判权,其基础是人民的信任。人民一旦不再信任某个法官,当然可以仅凭这一点而罢免他。罢免法官的充分条件是人民的不信任,既不考虑案件判决之正确与错误,也不考虑该法官是否已构成"违法""犯罪"。磐石市人民法院民事审判一庭副庭长王某,仅因在开庭后接受被告人宴请,就受到"弹劾"并被免职,成为中国被弹劾免职的首位法官。与发达国家的法官仅因接受当事人馈赠高尔夫球杆一支即被弹劾免职的实例相似。接受一次宴请、一支高尔夫球杆,并不必然导致"枉法裁判",但因此动摇了法官选任的基础:人民的信任。

错案责任追究制的根据在于责任制,法官判了错案,违背了法官的职责,因而应受到责任追究。法官任职的必要条件是"称职",法官免职的充分条件是"不称职"。你要免他的职,就必须证明他不称职,因

---

* 本文原载《新民周刊》2003年第23期。
① 载《法制日报》2003年6月3日,第1版。

而必须证明他办了"错案",或者证明他有"违法""违纪""犯罪"的事实。按照遵义市中级人民法院《案件质量责任终身追究办法》的规定,被确定为错案的合议庭成员或独任法官,由纪检、监察部门作出纪律处分。有犯罪嫌疑的,移送司法机关依法处理。被追究错案责任的法官,当年不得提拔、晋级,一年内办了两件错案的,停止法官任职一年。

我们从新闻报道所看到对"法官弹劾制"的种种非难,例如,批评法官弹劾制仅凭"投票表决""合理怀疑"就罢免法官,违背"疑案从无"的证据规则,"容易被人利用""无益法制进程"等,进而宣称"拿不出证据就不能罢免",实际上是从我们所习惯的错案责任追究制的思路来看待和批评法官弹劾制这一先进制度。说法官弹劾制是先进的制度,不仅是看到法官弹劾制渐次为法治发达国家和地区采用的发展趋势,不仅是看到通过法官弹劾制,有利于保证法官队伍的纯洁性,有利于保证法院裁判的公正性,有利于提升法院本身的权威和法律的权威,而且更在于通过法官弹劾的合法程序,表达公民对法官的不信任,以淘汰违法失职的法官,体现了公民对法官"民主控制"(democratic control)的法治原则。可见,错案责任追究制应当"叫停",法官弹劾制应当"上马"。

吉林省磐石市实行的法官弹劾制,在基本思路和精神上,与笔者在今年3月政协会议期间关于"建立法官弹劾制度"的建议一致。于此必须指出,法官弹劾制度不应当由人民法院自己制定和推行,应当由全国人民代表大会常务委员会通过制定法官弹劾法,在全国范围内一体推行。笔者愿借此机会,对建立法官弹劾制度的建议作如下补充。

建议在全国人民代表大会和地方人民代表大会常务委员会下设"法官弹劾委员会",推选"人大代表"9~15人为"弹劾委员"。法官弹劾委员会既可以根据公民的告发提起弹劾案件,也可以根据最高人民法院院长和地方人民法院院长的请求提起弹劾案件。

弹劾事由应限于违背职务、懈怠职务、滥用程序、徇私枉法及其他不当行为。大致相当于《法官法》第32条的规定:(1)散布有损国家声誉的言论,参加非法组织,参加旨在反对国家的活动和参加罢工;

(2)贪污受贿;(3)徇私枉法;(4)刑讯逼供;(5)隐瞒证据或者伪造证据;(6)泄露国家秘密或者审判工作秘密;(7)滥用职权,侵犯自然人、法人或者其他组织合法权益;(8)玩忽职守造成错案或给当事人造成严重损失;(9)拖延办案,贻误工作;(10)利用职权为自己或者他人谋取私利;(11)从事营利性经营活动;(12)私自会见当事人及其代理人,接受当事人及其代理人的宴请和送礼;(13)其他违法乱纪的行为。须特别强调的是,为确保法院裁判的独立性,以及判决错误应当由上诉、再审等程序予以纠正,有关案件需仅涉及程序而不涉及实体审理。滥用程序属于弹劾事由,而实体判决,包括事实认定错误和法律适用不当,不得作为弹劾事由,即使在调查中亦不得涉及。

在法官弹劾委员会自行提起或受理法院院长请求后提起弹劾案件,启动法官弹劾程序后:应由法官弹劾委员会委派弹劾委员进行调查,或者委托检察机关进行调查;通知证人到场提出证言;要求法官本人到场作出说明(法官可自由决定是否到场说明)。法官弹劾委员会经过调查和听证,应就弹劾案件作出决定(弹劾委员人数 2/3 多数有效):(1)弹劾事由查无实据的,决定终止弹劾程序。(2)受弹劾法官有应追究刑事责任事由的,决定终止弹劾程序,移送检察机关(法官受刑事判决确定的,当然丧失法官资格,不必重复弹劾)。(3)经调查有弹劾事由的,决定交付弹劾审判。

法官弹劾委员会作出交付弹劾审判决定时,任命法官一人、律师一人、法学教授一人,组成弹劾审判庭。弹劾审判准用刑事诉讼程序,一审终审。审判应当公开进行,并采用口头辩论方式。受弹劾法官得委托律师 1~2 人出庭辩护。经审判认定弹劾事由不成立的,判决宣告弹劾审判终止;认定弹劾事由成立的,判决宣告受弹劾法官免职。免职判决须附具理由,且须明示免职事由及其证据,并作成判决书。受弹劾法官因该免职宣告丧失法官资格,除不得再被任命担任法官外,也不得担任检察官、律师、公证人、仲裁员。受弹劾裁判免职之法官,自受弹劾免职宣告之日起经 3 年后,发现认定免职事由的事实错误或所受刑事判决被撤销的,得向法官弹劾委员会请求恢复其法官资格。

靠什么制约公权力的滥用*

温家宝总理的《政府工作报告》在关于"加强政府自身建设"的第三部分，特别谈到"全面推行依法行政"，要求各级政府都要按照法定权限和程序行使权力、履行职责，所有政府工作人员都要学会并善于依法处理经济社会事务，等等。表明我们的政府推行依法行政的决心，表明我们的国家走向法治和建设法治国的决心。其重大步骤之一，就是《行政许可法》的颁行。全面推行依法行政，这当然是非常正确和及时的，但我们要问，单靠行政法制的完善，单靠明确规定各级政府的行政权限和行政程序，能否真正达到依法行政的目的？严重存在的行政权力的滥用行为，靠什么来制约？

滥用行政权力，侵犯公民人身权的违法行为，侵犯公民和法人财产权的违法行为，是多么的严重和普遍。新闻媒体报道，成都一个人喝了酒和警察发生了一点争执，被警察打断了两条腿。湖南某地一名工商管理人员收管理费，卖菜的小贩说早上还没卖到钱，就抬腿一脚，把卖菜的给踢死了。大学生孙志刚，就因为没有带证件被抓起来。抓就抓吧，现在通信发达，你拨个电话到他单位，是好人、是坏人一下子就弄清楚了。孙志刚却被活活打死了。就是坏人、犯罪分子，你也不能打，他虽然犯法，但他的人身权是受法律保护的。这在《民法通则》中有明文规定。

---

* 本文由作者于 2004 年 3 月 5 日下午在政协社科组讨论《政府工作报告》的小组会上的发言整理补充而成。

对公民、法人财产权的侵犯，就更严重。摆摊设点影响交通，老百姓也反感，你把他赶走就行了，至多罚点款也就罢了，怎么能够毁坏他的商品和工具。整顿交通秩序，抓住开"黑出租""黑摩的"的，教训他，处罚他，例如罚点款，也都说得过去，你怎么能够没收他的车，甚至毁坏他的车。他没有取得许可就拉客，可以说是"违章行为"，但这种"违章行为"与杀人、爆炸、投毒、抢银行一类违法犯罪行为，岂可同日而语。他赖以谋生和养家糊口的汽车和摩托车，可是他的合法财产，是受法律保护的。这就是刊登在2003年10月8日的《人民法院报》头版的图片新闻，湖南怀化市政府国庆节前整顿交通秩序，集中销毁收缴的192辆"黑摩的"。这样大规模侵犯公民合法财产的违法行为，居然作为正面新闻在最高人民法院的机关报《人民法院报》上加以宣扬。再说拆迁，即使他房屋下面的土地使用权被征收、被出让给企业了，只要还没有达成房屋拆迁补偿协议，房屋的所有权就还是他自己的，怎么就给"强拆"了？还有去年的那个"黄碟案"，人家小两口在卧室看影碟，警察怎么就能够长驱直入，进入人家的卧室把人家抓起来？

对于这些严重损害人民人身权利和财产权利的违法行为，我们过去一直认为是个人的事，是个别公务员不学法、不懂法的结果。现在看来，这种看法不对。例如，交通事故的损害赔偿，相关法律明文规定无过错责任，不问机动车方面有无过错，一定要赔偿，除非能够证明受害人是故意的。你看，沈阳市政府搞出个地方政府规章，规定行人违章"撞了白撞"。上海市、深圳市等现代化的大城市，也纷纷仿效。上海市一位70岁老人，没有走人行横道被撞死，家属不仅得不到任何赔偿，还要赔偿机动车的损失。深圳市一个7岁儿童横穿马路被撞死，交管部门处罚家属要赔偿机动车的损失。这就促使我们思考，不能说是个别公务员不懂法、个别城市不懂法，一定有深层次的原因。这就是法律观念问题。

法律观念有公法观念、公权观念与私法观念、私权观念之别。公法观念、公权观念认为，国家应凌驾于社会和人民之上，国家利益应绝对优于一切个人利益，一切法律、法规都是国家意志的体现，一切权利、权力都源于国家的授权,一切领域、一切关系都应受国家行政权力的支配,人民和企业的一切行为都须得到国家的许可,国家拥有绝对不受限制的权力。公法观念、公权观念支配之下的国家行政,强调政府对社会、对人民的"管理",属于"管制行政"。反之,私法观念、私权观念认为,国家之所以存在,目的在于保护人民的私权,人民的私权神圣不可侵犯,非基于社会公共利益的目的和依据法定程序,不受剥夺和限制。国家公权力的活动范围,主要是政治生活领域。民事生活领域,包括经济生活和家庭生活,实行私法自治原则,即由法律地位平等的当事人协商决定他们之间的权利义务关系,国家原则上不做干预,只在发生纠纷不能通过协商解决时,才由司法机关出面裁决。一切法律、法规都是人民意志的体现,国家的权力来自人民的授权。私法观念、私权观念支配之下的国家行政,强调对社会、对人民的"服务",属于"服务行政"。

　　我们曾经长期实行单一公有制经济和计划经济,在这样的经济基础之上不可能自发产生私法观念和私权观念。我们又是从上到下通过公权力推行改革开放,用行政手段推行向市场经济转轨,改革开放的目的和手段是矛盾的。虽然中央的公权力有所削弱,但地方的公权力极大地膨胀了、扩张了。加之我们没有也不可能及时制定一部完善的民法典,使我们的社会生活中长期缺乏私法观念和私权观念,造成私权软弱而公权强大,公法观念、公权观念占据支配地位,支配着我们的公务员队伍和领导干部的思想和行为,导致公权力的滥用。虽然我们制定的好些法律、法规,其内容是符合市场经济的本质和要求的,是符合民主和法治方向的,但由于整个社会在观念层面上还是公法观念、公权观念占据支配地位,不能与我们已经制定的正确的、先进的法律法规配套,这就造成这些正确的、进步的、保护人民人身权利和财产权利的法律、法规得不到实施,或者在实施中完全变了形、走了调。

　　这有点像哲学解释学上说的"语境"和"前见"。现在的许多法律、法规究其内容,是符合市场经济和民主法治的要求的,但解释、适用这些法律、法规的"语境"和"前见"是反映单一公有制和计划经济的公法观念、公权观念。我们的经济基础已经转轨到社会主义市场经济上来,在制度层面上我们的法律制度还不完善,虽然制定了好些反映市场经济和民主法治的法律、法规,但由于采用渐进式改革,导致公权力的强大和滥用,致使公法观念、公权观念占据了支配地位。公法观念和公权观念,就是我们现在的"语境"和"前见"。在这种"语境"和"前见"之下,那些反映市场经济和民主法治要求的法律、法规,不可能得到正确的实施。

我们一定要制定一部进步的、科学的、完善的民法典。通过这样一部民法典,确立社会生活的价值体系,树立法律秩序的基本原则,为市场经济和民主法治奠定法制基础。在完善法律制度层面的同时,促成整个社会的法律观念形态由公法观念、公权观念向私法观念、私权观念转变,形成反映市场经济和民主法治的,使保护人民人身权利和财产权利的法律法规得以正确解释、实施的"语境"和"前见",最终促使我们的国家机关、公务员得以真正依法行政。

公权与私权之间的界线,不是靠行政法来确定的,而是靠私法来确定的。民法典规定人民和企业享有的"私权",如动产和不动产"物权",是"排他性"的权利,人民和企业可以凭借自己合法拥有的"物权"排除国家公权力的干涉。这就在物权与公权之间划定了界线。"私权"所在,"公权"所止。公民的财产是他的私权,国家、政府也不能侵犯。侵犯了,就要承担赔偿责任。你是管理市场的工商干部,人家小贩说早上菜还没有卖,你可以等他卖了以后再收管理费。你是警察,你真的怀疑人家在卧室里干什么违法犯罪的事情,你应该首先获得搜查证,你凭借搜查证才能越过公权与私权之间的界线,才能打破物权的排他性效力,才能进入公民的房屋。你没有事先取得搜查证就进入公民的房屋,你所取得的任何物证在法庭上将不具有证据效力。你看美国那个辛普森案,联邦警察在没有搜查证的情况下翻墙进入辛普森家里取得的血手套等证物,在法庭上不被采纳,辛普森被当庭宣判无罪释放。为什么?因为辛普森房屋的物权有排他性,可以排除公权力的干涉。联邦警察没有搜查证翻墙而入,构成违法行为,所收集的证据因此属于非法证据,非法证据当然不具有证据效力。你是地方政府,你可以查处没有营运许可的开"黑出租""黑摩的"的"违章行为",但他的汽车和摩托车是合法财产,你不能收缴、不能销毁,你收缴、销毁192辆摩托车属于侵犯公民合法财产的违法行为,你必须承担赔偿责任。

所以说,我们一定要制定民法典,通过一部进步的、科学的、完善的民法典向整个社会,特别是向我们的政府、领导干部和公务员灌输私法观念、私权观念,约束国家公权力的行使,限制公权力的滥用,使我们的政府真正实现依法行政。私法观念、私权观念不仅是现代民商事法律的"语境"和"前见",而且是现代行政法制的"语境"和"前见",是整个现代法治的"语境"和"前见"。我们的政府推行依法行政,当然要制定完善的行政法律法规,如制定行政许可法,但不能单靠行政法律法规。真正依法行政的实现,有待于制定一部进步的、科学的、完善的民法典。

从新闻媒体的报道看,本届人大不再审议民法典草案,改为先审议通过"物权法""侵权责任法"。但民法典的指导思想、基本原则、基本精神、价值取向、结构体例等都没有讨论、没有确定,就把原来的"汇编式"民法典草案拆成若干编,逐一修改、审议、通过,这就好比建一座大厦,不先作整个大厦的设计,就着手建造各个房间,然后将各个房间"拼合在一起"组成一座大厦。这样的"拼合式"民法典,绝不可能达到我们的目的。

关于开展仲裁法执法检查纠正
商事仲裁行政化错误倾向的建议[*]

《仲裁法》实施已十余年。虽然我国仲裁事业取得了很大的成绩,但《仲裁法》关于仲裁机构"独立于行政机关,与行政机关没有隶属关系",及"仲裁委员会的组成人员中,法律、经济贸易专家不得少于三分之二"的规定,和国务院关于"仲裁委员会应当逐步做到自收自支"的要求并未得到落实,且出现了日益严重的商事仲裁行政化错误倾向。

(1)地方党政机关干部在仲裁机构兼职或退休后直接担任仲裁机构领导职务的现象严重。多数仲裁委员会组成人员中,现职(或退休的)党政机关干部超过 2/3;仲裁委员会主任由地方政府领导兼任;仲裁委员会办事机构由政府法制部门的领导及中层干部兼任领导;不少仲裁办事机构与政府法制部门是"一套人马,两块牌子",实行"合署办公""人、财、物不分";在仲裁机构兼职的党政领导干部退休后直接成为仲裁机构专职领导,未兼职的党政机关领导干部退休后也直接担任仲裁机构领导职务。

(2)仲裁收费财务管理体制违背商事仲裁性质和国务院关于"自收自支"的规定。国务院办公厅 1995 年发布的《重新组建仲裁机构方案》明确要求,"仲裁委员会应当逐步做到自收自支"。国家计委等六部委 1999 年发布的《中介服务收费管理办法》亦将仲裁收费纳入中介服务收费管理范围。我国政府在 2001 年 1 月的入世谈判中明确承诺:

---

[*] 本文写作于 2008 年。

仲裁服务收费"属于中介服务收费",将适用国家计委等六部委发布的《中介服务收费管理办法》。此项"承诺"载入《世界贸易组织中国加入工作组报告书》,为国际社会所公知。但 2003 年 5 月财政部、发改委、监察部、审计署四部委发布的《关于加强中央部门和单位行政事业性收费等收入"收支两条线"管理的通知》错误地将仲裁收费定性为"行政事业性收费",纳入"收支两条线"财务管理,不仅在国际上对我国仲裁事业的发展造成极大危害和严重后果,并且造成仲裁财务管理体制的反复。一些有条件实行"自收自支"的仲裁机构中止了"自收自支"步伐,更加依赖政府财政供养;一些已经实行"自收自支"的仲裁机构则不惜隐瞒实情、自动倒退回去依赖政府财政供养。

在 2007 年全国政协十届委员会五次会议上,部分政协委员提交《关于纠正将"仲裁收费"作为"行政事业性收费"错误的提案》(提案第 3667 号,财贸金融类第 381 号),2007 年 10 月 31 日财政部就该提案回函表示:该提案已经引起财政部及相关部门的高度重视,认为相当一部分仲裁机构仍作为事业单位管理,不仅影响了仲裁机构独立开展仲裁工作,而且不利于与国际惯例接轨,财政部将积极配合有关部门,在深入调查研究基础上,按照国际惯例和我国入世谈判的承诺,对现行仲裁机构的设置及财务管理体制等问题进行认真的研究,充分考虑委员们的意见和建议。迄今问题并未解决。

(3)仲裁机构依赖政府财政供养的倾向日益严重。在国务院要求仲裁机构应当"逐步做到自收自支"13 年之后的今天,多数仲裁机构仍然依赖政府财政供养以维持生存,一些不具备条件或没有必要成立仲裁机构的地方,也纷纷盲目成立仲裁机构,并想方设法比照国家行政机关套升行政级别、争取相关待遇,严重影响、阻碍仲裁机构的独立发展,并加重了政府财政的负担。一些在仲裁机构兼职的行政官员,编造种种理由否定商事仲裁"民间性"的本质属性,并竭力阻止仲裁机构与行政机关脱钩,干预仲裁机构的自主管理,借口所谓"稳定队伍,发展事业",力图将仲裁机构重新划归"行政事业单位",实行"公务员法管理"。

（4）政府法制部门用行政管理手段越俎代庖"仲裁协会"的自律事务。《仲裁法》明确规定："中国仲裁协会是社会团体法人"，"是仲裁委员会的自律性组织，根据章程对仲裁委员会及其组成人员、仲裁员的违纪行为进行监督"。时至今日，仲裁协会的筹建不但进展迟缓而且极不透明，一些本应由"仲裁协会"处理的仲裁自律事务，及本应由仲裁机构自主管理的事务，被政府法制部门采用行政管理方式和手段越俎代庖，甚至通过法制部门发文，将这些事务规定为行政审批事项，严重违反《仲裁法》《行政许可法》和国务院有关规定，为仲裁协会的筹建及其成立后正确履行职能设置障碍。

鉴于《仲裁法》实施13年来尚未进行过执法检查，特建议十一届全国人大五次会议将《仲裁法》列入2008年度人大执法检查内容，由法律委员会成立有相关部门、仲裁机构、相关商会和仲裁法专家参加的仲裁法执法检查组，对全国仲裁法执行情况进行检查。按照党的十七大提出的"政企分开、政资分开、政事分开、政府与市场中介组织分开"的行政体制改革方针，尽快纠正商事仲裁行政化的错误倾向，纠正政府法制部门与仲裁机构"一套人马、两块牌子""合署办公"和"人、财、物不分"的现象，纠正将仲裁机构列入行政机关或行政性事业单位序列的错误做法，保证商事仲裁的民间性、独立性、自主性和公益性，并在广泛听取仲裁机构、仲裁员、相关专家、学者、商会等各方面意见的基础上，尽快组建真正属于民间性自律组织的中国仲裁协会。

建议查禁疯狂套取医保金的违法行为*

近年来,不少大中城市流行一种以套取、诈骗医保金为目的的所谓"疗养计划"。例如,在云南省会昆明及附近城市,此种套取、诈骗医保金的违法行为愈演愈烈。具体做法是,由熟人介绍(介绍人相当于传销的上家),持身份证和医保卡(可以借用他人医保卡)报名排队,然后等候入院通知;一旦接到入院通知,必须于指定日期办理住院手续,每人仅须交纳门槛费720元现金。通常是与家人、亲戚、朋友一道报名,一道入院疗养。住院疗养时间为15天(昆明地区医保一次报销住院治疗期限为15天)。入院后,除做一次常规体检外,并无任何诊断、治疗、护理行为,实际上就是和家人、亲戚、朋友一道散步、聊天、玩牌、唱歌、跳舞、泡澡等,尽情享受休闲娱乐。疗养15天期满,必须办理手续出院,院方将按照当初承诺返还每人现金400元,并让每人带走100~200元常用药品。如疗养者单位开办医疗统筹的,还可以开给2000元左右报销收据。

难道疗养者就这样白住、白吃、白玩15天吗?当然不是。出院时疗养者必须在院方精心编造的一张大金额住院单据上签名。据一位参加疗养的退休干部反映,她身体健康,根本不需要任何治疗,疗养期间也根本没有接受过任何治疗,其出院单据上却记载了各种化验、理疗、输液治疗、中医治疗项目和许多贵重药品收费,仅中药收费一项就是2000多元。常规体检虽然实有其事,但其收费高出昆明地区通常收费

---

* 本文写作于2008年。

的七八倍。如在昆明正规医院做 B 超检查,每次收费在 15～20 元,但她的单据上的 B 超收费是每次 180 元。据了解,每个疗养者所签单据的金额不同,低的在 5000 元左右,高的达到 7000 元甚至 8000 元(昆明地区医保报销一次住院治疗限额 8000 元)。疗养者面对出乎意料的虚假单据,碍于介绍人(朋友、熟人)的情面,且在特殊场景(在一个单独房间),不得不签名。

据参加过这种疗养的医界人士反映,院方编造的单据完全符合现行规定,挑不出任何破绽(除非找到本人核对)。院方凭每个疗养者签名的虚假单据,从医保管理机构套取、诈骗医保金少则 5000 元,多的达 8000 元。其中,疗养者本人实际享受的(包括床位费、饭费、体检费、休闲娱乐设施费及带走药品费)约 1000 元,被院方侵占的金额在 4000～7000 元。

开展此种疗养计划的单位,主要是较大的私立医院、公立疗养院(私人承包)及专科医院。如新华同仁医院、兵器疗养院、糖尿病专科医院、结核病医院等。实际开展这种疗养计划的单位远不止这几所。这种以套取、诈骗医保金为目的的疗养计划非常盛行,据反映,报名排队要等 2～3 个月方才能够入院。

开展这种套取、骗取医保金的疗养计划必须获得省市医保管理机构批准,取得指定医保医院资格。这些医院、疗养院大多不具备住院治疗各种疾病的医疗条件。如兵器疗养院,从来是供职工定期休养的场所,根本没有治疗疾病的条件;糖尿病专科医院和结核病医院,并不具备治疗普通疾病的条件。为什么能够获得医保管理机构批准、被授予医保医院资格?说明省市医保管理机构与这些单位是串通的。

建议中央政府尽快予以查禁,严惩违法行为人,避免国家、人民利益遭受更大损害。

关于开展《招标投标法》执法检查的建议[*]

《招标投标法》于 2000 年 1 月 1 日实施,至今已有 9 年。在这 9 年中,我国的招标投标事业发展突飞猛进,招标采购方式在社会生活的各个领域被广泛采用,并受到各级行政管理部门的重视,作为一种保证项目质量、提高资金使用效率、防止腐败的有效手段,在政府投资项目中强制推行。《招标投标法》已经成为影响我国社会经济生活的一部重要法律。

但是 9 年来,我国的社会经济发生了巨大变化,出现了许多新情况、新问题,这是《招标投标法》立法时所没有考虑到的。"招标投标法实施条例"迟迟没有出台,使得招标投标过程中出现的各种问题得不到解决。这种情况阻碍了我国招标事业的健康发展。

由于法律制定当初的局限性,《招标投标法》与 2003 年开始实施的《政府采购法》在关于适用范围、招标采购程序等的规定上,存在的种种冲突和矛盾日益突显出来,严重妨碍了我国招标投标事业的健康发展。

多年来,从中央到地方各级政府,制定了数以千计的形式多样、内容繁多的关于招标投标的规范性文件和政策规定,在加强招标投标管理的名义下,创立了各种形式的管理手段。这些五花八门的管理手段互不衔接、互不协调,使得招标采购行为的当事人无所适从,严重影响招标投标法律秩序的建立。更为严重的是,一些地方政府制定的各种

---

[*] 本文写作于 2009 年。

文件和政策规定,名为加强招标投标管理,实为构筑地方保护主义壁垒,分割、封锁市场,严重限制了市场竞争。

招标采购是一种订立合同的民事法律行为,《招标投标法》属于现行《合同法》的附属法。一些行政管理部门置《招标投标法》的民事法律性质于不顾,将招标视为一种行政管理手段,任意设置各种行政干预环节,任意扩张行政干预的范围。如在建设工程项目招标领域,强行规定凡与工程建设相关的项目,必须进入所谓"有形市场"进行交易,必须使用"有形市场"的招标文件范本和招标流程,必须从其指定的专家库中抽取评标专家,等等。而这些所谓"服务"几乎都是有偿的,严重增加了招标投标当事人的负担。美其名曰"阳光交易",实则仅强调形式上的公开,并不能真正杜绝在"场外"进行的幕后交易,以致建设工程招标领域一直都是招标违法行为的高发区。

特此建议全国人民代表大会常务委员会开展对《招标投标法》和《政府采购法》的执法检查,并在此基础上尽快启动对《招标投标法》的修改完善工作。

关于制定"中华人民共和国宪法解释程序法"的议案[*]

1982年《宪法》先后修改了四次,在一定程度上适应了政治和社会的发展。但并不是所有的问题都必须通过宪法修改才能解决,解释宪法也是一种重要的途径。解释宪法与修改宪法相比,更为灵活,更有利于节约立法成本,更有利于维护宪法的稳定性和权威性。宪法作为国家根本法的性质和目的,要求建立包含宪法解释制度在内的多样化的宪法实施制度。通过解释宪法,保障宪法的稳定和发挥宪法的实际功效。

在1954年《宪法》制定时,认为对宪法的不确定性可以通过修改宪法来解决,而不必进行宪法解释。因此1954年《宪法》只规定全国人民代表大会常务委员会有权"解释法律",而未提及"解释宪法"。1975年《宪法》仍然没有赋予全国人民代表大会常务委员会"解释宪法"的职权。

赋予全国人大常委会"解释宪法"的职权,始于1978年《宪法》。1978年《宪法》第25条规定全国人民代表大会常务委员会行使13项职权,其中第(三)项:"解释宪法和法律,制定法令。"1982年《宪法》第67条规定全国人民代表大会常务委员会行使21项职权,其中第(一)项:"解释宪法,监督宪法的实施。"授权全国人民代表大会常务委员会同时行使解释宪法与监督宪法实施的职权,明确了全国人民代表大会

---

[*] 本文写作于2010年。

常务委员会作为宪法解释主体的法律地位。

从 1982 年《宪法》实施以来,党中央一直十分关注如何发挥宪法解释功能的问题。1993 年,党中央在关于修改宪法部分内容的建议的说明中指出:这次修改宪法不是全面修改,可改可不改的不改,有些问题今后可以采取宪法解释的方式予以解决。2002 年 12 月 4 日,胡锦涛同志在首都各界纪念中华人民共和国宪法公布施行 20 周年大会上的讲话中指出:全国人民代表大会及其常务委员会"要切实担负起监督宪法实施的职责,坚决纠正违宪行为;要切实履行解释宪法的职能,对宪法实施中的问题做出必要的解释和说明,使宪法的规定更好地得到落实"。

党中央十分重视宪法解释问题,"依宪执政""依宪治国"已成为执政党的基本理念。但有关重视宪法解释的主张迄今未能上升为国家意志,未能转化为法律。宪法解释的立法缺位使宪法赋予的宪法解释权始终处于"虚置状态"。

我国《宪法》第 67 条对全国人民代表大会常务委员会"解释宪法"职权只作了概括性规定,没有规定解释宪法的程序、解释规则等问题。有必要通过宪法解释程序法把宪法解释工作的各个环节具体化,使宪法解释有法可依,保证宪法解释的规范性与科学性。

因为解释宪法的活动涉及国家的根本法,其解释具有法律效力。解释活动不仅对内发生效力,而且关系到国家权力的整体运行和公民基本权利的保障。因此,应当制定具有基本法性质的宪法解释程序法,而不是内部的议事规则。

制定宪法解释程序法的立法目的,是要保障宪法解释的有序运作,避免给国家法律秩序与社会生活带来不必要的影响。因此要明确规定提请宪法解释的条件、宪法解释请求的提起、宪法解释请求的受理、宪法解释案的审议,最后是宪法解释案的通过。着重规定宪法解释的程序,力求有较强的可操作性。此外,宪法解释程序法当然也要涉及一些实体问题,如宪法解释请求权、宪法解释的效力等。

为了维护宪法的尊严,保障社会主义法制的统一,规范解释宪法的活动,建议全国人民代表大会尽快制定宪法解释程序法。

附件：

中华人民共和国宪法解释程序法(草案)

目 录

第一章 总则
第二章 宪法解释的主体与事由
第三章 宪法解释请求的提起
第四章 宪法解释请求的受理
第五章 宪法解释案的起草与审议
第六章 宪法解释的通过与效力
第七章 附则

第一章 总 则

第1条 〔立法宗旨与依据〕

为了维护宪法的尊严,保障社会主义法制的统一,规范解释宪法的活动,根据宪法制定本法。

第2条 〔忠于宪法原则〕

解释宪法应当遵循宪法的规定和基本原则。

第3条 〔人权与秩序原则〕

解释宪法应当尊重和保障人权,维护宪法秩序的稳定与和谐。

第4条 〔程序法定原则〕

解释宪法应当依照本法规定的程序实施。

第二章 宪法解释的主体与事由

第5条 〔解释的主体〕

全国人民代表大会常务委员会行使解释宪法的职权。

全国人民代表大会常务委员会依申请解释宪法的,按照本法规定的程序进行。

全国人民代表大会常务委员会主动解释的,按照本法第五章、第六章的程序进行。

第 6 条 〔解释的事由〕

有下列情况之一的,全国人民代表大会常务委员会可以解释宪法:

(一)宪法的规定需要进一步明确具体含义的;

(二)宪法实施中出现新的情况,需要明确适用宪法依据的;

(三)法律、行政法规、地方性法规、自治条例和单行条例、规章等规范性文件可能与宪法相抵触的。

第三章 宪法解释请求的提起

第 7 条 〔请求解释的主体〕

一切国家机关和武装力量、各政党和各社会团体、各企业事业单位组织和个人,可以向全国人民代表大会常务委员会提出解释宪法的要求。

第 8 条 〔预防性解释的请求主体〕

国家机关在制定法律、行政法规、地方性法规、自治条例和单行条例、规章等规范性文件时,认为需要对宪法进行解释的,可以向全国人民代表大会常务委员会书面提出解释宪法的要求。全国人民代表大会常务委员会应当受理。

第 9 条 〔抽象审查性解释的请求主体〕

国务院、中央军事委员会、最高人民法院、最高人民检察院,省、自治区、直辖市的人民代表大会及其常务委员会,六十人以上全国人民代表大会的代表或者一个代表团,认为法律、行政法规、地方性法规、自治条例和单行条例、规章等规范性文件同宪法相抵触的,可以向全国人民代表大会常务委员会书面提出进行审查的要求。全国人民代表大会常务委员会应当受理。

前款规定以外的其他国家机关和社会团体、企业事业组织以及公民认为法律、行政法规、地方性法规、自治条例和单行条例、规章等规范性文件同宪法相抵触的,可以向全国人民代表大会常务委员会书面提出进行审查的建议。由常务委员会工作机构对建议进行研究,必要时,送有关的专门委员会进行审查、提出意见。

第 10 条 〔具体审查性解释的请求主体〕

地方各级人民法院、专门人民法院(或法官)在审理案件过程中,认为所适用的法律、行政法规、地方性法规、自治条例和单行条例、规章等规范性文件同宪法相抵触的,应裁定中止诉讼程序,提请最高人民法院,由最高人民法院决定是否向全国人民代表大会常务委员会提出解释宪法的要求。

当事人认为所适用的法律、行政法规、地方性法规、自治条例和单行条例、规章等规范性文件同宪法相抵触,向人民法院书面提出的,而人民法院(或法官)认为确实存在抵触的,应裁定中止诉讼程序,提请最高人民法院,由最高人民法院决定是否向全国人民代表大会常务委员会提出解释宪法的要求。

最高人民法院在审理案件过程中发生前款的情形,可以向全国人民代表大会常务委员会提出解释宪法的要求。

最高人民法院提请解释宪法的,全国人民代表大会常务委员会应当受理。

第 11 条 〔个人请求的条件〕

任何人认为自己的基本权利受到国家机关和国家工作人员的侵害,穷尽所有的法律途径仍得不到救济时,可以向全国人民代表大会常务委员会提出解释宪法的请求。

全国人民代表大会常务委员会应当受理。

第 12 条 〔请求提出的方式〕

提请解释宪法的要求和建议,应以书面方式提出,并说明理由。

宪法解释请求书应载明请求人的姓名、住址、联系方式、请求事由,具体的宪法规定,需要解释宪法的理由等内容。

宪法解释请求书可以信件和数据电文(包括电报、电传、传真和电子邮件)等方式送交全国人民代表大会常务委员会,特殊情况可以直接送达。

第四章　宪法解释请求的受理

第 13 条　〔接收机构〕

宪法解释的请求由全国人民代表大会常务委员会法制工作委员会接收。收到解释请求后,法制工作委员会应予以登记、送达回执,并对申请人是否具有提请资格、宪法解释请求书是否符合要求作出初步审查。

法制工作委员会应于十日内将符合要求的宪法解释请求书转交全国人民代表大会法律委员会;对于不符合要求的,法制工作委员会作出不予受理的决定并书面说明理由。

第 14 条　〔请求的处理〕

全国人民代表大会法律委员会接受解释宪法的请求后,应在六十日内就是否需要解释宪法提出意见。需要延长时日的,经委员长会议批准,可延迟三十日。

法律委员会认为没有必要解释宪法的,应予驳回,并将驳回理由书面告知提请解释的请求人。

第 15 条　〔决定解释〕

全国人民代表大会法律委员会审查后认为确有必要解释宪法的,应当提出书面意见,提交全国人民代表大会常务委员会委员长会议讨论决定。委员长会议认为需要解释宪法的,应启动解释程序。

委员长会议作出解释或不解释宪法的决定后,法律委员会应书面告知提请解释的请求人。

第五章　宪法解释案的起草与审议

第 16 条　〔宪法解释咨询委员会〕

全国人民代表大会常务委员会设立宪法解释咨询委员会。

第 17 条　〔解释案的起草〕

经全国人民代表大会常务委员会委员长会议讨论决定需要解释

的,由法律委员会征询宪法解释咨询委员会的意见,拟订宪法解释案。

第18条 〔解释案的初步审议〕

宪法解释案由法律委员会初步审议后,提交全国人民代表大会常务委员会,由委员长会议决定列入常务委员会会议审议议程。

第19条 〔解释案的提出〕

宪法解释案应在全国人民代表大会常务委员会全体会议召开之前的五日内印送常务委员会全体委员。

宪法解释案应由全国人民代表大会常务委员会以会议的形式进行审议。经法律委员会根据常务委员会会议的审议意见对宪法解释案修正后,可付诸表决。

审议中仍有重大问题需要进一步研究的,由委员长会议提出,经全体会议同意,可以暂不付表决,交法律委员会和有关的专门委员会进一步审议。因各方面对解释宪法的必要性、可行性等重大问题存在较大意见分歧搁置审议满两年的,或者因暂不付表决经过两年没有再次列入常务委员会会议议程审议的,由委员长会议向常务委员会报告,终止审议该宪法解释案。

第六章 宪法解释的通过与效力

第20条 〔宪法解释的通过〕

宪法解释案由全国人民代表大会常务委员会全体委员的三分之二以上的多数通过。

第21条 〔宪法解释的公布〕

宪法解释应包括解释的编号、解释的主文、解释的理由、解释的时间等内容。

宪法解释由全国人民代表大会常务委员会发布公告予以公布。在常务委员会公报上刊登的文本为标准文本。

第22条 〔宪法解释的效力〕

全国人民代表大会常务委员会对宪法的解释具有法律效力。

宪法解释公布后,相关的法律、法规等应及时作出适当的调整。

第 23 条 〔全国人大的审查〕

全国人民代表大会有权改变或撤销全国人民代表大会常务委员会作出的不适当的宪法解释。

第七章 附 则

第 24 条 〔生效时间〕

本法自二〇〇 年 月 日起实施。

关于财政部应迅速纠正继续将仲裁收费作为"行政事业性收费"进行预算管理错误的建议*

我国《仲裁法》明确规定"仲裁委员会独立于行政机关,与行政机关没有隶属关系"。国务院办公厅1995年发布的《重新组建仲裁机构方案》明确要求,"仲裁委员会应当逐步做到自收自支"。国家计委等六部委1999年发布的《中介服务收费管理办法》亦将仲裁收费纳入"中介服务收费管理"范围。我国政府在2001年1月的入世谈判中明确承诺:仲裁服务收费"属于中介服务收费",将适用国家计委等六部委发布的《中介服务收费管理办法》。此项"承诺"载入《世界贸易组织中国加入工作组报告书》,为国际社会所公知。但2003年5月财政部、发改委、监察部、审计署四部委发布的《关于加强中央部门和单位行政事业性收费等收入"收支两条线"管理的通知》将《仲裁法》规定的民商事仲裁混同于劳动仲裁等行政仲裁,将仲裁收费定性为"行政事业性收费"并纳入"收支两条线"财务管理,违反了《仲裁法》的基本原则,严重损害了中国仲裁的国际信誉,影响仲裁事业的健康发展。

2007年,在全国政协十届委员会五次会议上,梁慧星等15名全国政协委员向大会提交了《关于纠正将"仲裁收费"作为"行政事业性收费"错误的提案》,要求国务院"责令财政部、国家发展改革委、监察部、审计署四部门立即纠正将仲裁收费作为'行政事业性收费'、进行'收支两条线'预算管理的错误,严格执行仲裁法和政府入世承诺,对仲裁

---

* 本文写作于2010年。

收费适用《中介服务收费管理办法》,挽救面临严重威胁的中国仲裁事业"。

财政部在《对政协十届全国委员会第五次会议第 3667 号(财贸金融类 381 号)提案的答复》中承认,相当一部分仲裁机构仍然作为事业单位管理,不仅影响了仲裁机构独立开展仲裁工作,而且不利于与国际惯例接轨,表示要切实解决目前仲裁管理工作中存在的突出问题,并积极配合有关部门,在深入调查的基础上,按照国际惯例和我国入世谈判的承诺,对现行仲裁机构的设置以及财务管理体制等问题进行认真的研究,充分考虑委员们的意见和建议。

2008 年在全国人民代表大会上,四川省全国人民代表梁慧星又提出"关于开展仲裁法执法检查纠正商事仲裁行政化错误倾向的建议",要求"纠正将仲裁机构列入行政机关或行政性事业单位序列的错误做法"。

但是,时至今日,财政部既未拿出切实解决目前仲裁管理工作中存在的突出问题的有效措施和办法,更未在日后制定相关措施时按照国际惯例和我国入世谈判的承诺,对现行仲裁机构的设置以及财务管理体制等问题进行认真的研究并充分考虑委员们的意见和建议。相反,在其 2009 年 12 月 17 日与中国人民银行联合颁发的《财政部、中国人民银行关于将按预算外资金管理的全国性及中央部门和单位行政事业性收费纳入预算管理的通知》(以下简称《通知》,财预〔2009〕79 号)中,再次将仲裁收费列入"行政事业性收费",并纳入财政预算内管理。

《通知》不仅助长了部分仲裁机构对财政的依赖,而且一些地方政府主管部门借此强化对仲裁机构的控制,"地方保护主义"严重损害了仲裁的独立性、公正性。将仲裁收费定性为"行政事业性收费",无异于公开承认我国仲裁机构为行政性机构,隶属于行政机关。这不仅直接违背了《仲裁法》的基本原则,更是从 1994 年以来我国仲裁体制改革的倒退。这项改革不能动摇,不能停步,更不能倒退。财政部对待政协委员、人大代表议案、提案的敷衍态度,反映出其不负责任,官僚主义的作风,影响很不好。

对仲裁收费实行"收支两条线管理"的错误本不难纠正。实践中，有些仲裁机构早已实行自收自支，并未按照"收支两条线管理"进行管理，与实行"收支两条线管理"的仲裁机构相比，这些机构具有明显的生机与活力，仲裁的独立、公正得到彰显，案件审理的质量获得提升，产生了显著的社会效益与经济效益，促进了社会和谐，并在国内外产生了良好影响。

当然，各地情况不同，因此对现阶段自收自支不能生存的仲裁机构，国家财政可以在一定年限内给予扶持。只要政策对，坚持按《仲裁法》原则办事，仲裁机构不仅可以逐步"实行自收自支"，而且可以实现真正的独立、公正。

目前，进一步推动我国仲裁体制改革的关键，在于财政部及国务院有关主管部门落实《仲裁法》，拿出解决实际问题的决心和诚意，对仲裁收费给予正确定性。在此再次呼吁国务院责令财政部、中国人民银行立即纠正《通知》中将仲裁费作为"行政事业性收费"进行预算管理的错误，明确仲裁收费适用《中介服务收费管理办法》，挽救面临严重威胁的中国仲裁事业。

关于对仲裁机构实行税收优惠政策的建议[*]

自《仲裁法》于1995年实施以来,全国各地先后组建了200多家仲裁机构。这些仲裁机构公平高效地解决各类经济纠纷,为发展经济、维护社会稳定作出了独特的贡献。目前,我国正处在社会转型期,各类矛盾、纠纷大量涌现,给各级法院和政府带来巨大冲击。采用仲裁方式解决经济纠纷,简便快捷,社会成本小,政府风险低,故成为缓解法院压力、及时化解社会矛盾的重要途径。随着许多中国企业不断"走出去",我国国际经贸往来更加频繁,交易更加复杂,扶植发展我国仲裁业务具有重要的战略意义。自20世纪90年代始,许多发达国家和经济发展迅速的中等发达国家(地区)都修改了仲裁法,大力支持本国的仲裁事业发展,力求吸引国际投资贸易纠纷在本国仲裁机构解决。

我国作为世界上最大的国际投资吸收国和贸易国,在国际经济纠纷仲裁方面相对落后,大多数在中国的大型国际投资合同都约定在外国仲裁机构仲裁。不仅如此,许多外国仲裁机构正在积极争夺这方面经济纠纷的仲裁管辖权。如果任由我国的对外贸易和投资纠纷选择外国仲裁机构仲裁,将使我国企业在对外交往中处于极其不利的境地,将对整个国家的产业发展和经济安全造成威胁。

由于仲裁在社会经济发展中的重要作用,各主要国家及地区的政府一般都对仲裁机构采取鼓励和扶持政策。如法国巴黎国际商会仲裁院、美国仲裁协会、瑞士苏黎世商会仲裁院、英国伦敦国际仲裁院、斯德

---

[*] 本文写作于2010年。

哥尔摩商会仲裁院，以及韩国商事仲裁院、新加坡国际仲裁中心和印度仲裁委员会等，都得到当地政府的免税待遇。

与国际知名仲裁机构相比，我国仲裁机构成立晚、发展慢、知名度低，与我国社会和经济发展需要相差甚远。其中一个重要原因是现行有关仲裁机构财务制度的政策措施与仲裁体制改革不配套，不利于仲裁机构的发展。

2010年4月1日，财政部和国家发展改革委员会发布了《关于调整仲裁收费管理政策有关问题的通知》，明确规定仲裁收费为经营服务性收费，依法纳税。该通知纠正了过去将商事仲裁收费定性为行政事业性收费的做法，实现了仲裁机构的财务自主权，保证了仲裁机构的独立性和民间性，有利于抑制仲裁机构行政化倾向，在推动仲裁机构体制改革和促进仲裁事业发展上发挥了积极作用。

但是，在对仲裁收费按经营服务性收费并依法征税后，又带来新的问题。主要是税负过重，导致仲裁机构难以生存。《仲裁法》第14条明确规定，"仲裁委员会独立于行政机关，与行政机关没有隶属关系"。国务院办公厅《重新组建仲裁机构方案》第四部分"关于仲裁委员会的编制、经费和用房"规定："仲裁委员会设立初期，其所在地的市人民政府应当参照有关事业单位的规定，解决仲裁委员会的人员编制、经费、用房等。仲裁委员会应当逐步做到自收自支。"《仲裁法》实施15年后的今天，全国200多家仲裁机构中真正实现"自收自支"且"仲裁收费按经营服务性收费"的不到10%。如果再比照企业标准征税（5%营业税加上25%所得税），将使这些仲裁机构不堪重负，多数将难以为继。这种效果会进一步鼓励仲裁机构挤入"行政序列"，实行所谓"参公管理"，妨碍《仲裁法》上述规定的贯彻落实，并加大了事业单位体制改革的阻力和财政负担。

既然我们允许那些未实现自收自支的仲裁机构在《仲裁法》实施后15年乃至今后相当长时间里继续享受财政补贴，为什么就不能给予实行自收自支的仲裁机构以相应的免税政策？其实，对这些仲裁机构免税对国家税收的影响几乎可以忽略不计，也不会引起其他行业的攀比，但却对整个仲裁行业的发展意义重大。

当然，我国是从计划经济走上市场经济，在仲裁体制改革中，对仲裁机构的定性及相关政策的配套有待事业单位分类改革的完成，这需要一个过程。但是，既然国家为鼓励软件产业和集成电路产业发展，对这类企业采取相应的免征增值税、所得税等优惠措施，为什么不能从发展仲裁事业的高度，给予那些实行"自收自支""仲裁收费按经营服务性收费"的仲裁机构以相应的免税、减税优惠政策？与前者相比，仲裁具有同样的"技术密集"和"知识密集"等专业化特点，同时在当前社会矛盾突发的形势下，对于及时化解纠纷、构建和谐社会都具有重要意义。财政、税务部门应重视仲裁行业的地位和作用。

特此建议财政、税务部门参考对"集成电路线宽小于0.25微米或投资额超过80亿元的集成电路生产企业软件产业"的税收优惠政策，对"自收自支"且"仲裁收费按经营服务性收费"的仲裁机构，第一年至第五年免征企业所得税，第六年至第十年按照25%的法定税率减半征收企业所得税（"五免五减半"优惠政策）。待事业单位分类改革完成后，参考国际惯例，根据仲裁机构性质制定有利于仲裁行业发展的税收政策。

修改《中华人民共和国海商法》的诉求与时机[*]

于1992年11月7日通过的《中华人民共和国海商法》(以下简称《海商法》),自1993年7月1日起施行至今已有17个年头。17年来,航运实践已经发生了许多新变化,国际国内立法环境有了很大的发展,《海商法》自身也显现出诸多不足与缺陷,已不能适应中国海运和经贸事业发展的要求,尽快启动《海商法》的修改工作不仅重要,而且迫切。

一、修改《海商法》的必要性

尽快启动《海商法》的修改工作,主要取决于以下四个方面因素。

第一,中国航运业发展迅猛。据统计,1998年年底,中国共有国际海运船公司260家。到2009年年底,中国从事国际航运的企业已达5571家,其中,国际班轮运输经营人约146家,国际船舶代理经营人约1695家,国际船舶运输经营人约216家,无船承运经营人约3514家。中国船队运力规模从改革开放之初的全球第40位,已跃升至当今排名第4位,中国港口货物吞吐量和集装箱吞吐量连续六年位居世界第一。据《大公报》2010年1月报道,英国克拉克森公司的一项调查显示,位居世界第一的造船大国韩国已首次被中国超越。

中国航运业取得的举世瞩目的成绩使中国在世界航运界的地位明显提升。"中国因素"的关键词在航运圈里频频出现。然而,航运实务

---

[*] 本文原载《中国海商法年刊》2010年第2期。

中所涌现出来的许多法律问题,例如,物流运输业迅猛发展所引发的无船承运经营人、国际货运代理人的法律地位和责任问题,无单放货的法律问题,船舶造成海洋污染的损害赔偿问题等,从现行《海商法》中均不能找到答案。为了更有效调整这些新出现的法律问题,需要对《海商法》进行修改。

第二,近些年来,中国相继颁布了许多重要法律,其中与《海商法》存在密切关系的民事立法有《对外贸易法》(1994年)、《国家赔偿法》(1994年)、《担保法》(1995年)、《保险法》(1995年制定,2009年修订)、《拍卖法》(1996年)、《合同法》(1999年)、《物权法》(2007年)、《侵权责任法》(2009年)等;与《海商法》存在密切关系的公法性质的立法有《船员条例》(2007年)、《内河交通安全管理条例》(2002年)、《船舶最低安全配员规则》(2004年)、《船舶安全检查规则》(2009年)、《海船船员适任考试、评估和发证规则》(2004年)、《国内水路货物运输规则》(2000年)、《水路旅客运输规则》(1995年制定,1997年修正)、《防治船舶污染海洋环境管理条例》(2009年)等。

这些民商事立法和海事公法不仅有许多规定与《海商法》的规定不一致、不协调,而且直接影响海事立法的价值取向。上述国内立法的新发展导致现行《海商法》与一般法不一致,为了理顺《海商法》与一般法的关系,应当尽快修改《海商法》。

第三,国际海事立法的新发展也要求尽快修改《海商法》。《海商法》在制定时广泛借鉴了当时的国际公约和体现国际海事惯例的民间规则以及标准格式合同范本。但《海商法》实施之后,国际海事立法再度活跃,一些新的或重新修订的国际公约或民间规则相继出现。例如,《汉堡规则》(即《联合国海上货物运输公约》,已于1992年生效)、1993年《船舶优先权和抵押权国际公约》(中国于1994年8月18日签字)、1996年《国际海上运输有害有毒物质损害责任和赔偿公约》(1996年5月3日通过)、1999年《国际扣船公约》、《内罗毕国际船舶残骸清除公约》(2007年5月18日通过)、2001年《国际燃油污染损害民事责任公约》(2009年3月9日对中国生效)、《鹿特丹规则》(即《联合国全程或部分海上国际货物运输合同公约》，已于 2008 年 12 月 11 日通过）。国际标准租船合同范本有《金康合同》(1994 年修订)、《纽约土产交易所定期租船合同》(1993 年修订)、《劳氏救助合同格式》(2000 年修订)、《船东互保协会特别补偿条款》(SCOPIC,2000 年修订)。

这些国际公约、民间规则或者合同范本体现了航运实务的新发展，反映了国际海事立法的动态与趋势，必将对航运实务与国际贸易产生重要影响。因此，有必要通过修改《海商法》，借鉴这些国际海事立法中合理的、先进的、符合航运和贸易实务的内容。

第四，《海商法》自身也存在一定的不足，需要进行修改和完善。

首先，《海商法》将中国沿海货物运输合同与国际海上货物运输合同区别规定为两种不同制度，人为地使中国海上货物运输关系由两个法律调整。当前，中国实行统一的海上运输法律体系的条件趋于成熟，应当通过《海商法》的修改，将《海商法》的适用范围扩大适用于国内海上货物运输领域，从而构建统一的国内和国际海上货物运输法律机制框架。

其次，《海商法》的每个章节几乎都有移植国际公约、国际惯例的影子。例如，《海商法》第四章"海上货物运输合同"就是借鉴《海牙维斯比规则》和《汉堡规则》中合理的技术性条款融合而成，第五章"海上旅客运输合同"借鉴 1974 年《雅典公约》，第八章"船舶碰撞"、第九章"海难救助"、第十一章"海事赔偿责任限制"等则分别参考 1910 年《关于统一船舶碰撞若干法律规定的国际公约》、1989 年《国际救助公约》和 1976 年《海事赔偿责任限制公约》。不少条文甚至是原文的中文翻译，且在法律移植过程中存在"断章取义"的情形，这些问题在司法实践和航运实践中引起许多困惑，造成法律解释适用的困难和不一致。如何将英美法系的理念融合到中国传统上以大陆法系为主的立法中，如何更好地结合中国国情，构筑有中国特色的海商法体系，都需要通过修改《海商法》予以妥善解决。

最后，由于受《海商法》起草、论证的局限，对一些问题的考虑不够周延，本应在《海商法》中明确规定的内容，迄今仍付阙如，如船舶油污损害赔偿和沉船沉物打捞的民事责任。再如国际货物多式联运问题，

《海商法》仅有5条原则性规定,很不适应中国集装箱多式联运发展和国际蓬勃发展的"门到门"运输方式的现实。

此外,《海商法》使用的一些文字或者表述有待于进一步澄清和统一。

二、修改《海商法》的可能性

中国海事诉讼与仲裁实践经验以及成体系性的司法解释为《海商法》的修改奠定了坚实的实践与理论基础。

首先,在海事诉讼与仲裁方面,中国已经设立了多个海事法院,自1987年至2009年,海事法院一审审理的海事案件已达到10万余件。中国海事仲裁受案量也已位居世界第二位。丰富的海事司法实践为检验《海商法》的可操作性提供了丰富的实践依据。

其次,在相关司法解释方面,最高人民法院已经发布了《关于审理船舶碰撞和触碰案件财产损害赔偿的规定》(1995年8月18日发布)、《关于审理船舶碰撞纠纷案件若干问题的规定》(2008年5月19日发布)、《关于审理海上保险纠纷案件若干问题的规定》(2006年11月23日发布)、《关于无正本提单交付货物案件适用法律若干问题的规定》(2009年2月26日发布)等系列司法解释。

此外,"关于审理海事赔偿责任限制相关纠纷案件的若干规定"以及"关于审理油污损害赔偿若干问题的规定"的司法解释也正在制定当中。这些司法解释将为《海商法》的修改提供实践的支撑。

最后,在海商法理论研究方面,中国海商法的学术水平正逐渐向世界水平靠近。早在20世纪90年代前后,中国海商法专家就开始活跃在国际海事立法舞台,参与了1989年的《国际救助公约》、1999年的《国际扣船公约》、2007年的《内罗毕国际船舶残骸清除公约》等公约的制定工作。特别是在《鹿特丹规则》从1999年开始起草直到2008年12月11日联合国大会通过的先后10年时间里,中国海商法专家全程参与了该公约的起草与研讨工作,"在整个公约的制定过程中,中国代表团提出的书面提案的数量在所有国家中位居第三","在专家组会议中作出了巨大贡献"①。

这些事实表明,在国际海事立法的舞台上,中国已经有了更多的话语权,在国际交往中,与国际海商法界建立了广泛的联系,这不仅为《海商法》更好地与国际接轨奠定良好的基础,而且可以更好地体现中国的国家利益和国家意志。

三、修改《海商法》的时机性

《鹿特丹规则》的出台为修改《海商法》提供了有利时机。进入 21 世纪,船货各方力量对比的变化和国际货物运输方式的发展都要求产生新的国际货物运输公约,以适应新形势的需求。而《鹿特丹规则》所体现出来的先进性特点,即平衡利益、寻求统一、顺应时代、促进发展,决定了这部公约将具有更强的生命力。所以,学界认为,如果《鹿特丹规则》获得主要航运国家的认可并使之生效,将预示着调整国际货物运输的国际立法结束"海牙时代",开启一个新的"鹿特丹时代"。②

如果说修改《海商法》的工作已具备了必要性和可能性,那么《鹿特丹规则》的出台为中国启动《海商法》的修改工作提供了最适宜的时机。特别是,《鹿特丹规则》最大限度地接受中国代表团的意见,其中吸纳中国代表团观点有 10 多项,因中国代表团的观点而达成妥协案的有 5 项,因此,将《鹿特丹规则》中合理的成分吸收到《海商法》中来,对健全航运法制、促进中国航贸发展无疑是十分有利的。

---

① [奥地利]凯特·兰纳:《〈鹿特丹规则〉的构建》,陈琦译,载《中国海商法年刊》2009 年第 4 期。
② 参见司玉琢:《〈鹿特丹规则〉的评价与展望》,载《中国海商法年刊》2009 年第 Z1 期。

关于妥善解决蓬莱19-3油田溢油事故赔偿问题的建议[*]

2011年6月4日蓬莱19-3油田发生溢油事故,溢出原油超过700桶,造成劣四类海水面积达840平方公里。2012年1月25日,农业部、康菲公司、中海油通过行政调解就事故赔偿达成协议,康菲公司将支付人民币10亿元设立基金,用于渤海湾地区的河北省、辽宁省部分区县养殖生物和渤海天然渔业资源的损害赔偿和补偿。

由农业部主导解决溢油事故对于及时化解矛盾、维持社会稳定具有积极的意义,但也应当看到,随着信息时代的到来和民众权利意识的不断觉醒,政府在管理手段、管理理念上都迫切需要创新和变革。特别是渤海溢油事故影响大、涉及广、受损害者众多。要想公正处理损害赔偿事宜,必须事先确定赔偿范围、索赔人及损失认定标准、赔偿金额、支付方式、赔偿程序等重大事项,并向受损害者公布后,根据标准进行处理。

未公开上述标准,就直接将赔偿款项划分给相关省、县、乡、村,由其处理赔偿事务,可能会出现如下问题:①部分受损害者因不知情而无法得到有效救济。②在申请赔偿的受害者中间可能产生"同损不同赔",使公众怀疑政府处理赔偿事务的公正性。③由于不是在查清事实、分清责任的基础上进行赔偿,且未有明确标准,容易导致工作人员按照亲疏关系或个人好恶处理赔偿事务。如有亲朋好友关系的,甚至

---

[*] 本文写作于2012年。

有直接、间接和隐性投资利益关系的，就赔偿多一些，反之则赔偿少一些，易于激化矛盾；还可能导致受害者之间互相攀比，误认为"小闹小解决，大闹大解决，不闹不解决"，使旧矛盾难解，新冲突不断。④由于赔偿款的管理、使用、支付不透明，缺乏必要的制约和监督，可能出现基金被层层截留，部分干部从中贪污腐败问题。⑤渤海溢油事件与美国墨西哥湾漏油事件在时间上相距不远，事故责任人康菲公司是美国公司，政府部门如何处理渤海溢油事故已为国内外媒体高度关注，此事处理的公正与否，直接关系到中美关系和我国对外投资环境问题。

美国处理墨西哥湾漏油事件的经验是：政府发挥的作用主要是督促侵权人尽快建立赔偿基金，并在赔偿基金建立之后委托中立第三方进行管理，政府自己则"退居二线"，仅承担监督之责。例如，美国政府在事件发生后，立即劝说侵权人英国石油公司设立一项上不封顶的赔偿基金，并和英国石油公司共同委托第三方作为信托受托人对基金进行管理，同时委托退休法官及专家学者对资金的运作进行监督。针对民众的索赔，专门建立了"墨西哥湾海岸索赔工具"，用以制定索赔规则、程序，并负责管理、调解、处理特定的损害索赔请求，其处理意见具有独立性，不受英国石油公司及其他任何主体的影响。

在纠纷解决程序中淡化行政色彩，引入中立第三方等社会力量参与，已经成为多元化争议解决机制发展的一个潮流，也是政府职能转变中的一个趋势。第三方的参与通常有以下几个优势：其一，第三方主要由专家组成，同时受当事人及政府的多方监督，可以最大化地保障赔偿程序的效率、公正和专业性；其二，利用社会力量解决社会问题，可以避免占用过多的公共资源，使行政机关从繁杂、棘手的应对工作中解放出来；其三，可以减少政府与法院的舆论压力，为整体协调处理赢得缓冲时机和回旋余地。

特此对我国渤海溢油事故的处理，提出如下建议。

(1)赔偿基金应委托独立第三方进行管理和审计，其运作方式和程序应确保公开、透明，有关索赔处理的信息应及时、全面地向公众发布。

（2）由农业部组织成立一个专家委员会，吸纳海洋、环境、法律、争议解决等领域的专家学者参与，制定统一适用的赔偿标准和程序。

（3）在农业部内部成立全国统一的协调机构，负责对基金的设立和赔付统一规划、统一协调，对基金的运行随时跟踪、随时掌握，对各地不符合赔偿标准和程序的行为及时发现、及时纠正，杜绝各地各自为政的情形。协调机构由农业部等相关部委领导人员、中立机构人员及部分专家、学者组成。

（4）处理事故赔偿的相关工作人员应经过专业的争议解决培训。在安排基金赔偿相关工作人员时，应对其进行专业的争议解决培训，并可考虑通过公开渠道选聘公道、正派的资深仲裁员、调解员、律师和相关领域的专家学者参与，以提高工作人员的整体服务水平。

第五部分
实 践 问 题

关于重庆市推行合同制的调查报告*

重庆市从1978年下半年开始试行产销合同制,开展合同管理工作,并由市工商局和长寿县工商局进行试点。沙坪坝区和九龙坡区的蔬菜产销合同和鲜鱼产销合同,也作为重点试行内容。从1979年1月到8月,全市报经工商部门鉴证的合同共6098份,其中工商合同158份,农商合同5593份,其他合同347份。推行产销合同后,工商企业和农业社队增强了责任感,发挥了积极性,按合同组织生产和收购,实行以销定产,从而改善了经营管理,减少了产销矛盾,保证了国家计划的实现,发展了生产,繁荣了市场。长寿县1979年全年农副产品收购计划,到8月底就完成了84%,收购的产品值比上年同期增长20%。如榨菜,收购近20万担,超计划收购数额百分之十多;而且质量有较大提高,每担平均价比上年增加4角多。仅这一项,社队就增加收入近10万元。

多年来,重庆市蔬菜供应产销矛盾很大,旺季大量烂菜,淡季供不应求,而且蔬菜质量差,品种单调。群众对此意见大,蔬菜公司也很苦恼:"蔬菜难搞,不多就少,多了要烂,少了要吵。"长期找不到一个使种菜人、卖菜人和吃菜人三满意的办法。自从实行蔬菜产销合同后,蔬菜生产提高了计划性,减少了盲目性,做到了蔬菜均衡上市。往年8月、9月、10月为淡季,而1979年这三个月里,蔬菜上市量增加到上年的2.4倍多,出现了淡季不淡的好现象,而且细菜、好菜、优质菜比例上升。沙

---

* 本文写作于1979年12月,与王金浓合作。

坪坝井口公社与双碑菜站签订了产销合同,虽然遇到严重干旱,仍保证了市场供应;与上年同期比较,井口公社还增加收入20多万元,双碑菜站则减少亏损54000多元。实行蔬菜产销合同,找到了种菜人、卖菜人和吃菜人三满意的路子。

多年来重庆市人民吃不上鲜鱼,鲜鱼生产和交售计划总是无法落实。副食水产公司与郊区社队订立鲜鱼产销合同后,保证人民群众在节日和平时都可以买到鲜鱼。

过去产销不见面,以产定销,工厂片面追求产值,不按品种计划生产,工商之间经常在品种问题上发生争执。以搪瓷脸盆为例,市场上彩色花脸盆长期脱销,而素色脸盆却大批积压,最多时达1200万个。商业部门与搪瓷厂经常扯皮,称为"花素之争"。实行产销合同后,工厂面对市场需要,按合同组织生产,改善经营管理,调整奖励办法,工人生产一个彩色脸盆比生产一个素色脸盆多得一分钱。产品花素比例达到了商业部门的要求,解决了长期存在的"花素之争",改善了工商关系,满足了市场需要。

实行合同制试点的单位,在实践中尝到了甜头。如沙坪坝区就为蔬菜产销合同总结了五条优越性:①尊重了生产队自主权;②能保证落实国家计划;③能促使蔬菜均衡上市,并增加品种,提高质量;④既能增加集体和社员收入,又能减少国家亏损;⑤能进一步密切农商关系。

重庆市推行产销合同制取得显著成效的原因,主要有以下四个方面。

第一,重庆市各级领导对推行合同制和开展合同鉴证管理工作十分重视。他们对合同的签订和鉴证作出了明文规定,使工作有了法律依据。各级领导同志还亲自深入社队和企业搞合同试点,参与调解合同纠纷,及时解决实际存在的问题。九龙坡区就曾针对农商合同工作中的问题制定了"四项原则",有力地推动了试点工作的开展。

第二,在推行合同制和合同管理工作中,各部门互相协作,密切配合。重庆市各经济部门坚决贯彻上级领导部门关于推行合同制的通知精神,协同工商部门开展合同管理工作。银行坚决执行没有合同不发放贷款,不办理托收承付结算的规定,认真执行工商部门的调解书和仲裁通知书。重庆市中级人民法院经济审判庭及时审理合同纠纷案件。报社、电台则在宣传报道典型经验等方面,进行有力配合。

第三,"文化大革命"期间,工商管理部门是"砸烂"单位,但重庆市却保存了一批老工商行政管理干部,约占现有工商行政管理干部的1/4,他们具有在20世纪50年代和60年代初管理合同的经验,在工作中发挥了骨干作用。合同管理干部改变了以前"等客上门,盖章鉴证"的老办法,走出机关,深入社队和企业,亲自掌握合同协商、签订、执行的全过程,摸索和总结了就地订约、就地鉴证、就地调解等一套行之有效的合同管理办法。

第四,采取先搞试点,取得经验,典型示范,逐步推广的办法,使社队和企业从实践中亲自认识到实行合同制的好处,从而使实行合同制成为广大干部和群众的自觉要求。长寿县太平公社一位生产队长说:"签订合同后,产品不愁卖,收入有保障,发生纠纷也有鉴证单位说公道话,这样我们就可以放心大胆地规划种植了。"供销部门反映:"农商之间的合同,一经工商部门鉴证,就得到法律保障,促使社队产品纳入了国家收购计划。"现在干部群众普遍要求订合同,特别是社队干部反映,不订合同不放心,订了合同心里才踏实。合同管理机关也有了威信。

重庆市推行合同制的工作,有以下四个方面值得介绍。

一、协商和签订合同应注意的原则

从协商合同条件到正式签约,是合同管理工作的第一个重要环节。合同内容是否切合实际,是合同能否全面执行的基础,也是发生纠纷后判断是非、进行调解仲裁的依据。因此,对协商签约这个环节,必须慎重对待,不可草率从事。重庆市各试点地区都从实践中总结了签订合同时应坚持的几条原则。大致可归纳为以下五点。

(1)充分尊重社队和企业的自主权,不强迫命令,不硬分任务。

(2)符合有关政策法令,兼顾国家、集体和个人利益。

（3）坚持平等互利，民主协商，双方权利与义务平等。

（4）合同内容要具体，条款要清楚，经济责任要明确。对经济制裁条款，成熟一条订一条，不强求统一。

（5）要充分估计乙方的生产能力和技术设备条件，以及甲方的调运销售情况。农商合同要考虑自然条件的影响，允许产销双方协商约定一个增减幅度。

二、合同的鉴证管理

合同鉴证管理的目的在于预防和减少经济纠纷，促进经济流转，更好地发挥合同制的作用。重庆市规定：合同的鉴证管理机关是各级工商行政管理部门；凡经鉴证的合同，都一律具有法律效力。

工商局在鉴证合同时，首先，审查缔约双方单位的合法性。企业须领有工商管理部门颁发的营业证照，外地单位必须持有县一级业务主管局或公司出具的证明文件，签约代表须是该企业、社队负责人或其他合法代理人。其次，审查合同是否符合有关政策、法令，不合法的不予鉴证。再次，审查所订产品的原辅材料、燃料来源是否可靠，设备能力、技术条件是否具备，社队种植面积、资金、设备、秧苗种子、技术措施是否落实。条件不具备和不能落实的，或属于"无米之炊"的合同不予鉴证。最后，审查合同条款是否清楚，责任是否明确，不得订立无具体交货期限的合同，如"款到发货""交货期限：一九七九年"等。

报送鉴证的合同，一律使用工商管理局统一印制的合同书。合同书有工商合同和农商合同两种格式。合同书对产品名称、规格、质量、数量、包装、价款、交货期限、运输方式、结算方式等，均列有详细规定项目。要求按规定填写一式三份，签订合同双方各执一份，鉴证机关存一份。

合同双方须缴纳合同鉴证费。合同金额在 5000 元以下者，各缴 5 角；在 5000 元以上者，双方各缴金额的 $1/10000$。

合同经过鉴证即发生法律效力。工商管理部门承担监督合同全面履行的责任，有权查阅企业有关业务资料，检查合同执行情况。

重庆市工商管理部门特别注意把监督检查合同执行情况作为合同管理工作的重点,市工商局对签订第三季度产销合同的60家工厂都派人进行了检查。长寿县仅上半年就派出干部1335人次,先后深入657个单位检查合同执行情况。在检查中及时解决了一些妨碍合同执行的问题,把工作做在纠纷发生之前,减少了国家和社队的损失。

在试行合同鉴证之初,群众中有各种思想顾虑,有的怕"花钱买个紧箍咒",有的担心工商局"屁股坐在商业一边"。经过实践,广大干部、群众认识到了合同鉴证管理的好处:"一份合同套三家,谁也脱不了责任,发生了纠纷有鉴证单位主持公道,不会吃亏。"开展合同鉴证管理,维护了订约双方的利益,防止和减少了经济纠纷,促进了合同制的推行。

三、合同纠纷处理程序

重庆市在实践中形成了一套"二级调解,二级仲裁"的合同纠纷处理程序。调解,工商所为第一级,区、县工商局为第二级。仲裁,区、县工商局为第一级,市工商局为第二级。

工商管理部门在处理合同纠纷中,坚持"以调解为主,仲裁为辅,多调解,少仲裁"的原则。无论调解或仲裁,都以合同条文为判断是非的依据,尽可能使争执双方在合同约定的基础上统一起来,及时地解决纠纷,促使合同全面履行,使可能受到的损失得到补救。长寿县在处理合同纠纷中,凡属以下四类情况一般采用调解的办法解决:①虽然违约,但未给对方造成经济损失,或有一定损失但尚可弥补的;②由于合同条款不够明确,难以划分责任的;③甲乙双方应共同承担责任的;④属于人力不可抗拒的原因而违约的。

调解无效时进行仲裁。仲裁的依据主要是合同条款。仲裁机关必须调查清楚造成违约的原因,分清造成违约的责任,核实因违约造成的经济损失(要求有较准确的数据)。在情况、事实清楚的基础上,作出裁决,制作仲裁决定通知书。如对仲裁不服,可在仲裁通知书下达十天内,提出申诉,请求复议。如对二级仲裁不服,可向市人民法院经济审判庭起诉。过期不提出申诉,仲裁决定即生效。仲裁决定中有关经济赔偿、违约罚金等条款,由人民银行及有关部门协助执行。

无论调解或仲裁,在作出决定前,工商管理部门一般都主动征求合同双方上级业务主管部门的意见,重大合同纠纷的处理还报经区、"县革委会"批准。

合同纠纷经过调解或仲裁,一般都可以得到解决。长寿县1979年1月到10月发生合同纠纷221件,调解解决的214件,仲裁解决的7件,没有告到法院的。其他区、县或市工商局直接抓的行业中,告到法院的合同纠纷也只是极少数。这些纠纷比较复杂和难以解决,但由于工商管理部门在调解和仲裁时做了大量工作,事实已经基本上搞清楚,法庭审理时也就比较容易解决。

四、合同的财产责任

所谓财产责任,主要是赔偿损失和违约罚款。重庆市在推行合同制试点中,始终坚持合同必须规定财产责任。在条件不具备,如原材料没有保证的情况下,宁可不签订合同或不予鉴证。条件基本具备,就一定要规定合同双方的财产责任,以维护合同的严肃性。

重庆市规定:合同条款,应明确规定生产、收购双方各自应负的经济责任;对于那些不按合同办事,造成经济损失的企业,工商管理部门有权给予经济制裁,除罚款赔偿损失外,严重的还要追究主要人员的经济、法律责任。

重庆市在实际处理合同纠纷中,注意区分由于客观原因、主观原因、主客观兼而有之的原因而造成违约的三种不同情况。

关于处以赔偿损失或罚款的标准,除按合同条款规定执行外,一般按以下三条原则掌握。

第一,违反合同主要是由于人力不可抗拒的原因,违约方经过努力,仍不能完成的,一般可不予赔偿。

第二,虽有客观困难,但在解决这些困难时,由于计划安排不当、官僚主义、措施不力等主观原因而违反合同的,根据损失大小和情节轻重等情况,应作适当赔偿。

第三,合同规定的主要条件基本具备,但不按合同安排生产造成违约的;不按合同规定范围自销,造成合同不能如期、如量完成的;以质量好的产品作为样品签订合同,交货时的产品与样品质量完全不符的;不按合同规定提货、付款的;不按合同规定的质量标准验收,而予压级、压价的;不按合同规定供应原辅材料的,均应赔偿损失。情节严重的还要处以罚款,直至追究主要人员的经济、法律责任。

重庆市合同制推行工作,当前还存在一些困难。例如,有些生产单位原辅燃料和动力来源没有保障,不具备签订合同的基本条件;有些生产单位的生产计划不符合客观实际,下达时间又太晚,而且往往由上到下层层加码,追加计划。这些都影响到合同的签订和执行。此外,有少数领导干部不认识合同制的重要意义,不重视合同工作,甚至凭借权力,任意更改、中断或废止合同,受损失的一方慑于权势不敢上告,工商管理部门也不能行使职权,严重地损害了合同的严肃性,在群众中造成极为不良的影响。

重庆市在推行合同制和开展合同管理工作中,有些问题还值得进一步探讨。例如,合同是否必须经过鉴证才算有效;对不服仲裁的合同纠纷案件的审理,以哪一级法院一审为宜;在追究财产责任中,对个人科以罚款以及"没收上交",是否妥当;等等。

重庆市在推行合同制工作中取得了十分可贵的经验。其经验说明:实行合同制有利于保障企业和社队的经营管理自主权,促进改善经营管理;有利于实行计划调节与市场调节相结合,以销定产,产销衔接,促进商品流通,满足人民需要。国家运用合同制这一法律工具,督促经济部门按照经济发展客观规律,用经济办法管理经济,这对于加速四个现代化的建设,具有十分重要的意义和作用。

关于法律服务市场行为规则的完善[*]

自20世纪90年代初我国确定建立社会主义市场经济体制,及确定建立完善的社会主义市场经济法律体系起,民法学界的任务就是配合国家立法机关完善民事立法,使我国民事立法尽可能采纳反映现代化市场经济客观规律的共同规则,与国际接轨,为我国进入WTO做准备。现代化的市场,分为商品市场和服务市场。其中商品市场又分为有形商品市场和无形商品市场;服务市场可以分为金融服务市场、通讯服务市场、技术服务市场、法律服务市场,等等。在我看来,在我国决定改革开放、实行对外开放政策之始,就注定了我国最终将开放包括商品市场和服务市场的整个国内市场。当然,因服务市场具有不同于商品市场的特殊性质,在开放的时间和开放的程度上当然会有很大的不同。

无论何种市场的开放,其前提条件是要建立完善的市场规则,包括市场行为规则和市场管理规则。市场行为规则的建立和完善,属于民法的范围。市场管理规则的建立和完善,属于经济法和行政法的范围。下面简单介绍建立和完善市场行为规则即民事立法的情况。1998年3月,全国人大常委会委托九位民法学者成立了民法起草工作小组,负责准备民事法律草案。民法起草工作小组第一次会议,议定完善我国民事立法的三个步骤:第一步,通过制定合同法,实现市场行为规则的完善、统一和与国际接轨。第二步,通过制定物权法,实现财产关系基本规则的完善,改变我国物权法立法滞后的局面。第三步,是在2010年

---

[*] 本文源自2001年4月8日作者在"WTO与中国法律服务市场"研讨会上的发言。

之前制定一部完善的、科学的、进步的中国民法典，为社会主义市场经济的发展，为建设社会主义的法治国家，奠定法制基础。民事立法的三个步骤，现在已经完成第一步，《合同法》已于1999年3月15日通过，同年10月1日起实施，基本实现了市场行为规则的统一、完善和与国际接轨。第二步正在进行中，学者受委托起草的中国物权法建议草案已于1999年10月完成并提交立法机关。按照预定计划，今年5月将在学者的建议草案基础上形成法制工作委员会的试拟稿，并组织专家讨论修改，征求各界包括律师界的修改意见，然后产生提交常委会审议的正式草案。第三步，起草民法典草案的工作已经在进行中。

前面谈到《合同法》的制定，基本实现了市场行为规则的统一、完善和与国际接轨，但这主要是指有形商品市场的行为规则而言。《合同法》的制定，广泛参考了发达国家和地区的立法经验，参考了《联合国国际货物销售合同公约》《国际商事合同通则》和《欧洲合同法原则》，因此可以说在有形商品市场行为规则方面，已经实现了与国际接轨。但在无形商品市场的行为规则方面，就不能这样说。《合同法》仅在第十八章技术合同的第四节规定了技术服务合同，在第二十一章规定了委托合同。对于法律服务、金融服务、通讯服务、旅游服务、医疗服务等合同，均未设具体规定。当然，也不能说关于法律服务就毫无规则。按照《合同法》第124条的规定，法律服务合同，应当适用《合同法》总则的规定，并可以参照与《合同法》分则最类似的规定。所谓与法律服务合同最类似的规定，当然是指第十八章第四节关于技术服务合同的规定和第二十一章关于委托合同的规定。但无论如何，《合同法》对包括法律服务合同在内的各种服务合同未设具体规定，说明服务市场的行为规则尚不完善。

现在，《合同法》刚颁布生效，不大可能通过修改《合同法》增设关于法律服务合同的规定。这一缺陷只能通过制定民法典来弥补。现在正在起草中的民法典草案，包括总则、物权、债权总则、合同、侵权行为、亲属、继承七编。传统的债权编被分解为债权总则、合同和侵权行为三编，是考虑到现代市场经济条件下行为规则数量的膨胀，并参考了新

《荷兰民法典》及新《俄罗斯民法典》的经验。合同编起草方案拟增加关于服务市场行为规则的规定,例如,旅游服务合同、医疗服务合同、饮食住宿服务合同,是否单独规定法律服务合同、通讯服务合同尚在研究中。无论是单独规定法律服务合同还是仍包括在委托合同或一般服务合同之中,毫无疑问合同编的起草将密切关注服务市场行为规则的完善,包括法律服务市场行为规则的完善。另外,法律服务的从业人员,在进行法律服务中因违反法定或约定义务给委托人造成损害时所应承担的民事责任,既可以是违约责任,也可以是侵权责任。律师的侵权责任,属于专家责任,因具有区别于一般侵权责任的特殊性,需要在侵权行为编作出专门的规定。按照正在起草的民法典侵权行为编的起草方案,专家责任被作为一类特殊侵权责任,将对律师、会计师、建筑设计师、医生的侵权责任,以专章或专节的形式作出尽可能具体的规定。

火车站没收车票是违法的[*]

我国法律规定在校学生乘坐火车可享受优惠,凭学生证购学生客票。学生客票除票价优惠外与一般客票无异。因此,要回答火车站有无权利没收学生客票,须从分析火车票的法律性质入手。

《铁路法》第 11 条规定:"铁路运输合同是明确铁路运输企业与旅客、托运人之间权利义务关系的协议。旅客车票、行李票、包裹票和货物运单是合同或者合同的组成部分。"《合同法》第 293 条规定,"客运合同自承运人向旅客交付客票时成立"。可见,火车票是证明客运合同成立的证据。因此,旅客可以凭票乘车,办理中转、改签、退票或追究铁路运输企业违约责任;铁路企业可要求无票旅客补票,否则令其下车。

特别要说明的是,火车票不仅是客运合同成立的证据,而且是一种证券。不仅记载一定的权利,而且本身就代表一定的权利。火车票上存在两种权利:一是旅客对构成火车票的这一张纸片的所有权,称为火车票所有权;二是旅客要求铁路企业按照火车票所记载的时间、车次将自己运送到所记载的目的站的合同债权,称为火车票债权。旅客向火车站购买一张火车票,他就取得这张火车票(一张纸片)的火车票所有权,同时也就享有凭这张火车票乘车的火车票债权。

火车票所有权与火车票债权,一般情况下是不可分的,火车票债权的存在以火车票所有权的存在为前提。《合同法》第 294 条规定,"旅

---

[*] 本文原载《为中国民法典而斗争》,法律出版社 2002 年版。

客应当持有效客票乘运"。《铁路法》第 12 条规定,"铁路运输企业应当保证旅客按车票载明的日期、车次乘车,并到达目的站"。按照这些规定,火车票持有人应当按照火车票所记载的日期、车次、目的站行使债权,铁路运输企业应当按照火车票的记载履行债务。铁路运输企业按照火车票记载的日期、车次将旅客运送到目的站,即完全履行了自己的义务,火车票债权也因权利之完全行使而消灭。因此,教科书上将火车票称为资格证券或免责证券。

在旅客到达目的站下车、出站时,火车站工作人员要求旅客出示火车票,以查验旅客是否享有资格乘车。这时,火车票债权已经消灭,但火车票所有权并未消灭。这一点,通常人们未予注意。如果不作报账使用的话,在出站口往往任凭车站工作人员收缴而不提出异议,或者自己随手丢入垃圾桶。这在法律上叫"抛弃",该火车票因此成为遗弃物。因为一般人看来,使用过的火车票已没有什么价值。但这只是就经济上的价值而言的。我们绝不能因此说使用过的火车票毫无价值。对此旅客而言,它具有重要的纪念价值。退一步说,即使毫无价值,火车票毕竟是旅客的所有物,属于公民的合法财产。

《民法通则》第 75 条第 2 款规定:"公民的合法财产受法律保护,禁止任何组织或者个人侵占、哄抢、破坏或者非法查封、扣押、冻结、没收。"火车站工作人员不征得旅客同意而强行收缴火车票,或者在旅客索要时将火车票撕破后交还,都是违法的,属于侵犯公民财产所有权的违法行为。多数旅客因受习惯的影响认识不到这种行为的违法性,或者因火车票价值微小而采取了容忍的态度,其结果是使铁路方面的这类违法行为长期得不到制止和纠正。

南京大学的某位同学质问"为什么收我的票",与这类长期存在而被习以为常的侵犯公民财产权的违法行为作斗争,令人敬佩。我国法律已经规定人民享有各项民事权利和政治权利,我们应当积极地、大胆地依法主张自己的权利,同一切侵犯公民合法权利的违法行为作斗争。这样做,绝不仅是为自己的利益,而首先是维护法律的尊严,使纸上的法律变成真正的活的法律。我希望铁道部责令铁路运输企业认真对照

《民法通则》《合同法》和《铁路法》的规定,审查迄今存在的内部规定和习惯做法,坚决执行法律规定,纠正一切以所谓内部规定或习惯做法为借口的侵犯旅客合法权利的违法行为。

关于医疗损害赔偿案件的法律适用[*]

世界上最珍贵的莫过于人的生命、身体和健康。保障人的生命、身体不受非法侵害,及在遭受非法侵害时保障受害人能够得到公正赔偿,是现代法治的第一要义。近年来,关于医疗过失造成患者严重损害而得不到公正赔偿的报道很多,在社会上引起强烈的反响,问题出在我国法律体系内部存在的严重法规冲突。由《民法通则》所确立的尊重和保护公民生命健康权的基本原则和基本精神,受到《医疗事故处理办法》(以下简称《办法》)的阻碍,不能得以贯彻。

1987年国务院发布的《办法》,是一部典型的行政管理法规。按照其第1条规定的立法目的,及从整个法规除第18条以外的内容看,所谓医疗事故处理,其含义是:由卫生行政部门对发生医疗事故的医疗单位和医务人员予以行政处分和处罚,构成犯罪的,移交司法机关追究刑事责任。不应当包括对医疗事故受害人的所谓经济补偿。因为,对受害人的"补偿",属于民事法律关系,应当由受害人诉请人民法院依照作为民事基本法的《民法通则》的规定处理。再说,无论是作为主管机关的卫生行政部门,还是作为当事人一方的发生医疗事故的医疗单位,都无权对民事损害赔偿关系作出处理。因此,医院事故及医疗事故鉴定,是卫生行政部门对发生医疗事故的医疗单位和医务人员追究行政责任的根据,以及司法机关对构成犯罪的医务人员追究刑事责任的根据,而不是人民法院对医疗单位追究民事损害赔

---

[*] 本文写作于2005年6月12日。

偿责任的根据。

《办法》第 2 条规定："本办法所称的医疗事故,是指在诊疗护理工作中,因医务人员诊疗护理过失,直接造成病员死亡、残废、组织器官损伤导致功能障碍的。"第 3 条规定,"虽有诊疗护理错误,但未造成病员死亡、残废、功能障碍的"不属于医疗事故。应当说,这一医疗事故定义,对于追究发生医疗事故的医务人员和医疗单位的行政责任或刑事责任来说,是适当的。问题出在,《办法》第 18 条超越《办法》的管辖范围和卫生行政部门的权限范围,将医疗事故鉴定作为决定对受害人"给予一次性经济补偿"的根据。按照《民法通则》第 106 条第 1 款、第 2 款的规定,凡医疗单位或医务人员因诊疗护理过失造成患者生命、身体、健康及财产损害的,均应承担损害赔偿责任,而不论是否构成医疗事故。正是上述第 18 条的规定,导致《办法》与《民法通则》的抵触。

《办法》是由行政部门负责起草的,行政部门起草法规的局限性和改革开放前用行政手段处理民事关系的习惯,造成这一严重法规冲突。应当说,法规冲突在任何国家都可能发生,可以通过违宪诉讼或者专门设立的统一解释法律委员会的解释,予以妥当解决。遗憾的是,我国迄今未有宪法法院或者统一解释法律委员会,这致使法规冲突长期存在。当然,可以经过立法程序,从《办法》中删去第 18 条,或者废止《办法》并制定新的法规。在《办法》未经修改或废止前,还可以由受理案件的法院通过裁判解释,克服此法规冲突,最终作出公正、妥当的判决,切实保护受害人合法权益。以下是我建议的解释方案。

首先,正确分析《办法》第 18 条与《民法通则》的关系。现在一些法院在审理医疗损害赔偿案件时,不适用《民法通则》而适用《办法》第 18 条的规定,致使受害人合法权益未得到保护,是由于误认为二者构成特别法与普通法的关系,依特别法优先的原则,适用《办法》第 18 条的规定,而不适用《民法通则》的规定。很多论者已指出,这种看法是错误的,《办法》第 18 条不是《民法通则》的特别法,《民法通则》也不是该条的普通法。《办法》第 18 条关于"一次性经济补偿"的规定,与《民法通则》关于民事损害赔偿的规定，不发生谁优先适用的问题。受害人当然可以选择要求卫生行政部门依该第 18 条的规定给予一次性经济补偿，也当然可以选择诉请法院依《民法通则》的规定追究民事损害赔偿责任。

其次，再区分医疗损害案件的性质和案由。

如果属于受害人直接依据《民法通则》第 106 条关于违约责任的规定或关于侵权责任的规定起诉的案件，应属于医疗过失的违约责任案件或医疗过失侵权责任案件。法院在判断是否成立损害赔偿责任时，当然应适用《民法通则》第 106 条的规定，只要有医疗过失即应成立损害赔偿责任，而不考虑损害结果是否严重到构成医疗事故。在计算损害赔偿金额时，当然应适用《民法通则》第 119 条关于人身损害赔偿的规定，并可适用 1993 年《消费者权益保护法》第 41 条关于人身伤害、第 42 条关于致人死亡的损害赔偿的规定。

如果属于受害人对医疗事故鉴定委员会的鉴定结论不服，或者对卫生行政部门的处理不服，而向法院起诉的案件，法院在判断该鉴定结论或处理决定是否合法正当时，当然应适用《办法》第二章、第三章、第四章和第五章第 18 条的规定。

如判断结果认定鉴定结论不当，法院当然可以依职权委托专家（包括法医）组成鉴定委员会重新进行鉴定。

如判断结果认定卫生行政部门对责任单位或责任人的处理不当，法院当然可以撤销该处理决定，责令其重新处理。

如判断结果认定卫生行政部门对受害人的"一次性经济补偿"处理决定不当，法院当然可以撤销该处理决定，并作出"一次性经济补偿"的判决。

在作出"一次性经济补偿"的判决时，如认为当地政府规定的补偿标准不合理，法院当然可以比照《民法通则》第 119 条的规定，《消费者权益保护法》第 41 条、第 42 条的规定以及《道路交通事故处理办法》第六章的规定，直接决定适当的补偿标准。

据说立法机关正在研讨《办法》的修改或制定新的法规。鉴于卫生行政部门没有处理民事损害赔偿的权限,可以考虑删去第 18 条关于经济补偿的规定,或者修改为卫生行政部门可以对民事损害赔偿争议进行调解,当事人不愿调解或对调解不服的,可以向法院起诉解决。考虑到医疗过失损害赔偿责任的特殊性,建议由立法机关制定医疗过失责任法,其中应明文规定医疗单位和医务人员的主要义务,规定医疗责任保险制度,规定损害赔偿的项目和标准等。

构建和谐社会应当关注法律本身的公正[*]

——以拖欠劳动者工资为例

党中央提出建设社会主义和谐社会的目标,受到社会各界一致的赞许。公平正义,是和谐社会应有之义。一说到公平正义,我们往往关注现实中存在的裁判不公、执行难、拖欠劳动者工资及强制拆迁等社会问题。这是可以理解的,因为正是这些问题的存在造成社会的不和谐。但是,只关注和解决这些问题还不够,还应该关注这些不公平、不公正的社会问题之所以产生和存在的法律上的根源。唯法律本身公正,才有和谐社会可言。

近几年来,拖欠劳动者工资尤其拖欠农民工工资问题,愈演愈烈,成为严重的社会问题。劳动者是市场经济中的弱者,靠出卖劳动力换取微薄的工资,以维持自己和家庭成员的生活,其社会地位卑微,所掌握的信息有限,难以与雇主抗衡,当遭遇拖欠工资时,往往不可能及时向雇主主张权利。一些雇主正是利用了劳动者的这种不利地位,恶意拖欠劳动者的工资。甚至发生劳动者为讨要工资而付出生命代价的恶性事件,引起社会公愤。以致国务院总理亲自过问,责令各级地方政府动用手段限期"清欠"。

我们的国家,是共产党领导的以工农联盟为基础的人民民主共和国。人民的政府,关注拖欠劳动者工资问题,运用行政手段限期"清欠",保护劳动者被侵害的合法权益,当然是应该的,也确实取得了实

---

[*] 本文原载《学术动态》2005年第10期。

效。但是,我们却没有进一步追问,产生拖欠劳动者工资问题的原因何在？为什么拖欠劳动者工资问题总是反复发生,所谓"年年清欠,年年拖欠",几乎形成一种恶性循环。

其实,造成拖欠工资问题存在和难以解决的根源,就存在于现行法律法规本身。按照现行法律法规,工资债权和企业债权,同属于普通债权,一律适用 2 年的普通诉讼时效期间。暂不谈时效期间的长短,仅这种对工资债权和企业债权"一视同仁"的立法指导思想,就是有问题的。

工资是劳动者用血汗换取的报酬,是用来养家活口、维持生计的,在关于利益的分类上,属于所谓"生存利益",而与企业债权之属于"经济利益",截然不同；工资债权,在关于权利的分类上,属于所谓"生存权",而与企业债权之属于"经济权",截然不同。按照现今各主要国家及地区共同接受的法律思想,对"生存权"和"生存利益"的保护,应当优于对"经济权"和"经济利益"的保护。亦即对工资债权的保护,应当优于对企业债权的保护。

按照现行《民法通则》,工资债权被视为普通债权,适用 2 年的普通时效期间。如果被拖欠工资的劳动者,未在 2 年的时效期间内向法院起诉,就将不能得到法律的保护。值得特别注意的是,在民事诉讼制度之外,还有专门的劳动争议仲裁制度。设立专门的劳动争议仲裁制度的初衷可能是好的,可能是想尽量方便劳动者,使其通过简易的程序解决争议。但按照现行劳动争议处理条例的规定,雇主拖欠劳动者工资,劳动者应当向劳动争议仲裁委员会申请仲裁,不能直接向人民法院起诉;不经劳动争议仲裁而直接向法院起诉的,法院将不予受理。按照最高人民法院的解释,劳动争议仲裁被视为诉讼的前置程序。这就在实际上剥夺了劳动者的诉讼权利。

更有甚者,按照《企业劳动争议处理条例》第 23 条的规定,申请仲裁的时效期间是 6 个月。被拖欠工资的劳动者,如果超过 6 个月才向仲裁委员会申请仲裁,仲裁委员会将不予受理,或者在受理后以超过仲裁时效为由裁决其败诉。在劳动者申请仲裁,被仲裁委员会决定不予受理或者被裁决败诉后,该劳动者如果不服,可以在 15 天内向法院提起诉讼。如果超过 15 天,法院将不予受理。这样一来,前述《民法通则》规定适用于工资债权的 2 年诉讼时效期间,就在实际上被缩减为 195 天,亦即被打了 75% 的折扣。

如果劳动者在被仲裁委员会决定不予受理或者裁决败诉后的 15 天内向法院起诉,按照最高人民法院的解释,法院应当受理。在法院受理后,即使作出劳动者胜诉的判决,其被拖欠的工资能否全部得到保护,也是不确定的。据了解,一些法院以仲裁时效期间为根据,只保护其 6 个月的工资,超过 6 个月部分不予保护;另一些法院以诉讼时效期间为根据,保护 2 年的工资,超过 2 年的部分不予保护。并且,被拖欠的劳动者,一般不敢要求支付利息,能够讨回工资也就满足了,因此法院审理拖欠工资案件,极少判决支付利息。

无论根据我们国家的政体性质,还是根据现今公认的法律思想,我们的法律都应当对劳动者的工资债权给予特殊保护,其保护程度应当优于企业债权。遗憾的是,实际上,劳动者的工资债权所受的保护,远远劣后于企业债权。

你看,一方面是我们的党中央和地方政府依靠行政手段大力"清欠",替劳动者讨要被拖欠的工资,另一方面是我们的现行法律法规在鼓励、怂恿雇主拖欠劳动者工资。拖欠劳动者工资的社会问题之所以愈演愈烈、难以遏止,原因盖在于此。

我们的法律法规,应当真正贯彻特殊保护弱者、特殊保护劳动者的法律思想,对工资债权给予优于企业债权的法律保护。建议规定工资债权适用长期诉讼时效期间,最短不能短于 10 年;此 10 年诉讼时效期间,应当从所欠最后一个月工资的支付日的次日起算;并规定凡拖欠工资,一律按照中国人民银行同期借款利率计付利息。例如,拖欠 3 个月,即按短期借款计付利息;拖欠半年,即按半年期借款计付利息;拖欠 2 年,即按 2 年期借款计付利息,依此类推。并规定申请劳动争议仲裁与向法院起诉,适用同一诉讼时效期间,废止现行法规关于仲裁时效的规定;并规定申请劳动争议仲裁或者向法院起诉,由当事人自由选择,雇佣合同、劳动合同中约定的仲裁条款一律无效。

我们的法律法规,一定要使雇主知道劳动者的工资是赖不掉的,使其知道拖欠愈久利息愈重,使一切雇主不敢心存侥幸、不敢拖欠劳动者工资。唯其如此,才能够真正体现我们国家的政体性质,符合法律发展的进步潮流,从根源上解决拖欠劳动者工资这一严重社会问题,切实保障劳动者的合法权益,也才能够使雇主与劳动者之间的关系趋于和谐,有助于建设社会主义和谐社会的目标之实现。

"双方合同"或者"三方合同"[*]

——代建制试点中的"代建合同"模式分析

一、为什么要推行代建制

(一)改革政府投资体制

现行投资体制的特点:投资项目立项、批准"难";立项、批准后监督管理"松"。

项目一旦批准实施,项目工程建设和资金使用均由使用单位掌管,脱离政府投资主管部门的监控,使用单位由于利益驱动,往往置投资计划于不顾,任意变更建设内容,提高建设标准,扩大建设规模,突破批准的总投资额。

推行代建制实现对现行投资体制的改革:政府投资主管部门通过招标投标方式,选定具有工程管理资质和经验的项目管理公司作为代建单位,并委托代建单位代行政府投资主管部门对建设项目的管理权,严格掌握、控制建设规模、建设内容、建设标准和项目预算,并负责管理建设资金,保障投资计划的切实贯彻执行。

(二)推行公共工程建设的专业化管理

依现行投资体制,项目批准之后项目工程建设完全由使用单位掌管,使用单位往往缺乏组织管理建设工程的能力和经验,致使项目工程管理混乱无序,难免受制于建筑施工单位,难以保障项目工程建设工期

---

[*] 本文来源于作者于2006年1月10日在国家发改委投资研究所举办"政府投资项目代建制等建设实施方式改革高层论坛"的专题报告。

和工程质量。

推行代建制实现工程建设的专业化管理：作为代建单位的项目管理公司，具有工程建设管理能力和经验，可以对项目工程建设进行专业化的管理，并全面负责施工现场的安全、环保、卫生、市政等方面的监控和协调，处理各种突发情况，最终保障建设工程按期竣工和工程质量。

（三）严格执行招标投标、防止腐败

政府投资建设工程强制采用招标投标方式订约，对于保证工程质量、提高投资效益，发挥了积极作用。但在建设工程招标投标的实践中，也存在领导干部插手招标和建设单位与招标代理机构串通的腐败问题。

推行代建制可以有效防止腐败：政府投资主管部门采用招标投标方式选定代建单位，由代建单位作为使用单位的代理人委托招标代理机构进行招标，选定设计单位、建筑公司、设备供应商，等于设置了两道防止腐败的"隔离墙"：一是领导干部与招标活动之间的"隔离墙"；二是使用单位与招标活动之间的"隔离墙"。可以从源头上防止腐败，充分发挥招标投标制度的积极作用。

二、代建制试点中的三种合同模式

从各地进行代建制试点的情形看，在采用招标方式选定代建单位之后，都需要与代建单位签订"代建合同"，明确规定代建单位的权利义务和责任，"代建合同"成为监督、考核、评价代建活动和对代建单位进行奖惩的依据。可以说，代建制就是一种合同制。

迄今代建制试点中的"代建合同"，有三种模式。

（一）"委托代理合同"模式

这是上海、广州、海南的代建制试点采用的模式。在政府投资主管部门下面，设立具有法人资格的建设工程"项目法人"，或者指定一个部门作为"项目业主"，由"项目法人"（或"项目业主"）采用招标投标方式选定一个工程管理公司作为"代建单位"，再由"项目法人"（或"项目业主"）作为委托方，与"代建单位"（受托方）签订"代建合同"。

此"委托代理合同"模式的实质，是委托代建单位对项目工程建设施工进行专业化组织管理，并代理委托方采用招标方式签订建设工程承包、监理、设备采购等合同。

1. 特点

项目建成后的"使用单位"不是"合同当事人"；项目投资资金的管理权仍然掌握在投资人（"项目法人""项目业主"）的手中。

2. 优点

可以实现防止公共工程招标中的腐败行为和对公共工程建设的专业化管理的政策目的。（在项目工程的使用单位或者管理单位尚不存在的情形，适于采用此模式）

3. 缺点

（1）相当于政府投资主管部门自己作为建设单位"包揽"项目工程建设，然后将项目工程"分配"（划拨）给使用单位，将"政府投资"变成了"公房分配"，不符合改革政府投资体制的政策目的。

（2）使用单位不是"合同当事人"，难以发挥使用单位的积极性，甚至出现使用单位不予协助、配合的情形，增加工程建设中的困难。

（二）"指定代理合同"模式

这是重庆、宁波、厦门和贵州代建制试点采用的模式。政府投资主管部门采用招标投标方式选定一个项目管理公司作为代建单位，由作为"代理人"的该代建单位，与作为"被代理人"的使用单位签订"代建合同"。

此"指定代理合同"模式的实质，是政府投资主管部门指定代建单位作为使用单位的代理人，对项目工程建设施工进行专业化组织管理，并代理使用单位采用招标方式签订建设工程承包、监理、设备采购等合同。

1. 特点

投资人（"政府投资主管部门"）不是"合同当事人"；投资和资金的管理权掌握在使用单位手中。

2. 优点

可以实现防止公共工程招标中的腐败行为和实现公共工程建设的专业化管理的政策目的。

3. 缺点

（1）投资和资金的管理权仍然掌握在使用单位手中，实际上未对现行投资体制进行任何改革。

（2）投资人（政府投资主管部门）不是"合同当事人"，政府投资主管部门在选定代建单位后，实际上不可能对项目投资资金的运用和工程建设施工进行有效监督。

（三）"三方代建合同"模式

这是北京、武汉、浙江代建制试点采用的模式，即政府投资管理部门与代建单位、使用单位签订"三方代建合同"。

北京市是由"发改委"（投资人）选定代建单位，并与代建单位、使用单位签订"三方代建合同"；武汉市是由政府指定的"责任单位"（投资人）选定代建单位，并与代建单位、使用单位签订"三方代建合同"；浙江省是由"政府投资综合管理部门"（投资人）选定代建单位，并与代建单位、使用单位签订"三方代建合同"。

"三方代建合同"，除规定代建单位的权利、义务和责任外，还明确规定"政府主管部门"的权限和义务：对代建单位（受托人）的监督权、知情权；提供建设资金的义务。

1. "使用单位"的权利和义务

对代建单位（代理人）的监督权、知情权，对所建设完成的工程和采购设备的所有权；协助义务、自筹资金供给义务。

2. 优点

可以发挥三方当事人的积极性，实现三方当事人的相互制约。可以防止公共工程招标中的腐败行为，实现对公共工程建设施工和项目投资资金的专业化管理，保证工程质量和投资计划的执行，实现政府投资体制改革的政策目的。

三、三种合同模式的差别

"三方代建合同"模式，与第一种"委托代理合同"模式和第二种"指定代理合同"模式的差别，集中体现在代建单位的"权限"上。

在第一种模式和第二种模式中,代建单位的"权限"在于"一代、一管"。

根据投资人(或使用单位)的委托和授权,享有对外签订合同的"代理权",和对项目工程建设施工的"管理权"。

在第三种模式中,代建单位的"权限"在于"两代、两管"。

"两代",指代建单位根据三方代建合同的约定,享有对投资人的"代表权"(代行投资主体的职权),享有对使用单位的"代理权"(据以委托招标投标并签订设计、施工、安装和采购等合同)。

"两管",指代建单位基于其"代表权"和"代理权",拥有对项目投资资金的"管理权"和对项目工程建设施工的"管理权"。

四、结语:完善"三方代建合同"模式

"三方代建合同"模式能够较好地实现推行代建制的三项政策目的。

但"三方代建合同"模式也存在问题,即与现行《民法通则》和《合同法》关于委托代理制度的规定有所不符。

政府投资主管部门,属于行政法(财政法)上的主体,怎么能够与属于平等当事人的"民事主体"(代建单位、使用单位)签订合同?在北京市的试点中,由北京市"发改委"与代建单位、使用单位签订合同,在浙江省的试点中,由"政府投资综合管理部门"与代建单位、使用单位签订合同,按照《中央预算投资项目招标选择代建单位试点办法》(征求意见稿)的规定,中央预算投资项目代建制就应当由"国家发展改革委员会"与代建单位、使用单位签订合同,这在理论上和实践上都有不妥。

问题的关键在于,作为"行政机关"的"政府投资主管部门"或者"发展改革委员会",不宜直接成为代建合同的当事人。因此,解决问题须从改变出面签订合同的"委托方"(即"政府投资主管部门")的性质入手。

如果能够在"政府投资主管部门"之下,设立一个具有法人资格的"投资项目管理机构",由该"投资项目管理机构"出面选择代建单位,并与代建单位、使用单位签订"三方代建合同",即可使"三方代建合同"成为符合现行《民法通则》和《合同法》规定的一种"新型合同"类型。

"有形建筑市场"严重干扰了招标投标事业的健康发展[*]

近几年来,各地以强化招标投标管理的名义,在省、地(市)、县级,建立了数量众多的所谓"有形建筑市场",而将几乎所有工程建设项目招标,都纳入所谓"有形建筑市场"的管理范围,各地建设管理部门还出台了众多的有形建筑市场管理规定,严重妨碍了建设工程招标投标的正常秩序,干扰了招标投标事业的正常、健康发展。

一、设立有形建筑市场只是建设部一家之言,没有法律依据

对于设立有形建筑市场问题,无论是《招标投标法》还是《政府采购法》中都没有明确依据。招标投标应该是一种市场化程度很高的采购程序,是一种买方市场条件下的从优选择产品的方式。而设立有形建筑市场的初衷是一种尝试,力求以一种有形的行政约束机制来管理建设工程项目的招标投标,克服当前建设工程项目招标投标过程中存在的诸多问题。这种行政管理手段向市场的延伸是不符合市场经济发展的方向的,对建设工程项目招标投标中的违规行为起到了某种程度的遏制作用。但毕竟是一种特定时期的临时措施,缺乏法律上的依据,其实践中的经验与得失很值得研究。

---

[*] 本文写作于2009年。

二、有形建筑市场与行政管理部门无法完全脱钩

国务院早在 2002 年《关于健全和规范有形建筑市场若干意见》(以下简称《意见》)中就要求"目前已经设立和运行的有形建筑市场必须与政府部门及其所属机构脱钩"。但有形建筑市场是由各地建设行政主管部门组建的下属单位,在人、财、物等方面都无法脱钩。特别是在人的方面,目前很多地方的有形建筑市场的主要负责人都是由当地建委领导兼任,工作人员也多是从建设行政主管部门抽调来的。有形建筑市场是建设行政主管部门的一个下属分支机构,完全依附于上级管理部门,国务院关于有形建筑市场必须与政府部门及其所属机构脱钩的要求,难以实现。

三、有形建筑市场不应具有行政管理职能

按照国务院《意见》的规定,有形建筑市场是为建设工程交易活动提供服务的场所,其功能在于为建设工程交易提供活动平台,是收集、存贮和发布相关信息的"窗口"。为了方便行政相对人办理各种手续,很多地方的有形建筑市场,为有关行政管理部门设立办公地点,实行进场办公,为行政相对人提供"一条龙"服务,进行"一站式"管理。特别应注意的是,有形建筑市场作为自收自支的非营利性事业法人,只应在为建设项目交易活动当事人提供活动场所的同时,也为相关行政管理部门提供了一个集中的办公地点,以达到便利交易当事人办理相关行政手续的目的,有形建筑市场绝对不应成为一个行政层次、行政环节,绝不应具有任何行政管理职能。但我们看到,很多地方的建设行政主管部门将部门行政管理职权直接交给当地有形建筑市场,使有形建筑市场行政化。例如,一些地方的有形建筑市场管理办法明确规定:有形建筑市场的服务功能是,集中受理工程报建、资质审查、招标投标和施工许可等手续(《陕西省建设工程招标投标有形市场管理办法》第 7 条)。交易中心的工作程序包括:办理工程项目报建备案登记,办理合同备案手续,办理工程质量监督、安全监督等手续,办理施工许可证

(《甘肃省建设工程交易中心管理规定》第 11 条)。有形建筑市场,变成了建设行政管理的"二政府",完全控制了当地建设工程项目的全部实施过程。同时,还借助这些行政职权,进一步衍生出名目繁多的管理职能分支:如资格审核、水平认定、业务培训等。将建设工程管理化简为繁,使建设项目行政相对人穷于应付。

四、有形建筑市场的收费超出国家规定的范围

有形建筑市场的收费问题一直是社会关注的焦点。有形建筑市场,作为建设工程项目交易活动的场所,向交易活动当事人收取服务费,必须按照国家规定标准和名目收取。国务院《意见》中规定要坚决取消有形建筑市场不合理的收费项目,降低过高的收费标准,所有收费项目和标准须经省级人民政府价格行政主管部门按照国家规定核准,并向社会公布,除国家规定的之外,不得收取其他费用。但目前各地有形建筑市场,凭借不当取得的行政管理职权,很多收费明显超出国家规定的服务性收费范围。例如,凭借所谓资格审核收取所谓"资审费",凭借培训收取"培训费",凭借发布招标信息收取"信息费",借发放施工许可证以项目为单位向当事人单方或双方收取"交易费",等等。更有甚者,将有形建筑市场设立为会员制机构,规定只有成为会员方能进入,会员每年要向有形建筑市场交纳会费(《上海市建设工程交易管理中心章程》)。这些收费项目中,最普遍的是收取所谓"项目交易费",即凡是进入有形市场交易的每一个项目,都必须按一定的比例向有形市场交纳"交易费"。这些名目繁多的收费,并无法律和法规依据,直接增加了行政相对人的交易成本,这根本不具有合法性。

五、有形建筑市场成为条块分割市场和地方保护主义的壁垒

从各地建设行政主管部门出台的有形建筑市场相关管理办法中,我们可以看到,有形建筑市场并不是向全社会开放的,进场交易也不是无条件的,而是必须经过有形市场审核后才能进入的。非本地的中介机构,要想进场交易,必须提前进行申请、登记、备案并经过"审核"方可进场。会员制的有形建筑市场,完全禁止非会员进入。这样的有形市场,实际上成为对市场进行分割、封锁,限制和歧视非本地机构的地方保护主义的壁垒。

六、有形的外表不能克服隐形的违规操作

设立有形建筑市场的初衷,是提高建设工程交易的透明度,防止规避招标、招投标弄虚作假,以及转包、违法分包等行为,整顿和规范建筑市场秩序工作。靠有形市场的外在形式,不可能解决问题。作为市场经济中的一项商业活动,建设工程项目的交易,除所谓"进场"之外,还有大量工作是在场外进行的。这么多年的实践已经证明,将招标投标活动局限于所谓有形市场,不可能避免各种腐败行为和招投标违法行为的发生。很多事先的约定、勾兑,使表面的形式失去约束力。在建设工程项目招标中,迄今严重存在的、大量的"围标"行为,就是证明。有业内人士这样形容:"到有形市场来投标的众多厂家代表,同一个时间、同一辆车来,同一个时间、同一辆车走。"应是对设立有形建筑市场的讽刺。质言之,有形建筑市场不仅不能规范建设项目的交易,反倒为各种违法行为和违规操作,披上了合法的外衣。

七、有形建筑市场严重背离招标投标的科学性

各地有形建筑市场奉行的宗旨是将招标过程中的人为因素降到最低,评标专家进入有形建筑市场就被全程监控。其监控措施严密程度、监控设备水平高低,成了评价有形建筑市场管理水平的最高标准。可以说,现在的有形建筑市场已经将当下可以想到和用到的监控手段使用到了极致。但招标的科学性,除公开的竞争之外,更重要的是依赖于高水平专家的作用。专家以个人身份参加评标,根据项目实践情况和个人的技术专长发表意见,并对评审意见负责。现在的有形建筑市场,专家只能根据既定格式、方式打分,甚至不知道正在评的是什么样的项目?是谁家的项目?项目坐落在什么地方?完全将专家变成打分的机器,这是对招标方式的严重误解、误导,难以保证招标项目的质量和招标人的利益。

正确规定医疗损害纠纷案件裁判基准，缓和医患关系[*]

一、认识误区

医疗合同关系具有特殊性：非市场关系；非结果债务；医疗行为的高度专业性。这些特殊性经常成为我们的认识误区。

二、法律竞合

《民法通则》关于医疗损害案件的裁判规则：第106条第2款过错侵权责任，其构成要件包括过错、损害后果、因果关系。《医疗事故处理条例》规定，须构成医疗事故，医疗事故概念包含过错和因果关系。《民法通则》与《医疗事故处理条例》，构成一般法与特别法的关系。在适用上，应当按照特别法优先适用规则，凡医疗损害赔偿纠纷案件，均应当适用条例而不应适用《民法通则》。且按照条例之规定，构成医疗事故的应予赔偿，而不构成医疗事故的不应赔偿。但医疗事故鉴定委员会设置于医学会之下，导致医疗事故鉴定公信力不足。

三、司法实践失误

最高人民法院关于适用条例的通知，用"参照"一语，而未采用"遵照执行"概念，致使法院和法官误以为条例仅具有"参考"意义，而不具有拘束法院的效力。导致裁判医疗损害纠纷案件的"二元体制"：经鉴

---

[*] 本文写作于2009年。

定构成医疗事故的,适用条例,受害人所获得赔偿金较低;反之,未经鉴定甚至经鉴定不构成医疗事故的,适用《民法通则》及最高人民法院《关于审理人身损害赔偿案件适用法律若干问题的解释》,受害人所获得赔偿金较高。此外,最高人民法院关于证据规则的解释文件错误规定:医疗损害纠纷案件一律实行举证责任倒置。实际上起到挑起诉讼的作用。

《侵权责任法(第二次审议稿)》第七章医疗损害责任,第 53 条明文规定过错责任原则:患者在诊疗活动中受到损害,医务人员有过错的,应当承担赔偿责任。第 54 条明文规定替代责任:因医务人员的过错造成患者损害的,由所属医疗机构承担赔偿责任。第 55 条规定说明义务。第 56 条规定紧急情况难以取得患者或其近亲属同意的,经医疗机构负责人批准可以立即实施医疗措施。第 57 条明文规定应当尽到与当时的医疗水平相应的注意义务;并规定于判断注意义务时,应当适当考虑地区、医疗机构资质、医务人员资质等因素。第 58 条规定过错推定:①违反医疗卫生管理法律、行政法规、规章、诊疗规范的;②隐匿或者拒绝提供有关医学文书及资料的;③伪造或者销毁医学文书及有关资料的。此"推定"为不可推翻的推定,实际是"视为"即依法直接认定为有过错。第 59 条明文规定因果关系的推定:患者的损害可能是由医务人员的诊疗行为造成的,除医务人员提供相反证据外,推定该诊疗行为与患者的损害之间存在因果关系。第 60 条明文规定患者的告知义务(有关病情、病史等情况)和配合义务(必要的检查和治疗),患者未尽到该项义务,造成误诊等损害的,医务人员不承担赔偿责任。第 61 条规定医疗产品缺陷损害,患者可以向医疗机构请求赔偿,也可以向生产者请求赔偿。第 62 条明文规定,输血感染案件,受害人可以向医疗机构请求赔偿,也可以向供血机构请求赔偿。医疗机构赔偿后,属于血液提供机构责任的,有权向血液提供机构追偿。第 65 条规定不得采取过度检查等不必要的诊疗行为。

按照《侵权责任法》的思路,以本法对于医疗损害责任的规定,实现法制同一。自本法实施后,《医疗事故处理条例》关于医疗损害赔偿的规定,应当失效。在本法实施之前,应当排除"二元体制",凡鉴定不构成医疗事故的,一律不得再适用《民法通则》第 106 条第 2 款关于构成侵权的规定和最高人民法院关于人身损害赔偿的解释规则。对于鉴定结论有异议的,可以委托重新鉴定。经鉴定构成医疗事故的,按照医疗事故处理条例规定标准赔偿。

青岛市市南区人民法院的三位一体(法院、政协、专家)医疗纠纷调处新机制与区政协联手组建"医药卫生专家顾问团",医学专家 25 人,均为市区政协委员,在诉前、诉中和诉后三个环节,参与案件的审判和调处,维护当事人双方合法权益,促进医患关系和谐。此项经验的特点:将医学专家的专业知识与政协的公信力结合。条件是该区集中了大学和医院医学专家。一般地区缺乏此项条件,似可考虑在中级人民法院一级组建专家顾问团,邀请担任区、市和省三级政协委员、人大代表的医学专家担任顾问团成员。需要解决的一个关键问题是:如何处理专家顾问团与医疗事故鉴定委员会的关系?如果当事人未申请医疗事故鉴定,当然可在专家顾问团专家参与之下解决纠纷;如果当事人一方申请医疗事故鉴定,在顾问团专家认定鉴定结论正确的情形下,亦可在顾问团专家参与之下解决案件;但在顾问团医学专家认定医疗事故鉴定结论不正确的情形下,法院将如何对待?是否可邀请顾问团专家与医疗事故鉴定委员会参与鉴定的医学专家,共同讨论案件事实?于共同讨论作出原鉴定结论不正确的认定时,可否由法院委托医疗事故鉴定委员会进行重新鉴定,再以此重新鉴定结论作为裁判依据?这样处理,于《医疗事故处理条例》似不违背。

第六部分

回　忆

佟柔先生与民法经济法论争*

  1979年,中国社会科学院法学研究所邀请在京法律院系的学者专家,召开了著名的民法经济法讨论会,由此揭开了中国法学史上蔚为奇观的民法学派与经济法学派大论战的序幕。在那次会上,主张所谓"大民法"观点最有力、最为旗帜鲜明的,是佟柔先生和王家福先生。当时,所谓"大经济法"观点即苏联拉普捷夫、马穆托夫的经济法主张影响很大。此外,也有学者建议采纳捷克斯洛伐克的立法模式,即同时制定一部经济法典和一部民法典,经济法典规范社会主义组织间的经济关系,民法典规范公民间的经济关系。甚至有人主张废弃民法这一称谓,改为"公民权利法"。于是演变成长达7年之久的两派大混战,不仅民法学界和经济法学界的学者悉数卷入论争,就是许多法理学者、宪法学者和行政法学者,也被潮流所挟,被迫表明立场,所发表文章数量之巨,所耗费的人力、物力,难以计数。

  现在想来,当时经济法主张曾经一度很占优势,民法学派有几次似乎难以招架,是一点不奇怪的。因为当时党中央虽决议进行经济体制改革,但改革的方向并未确定,要改,甚至认为中国已到了非改不可的地步,这一点已达成共识。至于怎么改,朝着什么方向改,则分歧很大。有人认为,方向是强化国家计划和行政管理,继续走苏联的老路。国家领导人提出要加快经济立法的口号,很容易使人往经济法方面去想,而

---

 * 此文为纪念佟柔先生诞辰75周年而作,编入《佟柔文集》,中国政法大学出版社1996年版。

恰逢其时,苏联、捷克斯洛伐克的经济法理论被介绍进来,迎合了这一需要,助长了这一趋势,使人误以为真理在握。实在说,在经过长达二三十年推行法律虚无主义的实践之后,法学教育刚刚恢复,大家对经济法、民法均缺乏理解和认识。

回想起来,当年的论战确乎关系重大,民法和民法学的生死存亡系于一役。民法学派迅速调整了策略,不能等着人家杀过来,我们也应主动地杀过去。于是,1983年在北京市政府第四招待所由中国社会科学院法学研究所召开了全国民法经济法研讨会。在这样一个全国规模的包括民法学、经济法学和行政法学者的大会上,关于什么是经济法,真是百家争鸣,百花齐放。除了经济法学者的主张之外,民法学者也提出了好几种有力的经济法主张,如综合经济法,行政经济法,学科经济法,等等。一下子战局改观,战火烧到了经济法学派的后院。本来是民法学与经济法学的论争,转变为主要是各派经济法观点之间的较量。大会主席台上,佟柔先生与王家福先生神态自若、指挥若定,至今令人难忘。只可惜,当年不曾如今天一样,动不动要摄影留念,因此这幅画面只留在少数人的脑海里。

民法学派这一边的主帅是佟柔先生。当然,比肩而立的还有江平先生和王家福先生。三位先生后来在制定《民法通则》中起了极重要的作用,仿佛日本民法典制定时的"民法三杰"。《民法通则》起草和通过那段时间,论争进入了所谓白热化、短兵相接阶段。经济法学派向最高领导层递了联名书,要求停止《民法通则》的制定,至少应同时颁布《经济法大纲》,指出单独制定《民法通则》势将阻碍改革开放和经济发展,云云。有一段时间传闻已在某校秘密起草《经济法大纲》。直到全国人大召开前夕,立法机关在京召开全国规模的《民法通则(草案)》讨论会的同时,居然在南方某地召开了一个规模相当的针锋相对的会议,对《民法通则》的制定进行抵制和批判。一北一南,同时召开两个会议,而内容恰正相反,这在奉行议行合一和民主集中制的中国,至今留下一个难解之谜。

众所周知,最后《民法通则》仍然获得颁布,并使民法学、经济法学两派论战告一段落。民法学派最后获得胜利的利器，就是佟柔先生所提出并不懈地进行阐发论述的"民法—商品经济关系"理论。据我事后的研究，佟柔先生这一理论继承了苏联著名学者坚金教授的观点。二十世纪四五十年代苏联关于民法调整对象发生过争论，坚金教授提出民法的调整对象是商品经济关系，其理论随《民法对象论文集》一书的翻译被介绍到中国。正是这一学术见解，在中国改革开放的历史条件下，经过佟柔先生的改造、阐发、论述和宣传，最后成了决定中国民法和民法学在危急关头转危为安、化险为夷、获得胜利的利器。坚金教授所提出的这一观点，现在看来应是经过检验的真理；而将这一真理与中国改革开放的革命实践结合起来的，正是佟柔先生。

但在当时，许多学者并不承认这一真理。因为改革开放的目标尚未确定。就连经济体制性质的提法，也只是尝试性的、试探性的，所谓摸着石头过河。一会儿提"计划经济与商品经济相结合"，一会儿提"计划经济为主"，一会儿又提出所谓"笼子和鸟"的理论，稍后才有"有计划的商品经济"的提法。决定中国改革大业的命运之神，虽把手伸了出来，但拳头仍紧握着，手心里写的究竟是哪四个字尚未揭晓。当时要叫民法学派和经济法学派来猜，看哪一派猜的准。经济法学派猜的是"计划经济"，民法学派由主帅出马猜的是"商品经济"。又好比两派都被蒙了眼睛，被引到中国改革开放这头大牛身边玩盲人摸牛，各抓住一端。哪一方都坚信自己抓住了牛鼻子，对方抓住的是牛尾巴。甚至直到1990年，有一个叫《经济法制》的刊物还组织过一批文章，批判所谓资产阶级民法观点，批判《民法通则》，亦即少数人到那时还不肯承认自己抓住的是牛尾巴，还不肯正视自己一方猜错了。1992年邓小平南方谈话发表，中央作出决议提出以社会主义市场经济为改革目标。至此，终于真相大白，一锤定音，尘埃落定。历史证明了佟柔先生的理论智慧，在那样一个重要的历史时刻，先生所发挥的作用无疑是极重大的。

如果把中国民法和民法学比作一艘航船，这艘航船已经巧妙地绕过了险礁，勇敢地冲出了逆流，驶入了平稳的河道。我们这一代民法学者不应忘记佟柔先生，我们的后辈民法学者也应该了解佟柔先生。

我与改革开放 20 年[*]

20年前我有幸成为中国社会科学院研究生院第一届民法硕士研究生,从此走上民法学术之路。我选择民法,得益于西南政法学院张序九师的建议。我的导师王家福先生是法学界提倡改革开放最强有力的学者。我受王师的影响也特别关注改革开放的重大法律问题,曾积极参加20世纪80年代法学界关于民法与经济法的论争和关于国有企业财产权的论争,这里想谈谈后者。

我在《中国社会科学》上读到蒋一苇先生的《企业本位论》,蒋先生从经济学角度强调企业独立的经济地位,启发我去研究国有企业的法律地位、法律形式和财产权性质问题。研读了当时能够找到的关于法人制度和公司制度的著作,结合在云南昆明一个市属企业10年的亲身体验,形成了我对国有企业改革的基本主张:以公司形式改组国有企业,使企业成为真正的法人,承认企业作为法人对企业财产的所有权,而国家则作为投资人享有股东权。这与关于国有企业财产权的传统理论是抵触的。传统理论的基本观点是:国家对国有企业财产享有所有权、企业仅享有经营管理权。这是由苏联学者维尼吉克托夫在1948年提出来的。根据是计划经济体制和斯大林的下述观点:作为生产资料所有者的国家,把生产资料交给某一个企业,丝毫不失去对它们的所有权,企业的经理从国家手中取得了生产资料,并不成为这些生产资料的所有者,而是受国家的委托依照国家所确定的计划,来使用这些生产资

---

[*] 本文写作于1998年。

料。维尼吉克托夫所提出的国家对企业财产享有所有权、企业享有经营管理权的理论,为苏联及各社会主义国家的民事立法所采纳。

我写了《论企业法人与企业法人所有权》一文,向《中国社会科学》投稿,被退了回来,后转投《法学研究》,发表在1981年第1期。同年7月,我的毕业论文答辩会上,提问和答辩始终围绕该文所表述的企业法人所有权主张,我提交的学位论文《论合同制度》反倒很少涉及。尤其是著名民法学者佟柔先生对我的批评最烈。由于答辩会形式和时间的限制,不便多作辩驳,于是在答辩会后撰写《所有权形式论》一文。经考虑,我放弃了正面答辩的方法,而从生产资料所有制与财产所有权的区别立论,集中批判传统的国有企业财产权理论。我在文末发了一通感慨:对所有权形式的考察告诉我们,在同一所有制之上可以有各种不同的所有权形式。国有企业财产应采取什么样的所有权形式,不应取决于某种传统观念或固定不变的公式,只能根据我国经济的性质和我们所要实行的经济管理体制。就总体而论,发展社会主义商品经济好像一盘棋,而所有权形式问题是关键一步,这个问题解决得好就满盘皆活,否则将处处被动。文章同年11月写成,交《法学研究》,遭退稿,理由是在当时情况下不宜发表,后发表在《东岳论丛》1983年第2期。

关于国有企业财产权问题的讨论,成为中国民法学界的一大热点。我所提出的企业法人所有权主张和佟柔先生所坚持的企业经营管理权主张构成两个极端,中间则有各种折中的主张,如占有权、用益物权、双重所有权、商品所有权、委托经营权及支配权等。佟先生对我国民法科学有重大贡献,在民法学界有很高威望,是我所尊敬的前辈学者,又是我的学位论文评阅人和答辩委员会成员,于我有师生之谊。在争论中,我始终将矛头对准维尼吉克托夫。但因居于少数地位,在与别的学者辩驳时,难免有时显得情绪激动,而佟先生对此是很谅解的。最激烈的论争发生在1986年中国社会科学院法学研究所召开的"社会主义国有企业财产权理论研讨会""中国法学会民法学经济法学研究会"1988年上海年会和1989年重庆年会上。我在前两个会上,都以同一题目《用西方大公司形式改组我国国营大企业》作大会发言,批驳传统理论。

1989年的年会没有安排大会发言,激烈争论发生在小组会上。会后有人发表《评企业法人所有权》一文,其中写道:"他们"对不赞同企业法人所有权观点的人"破口大骂"。作者巧用代词"他们",使读者误以为是我谩骂对方。实际情况是,当时在国务院农村政策研究室工作的年轻学者沈敏锋,有时说话带脏字,在会上讲他考察沈阳实行股份制试点企业的情况时带出"国骂",是针对该试点企业的领导人,不是针对讨论会的参加者。

进入20世纪90年代,民法学界讨论的热点转移,关于国有企业财产权的认识渐趋统一。最近有年轻学者撰文,批评当年论争各方在理论上的缺失。企业法人所有权,在今天看来确有不周延之处。因为属于企业财产范围的除厂房、设备、制成品和现金等有体物之外,还有专利、商标、非专利技术、企业信誉等无体物和其他权利。所有权概念不能包括无体物和其他权利。但20世纪80年代初所谓企业财产,指生产资料和流动资金,基本上相当于今天所谓动产和不动产。无论如何,该论争的意义是重大的。

谢怀栻先生教我怎样做人[*]

谢怀栻先生从新疆生产建设兵团回到北京,是在1979年。第一次得见先生,是在当时政法干校的一次研讨会上。先生发言虽简短,而风骨毕现。后先生在研究生院开讲外国民法课,本院两届民法、经济法研究生仅五人,但教室座无虚席,多数听众是北京各校的民法教师。先生对我的指导是,学习民法从总则和罗马法入手。当时我已精读陈瑾昆的《民法通义总则》,先生建议我再精读梅仲协的《民法要义》。先生亲自领我到本所资料室书库查找,可惜没有找到梅先生的著作,于是建议我读李宜琛的《民法总则》、王伯琦的《民法总则》、黄右昌的《罗马法与现代》和陈允、应时的《罗马法》。我按照先生的指导,精读这些教材,并做了大量的摘录卡片。我最初的民法知识基础,就是按照先生的指示,通过精读这些民法教材奠定的。

我于1981年研究生毕业,进本所民法经济法研究室,先生是我做人和做学问的标杆。有整6年的时间,我与先生均住在本所后楼,先生住一层,我住三层,能够随时向先生请教。我的第一篇译作,内容是关于《匈牙利民法典》的修改,是请先生审校的。对于译文中的错误,先生逐一予以纠正。我已自觉先生不仅是审校我的译作,更是在向我传授"为师之道",我将来如果当老师,就应当像先生对我那样去对待我自己的学生。

与先生相处,每每谈论民法学界的热点问题,论及一些人和事,先

---

[*] 本文写作于2003年8月15日。

生毫不隐讳自己的观点,但对事和对人是截然区分的,在指出某个理论的错误时,对持该理论的学者并无任何轻蔑之意。我记忆最深的是,20世纪80年代中期的一天,与先生在本所后院散步,谈起当时关于民法调整对象的各种理论,先生明确指出,把民法调整对象限定为"商品经济关系"是片面的,民法不仅调整商品经济关系,还调整身份关系(亲属关系)和非商品的经济关系。同时,先生对提倡这一理论的佟柔教授表示充分的理解。在当时的历史条件之下,强调民法是调整商品经济关系的法律,容易得到整个社会特别是国家高层领导的认同。先生的这一思想对我有深刻的影响。我在四川人民出版社出版的《民法》一书的后记中提到这一点。后来我在纪念佟柔教授的文章中,还特别谈到,这一理论对于最后在立法上确立民法的基本法地位是功不可没的。要说真有什么"商品经济民法观"的话,是先生最先指出这一理论的偏颇。但与时下的过激论者的最大的区别在于,先生是把这一理论放在当时的历史背景中去评价其得失。这不就是我们所追求的学术批评的"客观性"和科学态度吗?

刚才提到我1988年在四川人民出版社出版的《民法》一书,是我的第一本著作,全部书稿是经过先生逐字逐句审改的。当我从先生处取回书稿时,发现其中夹了许多纸条,写着哪一页哪一段的哪一句应如何修改及理由。例如,我在原稿中将法律行为定义为"关于什么什么的'意思表示'",先生指出以"意思表示"定义"法律行为"不妥,"意思表示"只是构成法律行为的"要素",除"意思表示"外,还有别的"要素"。我在该书中主张"民法不是公法",批驳当时仍占优势的"民法公法论",也是深受先生的影响。先生曾经对我说,以列宁的那段话论证民法是公法没有道理,而且那段话的翻译也有错误。先生是手把手地教我如何做学问。

先生不仅教我做学问,更教我做人。我与先生一道参加过多次专家讨论会,无论讨论国家立法草案或最高法院解释草案,先生的每一次发言、每一次表态,都显现出对国家、民族、人民的极端负责的精神和绝无媚态的独立的学术立场。以我四分之一世纪的学术经历和15年参与立法的经历,在官僚权势面前,能够不卑不亢,保持自己人格尊严的学人,真如凤毛麟角。先生保持了自己的人格尊严,使我领悟到什么是真学者、真学术,并决心步先生之后尘。

这里特别要谈到先生最后对我的"教训"。2001年下半年,先生以带病之身参加中国政法大学的民法博士生答辩,答辩会后特地打电话给我。先生说,"我有一句话要告诉你,你一定不要压制青年人"。先生谈到一位博士生在论文中对我的某个观点进行了批评,先生由此注意到不同代的学者之间的关系。先生特别谈到,现在年青一代民法学者已经成长,他们身处前人所没有的学术环境,有比较扎实的民法基础,掌握一门甚至几门外语,曾出国留学,直接接触外国第一手资料,他们的知识已经超过前人,能够发现前人的不足和纠正前人的错误。先生主张真正的学术批评,青年学者可以批评中年一代学者、老年一代学者,中年一代和老年一代学者对青年学者不要压制。先生特别告诫我说,"千万不要因为他批评了你,你就压制他,无论如何,你一定不要压制青年!"我当即向先生保证:我绝不压制青年。我说:"请您放心,我是照您的标准做人,我绝对不会做压制青年人的事!"当时我也很动情,是在向先生发誓。我将信守我的誓言!

先生从来对学术论战持肯定态度,反对调和,认为学术论战可以推动学术进步。前述先生给我的电话,起因是政法大学博士生对我的某个观点的批评,先生告诫我不要压制青年,并无一字涉及我与徐国栋的论战。先生最后要我转告徐国栋,"想和他谈谈心",先生说我是想劝他"不要太盛气凌人"。于是我通过电子邮件告诉了徐国栋。先生在接受谢鸿飞的采访中明确表示赞同我所提出的编纂民法典的思路,已经公开站在了论战的一方。后来徐国栋说先生打算调解他与北京某人的论战,这不符合事实,也不符合先生的学术思想和性格。

先生对我的另一个"教训"是:"让别人去批判!"2002年下半年,我知道与先生见面机会已不多,在国庆节、新年和春节三次去看望先生。在新年去看望先生时,我主动谈及论战中的一些事,先生对我说:"你要让别人去批判!"先生这句话,使我忆起先生曾经给我谈过的在监狱中的经历。先生告诉我,他刚被投入监狱时也思想不通,是一位老狱友的开导使先生恢复了生活的勇气。于是先生托人买了俄文版《毛主席语录》,在狱中开始自学俄语。在劳动改造中,担任先生所在小组组长的年轻刑事犯人要向上汇报先生的"反动言论",问先生拿什么去汇报,先生回答说,你就汇报说"谢怀栻散布反对斯大林的言论"。当时中苏两党交恶,小组长这样汇报后,上面就不再收集先生的"反动言论"了。先生告诫我,"让别人去批判",使我联想到先生在逆境中的处世态度,于是恢复了心情的平静。

先生驾鹤远行之时,适逢京华"非典"猖狂。我未能参加先生的告别仪式,是为终生遗憾。但先生对我的教训,我将铭记不忘,遵行不二!

难忘的 1979—1986 年[*]

——为祝贺导师王家福先生八十大寿而作

引　子

改革开放第一个十年,中国法学界发生了三件大事:一是法学研究所召开民法经济法学术座谈会,形成所谓"大经济法观点"与"大民法观点"的对立,引发民法学经济法学两大学科旷日持久的学术论争;二是立法机关启动第三次民法起草,后因立法方针变更,改为"先制定单行法",中途解散起草小组、暂停民法起草;三是执行"先制定单行法"方针遭遇立法"瓶颈",立法机关制定民法通则,招致经济法学界的猛烈批判,终于排除重重阻碍获得成功,成为中国迈上民权法治之路的里程碑、中国特色社会主义法律体系的奠基石。

1. 民法经济法座谈会

（1）经济法概念的提出

中国在粉碎"四人帮"之后,纠正十年"文化大革命"及"左"的思想路线错误,拨乱反正,将国家生活的重心转移到经济建设上来,重新重视法律手段在国家治理和国民经济建设中的重要作用,陆续制定了若干调整经济关系的立法。1978 年 10 月,胡乔木同志发表《按照经济规律办事,加快实现四个现代化》一文,其中论及加强"经济立法与经济司

---

[*] 本文写作于 2010 年 6 月 5 日。

法"①。1979年第五届全国人大第二次会议上叶剑英同志的讲话,第一次提及"经济法"概念。但从叶剑英同志的讲话内容看,他所谓"经济法",并无作为独立法律部门的含义,而是民法、民诉法、婚姻法、计划法、工厂法、能源法、环境保护法等有关经济的法律法规之总称。②

当时改革方向尚不明朗,正所谓"摸着石头过河",恰在此时,苏联拉普捷夫的现代经济法学理论被介绍进来,致有相当一部分学者(包括民法学者)认为中国的经济改革应该沿着苏联的方向,强化指令性计划和行政管理,坚信民法属于资产阶级的法律,不能适应社会主义经济关系法律调整的要求,应当被一个新的法律部门所取代。加之法学教育和法学研究在长期中断之后刚刚恢复,还不可能为国家立法提供关于法律体系、法律部门划分等方面的科学理论,导致当时一些领导同志对"经济法"概念的错误理解。据说彭真同志讲过"经济法是基础法,是最重要的法"③。

在当时特殊历史背景之下,许多法学者将一些领导同志讲话中所说的"经济法"与苏联现代经济法学派所谓"经济法"直接挂钩,认为国民经济应当由一个崭新的法律部门统一调整,建议国家制定经济法典或经济法纲要,建议取消民法或者将其贬为个人关系法。在短时间内迅速造成经济法学的虚假繁荣。④

其时王家福先生担任法学研究所民法经济法研究室主任,经常与同志们讨论民法的前途、经济法的调整对象、民法与经济法的关系及社会主义的法律体系构建这些问题,认为国家立法必须有科学理论作为依据和指导,否则经济立法一旦迷失方向、步入歧途,必将给改革开放

---

① 参见胡乔木:《按照经济规律办事,加快实现四个现代化》,载《人民日报》1978年10月6日。
② 参见〔日〕铃木贤:《中国民法经济法论争的展开及其意义》,载《北海道法学》39(4.195)。
③ 参见1986年2月27日11院校的17位经济法教师致"中央书记处并中央领导同志"的信(复印件),收文号:第264号1986年3月4日,第1页。
④ 邱本:"可以说,当时中国经济法学的繁荣,客观地说是繁而不荣,甚至是虚假繁荣。"参见邱本:《经济法学三十年》,载李林主编:《中国法学三十年:回顾与展望》,中国社会科学出版社2008年版,第250页。

和"四化"建设带来难以补救的危害。

（2）全国法学规划会议

1979年3月21—31日，中国社会科学院法学研究所在北京召开了"全国法学规划会议"。有全国法学研究机构、政法院系、中央和京津沪等地政法机关共46个单位的129位代表出席会议。中国社会科学院党组成员、副秘书长兼法学研究所所长王仲方同志[5]作了题为《解放思想，面向实际，繁荣法学，努力为四个现代化服务》的报告。会议讨论制定了《全国法学研究（1979—1985）发展规划纲要》。中国社会科学院副院长于光远同志到会讲话。最后全体代表还听了中央领导同志的重要讲话。[6]

于光远同志在讲话中，特别谈到社会科学的历史使命。他说："我们的国家正在为本世纪末把我国建设成为四个现代化的社会主义强国而奋斗。为了完成这个伟大的历史任务，社会科学各个领域都要作出自己重大的贡献，其中就包括法学。"法学研究者不仅要撰写科学论文和学术著作，还要"对立法工作、司法工作等提出的实际问题进行研究，写成研究报告，提出有科学论据的意见"；法学研究者要主动进行立法研究，"哪个法要立，哪个法不立，哪些法先立，哪些法后立，问题一大堆。立法工作免不了都要找到我们法学工作者头上来，我们要采取主动，做好这方面的准备"。于光远同志还特别指出，法学研究应该"独立思考，只服从真理"，"只能服从真理，不能服从错误"[7]。

正是在法学研究所学习贯彻"全国法学规划会议"精神的过程中，王家福先生提出召开学术研讨会推进民法经济法学术研究，主动为国家经济立法做好理论准备的建议，得到研究室同志们的赞同和法学研究所领导的支持。

---

[5] 王仲方（1921—2017年），曾担任公安部长罗瑞卿同志的政治秘书，"文化大革命"中受迫害，"文化大革命"结束后曾担任中国社会科学院党组成员、副秘书长兼法学研究所所长，中宣部办公厅主任，国家对外文委副主任，中国法学会党组书记、会长。

[6] 参见徐益初：《法学规划会议在京举行》，载《法学研究》（试刊）1979年第1期。

[7] 于光远：《对法学研究工作的一些意见——在全国法学规划会上的讲话（摘要）》，载《法学研究》（试刊）1979年第2期。

（3）民法与经济法学术座谈会

在经过充分筹备之后,于1979年8月7—8日,在沙滩北街15号中国社会科学院法学研究所(后院西小楼底层会议室兼饭堂),召开了挑起中国民法学经济法学争论的、已载入中国法制史册的"民法与经济法学术座谈会"。座谈会预设三个问题:第一,我国应制定什么样的民法,即民法的调整对象是什么？第二,如何处理民法与经济法的关系？第三,中国应建立什么样的立法体系？应邀参加座谈会的有在京的政法院系、财贸学院的法学理论工作者和政法机关的实际工作者50多人。与会同志就制定民法的重要性、制定什么样的民法,以及民法与经济法的关系问题,进行了热烈的讨论。

（4）"大经济法观点"与"大民法观点"

两天的讨论会,从始至终发言踊跃、气氛热烈,并形成相互对立的两派理论观点,也有一些参加者犹豫不定,未明确表明自己的立场。相互对立的两派理论观点,当即被赋予了"大经济法观点"和"大民法观点"的称谓,并在会后演化成民法学与经济法学两个学科之间长达七年之久的学术论争。

所谓大经济法观点,主张经济法是调整国家机关、企业、事业单位和其他社会组织内部及其相互之间,以及它们与公民之间,在经济活动中所发生的社会关系的法律规范的总称。经济法是国家领导、组织和管理经济的重要工具,是社会主义法律体系中的一个崭新的独立法律部门。而民法则只调整公民个人之间的财产关系和人身非财产关系。

所谓大民法观点,主张凡是横向的经济关系包括社会主义组织之间、社会主义组织与个人之间以及个人与个人之间的财产关系,均由民法调整。经济法仅调整纵向的经济管理关系,并认为经济法不构成独立的法律部门。

会上主张大经济法观点的有北京大学的魏振瀛先生、北京市委党校的齐珊(刘岐山)先生、北京政法学院的江平先生和法学研究所民法经济法研究室的余鑫如先生。⑧

魏振瀛先生说:"我的初步意见是制定若干基本法。每一个基本法作为调整一定领域的经济关系的基本准则。其中有些是涉及全局性的。例如,企业法主要规定企业在财产和经营管理上的职责、权利和义务,企业和其主管部门的经济关系;计划法主要规定国民经济计划管理的原则和办法,计划调节和市场调节的关系;合同法作为调整社会主义组织之间的经济关系的基本法。此外,还应结合有关经济部门制定相应的基本法。""民法主要调整公民个人之间的经济关系和一定的人身关系。个人与社会主义组织之间的经济关系,有些可以由民法调整(如损害赔偿),有些可以参照适用经济法规的有关部分。"⑨

齐珊先生主张:"我们首先要解放思想,敢于突破《拿破仑法典》以来所形成的民法概念。作为中华人民共和国的法律体系和法律部门,不能由人们的主观意志随意建立,也不能无条件地沿用传统的体系,而应该从我国的实际出发,根据它所调整的经济关系和社会关系的性质来决定。""目前我国的经济管理体制,正处于改革之中,制定一部经济法典,条件还不具备。但是根据需要和可能,应该首先制定经济立法的若干指导原则,以便在此前提下分别制定单行的经济法规,使法规和法典结合起来,相互补充,以待条件成熟时,制定出一部较为完备的经济法典。"⑩

江平先生认为:"从所调整的财产关系的性质来看,经济法所调整的是生产领域中的商品关系,也就是直接为商品生产服务的商品流通各个环节,如原料的供应和产品的销售、物资的调拨、贮存、运输、保险、基建、信贷、结算等。这种商品关系的基础是生产资料公有制,它主要包括为实现商品生产和商品流通,对国家财产和集体财产所实行的各

---

⑧ 当时主张大经济法观点的四位先生都是民法学者,在进入20世纪80年代后四位先生都相继放弃了大经济法观点。

⑨ 魏振瀛:《建立中国式的经济立法体系》,载《法学研究》(试刊)1979年第4期。

⑩ 齐珊:《经济法是一个重要的独立的法律部门》,载《法学研究》(试刊)1979年第4期。

个管理环节,如土地管理、各种资源管理、财政管理、物资管理等。民法调整的是消费领域的商品关系,主要是指公民以其劳动所得,用商品交换形式获取自己生活所需的消费品。这种商品关系的基础是生活资料的个人所有。""因此,经济法调整的是社会主义组织之间直接或间接的计划而产生的,以生产资料公有制为基础的,生产领域中的商品关系。民法调整的是公民之间或公民与社会主义组织之间、以生活资料个人所有为基础的、消费领域中的直接或间接的商品关系及某些人身关系。"⑪

余鑫如先生认为:"从指导和促进经济建设的角度来说,把调整社会主义经济在流通范围内的各项经济活动的规范和调整国家主管部门、管理机关领导和组织经济活动的有关规范,都包括在经济法的范围内是比较适合的。""总之,把经济法独立成为一个门类,把社会主义组织间在流通范围内的经济活动,从民法调整的对象中划分出来,归到经济法门类里去,是值得考虑的。"⑫

主张大民法观点的有人民大学的佟柔先生和我的导师王家福先生。佟柔先生认为:"社会主义商品(包括采取商品形式的产品)关系是我国社会关系的一种,当事人处于平权地位而发生对价关系就是适应和调整这类社会关系的法律规范的特征。我认为具有这类特征的法律规范属于民法部门。""由于各个经济过程中包含着几种经济关系,几种经济规律在其中起作用,所以在经济法规中不仅需要民法规范,也需要包括别种法律部门的规范。只有这样,才能从纵、横两方面对经济过程进行调整,从而能较好地体现按经济规律办事的要求,以利于国民经济有计划、按比例、高速度地发展。当然,由多种法律部门的规范组成的经济法规,无论是单个的或是它们的总体,都不构成独立的法律部

---

⑪　江平:《民法与经济法的划分界限》,载《法学研究》(试刊)1979 年第 4 期。

⑫　余鑫如:《经济法要不要成为一个独立的法律门类》,载《法学研究》(试刊)1979 年第 4 期。余鑫如先生当时担任法学研究所民法经济法研究室副主任,给研究生讲授"中国民法学"课,于此次座谈会后不久即放弃大经济法观点,改持大民法立场,与王家福、谢怀栻、王保树、梁慧星、余能斌合著《合同法》一书。该书为大民法观点的代表作,于 1982 年开始撰写,1984 年 9 月统稿完成,1986 年 6 月由中国社会科学出版社出版。

门,也没有它自己所专有的调整方法。"⑬

王家福先生指出:"社会主义现代化建设的宏伟事业,十分紧迫地把制定民法的任务提到我们面前。民法并非人们通常理解的公民法、私法,而是调整以财产所有和财产流转为内容的经济关系的财产法。""制定民法是改革经济体制,加快实现四个现代化步伐的要求。我国的经济体制,基本上是五十年代苏联管理体制的移植。权力过分集中,用行政手段管理经济,企业无权地位等弊病,已成为实现四个现代化的严重障碍,非改革不可。而要推行经济改革,并巩固经济改革的成果,就必须制定民法,扩大民事法律关系。""国际国内历史经验表明,如果没有民法,不强调平等互利的民事法律关系,共产风就可能连延不断,官商、官工、官农的衙门作风,就会改头换面猖行于世,经济改革就有落空的危险。""有了民法和各种经济法规,就不必再制定经济法典。这是因为,一是它没有统一的调整对象,统一的调整方法;二是它容易过分突出经济行政管理,不利于当前正在开始进行的经济改革;三是它内容重复,人为地把单位、个人参与的统一的经济生活割裂开来。"⑭

另有两位学者似持中间立场,即法学研究所所长孙亚明先生和北京大学的芮沐先生。孙亚明先生作为此次座谈会的主持人,并未明确表明自己的主张,只作了题为《研究民法、经济法的基本出发点》的发言。孙亚明先生指出:"民法是调整经济关系的,经济法也是调整经济关系的。但二者调整的经济关系应当在范围上有所不同,在内容上有所区别。如果合二而一,搞一个称作财产法的统一的基本法,这种设想是值得认真考虑研究的。"⑮实际上孙亚明先生的基本主张是民法调整横向的经济关系,经济法调整纵向的经济关系,属于大民法观点。⑯

---

⑬ 佟柔:《民法的调整对象及民法与经济法规的关系》,载《法学研究》(试刊)1979年第4期。

⑭ 王家福:《一定要制定民法》,载《法学研究》(试刊)1979年第4期。

⑮ 孙亚明:《研究民法、经济法的基本出发点》,载《法学研究》(试刊)1979年第4期。

⑯ 参见中国社会科学院法学研究所民法经济法研究室:《经济建设中的法律问题》,中国社会科学出版社1982年版,第22页。

北京大学的芮沐先生主张:"应从分析社会的生产关系入手,研究我国社会经济的全部活动。首先要分析社会主义社会的基本经济关系,确定社会主义经济关系中各种主体(集体的、个人的)的地位和作用,及其组织情况,分析和调整这些主体参加的具有不同特点的经济活动,这些应该是划分各种不同经济立法领域的主要标准。把这些因素结合起来,例如,由经济法调整建立在生产资料公有制基础上的经济组织之间的经济关系,而民法则调整个人在社会经济中的地位、其财产所得及其在经济活动中的权利义务关系。设想这样做还是行得通的。"[17]可见,芮沐先生的主张最接近大经济法观点,只是与前述大经济法观点的主张者有一个区别,这就是芮沐先生不赞成将民法看作与作为"公法"的经济法对立的"私法"。他在发言中指出:"在我们国家,不能像资本主义社会中公、私法的对立那样,把经济法和民法对立起来。"[18]

日本学者铃木贤分析说,从八位学者的发言看,参加论争的两派的出发点,均非纯粹对理论的关心,而是专注于推进国家立法(特别是民事立法)。明确采取大经济法立场的四位发言者,加上接近大经济法立场的芮沐,占了八分之五的比例,而明确采取大民法立场的发言者仅佟柔、王家福二人。可见,从民法与经济法论争之始,经济法一方就占据了绝对的优势。[19]

2. 民法与经济法论争的展开

座谈会之后,民法经济法论争很快在全国展开。根据铃木贤的研究,1979年法学研究所的座谈会之后,民法、经济法的关系问题,很快成为中国法学界大规模学术论争的焦点。各种法学杂志、报纸、民法经济法教科书,及在各地召开的学术讨论会、座谈会,成为这场学术争论的舞台。仅从外国人可以收集到的各种刊物发表有关民法经济法争论

---

[17] 芮沐:《民法与经济法如何划分》,载《法学研究》(试刊)1979年第4期。
[18] 同上注。
[19] 参见〔日〕铃木贤:《中国民法经济法论争的展开及其意义》,载《北海道法学》39(4.195)。

的论文数分析,参加论争的学者有 150 多人。⑳ 至 1985 年,就召开了九次全国性大型学术讨论会。㉑ 此外,全国各地召开的地区性的或者小规模的讨论会还很多,只是迄今未有统计。以下介绍最重要的几次全国性讨论会。

(1)民法、经济法学术讨论会(北京)

1980 年 6 月,北京市法学会民法经济法专业组在北京召开"民法、经济法学术讨论会",邀请在京的大学法律系、政法学院、财贸学院、经济学院、法学研究所的学者 60 多人与会。预设三个讨论题:第一,经济法的法律部门性;第二,民法调整对象和经济法调整对象的划分标准;第三,民法、经济法的科学体系。从后来出版的会议论文看,明确主张大经济法观点的七位学者是北京政法学院的陶和谦先生、人民大学的郑立先生、北京财贸学院的丁耀堂先生、北京大学的刘隆亨先生、北京政法学院的徐杰先生、财政部研究所的李必昌先生、北京大学的杨紫烜先生;主张大民法观点的两位学者是人民大学的佟柔先生和公安大学的王金浓先生。此时经济法学仍占绝对的优势。㉒

(2)高等院校法学教材会议(郑州)

1980 年 9 月,司法部在河南郑州召开"高等院校法学教材会议"。会上决定的"经济法教材编写大纲",肯定经济法是一个独立法律部门,并基本上采用了顾明同志㉓的经济法定义:"我国经济法,是调整国家机关、企业、事业单位和其他社会组织之间,及其与公民之间的经济活动所发生的社会关系的法律规范。"㉔以高等院校教材的形式,肯定

---

⑳ 参见〔日〕铃木贤:《中国民法经济法论争的展开及其意义》,载《北海道法学》39(4.195)。

㉑ 参见〔日〕铃木贤:《中国民法经济法论争的展开及其意义》,载《北海道法学》39(4.195)。铃木贤所依据的是陶和谦《我国社会主义经济法基础理论的现状与前景》一文的统计,载《政法论坛》1986 年第 1 期。

㉒ 参见〔日〕铃木贤:《中国民法经济法论争的展开及其意义》,载《北海道法学》39(4.195)。

㉓ 顾明时任国务院副秘书长。

㉔ 顾明:《进一步加强经济立法工作》,载《人民日报》1981 年 12 月 4 日。

了经济法的独立法律部门地位。[25]

(3) 全国经济法制工作经验交流会(北京)

1982年9月,国务院经济法规研究中心[26]在北京召开"全国经济法制工作经验交流会"。有来自28个省市自治区、国务院各部委、司法部门和法学研究机构的200多人出席会议。会议主要讨论《1982—1986年经济立法规划(草案)》,并讨论经济法理论问题、人才培养问题及经济法宣传和出版问题。1982年9月11日的《人民日报》载文《第一次全国经济法制工作经验交流会在京举行》,对会议作了报道。[27]

(4) 全国经济法理论工作会议(沈阳)

有必要特别谈到1983年10月国务院经济法规研究中心在沈阳召开的"全国经济法理论工作会议"。会议在肯定经济法独立法律部门的前提下,讨论经济法的概念、基本原则、经济法律关系及成立全国经济法研究会等问题。法学研究所出席会议的是孙亚明所长、薄凤阁先生和我。实际邀请的是王家福先生,王先生让我代替他出席会议。大会发言,几乎一边倒地肯定经济法是一个独立法律部门,调整纵横统一的经济关系,唯孙亚明所长的发言稍有差别。[28]

我提交大会的论文题目是《论国民经济的综合法律调整》[29],回避了经济法是否独立法律部门问题,而沿着王家福先生组织撰写的《经

---

[25] 参见〔日〕铃木贤:《中国民法经济法论争的展开及其意义》,载《北海道法学》39(4.195)。

[26] 国务院经济法规研究中心于1981年7月成立,由国务院副秘书长顾明兼任总干事。

[27] 参见〔日〕铃木贤:《中国民法经济法论争的展开及其意义》,载《北海道法学》39(4.195)。

[28] 孙亚明主张经济法调整纵向经济关系,横向经济关系应由民法调整。

[29] 此文在会后稍作修改,以《论对整个国民经济的法律调整》为题,刊登在《法学季刊》1984年第3期。

济建设中的法律问题》一书㉚的基本思路,主张国民经济不能单靠某一个法律部门,要靠多个法律部门、多种法律手段,相互协调配合,进行综合法律调整。但我的论文被会议组织者认定为"资产阶级民法观点",没有作为会议论文印发,更未安排大会发言。我在小组会上的几次发言,在会议简报上竟然也只字未提。

我回京后向王家福先生汇报了会议情况及我的感受。认为沈阳会议偏离了学术平等的轨道,并对国务院经济法规研究中心压制不同学术观点的做法表示反感。我向王家福老师提了一个建议:民法学不能总是处于被动防守地位,总是替自己辩护,我们应当改采主动进攻的策略,我们也应当研究经济法理论,提出我们的经济法观点,特别要打破苏联拉普捷夫纵横统一经济法理论一统天下的局面。

(5)全国经济法理论学术讨论会(北京)

王家福先生与研究室副主任王保树先生等筹划,于1983年12月2—7日在北京(车公庄大街北京市政府第四招待所)召开了著名的"全国经济法理论学术讨论会"。出席会议的不仅有民法学者、经济法学者,还特别邀请了法理学、行政法学和宪法学等学科的学者,还邀请了全国人大常委会法制委员会、国务院经济法规研究中心、最高人民法院、中国法学会及新闻出版方面的代表,共112人。中国社会科学院副院长张友渔先生出席开幕式并讲话。会议预设四个讨论题:第一,我国经济法的概念、调整对象和调整方法;第二,经济法与民法、行政法的关系;第三,经济法律关系的主体;第四,中国特色的经济法的体系和经济法学体系。

㉚ 参见中国社会科学院法学研究所民法经济法研究室:《经济建设中的法律问题》,中国社会科学出版社1982年版。全书分为12章:经济建设的法律调整(第1章);经济组织的法律地位(第2章);财产所有权制度(第3章);合同法律制度(第4章);国民经济计划工作的法律问题(第5章);劳动关系的法律调整(第6章);物资供应的法律制度(第7章);基本建设的法律制度(第8章);投资的法律问题(第9章);发展科学技术的法律问题(第10章);环境保护的法律问题(第11章);经济司法和经济仲裁(第12章)。

会上发表的论文,汇编为《经济法理论学术论文集》。㉛ 编入论文集的论文,均经作者本人审阅,有的作者还作了适当修改,按照会议四个问题排序。张友渔先生的讲话稿《坚持理论联系实际,努力开创社会主义经济法学研究的新局面》,排在前面作为"序言"。王家福先生作为会议主持者,在会上没有表明自己的立场,只是在大会闭幕时的会议总结报告中,回顾了几年来中国经济法学的发展并列举指出有待进一步研究的课题。王先生的总结报告排在论文之后。会议全部发言记录,按照四个问题的顺序编辑整理,作为"会议发言纪要"排在书末。

根据铃木贤的分析,该文集汇编的 25 篇论文,属于大经济法观点的 17 篇㉜,属于大民法观点的 10 篇㉝;所附发言纪要中未提交论文的 19 位发言者,赞成大经济法观点的 15 人㉞,赞成大民法观点的 4 人。㉟ 从论文集编入论文和所附发言纪要看,属于大经济法观点的学者 32 人,赞成大民法观点的学者 14 人,经济法学一方仍占优势。㊱

这次会议,严格遵循学术平等的原则,充分尊重每一位参加者的学术自由,自始至终,讨论紧张热烈,不同观点相互交锋,而态度不失友善,得到会议参加者一致肯定。不仅经济法学者阐述自己的经济法理论观点,许多民法学者也都竞相提出自己的经济法主张,出席会议的法

㉛ 参见中国社会科学院法学研究所经济研究室:《经济法理论学术论文集》,群众出版社 1985 年版。

㉜ 属于大经济法观点的论文作者:王镕、李昌麒、顾伟如、马绍春、徐学鹿、余鑫如、王罔求、张士元、端木文、王俊岩、陶和谦、张宿海、戴凤岐、高宝华、史探径、徐杰、黄欣。参见〔日〕铃木贤:《中国民法经济法论争的展开及其意义》,载《北海道法学》39(4.195)。

㉝ 属于大民法观点的论文作者:谢怀栻、王保树、史越、王利明、李静堂、金立琪、邓大榜、余能斌、梁慧星、陈汉章。参见〔日〕铃木贤:《中国民法经济法论争的展开及其意义》,载《北海道法学》39(4.195)。

㉞ 支持大经济法观点的发言者:关怀、王鼎勋、朱遂斌、萧乾刚、彭年、施竟成、周力、江平、覃天云、康宝田、杨紫烜、李勇极、梁茂帮、孙光辉、陈信和。参见〔日〕铃木贤:《中国民法经济法论争的展开及其意义》,载《北海道法学》39(4.195)。

㉟ 支持大民法观点的发言者:杨振山、姜厚仁、佟柔、王金浓。参见〔日〕铃木贤:《中国民法经济法论争的展开及其意义》,载《北海道法学》39(4.195)。

㊱ 参见〔日〕铃木贤:《中国民法经济法论争的展开及其意义》,载《北海道法学》39(4.195)。

理学者、行政法学者也都发表了各自对于经济法的见解,形成多种经济法理论观点和主张"百花齐放"的局面。以苏联拉普捷夫"纵横统一经济法"理论为根据的大经济法观点,虽然仍占据压倒性优势,但毕竟只是中国众多经济法学理论中的一种理论观点。这次学术会议的成功,极大地促进了中国经济法理论研究的深入发展,使原先民法学与经济法学两个学科之间的论争,显现出逐渐向经济法学科内部不同主张、不同观点之间的争论转换的趋势。

(6)《中国经济法诸论》

会议闭幕后,王家福先生约请会上五种主要经济法理论观点的主张者,在会议论文基础上进一步修改、充实、完善,写成各4~5万字的长文,汇编成《中国经济法诸论》一书。㉛ 本书汇集的五种经济法理论是:"综合经济法论"(王家福、王保树);"纵向经济法论"(孙亚明);"经济行政法论"(梁慧星、崔勤之、王利明);"纵横经济法论"(王俊岩);"学科经济法论"(佟柔)。今天回过头来看这些经济法理论,或许读者会觉得粗浅和幼稚,但应当肯定,各种理论观点都极力解释中国改革开放的实践,都对形成中国特色的经济法律体系和经济法学理论作出了贡献。㉜

(7)中国经济法研究会成立

1984年8月,国务院经济法规研究中心㉝在杭州召开"全国第二届经济法制工作会议"。会上成立了中国经济法研究会,由中共中央书

㉛ 参见《中国经济法诸论》编写组编著:《中国经济法诸论》,法律出版社1987年版。

㉜ 邱本在评论这几种经济法学说时指出:"历史地看,这些学说代表了当时历史条件下人们对经济法的最为典型和最高水平的认识,各有一定的合理性,其合理内核为后来的经济法学所继承和发扬,它们起着承前启后的作用,在相当长的时期内,人们对经济法的认识依然难以绕过它们,而只能是对它们的不同选择,并在它们的基础上加以必要的改进和完善。""但由于中国经济法学毕竟刚刚起步,使得上述诸说都或多或少地打上了那个时代的深刻烙印,并不知不觉地沾染上了计划体制的某种缺陷,在今天看来,它们都有这样或那样的不足。"参见李林主编:《中国法学三十年》,中国社会科学出版社2008年版,第254页。

㉝ 1981年7月,国务院设立国务院经济法规研究中心,负责指导国务院各部门和地方政府经济法立法研究工作,由国务院副秘书长顾明同志兼任研究中心总干事。1986年4月,国务院决定将原国务院办公厅法制局和国务院经济法规研究中心合并,成立国务院法制局,作为国务院直属机构。

记处书记、国务委员谷牧同志担任名誉会长,由国务院副秘书长、国务院经济法规研究中心总干事顾明同志担任会长。孙亚明、芮沐、韩伯平、任建新、有林、江平、徐礼章担任副会长。国务院经济法规研究中心办公室主任王正明担任秘书长。并决定编辑发行研究会会刊《经济法制》。⑩

(8)中国法学会民法学经济法学研究会成立

1985年4月9—14日,中国法学会⑪在苏州市召开中国法学会民法学经济法学研究会成立大会。全国民法学界、经济法学界和政法实际部门的专家、学者100多人出席会议。中国法学会副会长甘重斗同志到会作了题为《加强民法学经济法学研究,积极为经济体制改革服务》的重要讲话。大会分两个阶段进行。第一阶段选举产生了由61名干事组成的民法学经济法学研究会干事会,佟柔先生担任总干事,王家福先生担任副总干事,王保树先生担任秘书长。第二阶段进行学术交流,会议收到学术论文79篇,集中讨论了经济体制改革与民法、经济法的关系,及如何进一步完善社会主义法制两个问题。会议认为,我国民法学研究比较落后,经济法学研究也很不够,两个学科的相互关系以及两个学科自身都存在一些重要理论问题需要探讨,号召民法学界和经

---

⑩ 参见〔日〕铃木贤:《中国民法经济法论争的展开及其意义》,载《北海道法学》39(4. 195)。

⑪ 党的十一届三中全会重新确立了发展社会主义民主、健全社会主义法制的方针,为适应加强社会主义民主法制建设的需要,发展法学理论研究,1979年年末,邓小平、彭真等领导同志提议恢复"文化大革命"前的中国政法学会(更名为中国法律学会)。1980年6月28日,由杨秀峰同志和若干原中国政法学会领导成员组成中国法律学会筹备小组,1981年1月成立中国法律学会筹备委员会,1981年2月更名为中国法学会筹备委员会,1982年7月22日至27日,在北京召开中国法学会第一次会员代表大会。彭真同志出席大会开幕式并作了题为《发展社会主义民主,健全社会主义法制》的重要讲话。7月23日,出席大会的全体代表受到党和国家领导人邓小平、彭真、韦国清、万里、习仲勋、杨尚昆等的亲切接见并合影留念。大会通过了中国法学会章程,选举产生了中国法学会第一届领导机构。杨秀峰同志为名誉会长,武新宇同志担任会长(1983年11月起为张友渔,1985年8月起为王仲方),王一夫、梁文英、王汉斌、朱剑明、项淳一、甘重斗、钱端升、宦乡、陈守一、王叔文、曹海波、李广祥、盛愉同志担任副会长,陈是典同志担任秘书长。

济法学界加强团结协作,共同努力,推动两个学科的共同发展、共同繁荣。㊷

至此,肇端于中国社会科学院法学研究所举行的民法经济法学术座谈会的民法学和经济法学两个学科之间的学术论争,演变为中国法学会民法学经济法学研究会和中国经济法研究会这两大全国性法学学术团体之间的对抗和竞争。

3. 新中国第三次民法起草

(1)关于制定民法典的研究报告

现在回过头来谈1979年发生的第二件大事,即新中国第三次民法起草。在座谈会结束之后不久,担任第五届全国人大常委会法制委员会副主任委员的陶希晋同志写给党中央一封信,向中央建议不要制定民法典。党中央将这封信转到中国社会科学院,院长胡乔木同志将信件交给法学研究所,所领导再交给民法经济法研究室。王家福先生组织研究室全体同志对这封信提出的建议及其理由进行了研究、讨论,一致认定这封信的建议是错误的,中国绝对不能没有自己的民法典。在经过慎重考虑和认真研究之后,决定向中央写一个研究报告,提出相反的建议,此即《关于制定〈民法典〉的研究报告》。

(2)民法起草小组成立

研究报告经胡乔木院长上报党中央,中央领导同志作了批示。按照批示,全国人大常委会决定立即启动民法典起草工作。1979年11月,第五届全国人大常委会法制委员会成立了由杨秀峰同志㊸任组长、陶希晋同志㊹任副组长的民法起草中心小组(通称"民法起草小组"),

---

㊷ 参见苏阳:《中国法学会民法学经济法学研究会成立》,载《法学研究》1985年第3期。

㊸ 杨秀峰(1897—1983年),1952年担任高教部部长、教育部部长,1965年担任最高人民法院院长,1979年担任五届全国人大常委、法制委员会副主任委员。

㊹ 陶希晋(1908—1992年),中华人民共和国成立后,历任政务院副秘书长、政务院政法委员会秘书长、中央人民政府法制工作委员会副主任委员,1979年担任五届全国人大常委会法制委员会副主任委员。陶希晋同志在担任民法起草小组副组长后,对中国民法典起草和中国民法学多有贡献;在《民法通则》颁布后,主编出版多卷本的《中国民法学》,并委托王家福担任其中《中国民法学·民法债权》卷的分卷主编。

从全国调集了一批民法学者和实际部门的民法专家,开始了新中国第三次民法起草。[45]

(3)民法座谈会的召开

1979年11月成立民法起草小组,1980年8月15日形成《民法草案(征求意见稿)》(即第一稿)。[46] 1981年4月10日形成《民法草案(征求意见二稿)》。[47] 1981年5月下旬,第五届全国人大常委会法制委员会在北京召开民法座谈会,讨论《民法草案》(第二稿)。邀请法学专家、司法实务工作者和国务院各部门负责同志20多人出席座谈会。[48]

(4)"同时并进"的立法方针

1981年5月27日,第五届全国人大常委会副委员长彭真同志到会并讲话。彭真同志说:"民法起草工作时间不长,成绩很大,已经搞出第二稿,有了这个讨论的基础,就可以广泛地征求、交换意见。问题的提出就是问题的开始解决。"[49]在这段开场白之后,彭真同志讲了三个问题。一是"立法必须从中国现实的实际和历史的实际出发";二是"要认真考虑各种不同意见";三是"制定民法可以同制定单行法同时并进"。

关于第一个问题,彭真同志说,我们的民法是中华人民共和国的民法,不是苏联、东欧的民法,也不是英美、欧洲大陆或者日本的民法。我国的民法从哪里产生?要从中国的实际中产生。起草民法,除研究现实的社会经济关系外,还要研究我国历史的实际,研究我国的民法史,批判地吸收其中好的有用的东西。对外国的民法,对资本主义的民法、

---

[45] 参见《1986年〈民法通则〉诞生 中国进入权利时代》,载《检察日报》2009年8月31日。另据参加第三次民法起草的余能斌回忆,"在1979年11月就成立了民法起草小组"。参见王卫国主编:《中国民法典论坛(2002—2005)》,中国政法大学出版社2006年版。

[46] 共6编41章501条。

[47] 共6编42章426条。

[48] 参见彭真:《在民法座谈会上讲话要点(1981年5月27日)》,载《人民日报》1986年5月15日,第4版。

[49] 同上注。

苏联、东欧国家的民法、社会主义国家的民法，都要进行研究，它们有很多经验可供我们借鉴。凡是好的、对我们有用的，都要吸收。

关于第三个问题，实际是提出“制定民法与制定单行法同时并进”的立法方针。彭真同志指出，民法不是短时间可以制定的。这不是我们不努力，而是问题本身就十分复杂，加上体制正在改革，还没有完全解决，实际上有困难。因此，一方面要搞民法，另一方面要搞单行法，民法和单行法可以同时进行。单行法各部门都可以搞，还可以先搞条例、规章、制度或者其他行政法规。也可以把民法草案中比较成熟的部分，作为单行法规先提出审议、公布。单行法比较容易搞些，比较灵活，错了也比较好改。民法就要比较慎重，制定不久就得改，那就不大好。先搞单行法，成熟了，再吸收到民法中来。《刑法》搞了三十多稿，民法虽然不一定搞那么多稿，但是要准备多搞几稿。要积极搞，又不要急躁，不要草率。(50)

彭真同志的讲话，当时没有公开发表，只是在内部作了传达。王家福先生和研究室的同志们，从彭真同志的讲话已经估计到中国民法典不可能很快出台，民法典起草工作可能变成持久战。但绝不可能估计到在1981年年末颁布《经济合同法》之后，全国人大常委会将要解散民法起草小组，宣布民法起草暂停。

(5)经济合同法起草小组的成立

现在折过头来介绍《经济合同法》的制定。中国在改革开放之前没有合同法，从1979年开始在一些地方进行合同制度的试点。(51) 主管部门陆续发布了一些规范合同关系和合同纠纷仲裁的规章。(52) 1980年

---

(50) 参见彭真：《在民法座谈会上讲话要点(1981年5月27日)》，载《人民日报》1986年5月15日，第4版。

(51) 参见梁慧星、王金浓：《关于重庆市推行合同制的调查报告》，载《法学研究》1980年第2期；魏振瀛、余能斌：《关于实行和推广合同制的问题》，载《法学研究》1980年第3期。

(52) 1979年4月20日国家建设委员会发布《建筑安装工程合同试行条例》《勘察设计合同试行条例》，1980年5月15日国家工商行政管理总局发布《关于工商、农商企业经济合同基本条款的试行规定》《关于工商行政管理部门合同仲裁程序的试行办法》。

8 月召开的第五届全国人大第三次会议上，彭真副委员长[53]在常委会工作报告中指出："今后随着经济的调整和体制改革工作的进展，需要进一步加强经济立法工作，特别是工厂法、合同法等，必须抓紧拟定。"1980 年 10 月，全国人大常委会法制委员会在已有的民法起草小组之外，另行成立《经济合同法》起草小组，正式启动经济合同法起草工作。形成民法起草和作为单行法的经济合同法起草"同时并进"的局面。

《经济合同法》起草小组，由工商行政管理局、国家经委、国家计委、国家建委、国家农委、国家进出口委、物资管理总局、商业部、国防工办、国务院财贸小组、铁道部、外贸部、中国人民银行、最高人民法院经济审判庭等 14 个单位组成，而国家经委和工商行政管理总局是牵头单位。

《经济合同法》起草小组成立后，全国人大常委会法制委员会于 1980 年冬组织了有 154 名干部参加的调查组，分赴 16 个省市自治区进行了为期 1 个多月的立法调查，共召开各种类型座谈会 600 多次，有 2500 多个单位的 6000 人参加。调查结束后向全国人大常委会法制委员会作了汇报。[54]

(6)《经济合同法》的颁布

1981 年年初，经济合同法起草小组起草了《经济合同法大纲》。接着在大纲基础上完成《经济合同法(试拟稿)》。1981 年 6 月 24 日，全国人大常委会法制委员会、国家经委、工商行政管理总局联合发出《关于征求对〈经济合同法〉(试拟稿)意见的通知》，要求各省市自治区和国务院 40 个部、委、局提出详细的书面意见。此外还征求了一些法学家、经济学家的意见。1981 年 9 月 29 日，起草小组在试拟稿基础上修改完成《经济合同法(送审稿)》(以下简称"草案")。[55]

---

[53] 彭真同志自 1951 年起连续 16 年担任北京市长。1956 年担任中共中央书记处书记，1958 年起兼任中央政法小组组长。"文化大革命"中受到错误批判和迫害，被撤销一切职务，并曾被监禁。1979 年 2 月平反，6 月增补为第五届全国人大常委会副委员长兼法制委员会主任委员。1980 年担任中共中央政治局常委、政法委员会书记、宪法修改委员会副主任委员。1983 年担任第六届全国人大常委会委员长。

[54] 参见王家福等：《合同法》，中国社会科学出版社 1986 年版，第 149 页。

[55] 参见王家福等：《合同法》，中国社会科学出版社 1986 年版，第 149—150 页。

1981年11月20—26日召开的第五届全国人大常委会第二十一次会议审议了草案,决定将草案提交第五届全国人大第四次会议审议表决。1981年11月30日至12月13日召开的第五届全国人大第四次会议审议了草案,并于12月13日通过《经济合同法》,同日公布,自1982年7月1日起施行。从形成正式草案,到全国人民代表大会通过,仅用了两个月的时间。

(7)解散民法起草小组、暂停民法起草

立法机关决定同时起草经济合同法,难免刺激了民法起草小组加快工作进度。在《民法草案(第二稿)》基础上,于1981年7月31日形成《民法草案(第三稿)》㊶,1982年5月1日又在第三稿基础上完成《民法草案(第四稿)》。㊷

但在此时,彭真副委员长在1981年5月民法座谈会上宣布的"制定民法与制定单行法同时并进"的方针,已经改变为"先制定单行法"的立法方针,全国人大常委会决定暂停民法起草,6月3日全国人大常委会法制委员会解散民法起草小组。理由是,中国在改革开放初期,经济体制改革刚刚开始,各种社会关系、经济关系处于急速变动当中,不可能制定一部完善的民法典。㊸

立法机关突然宣布暂停民法起草和解散民法起草小组,对民法学

㊶ 共8编45章510条。

㊷ 共8编43章465条。余能斌回忆:"经过一年多的起草,第一稿出来,征求意见,经过修改成了第二稿,开了一个修改的讨论会。这个讨论会开的时间很长,而且讨论很认真。一字一句地进行讨论。在这个讨论会上,争论最激烈的是法律行为要不要。在这个讨论会上,有一个很有名的专家说不应该要,说看不懂。另一派坚决说要。我记得当时最高人民法院经济庭的庭长跟我们说,这个东西一定要。后来改进了三稿四稿以后,就没有法律行为了。实际上三稿或四稿比较说来没有二稿全面,有进步也有很大的伤痕。但是三稿和四稿因为剩下的人不多了,特别是高校的老师回学校任教去了,剩下几个人,实际上三稿和四稿是后来我们几个人根据意见修改的。"参见王卫国主编:《中国民法论坛(2002—2005)》,中国政法大学出版社2006年版,第113页。

㊸ 彭真同志指出:"1979年全国人大常委会法制委员会成立了民法起草小组。民法典的确不好搞,我国民法要从我国实际出发,解决中国的实际问题。有些问题实践还没提出来,或者提出来了,还看不清楚,如何解决经验还不成熟,不可能一下子搞完备的民法。"参见《彭真委员长在全国〈民法通则(草案)〉座谈会上的讲话要点(1985年12月4日)》,载《人民日报》1986年5月15日,第4版。

界无疑是一个沉重打击。民法学界,从民法起草小组成立开始不断高涨的激情,顿时为之一变。许多民法学者感到不解和失望。在民法经济法研究室也明显感觉到一股悲凉之气。参加民法起草小组的陈汉章先生和余能斌先生回到民法经济法研究室时,同志们相顾无语,不知说什么好。此情此景,笔者至今记忆犹新。

民法学者期望尽快制定自己的民法典,是完全可以理解的。中国是世界上第一人口大国,是一个历史悠久的文明古国,我们完全应该,也有必要制定出一部反映人民意愿,体现社会发展规律,符合中国国情,充满时代精神的自己的民法典。[59] 相对于刑法典、诉讼法典甚至宪法法典而言,民法典更足以代表一个民族的文明高度,而且唯有一部科学、进步、完善的中国民法典,才能表明中华民族已经攀上了历史的高峰![60]

但我们设想一下,如果当时真的制定了一部中国民法典,可以肯定,这部中国民法典必定是苏联模式的民法典,是反映单一公有制的计划经济本质特征和要求的民法典。[61] 不可能为中国改革开放的推进和发展社会主义市场经济提供法制基础。应当肯定,1982年立法机关决定解散民法起草小组、暂停民法起草,是正确的。

当民法与经济法两个学科论争正酣之际,全国人大常委会突然宣布暂停民法起草和解散民法起草小组,自然会被视为经济法学科的胜利和民法学科的失败,极大地鼓舞了经济法学界的士气。严重影响到中国民法学的发展,影响到人们对民法的正确认识,甚至影响到民法研究者对民法的信心。使中国民法学界一时陷入近乎消沉的境地。[62]

---

[59] 参见《1986年〈民法通则〉诞生 中国进入权利时代》,载《检察日报》2009年8月31日。
[60] 参见谢怀栻:《谢怀栻法学文选》,中国法制出版社2002年版,第382页。
[61] 余能斌回忆:"从思想上讲,刚开始改革开放,改革开放的前景怎么样,谁都说不准。而且,大家都有一个共同认识,怕走私有化的道路,在这个问题上特别谨慎,另外怕被西化,严加防范,怕随着对外开放被和平演变,所以对西方的东西的选择是有条件的。"参见王卫国主编:《中国民法论坛(2002—2005)》,中国政法大学出版社2006年版,第114页。
[62] 参见谢怀栻:《谢怀栻法学文选》,中国法制出版社2002年版,第79页。

4. 从制定单行法到制定民法通则

(1) 关于法人的暂行规定

现在继续回顾民事立法。1982年宣布解散民法起草小组、暂停民法起草之前,立法机关就已经注意到:《经济合同法》《民事诉讼法》以及制定中的单行法(如《商标法》《专利法》等)都涉及一个"法人"问题,需要对法人的条件、权利、义务等作出统一的法律规定。为此,法制委员会起草了《关于法人的暂行条例(草案)》。1982年1月18日、19日在法制委员会进行了讨论,然后在1月21日、22日特别邀请有关部门和一些法律专家座谈,征求意见。[63]

法制委员会和专家座谈会讨论了五个问题:一是目前要不要制定单行的法人规定?二是国营企业的独立财产问题;三是关于国家对国营企业、事业单位的民事活动不承担财产责任的问题;四是关于社会团体与社队企业的法人资格问题;五是关于法人登记问题。其中,第一个问题,是讨论的重点,形成两种不同意见。

参加座谈的法律专家和外经贸部的同志普遍认为,目前制定法人规定是必要的、急需的。主要理由是:"(一)经济合同法、民诉法及一些需要制定的经济法规都涉及法人问题,急需对法人的条件、权利、义务等作出统一的法律规定;(二)法人制度实质上是法人责任制,它对于推动我国经济改革,分清企业与国家之间的财产责任关系,促进企业独立负责地搞好经营管理,选贤举能,克服政企不分、一平二调、瞎指挥、吃大锅饭等弊病,防止皮包公司、地下工厂以及企业超越范围滥营业务的活动,保障经济秩序,都有十分重要的作用;(三)世界各国普遍建立法人制度,我国对外开放,发展对外经济,没有法人规定,在涉外活动中的民事权利和其他合法权益(如索赔)得不到充分的法律保障,与外国法人签订合同往往由政府主管部门出面,国家对企业的涉外纠纷、债务负有无限的财产责任,使我国在对外交往中处于不利地位。建立

---

[63] 参见《法制委员会讨论〈关于法人的暂行条例(草案)〉的意见》,载法制委员会办公室编印:《法制委员会简报》(第5期),1982年2月2日,第1页。

法人制度,可使企业作为法人与国家的责任分开,只由企业独立承担有限的财产责任,这对保护我国权益是十分必要的。"[64]

但法制委员会一些委员[65]和"国家计委、司法部、国家经委、民政部的同志"则认为,"法人问题牵涉问题很多,有些问题不好解决,目前制定单行法规还有困难"。主要理由是:"(一)法人是资本主义私有制和商品经济的产物,在我国社会主义制度中是否适用?如何运用?需要很好研究。一些有关法人的问题还不清楚,如法人的基本条件是独立财产,我国全民所有制企业是否算有独立财产?国家对国营企业不承担财产责任行不行?社会主义条件下的法人制度与资本主义的法人制度在性质、目的上有何区别?法人与非法人有何不同?实行法人制度对我国四化建设究竟有哪些好处?有什么问题?也都需进一步研究探讨;(二)法人问题很复杂,各种法人的性质、任务、权利、义务、组织机构等都不一致,需要制定不同的单行法规(如国营工厂法、公司法、社团法、城乡集体经济组织法以及出版法、商标法等),分别作出不同的具体规定(外国实行法人制度都是如此),用一个法人条例来笼统规定统一的权利、义务,不解决问题,也行不通;(三)法人制度是民法的一个有机组成部分,与民法其他规范(如民事主体、代理、清产还债等)是相互依存的。在民法公布前,先把法人制度抽出来单行规定,既说不清楚,也难以实行,还是作为民法的一章比较好。世界各国也没有单搞法人规定的。"[66]

由于意见分歧,难以统一,立法机关只好将《关于法人的暂行条例(草案)》搁置起来,继续专注于各种单行法的制定。继1981年12月

---

[64] 《法制委员会讨论〈关于法人的暂行条例(草案)〉的意见》,载法制委员会办公室编印:《法制委员会简报》(第5期),1982年2月2日,第1—2页。王家福先生、谢怀栻先生和笔者参加了座谈会并发表意见,赞成在民法典颁布前先制定《关于法人的暂行条例》。

[65] 指"周仁山、项淳一副主任,谭惕吾、韩幽桐、林亨元、王之相、顾昂然等委员"。参见《法制委员会讨论〈关于法人的暂行条例(草案)〉的意见》,载法制委员会办公室编印:《法制委员会简报》(第5期),1982年2月2日,第2页。

[66] 《法制委员会讨论〈关于法人的暂行条例(草案)〉的意见》,载法制委员会办公室编印:《法制委员会简报》(第5期),1982年2月2日,第3—4页。

13日颁布《经济合同法》之后,1982年8月23日颁布《商标法》,1984年3月12日颁布《专利法》,正在制定中的单行法还有《继承法》(1985年)、《涉外经济合同法》(1985年)和《技术合同法》(1987年)。张友渔[67]先生在回忆这段立法时指出,这样做的好处是"能及时地、有效地解决实际问题","一步一步地把民事立法推向前进。现在看来,这样做是完全正确的"[68]。

(2)关于从速制定并颁行民法典的建议

张友渔先生在肯定单行法立法的好处和成绩之后,指出了单行法立法的不足:"在民事立法整个组成中总有一些共同的东西、基本的东西,例如基本原则、民事权利、权利能力、行为能力、民事责任、时效等,靠单行法各搞各的不行,需要把这些共同的东西作出一个统一的规定。否则各个单行法会发生不必要的互相重复,或者引起混乱互相矛盾。"[69]这涉及民事立法的科学性。

近现代民法是由一整套概念、原则、制度构成的逻辑严密的体系。适于制定单行法的,只是其中分别规范各类社会关系的特别规则(所谓"分则"),而规范各类社会关系的共同规则(所谓"总则"),绝对不能采取单行法的形式"各搞各的"。并且,如果缺乏这些规范各类社会关系的共同规则,分别制定的单行法也将难以发挥作用和正确实施。这是推行"先制定单行法"的立法方针,无论如何也绕不过去的火焰山。于是,王家福先生瞅准这个时机,于1984年12月再次以民法经济法研究室的名义向中央建议:"从速制定并颁行民法典。"下面是"建议"全文:

---

[67] 张友渔(1898—1992年),中华人民共和国成立后担任北京市常务副市长,中共北京市委常委、副书记、书记处书记;中国科学院哲学社会科学部副主任、党组成员、法学研究所所长。"文化大革命"结束后,担任中国社会科学院副院长、党组成员,国务院学位委员会委员,中国法学会会长、名誉会长;1979年担任第五届全国人大常委会法制委员会副主任委员,1980年担任宪法修改委员会副秘书长,1983年担任第六届全国人大常委、法律委员会副主任委员。

[68] 张友渔:《为什么制定这部〈民法通则〉》,载《中国法学》1986年第4期。

[69] 同上注。

一、民法是组织商品生产和商品交换的基本法

按照历史唯物主义基本观点,民法(包括商法)是商品经济的上层建筑,是组织商品生产和商品交换的基本法。民法各项制度,如物权、合同、法人、代理、信托等,构成一个适合商品生产和商品交换正常发展的完善的法律机制。近代史表明:民法是组织商品经济的重要法律形式。它对于两百年来资本主义商品经济的发展,起了巨大的促进作用。当代世界,凡是商品经济比较发达的国家,无不有较为完善的民法。许多属于发展中的国家,为促进本国商品经济的发展,也已经制定或正在制定自己的民法。一个国家是否有完善的民法,已成为表示该国文明发展程度,即是否法治国的一个重要标志。

民法并不是私人关系法或公民权利法。民法统一调整商品经济中所产生的各种关系,其中主要是商品所有关系和商品交换关系,而不论这些关系的参加者是私人或者团体,是私法人或是公法人。第二次世界大战后,许多国家推行国有化政策,建立了庞大的国营经济。国营企业之间的关系,国营企业与私人企业之间的关系,国营企业与公民之间的关系,均同受民法调整。因此,即使资产阶级国家民法,也不等于私人关系法或公民权利法。

二、采用民法组织商品生产和商品交换也是社会主义国家的成功经验

世界上第一部社会主义性质的民法典,即1922年《苏俄民法典》,就是在从战时共产主义转变到新经济政策初期,为适应发展社会主义商品生产和商品交换的要求制定的。列宁亲自指导下制定的这一民法典,继承了传统民法调整商品生产和商品交换的许多基本制度和法律规则,对于保障新经济政策的贯彻,对于社会主义商品经济的发展,无疑发挥了极重要的作用,后来成为各国制定社会主义民法典的典范。60年代中期以来,苏联及东欧各国普遍出现更加注重对国民经济民法调整的趋势。从1965年起,苏联相继颁布了新的《苏俄民法典》及其他各加盟共和国民法典。匈牙利在1977年重新颁布了经过修改的《匈牙利民法典》。南斯拉夫在1978年颁布了《南斯拉夫债法典》。上述

法典的颁布,目的在于更好地适应经济体制改革的要求和大力促进商品经济的发展。

我国也有这方面的经验和教训。我们在一五期间和60年代前半期,执行发展社会主义商品经济的正确方针,比较重视民法对国民经济的调整作用,制定了一批民事单行法规并两次组织起草民法。大跃进和"文革"期间,错误地限制商品经济,也就忽视民法的作用并两次中断民法起草工作。

三、当前制定民法的迫切性

十二届三中全会决定明确指出,社会主义经济是在公有制基础上的有计划的商品经济。社会主义商品经济的充分发展,是单纯依靠行政手段和指令性计划所不能做到的,迫切要求制定和颁布民法典。当前制定民法典已是我国法制建设的一项非常迫切的任务。

(一)因民法基本制度如法人制度、法律行为制度、权利能力及行为能力制度、时效制度、代理制度等的缺乏,使已经颁布的单行法难于发挥作用;

(二)因缺乏物权制度,使广泛存在的物权关系无法可依,影响到经济体制改革成果的巩固和经济秩序的稳定;

(三)因民事关系法制不完备,影响到民事纠纷的及时解决,使国家、企业、公民的合法利益得不到妥善保护;

(四)由于未颁布民法典,许多民事关系听凭习惯规则调整,致使陈规陋习乘机泛滥,不利于社会主义精神文明建设;

(五)由于未颁布民法典,在对外经济关系中,外国公司心存疑惧,认为权益无法律保障,并且在许多本应适用我国法律的情形不得不适用外国法,不利于保护我方利益,要求颁布民法典保障对外开放政策的贯彻。

四、当前制定民法的有利条件

我国从十一届三中全会以来,经济稳步发展,社会秩序安定,出现了国泰民安、政通人和的局面,制定民法的各项有利条件已经具备:

(一)新宪法、刑法、刑诉、民诉四大法典已经颁行,广大人民群众盼望颁布民法，国际上各界人士对此也非常关注，尽快制定民法也是人心所向；

（二）十二届三中全会决定，已经确定我国经济体制改革的方向和基本格局，为制定民法奠定了基础；

（三）民法理论研究和教学已有较大发展，为广泛借鉴国内外立法经验，制定一部能够促进商品经济发展、具有中国特色的社会主义民法典，作了较充分的准备，并有一批能够担负起草工作的专家；

（四）彭真同志在立法、司法、法学教育和研究各界有很高威望，近年领导完成宪法、刑法、刑诉和民诉四大法典，有丰富立法经验，且身体尚健。

建议由彭真同志约请各方面专家组成民法起草班子，从速起草民法，尽快颁布施行，使五大法典悉数完成，社会主义法制臻于完善，以利商品经济充分发展，促进四化大业，并与我国在国际上的地位和声望相符。[70]

今天重读这份建议，不能不佩服王家福先生在改革开放之初、体制改革目标尚未最终确定的距今四分之一个世纪之前，对民法的本质和功能就作出如此准确的定位和把握。先生关于制定民法典已是我国法制建设一项非常迫切的任务的判断及五项理由，亦很有说服力。先生特别提及彭真委员长在立法、司法、法学理论研究和法学教育各界有很高威信，具有丰富立法经验，并已主持完成四大法典且身体尚健，建议由彭真委员长约请专家成立民法起草班子，从速起草、尽快颁行中国民法典，一举完成五大法典，促进四化大业，并与我国国际地位相符，更是情真意切并富于政治智慧，令人感佩！

（3）彭真同志决定起草《民法通则》

当此之时，立法机关实际已经意识到其所面对的两难困境：我国改革开放的进程一往直前、日益深入，商品生产和商品交换不断扩大，民事生活越来越活跃，新的问题、新的矛盾、新的纠纷不断涌现，因缺乏与

---

[70] 民法经济法研究室：《建议从速制定并颁行民法典》（1984年12月19日），供打印底稿。

之相适应的法律规范,法院面临无法可依的窘境,影响到法律秩序的建立和维持,客观上迫切要求一部全面调整各种民事关系的基本法律问世。但当时还不可能制定一部完备的民法典。"正值此时,彭真同志及时提出了从中国实际出发,在民法典第四稿的基础上,先制定一部概括性的民事基本法律的主张。"⑦

据时任法制工作委员会副主任的顾昂然同志回忆:"这几年,制定了一批单行的民事法律,但还缺少民事关系、民事活动方面需要共同遵守的规范。因此,《民法通则》的制定就提到议事日程上来了。例如,《民事诉讼法》规定了认定公民无行为能力案件的程序,但是怎样算有民事行为能力,没有规定。《经济合同法》提到法人,法人需要什么条件?也没有规定。这就需要制定《民法通则》。彭真同志讲,现在制定《民法通则》是又需要又有可能。"⑫

1985年6月全国人大常委会法制工作委员会召开的一系列座谈会叫"民法总则座谈会",7月正式开始起草不久,经过商议将"民法总则"改称"民法通则"。⑬ 民法通则不是民事单行法,也不同于民法典的总则编。关于民事主体制度、权利能力和行为能力制度、民事法律行为、代理制度、诉讼时效制度等的规定,属于民法典总则的内容。此外,还有属于民法典分则(物权编和债权编)的内容,以及属于国际私法的内容。⑭ 民法通则应属于民事基本法。⑮

立法机关启动民法通则起草,得到民法学界的积极拥护和鼎力支

---

⑦ 《1986年〈民法通则〉诞生 中国进入权利时代》,载《检察日报》2009年8月31日。
⑫ 最高人民法院〈民法通则〉培训班:《〈民法通则〉讲座》,1986年9月印刷,第11页。
⑬ 参见魏振瀛:《参加〈民法通则〉起草的片断回顾》,载民事法律网,最后访问日期:2006年4月29日。
⑭ 顾昂然:"民法通则把基本的民事权利作出规定,一方面有利于把分散在各个单行法中的内容集中起来,看得清楚了;另一方面,可以对单行法中没有规定的内容,作出规定。就这样与传统的民法总则的内容不完全一样,传统的民法总则不包括这些内容,所以称民法总则有点问题。我们原来想叫民法总纲,向委员长汇报后,委员长说可否叫民法通则。经过研究,认为委员长提的民法通则比民法总纲要好,更符合实际。"转引自最高人民法院《民法通则》培训班:《〈民法通则〉讲座》,1986年9月印刷,第13页。
⑮ 彭真:"民法通则是一个重要的基本法律。"参见《彭真委员长在全国〈民法通则(草案)〉座谈会上的讲话要点》(1985年12月4日),载《人民日报》1986年5月15日,第4版。

持。佟柔、江平、王家福、魏振瀛四位先生,担任由彭真委员长提议成立的民法通则起草专家咨询小组成员⑯,对于民法通则贡献最大。当时人们对"物权"概念很陌生,许多同志不赞成采用"物权"概念,而仅用"所有权"概念又难以涵括其他物权类型,经王家福先生力争,《民法通则》第五章第一节才最终采用了"财产所有权和与财产所有权有关的财产权"这一颇为拗口的、具有中国特色的"物权"概念。⑰

《民法通则(草案)》先后两次发到各省市自治区、中央各部门和法学研究机构、政法学院、大学法律系征求意见。记得王家福先生几次组织研究室同志研讨草案条文,汇集修改意见。作为民法学界的一员,笔者当时感觉到《民法通则》的制定,重新振作了民法学界的人气。此前因解散民法起草小组造成的消沉和悲观气氛顿时一扫而空。预感到"民法的春天"即将到来。

(4)全国《民法通则(草案)》座谈会

1985年10月,法制工作委员会完成《民法通则(征求意见稿)》,印发各部门和政法院校征求意见,同年11月完成正式的法律草案。12月4日,在北京,由全国人大法律委员会、全国人大常委会法制工作委员会⑱共同召开了著名的"全国《民法通则(草案)》座谈会"。这次会议是由彭真委员长提议经委员长会议决定召开的。应邀出席会议的,有各省、自治区、直辖市人大常委会从事法律工作的负责同志,法院的同志,法学研究和法学教学的专家180多人。⑲ 会议气氛十分热烈。

---

⑯ "彭真同志十分重视民法学者和民法学,为了保证起草工作的科学性,他建议专门成立了一个专家咨询小组,小组由佟柔、江平、魏振瀛、王家福四位民法学者组成。"转引自《1986年〈民法通则〉诞生 中国进入权利时代》,载《检察日报》2009年8月31日。

⑰ 引自《1986年〈民法通则〉诞生 中国进入权利时代》,载《检察日报》2009年8月31日。

⑱ 第六届全国人大设立全国人大法律委员会,作为全国人大专门委员会之一,负责将提交全国人大常委会审议、提交全国人大大会审议的法律草案和条约批准案之审议,另在全国人大常委会下设法制工作委员会,作为常委会的办事机构,负责各种法律草案的起草、修改工作。此与第五届全国人大仅有全国人大常委会法制委员会不同。

⑲ 参见最高人民法院《民法通则》培训班:《〈民法通则〉讲座》,1986年9月印刷,第15页。

彭真委员长出席会议并讲话。

彭真同志说:"我们是社会主义国家,生产资料的社会主义公有制是社会主义经济制度的基础,但还存在着三种经济。不同经济之间、各种经济自身之间,以及消费者和生产者之间,都要有商品来交换,要有市场,同时还有人和人之间的复杂的社会生活关系,这就需要制定民法。""法律是一门科学,有自身的体系,左右、上下,特别是与宪法不能抵触,立法要有系统的理论指导。对外国的经验,不管是社会主义国家的,还是资本主义国家的,不管是英美法系,还是大陆法系,以及对我国历史的经验,都要参考借鉴。""民法通则是一个重要的基本法律,请大家充分发表意见,畅所欲言,认真研究,进行科学的讨论修改。"

彭真委员长的讲话,使出席会议的民法学者深受鼓舞。民法经济法论争开始以来,民法学界正是从民法与商品经济的关系切入,论证民法是调整商品经济关系的基本法,国家实行商品经济就一定要制定民法。彭真委员长的讲话表明,国家立法机关完全接受、采纳了民法学界的主张,明确肯定了民法的基本法地位。参加会议的民法学者和实务工作者,对于在制定民法典的条件未完全具备的现时,制定具有民事基本法性质的民法通则,极表理解和赞同。民法学界在坚持民法的基本法地位的同时,也并不否定承担国家宏观调控和必要管理职能的经济法的存在,他们对于《民法通则(草案)》关于民法调整对象的规定,及关于以民法调整横向财产关系和人身关系、经济法调整纵向经济(管理)关系的明确区分,一致表示赞同。他们在会上热情高涨,积极贡献修改意见和建议,希望制定出尽可能高质量的法律。[80]

5. 经济法学界反对制定《民法通则》

(1)许骅同志批判《民法通则(草案)》的长篇发言

出人意料的是,国务院经济法规研究中心的代表许骅同志在会上

---

[80] 据当时担任法制工作委员会副主任的顾昂然介绍,座谈会后,根据实际部门和专家们的意见,对《民法通则(草案)》作了比较大的修改,增加了40条,删去了13条。参见最高人民法院《民法通则》培训班:《〈民法通则〉讲座》,1986年9月印刷,第16页。

对《民法通则(草案)》进行了全面的批判,明确表示反对立法机关制定《民法通则》。他的长篇批判发言,涉及民法的调整范围、民事活动与国家计划的关系、社会主义法人的本质、国家财产的性质、企业经营自主权的性质、经济领域的法律调整、经济法的地位和作用、如何处理民法与经济法的关系,及如何看待和引导民法经济法论争等重大问题,显而易见是事先做了充分准备的,明确、系统地表达了国务院经济法规研究中心对制定民法通则的基本立场。鉴于这一长篇批判发言具有重要文献价值,因此全文转录如下:

一、关于民法的调整范围问题

草案第二条规定民法调整公民之间、法人之间以及公民和法人之间的财产关系和人身关系,是否适合我国国情,是否科学,值得商榷。(一)调整法人的财产关系,似不妥当。因为在社会主义公有制条件下,法人的主要组成部分是国营组织。它们使用的财产属于国家。它们是相对独立的法人,因为它们只有经营权,而没有所有权,因此,法人的财产关系和人身关系,二者之间并没有像公民的财产关系和人身关系那样紧密地、不可分割地联系在一起。因此,笼统地把财产关系和人身关系并列为民法的调整对象,似不够科学。(二)社会主义商品经济关系,只能是指财产关系,而不能指人身关系。草案第二条却实际上把人身关系和商品经济关系并列,造成一种误解:人身关系与商品经济关系有不可分割的联系,把婚姻法也包括在民法体系之内,而在苏联的法律体系中,婚姻关系早已被排除出商品关系的轨道。(三)"说明"说民法调整的应是平等主体间的财产关系,从根本上说,不是纵向的而是横向的财产关系。问题是在社会主义的有计划的商品经济的条件下,企业组织的经营自主和国家的管理领导是紧密地结合在一起的;也就是说,纵向关系和横向关系是结合的、统一的,在整体上是不应分割的,横向关系是不可能从根本上摆脱纵向关系的制约的。如果把横向关系交民法调整,纵向关系交行政法调整,那又不符合经济体制改革的方向。

二、民事活动与国家计划的关系

社会主义社会实行的是计划经济,即有计划的商品经济。企业组织的民事活动(更广义上的经济活动)是不能从根本上脱离国家计划的。而且就整体上说,它应是实现国家计划的工具。草案第四条规定:民事活动……不得破坏国家经济计划。规定不彻底,很勉强。仅仅是不破坏国家经济计划就行了吗?对企业组织的要求也太低了。国家计划本身就具有法律性质,因此这种规定是不合适的。对有计划的商品经济,民法是否能够完全调整,能否完全适用,值得考虑。

三、法人问题

草案第三十五条规定,法人是具有民事权利能力和行为能力,依法享有民事权利,承担民事义务的组织。关于法人的这一规定也值得商榷。(一)在我国,法人的绝大部分是社会主义组织。它们是在社会主义公有制基础上组成的,是在国家计划的指导下从事经营活动的,这是社会主义法人与资本主义法人区别的根本所在。第三十五条规定却没有指出这两者的这一根本区别,没有明确指出社会主义法人的本质特征。这样的规定,与资本主义民法典关于法人的规定是没有什么两样的。(二)法人概念中的民事权利能力、民事权利、民事义务(以及其他同类概念),到底都指什么?包括哪些内容?第五十一条作了一些规定,但是否准确科学,也值得探讨。在公有制的社会主义社会,居主导地位的国家所有权能算民事权利吗?民法怎么能规定和调整国家的财产关系?所有权是所有制的法律形式。它首先应该是宪法确认和规定的,它也是所有法律部门共同保护的对象。

经营自主权是不是都是一种民事权利?第五十七条对经营自主权作了解释,比较精炼,但也存在问题。首先,与我们现行法中常用的经营管理权或经营管理自主权概念有没有区别?是不是还有另外一种经营自主权?其次,经营权与所有权适当分开以后,经营自主权有多大?是否包括占有、使用、处分的权力,实际上经营自主权只能包括占有、使用的权利,不能包括处分权。最后,企业组织的经营管理自主权绝不只是财产权利,即不只是对财产享有占有、使用、收益和处分的权利,它还包括一系列人事劳动等组织方面的权利。这些组织权利显然不应属于民事权利。

四、经济领域内的法律调整问题

经济领域内需要大量的经济法规,也需要有一部基本法(需要有一部仅次于宪法的小宪法)。在经济体制尚未定型的情况下,过早地把民法定性为经济领域的基本法,恐不适宜。如果某些方面(如法人、时效等)急需,可采用颁布单行法规的方式解决(如颁布《法人条例》)。

自党的十一届三中全会以来,我国开始出现了一个新的法律部门和法律学科,即经济法,短短几年工夫,经济法就得到了极大的发展。经济法在其产生和发展过程中与民法产生了矛盾,不仅在调整对象、调整范围,而且在一系列基本制度、基本观点上都存在分歧。这些都是难以一时取得统一意见的。它所涉及的问题是一些根本性的问题:如何对经济生活进行调节?是靠市场一只手,还是加上国家干预?国家和法律如何对基础发挥反作用?有计划商品经济如何进行法律调整?甚至于也涉及社会经济的发展方向等问题。

这场争论不仅是理论之争,也是实践之争。这场争论对我们国家如何确立间接控制体系,如何运用经济、法律和行政三种手段,如何把宏观控制和微观搞活结合起来……都有重大意义;对发展法律科学,确立经济法规体系也有重大作用。要善于引导这场争论,以促进具有中国特色的社会主义建设和社会主义的新型法律、法学的发展。

综上所述,在制定民法通则时,应对民法与经济法的关系加以明确,要从宏观上考虑逐步建立和健全我国社会主义整个法律体系,充分估计到在制定民法通则的同时对其他法律部门所带来的影响,避免调整范围的交叉,从而有效地防止在新法制定的同时给现行有效的其他法律带来消极的影响和副作用。

在研究和解决民法与经济法的关系时,须考虑这样几个问题:(一)民法通则制定后,经济法是否还存在?是否所有的经济法的调整原则和对象都纳入民法范围,归民法来调整?那么,经济法在我国社会主义法律体系中的地位和作用是什么?(二)国外许多国家,关于民法与经济法的分野问题进行了长时间的争论,这种争论,简单地靠制定民法通则的方式来解决,显然是不适宜的。(三)我国是社会主义公有制为主体的国家,实行的是有计划的商品经济。作为私有制基础上产生和发展的调整公民的财产和人身关系的民法的基本原则在我国是否适用?全民所有制企业法人之间的经济关系、财产关系能否由民法来调整?是否可以考虑在明确民法与经济法的分工以后,再制定民法通则和同时通过制定经济法总则来加以解决?(四)如果上述问题不解决或不能很好解决,中共中央在关于七五规划的建议中提出的力争在第七个五年计划期间建立比较完备的经济法规体系的重要任务将无法完成。所以,应在解决或明确上述问题的基础上再制定我国的社会主义的民法通则。[81]

(2)广州会议对《民法通则(草案)》的批判

更令人吃惊的是,国务院经济法规研究中心、中国经济法研究会于12月10—15日在广州召开了有各省、自治区、直辖市和国务院有关部门及经济法教学研究单位的法律工作者三百多人与会的"全国第二次经济法理论工作会议"。会上提交的许多论文和大会发言,直接针对《民法通则(草案)》进行批判。在北京召开的全国《民法通则(草案)》座谈会,与在广州召开的经济法理论工作会议,两个会议,一南一北,针锋相对,难道是偶然巧合?

广州会议上对《民法通则(草案)》的批判,要点如下:第一,不赞成第2条关于民法调整对象的规定,认为民法通则把所有的财产关系都划归民法调整了,这实际上否定了经济法的独立存在。这样的规定,在理论上说不过去,在实践上行不通。如果这个提法被立法机关所确认,将会对经济立法、经济司法、经济法研究、经济法教学以及经济法规编纂,产生消极影响。第二,认为在资本主义国家,占主要地位的生产方式,是以市场经济为主的商品经济,调整这种商品经济关系的民法占据统治地位。资本主义的经济法只能在民法的基础上,通过国家权力对

---

[81] 《经济法规研究中心许骅同志关于〈民法通则(草案)〉的一些意见》,载《法制工作简报》(第95期),1985年12月14日,第1—7页。

社会经济生活进行个别的、有限的干预，对民法起着辅助补充的作用。而在我国，占主导地位的生产方式是以计划经济为主的商品经济，经济法作为有计划的商品经济的法律保障，已成为调整社会主义经济关系的基本法，占据主导地位。第三，不同意"说明"中关于经济合同法、专利法、商标法、婚姻法是民事单行法的说法。不能把经济合同法划归为民事单行法。有的参加过制定经济合同法工作的同志提出，当时就是因为民法一时制定不出来，为了适应经济工作的需要，经济法发展起来了，并制定了许多单行经济法律、法规。现在一下子又把这些经济法律说成是民事单行法律，感情上也通不过。过早地肯定民法的组成部分，把许多经济法规以及社会主义条件下理应独立的法律部门，都强行纳入民法体系，而对经济法熟视无睹，将脱离我国实际，并对法制建设带来不利影响。第四，建议制定经济法纲要或者经济法总纲。这个纲要主要包括社会主义经济法的任务、它的调整范围、基本原则及其制定的程序和实施等内容。有了这个纲要，就能起到统帅众多经济法规的作用，就能避免经济法与其他法律部门之间、经济法内部的重复和矛盾。多数同志赞成这个建议。[82]

（3）顾明同志在广州会议上的讲话

国务院副秘书长、国务院经济法规研究中心总干事、中国经济法研究会会长顾明同志[83]出席会议并讲话，主要观点是："被奉为'完美、和谐典范'的《法国民法典》，事实上并不能全面充分地调整资本主义商品经济关系。苏联民法也不能解决社会主义经济关系的法律调整问题。因此，对日益社会化的商品经济关系，无论是资本主义社会，还是社会主义社会，民法都是无法完全适应和调整的。由于生产力日益社会化，生产关系日益复杂化，商品经济的日益发展，客观上要求有一个

---

[82] 参见《全国第二次经济法理论工作会议上对〈民法通则（草案）〉的一些意见》，载《法制工作简报》（第4期），1986年1月6日，第2—5页。

[83] 顾明（1919—2008年），江苏昆山人。1952年任周恩来总理经济秘书，1954年任国务院总理办公室财经组组长，1979年任国务院副秘书长，1981年兼任国务院经济法规研究中心总干事，1984年任中国经济法研究会会长。1988年担任第七届全国人大常委会委员、法律委员会副主任委员。

新的法律部门产生。现代经济法正是基于这些客观需要而产生的。社会主义商品经济是商品经济发展的历史长河中最新的、特殊类型的商品经济,这种商品经济关系必须由一个能够全面、充分反映其本质要求的新的法律部门去规定和调整。有计划的商品经济的发展,是要靠所有社会主义法律部门综合发挥作用的。但是,经济法是最直接作用于有计划的商品经济的法律,是调整有计划的商品经济关系的一个基本法律部门。"㉘

(4) 高纯德同志对《民法通则(征求意见稿)》的意见

《法制工作简报》第 11 期刊载《高纯德同志对〈民法通则(征求意见稿)〉的一点意见》一文,所针对的是法制工作委员会办公室于 1985 年 8 月 25 日印发的《中华人民共和国民法通则(征求意见稿)》(1985 年 8 月 15 日)。此文对《民法通则(征求意见稿)》作了全面的否定。全文转录如下:

要妥善处理民法和经济法的关系。《民法通则(征求意见稿)》中第二条的提法意味着除刑法和行政法调整的财产关系之外,所有的财产关系、经济关系都受民法调整。这样的规定,在理论上说不过去,在实践上行不大通。

刑法并不直接调整财产关系,它所解决的问题是罪与罚。行政法是调整国家机关之间及其与公民之间关系的,它也不直接调整商品交换过程中发生的财产关系。以此,对《民法通则(征求意见稿)》的提法,是很值得商榷的。

《民法通则(征求意见稿)》想把整个经济生活中发生的社会关系——经济关系,全部囊括在民法中,是很不科学的。我国的经济是建立在公有制基础上的社会主义计划经济,也即有计划的商品经济。经济关系的发生、变更和消灭,不同于资本主义市场经济,有其自己的特殊性。因而,对在有计划的商品经济条件下发生的一切经济关系,统统

㉘ 《全国第二次经济法理论工作会议上对〈民法通则(草案)〉的一些意见》,载《法制工作简报》(第 4 期),1986 年 1 月 6 日,第 6 页。

拿处理一般商品经济条件下发生的财产关系的平等、自愿、等价、有偿的原则调整,是不符合我国经济生活实际的。

以计划法律关系为例,它所调整的经济关系显然也是一种财产关系,但在这个法律关系中其主体、内容和权利、义务所指向的客体都有自己的特点。主体中既有国家机关又有企事业单位和其他社会组织。单就国家机关之间发生的关系来说,则是由于制订计划和执行计划所引起的,这种关系不是行政关系,也不是一般的民事关系,而是计划经济关系。主体间各自所承担的权利与义务是对应的,但并不完全是平等、自愿的。特别是在指令性计划的情况下,主体之间关系的发生更不是平等、自愿的,客体之一的产品的转移也不完全是等价的,即是说,计划执行单位必须服从国家下达的计划。这一点与民事法律关系的区别是非常明显的。计划法律关系中的客体与民法的客体也不同,它除物——商品之外,还有许多必须完成的计划行为和指标,比如计划的编制、人口出生率与增长率、环境质量、犯罪率等,把这些计划行为和指标,纳入民事法律关系的客体中是不妥当的,这也是显而易见的。

这里还应强调指出的是,我们实行的是计划经济,而计划涉及的领域十分广泛,有经济的、科学技术的,还有社会发展方面的;在经济领域中又涉及生产、交换、分配、消费多个环节。根据我国的国情,经济和社会发展方面主要活动都是在国家计划指导下进行的,尤其是对关系到国计民生的少数重要产品和关系国民经济全局的重要经济活动,还要继续实行指令性计划。所有这一切说明,在我国的经济生活中计划的指导作用是巨大的,重要经济关系的发生、变更、消灭,都受着计划的制约。因此,很有必要针对我国发展有计划的商品经济这一基本特征,完善调整我国经济关系的经济法,以适应社会主义经济发展的要求。此项任务,现有的民事方面一些单行法律和规定是承担不了的,就是再制定一个民法通则也是满足不了经济发展的要求的。

不同意把民法的调整范围扩展到适用于一切经济关系的理由,除了上面讲的以外,从法的发展历史和今后发展的趋势来看,经济法也是可以而且应该成为我国法律体系中的一个基本法而存在的。在法的历史上,最早的时候,许多国家的法是民刑不分的,随着商品经济的发展,民法才成为一个单独法律部门。在社会化生产和商品经济进一步发展的今天,经济关系更加复杂,民法已经不能满足需要,新的单行的经济法规不仅应运而生,且越来越多,形成一个新的法律部门。一些国家已经把经济法从民法中分立出来,单独制定了经济法。在我国,经济法规的大量存在已是客观事实,今后随着有计划的商品经济的发展,经济法规也将日趋完备。从调整经济关系来看,许多已经明确,不大明确的在深入调查研究实践经验的基础上也可以作出科学的表述。总之,我国的法律体系中,将经济法作为一个基本法、一个单独的法律部门的条件已经具备,当然,经济法在理论上,由于研究工作开展的时间较短,不够深入,有一些问题还没有作出科学的概括,并加以系统化。但是,我们不能因为理论工作的落后,就在立法实践上硬用本来无法调整所有经济关系的民法来代替经济法。这样做,对于我国法制建设是不利的。基于上述看法,我建议在立法时要妥善处理民法和经济法之间的关系,使两者合理分工,建立起具有中国特色的社会主义民法和经济法。[85]

(5)法工委邀请经济法专家对《民法通则(草案)》提意见

毫无疑问,国务院经济法规研究中心和经济法学界对《民法通则(草案)》的反对意见,引起立法机关的高度重视。1986年1月29日、30日,法制工作委员会民法国家法室专门邀请在京的经济法专家座谈《民法通则(草案)》,征求意见。

座谈会上的主要意见是:"法人之间的关系不完全是平等的,它们之间的经济关系往往是纵向调整,其活动要纳入国家计划的轨道。法人的活动是一种国事活动,不是民事活动。因此,建议法人之间的财产关系由经济法调整,民法只调整公民之间、公民与法人之间的财产关系。""我国的经济的特点是有计划的商品经济,离开这个特点谈财产关系就易出问题。如我国的法人与资本主义国家的法人不同,大多是社会主义组织,在公有制基础上形成,在计划指导下从事经济活动。此

---

[85] 《法制工作简报》(第11期),1986年1月22日,第1—5页。

外,党中央关于经济体制改革的决定指出,要使国营企业成为具有一定权利义务的法人,这不仅指民事权利,也包括法人的人、财、物、供、产、销问题。再次,从法人的设立到法人的终止,多属上下级的管理问题,与民法的基本原则也有矛盾。国家所有权问题是所有制问题,不能看作民事权利。建议法人、所有权、时效在民法里不作规定,可以制定单行法。""民法着重调整公民和法人之间的非经济业务关系。法人之间的财产关系由经济法调整。工业产权不是横向经济关系,放在民法里调整不恰当。"⑧

(6)顾明同志批判《民法通则(草案)》意见书

1986年2月3日,法制工作委员会副主任项淳一、顾昂然同志到国务院经济法规研究中心征求顾明同志对《民法通则(草案)》的意见,顾明同志谈了意见后,又把自己《关于对〈民法通则(草案)〉的意见和制定急需单行法规的建议》交给法制工作委员会。顾明同志这一意见书刊登在《法制工作简报》第23期。⑧ 顾明同志的意见书,对《民法通则(草案)》作出否定的判断,并全面系统地阐述了经济法学界对制定民法通则的反对立场和五项理由。考虑到这一"意见书"的珍贵文献价值,特将全文转录如下:

自从去年十月讨论《民法通则(草案)》以来,已讨论了四稿。经济法界反应强烈,多数同志主张,不宜过早地制定这种带有法典式性质的通则。为适应当前经济需要,可先制定一些急需的单行法规。

---

⑧ 这里引用的是应邀出席座谈会的经济法专家盛杰民(北京大学法律系经济法室讲师)、潘静成(中国人民大学法律系经济法室主任)、徐杰(中国政法大学经济法系主任)的发言。参见《部分经济法专家对〈民法通则(草案)〉的意见》,[法工民字(86)8号],法制工作委员会民法国家法室,1986年2月3日,第2—3页。

⑧ 《法制工作简报》(第23期),封底注明"发:中央政治局委员、书记处书记,人大常委会副委员长、秘书长、委员,国务院副总理、国务委员;中央各部、委,人大各专门委员会,人大常委会办公厅,高法,高检,国务院各部、委;全国总工会,团中央,全国妇联,中国科协,中国法学会,贸促会,有关各新闻单位;各省、自治区、直辖市党委、人大常委会、人民政府,各省、自治区人民政府所在地的市、较大的市、沿海开放城市党委、人大常委会、人民政府;人大法律委员会副主任委员、委员、顾问,人大常委会法制工作委员会主任、副主任、秘书长、副秘书长、各室"。

制定这样一部民法通则,应该考虑以下一些根本性的问题:它是否符合我国当前实际;它有没有应有的民主立法程序和广泛的群众基础;它对我国法律体系的建立和法律科学的发展能否起到促进作用;它对法律、法学队伍能否起到团结、协调、巩固和壮大的作用;最后一点,它与党和国家在立法方面的方针和部署是否一致。

从《民法通则(草案)》前后几稿看,起草者始终是把它作为经济领域中的一部基本法来制定的。我们的经济领域中确实应该有一部基本法。但是,在现阶段,制定这样一部基本法的条件,无论从经济根基看,还是从法律、法学的自身状况看,都还不够成熟。过早制定是不适宜的。

一、我国是有计划的商品经济。这是一种新型的商品经济。它根本不同于资本主义的商品经济,也有别于苏联模式的计划经济。对于这样一种有计划的商品经济,法律究竟应该如何调整,我们的探索才刚刚开始。但有一点是可以肯定的,对它的法律调整,是既不能套用资产阶级的民法理论,也不应搬用苏联的民法观点的。必要的借鉴是应该的、可以的,但不应受它们束缚,更不能照搬。从《民法通则(草案)》几稿看,起草者是力图体现中国社会主义民法特点的。但在基本方面却始终跳不出从罗马法、《法国民法典》到《苏俄民法典》的窠臼。从现有《民法通则(草案)》的立法指导思想和所规定的各项主要制度看,是很难全面、系统地调整我国有计划的商品经济关系的。前后几稿对待计划的观点就是一个有力的例证。

二、法是不能脱离经济实际的。我们正在进行全面的经济体制改革,中国式的社会主义经济体制正在形成中。在这一过程中,为适应体制改革的需要,尽多尽快地制定单行经济法规,是必要的,也是可行的。但是,作为全面反映我国经济制度、经济关系,而且应该具有相当稳定性的基本法,却不应脱离我国经济体制正在变革的现实而过早地制定。脱离经济根基的法,将或者给社会经济生活造成混乱,或者被社会经济的发展突破而夭折。

在经济领域中最重要的所有权、经营权问题,二者的联系和区别,以及与之相联的国家与全民所有制企业之间的关系,这一系列问题究竟如何确立和调整,从理论到实际,从经济学到法学,都还没有解决。许多经济法学者已指出,在社会主义社会中,占主导地位的所有权是姓"国",而不是姓"民"。这与资本主义私有制下所有权占主导地位的情况是根本不同的。既然如此,民法就无权单独规定所有权制度,尤其无权规定国家所有权。可见,有关所有权的法律规定还存在一些根本性的问题,不应过早地用通则的形式固定下来。用从《法国民法典》搬下来的所有权理论和制度,去简单地套我们的经济现实,那是不行的。

三、《民法通则(草案)》也严重脱离我国法律和法学的现实。党的十一届三中全会以来,经济法蓬勃兴起,无论在经济立法、经济司法,还是在经济法学教学和理论研究方面,都取得了巨大的发展,其发展速度之快、规模之大,远远超出其他法律部门。经济法的体系、理论,也已初步形成。这些是谁也不应忽视的一种客观现实。民法与经济法都是调整经济关系的。两者的争论由来已久,而且是一场国际性的争论。制定民法通则绝不是民法一家的事,更不是少数民法学者的事。而应该通过民主立法程序,反复、广泛地征集各方面的意见,特别是经济法律工作者的意见。这样才能统一思想,统一认识,一致行动,利国利民。

民法与经济法之争,绝不仅仅是什么学术之争,而是有关我国法律体系如何确立的百年大计问题,甚至是涉及我国经济体制改革的方向问题。

按照《民法通则(草案)》第二条规定以及关于草案的"说明",民法调整范围包括法人之间在平等地位上发生的横向财产关系,这就必然与经济法所主张的调整对象发生重合和矛盾。多数经济法学者并不绝对地认为民法不能调整法人之间的关系。这也不是什么谁侵犯谁的问题。经济法学派既不能以自己的理论主张强加于人,民法学派也不应以历史上的既成模式作根据,作为自己主张的天经地义的理由。大家都应该从我国国情和经济需要出发,共同探讨和确立对我国经济生活进行法律调整的最合理的格局。

经济法观点认为,在我国社会主义经济生活中,法人之间发生的经济关系更多的是属于经营管理性质的经济关系。它与公民与公民之间发生的，以及以满足公民需要为中心目的的在公民与法人之间发生的经济关系，有着明显的区别。法人之间的经营管理性质的经济关系，多是在社会主义公有制基础上产生的；是在生产（广义上的生产，包括流通、分配和消费）领域中发生的；它们与国家计划有着更多更直接的联系；它们往往不仅具有财产关系的内容，而且具有组织管理的性质。而公民之间以及公民与法人之间的财产关系，多半属于社会消费领域内的，与国家计划、国家的组织管理往往没有更多更直接的联系。

两类关系的经济特点不同，决定了它们的法律调整也应该有所不同。对法人之间的经营管理关系的法律调整，必须把国家统一领导和法人相对独立结合起来；必须把宏观控制和微观搞活结合起来；必须把计划和经济合同结合起来；必须把纵向经济关系和横向经济关系结合起来。这些都是我们有计划的商品经济的客观要求。这些客观要求从民法的传统理论和现有主张看，都是很难满足的。所以应该由一门新兴的法律部门——经济法去调整。

当然，两者的调整范围很难绝对地划清。但可以以如何对经济发展更为有利为标准，作大体的划分。

再如法人问题。《民法通则（草案）》几稿的规定始终是一个极为一般化的民法概念，是一个放之四海而皆准的概念，是一个既可在社会主义国家适用，又可通行于资本主义社会的概念。作为社会主义民法，不反映法人的社会主义特点，一直坚持这样一个一般化的概念，是不相宜的。也可能有的同志说这是对外经济交往的需要。但是，我国的法人绝大多数是社会主义性质的，是和国家计划、国家管理直接相联系的。少数涉外的合营企业等，我们可以通过特别条款给以规定，不能因此就根本抹掉社会主义法人应有的本质特征。

经济法观点认为，在社会主义制度下，在社会主义法律体系中，作为活跃在经济生活里最基层的经济实体和最广泛的法律关系主体的法人，不应该仅属于民法体系。实际上，在许多法律部门中，都有关于法人的规定。甚至在刑法学中也在讨论法人能否构成犯罪的问题。法人应享有的权利和应承担的义务,也不只是民事权利和民事义务。它的权利和义务中更多的是属于经济权利和经济义务的。宪法所规定的全民制企业法人享有的经营管理权,就不只是《民法通则(草案)》所规定的属于民事权利的财产权,而且还包括人事劳动、生产组织、行政指挥等多种管理权利。在党中央制定的关于经济体制改革的决定中,明确提出要使企业成为具有一定权利和义务的法人。这里并没有提出法人只具有民事权利和民事义务。党中央是站在更高的全局立场上看待法人问题的,是主张建立更广泛意义上的法人制度的。可见,法人概念和法人制度不应为民法所独占;由各个法律部门分别建立自己的法人制度的做法也不妥。我们应该建立一个为各个法律部门共用的统一的法人制度和法人概念。可见,《民法通则(草案)》所规定的法人定义,是不能反映我国社会主义特点的,是不符合我国实际的,是不够科学的,与党中央的决定也是不一致的。

与前述所有权、经营权问题相连,有关法人的许多基本理论问题,如全民制企业的法人有没有所有权,它的经营权的性质及其限度,它能不能作破产处理,以及法人的法定代表的地位等,都没有解决。不从实际出发去认真地探索我国法人的基本问题,只是把传统的外国的法人概念和理论搬过来,虽然简单省事,但它并不能真正解决我们经济生活中的现实问题。

诚然,在我们当前经济领域中,一些非法组织在破坏着经济秩序。法人制度应该尽可能尽快地建立,大量的涉外经济活动也要求我们尽快地颁布有关法规。但鉴于上述各点理由,不应该过早地用法律形式由民法通则把它单独规定下来,也不应以此作为及早制定民法通则的理由。制定单行的法人条例完全可以满足上述需要,而且这种方式也是目前比较适宜的一种解决方式。

四、从《民法通则(草案)》的结构、内容看,是很难作为统领经济法规的基本法的。《民法通则(草案)》难以统领经济法规的基本原因,是由于它不能全面、系统地反映有计划商品经济的客观要求,不能科学地解决对有计划商品经济关系的法律调整问题;同时,也由于它本身的内容、结构、体系不够科学。

比如,关于民法的调整对象,民法学派内部意见就不一致,有说是调整财产关系和人身关系,有说是调整平等的横向的经济关系。《民法通则(草案)》及其"说明",却是把上述两种观点交替并用,采用双重标准。这就必然使民法自身在理论和实践上造成极度的混乱;必然使民法的调整范围一而再、再而三地扩大,条款越来越多,内容越来越庞杂。包括了经济合同法、商标法、专利法、工商企业登记法、工业企业法、环境保护法,等等,甚至还包括了已经不属于商品经济关系范围的婚姻法。似乎只要是规定有平等关系的法,只要是采用民事赔偿手段的法,都应该囊括进民法体系。这样的观点和做法是危险的:第一,它会把我们的法律体系搞乱,使许多法律部门都无法独立起来。第二,它将人为地分裂许多本来是统一的法规。比如商标法、专利法,它们是规定有平等的财产关系,如商标、专利的转让,但它们也同时规定有更多的纵向管理关系。民法同志根据前一类关系就一再声称它们是民法的组成部分,那么后一类关系又该属于谁呢?民法显然不能统领这类关系,只好把这类规范交给行政法。若如此,岂不是把一个统一的法规人为地分属于两个法律部门吗?第三,这种做法很可能把民法自身否定掉。一些民法同志经常批判经济法没有统一的调整对象,是个大杂烩。《民法通则(草案)》现在的这种观点和做法,比之经济法,恐怕更有过之而无不及,更难于自圆其说。

经济合同法也存在类似问题。《民法通则(草案)》认为经济合同法属于民法体系,许多民法同志认为这是天经地义、不容置疑的。其实也不尽然。经济合同是一种合同,但它是一种新型的合同。与一般民事合同有着明显的区别。经济合同是法人之间的协议;是法人为实现经营管理的经济目的而签订的;经济合同总是直接或间接地与国家计划相连的,是实现国家计划的重要法律手段;经济合同法的首要原则是符合国家计划的原则,从经济合同的签订、变更、解除、无效认定、违约处理,都要受计划的制约;签订经济合同过程中的意志顺序也是先国家、后主管部门,两者均无规定,由当事人协商确定;此外,还专章规定了对经济合同的管理。可见,在经济合同法中不只是平等的财产关系,也包括有很多组织管理关系,也是纵横结合的。这些都是一般民事合同所不具有的。把这样一部法规简单地归入民法体系,也是不科学的。

《民法通则(草案)》本身存在着前后内容不一致的矛盾。如第三条规定了民事活动中当事人地位平等的原则。但后面各章中的内容却有不少与这条相矛盾。如法人、所有权、经营管理权、承包权等,并不都是平等的关系。在国家所有权中行使所有权的国家与行使经营权的法人的地位如何平等?经营管理权、承包权也不能一概说成是一种平等关系的权利。

《民法通则(草案)》在结构上也存在着原则与具体的矛盾。从通则本身含义看,应该只能是基本的原则的规定,草案却在许多条款中把有关的具体法规的具体内容都转录过来,转录的又常常是不完全、不准确、不一致。当没有相应的单行法规时,草案又不得不作过细的规定。如第七十七条突然冒出租赁合同;损害赔偿中也规定得太细。这些都再一次证明企图制定一部无所不包的法典是困难的。

此外,许多概念,如民事活动、民事行为、民事权利、民事义务、民事责任等,都没有准确的含义。这种状况将来会后患无穷。

五、《民法通则(草案)》的制定与党和国家在经济立法上的方针和部署并不协调一致。党中央、国务院从十一届三中全会以来就一再强调要加强经济立法和经济司法。党中央关于七五计划的建议中又明确提出要建立比较完备的经济法规体系。广大经济法律工作者深受鼓舞,都在各自的岗位上为实现党中央的这一伟大号召而努力地工作着。但是,在《民法通则(草案)》起草过程中以及关于草案的"说明"中,却根本不提党中央提出的建立经济法规体系这一当前立法工作的主要目标和中心任务,这是不妥当的。既然起草者认为《民法通则(草案)》是经济领域中的基本法,那就不可能回避与建立经济法规体系的关系问题。现在看来,在我们立法工作中的两层皮问题有所发展,我们不应重蹈苏联立法史上的覆辙。

苏联在二十年代颁布《苏俄民法典》时,就已经产生了经济法流派观点。民法学派在苏联的权力机关占有优势,那里在积极地制定民法纲要;而其部长会议系统却大力推行经济立法。民法学派与经济法学派遂展开了旷日持久的争论,至今仍统一不起来。这是苏联立法史上一种不幸的分裂局面。我们的法律体系正在形成,一切完全可以根据我国的国情从头开始。我们何必非要像苏联那样去背那个长期争论不休的沉重包袱呢?我们应该有领导地对民法和经济法进行适当的协调和分工,使民法和经济法都能兴旺地向前发展。

我们希望民法问题稍稍从容从事,不要急于通过民法通则。这对大局和各方面都是有利的。否则,那将对经济立法、经济司法,特别是经济法学研究和经济法学教学,带来严重的影响。将给经济法这一门新兴的法律部门和法律科学造成混乱。因为,如若按照《民法通则(草案)》的规定,现已初步建立起来的经济法理论和体系,都将无法继续发展。许多已出版的经济法教科书都将不得不彻底修改或根本报废。经济法课也将讲不下去,因为一个不成体系的法律部门是不能成为一门法律科学的。现有的经济法专业、经济法系的设置也将出现问题。我们的法律、法学领域由于经济法的出现而带来的活跃、兴旺局面,将受到挫折。在法律、法学领域中,不是激起更严重、更无休止的论争,便是回到过去多年来那种沉闷、保守的境况中去。这对我们的经济建设、法律和法学建设(其中也包括民法)都是极其不利的。

在当前体制改革和经济建设中,有许多法规确实是亟待制定的。我们为"七五计划建议"配套而拟制的"七五立法规划",就是为了加快经济立法而制定的。经济领域内有些基本法律制度,由于上述原因,虽然不能一时把它们捏进一个基本法内,但为了解决急需,还是可以采用我们过去一套行之有效的老办法的,即先制定单行条例。当前最主要的如:法人条例、联营条例、时效条例以及有关个体户、农村承包经营户的法律地位、公民合伙经营、保护企业等有关法规,都可采用单行条例方式解决。

先立单行法规,不仅能及时地满足对某些经济过程、经济关系进行法律规定和调整的紧迫需要,而且是一条与当前情况相适应的立法方式。因为,制定单行法规程序比较简便,适应性强,可变性大。可以通过实践进行检验和修正,在总结经验的基础上,再由权力机关制定具有更高效力、稳定性更强的法律。[88]

(7) 17位经济法教师上书中共中央

经济法学界当然知道他们的这些意见,对于《民法通则》来说是致命的,被全国人大常委会所采纳的可能性不大,能够阻止全国人大常委会制定《民法通则》的进程的,唯有中共中央。因此,他们在1986年2月27日,直接上书中共中央,指陈《民法通则(草案)》的重大错误,认为不宜提交即将召开的第六届全国人大第四次会议表决通过。考虑到这封由11所院校的17位经济法教师署名的信所具有的重要文献价值,特将信主文转录如下:

制定一部符合我国国情的民法通则是必要的。但是,现在草拟的民法通则,反映不了我国的国情,特别是解决不了在经济体制改革中提出的许多法律问题。为此,我们通过各种方式,多次对一些重大原则问题提出了修改意见,但基本上未被采纳。我们出于对我国社会主义法制建设的关心,只好向中央领导同志反映意见。我们认为,如果对《民法通则(草案)》不作原则性的修改,而在本次全国人大会议上通过是不适宜的。

一、现在的《民法通则(草案)》中的一些关键性内容不符合中央《关于经济体制改革决定》中加强经济立法的精神;不符合中央《关于七五计划建议》中建立比较完备的经济法规体系的战略部署;不符合建立具有中国特色的法律体系的要求。我国实行的是有计划的商品经济,许多经济关系和经济活动准则需要用经济法律形式固定下来,这个任务主要应当由经济法来完成,民法担负不起调整所有平等主体之间的经济关系的任务。

二、在经济体制改革中,国家加强了经济立法。彭真同志曾经指出:"经济法是基础法,是最重要的法。"但是,现在起草的《民法通则(草案)》,把本来属于经济法的内容,如企业登记法、经济合同法、专利

---

[88] 《法制工作简报》(第23期),1986年2月27日,第1—11页。

法、商标法、环保法等都囊括进去了。这不仅不符合中央领导同志的讲话精神,而且势必给整个法制建设带来混乱。

三、根据我国《人民法院组织法》的规定,现在各级人民法院都设置了经济审判庭。按现行规定,违反工业企业法规、工商企业登记法、专利法、商标法、经济合同法等经济案件,应由经济审判庭审理。正当中央《关于七五计划建议》强调加强经济审判工作的时候,如果把上述法规划入民法范围,就必然会导致经济审判庭名不符实。这不仅不符合现行法律的规定,同时,也会给经济司法带来混乱。

四、纵观世界立法,运用经济法管理经济已经成为世界各国普遍的发展趋势,即使像苏联这种在经济法制建设上走过曲折道路的国家,也开始重视经济法。在党中央的领导下,我们完全能够避免苏联已经走过的弯路。

为了更好地发挥经济法在经济体制改革和社会主义建设中的作用,实现中央关于建立比较完备的经济法规体系的要求,北京大学法律系的一些同志建议起草经济法纲要。对此,中央领导同志作了批示。根据批示精神,由国务院经济法规研究中心牵头,正在起草《经济法纲要(草案)》。为此,我们建议:

第一,《民法通则》和《经济法纲要》的起草工作,应当统筹安排,同步进行,使这两个法律在促进社会主义建设方面,能够相互协调地发挥作用;

第二,为了适应对内搞活、对外开放的需要,可以先颁布一些急需的单行法规,如《法人制度条例》、《国营工业企业法》、《公司法》、《代理制度条例》等。[89]

---

[89] 信末署名及日期:"中国政法大学经济法系主任徐杰、黄勤南;西南政法学院经济法系主任李昌麒;华东政法学院经济法系副教授庄咏文;杭州大学法律系主任马绍春;北京商学院管理系副主任徐学鹿;江苏工学院经济法教研室主任侯志纬;北京大学法律系经济法教研室主任杨紫烜;中国人民大学法律系经济法教研室主任潘静成、副主任刘文华;中南财经大学经济法专业肖克瑾;中央党校法学教研室周升涛;北京大学、中国人民大学经济法教师谭志泉、许孟洲、吴宏伟、王守渝;北京机械工业管理学院经济法教研室副主任孙维智。一九八六年二月二十七日。"见1986年2月27日11院校的17位经济法教师致"中央书记处并中央领导同志"的信(复印件),收文号:第264号1986年3月4日。

(8)全国人大常委会请经济法专家提修改意见

党中央对17位经济法教师的信做何反应,我们不得而知。但只要对中国政治体制稍有常识,就应当知道,像制定民法通则这样的基本法性质的立法,不事先经过中共中央政治局常委会慎重研究并作出决定就提上立法日程,是不可想象的。3月14日全国人大常委会委员长会议提议,"请参加经济法纲要起草工作的经济法专家对《民法通则(草案)》的具体条款提出修改意见"⑩。据此,可作如下推测:中共中央政治局已经收到17位经济法教师的信并转给全国人大常委会,因此全国人大常委会委员长会议提议,请参加经济法纲要起草工作的经济法专家对《民法通则(草案)》的具体条款提出修改意见。请注意"委员长会议提议"的着重点在于,征求参加《经济法纲要》起草工作的经济法专家"对《民法通则(草案)》的具体条款"的修改意见,而不是征求对于"应否制定《民法通则》"的意见。可知经济法教师的信对于党中央(和全国人大常委会)制定《民法通则》的决定并未产生任何影响。

按照全国人大常委会委员长会议的提议,国务院经济法规研究中心召集在京的参加《经济法纲要》起草工作的经济法专家,对《民法通则(草案)》进行座谈,对草案的具体条款提出修改意见。会后,经济法规研究中心将会上提出的意见反馈给全国人大常委会,主要意见如下:

民法是在私有制的基础上产生的,它的基本原则和基本制度在公有制占绝对优势的社会主义社会的财产关系(即经济关系)中如何贯彻实施,在我国和苏联等社会主义国家都还没有成熟的经验。目前,还有许多问题看不清、摸不透,不能对它们作出明确的、切实可行的法律规定。如什么是民事关系,什么是法人制度;什么是全民所有制企业的经营权,它同所有权有什么联系、有什么区别;全民所有制企业对国家授予它经营管理的财产有没有所有权,这些财产可否全部用于清偿企

---

⑩ 《经济法规研究中心反映关于〈民法通则(草案)〉的修改意见》,载《法制工作简报》(第44期),1986年3月27日,第1页。

业的债务;等等。㉑

关于民法和经济法的调整对象,《民法通则(草案)》的"说明"提出按横向、纵向经济关系划分。但是,我国的社会主义经济,是在公有制基础上的有计划的商品经济,管理经济是我们国家的一项基本职能。从整体上说,横向的经济关系不可能从根本上摆脱国家计划的制约,不可能完全贯彻实施民法的平等、自愿、互利的原则。也就是说,在我国纵向的经济管理关系和横向的经济协作关系很多是有机结合在一起,而无法机械划分的。这种纵横结合的经济关系应当由什么法来调整,如何科学划分民法和经济法的调整对象和调整范围,这些问题还有待进一步研究解决。㉒

《民法通则(草案)》的有些条款,同第二条关于民法调整对象的规定也不一致,应当删去,或作适当修改。例如:第七十七条等关于国家财产的规定,内容不属于平等主体之间的财产关系,建议删去。……承包合同双方发生的权利义务关系,主要是纵向的经济管理关系,而不是平等主体之间的横向关系,因此承包合同关系不宜纳入民法调整范围,建议删去第七十九条。……在申请和审批专利权和商标权过程中发生的社会关系,都不是平等主体之间的横向财产关系,建议删去第九十三条、九十四条。专利法和商标法的调整对象,主要的都是纵向的经济管理关系,而不是横向的经济协作关系,因此专利法和商标法都不应归属于民法。……建议在《民法通则(草案)》"说明"中提到的纵向经济关系主要由有关的经济法调整,改为纵向的经济关系和纵横结合以纵向为主的经济关系由经济法调整。……在《民法通则(草案)》的"说明"中没有明确指出,企业内部组织如车间、班组之间的经济协作关系不是由民法而是由经济法调整。这样可能造成误解,好像企业内部平等主体之间的关系也是由民法调整的。建议加以明确。……此外,大家对把《婚姻法》和某些道德规范也纳入民法

㉑ 同上注,第2页。
㉒ 《经济法规研究中心反映关于〈民法通则(草案)〉的修改意见》,载《法制工作简报》(第44期),1986年3月27日,第2页。

范畴,也提出了不同的意见。[93]

(9)法工委再次征求经济法专家的意见

同年3月下旬,法制工作委员会民法国家法室又将《民法通则》(草案)(3月8日、20日稿)分送在京的9位经济法专家征求意见,有8位经济法专家提出了书面意见。针对关于民法调整范围的第2条规定,有两种不同意见。多数专家坚持认为"社会主义经济关系的法律调整,应当是纵横统一的,而不应分而治之。将横向经济关系交由民法调整,纵向经济关系由经济法调整,这在理论上站不住脚,实践上行不通。经济立法应当坚持一元论,不要搞二元论"。"专利、商标、婚姻不属于民法范围,建议通则不作规定。"但有两位专家明确表示"赞成横向的经济关系和人身关系由民法调整,经济法只调整纵向的经济关系"[94]。

(10)笔者发现这些资料后的感言

国家立法,就像法律女神手中的那架天平,民法起草和经济合同法起草"同时并进"之时,天平基本保持了平衡,民法学界和经济法学界的学术论争,虽攻防形势时有变化,但双方阵营同样士气高昂、满怀信心。随后,《经济合同法》颁布实施,全国人大常委会突然宣布解散民法起草小组、民法起草暂停,天平猛然向经济法一边倾斜,致使民法学界一边消沉下去,而经济法学界一边士气倍加高涨。时隔三秋,全国人大常委会启动《民法通则》起草工作,法律女神手中的天平猛然反过来向民法学界一边倾斜,致使陷入消沉悲观的民法学界重新振作了士气和信心,却同时引发经济法学界的普遍不满。民法学和经济法学,同属于实用法学,其兴衰隆替难免受国家立法活动的影响、制约,本不足怪。但在当时,因国家制定《民法通则》,引发经济法学界的强烈反弹,必欲致《民法通则》胎死腹中而后快,恐怕是执掌国家立法权柄的全国人大

---

[93] 同上注,第3—4页。

[94] 不同意《民法通则》第2条规定的专家有潘静成、刘文华、孙维智、徐学鹿;赞同《民法通则》第2条规定的专家有孙亚明、邱宏铮。参见《部分经济法专家对〈民法通则(草案)〉的意见》,[法工民字(86)20号],1986年3月31日,第1—2页。

常委会事先也未必有所预料的。

顾明同志意见书中不无调侃语气的"民法同志",虽然隐约听说《民法通则》座谈会上有人发表反对制定《民法通则》的长篇批判发言;隐约听说经济法规研究中心在广州召开经济法理论工作会议批判《民法通则》;隐约听说经济法学界在什么地方闭门起草《经济法纲要》;隐约听说经济法学界向党中央上书,要求阻止《民法通则(草案)》提交全国人民代表大会表决。但在当时特定的历史条件之下,这些隐约听说,既未载诸新闻媒体,亦未在单位内部传达,使"民法同志"如堕五里雾中,不得而知其内容,亦难辨其真假。至于顾明同志全面否定《民法通则》(草案)的长篇意见书,就连笔者也是在撰写本文之时于无意之间偶然发现的,"民法同志"在当时如何能够得而知之?其时正为立法机关制定基本法性质的《民法通则》所鼓舞,群情振奋,斗志昂扬,群策群力地为制定一部科学、进步的《民法通则》而奋斗的"民法同志",在准备迎接"民法的春天"到来之际,心底难免对《民法通则》能否顺利获得通过,"民法的春天"能否如期而至,隐隐然有一丝不祥疑云。

实际上,当立法机关宣布解散民法起草小组、民法起草工作暂停之时,虽然民法学界一度陷入消沉和迷茫,但他们与经济法学界之间的争论并未有任何松懈和稍歇,反而有绝地求生的勇气,你看民法学界反击大经济法观点的一大批论文和著作,大抵产生于1982年立法机关宣布民法起草暂停之后、1985年立法机关启动《民法通则》起草之前这一时间段,产生于1985年立法机关开始起草民法通则之后的绝少。

鉴于立法机关对于国务院经济法规研究中心和经济法学界狙击《民法通则》制定和批判《民法通则(草案)》的这些意见严格保密,迄今没有看到当时有哪怕一位民法学者站出来反驳、反击这些错误意见。换言之,肇端于1979年的这场民法学经济法学两大学科之间的学术争论,因1985年立法机关启动《民法通则》起草而发生了性质改变,变成了国务院经济法规研究中心和经济法学界意图阻止中国立法机关(全国人大常委会)制定《民法通则》的一场大批判和立法争论。

四分之一世纪之后的今天,笔者为撰写本文而反复阅读玩味这些针对立法机关和《民法通则(草案)》的自以为真理在握的大批判文字时,突然萌生出这样的念头:假设全国人大常委会法制工作委员会将国务院经济法规研究中心和经济法学界这些大批判文字(发言、意见书、给中共中央的信)悉数公之于众,会不会引发一场其激烈程度远远超过 2007 年所谓"物权法违宪"的论战?果真如此,在当时经济体制改革尚在摸索方向的特定历史条件之下,《民法通则》能否顺利通过明文规定实行公有制基础上的计划经济的那扇"宪法之门"?假设第六届全国人大常委会特别是担任委员长的彭真同志,在面对这一场真刀真枪的大批判时哪怕稍微有一点儿犹豫,《民法通则》还能够顺利通过吗?如果当时《民法通则》未能通过,中国民事立法、中国民法学、中国社会主义法律体系,能够是今天的模样吗?行文至此,不禁对于彭真委员长和第六届全国人大常委会、第六届全国人大法律委员会、第六届全国人大常委会法制工作委员会坚定不移、排除重重阻力和障碍,最终使《民法通则》获得颁布,油然而生赞佩之意!

6. 代结语:《民法通则》开辟了一个时代

张友渔先生在《民法通则》颁布后指出:"第六届全国人民代表大会第四次会议通过了《民法通则》,并决定从 1987 年 1 月 1 日起生效。这是我国人民政治生活和经济生活中的大事件,是社会主义民主和社会主义法制建设的一大成就。《民法通则》的颁行,对于巩固经济体制改革已经取得的成果和保障改革顺利进行,对于加速社会主义物质文明建设和精神文明建设,对于在平等互利原则基础上发展对外经济技术合作,必将起到巨大的作用和产生深远的影响。"㉟

谢怀栻先生在《民法通则》颁布一周年时指出:"《民法通则》的制定是我国民事立法中的一件大事,改变了我国没有民法的历史(在这以前,《婚姻法》被认为是一个独立的法律部门,《经济合同法》被认为属于经济法,都不属于民法)。《民法通则》虽然不是一个完全的民法典,但因其内容涉及民法的各个方面,《民法通则》在人大通过前,主持

㉟ 张友渔:《为什么制定这部〈民法通则〉》,载《中国法学》1986 年第 4 期。

立法工作的同志又说明了我国民法的全部范围,这就使我国多年来法学界(包括民法学界)关于民法范围的论争得到初步澄清,至少从立法角度说,得到初步确定。民法的地位得到最终的肯定。""回想1979年前后风靡我国法学界的'大经济法小民法'乃至'民法取消论'的那些理论,我们不能不承认,在我国,由于种种原因,民法几乎在法学中失去地位。后来,也由于种种原因,民法重新恢复了一个部门法的地位。这一段曲折的历史,将来会载入我国的法制史中。"⑯

王家福先生在《民法通则》颁布四分之一世纪后回顾:"《民法通则》起草工作真正做到了充分发扬民主,参与起草的每个同志都畅所欲言,每个章节的标题,每个条文的表述,都经过反复讨论,大家思想解放,思路开阔,没有受计划经济条条框框的约束。起草小组的所有同志都倾注了心血,作出了贡献,它是民法学者和立法工作者智慧的结晶。""《民法通则》起草工作的民主,还突出体现在第一次正式开启了立法机关的专家、实务部门的专家和民法学者相结合的起草先例,充分发挥了三者的长处,使起草工作达到最佳的效果。"⑰

"《民法通则》为社会主义市场经济构建了基本的法制框架。《民法通则》划清了公法和私法的界限。它明确规定民法调整平等主体之间的财产关系和人身关系,确认了民法是私法而非公法;规定了体现私法自治要求的平等、自愿、公平、等价有偿、诚实信用等民事活动的基本原则;规定了自然人、个体工商户、农村承包经营户、合伙、国有企业法人、集体企业法人、联营等的市场主体制度;规定了法律行为、代理、合同等基本交易规则;规定了违约责任、侵权责任等基本权利救济制度,为我国由计划经济向市场经济的顺利转型提供了根本的法律前提。"⑱

后记:

笔者出生川西农家,大学毕业后在昆明远郊一小小国企担任工会干

---

⑯ 谢怀栻:《民法总则讲要》,北京大学出版社2007年版,第45页。
⑰ 《1986年〈民法通则〉诞生 中国进入权利时代》,载《检察日报》2009年8月31日。
⑱ 同上注。

事,凭国家恢复研究生制度之好风,侥幸考入中国社会科学院,在导师王家福先生引导下从事民法学术研究,得遂平生精忠报国之志。恭逢导师王家福先生八十寿诞之喜,特撰写这篇记录民法经济法研究室期间追随先生亲历学术立法论争的纪实文字,衷心祝愿先生长寿和康健!

走进沙滩北街十五号*

沙滩北街,是京城景山东侧一条南北走向、长不足百米、极其冷僻的小街。北端与沙滩后街相交处一座小院,即是国内外闻名的沙滩北街十五号,中国社会科学院法学研究所之所在。院门东向,与街左文化部大院后门相正对。我有幸于十一届三中全会召开同年之10月,进入这座朴实无华的小院。惊异于其中人我关系之平等、尊重、友善,以及学术自由、思想自由之氛围,遂浸淫其间,历三十寒暑,虽衰发满帻,亦不弃不离,不改其乐。回首往事,仍有感慨于当初走进这座小院之匪易。

我于1962年在四川省眉山县青神中学以全优成绩毕业,在眉山县中学考场参加高考。高考分理工、农医和文科三类。当时风尚,重理轻文,有"学好数理化,走遍天下都不怕"之学谚。班主任倪海光老师动员我报考理工,说:你考理工一点儿问题都没有,考文科就不保险,文科招生少。我不听班主任的劝告,执意报文科。在填志愿表时,从北京大学中文系到四川师范学院中文系,凡可报的中文系全填上了,剩最末一个志愿,填四川行政学院充数。倪海光老师踱到我课桌前,低头看看我的志愿表,皱了皱眉头,没有说话,用两个手指头点着我填的四川师范学院和四川行政学院,然后做了个交换的手势。我心想:交换就交换,难道我真的就进这个学校不成!于是把四川行政学院由普通校最末换到普通校第一。殊不知就这一换,注定了我的文学梦的破灭。我真的

---

* 本文原载《法制资讯》2012年第6期。

收到四川行政学院的录取通知。

因三年"自然灾害",国家实行调整政策,撤销主管法律教育的司法部,把五所政法学院下放地方。西南政法学院下放四川省,改名四川行政学院,设政治、法律两系,培养政治教员和政法公安干部。我被录取在四川行政学院法律系政法公安专业。进校第二年,政治系撤销,仅保留法律系。此后又恢复了西南政法学院校名。所学习的专业课程,唯宪法学和婚姻法学有正式教材。宪法学教材的作者是王珉、王叔文。作为专业基础课的民法学,已经改名为"民事政策学"。同样,刑法学改名为"刑事政策学"。自编的民事政策学教材和刑事政策学教材,薄薄的两小本,是当时民事政策、刑事政策的资料汇编,既没有法律,也没有理论。本科四年真没有学到什么法律知识,所幸毕业前有三个月实打实的实习。

1966年春季开学,即往江津县法院实习,使我们这些法律系本科生多少对政法工作有所了解。当时的江津县法院,在县城法院住所设一个院内庭,另在各区设一区法庭。我被分派在院内庭,由庭长带着办理刑事案件。庭长姓廖,文质彬彬,富有审判经验,教我怎样阅卷,在阅卷中怎样发现问题,怎样写阅卷报告,怎样担任书记员,怎样做询问笔录,怎样写判决书,以及结案后怎样装订案卷。到看守所讯问被告和下乡调查案件,多数时候是和法警一道。法院仅一位法警,开庭时履行法警职责,平时也做与审判员一样的工作。法警身材魁伟,待人很和善,一道下乡调查案件,对我照顾有加。可惜已忘其姓名。三个月时间,我参与办理的案件不少,因而对从事审判工作产生了浓厚兴趣。

我和廖庭长办过一个案件。因妻子与人有不正当关系,丈夫到公安局要求进监狱劳改。接待干警没好气地说:"你不够条件。"问:"要啷个才够条件?"答:"去把火车掀翻嘛。"认为此人有神经病。殊不知这个人真的去掀翻火车,搬几块大石头堆在铁道上,然后蹲在附近草丛中,当巡道工巡查过来发现时,主动跑出来承认。廖庭长认定被告不构成犯罪。另一次我被暂借到检察院,随检察长下乡查一件纵火案。因妻子与人有不正当关系,丈夫将自家住房点燃了,目的也是进监狱劳改。检察长认为不构成犯罪,教育后把人放了,也把红杏出墙的妻子教育了一番。两个案件作案动机相同,都是妻子红杏出墙,丈夫不是要求离婚,而是想自己进监狱劳改。令人难解。我还参与复查平反过一个冤案。解放初土匪暴动,一个十来岁的男孩在山坡上一边跑一边喊:"土匪来了!土匪来了!"镇反时这个男孩被当作匪首判了重刑。我和法警去劳改农场宣布平反,当场释放。服刑十多年,才三十来岁,完全像是一个老头。我和法警一路唏嘘不已。三个月的实习结束,想到不久就要走上政法工作岗位,真的有一股豪迈之气。恰似唐人诗句:十年磨一剑,霜刃未曾试,今日把示君,谁有不平事?

没有料到,实习返校,马上就传达"五一六通知",宣布停课闹革命,拉开了"文化大革命"的大幕。1968年年底大学生分配工作,按照当时"面向边疆、面向农村、面向基层"的政策,我被分配到云南省昆明市。我到昆明市"革委会"大学生分配办公室,知道分配在昆明市中级人民法院。其时人民法院、人民检察院和公安局均已撤销,即所谓"砸烂公检法"。大约在元月中,我被分配到市"革委会"人保组,到人保组报到,负责接待的军人很热情。我被分配在办案组。然后是人保组负责人五十四军某部张副政委接见。张副政委态度严肃却不失和蔼,真的语重心长:"专政工作,需要知识分子,到了人保组就算到家了。一定要勤奋工作,一定要服从纪律,一定要讲党性,不能讲派性。一定要向解放军学习。解放军是毛主席一手创建、林副主席亲自指挥的队伍,从来最讲党性、最坚持党性。"他还说了很多鼓励的话。张副政委一席话,情真意切,感人至深。我听后心里热乎乎的,有一种在外漂泊多年后终于回家见到亲人的感觉,决心好好工作,报效国家,不辜负党的培养,不辜负张副政委的殷切期望。

张副政委接见后我去食堂用餐,餐后要去办案组与组长和同事们见面,次日正式上班。不料,刚吃过饭,负责接待的军人前来宣布张副政委的指示:刚来的大学生,打哪儿来,回哪儿去。犹如晴空一个霹雳,人一下子就懵了!很快回过神来,自己警告自己:逐客令下,军令如山!自己也是一条汉子,不能说半句软话,露半点贱相,让人看轻了。于是故作轻松状,不迟疑地回接待室取了行李,同负责接待的军人步出大院。跨出大门警戒线,回头与军人告别,浅浅一笑、挥一挥手!此处不留人,应有留人处。人保组大院在北京路,向北不远就到了邮电大楼,右转东风东路,很快就回到市"革委"大院,进到大学生分配办公室,负责人一脸无可奈何的神态,显然已接到人保组的电话,说:等过了春节再说吧!

待过完春节,市分办负责人和颜悦色、试探性地问:如果分配到工厂,去不去?回答一个字:去。此日此时,距到达昆明也近两月。五十多天,兜里揣着派遣证和工资关系、粮食关系证明信,没有单位,不能报到,不报到就没有工资、没有粮票,没有工资、没有粮票靠什么吃饭?靠什么住店?靠什么活?若非六八级李锡昆同学的父亲母亲收留我,真不知五十多个白天如何挨过,五十多个寒夜何处投宿?此时此刻,且不说是去工厂,就是宇宙洪荒、虎穴龙潭,别人能去,我亦能去!别人能干,我亦能干!别人能受,我亦能受!恰似溺水之人偶抓漂木,岂有放脱之理。犹自庆幸天不绝我。于是到了昆明市重工局所属农用轴承厂,厂在昆明东郊大板桥,距市区20公里。当地谚云:三尺长一座大板桥,这头踏上那头摇。又云:大板桥,一大怪,三个蚊子一盘菜!另据史料,长征红军佯攻昆明,先头部队抵达大板桥,省主席龙云急调滇军回防,红军乘机夺路西进,顺利渡过金沙江。

我在轴承厂十年,先后担任政工干事、劳资干事和工会宣传干事,而担任工会宣传干事时间最长。厂工会宣传干事,负责墙报、广播站、图书阅览室,组织职工体育活动、文艺演出,以及订报刊、收发信件,等等。厂是新厂,1966年筹建,1969年投产,200多人90%以上是青工,一度文娱体育活动很活跃。常有车间之间的篮球比赛、排球比赛,与兄弟工厂和当地驻军的篮球比赛、排球比赛。节日厂内有文艺演出,还到山下炮团和干海子炮四师师部慰问演出。一次重工局举行田径运动会,三十多家厂,三十多支代表队,我厂队获得团体总分第二名和男子四百米接力第二名,在厂史上是仅有的最好成绩。10年的工厂经历,经受了各种磨炼。对于计划经济条件下的工业生产实际有了感性认识,对社会底层的人们有了较深了解,同时也认识了自己。

回忆我在工厂,对于领导交给的工作,无论是否属于本职,我没有讲过条件,而且总是完成得很好,没出过错。我的禀性,不是心高气傲的人,也不是爱提意见的人。获得这样一个为人民服务、接受工人阶级再教育的机会实在不易,我自当积极工作、改造思想,夹住尾巴做人。岂敢恃才傲物,说话伤人! 十年时间,真没对谁提过批评意见。自觉与厂、部门、车间领导和班组长、老工青工关系颇融洽。全厂上下对我的评价都不错,1971年我很顺利地加入共产党。入党介绍人是政工干事马学书同志。其时党章取消预备期,一经组织批准,即为正式党员。但一次支部书记提名我担任厂工会副主席,却在领导班子未获通过,使我对自己有了清醒的判断。认识到做文字工作是我所长,也是兴趣所在,与人交往特别是与领导交往是我所短。此所谓"短",实是不得不然。因我有成见在胸:不与任何人保持密切关系,不做任何人的铁杆儿。此是我20岁左右时,受当时柬埔寨国王西哈努克不结盟外交政策的启示,决定于人我关系采不结盟主义。"文化大革命"中的经历见闻,更使我坚信不疑,决心终生信守,注定我不适于官场。

工厂工会宣传工作本就轻松。自己出身农民且正当青年,不怕吃苦,参加车间劳动自不在话下。我个人生活也颇为顺利。1972年结婚成家,有了孩子。上班工作胜任愉快,业余时间开荒种菜,饲养鸡鸭鹅兔,知足常乐,随遇而安。办广播、编墙报、组织文体活动,也算党的事业之一部,也算精忠报国之一途。心如止水,不生波澜。孰料"文化大革命"结束,公安、法院、检察机关相继恢复。中央要求落实知识分子政策,号召专业归口。早已熄灭的希望之火,竟又死灰复燃。我想归口到中级法院或者基层法院,经校友吕廷远兄介绍见了中级法院邓院长。邓院长对我曾分配中级法院及到人保组报到有所耳闻,当即表示:很需要,很欢迎,只要工厂放人。但是工厂不放人。归口法院的希望再次破灭。支部书记黄朝铣同志调出厂后透露:当时市委组织部来了调令,厂领导班子集体决定把调令锁进抽屉,严密封锁消息,终未泄露一点风声。一个基层支部,保密如此之严,你不得不佩服。

西南政法学院复办,张序九老师推荐我回校任教。张老师善于识人,校内有小伯乐之誉,推荐过不少教员。据张老师来信,学院领导已经通过,家属安排亦有考虑,要我即向厂领导提出申请。厂长姓栾,从市标准件厂调来不久,为人十分直爽。我提出调回母校任教,栾厂长当即爽快答应,说:你去大学任教可以为党多做贡献,校方函来即可办理调动手续,全家一道走,厂里绝不刁难。真是快人快语,令我感佩不已。庆幸遇到好人,老天助我。不久西政真来函调人时,厂长、书记一齐推翻前诺,一致表示绝不同意调出,理由依旧:工厂工作也是党的需要。我厂先后分配来四位大学生,其中云南大学一位,外语专科一位,加上我的西政同学共三位,均以落实知识分子政策、专业归口名义,相继先后调走。同一个政策,同一个厂,同一个支部。何以独留我一人?个中缘由,请谁人点拨?

1978年国家决定恢复研究生招生,第二批招生专业目录公布,其中有法学专业。这时母校张序九老师来信,鼓励我报考,谆谆告诫:机不可失!当时政策规定,任何单位对于职工报考研究生不得阻拦。先自喜不自胜!我要考上研究生,纵是天王老子恐怕他也拦我不住!复转念一想,顿生踌躇。全国招生,漫无限制,无论本科、专科,已经毕业、尚未毕业,工农兵学员,老三届知青,工人、农民、干部、群众及有无职业,均可报考,考生人数之众多,可想而知。丢开书本,抛弃专业,十有余年,仓促应考,其困难程度,亦可想而知。虽然政策不允许单位阻拦,但工厂领导态度未变,我要考上了不打紧,若要考不上,工厂领导将如何对我?我又将如何面对工厂领导?其难堪与尴尬,亦可想而知。是故瞻前顾后,反反复复,犹犹豫豫,迁延难决。

而时不我待,转瞬之间,报名期间将过。报名最后日之前一日,我竟日心烦意乱,忐忑不安,是夜辗转床榻,不能成眠。扪心自问:何以畏首畏尾?何以迟疑不决?纵然折戟考场、名落孙山,又有何可惜?冷嘲热讽,尴尬难堪,又有何可惧?俗语云:佛争一炷香,人争一口气!争而不得,应承认自己无能,岂可怨得他人!张师认我有才,举荐任教不果,复又鼓励我报考研究生,一再叮嘱勿失良机,我若临阵畏缩、未上考场,将来如何面对夫子？如何面对自己？遂决定报考，成败利钝，在所不计！即唤醒妻子，告知我意已决，时在报名期限最后一日凌晨两点。工厂起床号响起，顿觉一身轻松。赶早到办公室请假、打证明信，乘11路公共汽车进城，到设在官渡区的省招办填写报名表。法学专业，仅北京大学和中国社科院两个单位招生。我谨遵张序九老师建议，填报了中国社科院法学所民法学专业。

当时国家的政策，工作单位应当给考生一个月假期备考。斟酌自身境遇，便未向厂领导请求。好在张序九老师寄来50年代教材，并托云南大学屈野老师辅导。犹记周日进城去屈野老师家请教。其时屈师住在云大附近青云街，房屋老旧，居室局促。屈师自己尚待落实政策，且又胃病缠绵，身体虚弱。每次登门，屈师精神为之一振，仿佛重登杏坛，再掌教鞭，征引比喻，耐心讲解，诲我不倦。复向故纸堆中，寻出50年代在中国人民大学上学时，苏联专家讲授民法讲义油印资料，供我参考。有时留饭，师母上班，屈师亲做韭菜炒鸡蛋，师生对食，情同父子，令我终生不忘！我一边工作，一边备考，感觉时间飞快。突发奇想：如果人类一日一餐，三日一睡，当可节省多少时间用于工作学习。

收到准考证后的一天，有重工局领导来厂，由厂政工干部陪同，约我在厂大门口商店对面小平房接待室隔壁房间谈话。主题是：落实党的知识分子政策，使我专业对口，改任厂人保组干事，并涨一级工资。条件是：我放弃研究生考试。我暗自思忖：现今恢复研究生招生，恰似历史上皇帝开科取士，此是国家急用人才之时。有志之士理当踊跃应试，各显其能其才，但凭国家挑选。盼能有幸得中，竭忠尽智，报效国家。利钝成败，在此一举。如因领导许诺涨一级工资、换一个部门，就放弃考试，铩羽而返，我拳拳报国之心，岂不化成谎言虚话！从此往后，将如何做人？如何面对厂长、书记、车间领导与全厂员工？于是答复：报考研究生是响应党中央的号召，我已经报名，不能不考。

考生之进考场，犹如将军临阵。"文化大革命"后第一次研究生考试，更是如此。昆明市研究生招生考场，设在官渡区小学，教室桌椅均很破旧。头天已经探场，熟悉路径。开考进场仍极紧张。我的课桌靠墙,瞥见右手邻桌考生带了两个药瓶,其紧张程度更胜于我,于是紧绷的神经稍稍松弛。两天四场:作文、外语、法理、民法。考完回家,我即瘫倒在床,四肢无力,浑身酸痛,脑子一片空白!待稍缓过神来,逐科回忆,自觉法理、作文、民法均可,而外语很差,是在预料之中。犹记民法考试论述题:论合同制度。孰料研究生期间到重庆调查合同制度试点,1980年在《法学研究》杂志发表第一篇文章《关于重庆市推行合同制度的调查报告》;1981年毕业硕士学位论文题目《论合同制度》;毕业留法学所参加撰写第一部合著《合同法》。1988年起首次参加国家立法修改《中华人民共和国经济合同法》;1993年起参加设计起草现行《中华人民共和国合同法》。冥冥中疑有定数!

我收到法学研究所的复试通知。考试成绩:作文88分,外语37分,法理70分,民法90分。与我自己估计的吻合。于是向厂里请假,进京参加复试。乘坐62次特快,行驶61个小时,于第三日晚9时30分抵达首都北京。不禁心潮起伏,浮想联翩。通过长长的地下通道,走出北京站,放眼望去,夜色朦胧,路灯黯淡,车少人稀。社科院复试在北太平庄北京师范大学,今夜如何得到?稍事踌躇,即决定露宿街头。用两张报纸铺地当床,行李袋做枕,仰卧在位于北京站街与北京站东街交叉街口的一家餐馆檐下。环顾两侧露宿者,无非失路之人,尽是他乡之客。旅途劳顿,一夜无梦。北京之夏,四时天晓。我于是起身,收拾报纸,让出人行通道,手提行李袋,出北京站街,转建国门内大街向西,过东单,沿东长安街前行,过王府井南口,过南河沿、南池子,抵达天安门广场,见神圣城楼两侧红旗在晨风中轻轻摆动,遂在中国历史博物馆北花坛边公用水管龙头洗漱,然后到位于正阳门城楼东侧22路公共汽车站,乘车经新华门、西单、西四、新街口,至北太平庄北师大社科院复试报名处报到。

中国社科院借北师大复试研究生,后研究生院亦借此办学。考生不分专业,依报到顺序,入住北师大校园东大门北边一栋教学楼。沿着教室四周墙壁铺草荐打地铺,被褥清洁,与北京站口街头露宿,判若天壤。来自四面八方的考生,互通问讯,其乐融融。我左临考生,来自广西,是中学教员,儒雅帅气,讲起所教学生送其离校时之依依不舍,很动感情。还谈起电影《刘三姐》主演黄婉秋受迫害的情况。右临考生是我同乡,四川乐山人氏。"文化大革命"时期,批判资产阶级思想,取消餐厅服务,用餐顾客须先到一个窗口交款购牌(票),然后持牌(票)到另一窗口端菜、端饭。这位同乡就一直在乐山一家面馆售牌(票)。紧挨同乡的考生来自新疆,是一个煤矿挖煤工,身材黑瘦结实,自谓干半个月即可完成工作量,剩下半个月用于看书和睡大觉。言谈之间,颇带豪气。睡在我左边稍远的一位考生,也来自广西,告我正按照美军在越南丛林对付虫虻的高科技,制造一种电子驱蚊器,其发出的超声波,可致有效范围内的蚊子心脏爆裂而死。这位老兄自谓特喜欢钓鱼,可传我制鱼饵秘方,就在复试期间,竟还偷空去颐和园垂钓,真是个奇人。报考历史专业的陈祖武兄,睡在另一间教室,身体瘦弱,文质彬彬,自述一直在昆明铁路局凉亭货场做搬运工,扛每个百十来公斤的货包。凉亭货场在昆明城东,地名八公里,距我所在大板桥仅十余公里。其余考生也大抵相若,非处江湖之远,即在草莱之间。国家恢复研究生考试,犹如历史上之大开恩科,多少豪杰之士、不逞之徒、弹铗之辈,借以脱颖而出,乘风而上,踔厉奋发,遂其尽忠报国之志,成就一世英名。

法学专业复试,分笔试和面试。笔试在北师大,考法理和民法两科。面试在城内沙滩北街15号法学所院内。院门向东,进门南边一溜平房,两间驻车,几间住人。北边一栋曲尺型三层灰砖平顶楼房,为法学所各研究室及机关所在,楼门南向。此楼为建筑大师梁思成早年设计作品,有南墙根碑记为证。楼前一大石碑南向,碑座赑屃和碑身体量甚大,碑文应是满文,估计小院原是一家王府。院内有几株老树,临近办公楼门口是一株杨树,石碑西侧一株老榆树,一株老桑树。另有几株杂树。西墙根也有一排平房。办公楼北还有一栋曲尺形三层平顶灰楼,是图书楼,楼门南向。西边一栋二层小楼,楼上住人,楼下是会议室。图书楼、西小楼与办公楼围成后院。据介绍,原是老北京大学地质地理系之所在。建筑老旧,墙壁斑驳,颇有历史感。民法专业一位江苏考生,谈起作文中描绘心目中的法学研究所,"红墙绿瓦,雕梁画栋,金碧辉煌",一时传为笑谈。面试在各个研究室分别进行。导师王家福在外地未归,由黄明川老师主持民法复试。先抽取口试题,依次进去面答,并回答主考老师随机提问。在我面试中途,一位慈祥如邻家姥姥的老人进来听考,闻是副所长韩幽桐,日本东京帝国大学第一位女法学博士。同事多以韩老太太呼之。老太太突然问我愿不愿意改学法理学。我报民法乃是张序九老师建议,怎好中途改变?遂勉强作答:我还是学民法吧!老人闻之,并不以为忤,复加以温言勉慰。恰如春风细雨,润我心田。此情此景,如在昨日!

　　复试回来,照常工作,静候录取通知。不料政治审查又生波折,几乎断送我读研究生的一线生机。因"文化大革命"后期,发生林彪事件,中央号召学习五本马克思主义原著。工厂党支部指派我担任学习马列著作辅导员,参加市里举办的辅导员学习班,回厂辅导全体干部职工学习马列著作。几位青工自发成立马列著作自学小组,用业余时间学习马列原著,邀我参加。自学小组成员十多人,除我是唯一党员外,均是共青团员和青年积极分子。定期集中,学习《共产党宣言》《〈哥达纲领〉批判》和《反杜林论》,结合各自思想和工厂实际,谈学习体会,斗私批修,提合理化建议,批评坏人坏事。所谓坏人坏事,包括一些工人自由散漫,上班出工不出力,"明八、暗五、实干三",及个别领导干部的多吃多占问题。自学小组得到党支部书记黄朝铣同志的勉励,其存在不过两三个月。"文化大革命"结束时,重工局党委向各厂派驻清查整顿工作组。被自学小组批评过的人,向工作组揭发,认为成立自学小组是政治错误。工作组经过一段时间的调查研究,最后认定自学小组"没有任何政治问题",并在全厂职工大会上公布此结论。我报考研究生时,支部书记黄朝铣同志尚未调走,工厂支部出具的政审意见是正面的,要不然法学所不会准考。

　　我收到法学所寄来的复试通知书,法学所收到工厂寄去的一份新的政审材料。法学所党组派刘海年、叶维钧两位老师赴昆明进行政审,下榻云南省高级人民法院招待所。次日高级人民法院院长决定派车并派六七级校友唐代洪法官陪同刘、叶两位老师,于上午9时左右到厂。

后据刘海年老师说,工厂党支部坚持认为自学小组是政治问题,直到中午,不变态度。两位老师已经失望,拟在工厂职工食堂用餐后返城。食堂女管理员杨慧仙是部队转业的老同志,听客人说从北京来政审,顺口说了一句:小梁可是个好人。听了食堂女管理员这句话,两位老师颇受触动,于是改变计划,重又进厂找支部书记,要求再开支部委员会,不谈政治结论,而逐一列举自学小组做了哪些事情,也就是:自学小组曾经揭发批判个别领导干部多吃多占的问题。问:被揭发批判的同志有无多吃多占的事实?众支委诚实回答:有这样的事实。遂使僵局缓和,出现转机。

下午 4 时左右,厂党支部慎重研究决定,更改先前的政审意见。命运之神终于向我敞开了通向中国社会科学院法学研究所的大门。不久收到法学研究所正式录取通知书。就这样,我离开了生活工作十年之久、至今仍魂牵梦绕的昆明东郊大板桥的小小国企昆明市农用轴承厂,走进了紫禁城北景山东侧沙滩北街十五号,由此踏上了从事民法学术研究的漫漫长路。

关于"陶老的信"的通信

按语:我于2014年11月16日应邀在浙大光华法学院作题为《关于中国民法典编纂问题》的讲座。在回顾1979年第三次起草民法典时,谈到"全国人大常委会法制委员会副主任委员陶希晋同志,给中共中央写了一封信,建议不制定民法典。基本理由是,中国搞改革开放发展国民经济,要靠经济法,而不是民法。民法是旧法,是资产阶级的法律"。"这封信关系国家重大立法,中央批到了中国社会科学院。""胡乔木院长把这封信批给法学研究所进行研究。法学研究所所长孙亚明教授,把研究任务交给民法经济法研究室。民法经济法研究室主任王家福先生,组织研究室全体研究人员对陶老的信提出的建议及其理由,进行了研究、讨论,最后一致认定这封信的建议是错误的,中国实行改革开放,发展社会主义商品生产和商品交换必须依靠民法,绝对不能没有民法典。在经过慎重考虑和认真研究之后,决定向中央写一个研究报告,提出相反的建议,这就是《关于制定〈民法典〉的研究报告》,这个研究报告交到社科院,经胡乔木院长上报中共中央,中央领导同志作了批示,于是全国人大常委会决定立即启动民法典起草工作。"下面是浙大光华法学院张谷教授与我关于"陶老的信"的手机通信。

张谷:梁老师,你讲座中提到陶希晋1979年时主张不需要制定民法(典)。可我看到陶老的几任秘书白有忠、刘春茂、高志新都说陶老主张制定民法(典),主张新六法的法律体系,而且他也是第三次起草民法(典)时的负责人。当年胡乔木批转给社科院的报告真是陶希晋

的吗？（2014年11月20日17:28）

梁慧星：当时法制委员会两老，陶老和杨老，这封信是陶老写的。胡乔木批到法学所，孙亚明所长交民法经济法研究室研究。室主任王家福组织讨论后写了制定民法典的报告。胡乔木批交全国人大常委会，即在法制委员会下成立民法起草小组，陶老、杨老是负责人。我当时是研究生，参加过室里讨论，看见苏庆誊写立法报告。我未见过陶老的信。信应在中央。当时参与者还在的，王家福老师已不能言，应问王保树、苏庆（后调最高法院退休）、夏叔华、陈明侠、余能斌。要问须快。（2014年11月20日17:50）

张谷：我这两天打电话问一下余（能斌）老师。他起草民法，和陶老比较近。民法起草小组杨老挂帅，也是策略，杨过去是陶的领导，考虑到陶与彭的关系，只好搬出杨。1981（1980年？）年2月，杨宣布，经彭同意，民法起草小组由陶负责。（2014年11月20日17:57）

梁慧星：1979年派出调查组，我参加四川组，回京汇报，是杨老、陶老听汇报。1980年陶老在西政学报发表文章谈制定民法典的几项原则。（2014年11月20日20:14）

张谷：据陶生平大事简表：1978年10月13日，在中央政法小组会议上陶作修改、起草法规的意见报告。提出急需制定的有：刑法、刑诉、民法等六项。10月20日、21日，邀请陈守一、徐平等座谈。

胡乔木向社科院传达邓小平关于加强民主与法制的讲话。胡乔木传达的讲话内容很可能就是一个多月后小平同志在中央工作会议上题为"解放思想、实事求是、团结一致向前看"的讲话中关于民主法制的内容。

会不会小平同志向胡乔木谈了起草讲话稿的要点，胡乔木结合中央政法小组的意见报告，请法学所研究？查家福老师与苏庆合写的《民法一定要搞》，发表于1978年11月24日《人民日报》上，从时间上看也与陶提出民法属于急需制定的法有前后继起的呼应关系。

陶1978年由广西返京任中央政法小组唯一的驻会委员（因为没有实职，不像纪登奎、江华、黄火青都是有实职的）。不到一年，1979年年初彭真复出,陶就不再是中央政法小组成员,而是人大法制委(员会)副主任,在彭手下。1982年暂停民法(典)制定多少和彭陶关系有关。江(平)老师、熊先觉、陶老的孙子陶波都提及这一点。这使我非常想搞清楚这一段历史。(2014年11月20日21:11)

梁慧星: 王保树、陈明侠、夏叔华、苏庆都健在。家福老师只是语言障碍不能说话,脑子很清楚,视力、听力正常(能看电视转播足球赛)。民法经济法研究室讨论的是"一封信"。(2014年11月20日21:32)

张谷: 谢谢梁老师指点。下次去北京向这些前辈请教,能做个口述历史最好了。把这封信的来龙去脉搞清楚。(2014年11月20日21:36)

梁慧星: 我们都有责任弄清历史真相。(2014年11月20日21:36)

梁慧星: 张谷,此信上有中央领导同志批示,法学所会按有关规定将原信及研究结果交社科院,社科院(交)送中央,最后归档。若干年后档案解密,将可查阅。当时王保树老师是室副主任,下面是刘文科(王的博士)转述保树老师的回忆:

"梁老师好,据王保树老师回忆,1979年,胡乔木将陶老的信转批法学所,孙亚明所长在法学所(会上)转述了陶老关于不制定民法典的信的大致内容。"(2014年11月21日19:24)

张谷: 梁老师,你说的陶老的信的确是关于不制定民法典的。我跟余能斌老师请教了,他说陶老思想有个转变过程,后来转而支持搞民法典。法学所的报告考察了社会主义国家制定民法典的情况,建议我国也应制定。报告交到彭真手上,可能小平同志也看了,觉得民法(典)应该搞。韩幽桐把这个消息透露给民法(经济法)室,大家才一扫之前低落的情绪。这就是第三次起草民法的先声。

通过这事,我愈发觉得亲历亲闻亲见太重要了。将来办《民商法教学与研究》应专设一栏,研究民事立法史,抓紧抢救三亲历者的口述资料!(2014年11月21日20:36)

梁慧星: 其实当时陶老建议不制定民法典也是反映学界的主流意见。当时公开主张制定民法典即所谓大民法观点的学者是少数派,所谓大经济法观点是多数派,江平老师、魏振瀛老师、刘岐山老师、余鑫如老师等都是反对制定民法典的,是在中央决定起草民法典之后才转变过来的。陶老自己不是学者,看到大多数人都认为民法是资产阶级的法律,因而写这封信建议不制定民法典,是可以理解的,算不了什么错,而且后来主持起草(民法典)及后来主编民法大全,是有贡献的。(2014年11月21日21:54)

张谷:是呀,可能公有制下民法的生存空间受到极大挤压,搞经济法也是不得已而为之。

陶老的字写得很好,善治印,还写诗,有石言诗稿、石言印稿行世。近年出版《陶希晋文集》《缅怀陶希晋》我都买来认真看了。他原是中央大学法科出身,后来又提倡制定行政法,也有贡献。(2014年11月21日22:08)

梁慧星:今天去医院看王家福老师,刚好他夫人文惠芳和女儿王旸都在。夫人文惠芳说,王老师只是不能说话,脑子、眼、耳都很灵,平时是通过眼睛和面部表情与夫人、女儿交流。夫人文惠芳问,孙亚明所长是否给你看过陶老的信?王老师的眼睛和面部表情有明显反应,文和王旸说,家福老师的意思是"看过陶老的信"。当时王家福老师是法学研究所党组成员和民法经济法研究室主任。(2014年11月22日20:35)

张谷:感谢您昔日的相助和帮扶!(2014年11月27日21:21)

新中国第三次民法起草亲历记[*]

1979年8月7—8日,在北京市沙滩北街15号中国社会科学院法学研究所,召开了挑起中国民法学、经济法学论争的,已载入中国法制史册的"民法与经济法学术座谈会"。

座谈会预设三个问题:第一,我国应制定什么样的民法,即民法的调整对象是什么?第二,如何处理民法与经济法的关系?第三,中国应建立什么样的立法体系?

应邀参加座谈会的有在京的政法院系、财贸学院的法学理论工作者和政法机关的实践工作者50多人。与会同志就制定民法的重要性、制定什么样的民法以及民法与经济法的关系问题,进行了热烈的讨论。

两天的讨论会,从始至终发言踊跃、气氛热烈,并形成相互对立的两派理论观点:"大经济法观点"和"大民法观点"。并在会后演化成民法学与经济法学两个学科之间长达七年之久的学术论争。

所谓大经济法观点,主张经济法是调整国家机关、企业、事业单位和其他社会组织内部及其相互之间,以及他们与公民之间,在经济活动中所发生的社会关系的法律规范的总称。经济法是国家领导、组织和管理经济的重要工具,是社会主义法律体系中的一个崭新的独立法律部门;而民法则只调整公民个人之间的财产关系和人身非财产关系。

所谓大民法观点,主张凡是横向的经济关系包括社会主义组织之间、社会主义组织与个人之间以及个人与个人之间的财产关系,均由民

---

[*] 本文原载《武汉文史资料》2015年第1期。

法调整。经济法仅调整纵向的经济管理关系,并认为经济法不构成独立的法律部门。

1979年法学研究所的座谈会之后,民法、经济法的关系问题很快成为中国法学界大规模学术论争的焦点。

后来,肇端于中国社会科学院法学研究所举行的民法与经济法学术座谈会的民法学和经济法学两个学科之间的学术论争,不断延伸到现实领域,并最终体现在民法和经济法的立法活动中。

关于制定民法典的研究报告

在座谈会结束之后不久,时任五届全国人大常委会法制委员会副主任委员的陶希晋同志写给中共中央一封信,向中央建议不要制定民法典。

中共中央将这封信转到中国社会科学院,院长胡乔木同志将信件交给法学研究所,所领导再交给民法经济法研究室。研究室主任王家福先生组织研究室全体同志对这封信提出的建议及其理由进行了研究、讨论,一致认定这封信的建议是错误的,中国绝对不能没有自己的民法典。在经过慎重考虑和认真研究之后,参与研究讨论的全体同志决定向中央写一个研究报告,提出相反的建议,此即《关于制定〈民法典〉的研究报告》。

研究报告经胡乔木院长上报中共中央,中央领导同志作了批示。按照批示,全国人大常委会决定立即启动民法典起草工作。

1979年11月,第五届全国人大常委会法制委员会成立了由副主任委员杨秀峰同志任组长、陶希晋同志任副组长的民法起草中心小组(通称"民法起草小组"),从全国调集了一批民法学者和实践部门的民法专家,开始了新中国第三次民法起草(第一次是从1954—1956年,第二次是从1962—1964年,第三次是从1979—1982年)。

"同时并进"的立法方针

1979年11月,成立民法起草小组。

1980年8月15日,形成《中华人民共和国民法草案(征求意见稿)》(即第一稿)。

1981年4月10日,形成《中华人民共和国民法草案(征求意见二稿)》。

1981年5月下旬,第五届全国人大常委会法制委员会在北京召开民法座谈会,讨论《民法草案(第二稿)》。邀请法学专家、司法实务工作者和国务院各部门负责同志20多人出席座谈会。

1981年5月27日,第五届全国人大常委会副委员长彭真同志到会并讲话。彭真同志说,民法起草工作时间不长,成绩很大,已经搞出第二稿,有了这个讨论的基础,就可以广泛地征求、交换意见。问题的提出就是问题的开始解决。

在这段开场白之后,彭真同志讲了三个问题:一是立法必须从中国现实的实际和历史的实际出发,二是要认真考虑各种不同意见,三是制定民法可以同制定单行法同时并进。

关于第三个问题,实际是提出"制定民法与制定单行法同时并进"的立法方针。彭真同志指出,民法不是短时间可以制定的。这不是我们不努力,而是问题本身就十分复杂,加上体制正在改革,还没有完全解决,实际上有困难。因此,一方面要搞民法,另一方面要搞单行法,民法和单行法可以同时进行。单行法各部门都可以搞,还可以先搞条例、规章、制度或者其他行政法规,也可以把《民法草案》中比较成熟的部分,作为单行法规先提出审议、公布。单行法比较容易搞些,比较灵活,错了也比较好改。民法就要比较慎重,制定不久就得改,那就不大好。先搞单行法,成熟了,再吸收到民法中来。《刑法》搞了三十多稿,民法虽然不一定搞那么多稿,但是要准备多搞几稿,要积极搞,又不要急躁,不要草率。

彭真同志的讲话,当时没有公开发表,只是在内部作了传达。王家福先生和研究室的同志们从彭真同志的讲话已经估计到中国民法典不可能很快出台,民法典起草工作可能变成持久战。

但他们没有预料到,在1981年年末颁布《经济合同法》之后,全国人大常委会就解散民法起草小组,并宣布民法起草暂停。

《经济合同法》的施行

回过头来介绍《经济合同法》的制定。

中国在改革开放之前没有合同法，从 1979 年开始在一些地方进行合同制度的试点。主管部门陆续发布了一些规范合同关系和合同纠纷仲裁的规章。

1980 年 8 月召开的第五届全国人大第三次会议上，彭真副委员长在常委会工作报告中指出，今后随着经济的调整和体制改革工作的进展，需要进一步加强经济立法工作，特别是工厂法、合同法等，必须抓紧拟定。

1980 年 10 月，全国人大常委会法制委员会在已有的民法起草小组之外，另行成立《经济合同法》起草小组，正式启动《经济合同法》起草工作，形成民法起草和作为单行法的经济合同法起草"同时并进"的局面。

1981 年年初，《经济合同法》起草小组起草了《经济合同法大纲》，接着完成了《中华人民共和国经济合同法（试拟稿）》。

1981 年 6 月 24 日，全国人大常委会法制委员会、国家经委、工商行政管理总局联合发出《关于征求对〈经济合同法〉（试拟稿）意见的通知》，要求各省市自治区和国务院 40 个部、委、局提出详细的书面意见。此外还征求了一些法学家、经济学家的意见。1981 年 9 月 29 日，起草小组在试拟稿基础上修改完成了《中华人民共和国经济合同法（送审稿）》（以下简称"草案"）。

1981 年 11 月 20—26 日召开的第五届全国人大常委会第二十一次会议审议了草案，决定将草案提交第五届全国人大第四次会议审议表决。1981 年 11 月 30 日至 12 月 13 日召开的第五届全国人大第四次会议审议了草案，并于 12 月 13 日通过《经济合同法》，同日公布，自 1982 年 7 月 1 日起施行。从形成正式草案，到全国人民代表大会通过，仅用了两个月的时间。

解散民法起草小组

立法机关决定同时起草经济合同法,难免刺激了民法起草小组加快工作进度。在《民法草案(第二稿)》的基础上,于 1981 年 7 月 31 日形成《民法草案(第三稿)》,1982 年 5 月 1 日又在第三稿基础上完成《民法草案(第四稿)》。

但在此时,彭真副委员长在 1981 年 5 月民法座谈会上宣布的"制定民法与制定单行法同时并进"的方针,已经改变为"先制定单行法"的立法方针。全国人大常委会决定暂停民法起草,6 月 3 日全国人大常委会法制委员会解散民法起草小组。理由是,中国在改革开放初期,经济体制改革刚刚开始,各种社会关系、经济关系处于急速变动当中,不可能制定一部完善的民法典。

立法机关突然宣布暂停民法起草和解散民法起草小组,对民法学界无疑是一个沉重打击。民法学界从民法起草小组成立开始不断高涨的激情,顿时为之一变。许多民法学者感到不解和失望。参加民法起草小组的陈汉章先生和余能斌先生回到民法经济法研究室时,同志们相顾无语,不知说什么好。此情此景,我至今记忆犹新。

民法学者期望尽快制定自己的民法典,是完全可以理解的。但我们设想一下,如果当时真的制定了一部中国民法典,可以肯定,这部中国民法典必定是苏联模式的民法典,是反映单一的计划经济本质特征和要求的民法典,不可能为中国改革开放的推进和发展社会主义市场经济提供法制基础。应当肯定,1982 年立法机关决定解散民法起草小组、暂停民法起草,是正确的。

关于法人的暂行规定

现在继续回顾民事立法。

1982 年宣布解散民法起草小组、暂停民法起草之前,立法机关就已经注意到,《经济合同法》《民事诉讼法》以及制定中的单行法(如《商标法》《专利法》等)都涉及一个"法人"问题,需要对法人的条件、权利、义务等作出统一的法律规定。

为此,全国人大常委会法制委员会起草了《关于法人的暂行规定(草案)》。1982年1月18日、19日在全国人大常委会法制委员会进行了讨论,然后在1月21日、22日特别邀请有关部门和一些法律专家座谈,征求意见。

座谈会讨论了五个问题:一是目前要不要制定单行的法人规定;二是国营企业的独立财产问题;三是关于国家对国营企业、事业单位的民事活动不承担财产责任的问题;四是关于社会团体与社队企业的法人资格问题;五是关于法人登记问题。其中,第一个问题是讨论的重点。形成两种不同意见。

由于意见分歧,难以统一,立法机关只好将《关于法人的暂行规定(草案)》搁置起来,继续专注于各种单行法的制定。继1981年12月颁布《经济合同法》之后,1982年8月23日颁布《商标法》,1984年3月12日颁布《专利法》,正在制定中的单行法还有《继承法》(1985年)、《涉外经济合同法》(1985年)和《技术合同法》(1987年)。

张友渔先生在回忆这段立法过程时指出,这样做的好处是能及时地、有效地解决实际问题,一步一步地把民事立法推向前进。现在看来,这样做是完全正确的。

关于从速制定并颁行民法典的建议

张友渔先生在肯定单行法立法的好处和成绩之后,指出了单行法立法的不足:"在民事立法整个组成中总有一些共同的东西、基本的东西,例如基本原则、民事权利、权利能力、行为能力、民事责任、时效等,靠单行法各搞各的不行,需要把这些共同的东西作出一个统一的规定。否则各个单行法会发生不必要的互相重复,或者引起混乱互相矛盾。"这涉及民事立法的科学性。

近现代民法是由一整套概念、原则、制度构成的逻辑严密的体系。适于制定单行法的,只是其中分别规范各类社会关系的特别规则(所谓"分则"),而规范各类社会关系的共同规则(所谓"总则"),绝对不能采取单行法的形式"各搞各的"。并且,如果缺乏这些规范各类社会关系的共同规则,分别制定的单行法也将难以发挥作用和正确实施。这是推行"先制定单行法"的立法方针,无论如何也绕不过去的"火焰山"。于是,王家福先生瞅准这个时机,于 1984 年 12 月再次以民法经济法研究室的名义向中央建议:从速制定并颁行民法典。

彭真同志决定起草《民法通则》

当时,立法机关已经意识到所面对的两难困境:我国改革开放的进程一往无前、日益深入,商品生产和商品交换不断扩大,民事生活越来越活跃,新的问题、矛盾、纠纷不断涌现。因缺乏与之相适应的法律规范,法院面临无法可依的窘境,影响到法律秩序的建立和维持,客观上迫切要求一部全面调整各种民事关系的基本法律问世,但当时还不可能制定一部完备的民法典。正值此时,彭真同志及时提出了"从中国实际出发,在民法典第四稿的基础上,先制定一部概括性的民事基本法律"的主张。

据时任全国人大常委会法制工作委员会(1984 年 9 月 2 日更名)副主任的顾昂然同志回忆,这几年,制定了一批单行的民事法律,但还缺少民事关系、民事活动方面需要共同遵守的规范。因此,《民法通则》的制定就提到议事日程上来了。例如,《民事诉讼法》规定了认定公民无行为能力案件的程序,但是怎样算有民事行为能力,没有规定;《经济合同法》提到法人,法人需要什么条件,也没有规定。这就需要制定民法通则。彭真同志讲,现在制定《民法通则》是又需要又有可能。

1985 年 6 月,全国人大常委会法制工作委员会召开的一系列座谈会叫"民法总则座谈会"。7 月正式开始起草不久,经过商议将"民法总则"改称"民法通则"。

立法机关启动民法通则起草,得到民法学界的积极拥护和鼎力支持。佟柔、江平、王家福、魏振瀛四位先生,担任由彭真委员长提议成立的民法通则起草专家咨询小组成员,对于民法通则贡献最大。当时人们对"物权"概念很陌生,许多同志不赞成采用"物权"概念,而仅用"所有权"概念又难以涵括其他物权类型。经王家福先生力争,《民法通则》第五章第一节才最终采用了"财产所有权和与财产所有权有关的财产权"这一颇为拗口的、具有中国特色的"物权"概念。

《民法通则(草案)》先后两次发到各省市自治区、中央各部门和法学研究机构、政法学院、大学法律系征求意见。记得王家福先生几次组织研究室同志研讨草案条文,汇集修改意见,此前因解散民法起草小组形成的消沉和悲观气氛顿时一扫而空。

全国《民法通则(草案)》座谈会

1985年10月,全国人大常委会法制工作委员会完成《民法通则(征求意见稿)》,印发各部门和政法院校征求意见,同年11月完成正式的法律草案。12月4日,在北京,由全国人大法律委员会、全国人大常委会法制工作委员会共同召开了著名的"全国《民法通则(草案)》座谈会"。这次会议是由彭真委员长提议经委员长会议决定召开的。应邀出席会议的有各省、自治区、直辖市人大常委会从事法律工作的负责同志和法院的同志、法学研究和法学教学的专家180多人。会议气氛十分热烈,彭真委员长出席会议并讲话。

彭真同志说,我们是社会主义国家,生产资料的社会主义公有制是社会主义经济制度的基础,但还存在着三种经济。不同经济之间、各种经济自身之间,以及消费者和生产者之间,都要有商品来交换,要有市场,同时还有人和人之间的复杂的社会生活关系,这就需要制定民法。法律是一门科学,有自身的体系,左右、上下,特别是与宪法不能抵触,立法要有系统的理论指导。对外国的经验,不管是社会主义国家的,还是资本主义国家的,不管是英美法系,还是大陆法系,以及对我国历史的经验,都要参考借鉴。民法通则是一个重要的基本法律,请大家充分发表意见,畅所欲言,认真研究,进行科学的讨论修改。

彭真同志的讲话,使出席会议的民法学者深受鼓舞。民法经济法论争开始以来,民法学界正是从民法与商品经济的关系切入,论证民法是调整商品经济关系的基本法,国家实行商品经济就一定要制定民法。彭真同志的讲话表明,国家立法机关完全接受、采纳了民法学界的主张,明确肯定了民法的基本法地位。

参加会议的民法学者和实务工作者,对于在制定民法典的条件未完全具备的当时,制定具有民事基本法性质的民法通则,非常理解和赞同。民法学界在坚持民法的基本法地位的同时,也并不否定承担国家宏观调控和必要管理职能的经济法的存在,他们对于《民法通则(草案)》关于民法调整对象的规定,及关于以民法调整横向财产关系和人身关系、经济法调整纵向经济(管理)关系的明确区分,一致表示赞同。他们在会上热情高涨,积极贡献修改意见和建议,希望制定出尽可能高质量的法律。

经济法学界反对制定《民法通则》

全国《民法通则(草案)》座谈会也有不同意见的争论,特别是在民法的调整范围、民事活动与国家计划的关系、社会主义法人的本质、国家财产的性质、企业经营自主权的性质、经济领域的法律调整、经济法的地位和作用、如何处理民法与经济法的关系,及如何看待和引导民法经济法论争等重大问题上,争论还比较激烈,甚至有意见明确表示反对立法机关制定民法通则。

此后,12月10—15日在广州召开的"全国第二次经济法理论工作会议"上,许多论文和大会发言直接针对《民法通则(草案)》进行批判。

1986年2月27日,11所院校的17位经济法教师直接上书中共中央,指出《民法通则(草案)》存在重大错误,认为不宜提交即将召开的第六届全国人大第四次会议表决通过。中共中央对17位经济法教师的信做何反应,我们不得而知。3月14日,全国人大常委会委员长会议提议,请参加《经济法纲要》起草工作的经济法专家对《民法通则(草案)》的具体条款提出修改意见。

请注意"委员长会议提议"的着重点在于,征求参加《经济法纲要》起草工作的经济法专家对《民法通则(草案)》的具体条款的修改意见,而不是征求对于应否制定《民法通则》的意见。可知 17 位经济法教师的信对于中共中央（和全国人大常委会）制定《民法通则》的决定并未产生影响。

此后召开的第六届全国人民代表大会第四次会议通过了《民法通则》，从 1987 年 1 月 1 日起生效。

立法感言

当时，我们对这些论争都没有参与，只是隐约听说《民法通则》座谈会上有人发表"反对制定《民法通则》的长篇批判发言""经济法规研究中心在广州召开经济法理论工作会议批判民法通则""经济法学界在什么地方闭门起草《经济法纲要》""经济法学界向中共中央上书要求阻止《民法通则（草案）》提交人大表决"。但在当时特定的历史条件之下，这些隐约听说，既未载诸新闻媒体，亦未在单位内部传达，我们不得而知其内容。

鉴于立法机关对于这些意见严格保密，我们迄今没有看到当时有民法学者站出来反驳、反击这些意见。

四分之一世纪之后的今天，我为撰写本文而反复阅读玩味这些文字时，突然萌生出这样的念头：假设全国人大常委会法制工作委员会将这些发言、意见书、给中共中央的信悉数公之于众，会不会引发一场论战？假设第六届全国人大常委会特别是担任委员长的彭真同志，在面对这一场真刀真枪的论争时哪怕稍微有一点犹豫，《民法通则》还能够顺利通过吗？如果当时《民法通则》未能通过，中国民事立法、中国民法学、中国社会主义法律体系，能够是今天的模样吗？

行文至此，不禁对于彭真委员长和第六届全国人大常委会、第六届全国人大法律委员会、第六届全国人大常委会法制工作委员会坚定不移、排除重重阻力和障碍，最终使《民法通则》获得颁布，油然而生赞佩之意！

国家的事,我尽了我的职责*

一

改革开放以前,没有真正的民法。

我 1962 年考上西政,所学习的专业课程中只有宪法学和婚姻法学有正式教材。作为专业基础课的民法学,已经改名为"民事政策学",刑法学改名为"刑事政策学"。薄薄的两个小本,是当时民事政策、刑事政策的资料汇编,既没有法律,也没有理论。

毕业后,我被分配到昆明的一个小国企。直到 1978 年,全国开始招收研究生。法学专业,仅北京大学和中国社科院两个单位招生,我填报了中国社科院法学所民法学专业。当时民法就招了两个研究生,另外一位同学后来做了律师。

1985 年开始起草《民法通则》。佟柔、江平、王家福和魏振瀛四位教授作为立法机关的咨询专家,后来被称为"民法四先生"。

这四位老师把草案拿回本单位讨论,我在这样的场合发表自己的意见。

当时魏振瀛先生提出,要把"法无禁止即自由"写进《民法通则》里,这句话让江平先生都很震惊。那个时候,连物权都不能提,很多法还没制定。在法律起草过程中,不断面临的是"资产阶级法律"的攻击。

改革开放需要这样一部法律,《民法通则》在 1986 年获得通过。

---

* 本文写作于 2020 年 1 月 24 日。

1987年修改《经济合同法》，我加入了修改小组。在这个过程当中我还参与了几个重要的立法，《消费者权益保护法》《反不正当竞争法》《产品质量法》等。

其中最重要的就是《合同法》的制定。

我1978年成为王家福先生的研究生，是最早研究合同法的，硕士论文就是合同制度研究。我的同学给我取个绰号，就叫"梁合同"。

改革开放以后，法律的研究首先是研究合同法。我先后参与撰写了《合同法》《民法债权》等著述，这为后来《合同法》的起草提供了理论基础。

二

1993年，邓小平同志南方谈话，《宪法》把国家实行公有制计划经济改为实行社会主义市场经济，在这个背景下，立法机关马上启动了《合同法》的制定。

《合同法》的制定，在我国的立法当中有很多经验。它是先由立法机关在北京召开了一个小型专家会，讨论制定《合同法》的方法。当时推荐了8位学者、专家来设计立法方案。

8个人开了3天的会，讨论民法发展的趋势、国际上合同法理论的发展，也讨论中国改革开放以来现实当中存在的一些问题。讨论形成一致意见，我执笔完成立法方案。

立法方案拿出来以后，1994年1月就召开了大规模的讨论会，有11个单位、10个大学、1个社科院，先是讨论通过立法方案，然后分头承包起草工作，1994年的下半年完成。

这些草案汇集到法工委，法工委委托我来统稿。我邀请本所的张广新教授、博士生傅静坤，在法学所花了半个月的时间统稿，早上8:30到下午5点，中午就在法学所旁边的沙滩后街小馆子吃饭。

当时没有用国家一分钱，法工委胡康生同志说："这样吧，给你们报销3000块钱的饭费。"结果这3000块钱的饭费需要拿发票去报，我们在小馆子里吃饭，不好意思让人家开发票，最后还是法学研究所自己解决了。

《合同法》当时采取这种立法方式，水平是很高的。正式进入讨论后，《国际商事合同通则》公布了，并有了中文译本。在讨论修改的过程中，又大量地采纳了上述合同通则的内容，所以《合同法》的商法色彩特别浓厚。

立法方案指导思想第1条就讲到，要广泛参考借鉴发达国家和地区的成功立法经验和判例学说，并且要与国际公约和惯例协调一致，还要充分地结合中国的国情，解决中国现实当中的法律问题。

《合同法》的制定，把原来的工商局管合同全部废止了。改革开放初期，工商局推行合同制度，工商局可以鉴证合同，可以认定合同无效，等等，后来把它们全部取消了。工商局强烈反对，称《合同法》是资产阶级自由化。

为什么《合同法》第4条没有用合同自由，而是说合同自愿，就是因为被批得太猛烈了。但我们肯定不能再继续对合同搞行政的那一套，这个改革是阻挡不了的。

还有另外一个争论，就是国家科学技术委员会在1987年主持制定了《技术合同法》，为了推行技术的生产力，从中央到地方建立了一支技术合同的管理队伍，有点像工商机关管理队伍一样，他们强烈要求合同法中的技术合同是特殊的，不能够合并。

三法合一还是两法合一？李鹏委员长主持专家讨论会进行讨论。大家比较坚定，市场经济要求交易规则的统一、完善和现代化，保留了特殊合同，交易规则就不统一了。最后李鹏委员长主持确定了"三法合一"的原则。

合同法的争论很多。但整个民法学界都没有预见到，以后制定物权法，会受到更严峻的"意识形态"的挑战。

三

1998年10月，民法起草工作小组第一次会议，由我来报告物权法的立法方案。我报告完以后，王利明教授说，我不赞成梁慧星教授的意见。

争论在什么地方呢？叫国家财产特殊保护。我的想法是平等保护原则，一体保护。《物权法（草案）》在设置规则的时候，不区分所有制作为标准。在这个草案上，没有集体所有权、个人所有权、国家所有权。王利明教授提出要严格按照所有制来划分，并且提出了一个关键原则，叫国家财产特殊保护。

学术界争论愈演愈烈，概括为三分法还是一元论？这个争论也是非常厉害，直到2004年、2005年，学界慢慢统一。概括为三分法，但是不再特殊保护。因此，虽然不是一元论，但是原则基本上是一样了。2005年，经常委会议审议后，向社会公开征求意见，最后没有料到出现了社会上的剧烈争论。

北京大学法理学某教授上书中共中央、全国人大，并将一封名为《一部违背宪法和背离社会主义基本原则的〈物权法〉草案》的信在网上公布。

他给物权法加上了四项罪名。一是物权法"违宪"，认为物权法规定平等保护原则，违背现行宪法，背离了马克思主义；二是物权法奴隶般地抄袭资本主义的法律；三是物权法与国民党的"六法全书"没有本质的区别；四是物权法有利于富人，不利于穷人。

这位教授代表了一大股势力，他组织人搞了一个上书签名，这个签名队伍成了一个方阵，有3000多人，从高层干部到普通学生。

为什么他们要反对物权法？这有一个国际背景。当时拉丁美洲好多国家兴起国有化，强调国有化社会主义，他们打出了一个旗号：反对新自由主义。他们的背后是好多经济学家，也有法学家，他们认为要按照拉丁美洲的经验，我们的改革方向要往后退，中央在改革开放问题上，至少要停顿。

当时中国在改革开放和社会主义市场经济取得伟大成就的同时，发生了两个严重社会问题，一个是国有资产的严重流失，另一个是两极分化的扩大。

正是这两大社会问题，使一些人对改革开放的方向产生了怀疑、动摇,抓住《物权法(草案)》公布征求意见这个机会,指责《物权法(草案)》所谓"违宪"、所谓背离社会主义、所谓搞私有化,其实质是,挑战改革开放的既定方向,反对社会主义市场经济体制,反对继续改革开放。

这个时候中共中央政治局常委会专门开了一个会,由胡锦涛总书记主持,人大委员长吴邦国专题汇报《物权法》。最后常委会形成一致意见:改革开放不能倒退,要确保《物权法》通过。

中央做了很多工作,法工委的同志分赴各省,给人大代表每人发一份草案,给予讲解。委员长把常委中的党员召集起来,开特别会议,贯彻中央的意图。

民法学界也召开了一些会议,驳斥某些人对《物权法》的指责。但我们民法学者大都不善于论战,太过于书生气了。学术讨论要讲道理,而论战是不讲道理的,而是讲事实。因为各有各的道理,所谓"公说公有理,婆说婆有理",而事实只有一个,是明摆着的。

论战的规律是,你砍我一刀,我一定要还你一刀,一定要针锋相对。当时我就在网上发了一篇文章——《谁在曲解宪法、违反宪法?》,副标题是"正确理解宪法第十一条,揭穿个别法理学教授的谎言!",并在文章前面写上"著作权声明:欢迎一切媒体免费转载!"。

在这场争论中,中国民法学界经受住了考验,经受住了前所未有的严峻的来自意识形态的考验。没有动摇,没有分裂。

《物权法》通过后,《南方周末》发表了一篇文章——《中国物权立法历程:从未如此曲折—从未如此坚定》。所谓"从未如此曲折",当然是指立法进程;所谓"从未如此坚定",当然是指中国民法学界。

四

民法学者的使命到底是什么? 首先可以用这么一句话来说:就是制定一部先进的、科学的、完善的民法典。只有一部先进的、科学的、完善的中国民法典才能够向世界表明中华民族已达到她的高峰。这是我的老师谢怀栻先生去世之前所讲的。

1990年是《民法通则》颁布5周年,当时某刊物发表了一期文章,批判《民法通则》资产阶级自由化。

在这之后的一个讨论会上,我讲到中国制定民法典这个目标不能放弃。我申请成立了一个民法典立法研究课题组,从国家社科基金处得了6万元的资助,完成了一个草案,1900多条,9卷,约400万字。

这个草案我做了20年,2013年完成。2010年,我的眼睛黄斑穿孔,视网膜脱落,做了手术以后看书就很困难了。但是这个时候我还在统稿。草案后来出版了,也翻译到了国外。

1998年,时任人大常委会副委员长的王汉斌同志,找了我们几位民法学者开会说:"这届期满我就要退休了,退休前我最放心不下的就是民法典的起草工作。"他在内部成立了一个专家小组,指定了9个人负责民法典的起草工作,就叫"民事立法研究小组"。

20年过去了,这个小组的9个人,王家福不在了,王保树不在了,魏振瀛不在了,魏耀荣不在了,一多半都不在了。

国家的事,我尽了我的职责。我最担心的是将来子孙后代说,别人不懂,你懂,别人不知道,你知道,但你不敢说。

留给后人说短长。

第七部分

序　文

《中国民法经济法诸问题》序言

本书是我的第一本文集,初版于 1991 年。

书中所收文章的写作时间是 1979—1988 年,其间法学界发生过两大论争。其一是关于民法与经济法的论争,其二是关于国有企业财产权的论争。这两大论争,均与改革开放的方向密切相关。我读硕士研究生时的导师王家福先生,是提倡改革开放最力的学者之一,时任中国社会科学院法学研究所民法经济法研究室主任。我研究生毕业后在王师领导下从事学术研究,因受王师影响,也特别关注改革开放和国家民族的命运,积极参加了两大论争,批判来自苏联的、反映旧经济体制的传统法律理论,例如纵横统一经济法理论和国有企业财产权理论,若干文章曾引起激烈争论。这次再版,对所有文章不作修改,以保持原貌。对于当时认识有偏颇的文章,在文末以附注方式指出我后来的修正意见,另在书后编入两篇回顾两大论争的短文,作为附录。

1998 年 7 月 15 日

《民法学说判例与立法研究（二）》序言

20年前我有幸考上中国社会科学院研究生院第一届民法研究生，从此走上民法学术之路。我选择民法专业，得益于西南政法学院张序九教授的建议。准备考试中，得到云南大学屈野教授的指导。虽说是1966年毕业于西南政法学院，但大学期间经常性的政治学习、劳动、下乡参加"四清"等占去很多时间，有限的专业课也没有讲多少法律知识。反倒是古汉语课、作文课及课余阅读小说，培养了一定的中文能力。从事民法学术的初步基础，是研究生期间累积的。王家福教授讲苏俄民法，余鑫如教授讲中国民法，谢怀栻教授讲外国民法。三位先生不仅传授知识，还教我如何做人。导师王家福先生是法学界提倡改革开放最力的学者。我受其影响，在前10年特别关注改革开放的重大法律问题，积极参加关于民法和经济法的论争和关于国有企业财产权的论争。这一时期的文章，编入我的第一本文集《中国民法经济法诸问题》（法律出版社1991年版）。后我转向专题研究和判例研究，1989年至1992年的文章和译文，编入第二本文集《民法学说判例与立法研究》（中国政法大学出版社1993年版）。这是我的第三本文集，编入1993年以来的论文、文章和译文，内容与第二本文集相近，以《民法学说判例与立法研究（二）》为书名。

是为序。

1998年7月15日

《为中国民法典而斗争》序言

本书是我的第四本文集。收录从1998年以来的文章和译文。从内容看可分为三组：一是关于民法典的编纂；二是关于物权法的起草；三是关于现行法的解释。另有一组译文，选译自日本评论社《法学SEMINAR》2000年第12期，此前未发表过。

中国从20世纪90年代开始进入民事立法的高峰期。物权法草案刚出了征求意见稿，民法典的编纂又已经提上了立法日程，要求今年形成民法典草案并提交人大常委会第一次审议。其任务之急迫，可见一斑。鉴于我们的改革开放和向市场经济转轨，基本上属于政府运用行政权力由上而下推进型的，在所追求的目的与所采用的手段之间，不能说不存在矛盾，我们的国家、民族又历来缺乏私法传统和私法观念，恢复民法教学和民法学术研究的时间也并不长，很难说已经为制定一部优秀的民法典做好了充分的思想准备和理论准备，再说立法本身也还谈不到真正的科学化和民主化，如果能够在如此急迫的时间制定出一部既符合改革开放和发展社会主义市场经济的实际，又符合法律发展潮流并与国际社会相沟通的、进步的、完善的、现代化的民法典，为中国之实现人权、民主、富强和法治国家奠定牢不可破的法制根基，则真真是国家、民族之大幸！

以上草草，聊充序言。

2002年1月31日

自选集序言

梁慧星,1944年1月出生于四川省青神县汉阳乡梁村。1966年毕业于西南政法学院法律系。1968年12月—1978年10月在云南省昆明市农用轴承厂任工会干事。1981年10月毕业于中国社会科学院研究生院法学系民法专业,获硕士学位。同月进入中国社会科学院法学研究所从事民法学研究,1983年任助理研究员;1985年任《法学研究》杂志副主编;1988年10月晋升研究员。1988年10月至1998年12月任民法研究室主任。1990年国家人事部授予有突出贡献中青年专家称号。1993年任中国社会科学院研究生院教授、民法博士生导师。1994年起主编《民商法论丛》及"中国民商法专题研究丛书"。1999年1月任《法学研究》杂志主编。1999年任国务院学位委员会委员。2001年兼任山东大学法学院院长。2003年任中国人民政治协商会议全国委员会委员。

作者于1962年考入西南政法大学(当时叫四川行政学院)法律系。大学生活,刚好在"大跃进"运动和随之而来的"大饥荒"之后,在"文化大革命"爆发之前。回忆起来,真没有学到多少法律知识。有两门课令人难忘,这就是"古代汉语课"和"现代汉语课"。有充裕的时间看小说。记得院党委书记苏明德同志曾亲自到作者所在的六六级二班第二小组召开关于课外阅读的调查会,可见院领导提倡课外阅读。作者自认为从课外阅读受益甚多。特别是车尔尼雪夫斯基的《怎么办》、伏尼契的《牛虻》和陀思妥耶夫斯基的《被侮辱与被损害的》这三部(翻译)小说,影响了作者的人生观。大学期间曾在綦江和巴县中梁山地区参加"四清"运动、在江津法院实习,及暂缓分配留校参加"文化大革命"运动,1968年毕业分配到昆明市农用轴承厂从事生产劳动和担任劳资、工会干事,这些经历注定要影响作者的人生。1978年恢复研究生教育,在母校张序九教授鼓励之下考取中国社会科学院研究生院民法硕士研究生(准备考试中得到云南大学屈野教授的指导),师从王家福教授。此是作者人生转折之点,时年三十有四。

作者之选择民法学专业,是听取张序九教授的建议。研究生期间课程殊少,谢怀栻先生讲授外国民法,王家福先生讲授苏联民法,余鑫如先生讲授中国民法。有归自己支配的充裕的自学时间。通过阅读民国时期学者陈谨昆、李宜琛、王伯琦、黄右昌等先生的民法著作和20世纪50年代翻译的苏联民法学者坚金、布拉图西、越飞、赫鲁菲拉等先生的民法著作初步奠定民法知识基础之后,即按照王家福先生"多练多写"的要求,从第二学年开始摸索写作。第一篇习作《论法制的概念》被《光明日报》摘登了一小段。第二篇习作《论贿赂罪》,被《中国社会科学院研究生院学报》采用,但在清样校过之后被撤版,据说是领导同志审查认为有针对刚获得解放的干部队伍之嫌。第三篇习作《论死亡宣告》,发表于1979年的《西南政法学院学报》。受经济学家蒋一苇先生的著名论文《企业本位论》的启发,研究国有企业的法律主体资格和财产权问题,写成《论企业法人与企业法人所有权》一文,受到《法学研究》民法编辑史探径先生和主编张尚鹜先生的赏识,发表在《法学研究》1981年第1期。因目睹新华门前静坐的众多上访人群而受刺激,研究侵权行为制度写成《试论侵权行为法》一文,发表在《法学研究》1981年第2期。由此正式步入民法学术研究之途。

1981年10月研究生毕业,留在法学研究所从事民法学研究。王家福先生担任民法经济法研究室主任,是当时法学界提倡改革开放最力的少数学者之一。作者受王家福先生的影响,也特别关注改革开放和国家民族的前途命运,积极参加民法学与经济法学的论战和关于国有企业财产权问题的论战。在治学方法和风格上受谢怀栻先生的影响较大。20世纪80年代中期开始阅读台湾学者史尚宽、郑玉波、王泽鉴、黄茂荣、杨仁寿等先生的著作,在民法思想和研究方法上受王泽鉴先生的影响较大。80年代后期开始阅读日本学者加藤一郎、星野英一、五十岚清、高木多喜男、北川善太郎等先生的著作,接受加藤一郎先生和星野英一先生倡导的利益衡量论。最终形成着重于在概念法学基础之上透过利益衡量的方法谋求兼顾实质正义与法的安定性的民法思想和法学方法论。

1981—1988年的文章编入第一本文集,因多数文章有关民法学与经济法学的论战,遂题为《中国民法经济法诸问题》。1989—1992年的文章编入第二本文集,因1986年《民法通则》的颁布导致民法学与经济法学的论战宣告结束,不便沿用第一本文集的书名,考虑到这一时期的写作采用王泽鉴先生开创的学说判例研究方法,遂题为《民法学说判例与立法研究》。1993—1998年的文章编入第三本文集,题为《民法学说判例与立法研究(二)》。1999—2002年的文章编入第四本文集,因为20世纪90年代中期后已停止专题研究和判例研究写作,这一时期的文章主要是关于制定物权法和编纂民法典的论战之作,遂题为《为中国民法典而斗争》。有人对此表示不解:难道制定中国民法典还需要"斗争"么?答曰:当然需要"斗争"。别人有了科学的、进步的、完善的民法典,为民法典所规定的权利之实现,尚且需要"斗争",中国今天还没有一部科学的、进步的、完善的民法典,当然更需要为制定这样一部民法典而"斗争"!

作者出身于农民家庭,正所谓"中朝无缌麻之亲,达官无半面之旧""策蹇步于利足之途,张空拳于战文之场",能够有今天的成绩,是适逢改革开放发展市场经济之历史机遇及偶然入于最适合个人自由思想、自由发展之中国社会科学院所使然,至于个人之勤奋用功则尚在其次也!

中国社会科学院法学研究所在今年庆祝建所四十五周年,决定出版一套学者自选文集。于是作者遵命从四本文集中挑出35篇文章编成本书,划分为"专题研究""立法问题""法学方法论""判例研究""经济法问题"五组,大体能够反映作者四分之一世纪的学术生涯。本书并非新著,已有作者的四本文集的读者,可不必购买本书,特此说明。

回顾四分之一世纪的学术征程,感慨良多!可叹青春之易逝,而人生之易老!

谨述作者治学经验如下:

独立思考,独立判断。

谨述作者人生教训如下:

自称正人君子的必须防,称你再生父母的尤须防。

今年是作者本命之年,本书出版正好作为纪念。

是为序。

梁慧星

于北京城南清芷园

2003 年 4 月 9 日

《民法学说判例与立法研究》再版序言

再 版 自 序

  作者于1962年考入西南政法大学(当时叫四川行政学院)法律系。大学生活期间,刚好在"三年大饥荒"之后,在"文化大革命"爆发之前。由于意识形态的原因,许多专业课停开。除宪法课和婚姻法课有正式教材外,大都是临时自编讲义。课程既不讲法律,也不讲法理。不讲法律,因为国家还没有制定刑法、民法、刑诉、民诉,是无法可讲;不讲理论,因为要批判资产阶级旧法观点和苏联修正主义法律理论,是有理难讲。因此,刑法课改名叫"刑事政策",民法课叫"民事政策"。留下较深印象的,反而是古代汉语课和现代汉语课。

  大学期间,课程负担不重,作者可以有比较充裕的课外阅读时间。记得在1964年,院党委书记苏明德同志曾亲自到作者所在的小组召开关于课外阅读的调查会。调查每位同学是否看课外读物,课外阅读大致占多少时间。作者用在课外阅读上的时间,在全组是最多的。当时的印象,院领导对课外阅读是持肯定态度的。现在回忆起来,从课外阅读的欧洲和俄罗斯文学名著中受益甚多,不仅是中文写作能力,尤其车尔尼雪夫斯基的《怎么办》、伏尼契的《牛虻》和陀思妥耶夫斯基的《被侮辱与被损害的》这三部(翻译)小说,影响了作者的人生。

  1964—1965年,作者参加重庆市社教工作团綦江分团和中梁分团,先后在綦江县石角区石角公社和巴县青木关区中梁公社从事"社教";1966年春在江津县人民法院实习;1966年至1968年留校参加"文化大革命"运动;1968年年底分配到云南省昆明市重工局所属农用轴承厂工作,先后担任过政工干事、劳资干事、工会干事。这些经历,对作者的人生观和学术生涯有极重大的影响。

"文化大革命"后期,西南政法学院复校,张序九教授推荐作者回校任教未获成功。1978年国家恢复研究生招生,作者在张序九教授鼓励之下,得到云南大学屈野教授的指导,考取中国社会科学院法学研究所王家福教授的民法研究生。此是作者人生转折之点,时年三十有四。1981年研究生毕业,留在法学研究所从事民法研究,由此走上学术研究之路。作者从事民法学术研究的理论基础是在中国社会科学院研究生院学习期间奠定的,作者的人生观是在西南政法大学学习期间和昆明市农用轴承厂工作期间形成的。

本书是作者第二本文集,收录1989年至1992年的论文和译文。是作者从关注改革开放的重大热点问题,转向民法制度研究、判例研究和法学方法论,并形成自己的民法思想和学术风格的转折时期。1993年5月出版,1996年12月重印,此后收回版权。时逢母校五十周年校庆,北京校友会策划出版"西南政法大学学子学术文库"。作者因精力和时间所限,不能奉献一部新作。谨以本书表达对母校诞辰的祝贺之忱,对母校师长的感激之情,及对母校在新世纪奋飞之衷心祝愿!

2003年6月26日

序　　言

这是我的第二本文集。共收入论文16篇,译文3篇。写作时间是1989年至1992年。

1989年3月我为第一本文集写了一篇《自序》,可惜在印刷装订中遗失了。其中写了这样一段话:"中国的经济体制改革和对外开放,在经过10年的实践,取得举世瞩目的成就之后,已经进入了一个相对停滞和徘徊的时期。"但是,此后国内和国际相继发生的许多事情仍然使人感到大出意外。在这种十分特殊的历史背景之下,1990年前后,国内法学界曾经卷过一小股旋风,将批判的矛头对准民法和《民法通则》。于是，1991年4月，中国社会科学院法学研究所邀请在京的部分民法学者召开了纪念《民法通则》颁布五周年座谈会，同月，北京市法学会民法研究会在中央民族学院召开了规模更大一些的同一主题的座谈会。在这两次会上，我讲过要维护《民法通则》这类话，表示自己的隐忧。直到1992年春，邓小平同志南方谈话传达后，我的心里仿佛一块悬着的石头落下地，有一种难以名状的快感。随后便是社会主义市场经济体制被确定为改革目标模式，标志着中国的改革开放终于走出了停滞和徘徊时期，并且预示着制定一部现代化的完善的中国民法典的伟大任务，已经摆在一切中国民法学者面前。让我们记住1989—1992年这一特殊时期吧！

我走上民法学术之途已有15个年头。民法理论恢弘浩瀚如沧海，15年研习获得犹不及沧海之一粟耳！每言念及此，感慨良多，叹光阴之易逝，而人生易老！谨以此书作为纪念。

本书若干篇什，乃有意学习台湾大学教授王泽鉴先生在他的《民法学说与判例研究》中所使用的研究写作方法。谨在此向王泽鉴先生致以衷心的谢意和敬意。

1993年1月16日

"中国民商法专题研究丛书"总序

我于1988年起担任中国社会科学院法学研究所民法研究室主任,开始考虑学术发展和人才培养问题。时值20世纪90年代初,中国遭遇学术著作出版难,尤其未成名的年轻学者的学术著作出版更难。遂仿照王泽鉴先生担任台湾大学法律学系主任时编辑出版"台大法学丛书"的办法,编辑出版"中国民商法专题研究丛书"。预计用20年时间,出版100部民商法专题研究著作。

其编辑宗旨是,从中国改革开放和发展现代化的市场经济的实际出发,广泛参考发达国家和地区民商事立法的成功经验和最新判例学说,深入研究民商法的基本理论和实践中的重大法律问题,为中国民商事立法的现代化和民商事审判实务的科学化提供科学的法理基础,提升民商法理论水平,推出民商法理论研究人才,使中国民商法理论研究尽快赶上发达国家和地区的水平。

著作之入选丛书,不论作者职称、地位、亲疏,以学术性为唯一考量。不约稿、不组稿、不需推荐,概由作者自荐。欢迎自荐博士学位论文。丛书虽以"中国民商法专题研究"为名,其入选著作并不以民商法学为限。涵盖民法、商法、民事诉讼法、仲裁法、经济法、环境法、国际私法、国际经济法、民商事国际公约惯例等领域,而与广义之"私法学"概念相若。

自1994年推出第一部著作始,迄今已有十余年了,已出版著作50部。出版社方面注意到本套丛书在国内外已产生良好影响和社会效益,决定自第51部著作始,重新设计、增大开本、改变装帧,更加精编精印。

特补述丛书编辑缘起及宗旨,作为总序。

梁慧星
于北京城南清芷园
2005 年 12 月 8 日

为中国民法典而斗争!

——《中国民法典草案建议稿附理由》序言*

亨利·梅因爵士在《古代法》一书中指出,人类社会法律发展的进程是,先有习惯法,然后由习惯法进到成文的法典法。据法律史学者的研究,中国法律的历史可以追溯到公元前21世纪的夏代。古文献记载,夏代的法律称作"禹刑",商代的法律称作"汤刑",周代的法律有"九刑"和"吕刑"。这些法律,应属于梅因爵士所谓的习惯法。中国法律由习惯法向成文法的演进,发生在春秋战国(公元前770年—公元前256年)时期。这一时期,适应社会发展的要求,各诸侯国纷纷编纂、公布成文法。如郑国(公元前806年—公元前375年)于公元前536年"铸刑书于鼎",公布成文法;晋国(公元前715年—公元前349年)于公元前513年"铸刑鼎",公布成文法;魏国(公元前403年—公元前225年)的李悝(?—约公元前395年)在收集整理各诸侯国法律的基础上,著《法经》六篇,被认为是体系比较完整的成文法典。公元前221年秦统一中国,建立中央集权的专制帝国,以魏国的《法经》为蓝本,制定"秦律"。汉代在"秦律"基础上加以增删,制定"九章律"。此后的历代王朝,均重视成文法典的编纂,产生过诸如"隋律""唐律""明律""清律"等杰出的成文法典,并对东北亚、东南亚诸国的法制产生过重大影响。中国法律,自春秋战国时期实现成文化,直至清代末期,经过

---

* 本文是《中国民法典草案建议稿附理由》及《中国民法典草案(建议稿)》英译本的"序言"。

两千多年的发展,形成沿革清晰、特点鲜明的法律体系,被称为世界五大法系之一——中华法系。

中国法律,从春秋战国时期魏国的《法经》,直到最后一部封建法典《大清律例》,都是以刑法规范为主,兼及民事、行政和诉讼等方面的内容。学者称为"诸法合体,以刑为主"。值得指出的是,历代成文法典,即使涉及民事生活关系,也以规定采用刑罚制裁为限,实质上仍属于刑法规范,而与现今所谓民法不同。现今所谓民法,特指近现代民法。其基本特征是:主体地位平等、意思自治、私权不受侵犯、过失责任。中国历史上不存在现今所谓民法,是因为在漫长的封建社会,自给自足的自然经济形态始终居于主体地位,历代封建王朝始终实行"重农抑商"政策,抑制商品生产和商品交换,并在政治上实行封建君主专制主义统治,不具备产生诸如自由、平等、权利、义务等近代民法观念的条件。现今中国民法,非中国所固有,而是清朝末期从外国继受而来。

进入19世纪,中国封建社会已经腐朽没落。中国在第一次鸦片战争(1840—1842年)和第二次鸦片战争(1856—1860年)中战败,被迫签订割地、赔款、丧权、辱国的一系列不平等条约。鸦片战争之后,中国逐步沦为半殖民地国家。中华民族开始了一百多年屈辱、苦难、探索和斗争的历程。两次鸦片战争的失败,表明中国与西方列强之间在军事和科学技术上存在巨大差距,促使清王朝统治集团内部分化出主张学习西方先进科学技术的洋务派。19世纪60年代至90年代末,贯彻洋务派的主张,中国兴起学习西方先进技术、购买西方新式武器、创建新式军队、创办军事工业和民用工业的"洋务运动"。在不长的时间,中国创建了近代的陆军和海军,建成近代军事工业体系和民用工业体系,中国资本主义有了初步的发展。

中国在公元1894—1895年的中日战争中被东邻日本战败,宣告"洋务运动"失败。中国人终于认识到:靠学习西方先进技术不能真正实现"自强"的目的,还必须学习西方政治法律制度。但统治集团内部"后党"与"帝党"之间,对于应否废弃中国传统法制意见冲突,不能达成共识。1900年8月,英、法、德、俄、美、日、意、奥八国联军攻占北京,慈禧太后和光绪皇帝仓皇出逃。次年,中国政府被迫与英、法、德、俄、美等十一国签订不平等条约,其中规定中国政府支付赔款4.5亿两白银。此次事变,终于促使统治集团内部达成共识:中国要富强,非学习西方法律制度不可!1902年光绪皇帝颁布诏书,宣布实行"新政改革"。1907年委派沈家本、俞廉三、英瑞为修律大臣,设立修订法律馆,"参酌西洋法制",起草民刑各法典。由此揭开中国继受外国法的序幕。

1908年民法典起草正式开始。由日本学者松冈义正负责起草总则、债权、物权三编,由曾经留学法国的陈箓与留学日本的高种、朱献文负责起草亲属、继承两编。1910年年底,民法典起草完成,称为《大清民律草案》,设总则、债权、物权、亲属、继承五编,共1569条。1911年进入审议程序。因同年10月爆发辛亥革命,推翻清王朝,使这一民法典草案未能正式颁布生效。但是,通过这一民法典草案,德国民法的编纂体例及概念、原则、制度和理论体系被引入中国,对现代中国的民事立法和民法理论产生了深远的影响,且充分显示中华民族在外来压力之下,毅然决定抛弃固有传统法制,继受西方法律制度,以求生存的决心、挣扎和奋斗。

中华民国建立,北洋政府设立修订法律馆,主持起草民刑法典。于1925年完成民法修正案,称为《第二次民律草案》。该民法草案,是以《大清民律草案》为基础增删修改而成,共1745条。其总则编改动较少,仅增设关于"外国法人""行为能力"的规定;债编改动较大,采纳了瑞士债务法的若干原则,尤其第二章关于"契约"的规定,与"大清民律草案"不同;物权编增加规定"抵押权"和"典权";亲属编的篇目有所变动,使逻辑更清晰,并增加关于"家产""亲子关系""养子""照管"的规定;继承编主要是文字和结构的改动,使逻辑更清晰严密。北洋政府司法部曾经通令各级法院,在裁判民事案件时可将《第二次民律草案》作为法理引用,但最终并未成为正式法律。

1927年4月,中国国民党在南京成立国民政府。1929年1月,国民政府立法院设立民法起草委员会,由傅秉常、焦易堂、史尚宽、林彬、郑毓秀五人任起草委员，从同年2月1日开始起草民法典。民法起草委员会，以《第二次民律草案》为基础，采取分编修订、分编提交立法院审议通过、分编公布实施的方式，至1930年12月26日，民法典各编先后审议通过、公布实施，称为《中华民国民法》，设总则、债、物权、亲属、继承五编，共29章，1225条。这一法典，着重参考德国民法典、日本民法典和瑞士债务法，对当时的苏俄民法典和泰国民法典也有所参考，是中国历史上第一部民法典。

近代各国制定民法典，都具有一定的政治目的。中国制定民法典的目的，在于废除领事裁判权。1843年签订的《中英五口通商附粘善后条款》和《中英五口通商章程》，开外国人在华享有领事裁判权之先例。此后法、美、挪、俄、德、荷等17国，均通过不平等条约取得在华领事裁判权。领事裁判权的存在，严重损害中国国家主权。因此，自清末以来，中国政府一直致力于废除领事裁判权。1902年，清朝政府与英、美、日、葡续订商约，四国先后承诺：以"中国法律制度皆臻完善"为放弃领事裁判权的条件。1927年南京国民政府与比利时、丹麦、西班牙、意大利续订商约，均规定以"1930年1月1日前颁布民商法典"为撤销领事裁判权的条件。可见，废除领事裁判权是导致中国继受西方法制、制定民刑法典的直接动因。但各国在华领事裁判权一直到抗战末期的1944年才被废除。而西洋法律之继受，对中国法制之现代化，具有深远重大的影响。

中国之继受大陆法系的德国民法，是受日本的影响。其所以不采英美法系，纯粹由于技术上的理由。大陆法系与英美法系，并无优劣高下之分，但英美法是判例法，不适于依立法方式予以继受。《德国民法典》和《法国民法典》，是大陆法系最著名的民法典。因《德国民法典》公布在后，其立法技术和内容比《法国民法典》进步。因此中国继受德国民法。中国法制因继受德国民法而实现近代化、科学化，此为中国继受德国民法之真正意义。

1949年，中国共产党领导的人民革命推翻国民党领导的国民政府，建立中华人民共和国。包括《中华民国民法》在内的国民政府"六法"被废除。1950年,参考《苏俄婚姻、家庭及监护法典》,制定新中国第一部婚姻法。1954年,全国人大常委会组织民法起草,至1956年12月完成《民法草案》,分为总则、所有权、债、继承四编,共525条。此后发生整风、反右等政治运动,致民法起草工作中断。这一《民法草案》,是以1922年的《苏俄民法典》为蓝本。例如,四编制体例的采用,将亲属法排除在民法之外;抛弃"物权"概念而仅规定"所有权";不使用"自然人"概念而用"公民"概念代替;仅规定诉讼时效而不规定取得时效;强调对社会主义公共财产的特殊保护;等等。表明中国由此前继受德国民法转而继受苏联民法。值得注意的是,虽然这一《民法草案》是以《苏俄民法典》为蓝本,但《苏俄民法典》本身也是参考德国民法制定的,这就决定了新中国民事立法和民法理论仍未脱离大陆法系的德国法系。

1962年,中国在经历"三年自然灾害"和"大跃进""共产风"造成的严重经济困难之后,调整经济政策,强调发展商品生产和商品交换,民事立法重新受到重视。同年开始第二次民法典起草,至1964年7月,完成《民法草案(试拟稿)》。起草人设计了一个既不同于德国民法也不同于苏俄民法的"三编制"体例:第一编"总则"、第二编"财产的所有"、第三编"财产的流转"。草案一方面将"亲属""继承""侵权行为"等排除在外,另一方面将"预算关系""税收关系"等纳入其中,且一概不使用"权利""义务""物权""债权""所有权""自然人""法人"等法律概念。显而易见,此次民法典起草,企图既摆脱苏联民法的影响,又与资产阶级民法彻底划清界限,是受当时中国共产党与苏联共产党意识形态论战的影响。

1964年起在全国范围内开展的"社会主义教育运动"(简称"四清运动"),导致新中国第二次民法起草工作中断。"四清运动"至1966年升级为"文化大革命"。"文化大革命"期间,各级人民法院、检察院和公安机关被撤销,称为"砸烂公、检、法",中国大陆陷入无政府状态,包括政法学院在内的全部大学停办,法律教师和研究人员被驱赶到"五七干校"接受思想改造,致中国立法、司法、法律教学和法学研究完全中断。

1977年,中国在经历十年"文化大革命"之后实行改革开放,从单一公有制的计划经济体制向市场经济体制转轨,民法的地位和作用受到重视。1979年11月在全国人大法制委员会设立民法起草小组,开始新中国第三次民法典起草。至1982年5月完成《民法草案(第四稿)》,包括:第一编"民法的任务和基本原则"、第二编"民事主体"、第三编"财产所有权"、第四编"合同"、第五编"智力成果权"、第六编"财产继承权"、第七编"民事责任"、第八编"其他规定",共8编、43章、465条。其编制体例和主要内容,着重参考1962年的《苏联民事立法纲要》、1964年的《苏俄民法典》和1978年修订的《匈牙利民法典》。此后立法机关考虑到经济体制改革刚刚开始,社会生活处在变动之中,一时难以制定一部完善的民法典,于是决定解散民法起草小组,暂停民法典起草,改采先分别制定民事单行法,待条件具备时再制定民法典的方针。

1981年颁布《经济合同法》,包括:第一章总则、第二章经济合同的订立和履行、第三章经济合同的变更和解除、第四章违反经济合同的责任、第五章经济合同纠纷的调解和仲裁、第六章经济合同的管理、第七章附则,共57条。该法采用"经济合同"概念,强调按照国家计划订立、履行合同,规定经济合同管理机关有权确认合同无效,及设立行政性经济合同仲裁制度,是受苏联经济法理论的影响。

1985年颁布《涉外经济合同法》,包括:第一章总则,第二章合同的订立,第三章合同的履行和违反合同的责任,第四章合同的转让,第五章合同的变更、解除和终止,第六章争议的解决,第七章附则,共43条。由对外经济贸易关系的特殊性质所决定,该法不可能以苏联经济法理论为根据。除法律名称保留了"经济合同"概念,留有一点苏联经济法理论的痕迹外,整部法律的结构、基本原则和内容,主要是参考英美契约法和《联合国国际货物销售合同公约》,是中国民法继受英美法和国际公约的开端。

1986年颁布《民法通则》。包括:第一章基本原则、第二章公民(自然人）、第三章法人、第四章民事法律行为和代理、第五章民事权利、第六章民事责任、第七章诉讼时效、第八章涉外民事关系的法律适用、第九章附则,共9章156条。《民法通则》的起草是以《民法草案(第四稿)》为基础,但基于改革开放以来强化对私权保护的要求,该法许多内容已经超越苏联和东欧民法。例如,《民法通则》总结新中国成立以来,特别是"文化大革命"期间侵犯人民私有财产和人身权的教训,在第五章第一节专设第75条第2款明文规定:"公民的合法财产受法律保护,禁止任何组织或者个人侵占、哄抢、破坏或者非法查封、扣押、冻结、没收";在第五章专设第四节明文规定公民享有生命健康权(第98条)、姓名权(第99条)、肖像权(第100条)、名誉权和"人格尊严"(第101条)。并在第六章第三节明文规定侵害财产权的侵权责任(第117条),侵害生命健康权的侵权责任(第119条),侵害姓名权、肖像权、名誉权的侵权责任(第120条)及国家机关或者国家机关工作人员侵犯公民合法权益的民事责任(第121条)。《民法通则》的这些规定,具有极重大深远的历史意义,被称为中国的"人权宣言"。

进入20世纪90年代,中国从单一公有制的计划经济体制,向社会主义市场经济体制转轨,与此相应,民事立法亦由继受苏联东欧民法转向继受市场经济发达国家和地区民法。为适应发展现代化市场经济的要求,实现交易规则的统一及与国际接轨,1993年开始起草《合同法》,于1999年3月15日获得通过,同年10月1日起生效(原《经济合同法》《涉外经济合同法》和《技术合同法》同时废止)。《合同法》采用德国民法的概念体系,许多原则和制度直接采自德国民法、日本民法和中国台湾地区"民法",例如,缔约过失(第42、43条),附随义务(第60条2款),后契约义务(第92条),同时履行抗辩权(第66条),不安抗辩权(第68、69条),债权人代位权(第73条),债权人撤销权(第74条),承包人优先受偿权(第286条),等等。《合同法》参考借鉴英美契约法和《联合国国际货物销售合同公约》《国际商事合同通则》《欧洲合同法原则》的内容也不少,例如,将违约责任原则从过错责任改为严格责任(第107条)及规定预期违约[第94条第(二)项、第108条],强制实际履行(第110条)、可预见规则(第113条)、间接代理(第402、403条),等等。

为了实现有形财产归属和利用关系的基本规则的完善和现代化,1998年开始起草《物权法》,经过全国人大常委会先后七次审议,于2007年3月16日经第十届全国人大第五次会议通过,同年10月1日起施行(同时废止《担保法》有关担保物权的规定)。《物权法》同样采用典型的德国民法的概念体系,其物权变动模式采法国民法"债权合意主义"与德国民法"登记生效主义"相结合的折中主义,主要内容参考借鉴德国民法、法国民法、日本民法和中国台湾地区"民法"、中国澳门地区民法,也有继受英美财产法的制度。

中国之继受外国和地区民法,迄今已逾百年。此百年继受过程,可划分为三期:从20世纪初至40年代末为第一期,其继受目标是大陆法系的德国民法,其立法成就是《中华民国民法》;从20世纪50年代初至70年代末为第二期,因为政治经济体制和意识形态的原因,将继受目标转向苏联民法和东欧民法,两次民法典起草均以失败告终;从20世纪70年代末开始为第三期,由继受苏联民法和东欧民法,主动转向主要继受市场经济发达国家和地区民法,其立法成就是《合同法》和《物权法》。自《合同法》开始,中国对外国民法的继受,从"单一继受"转向"多元继受",使中国民法日益呈现"多元复合"的色彩,表明中国民法进入了一个新的发展阶段。

至20世纪90年代后期,中国致力于建立与社会主义经济相适应的完善的法律体系。按照构想,宪法和民法、刑法、民诉、刑诉等基本法应当制定成文法典。宪法、刑法、刑诉法、民诉法均已制定了成文法典,唯独民法未制定法典,只有一个民法通则和各民事单行法。由《民法通则》和《合同法》《物权法》《婚姻法》《收养法》《继承法》等民事单行法所构成的现行民法体系,毫无疑问在保障公民和企业的民事权利、规范市场交易秩序、维护社会公平正义和促进社会主义市场经济发展等方面,发挥了极其重大的作用。但是,《民法通则》毕竟不能代替民法典的地位和作用,且因民法通则和各民事单行法制定的时间和背景的差别,难免造成现行民法体系内部的不协调,不能适应市场经济和社会生活对法律调整更高的要求。于是,中国民法典编纂再次被提上日程。

1998年1月13日第八届全国人大常委会主管立法工作的副委员长王汉斌邀请民法学者江平、王家福、王保树、梁慧星、王利明座谈民法典编纂事宜,一致认为起草民法典的条件已经成就。王汉斌副委员长遂决定恢复民法典起草,并委托江平、王家福、魏振瀛、王保树、梁慧星、王利明、费宗祎、肖峋、魏耀荣九人组成民法起草工作小组,负责起草中国民法典。同年9月召开的民法起草工作小组第二次会议决议:委托梁慧星拟定《中国民法典大纲》。1999年10月,梁慧星完成《中国民法典大纲》。

2000年,梁慧星在原"中国物权法研究课题组"基础上,成立"中国民法典立法研究课题组"。课题组由中国社会科学院法学研究所、北京大学法学院、清华大学法学院、人民大学法学院、烟台大学法学院、复旦大学法学院、山东大学法学院、深圳大学法学院、北京化工大学法学院、对外经济贸易大学法学院和中国建设银行总行法律部的民法学者26人组成。课题组根据全国人大常委会法制工作委员会的委托,按照《中国民法典大纲》,起草中国民法典草案。2002年2月完成侵权行为编和继承编,4月9日完成总则编,4月13日完成债权总则编,5月中旬完成合同编,8月中旬完成亲属编,加上1999年完成的物权编(《中国物权法草案》),《中国民法典草案》(7编81章1947条)全部完成,并正式提交全国人大常委会法制工作委员会。草案完成后,课题组继续为民法典条文附加"说明、理由和参考立法例",编撰《中国民法典草案建议稿附理由》。

《中国民法典草案》的结构,是以潘德克顿式五编制为基础稍加变化。首先,将规范民事生活关系的规则,以法律关系为标准,划分为"物权""债权""亲属""继承"四编;其次,采用"提取公因式"方法从四编内容中抽出共同规则,作为民法典的"总则"编,形成民法典的"总则—分则"结构;最后,考虑到现代市场经济和科学技术的发展,产生各种新的合同类型和新的侵权行为类型,致"债权编"内容膨胀而与其他各编不成比例,故参考荷兰新民法典的经验,将"债权编"分解为"债权总则""合同"和"侵权行为"三编,由"债权总则编"统率"合同编"和"侵权行为编",形成民法典的"双层"结构。草案从编纂体例、章节的安排、原则和制度的设计,到法律条文的文字表述,均特别着重法典的逻辑性、体系性和可操作性,以求确保法院裁判的公正性、统一性,及人民据以预测自己行为法律后果的可预测性。

考虑到人格权的特殊性,属于主体对自身的权利,因出生而当然取得,因死亡而当然消灭,其取得与消灭均与人的意思无关,且原则上不能处分,不适用《民法总则》的规定,因此不采纳单独设"人格权编"的主张,而将人格权规定在总则编自然人一章。考虑到知识产权(特别是专利权、商标权)与行政程序不可分离,法律规则因科学技术的飞速发展而要求频繁修改,且现行专利法、商标法和著作权法已构成一个相对独立的知识产权法体系,因此不设"知识产权编",而使专利法、商标法和著作权法仍作为民事特别法。考虑到涉外民事关系的法律适用规则的国际私法性质,及20世纪以来单独制定国际私法法典渐成趋势,因此不设"涉外民事关系法律适用编",而建议另行制定"中国国际私法法典"。

草案从中国实行改革开放、发展现代化市场经济和建立全国统一市场的实际出发,认真总结改革开放以来的立法经验、司法实践经验和理论研究成果,广泛参考借鉴发达国家和地区的立法经验和判例学说,顺应人类社会进步和法律发展潮流,并注意与国际公约和国际惯例协调一致。在价值取向上以权利本位为主,兼顾社会公共利益;兼顾对个人物质生活条件的确保与对人格尊严的尊重;充分贯彻意思自治原理,强调对人民私权的切实保护,非基于社会公共利益目的并依合法程序不得予以限制;尽量兼顾社会正义与经济效率,兼顾交易安全与交易便捷;切实贯彻两性实质平等与保护弱者的原则,对劳动者、消费者、妇女、儿童、老人和残疾者实行特殊保护;既着重于中国现实社会问题的对策,更着眼于中华民族的未来,旨在建立竞争、公平、统一的市场经济秩序,及和睦、健康、亲情的家庭生活秩序,为在中国最终实现人权、民主、法治国和现代化奠定法制基础。

《生活在民法中》序言（二篇）

三版序言

本书作为法律出版社"法学家讲演录"系列丛书之一，内容是我在一些地方法院和法学院所作讲座的讲稿，于 2006 年初版，2009 年再版。今出版社方面建议出第三版。考虑到全国人大常委会遵照中共中央四中全会之决定，已将民法典编纂列入立法日程，并且正在起草民法总则草案。特增加《再谈民法典编纂的若干问题》一篇，是 2015 年 3 月 24 日我在四川师范大学法学院讲座的录音整理稿。其中一个重要内容，是我对所谓"解法典化""反法典化"理论思潮的回应和反驳，在别的类似或相同题目讲座中未曾涉及。还增加了一篇《怎样学习法律——法学院新生的第一课》，是 2014 年 10 月 14 日我给北理工珠海学院一年级新生上的第一课，内容与此前类似题目的讲座不同。此外，原书《怎样进行法律思维》一篇，替换为 2014 年 3 月 10 日我在东莞理工学院相同题目的讲稿，内容与原稿有所不同。敬请读者注意。

2015 年 8 月 6 日

再版序言

法律出版社于 2006 年中策划出版"法学家讲演录"系列丛书。按照编辑同志的建议，挑选了九篇讲演稿，作为该丛书之一。考虑到人的一生无时无刻不处在民事法律关系之中，民法对于我们每一个人均有极其重要的意义，故以《生活在民法中》为书名。今年年初，据编辑同志说,读者对本书的反映尚可,建议再版。因诸事繁忙,迁延至今。因《物权法》已经正式颁布实施,特增加了三篇关于《物权法》的讲演稿,删去了三篇物权草案的讲演稿,希望有助于读者理解和运用这一法律。此外,增加一篇《怎样进行法律思维》,希望给法律学人一些启示。

2009 年 9 月 2 日

《生活在民法中》（精装版）序言

这本小书原为法律出版社"法学家讲演录"系列丛书之一，内容是作者在一些地方法院和法学院所做讲演的讲稿或者录音整理稿，于2006年初版，2009年再版。现今被纳入该社最新推出的思想法政类丛书——"天下"系列，这是作者没有想到的。考虑到全国人大常委会遵照中共中央十八届四中全会之决定，已启动中国民法典编纂，分为两步：第一步制定民法总则，第二步在民法总则和现行民事单行法基础上编纂一部进步的、科学的、现代化的中国民法典，再次推出此书是有必要的。

唐初名臣褚遂良在《倪宽赞》开篇感叹说："汉兴六十余载，海内艾安，府库充实，而四夷未宾，制度多阙。"不啻现今中国之写照。中国和平崛起、建设法治国家、实现中国梦，亟须一部进步的、科学的、现代化的民法典。近现代各主要国家和地区民法典编纂的历史经验，与民法典编纂相伴必然掀起一场普及民法精神、民法理念和民法知识的热潮。本书内容通俗易懂，有助于读者理解什么是民法、什么是民法精神，应是出版者将之纳入"天下"系列的理由。本书在第二版基础上，增加《再谈民法典编纂的若干问题》一篇，是2015年3月24日在四川师范大学法学院讲座的录音整理稿，其中一个重要内容是对所谓"解法典化""反法典化"理论思潮的回应和反驳，在类似或相同题目讲座中未曾涉及。还增加了一篇《怎样学习法律——法学院新生的第一课》，是2014年10月14日给北理工珠海学院一年级新生上的第一课，特别谈到法律人的人格和理性，与此前类似题目讲座不同。此外，《怎样进行法律思维》一篇,替换为 2014 年 3 月 10 日在东莞理工学院相同题目的讲稿,内容与原稿稍有差别。敬请读者注意。

2016 年 7 月 18 日

《梁慧星谈民法典》序言

欣逢《民法总则》颁布！

奉献给读者的这本小书，是作者近年网络文章的汇集。

本书按主题分为三部分。"历史回顾"部分，收录两篇文章。《中国民法学的历史回顾和展望》一文，是中国社会科学院建院30周年系列学术讲座之一的讲稿，《难忘的1979—1986》一文，为恭祝导师王家福先生八十大寿的祝寿文，是对改革开放初期民法经济法论战的实录。"民法典编纂"部分，收录我在法学院关于民法典编纂的讲座（录音整理）稿，以及媒体上发表的几篇文章。"民法总则立法"部分，是在《民法总则》制定过程中针对征求意见稿和各次法律草案的修改建议。请读者留意。

衷心感谢人民法院出版社的领导和同志们！是他们建议编辑出版本书、为本书命名并为本书的编辑出版付出了辛勤的劳动。

是为序。

2017年4月9日

"新时代法学学术文库"总序

我于1988年起担任中国社会科学院法学研究所民法研究室主任，开始考虑学术发展和人才培养问题。在20世纪90年代，中国正遭遇学术著作出版难，尤其未成名的年轻学者的学术著作出版更难。我于是仿照王泽鉴先生担任台大法律系主任时编辑出版《台大法学丛书》的办法，编辑出版"中国民商法专题研究丛书"。自从1994年出版第一本以来，用了20年的时间，按照计划出版了100本。回首这20年的时间，中国的民商法学快速发展，我相信这套丛书也起到了重要的作用。丛书中的大部分作者，都是在这套丛书中出版了他们的处女作。他们中许多人现在都成了著名学者，而在这套丛书中出版的处女作，则是他们学术生涯的起点。"中国民商法专题研究丛书"当时的编辑宗旨是，从中国改革开放和发展现代化的市场经济的实际出发，广泛参考发达国家和地区民商事立法的成功经验和最新判例学说，深入研究民商法的基本理论和实践中的重大法律问题，为中国民商事立法的现代化和民商事审判实务的科学化提供科学的法理基础，提升民商法理论水平，推出民商法理论研究人才，使中国民商法理论研究尽快赶上发达国家和地区的水平。我想，最初的想法应该是实现了。

"中国民商法专题研究丛书"为我国的民商法理论做出了积累，为民商事立法提供了参考，为民商事司法也提供了借鉴。2020年5月28日，举世瞩目的《中华人民共和国民法典》颁布了。可以说，这是中国几代民法学人的梦想。民法典的颁布，与民商法的学术积累是分不开的。除了编辑出版这套丛书，我还主编了民商法的学术性论文集《民商法论丛》,目前该论丛已经出版了70卷,并入选中文社会科学引文来源期刊(CSSCI)。为了更好地借鉴国外最新的立法成果与学术研究,我又于2013年组织翻译了《欧洲民法典草案》(十卷本),并已经出版。2014年,我还主编了《中国民法典建议稿附理由》(八卷本),该书出版后我还将其转送给相关立法部门。"中国民商法专题研究丛书"《欧洲民法典草案》《中国民法典建议稿附理由》分别入选国家"十一五""十二五""十三五"重点图书出版规划。2014年,"中国民商法专题研究丛书"的第100本出版后,我就决定不再继续编辑出版了。同年,我来到北京理工大学珠海学院民商法律学院做名誉院长。

2015年以来,"中国民商法专题研究丛书"第51本到第100本书的责任编辑刘文科先生不时找到我,希望我能够把编辑丛书的工作继续下去。由于我年龄大了,精力确实有限,几番推辞。后来学术界的许多朋友也来找我,希望我能够继续编辑丛书。我终于下定决心,将编辑丛书的工作继续下去。二十几年前,我国民商事立法处于起步阶段,学术著作也多以立法论为主。而伴随着民法典的颁布与实施,解释论的研究会逐渐多起来。这也是我编辑新丛书时的最初想法。当然,继续深入研究发达国家和地区的立法与司法经验,依然十分重要。新的丛书,我希望能够秉持上面所说的两项宗旨。丛书的出版,不限于民商法学科,包括所有法学学科的专题研究著作和博士论文。鉴于中国的法学研究与法律实践正处在一个除旧革新、朝气蓬勃的新时代,我和出版社商量,将这套新的丛书定名为"新时代法学学术文库"。

是为序。

索 引

B

保险担保　183,185,187

保证证券　183-184

比较法　22,160

不动产质权　171-172,186

不可原谅的过错　51,55-57

C

裁判的法创造　118

产品责任法　62,369,371,374,384-385

产品质量法　367,371-372,374,379,385,396

诚信解释　287

存入指定　182

D

代表　201,214,270,340,358,505

代建制　470-471

代理受领　182-183

担保法　70,89,166,168,185,187,189,602

担保信托　184

道路管理责任　234,237,240

道路事故受害人　50,55,59

德国民法典　4,6,33-35,61,99,122,162-163,230,234,238-239,284,286-287,598

德国商法典　66

抵销预约　181

抵押权　166-167,171,173-179,185-188,597

动产抵押　174,179,186,188

动产质权　171-172,186-187

F

法典法　29,33,595

法定解除　74

法解释学　247-249,253-255,259

法律的统一解释　407
法律服务市场　456
法律漏洞　111－112,114,255
反对解释　103,106－108,110－111,199,253－256
反垄断　251,348－352
非典型担保　171,178

G

概念法学　32,98－101,110－111,115,255
高度注意义务与忠实义务　141
根保证　168－170,187
根抵押　169,174,185－186,188
工事完成保证人　170－171
工业事故　220－224
公路交通事故赔偿法　50
公平解释　287
公序良俗　105－106,212,286
共同抵押　175
共有财产　298－300
国际商事合同通则　190,457,576,601

H

海商法　188,439－443

J

积极侵害债权　63,72－74,78－79,83,86－87
假登记担保　180
建筑师的契约责任　156
建筑师的责任　133
节目预告表　245－247,250－253,255－258
解释宪法　425－431
经济法　8,14－15,17－19,21,333,373,456,485,488,496,498,500－509,514,523－524,526－532,534－535,539－546,583－584,593
经济法律关系　331,504－505
经济合同法　310,511－513,515,517,528,537－538,540－541,544,566－570,600
经济行政法　303,327
经济行政争议　318－322,324－326,328

L

利益衡量　98,245,588
联合国国际货物销售合同公约　190
联合国统一买卖法　75－76
律师的契约责任　131,158
律师的责任　127

M

民法草案　222－223,511,566,

597,599

民法起草小组　509－515,561,
565,568,600

民法通则　186－187,220,222－
224,228,232－233,236－238,
240－241,257－261,274,277,
385,391,460－464,480,486,
521－524,526－527,539－
542,544－547,570,572－574,
600－602

民法与经济法论争　502

名誉权　260－261,268,375,
382,601

目的解释　285

N

纳税人诉讼　398,401,403

P

普通法　28－34,36,38－42,
149,235,256,274,463

Q

企业担保　177,186,189

契约缔结上过失　63,67,69,72,
74,80,83,89,124－125,130

契约上地位的担保　181

权利质权　171－173,186,188

R

让渡担保　106,109－110,178－
179,181,187

日本民法典　34,105－110,
112－113,152－153,167－
168,171－175,201－202,
207－209,213－215,238

日本制造物责任法　95

S

授权　207－210,213,294－295,
315－316,398,415,425,474

死亡宣告　3

损害赔偿　58,72－75,78－79,
84－90,94,106－108,135,
143－150,152,155,371－375,
462,482,538

所有权保留　179,187

T

铁路法　459－461

拖欠劳动者工资　466－469

W

文义解释　223－224,252,284,
288－289,394

X

习惯解释　286

瑕疵给付　78,91
相当因果关系说　225-228
消费者安全法　48-49,369,371
消费者保护法　45-46,48,373
消费者合同法　369-371,374,
　388-389
消费者权利　356,389
消费者权益保护法　366-367,
　370-371,373-374,377,379,
　388-391,464,575
消费者运动　356
消费者政策法　369-370,373
消灭时效　131-132,135,215-
　216
信息提供者责任　122-127
行为基础丧失　63,68,72,83,88
形成权　90,213-216

Y

一般给付障害法　70-71,76,
　86,89-91
一般条款　63,105-106,195,
　248

医疗事故处理条例　480-482
医疗损害　462,480
医师的契约责任　159
溢油事故　444-445
银行保证　168-169,187
越权代理　292,294,296-297

Z

债权让渡　180-182
债务法修改　62,64
招标投标法　423-424,476
整体解释　285,288-290
制定法　23,29,33,38,42-43
制定民法典　417,509,520,
　561-563,565,572,598,600
仲裁法　418,420,433-437,593
著作权　157,247,253,257,
　269-271,274-279
专家责任　119,137,139-140,
　142-143,146,148,162,458
追完　90-91,210-213
准法律行为　204-207
自力救济　198-201